[역자프로필]

김아림
서울대학교 생물교육과를 졸업했고 동대학원 과학사 및 과학철학 협동과정에서 석사 학위를 받았습니다. 대학원에서
는 생물철학과 영미철학을 공부했습니다. 인문사회, 과학 등 다양한 분야에 관심이 있으며, 출판사 편집부에서 근무한
경험이 있습니다. 현재 번역 에이전시 엔터스 코리아에서 출판 기획 및 전문 번역가로 활동 중입니다.

주요 역서
『재난은 몰래 오지 않는다』, 『자연의 농담 : 기형과 괴물의 역사적 고찰』, 『DK 비주얼 스티커북 시리즈』, 『다이어그램북』,
『움직이는 태양계』, 『공룡은 살아있다』, 『유대인 스피드 수학』, 『앵그리버드 스페이스』, 『최고를 찾아라! 공룡 기네스북』,
『마당에서 만나는 과학』, 『세균이 궁금해』, 『공룡과 나』, 『리얼 다이노소어(월드 베스트 공룡 가이드)』, 『세상에 대하여 우
리가 더 잘 알아야 할 교양 10 : 성형 수술 외모지상주의의 끝은?』, 『미국 초등 교과서 핵심 지식 시리즈GK-G3: 과학편』,
『공룡의 발견-출간 예정』, 『놀이 수학-출간 예정』, 『앵그리버드 진짜 살아있다-출간 예정』 등 다수가 있다.

아미쉬 농장

사일로와 주택이 있는 아미쉬 농장 풍경

랭카스터 카운티에 있는 전기를 사용하지 않는 전형적인 아미쉬 농장 풍경

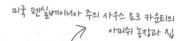

미국 펜실베이니아 주의 사우스 요크 카운티의
아미쉬 농장과 집

고속도로변의 아미쉬 마차
주의! 표시

아미쉬 버기(Amish Buggy)라고
불리우는 아미쉬 마차,
2007년 2월 미국 펜실베이니아 주
랭카스터카운티

일반 도로위를 달리는 아미쉬 버기(Amish Buggy)

아미쉬 헛간, 지붕 올림

아미쉬 가정에서 만든 침대용
퀼트 누비이불

하트 모양을 소재로 한 아미쉬 퀼트 담요

뉴욕 서부에 위치한 아미쉬 농장 농작물들

아미쉬 여자들이 쓰는
보닛(bonnet)과
아미쉬 남자들이 쓰는 밀짚모자

* 본 서에 실은 이미지는 각각 저작권사와 계약하에 사용한 저작권이 보호되는 이미지들입니다.

아미쉬 사회

존 A. 호스테틀러
John A. Hostetler

역자 김아림

Amish Society

Amish Society, Fourth Edition
by John A. Hostetler
© *1963, 1968, 1980, 1993 The Johns Hopkins University Press*
All rights reserved. Published by arrangement with The Johns Hopkins
University Press, Baltimore, Maryland

Korean language edition © *2013 by T&H Press*
KOREAN translation rights through EntersKorea Co., Ltd., Seoul, Korea.

국립중앙도서관 출판시도서목록(CIP)

아미쉬 사회 / [저자] : 존 호스테틀러 ; 역자 : 김아림. --
[용인] : 생각과 사람들, 2013
　p. ; cm

원표제 : Amish society
원저자명 : John A. Hostetler
영어 원작을 한국어로 번역
ISBN 978-89-98739-05-8 03210 : \20000

아미시[Amish]
메노파[--派]

238.96-KDC5
289.73-DDC21　　　　　　CIP2013024417

아미쉬 사회

2013년 12월 1일 초판 1쇄

이 책을 만든 이들
지은이 존 A. 호스테틀러
펴낸이 오준석
번역 김아림(엔터스 코리아)
교정/교열 박기원
표지 디자인 디자인 마음(hongsh71@gmail.com)
내지 디자인/편집 서은아
기획자문 변형규
인쇄 북토리
펴낸곳 도서출판 생각과 사람들 경기도 용인시 수지구 신봉동 911
　　　전화 031)272-8015 **팩스** 031)601-8015 **이메일** inforead@naver.com

Amish Society

아미쉬 사회

존 A. 호스테틀러

도서출판
생각과 사람들

들어가며

지구상에는 크고 작은 수많은 **사회(공동체)**가 존재합니다. 국가나 국제기구, 연합, 연맹 등과 같은 큰 사회적 공동체에서부터, 각자의 이익이나, 믿음, 신념 등을 중심으로 모이는 각종 기관, 단체, 마을, 촌락 등 다양한 형태의 공동체가 존재합니다. 여기 소개해 드리는 **공동체**는 종교적 신념과 믿음을 기반으로 한 미국 내의 한 종교적 공동체입니다.

자본주의의 발달과 아울러 야기된 물질주의나 황금만능주의 사상과 같은 경제제도의 정신적 부작용은 동시대의 많은 미래학자들이나 전문가들로 하여금 '공동체적 사회'를 자본주의 이후의 사회 모습의 대안으로 생각하게끔 하고 있습니다. 비록 그 모습이 여기에 소개하는 **'아미쉬'**들의 모습과는 사뭇 다르겠지만, 우리의 미래 사회의 모습이 **'공동체'**라는 사회 형태를 이루게 되지 않을까 하는 생각에는 차이가 없을 것 같습니다. 이스라엘의 **'키부츠'**에서부터, 우리나라의 **'청학동'** 역시 공동체적 모습을 띄는 작은 사회 형태의 하나라고 볼 수 있을 것입니다. 여기 소개하는 **'아미쉬'**들은 유럽에서 미국으로 이주하여 온 전통적 농경문화를 수구하는 기독교 재세례파의 한 부류 집단입니다. 토지를 그들의 삶의 근원으로 삼고, 육체적 노동을 숭고한 것으로 생각하며, 근면과 검소와 같은 절제되고 소박한 삶이 하느님에 대한 그들의 육체의 의무를 다하는 것이라고 생각하며 수백 년째 같은 삶의 양식을 유지해 오고 있습니다.

그들은 현대 문명을 거부하며, 전기나 자동차등을 사용하지 않고, 마차나 말에 의지한 생활을 하고 있으며, 고등교육이나, 국가로부터의 징집에 응하지 않고, 외부세계와는 차단된 듯한 삶을 살고 있습니다. 우리가 아미쉬가 아닌 한에는 그 이유를 잘 알 수는 없겠지만, 어쩌면, 그들은 그들 나름대로, 현대 문명의 이기를 게으름을 야기하는 '사회적 악'의 형태로 보고 있을 수도 있으며, 공동체의 삶의 양식을 파괴하는

'잠재적 적'으로 간주할는지도, 또는 '신앙에 대한 도전'으로 생각할지도 모르겠습니다. 하지만, 이러한 삶의 모습이나 전통들은 몇백 년 전부터 최근까지도 이어져 내려오고 있으며, 이러한 삶의 양식을 그렇게 오래 동안 유지한 다는 것이 그리 쉽지는 않으리라 추측할 수는 있습니다. 이러한 공동체의 문화를 단순히 신앙이나 종교의 관점에서 뿐만 아니라, 하나의 **공동체 문화**로 이해하고자 한다면, 우리 사회의 미래의 공동체적 사회에 대한 조그마한 힌트 내지는 연구의 대상으로도 볼 수 있지 않을까 생각해 봅니다.

오늘날 '**아미쉬**'들은 크고 작은 외부로부터의 변화에 시달리고 있습니다. 늘어가는 인구 문제, 상대적으로 좁아지는 경작지, 외부세계와의 소통, 관광 수입의 증대 등의 변화로 말미암아, 그들의 공동체가 나누어지기도 하고, 일부는 변화의 물결을 수용하는 노력들을 하고 있을 듯합니다. 그러나 어찌 되었건 그들이 그들의 공동체를 유지하고자 하는 노력을 포기하지는 않고 있으며, 구시대와 현시대의 자연스러운 변화를 어떻게 수용할 것인가를 고민하고 있는 지도 모릅니다. 하지만, 관광 상품이 아닌 그들의 삶과 행동양식, 전통이 변화되고 바뀌어 가는 모습을 볼 때에 안타까운 생각 역시 드는 것은 사실입니다.

여기 소개하는 '**아미쉬**'들의 삶이 미래의 우리 공동체의 삶에 대한 답이나, 대안은 되지 않을 것이라 생각합니다. 하지만 과거로부터 내려왔던 삶의 지혜나, 그들이 지켜왔던 신념들이 앞으로 더 나은 미래 사회를 계획하고자 하는 이들에게 하나의 힌트나 소재로서 그 역할을 할 수 있다는 생각에 이 책을 우리나라 독자에게 소개하고자 합니다.

-편집자 주-

차 례

서 문

　이 책은『아미쉬 사회』의 4판이며, 최신 정보로 거의 개정되었다. 물론 책 내용 중 괜찮은 부분은 이전 판의 것을 그대로 가져왔지만 그 외의 모든 장이 바뀌었다. 이 정도로 책을 전체적으로 수정한 것은 아미쉬 사회가 변화했고, 연구 결과 새로운 것들이 발견되었으며, 아미쉬 사회를 바라보는 내 관점도 바뀌었기 때문이다. 50년 전, 사회학자들은 아미쉬 사회가 머지않아 더 큰 사회 속으로 흡수되리라 예상했다. 이들의 유럽식 전통이 생명력을 잃고 사그라지는 순간 아미쉬는 지배적인 기존 사회에 동화되리라고 여겨졌다. 하지만 이런 예상은 틀렸다. 1950년대 이후로 아미쉬 인구는 세 배로 늘어났으며 기존 사회로의 동화율은 의미 있을 정도로 변화하지 않았다. 아미쉬의 문화적 에너지는 여전히 건강했다.

　그동안 그들에 대한 연구가 더 행해졌고 출판물을 더욱 널리 구할 수 있게 되었음에도, 사람들은 50년 전과 다를 바 없이 그들을 오해하고 있다. 예컨대 두 가지 극단적인 견해가 아직도 흔하다. 하나는 현대화되지 않으려 하고 20세기적 방식의 편리함을 통해 삶의 무게를 덜고자 하지 않는 사람들, 또 개인적인 자기 결정에 따르는 창조성을 이해하려 하지 않는 사람들에 대한 연민 어린 시선이다. 또 하나는 "아미쉬 사람들은 현대 사회에 아직 유일하게 남아 있는 정직한 기독교인"이라는 주장이다. 이들에게 부여된 성스러움이라는 속성 때문에, 아미쉬 사람들은 희귀한 종족으로 간주되기도 한다. 작물을 '자연적인' 방식으로 키우고, 정직함과 청렴함에 관해 특별하게 높은 기준을 적용하며 살아가는 사람들로 말이다.

　이렇듯 '변하지 않고 그 자리에 있는' 사회라면 머지않아 관광객들의 이목을 끌게 될 것이다. 하지만 아미쉬 사람들은 천천히 변화하는 사람들이지, '고고학적인 발견 대상'은 아니다. 이들이 일하는 패러다임은 더 큰 사회 속 그것과는 다르다. 따라서 이들은 현대 사회에서 어떻게 살아야 하는가에 대해 다른 결론에 도달했다. 오늘날에는 소수 인종이나 종교 집단들이 새로이 활성화되고 있는 만큼, 전통적인 사회 이론들도 재평가할 필요가 있다. 아미쉬 공동체는 지나간 시대의 유물이 아니다. 이는 현대를 살아나가는 또 다른 방식을 보여 주는 사례다.

　『아미쉬 사회』(1963) 초판이 출간되기까지는 10년의 준비 기간이 필요했다. 1968년에는 내용이 약간 증보된 판이 나왔으며, 1980년에는 완전히 새로 저술되었다. 이 세 개의 예전 판본(1963, 1968, 1980)은 이것들이 작성되었을 때의 시대적인 관점을 반영했다. 그러나 그 때와 비교했을 때 아미쉬는 바뀌었고 세상도 바뀌었으며, 미국인들의 생각도 문화적인 다양성을 자신의 테두리 안에 포용하게끔 전반적으로 바뀌었다. 오늘날의 학계 또한 새로운 연구 관점들 덕분에 탐구 방식을 새로 조정했다.

아미쉬 정착지에서 '아미쉬 방식'이 '문명화된 방식'과 확실히 충돌하고 있는 것은 수십 년 전이나 지금이나 다르지 않다. 과거에 있었던, 아미쉬 사람들이 자기 자신을 부정하거나 그들의 아이들이 현대 기술과 도구를 사용한다는 것, 그리고 다른 사람들보다 금욕적인 생활을 한다는 점 때문에 인간적인 스트레스를 받으리라는 관념은 오늘날 심각하게 의문시되고 있다. 문명화가 우리에게 가르쳐 주는 것은 사실 큰 숫자들 속에서 어떻게 살아남는지, 어떻게 삶을 연장하는지, 부족적인 사회를 어떻게 도시적인 것으로 변모시키는지, 노동의 짐을 어떻게 가볍게 할 것인지에 대한 것이다. 그렇다보니 미국의 농촌 공동체들은 거의 예외없이 개발, 투자, 상업적 이득을 위해 노력하는 모습을 보이고 있다. 그런 점에서 아미쉬 사회는 어떤 설교 한 번 없이도, 우리에게 오래된 가치들이 사라졌을 때 인간들이 치러야 할 대가를 알려 준다. 즉 부모와 자식 간에 소원해지고, 이웃을 낯선 사람으로 여기고, 인간이 스스로의 영적 전통과 분리되었을 때 어떻게 되는지를 가르친다.

이 책은 세계 곳곳에서 나타나는 기술적인 변화, 인간적인 가치, 그리고 많은 공동체가 부딪히는 여러 대안을 평가해볼 수 있는 맥락을 제공한다. 아미쉬 사람들의 삶에 대한 지식을 탐구심 많은 독자에게 전달하는 것이 이 책의 목적이다. 여기 쓰인 자료는 아미쉬 사회의 어느 한 지역에 국한하기보다는 여러 지역을 포괄하고 있으며 특별하고 내밀한 것이 아닌 통합적인 내용을 다룬다. 비록 사회과학 분야의 전문 용어를 사용하기도 했지만 나는 이 용어들이 아미쉬 사람들을 기술하는 뼈대가 되었기를 바란다. 먼저 아미쉬로 살아가는 데 따르는 문제점, 갈등, 그리고 대가를 따져본 후에 아미쉬 공동체의 기원, 가치, 생계, 사회적 관계에 관해 이야기했다. 이 책을 통해 인류 문화의 다양성, 아미쉬 사람들의 관습과 갈등에 대한 지식을 넓히고 인간 경험의 깊이를 전달하고자 노력했다.

아미쉬 사람들은 어떻게 그들의 믿음을 명료하게 내세우고 공동체 생활을 발전시킬 수 있었을까? 이들은 어떻게 바깥 주류 문명의 힘을 피할 수 있었을까? 이들 개개인, 가족, 그리고 공동체 생활의 특성과 목표는 무엇일까? 느리게 변화하는 문화 속에서 생활하며 얻은 결과는 무엇일까? 공동사회(Gemeinschaft: 자연적으로 집단을 이루는 것)의 가치가 산산조각 나고 있는 지금, 더 효율적인 기술을 도입하려면 어떤 논리를 대야 할까? 이러한 질문들과 그 밖의 질문들은 대학이나 도시의 공동체부터, 오래된 관습이 급격하게 변화한 아프리카와 아시아의 작은 마을까지 인류 공동체 어느 곳과도 관련이 있다.

이 책의 민족지적인 자료는 펜실베이니아, 오하이오, 인디애나에 있는 가장 큰 정착지 세 곳에 기초한다. 이보다 작은 정착지에도 방문하여 조사를 진행했다. 나는 『아미쉬 사회』의 초판이 출간된 이래로 사회화, 학교 교육, 가족 제도, 구성원의 동향, 직업 등에 관해 연구해왔다. 나는 펜실베이니아 주 미플린 카운티에서 아미쉬 가족의 일원으로 생활했으며, 아이오와 주의 존슨 카운티와 워싱턴에서 어린 시절부터 스물두 살까지 지냈던 덕에 아미쉬 문화의 다양성과 깊이를 배울 수 있었다. 나는 혈연과 믿음의 끈을 경험하기도 했지만 불화와 축출, 분열의 비극을 지켜보기도 했다.

아미쉬 사회의 자연사(natural history)는 그들의 지역에서 새로운 자원들이 발견되면서 더 풍부해졌다. 몇몇은 자신들의 유산에 관심을 가진 아미쉬 사람들의 노력에 의해 빛을 보았다. 또 다른 자원들은 유럽 학자들이 연구 조사와 그에 따른 출간 작업 도중 아미쉬를 '발견'하면서 나타났다. 나는 알자스와 프랑스, 스위스, 독일에 머무르며 제이컵 암만의 첫 번째 추종자들의 후손들로 이뤄진 마을, 가족, 모임을 방문하면서, 아미쉬의 기원에 대한 지식을 크게 늘릴 수 있었다.

또한, 동료 학자들과 학생들의 전문적인 연구 덕분에 농업과 인구학, 교육, 지리학, 의학, 관광 사업에 대한 설명을 마무리하는 데 도움을 받았다. 이에 그들의 공헌에 감사를 표하고 싶다. 이들이 중요한 지식을 더해 준 덕분에 아미쉬 사회를 전체적으로 바라볼 수 있었다. 이 책에서는 구식이 된 기술적인 용어들은 삭제했다. 이전 판에서도 그랬듯이 자료들을 조직적으로 재구성한 덕택에 이 조그만 사회를 전체론적(holistic)으로 이해하는 밑거름을 얻었다.

어떤 사회이든 엄밀한 과학적 연구 아래 놓이면 내적인 강점과 약점이 드러나기 마련이다. 이러한 발견으로 위험이 발생한다면 이는 연구자의 책임이다. 이 책에서 다소 불균형하게 강조되었을지도 모를 아미쉬 사회의 강점과 약점을 파악한 독자들에게, 특히 아미쉬 독자들에게, 절대 나쁜 의도에서 그렇게 쓴 것은 아니라는 점을 분명히 전하고 싶다.

감사의 말

이 책을 쓰기 위해 꼭 필요했던 기록 보관소 조사와 유럽 현장 연구, 그리고 기초 조사를 할 수 있도록 재정적인 지원을 해준 국립 인문학 기금에 감사를 표한다. 자료를 모으는 데 도움을 준 여러 아미쉬 구성원에게도 감사한다.

또한, 장 자크 허시, 레네 헤게, 윌리 헤게, 클라우드 제롬, 윌리 나프치거, 안드레 누스바우머, F. 라파엘 교수, 프랑스의 장 세기 교수, 폴 암만, 스위스의 테오 간트너 박사, 독일의 에드윈 호흐스테틀러, 폴 쇼왈터, 개리 발트너, 카를 셰러 박사에게도 감사의 마음을 전한다.

초고의 여러 장을 비판적으로 읽고 흥미로운 이야기를 해준 데 대해 본문에서는 이름을 밝히지 못했던 다음의 아미쉬 공동체 구성원들에게 감사한다. 앨런 알렉산더, 로버트 배처, 리처드 빔, 존 W. 배넷, 로이 벅, 유진 에릭슨, 줄리아 에릭슨, 조슈아 피시먼, 이반 글릭, 토머스 갤래거, 휴 깅거리치, 레너드 그로스, 폴 헤어, 거트루드 엔더스 헌팅턴, 제임스 허드, 데이비드 루시, 빅터 A. 맥쿠식, 머빈 스머커, 랜디-마이클 테스타, 돈 요더, 존 H. 요더, 그리고 고(故) 압둘 하미드 M. 엘-제인이 그들이다. 엘리자베스 호시 벤더는 독일어로 된 많은 자료를 번역했고, 낸시 게인스는 서지 사항에 관해 도움을 주었다. 또 도리스 웨일랜드는 지도와 도표들을 그려주었다.

나와 함께 이 책의 아이디어 상당수를 생각해낸 아내 벨루아 스타우퍼 호스테틀러에게도 큰 빚을 졌다. 딸인 앤 호스테틀러 역시 이 책의 초고 전체를 깔끔하게 편집해주었다.

Part 1

기초
Foundations

Part 1

1장 아미쉬 사회를 이해하기 위한 모델들

작은 공동체(community)들이 사라지고 있다. 매우 인간적이며 고유의 특성을 지닌 채 안정적으로 이어지던 공동체들이 말이다. 몇몇은 지구 위에서 완전히 사라졌고, 몇몇은 천천히 사라지고 있다. 기계 문명이 널리 퍼짐에 따라 이를 접한 공동체들이 변화하면서 나타난 일이다. 다양한 부류의 사람들이 대중의 형태로 녹아드는 과정에서 소수자 집단뿐만 아니라 다수자 집단 사이에서도 긴장이 형성되었다.

식민지 시대에 아메리카 대륙 해안에 도착한 아미쉬 구파(Old Order Amish)들은 현대 사회에서 작지만 독특하고 생명력 있는 공동체로 살아남았다. 이들은 다른 공동체보다 사회의 균질화 과정에 더 성공적으로 저항했다. 작물을 파종하고 수확하는 철이 오면 이들이 사는 곳에서는 수염을 기른 남성들이 말을 끌고 밭에서 일하며, 그동안 부인들은 빨래를 하고 깔끔하게 줄지어 널어서 말린다. 밖에 나갈 때는 남성은 챙이 넓은 모자를 쓰고 여성은 턱 밑에서 끈을 매는 보닛을 쓰고 긴 치마를 입는다. 미국인은 기차역이나 버스 터미널에서 이런 모습의 아미쉬 가족을 한 번쯤은 본 적이 있을 것이다. 아미쉬 사람들은 개인주의적인 미국에서 이 같은 모습으로 몇 세기 동안이나 살아오면서 그런 경향이 개인과 가족, 공동체, 그들의 가치관에 미치는 그 영향력을 알맞게 조절했다.

아미쉬 사회는 다른 미국인들에게 불편함과 구식 관습을 지켜나가는 금욕적이고 완고한 생활을 고집하는 과거의 유물로 인식될 때가 많다. 아미쉬 사람들은 현대적인 편리함뿐만 아니라 성공과 진보라는 아메리칸 드림을 포기했다고 여겨진다. 그래서 아미쉬 사람들이 모든 것을 오래된 방식으로 처리한다는 데 아무도 토를 달지 않을 것이다. 물론 일부가 이들에 대해 조심스레 반감을 드러낸 적도 있다. 하지만 이는 전쟁이 일어났을 때 아미쉬 사람들이 노동과 검약의 덕을 실천한 부지런한 농부들이었다는 점으로 무마되곤 했다.

최근 미국인의 마음속에서 아미쉬 사람들의 이미지는 호의적으로 바뀌고 있다.[1] 하지만 이러한 변화를 일으키는 데 아미쉬 사람들이 직접적으로 한 일은 거의 없다. 이는 모두 미국인들이 자기들 내부의 소수자 집단을 대하는 인식에 변화가 생겼기 때문이었다. 100년 전에는 아미쉬 사회가 존재한다는 것을 아는 사람조차도 드물었다. 50년 전에는 이들이 바보 같은 관습을 지키며 생활하는, 잘 알려지지 않은 종파이자 아이들의 노동력을 착취하고 교육도 시키지 않는 완고한 사람들로 여겨졌다. 하지만 오늘날 아미쉬 공동체는 그들이 바라는 결과는 아니었을지라도 동부 해안의 떠오르는 관광지로 주가를 올리고 있다. 아미쉬 사람들은 농부다운 강인한 체력으로 열심히 일하는 근면한 사람들이다. 또한, 일부 사람들은 아미쉬 사회를 엇나간 상업주의와 기술 문명에 사로잡힌 문화 속에서 제자리를 지키고 있는 안전지대로 숭배한다.

사회과학자들은 아미쉬 사회를 이해하기 위해 여러 모델을 만들어냈다. 이 사회과학 모델은 다른 미국인들과 마찬가지로 진전되는 문명화의 압력, 그리고 주류 사회와 소수자 집단의 관계를 다룬 사회적 담론의 변화에 영향을 받았다. 대학 교수들은 오래전부터 학생들에게 아미쉬 사람들은 근대화된 세상에 남아 있는 구세계의 문화적 섬 가운데 하나라고 가르쳐왔다. 아미쉬 사회는 '종교적인 사회', '가족주의적인 사회'로 여겨졌고 '유기적인 결속'과 '통합적인 사회 시스템', 그리고 '이차적'이기보다는 '일차적(서로 마주 대하는)'인 인간관계를 유지하는 곳, '디오니소스적'인 것보다는 '아폴론적'인 삶의 방향성을 띠는 곳으로 간주되었다. 이러한 관점 가운데 어느 하나가 아미쉬의 한 부분을 설명할 수도 있을 것이다. 하지만 이러한 객관적인 모델과 추상화를 통해 오히려 아미쉬 사회를 전체적으로 이해하는 데 중요한 것들을 놓치고

---

1) 미국 건국 200주년 기념 축제의 주제를 선정하는 과정에서 <미시간 농부(*Michigan Farmer*)>는 아미쉬 사회를 크게 다루었다. 몇 년 전까지만 해도 미시간 주는 공인되지 않은 학교를 계속 운영한다는 혐의로 아미쉬 사람들을 기소한 바 있었다. 아미쉬 소녀인 메리 밀러가 쓴 이 이야기는 1976년 7월호에 실렸다.

있다.

아미쉬는 하나의 교파이자 공동체이며, 영적인 조직체이자 기독교의 한 보수적인 종파다. 이는 단순하고 엄격한 생활과 가족주의적인 기업 시스템, 적합한 인류 공동체를 실천하는 구성원들이 모인 공동체다. 이 장에서는 아미쉬 사회를 전체적으로 이해하는 수단으로 이들에 관한 사회과학 모델이 얼마나 유용하고 또 어떤 한계가 있는지를 논의할 것이다. 진지한 독자들은 이런 과학적인 접근을 뛰어넘어 다음과 같은 질문을 던지고자 할 것이다. 아미쉬 시스템이란 무슨 뜻인가? 아미쉬가 우리에게 전하고자 하는 무엇이 과연 존재하는가?

1. 공동체 사회

아미쉬 마을은 몇몇 측면에서 작은 규모의 공동체 사회(commonwealth)다. 마을 구성원들이 스스로 사랑의 법, 구원의 법에 지배되고 있다고 공언하기 때문이다. 이들을 한데 엮는 연결고리는 많다. 하지만 이들의 믿음이 이들로 하여금 특정 지역을 오롯이 점유하고 그곳을 방어하게 하지는 않는다. 이들은 환경상 불가피해지면 다른 지역으로 이주할 것이다.

공동체 사회란 어떤 국가가 차지한 영역 가운데 지리학적, 사회적으로 충분히 진정한 통합 의식을 지닌 사람들이 하나로 뭉쳐 있는 어떤 장소(place)나 영역을 의미한다.[2] 그 속의 구성원들은 자기들만의 사상과 관습에 편안함을 느낀다. '장소'란 단어는 해당 국가의 다른 곳과 구별된다는 의미다. 공동체 사회의 구성원들은 어디에나 자유롭게 갈 수 있는 것은 아니다. 매일 실질적으로 마주치는 이른바 '공공 복지(general welfare)'가 적용되는 영역 안에서 이들은 생산과 책임의 의미를 느낀다. 공동체 사회는 오늘날 구식 개념으로 받아들여지기도 한다. 사회적 집단이나 기관, 체제가 너무나 거대해져서 공동체 사회 또는 공동선(common good)의 의미는 다소 퇴색했다. 그래서 오늘날 대부

---

2) 건전한 편향성과 공동체의 자의식에 관한 논의에 대해서는 다음을 참고하라. Josiah Royce, *Race Questions, Provincialism, and Other American Problems* (n.p., 1908), p. 62.

분의 미국 영어 사전에서 공동체 사회를 '구식' 단어로 간주하는 것도 별로 놀랄 일은 아니다. 하지만 아미쉬 마을은 부분적으로 공동체 사회의 속성을 띠더라도 결코 구식은 아니다.

아미쉬 마을이 건전한 의미의 편향성(provincialism)을 유지한다는 주장도 있다. 이러한 요인이 앞으로 세계를 구원할 뿐만 아니라 점점 호소력을 더하리라는 것이다. 편향성은 언제나 과거에 갇힌 꽉 막힘이나 무지에 의존하는 것은 아니다. 많은 이가 탈출하려고 한 무언가에 얽매일 필요는 없다. 영역 또는 공동체 사회의 의미는 사람에 대한 귀중한 애정, 그리고 자의식을 기반으로 한 품위와 더불어 세계 속의 더 큰 공동체들에도 꼭 필요한 기반이다. 지역성(locality), 장소, 관습, 지역적 이상에 대한 존중은 국가(nation) 안에서 마치 괴물 같이 성장하는 통폐합 경향을 반성하는 긴 여정을 시작하게 한다. 이는 인간의 자유와 개인의 존엄성을 지키는 데 도움이 될 것이다.

2. 종파주의

사회학자들은 아미쉬 마을을 종파주의(sectarian) 사회로 분류하는 경향이 있다.[3] 유럽 학자들은 '종파(sect, 분파)'와 '교회(church)' 형태의 종교적 제도를 사회적 조직이라는 측면에서 서로 대조하며 이해했다. 지역에서 확실히 자리를 잡은 교회는 위계적이고 보수적인 집단으로 여겨진다. 이러한 교회는 지역에 사는 모든 이에게 온정을 베풀며, 사회를 통제하는 주체인 지배 계급에 호소력이 있었다. 여기에 비해 종파는 평등주의적이다. 종파는 기본적으로 자발적인 종교적 항의 운동이며, 그 구성원들은 믿음, 실천, 그리고 제도적 기반을 바탕으로 다른 사람들과 자신을 구별한다. 종파는 잘 짜여진 종교적 조직과 그들의 지도자가 갖는 권위주의를 거부한다. 종파와 교회 개념 사이의 이러한 긴장은 기독교 안에서 작동하는 변증법적 원리를 통해 이해할 수 있다. 종파주의 집단들이 내세우는 그들의 이상형은 각 집단만의 특색을 분명

---

3) Ernst Troeltsch, *The Social Teachings of the Christian Churches*, 2 vols.(New York: Macmillan, 1931). 이 분야의 선구자인 Troeltsch 는 1800년 이전에 발흥한 중세와 근대의 기독교 종파들을 관심사로 삼았다.

히 하는 데 도움을 주었다. 예컨대 재세례파(Anabaptist)는 규모가 작고 자발적으로 생성된 집단으로, 산상수훈(마태복음 5~7장)의 정신을 따르는 생활을 자신들의 본보기로 삼는다. 이들은 구성원을 훈육하고 처벌하며, 집단에서 추방하기도 한다. 다른 종교적 충성 집단과 자기 집단을 완전히 분리하는 일도 필요하다. 또한, 모든 구성원은 평등하며, 맹세를 하거나 전쟁에 참전하거나 바깥세상의 정부에서 일해서도 안 된다.[4]

종파들은 다른 종파와 자신을 구별하기 위해 다양한 분리 방법을 사용한다. 하지만 오늘날의 사회는 기동성이 매우 좋아졌기 때문에 사람들은 복합적인 맥락에서 하나가 되었다. 분리가 일어나는 공간적인 은유(계곡, 지역, 구역 등)는 빠르게 옛것이 되고 있다. 오늘날의 종파주의자들은 주류의 가치와 경쟁적 체계로부터 자신들을 보호하는 정신적인 편협성과 맥락들에 의지한다.[5] 종파의 구성원들이 세상과 분리되는 정도는 다양하다. 이 분리는 대개 집단의 역사와 철학이 기존에 존재하는 가치들과 매우 철저하게 대치하고 그 집단이 한 세대 또는 그 이상 자신을 지켜왔다는 사실을 발견함으로써 이루어진다. 구경꾼에게 이런 종파주의는 수도원 생활과 마찬가지로 복잡다단한 사회에서 벗어난 쉼터로 여겨질 수 있다. 하지만 그 참여자들에게 종파주의는 봉사와 겸손을 실현하는 새로운 형태이자 주류 문화에서 자신을 지키는 진정한 방편이다.

종파주의는 먼저 자신의 생활을 짜임새 있게 조직하고 그것을 유지함으로써 자신의 신앙을 지킨다고 여겨진다. 잘 확립된 교회는 자신들의 신앙을 다른 이해관계, 그리고 주변 환경의 요구와 타협한다. 하지만 종파주의자들은 자신의 믿음을 일상 속에서 실천한다는 의미에서, 전면적으로 종교적이다. 종파는 광신적인 사상을 좇는 소외된 사람들로 이루어진 주변적이고 별난 집단으로 간주될 때가 많다. 그렇지만 이러한 종파는 역사의 방향을 이끄는 데 큰 영향력을 끼쳐왔다. 영국의 사회학자 브라이언 윌슨(Bryan Wilson)에 따르면, 종파는 자신들만의 사회를 세우려는 사람들의 자의식적인 시도로 생겨났

---

4) 같은 책, 2:p. 705

5) Martin Marty, "Sects and Cults," *Annals of the American Academy of Political and Social Science* 332 (1960): p. 125-34.

다. 종파는 "조직을 갖춘 정치적 존재자일 뿐만 아니라 가치와 그 이상의 것까지 — 이것들은 의식적이다 — 안정적으로 갖춘 집단이기도 하다."[6]

미국에서 나타난 종교적 관용주의는 유럽에서는 실현되지 못한 방식으로 종교적 다원주의(pluralism)의 발전을 촉진했다. 근대 기독교 종파들을 여러 유형으로 분류한 윌슨에 따르면, 아미쉬 사회는 **회심주의**(conversionist, 개인이 신의 법을 따르기로 마음을 바꾸는 회심의 중요성을 강조함-역주)나 **개혁주의**(reformist)보다는 오히려 **내향주의**(introversionist, 세상으로부터 은둔하여 구원을 얻고자 하는 종교적 분파-역주)에 가깝다. "세상에서 벌어지는 일에 관여하지 않고 물러난 이 사람들의 공동체 속에서는 구원을 찾을 수 있다."[7] 아미쉬 사람들은 인간이 나쁜 환경에 처해있음을 인정하며 그런 것들에서 받는 영향을 줄이고자 노력한다. 그리고 그들의 공동체 안으로 물러나 종교적인 관계 속에서 신의 속성을 체험하고 보존하며, 그런 방식으로 자신을 계발하고자 한다.

종파주의 모델은 그 자체로 역사적이고 종교적인 맥락을 띤다. 하나의 모델로서 특정 시기에 발전의 반대 방향으로 나아가는 집단이 늘어난 데 대한 통찰을 제공한다. 오늘날에는 산업화 초기에 존재하지 않았던 여러 유형의 사회적 운동이 존재한다. 예전과 달리 종파는 여러 가지 의미에서 그 자발성을 잃었을 수도 있다. 하지만 종파주의 모델은 우리에게 종파란 어떻게 생겨나고 하나의 항의 운동에서 시작해서 분리적인 종교적 실체로 자라나는지를 알려줄 수 있다. 하지만 집단 내부에서 벌어지는 흐름에 대한 지식은 이런 모델을 통해서 알 수 없다. 예컨대 아미쉬 사람들은 공동체 밖의 다른 사람들에게 자신들의 규율을 따르도록 한다는 점에서 종파주의자가 아니다. 그렇다고 모든 행동을 『성경』자구에 기초해서 하라고 주장하지는 않는다. 이들이 주류 문화와 대립하는 방식과 강도는 묵시적이거나 기만적인, 또는 컬트적인 다른 종파들과 같지 않다.[8]

아미쉬 사회를 포함한 많은 종파주의 사회는 자신들의 메시지를 전하려

---

6) Bryan Wilson, *Religious Sects* (New York: McGraw-Hill, 1970), p. 22.
7) 같은 책, p. 39.
8) 같은 책.

는 노력을 거의 하지 않는다. 이들은 더 많은 교육을 받아 문맹을 줄이고 문명의 세례를 받아야만 외부와 진정한 커뮤니케이션을 할 수 있지만 그렇게 되면 자신들의 종말이 시작된다는 것을 본능적으로 알고 있다. 마틴 마티 (Martin Marty)는 이렇게 말한다. "대규모 사회에서 종파가 하는 공헌은 종파의 장점과 특유성, 그리고 그들만의 주장을 잘 포착해서 대화적 복잡성(dialogical complexity)의 세계로 가져다놓는 호의적인 관찰자에 의해 가장 잘 구현된다."[9] 아미쉬 사회의 경우, 종파주의 사회로서 그들의 메시지는 모범적일 정도다. 사실, 말로 하는 커뮤니케이션보다 삶의 방식이 더 중요하다. 궁극적인 메시지는 삶 그 자체다. 아미쉬 사람들의 기본적인 확신과 삶의 의미와 목적에 관한 관점은 흔들림이 없을 것이다. 이들은 자신들의 삶을 직접 살아나가는 것 말고는 그것을 달리 설명할 수 없다.

3. 민속사회

전 세계의 사회들을 비교하는 인류학자들은 반(半)고립되어 살아가는 사람들의 집단을 '민속사회(folk society)' 또는 '원시 사회'라고 부른다. 혹은 '단순한 사회'라고 칭하기도 한다. 이런 사회는 개인주의적인, 이른바 문명화된 사회와는 완전히 대조되는 유형이다. 로버트 레드필드(Robert Redfield)[10]가 개념화한 '민속사회'란 작고 고립되었으며 전통적이고 단순하며 균질화된 사회로, 구두 커뮤니케이션과 관습적인 방식이 사람들의 삶 전체를 통합하는 데 중요한 역할을 하는 집단이다. 그런 조건이 이상적으로 잘 맞는 사회에서는 구성원 사이에 공유되는 실천적인 지식이 과학보다 중요시되고, 관습이 비판적인 지식보다 가치 있으며, 구성원 사이의 관계도 추상적이거나 범주화되기보다는 개인적이고 감정적이다.

또한, 민속사회는 변화에 익숙하지 않다. 젊은이들은 나이 든 사람들이 젊

---

9) Marty, "Sects and Cults," p. 134.

10) Robert Redfield, "The Folk Society," *American Journal of Sociology* 52(January 1947): 293-308. 같은 저자가 쓴 *The Little Community* (Chicago: University of Chicago Press, 1955)도 참고하라.

었을 때 한 일들을 그대로 한다. 구성원들은 입으로 하는 말뿐만 아니라 관습과 상징을 매개로 서로 친밀하게 소통한다. 이처럼 관습이나 상징은 구성원 전체가 공유하기도 하지만 각자의 소유물이라는 의미도 강하다. 그럼에도 민속사회는 공동 사회와 비슷해서 '우리'로서의 의식이 강하다. 리더십은 제도화되었다기보다는 개인적인 성격을 띤다. 큰 경제적 불평등도 존재하지 않는다. 상호 부조(mutual aid) 또한 사회 구성원들의 특성이다. 인생의 목적이 교리의 대상으로 진술되는 일은 절대 없지만, 그것을 의문시하는 사람도 없다. 이런 경향은 작은 사회에서 나타난다. 그러한 사회에서 관습은 거의 신성한 것처럼 여겨진다. 행동은 매우 유형화되고, 문화 또는 행동의 대상에는 상징적인 의미가 부여되고 종종 종교적인 의미가 스며든다. 종교가 속속들이 널리 퍼져 있기 때문이다. 그래서 전형적인 민속사회의 구성원들은 고유한 노래와 기도를 하며 파종과 수확을 성스럽게 행한다.

아미쉬 사회는 얼굴을 마주하는 친밀한 일차적 집단으로서 그 중요성이 오래전부터 인식되었다. 찰스 P. 루미스(Charles P. Loomis)는 아미쉬 사회의 특성을 처음으로 개념화해서 설명했다. 루미스는 가족주의적이고 공동 사회 유형의 시스템을 지닌 아미쉬 사회를 오늘날 문명사회에서 볼 수 있는 고도로 지역적인 이익 사회(Gesellschaft) 시스템과 규모 면에서 비교했다.[11]

이런 민속사회 모델은 전통적인 방향으로 이끌리는 아미쉬 사회의 특성을 이해하는 데 도움을 준다. 다른 방식으로는 아미쉬 사회가 전통에 큰 의미를 부여하는 것을 설명하기가 어렵다. 예컨대 아미쉬 사회는 19세기에 농촌 사회에서 흔하던 관습과 소규모 기술을 보전해왔다. 덕분에 아미쉬의 종교적 가치는 혼합주의(syncretism)의 방식을 통해 가족 구성원들이 함께 일할 수 있는 규모의, 모든 사람이 말을 끌고 농사를 짓는 단순한 초기 농촌 사회와 융합되었다. 아미쉬 사회는 현대 국가의 농촌 하부 문화 속에 민속적 또는 '작은'

---

11) Charles P. Loomis and J. Allan Beegle, *Rural Social Systems* (Englewood Cliffs, N.J.: Prentice-Hall, 1951), p. 11-30. 이후의 책에서는 아미쉬 사회를 사회 시스템적으로 심화하여 분석한다. 다음의 책을 참고하라. Ferdinand Toennies, *Community and Society*, ed. and trans. Charles P. Loomis (East Lansing: Michigan State University Press, 1957).
아미쉬 사회가 스스로 고립되었기 때문에 이 사회를 민속적이거나 농민적이기보다는 '자발적으로 만들어진 민속사회'로 보아야 한다는 주장에 대해서는 다음 글을 참고하라. Gertrude Enders Huntington, "Dove at the Window: A Study of an Old Order Amish Community in Ohio"[박사 논문, Yale University, 1956], p. 107.

공동체로 존재하며, 이는 인류학 문헌에 기술되는 원시적이거나 농경적인 유형과는 구분된다. 레드필드의 농촌 사회 모델과 퇴니스-루미스의 공동 사회의 특성 일부를 살펴보면 **특이성, 소규모성, 문화 유형의 균질성, 자급자족을 향한 노력**과 같은 아미쉬 사회의 여러 요소를 이해하는 데 도움이 될 것이다.

특이성

아미쉬 사람들은 눈에 아주 잘 띈다. 아미쉬 거주지로 들어온 외부인들은 그들의 복장, 농장 집, 장신구, 활동 범위, 그리고 기타 물질적인 특색 때문에 자신들이 그들과 다르다는 사실을 인식할 수밖에 없다. 또 아미쉬 사람들은 외부인과 완벽하게 영어로 소통하지만, 그들끼리는 독일 방언으로 소통한다.

아미쉬 사람들은 종교와 관습이 삶의 한 방식으로 녹아든 독특한 생활을 한다. 그들의 삶에서 그 둘은 따로 떼어놓고 생각할 수 없다. 공동체의 핵심 가치는 종교적인 믿음이다. 구성원들은 예수 그리스도와 『성경』의 계시를 통해 신을 이해하고 숭배하며, 이들의 유형화된 행동은 종교적으로 의미가 있다. 이러한 독특한 삶의 방식은 일상생활과 농경문화에서 나타나는 경제적 목적의 에너지 활용에도 스며들어 있다. 이들의 믿음은 자기 자신, 우주, 우주에서 인간의 위치에 대한 이들의 개념에 영향을 미친다. 아미쉬 사람들은 자신들의 세계관을 바탕으로 특정한 영적인 가치와 존엄성이 우주 속에 자연적인 형태로 존재한다고 생각한다. 종교적 고려는 일하는 시간뿐만 아니라 삶의 경험과 관련되는 매일, 매주, 매 계절, 매년의 의식을 결정한다. 직업이나 여행의 수단과 목적지뿐만 아니라 친구와 배우자 선택까지도 말이다. 그래서 종교적인 태도와 직업적인 태도는 서로 보완적이다. 신과 아미쉬 사회를 포함한 우주는 아미쉬 사람들이 스스로 '신에게 선택받은 사람들'이라고 여기는 한 신성하다. 아미쉬 사람들은 자연을 지배할 방법을 찾거나 환경에 거스르는 일을 하기보다는 환경과 더불어 일하고자 한다. 아미쉬 사회와 땅, 대지, 식생 같은 자연 사이의 친화성은 다양하게 표현된다.

종교는 고도로 유형화되어 있으므로 누군가가 아미쉬 사회를 전통에 얽

▲ 펜실베이니아 주 랭커스터 카운티에서 전형적인 가족 마차의 모습

매인 집단이라 말한다고 해도 크게 틀리지는 않을 것이다. 비록 『성경』에 나오는 비유가 세상에 대한, 그리고 삶과 죽음에 대한 이들의 견해에 중요한 역할을 하기는 하지만, 이러한 믿음은 여러 세기에 걸쳐 공동체를 유지하며 살아남기 위해 노력하는 과정에서 융합되었다. 강렬한 종교적 경험, 사회적 갈등, 그리고 친밀한 농경적 경험에서부터 새로운 것보다는 오래된 것을 선호하는 사고방식(mentality)이 발전했다. 이러한 원리는 종교에 특히 잘 적용되는 것처럼 보이며, 사회적 행동에 대한 선언이 되기도 한다. "오래된 것이 최고이고, 새로운 것은 악마의 것이다." 이 말은 일종의 격언으로 굳어졌다. 아미쉬 사람들은 이런 사고가 널리 퍼져 있고 함께한다는 의미가 강한 친밀한 공동체 속에서 생활하며 통합적인 삶의 방식과 민속적인(folklike) 문화를 이루었다. 복종과 관습의 지속성이 당연시되고, 개인이 태어나서 죽을 때까지 갖는 무언가에 대한 필요는 통합적이고 공유된 의미 체계 안에서 충족된다. 구전되는 전통, 관습, 그리고 인습은 집단이 기능적인 전체성을 유지하는 데 중요

한 역할을 한다. 그 집단의 관여자들에게 종교와 관습은 서로 분리될 수 없다. 책무와 문화가 결합되어 안정적인 인생 경험을 할 수 있도록 해준다.

이는 작은 아미쉬 공동체에 나타나는 특이성이다. "공동체의 경계가 어디서 시작하고 끝나는지는 명확하다. 외부 관찰자들의 눈으로 보면 그 특이성은 명백하며, 공동체를 이루는 사람들의 집단의식으로 표현된다."[12] 아미쉬 공동체는 어떤 측면에서는 현대 사회의 기능적인 일부분이지만 그 속에 독특한 하부 문화가 있다.

소규모성

아미쉬 공동체의 사회 단위는 기본적으로 작은 편이다. 그리고 사는 곳과 상관없이 아미쉬 사람들에게 일차적인 자치 단위는 '교구'다. 생활의 규칙들은 이처럼 얼굴을 맞대는 집단 내에서 결정되며, 이 집단은 소규모로 유지된다. 한 집에 모여서 진행하는 의례 방식과 마차로 이동하는 데 따르는 한계 때문이다. 대부분 지역에서 아미쉬 사람들은 비아미쉬 사람들 거주지와 가까운 곳에서 농장을 이루고 산다. 그럼에도 아미쉬 가구들은 지리적으로 하나의 단위를 이룬다. 30~40가구로 이루어진 작은 단위가 교회의 신자들(congregation)이다. 이들은 돌아가며 2주에 한 번씩 각자의 집에서 종교적인 의식을 치른다. 그들에게는 의식을 치르기 위해 따로 준비한 중심이 되는 건물이나 장소가 없기 때문이다. 아미쉬 가구는 한 정착지에서 다른 정착지로, 또는 한 나라에서 다른 나라로 옮겨갈 수 있지만, 이주한 곳에서도 해당 지역의 교구에 소속된다. 규모가 큰 정착지라도 기본이 되는 사회 단위는 소규모이고 토착적이다.

각 교구에 통용되는 규칙들은 개인의 경험 범위를 포괄한다. 이러한 작은 공동체는 외부 세계를 배제함으로써 살아남은 만큼 금기도 많고, 문화의 물질적인 속성도 상징적인 것이 되었다. 예컨대 복식 스타일을 통일하는 것은 중요하다.

---

12) Redfield, *The Little Community*, p. 4.

규모가 작으면 가족이 다양한 기능을 담당함으로써 아미쉬 생활을 할 수 있다. 아미쉬 주교에게 그의 신도가 얼마나 되는지 물으면, 개인이 아닌 가족 단위로 수를 헤아릴 것이다. 이 사회를 이루는 사람들은 계보적인 위치에 있다. 이 사회의 사람들은 대부분 끈끈한 혈통과 사회적 연결 고리가 있어서 사실상 사회 전체가 친족 집단을 이룬다. 아미쉬 공동체에 합류한 이방인들은 비록 얼마 되지 않지만 그들은 아미쉬 공동체의 민족적, 혈연적 가치를 인정한다. 그런 의미에서 이 작은 공동체에서 도망쳐 나오는 사람은 아미쉬의 민음뿐만 아니라 사회적, 혈연적 고리까지 끊는 셈이다.

아미쉬 사람들은 일상생활에서 조직적이기보다는 인간적인 규모를 유지한다. 이들은 큰 규모의 통합된 학교에 저항하고, 큰 학교(또는 농장)가 작은 것보다 우월하다는 주장을 받아들이지 않는다. 이들은 관료제가 나이 터울이 얼마 안 나는 학생들을 한곳에 모아서 사회 구성원이 공유해야 하는 가치와 개인의 책임감을 배제하며 과학과 기술을 강조한다는 점을 못마땅하게 여긴다. 아미쉬 사람들은 자신들의 세계와 자신의 삶을 이해하고 음미한다. 그렇다 보니 이들은 함께 일하는 집단이나 단위가 너무 커지면 소외감을 느낄 수도 있다. 만약 실제로 이런 일이 일어나 세상이 그들에게 이해할 수 없는 무엇이 된다면, 그들은 그런 의미 없는 일에 참여하기를 그만둘 것이다.

아미쉬 공동체들은 각기 지역적인 문화의 특색이 있다. 하지만 전체적으로 볼 때 각 공동체의 기본적인 방향은 같다. 예컨대 조직화, 역할, 권위, 법적 제재, 편의시설, 바깥세계와의 관계를 조절하는 통제력 등이 그러하다. 이러한 아미쉬 사회는 모두 소규모로 이루어져 있다. 이는 서로 이름을 알고 종교 의식과 관습을 공유할 수 있는 규모 이상으로 커지지 않는 기능적인 단위를 유지하기 때문이다. 레드필드 모델과 마찬가지로, 아미쉬 공동체는 "규모가 작아서 그 자체로 개인의 관찰 단위로 충분하거나, 그보다 크더라도 여전히 균질적이다. 이 공동체는 전체에 대해 완전히 대표성을 띠는 개인 관찰 단위를 제공한다."[13]

---

13) 같은 책.

▲ 아미쉬 농장에서는 인간의 노동력, 자연을 돌보는 책무, 자연과의 협동이 한데 어우러진다.

문화 유형의 균질성

아미쉬 공동체는 문화적, 심리학적 측면에서 전체적으로 균질하다. 같은 나이나 동성인 경우 생각하거나 행동하는 방식이 매우 비슷하다. 그뿐만 아니라 한 세대와 그다음 세대가 '마음의 상태(states of mind)' 면에서 꽤 비슷하다. 생계와 소비, 생산에 대한 사회적인 승인 수단에서 평등주의가 명확히 드러난다. 얼굴 유형이 비슷한 사람끼리 짝을 지어 결혼했던 아미쉬 사람들 사이에서는 생리학적인 균질성도 감지된다. 최초의 미국 메노나이트(16세기 종교개혁 시기에 네덜란드의 메노 시몬스(Menno Simons)가 창시한 재세례파 교파-역주) 출신 역사가로 1907년에 시카고 대학교에서 박사 학위를 딴 C. 헨리 스미스(C. Henry Smith, 1875~1948)는 아미쉬 가정에서 태어났다. 스미스는 이렇게 말한다. "내 선조들은 메노나이트파였고 신앙이 독실했지요. 마치 오랜 시간 동안 믿음의 균질성 못지않게 육체적으로 비슷한 점이 많아진 유대인과 마찬가지로, 우리 혈통도 집안 내부에서 혼인하는 근친혼 과정에서 독특한 여러 특성을 축적해

오지 않았는가 하고 조심스레 추측해봅니다."[14]

그리고 전통적으로 공유해온 지식을 선호한다는 점이 이들의 심리학적인 균질성을 설명한다. 모든 구성원이 동일한 수준의 교육을 받으며, 한 세대가 삶에 대해 바라는 바는 이전 세대와 같다. 비판적인 사고는 이러한 작은 공동체에서 별다른 쓸모가 없다. 이들에게는 농촌의 민간 전승과 전통이 여전히 지식을 얻는 잠재적인 원천이다. 하지만 과학은 세계 어디서든 통용되는 보편적인 지식인 만큼 아미쉬 사람들도 농사를 짓는 과정에서 바깥 세계의 지식에 영향을 받을 수밖에 없다.

아미쉬 공동체는 미국에서 생산량이 꽤 많고 매우 안정적인 농업 사회 가운데 하나다. 아미쉬 사회는 공동체의 목적에 부합하게끔 한 가족이 운영할 정도의 농장을 소유하는 것 이상으로는 돈을 더 벌고자 하는 욕구가 없다. 이들은 도시로 이주하거나, 학교를 통폐합하거나, 도시의 위락시설이나 조합을 들여오는 다른 농촌 공동체의 흐름을 거부해 응집력이 강한 균질성을 보인다.

아미쉬 공동체의 균질적 패턴은 구성원들의 놀이, 활동, 삶을 경영하는 역할에서도 관찰할 수 있다. 이러한 것들의 기능은 이전 세대와 일치한다. 아미쉬 가정에 태어난 아기는 기쁨으로 받아들여진다. 그리고 조부모, 사촌, 삼촌, 숙모와 비슷한 이름을 받는다. 물론 아기의 성은 아버지의 것을 따르는데, 아마 공동체에서 흔한 몇 가지 성 가운데 하나일 것이다. 아기는 아미쉬 농장이라는 환경에서 놀고 사물을 실험해 지식을 얻는다. 또 이를 통해 형, 오빠, 언니, 누나와 비슷한 삶의 패턴을 따르며 자랄 것이다.

나이를 먹을수록 지식이 쌓이며 존경받는다. 노인들은 나이 들어서도 자녀와 손주들로부터 존경을 받는다. 부모에 대한 순종은 아미쉬 교회의 설교에서 아주 흔한 주제다. 가족 관계에서 특히 그러하며, 일반적으로 혈족 관계에서 강조되는 순종이 생활의 대원칙으로 여겨질 정도다. 『성경』에서는 아버지와 어머니를 존경하는 자는 장수할 것이라고 되어 있다. 나이 든 사람들의 지혜가 젊은이의 충고보다 더욱 무게 있게 여겨지며, 그로써 공동체 전체를

---

14) C. Henry Smith, *Mennonite Country Boy* (Newton, kans, Faith and Life Press, 1962)

보존하고 종교적인 이상을 큰 변화 없이 보호할 수 있다. 나이 든 아버지와 어머니는 그들의 자녀가 아미쉬 신앙 안에서 행복하다면, 그리고 교회의 규칙 안에서 살아 나간다면 만족할 것이다. 이들은 자신의 자녀들과 더 큰 친족 집단이 아미쉬 방식에 맞게끔 안정적으로 믿음을 이어간다면 자랑스럽게, 그리고 담담하게 죽음을 맞이할 것이다.

자급자족을 향한 노력

아미쉬 사회가 매우 통합적이기는 하지만, 이들은 경제적으로 완전히 자족하지는 못한다. 농장을 매일 운영하는 입장에서는 더 큰 사회와 완전한 분리를 추구할 수도 없지만 그것을 원하지도 않는다. 공동체는 종교적인 생활, 사회화 방식, 교육에서는 자급자족한다. 개인의 기본적인 필요가 공동체 안에서 충족되는 것이다.

자급자족을 유지하려는 노력은 농지 개혁 운동 및 자연과 가까운 활동과 연계된다. 삶에 대한 아미쉬 사회의 견해나 바깥세상과의 접촉이 한정적이라는 사실은 이들이 흙, 동물, 식물, 기후와 가깝다는 점과 일관적이다. 힘든 노동, 근면, 자조, 그리고 여가 생활이나 비생산적인 소모 같은 도시적인 방식에 대한 혐오는 『성경』에서도, 나날의 일상적인 경험에서도 강조된다. 실용적인 지식과 힘든 노동, 넉넉한 생활은 흙에서 얻을 수 있으며, 아미쉬 사람들은 이러한 것에 꼭 알맞은 장소는 가정밖에 없다고 생각한다.

아미쉬 여성들의 영역과 직업적 활동은 공장이나 임금을 받는 다른 직업이 아닌 바로 집안일이다. 요리, 바느질, 정원 일, 청소, 울타리에 흰색 페인트 칠하기, 닭 돌보기, 우유 짜는 것 돕기 등으로 여성들은 계속 바쁘다. 또한, 아이들을 보살피는 일은 물론 그녀들의 주된 일이다. 아미쉬 여성들은 교회 모임이나 목사 선출에서 투표권이 있긴 하지만, 공동체의 종교 생활에서 그녀들의 위치는 종속적이다. 아미쉬 여성들의 일은 일반 미국 여성들의 일과 마찬가지로 결코 끝나지 않는다. 하지만 그녀들은 언제나 아이들과 함께이고, 그러한 일상생활의 단조로움을 깨뜨리기라도 하듯 결혼식, 퀼트 짜기, 유쾌한 모임, 경매, 일요 예배에 참석한다. 자신의 만족을 위해 정원에 밝은색 꽃을 키우고, 겨울에는 양탄자 짜기, 퀼트나 베개 커버, 수건에 자수 놓기를 하며, 주방 찬장에 색색의 접시들을 구비하기도 한다. 몇몇은 자신이 하는 일을 가정의 기쁨과 친척들 사이에서 안주인 노릇을 위한 중요한 일로 생각한다. 아미쉬 가정주부라는 역할은 도시의 여느 주부보다도 인정받을 가능성이 크다. 아미쉬 사회에서는 주부에게 어떤 기술이 있다든지 없다든지 하는 것이 곧 그 가족이 누리는 생활의 등급으로 이어진다. 주부는 가족의 모든 옷을 바느질하고, 식물을 키우고, 저장 식품을 만들고, 가족이 먹을 음식을 준비하며, 퀼트와 양탄자, 꽃 등으로 생활에 아름다움을 더한다. 통조림이나 절임 음식을 만들고 저녁 식탁에 집에서 준비한 음식을 내놓는 일은 아미쉬 여성들이 자신이 속한 사회에서 인정받고 보상받는 성취다.

아미쉬 사회에는 고등 교육기관에 해당하는 학교가 없다. 그리고 바깥세상의 중앙 집권적 학교 체계에서 영향을 받지 않으려고 스스로 초등학교를 세웠다. 아미쉬 아이들은 집에서 일하기 위해 학교를 오래 다니지 않고 그만둔다. 아미쉬의 관점에서는 "남자 아이가 21세 전에 힘든 일을 별로 해보지 않으면 이후에도 그런 일을 좋아하지 않는다. 다시 말해, 그 아이는 농부가 되지 않을 것이다."[15]

여가 생활과 사회적 쾌락에 대한 필요는 공동체 내부의 비공식적인 제도를 통해 충족된다. 일례로 친족 간에는 지속적인 방문이 의무적이다. 오락 활동은 일차적으로 의미 있는 사회적 경험, 집단의 결속, 그리고 공동체 내부의 통과의례로 이루어진다. 헛간 짓기, 나무 베기, 벌 돌보기, 퀼트 짜기, 그리고 교회 예배와 결혼, 장례식(관 만들기를 포함) 준비하기 등에서 모두 일과 오락이 결합된다. 젊은이들에게 사회적 생활의 중심은 일요일 저녁의 노래 부르기다. 인생의 가장 큰 행사인 결혼식에는 축제 기분, 음식, 친족 간의 의무, 의식이 있어야 한다. 신랑과 신부에게 제일 중요한 것은 얼마나 부유한 집안 출신인가가 아니라 공동체의 테두리 안에서 좋은 가정주부, 좋은 농부가 될 수 있

---

15) 이름을 밝히지 않은 아미쉬 사람의 말.

느냐 하는 것이다.

　작은 아미쉬 공동체는 배타적인 경제 시스템을 갖춘 자치 사회가 아니다. 다만 재산 소유권에 관한 개념은 더 큰 사회와 다르다. 아미쉬 사회에서는 경제적 보상뿐만 아니라 불행에 대해서도 함께 나누고 협조한다. 필수불가결한 외부 사회 제도와의 연결은 이들의 특유한 중심적 가치와 인간관계를 운용하는 특별한 법칙에 따라 조절된다. 농업을 성스러운 직분으로 생각하는 아미쉬 사람들은 노동으로 얽힌 관계와 직업 같은 복잡한 세상으로 말려 들어가는 것을 꺼린다. 아미쉬 농장은 주일에 무언가를 수확하거나 배달하지 않는다. 종교가 아미쉬 구성원들이 일요일에 '필요' 이상의 활동을 하지 않도록 막기 때문이다. 아미쉬 농부들은 조직화된 농장이나 지역의 정치적 집단, 통폐합된 학교 속의 일부가 되지 않는다.

　자급자족은 농업 보조금이나 사회 보장 제도와 같은 정부의 부조 프로그램에 대한 이 공동체의 대답이다. 아미쉬 사람들은 노인 연금, 농업 보조금, 보상금 등 그 무엇이든 정부의 직접적인 도움을 받지 않는다. 또한, 자녀나 증손에게 그런 보조금을 상속시키는 것도 거부한다. 정부가 아미쉬 구성원에

▼ 아미쉬 소녀들이 학교에서 점심 식사를 즐기고 있다.

게 질 책임이 있음을 인정하는 것은 이들에게는 곧 믿음을 저버리는 행위다. 이들에 따르면, 그러한 행위는 자신들 고유의 안정적인 공동체와 상호 부조를 손상시킬 수 있다. 아미쉬 사회에서는 스트레스, 화재, 질병, 노령, 죽음 등이 닥칠 때 끈끈한 인맥과 책임감을 바탕으로 구성원들의 안전을 보장한다. 이러한 필요를 상업이나 연방 정부를 통해서만 만족시키는 것은 죄스러울 것까지는 아니더라도 세속적이라고 여긴다. 아미쉬 사람들의 삶은 파벌, 무리, 이익 집단으로 나뉘지 않으며 공동체 한 덩어리가 거의 요람에서 무덤까지 보장하는 준비를 갖추었다. 이 작은 공동체는 "그 안의 구성원들에게 필요한 것, 그리고 전부, 아니면 적어도 대부분의 활동을 제공한다."[16]

로버트 레드필드(Robert Redfield)가 민속 모형(folk model)의 연장선상에서 발전시킨 아미쉬 공동체 모형은 세계 여러 곳에 실제로 나타나는 인류 공동체의 모형의 하나다. 팽창하는 문명의 가장자리에 남아 있는 이런 '작은' 공동체들은 어떤 특성을 공유한다. 하지만 아미쉬 공동체는 더 오래되고 지리적으로 고립된 집단들처럼 원시적이거나 농경적인 것은 아니다.[17] 아미쉬는 종교 개혁에서 파생되었고, 이는 그 자체로 해방적이고 자결적인 운동이었다. 아미쉬 사람들의 삶에는 기독교 전통과, 현실에 미치는 규준들이 스며들어 있다. 민속 모형은 아미쉬 공동체의 구조와 전통 지향적인 특성, 개인 간의 관계의 다양성을 보여준다. 하지만 아미쉬 공동체의 내적 역학을 이해하려면 다른 곳으로 눈을 돌려야 한다. 이어서 소개하는 모형으로 아미쉬 공동체와 미국 주류 문화에 대한 사회적 담론에서 나타나는 몇 가지 문제점을 해명하고자 한다.

4. 고-맥락(high-context) 문화

문화 인류학자들은 그동안 서로 다른 문화 사이의 엄청난 다양성과 더불어 단일한 문화 속의 중요한 유연성을 발견했다. 문화적인 패턴은 사람들이

---

16) Redfield, *The Little Community*, p. 4.
17) 이러한 민속 유형의 분류에 대해서는 다음을 참고하라. Elman Service, *Profiles in Ethnology* (New York: Harper & Row, 1963)

어째서 어떤 것에 주목하고 어떤 것은 무시하는지를 결정한다. 사람들이 느끼는 것, 생각하는 것, 행하는 것은 문화마다 다양하다. 에드워드 T. 홀(Edward T. Hall)은 '고-맥락(high-context)' 문화와 '저-맥락(low-context)' 문화를 구별했는데, 이는 사고와 지각 방식이 다양하다는 점을 드러내고 그 점을 정당화한다.[18]

고-맥락 문화는 사람들이 서로 깊이 연계되는 문화다. 이러한 문화에서는 입장이나 경험, 활동에 대한 인식(awareness), 어떤 사람의 사회적 지위 등이 빈틈없이 발달해 있다. 정보는 폭넓게 공유된다. 단순하지만 깊은 의미를 담은 메시지가 자유로이 전달된다. 그렇게 다양한 수준으로 의사소통이 이루어진다. 명백하거나 은밀한, 명시적이거나 숨겨진 기호, 상징, 몸짓이 그것으로, 이야기를 할 수 있기도 하고 없기도 한 것들이다. 이 문화의 구성원들은 외부인과 내부인을 구별하는 데 민감하다.

자연을 설명하려고 만들어진 이러한 모형은 문화-삶의 대부분-에 뿌리를 두지만 아주 특별한 환경을 제외하면 분석하기가 매우 어렵다. 비언어적이고 명백히 규정되지 않은 문화 영역은 정보 전달자에게 매우 중요하다. 고-맥락 문화는 공동선의 시스템에 따라 완전하게 사고하는 기술을 갖춘 구성원들에 의해 통합되어 있다. 충실성이 실제로 존재하며, 개인들은 그들의 문제점을 해결하기 위해 함께 일한다. 어떤 구성원에게 문제가 생기면 나머지 구성원들은 그 사람을 괴롭히는 것이 무엇인지 알고자 한다.

이와 비교해 저-맥락 문화는 읽고 쓰는 능력(literacy)과 합리성(rationality)을 강조한다. 미국인들의 삶에서 고도로 관료화된 문화의 분절들은 맥락의 정도가 '낮다'. 정보가 일차적으로 언어적인 의사소통에 한정되기 때문이다. 언어적이지 않은 인식의 다른 수준들은 개발되지 않았거나 잠자고 있다. 지각 방식은 일차적으로 선형적인 사고 시스템에 한정되며, 그것이 참(truth)을 이끌어낸다고 여겨진다. 또한, 논리가 현실로 이끄는 유일한 길로 여겨진다. 저-맥락 문화는 일차적으로 수학적 모형을 사용해서 자연과 환경을 설명한다. 사람들은 고도로 개인주의적이어서, 어느 정도 타인에 대한 관여가 필요한 맥락과

---

18) Edward T. Hall, Beyond Culture (Garden City, N. Y.: Doubleday, 1976). 고맙게도 책의 74-77, 91-93쪽을 인용할 수 있도록 허락받았다.

분리되어 있다. 저-맥락 문화는 통합되기보다는 분절되어 있고, 사람들은 점점 기계처럼 살아간다. 삶을 구획화하는 모순점들은 조심스럽게 다른 것으로 가려진다. 저-맥락 문화의 사람들은 자신의 목적을 달성하기 위해 속임수를 쓰는 경향이 있으며, 동시에 속임수에 당하기도 한다. 실패하면 시스템 탓으로 돌린다. 위기가 오면 개인들은 사람이 아닌 제도가 도움을 주길 기대한다.

고-맥락 문화와 저-맥락 문화는 각각 의식적인 설계를 거쳐 발생했거나 사람들이 덜 지적이고 무능해서 발생한 것이 아니다. 의식적으로 형성된 것이 아니라, 심층적인 문화적 흐름이 사람들의 삶을 미묘하게 구조화하는 방식 때문에 생겨났다. 이는 그 영향 아래 살아가는 사람들의 삶을 구획하는 숨겨진 문화의 흐름이다. 이러한 차이점은 사람들이 자신을 표현하는 방식, 생각하는 방식, 그리고 어떻게 움직일지, 어떻게 문제를 감지하고 해결할지, 교통 시스템이 어떻게 기능하는지, 그들의 시공간을 어떻게 배열하는지에 뿌리를 둔다. 에드워드 홀은 어떤 단일한 문화(예컨대 미국 문화 전체) 안에서의 고-맥락, 저-맥락을 논하지 않았지만, 홀의 이 발상은 그러한 비교를 가능하게 하는 것처럼 여겨진다.

미국 주류 사회 안에 아미쉬(고-맥락 문화) 사회와 저-맥락적인 부분이 공존하면서 생겨나는 결과는 무엇일까? 이들이 특정 방식으로 협력하지 못한다는 증거는 없지만, 그럼에도 조직적인 오해들이 있는 것으로 보인다. 실제 사례 두 가지가 발생할 수 있는 결과들을 보여주기에 충분할 것 같다. 하나는 정보 시스템, 다른 하나는 젊은이를 훈련하는 방법에 관한 것이다.

정보 과다(information overload)란 너무 많은 양의 정보가 부과된 결과 그것을 제대로 처리할 수 없어 붕괴에 이르는 정보 처리 시스템에 관한 기술적인 용어다. 홀이 제시한 사례는 어린아이와 집안 살림을 돌보고, 남편과 같이 생활하고, 정상적인 사회적 삶을 꾸리는 한 가정의 어머니가 문득 모든 일이 한꺼번에 벌어져 자신에게 육박해오고 있음을 느끼는 상황이다. 이 미국인 어머니는 회사의 영업 지배인, 행정가, 의사, 변호사, 항공 관제관을 괴롭히는 것과 똑같은 정보 과다를 겪고 있다. 아미쉬 사람들과 미국 주류 문화에 속한 사람들이 정보 과다를 처리하는 방식은 각각 중요한 결과를 낳는다. 아미쉬 문화는 자기 자신과 바깥세상을 가르는 매우 선택적인 가름막을 갖고 있다. 아미쉬 공동체로 들어오는 정보의 흐름은 고도로 선택적이다. 더구나 아미쉬 사회는 자신의 차단 과정을 예민하게 의식하고 있다. 그러한 차단으로 대중 커뮤니케이션 시스템에 대한 직접적인 노출은 매우 줄어들며, 구성원들과 그들의 머릿속이 정보 과다로부터 보호된다. 아미쉬 사람들이 (맥락에) 주의를 기울이는 것과 무시하는 것은 저-맥락 문화의 선택지들과 다르다. 정보 과다는 이 두 종류 문화에서 서로 다르게 처리된다. 미국인 대부분은 날마다 다량의 정보에 노출되며, 자신과 바깥세상 사이의 차단에 관해 거의 의식하지 않는다.

학교에서 아이들을 다루는 방식도 고-맥락, 저-맥락 사회라는 문화 또는 설정에 따라 달라진다. 아미쉬 같은 고-맥락 문화에서 젊은이들은 가족과 공동체에 의해 어른의 삶을 효과적으로 준비한다. 공식적인 학교 교육은 그들의 삶에서 부차적인 부분이다. 아미쉬 사람들은 아이들에게 사회적 결속과 실용적인 기술, 사회적 책임감을 가르친다. 이러한 것은 서로 잘 아는 작은 마을 학교의 작은 집단에서 달성될 수 있다. 서로 각자의 재능을 알고 또 그것을 인정한다. 배움은 항상 일이나 놀이를 하지 않는 자유로운 시간에 드문드문 이루어진다. 아이들은 오래가고 친밀한 우정을 쌓으며 서로 원활하게 의사소통하여 집단적인 일을 효율적으로 해낸다. 작은 학교에 다니는 아이들(8명에서 12명 정도의 구성원으로 이루어진 집단)에 대한 연구에 따르면, 더 큰 학교의 아이들보다 결석률이 낮고 신뢰도가 높으며 자기 의사를 잘 표현한다. 또한, 자신이 하는 공부를 더 의미 있게 생각한다.[19]

미국의 큰 공립학교에 다니는 아이들은 배워야 할 것이 아주 많다. 이러한 대규모 집단에서는 지도자의 리더십이 자연스레 나타나지 못하고, 속임수와 정치가 필요하다. 저-맥락 문화에서는 아이들이 과도한 구조화와 관료주의 및 사회적 구조를 예산에 맞추도록 강제하고 합병하려는 강박적인 요구에 시달린다. 홀에 따르면, 미국의 조직화된 공공 교육은 "인간의 모든 활동에 대

---

19) 같은 책, 183쪽. 다음 책도 참고하라. Jonathan P. Scher, ed., *Education in rural America: A Reassessment of Conventional Wisdom* (Boulder, Colo.: Westview Press, 1977), p. 96

한 보상을 고통스럽고 지루하며 시시하고 단편적이며 마음을 위축시키고 영혼을 뒤틀리게 하는 경험으로 전환"시켜왔다.[20]

공립학교가 학습의 질에 대한 이러한 판단을 수용하든 그렇지 않든 간에 두 가지 맥락의 문화에서 삶에 대한 준비가 서로 매우 다르다는 것은 확실하다. 어떤 사회에서든 사회적 결속과 기술적인 능력은 둘 다 매우 중요하다. 아미쉬 사회는 일반적으로 사실을 강조하지 않아도 괜찮은 가치들을 중시한다. 아미쉬 학교는 교육 프로그램만 보더라도 예술가나 음악가, 화가, 배우를 배출하기에 적합한 곳이 아니다. 또한, 현대적인 산업 복합체의 위쪽으로 이동하게 하는 기관 역할도 하지 않는다. 공립학교는 아이들에게 단순함, 겸손, 신에 대한 두려움을 가르치려고 고안된 것이 아니다. 미국 사회에서 학교 승인에 관한 주의 규정은 발음에 중요한 연습들을^(저-맥락적인 상황) 당연하게 여긴다. 주의 교육 담당 부서와 아미쉬 사회 사이의 오랜 갈등은 이러한 깊은 문화적 저류에 뿌리를 두고 있다.

5. 내부로부터의 관점

아미쉬 사람들은 이론에서만 존재하는 이상형이 아니다. 실제 사람들이다. 다른 사람들과 마찬가지로 자신들의 세계를 더욱 의미 있고 바람직하게 만들기 위해 일상생활에서 기호와 상징을 사용한다.

또한, 현실성 있는 관점으로 사회적 담론을 형성하는데, 이는 그들의 종교적 이데올로기의 '무의식적' 구조에 관한 분석에서 드러난다. 이러한 분석은 신화적인 의식화, 공동체의 강령을 고려하며, 아미쉬 사람들이 스스로를 어떻게 받아들이는지, 세상 속에서 자기들이 수행해야 할 임무에 대해 어떻게 생각하는지를 우리가 이해할 수 있게 해주는 문을 연다.

다른 모두와 마찬가지로, 아미쉬 사람들도 이렇게 자문한다. "인생과 존재의 의미는 무엇일까?" 이들은 자신들이, 전능한 창조주에 대한 순종과 비슷

---

20) Hall, *Beyond Culture*, p. 96.

종 사이에서 균형을 잡는 예수의 몸이라고 여긴다. 아미쉬 믿음의 중심에는 창세기의 창조, 즉 수많은 동식물, 새, 물고기가 사는 에덴동산이라는 『성경』적인 이야기가 있다. 하지만 그곳에서 지내던 인간은 타락하여 비순종적이고 육체적인 자연의 계승자가 되었다. 구원은 신의 사랑에 대답함으로써 가능하다. 아미쉬 사람들은 자신들이 과분한 선물을 받았다고 생각하는 만큼 도덕적인 곤경 속에 살고 있다. 이들은 자신이 가치 있고 신실하며 감사하는 존재, 겸손한 존재라는 것을 증명해야 한다. 아미쉬 사람들은 신의 선물에 보답해야 할 의무가 있다. 그것은 공동체에 신의 속성을 스며들게 함으로써 가능하다. 올바른 길을 걷기, 희생을 감내하기, 순종하고 복종하기, 겸손하기, 무저항주의가 바로 그러한 속성이다. 이 공동체는 집단적인 공물로서 "티나 주름 잡힌 것이나 이런 것들이 없이 거룩하고 흠이 없게"(에베소서 5장 27절) 하며, 형제다운 우애와 단합과 채비를 갖추어야 하고, "신부가 남편을 위하여 단장한 것"(요한계시록 21장 2절)만큼의 가치를 갖추게끔 언제나 치열하게 노력해야 한다. 개인들이 그 사이에서 선택하도록 인도하는 중요한 은유 두 가지는 **겸손** 대 **오만**, 그리고 **사랑** 대 **소외**다. 자만함은 신의 지식이 의도하는 바와는 반대되는 지식으로 이끈다. 소외는 자기 잇속만 차리는 활동이어서 영적인 암흑으로 가는 넓은 길로 이끈다. 아미쉬 공동체에서 아이들에 대한 교육의 목적은 이러한 이해에 바탕을 두고 있다. 이들은 교양을 중시하는 세속적인 지식을 경멸한다.

신에게 순종하는 사람과 소외되어 있는 사람 사이에는 간격이 존재한다. 아미쉬 사람들은 이렇게 묻는다. "어떠한 우정이 어둠과 빛을 함께 지니는가?" 두 영역 사이에는 지속적인 긴장이 있다. 아미쉬 사람들은 개인으로서, 그리고 공동체로서 "어그러지고 거스르는 세대"(빌립보서 2장 15절)와 떨어져서 살아야 하며, '열매 맺지 못하는 암흑 속의 일'과는 관련성을 갖지 않는다. 이들은 자신이 "내가 세상에 속하지 아니함 같이 그들도 세상에 속하지 아니하였"(요한복음 17장 16절)다고 생각한다.

더 넓은 바깥세상의 일에 제한적으로만 참여하라는 규칙에 의해 계속 사회적으로 고립된다. 과시적인 소비는 문명의 이기와 사치를 금지하는 의미 있는 규칙들에 의해 주의 깊게 방지된다. 속죄하는 공동체라는 상징성이 명확하며, 어린아이들이라도 공동체의 상징을 바깥세계의 것과 구분한다.

세상과 분리되어 속죄하는 공동체 속에서 산다는 것은 아미쉬 사람들의 관점에서 구원을 위해 필수적이다. 아미쉬 교회에서 강조하는 이 점은 『성경』의 다음 구절에 잘 드러나 있다(요한 1서 2장 15~25절).

이 세상이나 세상에 있는 것들을 사랑하지 말라. 누구든지 세상을 사랑하면 아버지의 사랑이 그 안에 있지 아니하니 이는 세상에 있는 모든 것이 육신의 정욕과 안목의 정욕과 이생의 자랑이니 다 아버지께로부터 온 것이 아니요 세상으로부터 온 것이라. 이 세상도, 그 정욕도 지나가되 오직 하나님의 뜻을 행하는 자는 영원히 거하느니라. 아이들아 지금은 마지막 때라 적그리스도가 오리라는 말을 너희가 들은 것과 같이 지금도 많은 적그리스도가 일어났으니 그러므로 우리가 마지막 때인 줄 아노라. …… 너희는 처음부터 들은 것을 너희 안에 거하게 하라 처음부터 들은 것이 너희 안에 거하면 너희가 아들과 아버지 안에 거하리라. 그가 우리에게 약속하신 것은 이것이니 곧 영원한 생명이니라.

아미쉬 사람들은 세속적인 것을 이렇게 정의한다. (1) 즐거움과 편안을 찾는 것, (2) 물질적인 것을 사랑하는 것, (3) 스스로 정신을 맑게 하는 활동이 바로 그것이다.

아미쉬의 의식 상당 부분은 순수함과 공동체의 통합을 유지하는 데 관한 것이다. 순종하지 않고 제멋대로 구는 사람을 추방하는 것은 신에게 바치는 '신부'에게 흠결이 있어서는 안 되기 때문이다. 무질서를 일으키는 그러한 구성원, 즉 "묵은 누룩"은 집단에서 추방되어야만 한다(고린도전서 5장 7절). 교회-공동체는 필요한 의식을 법령으로 정해 일 년에 두 번씩 스스로 시험을 거치고, 그 결과에 따라 일부 구성원을 추방해 조직을 정화한다. 모든 구성원이 다른 이들과 화합한다는 것을 고백할 때에만 교회는 성찬식을 치른다. 분쟁, 질투, 폭력은 공동체에서뿐만 아니라 한 사람의 신앙인인 개인의 삶에서도 용납할 수 없다. 바깥 사회에서 공무원으로 일하거나 정치가로 일하는 것은 생각조차 할 수 없다.

아미쉬 사람들의 신앙은 재세례파의 다른 분파들과 마찬가지로 공동체 신자들의 자발적인 참여가 필요하다. 아미쉬 사람들과 그 선조인 16세기 스위스, 네덜란드의 메노나이트파는 교회 공동체의 개념을 굳건히 세우기 위해 많은 피를 흘리는 희생과 고통을 치렀다. 이들의 노래는 세상의 미움을 샀던 순교자들의 이야기에 바탕을 두고 있다. 이들은 지역의 국가 교회(가톨릭, 루터 교회, 칼뱅주의 개혁파 교회)에서 강제 추방되고 시민으로서의 권리를 빼앗겼다. 여러 나라에서 기술이 뛰어난 농부로 높은 평가를 받았지만 이들은 땅을 소유할 권리를 얻지 못했다. 이들은 생존하기 위해서 중소 지배자들과 귀족들의 호의에 그저 기대야 했다. 아미쉬 사람들이 땅을 사고 구세계에서는 절대 실현되지 못했던 오늘날의 독특한 공동체를 조직한 시기는 미국에 온 직후인 1727~1770년 사이였다.

아미쉬에서 신화와 종교적 의식의 구조적인 영향력은 4장에서 더욱 자세하게 다룰 것이다. 언어와 사상, 사회적인 활동 사이의 관련성이 구조적인 분석의 범위다. 서로 다른 집단에서는 같은 신화라도 다른 의미를 지닐 수 있다. 아미쉬 사람들의 삶에서 상징의 중요성은 매우 깊이 스며들어 있다. 예컨대 흙은 식물을 키우기 위해 준비되고 비옥해지는 것, 근육노동, 다산성과 이어진다. 그리고 들판은 동물과 관련되는 생생함, 생산성과 연계된다. 이 밖에 그들이 1년 동안 치르는 의식에 대해서는 아직도 충분히 분석되지 못했다.

아미쉬 사회에서 신화는 사회적 활동의 강령 역할을 한다. 다시 말하면 그것은 신앙의 부산물로, 집단적인 여론과 도덕률, 상벌 등을 요구하는 사회적 특성이 된다. 신화는 전통과 규범을 강화하여 그 사회의 행동을 조직화한다. 강령으로 작용하는 신화는 그 사회의 가치에 특권과 초자연적인 힘을 부여한다. 그것은 말리노프스키가 얘기했듯이 강력한 통합 기능으로, 현 상태(status quo)를 유지하는 보수적인 힘일 뿐만 아니라 구성원들에게 목적의식을 제공하는 사회적 담론의 언어이기도 하다.[21] 사회적 갈등과 변화의 시기에 신화는 기호와 상징을 사용하여 논의의 언어를 제공하고, 다른 집단과 의미 있게

---

21) Bronislaw Malinowski, *Magic, Science, and Religion*(New York: Anchor Books, 1954), p. 144-46. 신화의 사회적 담론적 기능에 대한 통찰은 다음 글을 참고했다. Abdul Hamid M. el-Zein, The Sacred Meadows: A Structural Analysis of Religious Symbolism in an East African Town(Evanston, Ill.: Northwestern University Press, 1974), p. 195-98.

구분되도록 한다.

　앞에서 소개된 모형들은 아미쉬 사람들의 삶을 전체적으로 이해하는 데 도움을 준다. 이것들이 이 사회의 복잡성을 전망하는 데 도움이 되고 차후에 더 자세한 분석을 위한 기준이 되었으면 한다. 이것들이 자료를 얼마나 잘 망라하고 설명할 수 있는지에 따라 이 모형들의 유효성을 판단하여야 한다.[22] 아미쉬 사회에 대한 기술은 이런 모형 가운데 어느 하나로 한정되지 않는다. 이러한 모형 모두 불완전한 데다, 대개는 외부에서 질문한 객관적인 물음에 대해 답을 끌어내는 정도이기 때문이다. 민족지학적(民族誌學的) 연구를 통해 제공된 내부로부터의 관점은 독자들이 아미쉬 사회의 논리를 이해할 수 있게끔 할 것이다.

---

22) 아미쉬 사회를 소수민족 집단이자 소수자 집단으로 바라본 논의에 대해서는 다음 글을 참고하라. Calvin Redekop and John Hostetler, "The Plain People: An Interpretation," *Mennonite Quarterly Review* 51(October 1977): p. 266-77.

2장
아미쉬 사회의 탄생

아미쉬 사람들은 16세기 유럽 재세례파의 직계 후손이며 펜실베이니아 주의 초기 독일 이주민 가운데 일부였다. 종교 개혁이라는 이름으로 널리 퍼진 반체제 운동의 일부였던 재세례파 운동[23]은 오늘날에도 명맥을 이어가는 세 집단을 형성했다. 네덜란드와 프러시아 출신 메노나이트파, 오스트리아의 후터파 형제단(Hutterian Brethren), 그리고 스위스 형제단(Swiss Brethren)이다. 창립자 야코프 암만(Jacob Ammann)의 이름에서 비롯한 아미쉬는 스위스 형제단의 한 갈래다. 아미쉬의 기원을 이해하려면 가장 먼저 종교 개혁의 사회적 맥락에서 재세례파의 역할을 이해해야 한다.

1. 종교 개혁의 사회적 분위기

16세기에 종교 개혁이 발발하기 훨씬 전부터 유럽 사회에서는 근본적인 변화가 일어나고 있었다. 이러한 사회적인 불안은 재능 있고 헌신적인 연설가들에 의해 명확히 표현되었다. 이 새로운 방식의 선지자 가운데에는 프랑스의 페트뤼스 발데스(Petrus Valdes, 발도파의 창시자), 영국의 존 위클리프(John Wycliffe, 선구적 종교 개혁가로 그의 주장은 후스에게 계승되었다-역주), 보헤미아의 얀 후스(Jan Hus, 모라비아 형제단의 창시자) 등이 있었는데, 이들 모두 대중적인 개혁의 무대를 마련했다. 당시 상업이 발달하면서 무역상과 농부들이 세계의 다른 지역까지 발을 넓혔고, 이와 함께 기존 체제에 불만을 품은 사람들도 널리 퍼

---

23) 재세례파에 대한 문헌은 무척 많다. 초심자는 다음 책들로 시작하는 것이 좋다. Roland Bainton, *The Reformation of the Sixteenth Century* (Boston: Beacon Press, 1952); Walter Klaassen, Anabaptism: *Neither Catholic nor Protestant* (Waterloo, Ont.: Contad Press, 1973).

졌다. 전통적인 종교에 대한 믿음을 잃은 사람들은 급진적인 종교 운동의 추종자가 될 준비를 마쳤다. 이들은 오래된 가톨릭교회가 율법주의적이고 부적절하며 사람들을 착취한다고 여겼다. 가톨릭교회는 당시 사회악을 뒤집어쓴 희생양이 되었다.

16세기에 비신봉파(nonconformist)의 종류가 놀라울 정도로 다양했다는 사실은 더 나은 삶으로 이끄는 해답을 구했던 사람들이 그만큼 진지했음을 보여준다. 인쇄기가 발명되면서 사람들은 『성경』을 처음으로 읽을 수 있게 되었다. 복음의 가르침을 글자 그대로 따르는 사람들도 있었다. 예수가 어떤 사람에게 가르침을 주는 것은 어린아이를 신의 왕국에 들이는 것과 같아야 한다는 이유로, 일부 사람들은 장난감을 갖고 놀면서 옹알거리며 글자 그대로 아이처럼 행동했다.[24] 이 시기의 이단자 목록이 올라 있는 어떤 자료를 보면, 그 가운데에는 발가벗고 숲속을 뛰어다녔던 아담파(Adamites), 아내를 공유했던 도락가들, 감정적으로 격한 기도 모임을 열었던 '우는 형제단(Weeping Brothers)', 사람의 피를 마셨던 '피에 굶주린 자들', 하루에 열 번씩 악마에게 기도를 올리던 '악마 숭배자', 모든 형식적 예배에 무관심했던 '위선주의자들'도 있었다.[25]

권위주의적인 봉건체제에 대한 반란자들이 종교 전쟁을 일으켰고, 그 결과 새로운 지리적 경계가 만들어졌다. 또 사회 개혁 성향에 따라 '좌'에서 '우'에 이르는 종교적 집단의 전반적인 재조직화가 나타났다. 마르틴 루터(Martin Luther)가 기존 교회들의 관행에 대해 논의하려 했지만, 교회는 변화를 꺼리며 요지부동이었다. 루터는 교회에서 파문되자 나중에 루터 교회를 이룬 집단의 지도자가 되었다. 그에 비해 스위스에서 개혁파 교회를 설립한 울리히 츠빙글리(Ulrich Zwingli)와 장 칼뱅(Jean Calvin)의 개혁은 루터보다 개방적이었다. 이 두 프로테스탄트 집단은 통합된 교회와 국가, 그리고 초기의 세례파의 개념을 유지했지만, 루터는 수정된 형식의 미사를 주장했다. 하지만 전면적인 개

---

24) Klaassen, *Anabaptism*, p. 2.

25) Henry A. DeWind, "A Sixteenth Century Description of Religious Sects in Austerlitz, Moravia," *Mennonite Quarterly* Review 29 (January 1955): p. 44. 개혁적 천년 왕국설에 대한 더 길고 자세한 역사를 살펴보려면 다음을 참고하라. Norman Cohn, *The Pursuit of the Millennium*, rev. ed. (New York: Oxford University Press, 1970).

혁을 원하는 사람들에게는 이러한 변화도 여전히 불만족스러웠다. 이렇듯 더욱 급진적인 태도를 보이며 '개혁가들을 개혁하려 했던' 사람들을 '재세례파'라고 부른다.[26]

이러한 초기 세례파에 대한 거부는 재세례파 운동의 상징이 되었다. 하지만 권력자들은 이 운동을 선동적이라고 여겼다. **재세례파라는 용어는** '세례를 다시 하는 사람들'을 의미했다. 아기에게 세례를 하는 행위가 『성경』에서 이르는 바와 맞지 않는다고 생각한 신실한 사람들이 재세례를 했다. 이들은 선과 악에 대한 앎이 세상에 죄악을 들여왔다고 주장한다(창세기 3장). 갓난아이는 이런 앎이 없기 때문에 죄악이 있을 수 없다. 따라서 아이들에게는 죄악을 씻기 위해서 세례를 할 필요가 없다. 갓난아이에게 세례를 하는 것을 거부한 이 재세례파는 교회를 개혁하는 새로운 방식을 찾고자 했다. 그와 함께 이들은 경제적, 사회적 불의에 대해 불만을 표출했다.

당시 서유럽 전반에 걸쳐 다양한 비신봉파가 활약했지만 권력자들은 투쟁적인 무정부주의자와 평화주의적인 신자들을 구별하지 않았다. 두 집단 모두 선동적인 재세례파라는 딱지가 붙었고, 체포 및 고문, 추방, 사형 등을 해도 무방하다고 여겨졌다. 그 적들에게 재세례파는 암적으로 성장해 유럽의 종교적, 사회적 제도를 파괴하는 것처럼 보였다. 예컨대 재세례파의 신앙은 악마의 뜻을 받든 것으로 그 실천은 기묘하고 반사회적인 것으로 여겨졌다.[27]

2. 스위스 형제단

스위스 취리히에 살던 헌신적인 사람들은 소규모 집단을 만들어 진지하게 복음서를 공부하고 국가 교회의 우두머리를 개혁할 것을 주장했다. 귀족 태생인 콘라트 그레벨(Konrad Grebel)은 바젤, 파리, 빈에 있는 대학에 다닌 적이 있었다. 펠릭스 만츠(Felix Manz)는 라틴어, 그리스어, 헤브루어를 할 줄 알았고

---

26) 이 급진주의의 본질에 관한 논의는 Franklin H. Littell의 *Origins of Sectarian Protestantism* (New York: Macmillan, 1964)에서 시작되었다.

27) Klaassen, *Anabaptism*, p. 1.

국가 공인 자격 없이 오랫동안 설교를 하다가 여러 번 감옥에 수감되었다. 게오르게 블라우로크(George Blaurock)는 성직자 교육을 받았다. 이들은 예수의 가르침을 진정으로 실천하는 사람들에게만 '크리스천'이라는 이름을 붙여야 하며, 유아 세례와 미사 같은 국가 교회의 의식을 지키는 사람들 아무한테나 붙을 이름은 아니라고 보았다. 이들의 개혁은 스위스 국가 교회(개혁파) 수장이었던 울리히 츠빙글리, 취리히 시의회에 차례대로 거부당했다. 이들은 교회의 통합성을 훼손하지 말 것을 명령받았다. 하지만 이 소규모 집단은 계속해서 성경 공부와 기도 모임을 몰래 이어갔다. 당국이 자신들을 재판에 넘길지도 모른다는 사실을 충분히 알면서도 이들은 새로운 교회-공동체로 거듭났으며, 자신들이 세운 이 '신자들의 교회'를 찬양하는 전도 임무를 시작했다.[28] 이 교회는 국가와 분리되어야 했으며, 구성원들은 자발적으로 오래된 옛 교회의 위계적이고 강압적인 힘에서 자유로워져야 했다. 이들은 예수의 말씀에 순종하고, 사랑과 무저항주의에 대한 가르침을 따르며, 예수의 삶과 성격을 모방할 것을 매우 강조했다. 구세주는 예식 속에 있는 것이 아니라 속죄하는 삶을 살고 그의 가르침을 실천하는 신자들의 몸속에 있다고 이들은 주장했다.

취리히의 이 작은 모임 구성원들은 결국 체포되어 감옥에 갇히거나 추방되었다. 만츠는 재세례의 죄로 공개적으로 익사형에 처해졌고, 그레벨은 망명 도중 27세 나이에 전염병으로 죽었다. 블라우로크는 이단의 사상을 믿은 죄로 화형되었다.

또 다른 주요 지도자였던 미카엘 자틀러(Michael Sattler)는 재세례파 복음 전도사가 되기 위해 베네딕트 수도원의 자리를 내놓고 떠났다. 자틀러는 1527년 2월에 비밀리에 재세례파 지도자들의 회의를 열었다. 이 자리에서 나온 '형제 동맹'[슐라이타임(Schleitheim) 조항이라고 불리는]의 선언은 이 운동의 성격을 구조화하는 데 유용하게 쓰였다.[29] 이 일곱 가지 조항(아래에 요약된)은 생존 가능한 공동체에서 생활하는 크리스천 단체에 대한 스위스 재세례파의 관점을

---

28) 1525년 스위스 형제단의 첫 회합에 대한 더 자세한 설명은 다음을 참고하라. Fritz Blanke, *Brothers in Christ: The History of the Oldest Anabaptist Congregation*(Scottdale, Pa.: Herald Press, 1961).

29) 이 회의는 스위스와 독일 국경에 있는 슐라이타임 마을에서 열렸다. 원래 텍스트와 그에 대한 비평적인 논의를 보려면 다음 책을 참고하라. John Y. Yoder, *The Legacy of Michael Sattler*(Scottdale, Pa.: Herald Press, 1973).

표현한다.

【슐라이타임 조항】

1. 성인 세례

세례는 회개와 삶에 대한 개심을 배운 모든 사람, 즉 자신의 죄악이 그리스도에 의해 씻겨 나간다는 것을 믿고 예수 그리스도가 부활해 오기를 원하는 이들에게 행해야 한다. 그러므로 유아는 그 대상에 해당하지 않는다.

2. 추방

동료들에 대한 헌신의 표시로 세례를 받은 후에 소홀함이 있어 잘못이나 죄악을 저지른 자에게는 추방을 명할 수 있다. 처음 두 번째까지는 사적으로 경고를 받지만, 세 번째는 사람들 앞에서 공개적으로 경고를 받는다(마태복음 18장에 따라). 이것을 성찬식 전에 행해서 모든 사람이 하나의 뜻과 하나의 사랑 속에서 같은 빵을 나누어 먹고 같은 잔의 포도주를 나누어 마시도록 한다.

3. 성찬식에 대해

성찬식(주의 만찬)에 참여하는 사람들은 반드시 그전에 하나의 성체와 세례로 맺어져야 한다. 그리스도가 흘린 피를 기억하는 음료를 마시고자 하는 사람은 주의 식탁과 악마의 식탁에 동시에 앉기를 바랄 수 없다. 어둠과 죽음의 일에 가담하는 자는 빛의 일부도 가질 수 없다. 우리는 그들과 한 조각의 빵도 나누지 않는다.

4. 분리주의

우리는 악마가 세상에 가르친 불의와 사악함에서 벗어나 분리되기로 단결했다. 단순히 이런 것이다. 우리는 그것들에 가담하지 않으며 그들의 증오, 혼란과 함께하지 않을 것이다. ……

그로써 우리는 자신에게서 폭력이라는 사악한 무기를 줄일 것이다. 즉 무력, 군사력, 그리고 그것을 사용해 동료를 지키거나 적에게 맞서는 모든 행위를 말한다. 이는 다음과 같은 예수의 말씀에 따른 것이다. "너희는 악에 맞서 싸우지 마라."

5. 목사

교회의 목사는 사도 바울의 규칙을 훌륭하게 전하는 사람이어야 한다. 읽고, 훈계하고, 가르치고, 경고하고, 깨우치고, 올바르게 기도와 성찬식을 이끌 수 있어 야 한다. 그가 필요한 것이 있다면 후원받을 것이다. 추방되거나 순교하면 준비 된 또 다른 자가 즉시 그 자리에 임명될 것이다.

6. 무력

[지배자의] 무력은 그리스도의 완전함 밖에 있는 신의 질서다. 사악한 자를 벌주 고 죽이며 선한 자를 지키고 보호한다. ……

그리스도의 완전함 안에서는 죄악을 저지른 자를 훈계하고 배제하기 위해 추방 이라는 수단만이 사용된다. 육신을 죽이지 않으면서 그저 죄악을 경고하고 제 어할 뿐이다.

지배자의 규칙은 육체에 대한 것이다. 하지만 크리스천의 규칙은 정신에 대한 것이다.

7. 서약에 대한 거부

서약이란 다투거나 약속하는 사람들 사이에 이루어지는 확증이다. 구약에서는 이것이 신의 이름으로 가능했다. 율법의 완전함을 가르쳤던 그리스도는 모든 종류의 서약을 금했다. 사람의 말은 긍정 아니면 부정이 되어야 한다. 그 이상의 것은 사악하다.

몇 년 지나지 않아 스위스 형제단의 지도자들은 대부분이 자연사하거나 순교했다. 하지만 이들이 동의한 일곱 가지 조항은 스위스 형제단과 오늘날 아미쉬 사람들의 삶에서 기본적인 지침이 되고 있다.

슐라이타임 회의가 열린 지 몇 년 후, 네덜란드의 한 성직자가 자기 손에 쥔 빵이 과연 자신이 미사를 집전하는 모든 순간에 예수의 살로 변하는지 의 심하기 시작했다. 그는 유아 세례에 대해 다시 생각했다. 그리하여 1536년에 메노 시몬스(Menno Simons)라는 이름의 이 성직자는 교회 전통의 권위와 성경 의 권위 사이에서 선택의 갈림길에 섰다.[30] 주변의 재세례파가 겪는 고통과 죽음의 용감한 사례를 본 시몬스는 그들에게 합류할 수밖에 없었다. 그리고 남은 생애를 바쳐『성경』의 가르침을 설교하고 권고하고 주장하며 그에 관한

---

30) 메노 시몬스의 가르침에 대한 평가는 다음을 참고하라. Franklin H. Littell, *A Tribute to Menno Simons*(Scottdale, Pa.: Herald Press, 1961); Gerald R. Brunk, ed., *Menno Simons: A Reappraisal*(Harrisonburg, Va.: Eastern Mennonite College, 1992).

긴 해설을 썼다. 시몬스는 교회의 고귀하고 학식 있는 학자들이 수많은 덫에 걸려 복음의 단순함과 방향성을 보지 못한다고 주장했다. "전설, 역사, 우화, 축일, 성상, 성수, 가느다란 초, 종려, 고해성사, 순례, 미사, 아침 기도, 저녁 기도, …… 속죄, 철야 기도, 헌금 등이 바로 그것이다."[31] 시몬스는 이런 것을 지키는 것은 크게 중요하지 않으며, 오히려 사람들이 진정한 그리스도를 알지 못하게 방해한다고 생각했다. 메노 시몬스는 16세기 네덜란드 재세례파의 가장 중요한 지도자가 되었다. 그의 추종자들을 '메니스트' 또는 '메노나이트'라고 불렀으며, 이 이름은 나중에 아메리카 대륙으로 건너간 스위스 재세례파 후손에게도 적용되었다.

재세례파로 개심한 메노 시몬스의 친구 가운데 더크와 오베 필립스 형제가 있었다. 더크는 시몬스와 못지않게 많은 소책자를 썼다. 프란시스코회 수도사로 훈련받은 그는 양질의 교육을 받았고 고전 언어를 능숙하게 구사했다. 새로운 단체들을 강화하는 데 흥미를 느낀 더크는 교회의 규율, 추방, 기피, 교회 내부의 질서 등에 관해 설득력 있게 썼다. 그가 쓴 두꺼운 책 『엔키리디온(안내서)』[32]과 『메노 시몬스 전집』은 독어판과 영어판 모두 높이 평가되어 오늘날까지 아미쉬 사람들과 메노나이트 사람들에게 읽히고 있다. 재세례파들은 단지 몇몇 의식을 바꾸고 겉으로만 개혁하는 데 만족하지 않았다. 새로이 형성된 운동은 종교적인 질서를 재구축하고 자기들만의 우주를 만들었다. 가톨릭교회는 성사를 지켜나감으로써 구축되는 사회-종교적인 구조를 유지했다. 적절한 위계를 통해 베풀어지는 신의 은총은 구원을 위해 필요했다. 루터 교회와 개혁된 국가 교회 같은 프로테스탄트들은 교의와 교리를 강조했다. 가톨릭과 프로테스탄트 교회 모두 그들의 종교적인 구조를 영토 혹은 종교에 대한 정치적인 구조와 밀접하게 대응시켰다. 재세례파는 이렇듯 비-크리스천과 동맹하는 것을 거부했다. 재세례파에게 크리스천이 된다는 것은 자발적으로 자신의 신분을 자기가 헌신하는 공동체와 신자들의 영적인 단체에

---

31) Menno Simons, *The Complete Writings of Menno Simons*, ed. J. C. Wenger, trans. Leonard Verduin(Scottdale, Pa.: Herald Press, 1956), p. 165.

32) Dietrich Philip, *Enchiridion or Hand Book*(1910; reprinted ed., Aylmer, Ont.: Pathway Publishers, 1966).

양도하는 것을 의미했다. 구원의 과정은 개인적인 회개와 신에 대한 순종뿐만 아니라 '어둠의 일', 즉 악행과 독단, 탐욕, 보복에서 떠나는 것을 요구했다. 그리스도가 고통을 받으며 죽었듯이, 그 추종자들도 고통을 받을 준비가 되어 있어야 했다. 예수가 산상수훈(마태복음 5~7장)에서 가르친 자질들이 이 속죄하는 공동체에서 본보기가 되었다.

지배자들은 재세례파가 새로운 사회적 질서를 세우고 자신들의 통제력을 약화시킨다고 생각했다. 여러 군데에서 재세례파 집단이 나타날 때마다 투옥, 고문, 괴롭힘이 뒤따랐다. 지배자들은 재세례파가 신이 임명하고 설립한 통치 권력을 따르지 않는다고 주장했다. 마르틴 루터를 포함한 프로테스탄트 개혁가들은 1525년의 농민 전쟁으로 정점에 달한 농민들의 무책임한 행동에 불안을 느꼈다. 이는 실제로 잘 조직되고 통합된 사회에 근본적인 위협이 되었다. 이로 말미암아 공황이 나타나자 가톨릭과 프로테스탄트 국가들은 농민들과 재세례파에게 군사력을 사용했다. 하지만 재세례파에게 순교자로서의 죽음은 그리스도가 '십자가에서 돌아가신' 것과 궁극적으로 하나가 되는 길이었다.[33]

재세례파는 프로테스탄트 개혁파 교회가 지배하고 있는 나라에서 살면서 2세기 넘게 억압과 박해에 시달렸다. 기존의 지배 권력이 사라진 후, 메노나이트파의 다음 세대는 쥐라 산맥과 보주 산맥의 오지, 계곡에 살면서 농사를 짓고 살았다. 그곳에서 이들은 분리주의를 실현하는 고립된 섬으로 존재하고자 했다.

3. 아미쉬 분파

스위스 메노나이트의 아미쉬 분파는 자신들의 존재뿐만 아니라 그 이름을 마르키르흐(세인트마리오민, 현재 프랑스 알자스 지방-역주)에 살던 장로 야코프 암만

---

33) 다음을 참고하라. 순교자들을 다룬 매우 두꺼운 책이다. *The Bloody Theatre; or, Martyrs Mirror, comp.* Thieleman J. van Braght (Scottdale, Pa.: Mennonite Publishing House, 1951). 원래는 네덜란드어로 출간되었고(Dordrecht, 1660), 독일어로도 나왔다.

에게 빚지고 있다(그림 1).[34] 암만에 대해서는 스위스에서 태어나 나중에 알자스로 이주했고, 그곳으로 옮겨간 재세례파의 장로이자 대변인이 되었다는 사실 말고는 알려진 바가 거의 없다. 암만은 1693년 또는 그보다 일찍 스위스를 떠났을 것으로 추정된다.[35] 1696년에 작성된 국가 문서에는 그가 알자스 지역에서 병역을 피하고자 했던 무리의 대변인이었다고 기록되어 있다.

종교 개혁 동안 성장한 주요 개혁 세력에 비교하면 스위스 형제단 분파가 일으킨 난리는 가족 싸움 정도였다. 프랑스의 사회학자 장 세기(Jean Séguy)는 이 분파에서 스위스의 '모(母) 집단'과 알자스의 '이주 집단' 사이에 긴장이 확대되었다고 주장한다.[36] 그 분열을 이끄는 사건의 순서는 지금까지 남아 있는 많은 편지로 재구성할 수 있는데, 대부분의 편지가 사건이 일어난 직후에 작성된 것이다.[37] 이 편지들에 따르면 사건이 일어난 순서는 다음과 같다.

1693년 7월이나 8월경, 마르키르흐의 야코프 암만은 이전에 관습적으로 그랬듯이 성찬식을 일 년에 한 번이 아닌 두 번 치러야 한다고 주장했다. 이 혁신에 대한 소식은 빠르게 퍼졌고, 스위스 사람들을 포함한 신도 대부분은 암만을 따라야 할지 그러지 않을지 선택의 문제에 직면했다. 이 문제가 스위스의 나이 많은 장로들의 모임에서 불거졌을 때, 장로 베네딕트 슈나이더(Benedict Schneider)와 한스 라이스트(Hans Reist)는 이 제안을 딱 잘라 거절하지 않았다. 이들은 구약 시대에 고위 성직자들은 성스러운 장소에 일 년에 한 번 들어갔지만, 누군가가 그럴 만한 가치가 있고 그만큼 준비가 된다면 두 번 간다고 해서 안 될 것은 없다고 응했다. 또한, 이들은 그럴 만한 이유가 있다면 일 년에 한 번 치르는 것도 충분해 보인다고 이야기했다.[38]

---

34) 이 분파에서 암만이 했던 역할에 대해서는 Harold S. Bender가 *Mennonite Encyclopedia*에 쓴 "Ammann, Jacob"이라는 제목의 글을 참고하라. 암만의 인격에 대해 알려진 사실은 다음 글에서 논의된다. Delbert Gratz, "The Home of Jacob Amman in Switzerland," *Mennonite Quarterly Review* 25 (April 1951): p. 137-39.

35) 현재 전해지는 암만이 쓴 편지를 보면 그는 1693년까지는 알자스에 있었다. 다음을 참고하라. John B. Mast, ed., *The Letters of the Amish Division* (Oregon City, Oreg.: C. J. Schlabach, 1950), p. 41.

36) Séguy, *Les Assemblées*, p. 256. 나는 장 세기의 훌륭한 문화적 통찰에 도움을 받았다. 1977년에 개인적으로 대화를 나누었을 때도 그렇고, 그의 포괄적인 저작물을 통해서도 그랬다. 아미쉬 분파가 나타난 국가 출신의 재능 있는 학자의 작품이었다.

37) 이 편지들의 목록과 그에 대한 논의는 다음 글을 보라. Milton Gascho, "The Amish Division of 1693-1697 in Switzerland and Alsace," *Mennonite Quarterly Review* 11 (October 1937). 독일어 원문은 다음 책에 실렸다. Joseph Stucky의 *Eine Begebenheit* (1871), Johannes Moser의 *Eine Verantwortung* (1876), *Christliche Gemeinde Kalender* in 1908 (p. 138-51), 1909 (p. 134-41), 1915 (p. 121-24). Arthur, Illinois의 L. A. Miller는 1936년 새로운 자료를 Stucky 판으로 출간했다. 영역판은 John B. Mast, ed., *The Letters of the Amish Division* (Oregon City, Oreg.: C. J. Schlabach, 1950)이 있다. 몇몇 편지는 다음 책에서 (주석이 달려) 영어로 번역되었다. C. Henry Smith, *The Christian Exponent* (April 11, May 9, June 6 and July 1, 1924).

38) Peter Geiger letters, in Mast, *Letters*, p. 69.

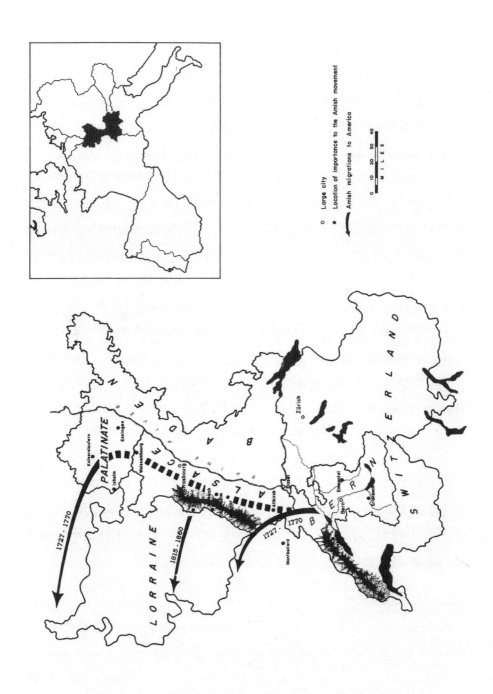

[그림 1] 아미쉬의 기원이 된 지역들과 이들이 아메리카로 이주한 경로

▶그림 설명: Large city 큰 도시/ Location 아미쉬 운동에서 중요했던 지역들/ Amish 아미쉬 사람들의
아메리카 이주

그러자 암만은 성찬식을 치르는 문제에서 사회적 기피[마이둥(Meidung), 추방된 사람들과 어울리는 것을 제한하는 관습-역주] 문제로 넘어갔다. 암만은 과거에 추방되었던 구성원들은 사회적 기피라는 형태로 계속 비난받아야 한다고 주장했다. 스위스 재세례파는 슐라이타임 조항의 교의를 지키기 위해 추방을 시행했다. 하지만 스위스와 달리 프랑스 알자스에서는 1632년의 네덜란드 또는 도르드레흐트 신앙 고백을 수용했다. 이것은 추방뿐만 아니라 사회적 기피와 세족례(洗足禮)를 시행하고 지킨다는 내용이었다. 도르드레흐트 문서[39]의 조항 11과 17은 다음과 같다.

【조항 11】

- 성인(聖人)의 발을 씻는 일에 관하여

우리는 주 예수가 그렇게 했듯이 성인의 발을 씻는 것이 성직을 수여하는 것과 동일한 정도로 그들을 다스리는 것임을, 그분이 그들의 주이자 선생임에도 사도들의 발을 씻었듯이, 따라서 그들도 다른 이들의 발을 씻어야 한다는 모범을 보였듯이, 즉 그분이 그들에게 한 것처럼 그들도 다른 이에게 행해야 한다고 보였음을 또한 인정한다. 이로써 그들 또한 나중에 신자들에게 그 일을 지키도록 하였고, 모두에게 이 일이 진정한 굴욕의 상징이기는 하지만 그럼에도 특히 우리에게 진정한 씻음을 상기해주는 것으로서, 그리스도의 피 안에서 영혼을 씻고 정화하는 일임을 인정한다(요한복음 13장 4~17절, 디모데전서 5장 9~10절).

【조항 17】

- 추방된 자를 기피하는 것에 관하여

추방된 자를 피하고 기피하는 것에 관해서, 우리는 이렇게 믿고 또 고백한다. 만

---

39) 도르드레흐트 신앙 고백은 1632년에 네덜란드에서 있었던 네덜란드와 구(舊)플랑드르 메노나이트파의 전(全)기독교회적 성명에서 기원한다(Mennonite Encyclopedia의 "Confessions of Faith," "Dordrecht Confession," "Flemish Mennonites"를 볼 것). 이 문서는 인쇄되어 네덜란드는 물론 프랑스, 독일까지 널리 퍼졌다. 1660년의 도르드레흐트 신앙 고백에는 알자스 목사와 장로 13명, 신도 8명이 서명했다(서명이 담긴 이 문서는 J. C. Wenger의 History of the Mennonites of the Franconia Conference [Telford, Pa.: Franconia Mennonite Historical Society, 1937], pp. 462-63에서 볼 수 있다). 몇몇은 그 문서가 재세례파 형제단에 의해 보편적으로 받아들여진다고 생각하고 서명했다(Jonas Lohr letters, in Mast, Letters, p. 18).
하지만 알자스 목사들이 서명했다고 해서 그들이 모든 주장을 승인했음을 의미하는 것은 아니며, 그중 몇 조항은 스위스 메노나이트파의 관습과 다른 점도 있다. 예컨대 루돌프 에글리(Rudolph Egli)는 서명하기는 했지만 사회적 기피에 반대하는 목소리를 냈다(Jacob Good letter, ibid., p. 58). 이 신앙 고백에 서명한 신자들이 모두 세족례나 사회적 기피를 실천한 것도 아니다. 이와 비슷하게, 미국의 프란코니아 회의(Franconia Conference)는 1725년에 도르드레흐트 신앙 고백을 받아들였지만 사회적 기피를 실천하지 않았고, 세족례를 시작한 것은 19세기 후반에 들어서부터였다. 이 문서는 인쇄되어 널리 배포되었기 때문에 지배 권력에게 메노나이트 신앙의 성명이 요구하는 바를 곧바로 알릴 수 있었다. 이 문서가 유명한 것은 아마도 이런 이유에서일 것이다.

약 누군가가 사악한 생활을 하거나 잘못된 교의에 빠져 신에게서 벗어나 타락했고, 그 결과 교회로부터 비난받고 추방되었다면, 교회의 다른 모든 구성원은 그리스도와 그 사도들의 교의에 따라 그자를 피하고 멀리하게 되며, 특히 그자의 잘못을 아는 사람들은 먹고 마시는 자리나 다른 사회적으로 어울리는 자리에서 그렇게 할 것이다. 짧게 말하면, 우리는 그자와 아무런 관계가 없고, 그러므로 그와 관계를 맺음으로써 더럽혀지지 않을 것이며 그의 죄악을 범하지 않을 것이다. 하지만 그자는 수치를 느끼거나 그 자신의 방식으로 슬픔에 잠길 수 있을 것이다(고린도전서 5장 9~11절, 로마서 16~17절, 데살로니가후서 3장 14절, 디도서 3장 10~11절).

하지만 그런 위법자를 기피하고 책망하면서도 온건함과 크리스천다운 사려 깊음이 있어야 하며, 이런 기피와 책망함이 그자를 파멸로 이끄는 것이 아니라 그를 개선하도록 해야 한다. 그가 도움이 필요하거나 굶주리고 목마르고 헐벗거나 병들고 재해를 겪는다면 우리는 그를 도와주어야 하며, 그리스도와 그 사도들의 교의에 따라 그에게 필요한 만큼 도움과 원조를 주어야 한다. 그렇지 않다면 그자를 기피하는 것은 그를 개선시키기보다는 파멸로 이끌 뿐이다(데살로니가전서 5장 14절).

그러므로 우리는 그러한 위법자를 적으로 생각해서는 안 되며, 그가 죄악을 깨닫고 회개하게끔 형제의 한 명으로서 간곡히 타일러야 한다. 그러면 그는 다시 신과 교회에 일치되어 예전과 같이 받아들여지고 인정받을 것이다. 따라서 이들을 적당히 사랑으로 타일러야 한다(데살로니가후서 3장 15절).[40]

암만은 기피와 세족례를 둘 다 주장했다. 하지만 스위스의 신자들이 이것을 한결같이 수행하지는 않는다는 사실을 깨닫고 그들의 모임에 가보기로 했다. 암만은 알자스 목사 세 명(울리 암만, 크리스티안 블랑크, 니콜라스 아우스부르거)를 대동하고 급히 스위스 장로들의 모임에 참석했다. 그중 나이 많은 장로였던 한스 라이스트는 이미 마이둥을 시행하지 않기로 했고 그 모임에 참석하기를 거부했다.

각 모임에서 장로들은 마이둥 시행에 대한 자신의 입장을 명확히 진술하

---

40) J. C. Wenger, *The Doctrines of the Mennonites* (Scottdale, Pa.: Herald Press, 1950), p. 80-83.

도록 요구받았다. 암만의 견해에 동조한 사람이 나오면, 암만은 또 다른 두 가지 주제에 관해서도 입장을 밝히도록 요청했다. 재세례파는 아니지만 신실한 사람[41]이 구원받을 수 있을지, 그리고 거짓을 말하는 사람들이 추방되어야 할지에 대한 것이었다. 암만은 무조건적인 대답을 요구했고 그 결과 교회는 양분되었다. 이들이 처음으로 묵은 숙소인 프리데스마트(스위스 베른 주 보빌 근처-역주)에서 만난 목사 니콜라스 모제르(Nicholas Moser)는 추방에 동의했지만, 암만에게 엘데르 슈나이더(Elder Schneider)를 찾아가 만나보라고 충고했다. 대신 대표단은 로이테넨(스위스 베른 주 차치빌 근처-역주)에 갔는데, 이곳은 목사 페테르 가이거(Peter Geiger)의 고향과 가까웠다. 여기서 암만은 늦은 시각이라 집에 돌아간 가이거에게 알리지 않은 채로 회의를 열었다. 가이거가 도착한 때는 회의가 거의 끝날 무렵이었다. 멀지 않은 합스테텐에서는 목사 니콜라스 발치(Nicholas Baltzi)가 설교하면서 신실한 사람들이 구원받는다는 메노나이트파의 주장을 비난했다. 그러면서 대표단에게 인내심을 가질 것을 요구했다.

대표단은 그다음으로 오이티겐을 방문했다. 한스 라이스트가 마이둥에 대한 그의 입장을 발표하게 한 곳이었다. 라이스트는 이렇게 말했다. "사람이 먹는 것은 죄가 아니다. 그리스도 또한 세리(稅吏)나 죄인과 함께 식사했다."[42] 그에 따르면 식사 자리에서 기피하는 것은 잘못이다. 사람의 입안으로 들어가는 것이 사람을 더럽히지는 않기 때문이다. 하지만 이러한 라이스트의 응답과 또 다른 질문에 대한 답은 암만에게는 불만족스러웠다.

그다음 숙소인 에기빌에서 암만은 장로 두 명에게 목사 전원이 모여 일반적인 규칙을 결정하는 것이 가장 좋겠다고 말했다. 그리고 곧바로 스위스 목

---

41) 이렇듯 명목상 국가 교회의 구성원이며 재세례파는 아니지만 믿음이 깊고 재세례파에 공감하는 사람을 '반(半)재세례파(Treuherzigen)'라고 불렀다. 이런 사람들이 선행을 했을 때 구원받을 수 있을지 여부가 논란거리였다. 독일어로는 이렇게 표현한다. "Dass man die treuherzigen Menchen ausser Gottes Wort nich selig sprechen soll, die noch in den weltlichen Ordnungen stehen" (Ulrich Ammann letter, 1698). 이런 신실한 사람들은 재세례파를 도와 음식과 쉼터를 제공하고 '재세례파 사냥꾼'이라 불리는 관리들에게서 보호했으며, 그 결과 스위스에서 위협과 비난을 받아 스스로 위험에 빠지기도 했다. 1690년에 한 관찰자는 이렇게 기록했다. "천국과 지상 사이에 매달려 어떻게 해야 할지 모르는 사람의 수가 무척 많다."(Mennonite Encyclopedia, "Half-Anabaptist") 한스 라이스트는 이런 신실한 사람들, 즉 "우리를 좋아하고 호의와 자선을 베풀지만 신에게 귀의하기에는 정신력이 부족한 이들"을 위해 몇몇 기도문을 쓰기도 했다. 다음을 참고하라. Robert Friedmann, *Mennonite Piety through the Centuries* (Goshen, Ind.: Mennonite Historical Society, 1949), p. 185. 다음 글도 읽어보라. John Horsch, *Mennonites in Europe* (Scottdale, Pa.: Mennonite Publishing House, 1950), p. 394-97. 하지만 암만에게는 이런 신실한 사람들이 "고난과 시련 없이 양 우리에 들어가는 방식을" 받아들이는 "도둑이자 살인자"였다. (Mast, *Letters*, p. 38).

42) Mast, *Letters*, p. 69.

사들을 니콜라스 모제르의 헛간으로 불렀다. 매우 촉박하게 불렀기 때문에 약속된 시간에 목사들이 모두 모이지는 못했고, 마이둥에 대한 태도 표명을 요구받았을 때 몇몇은 올 사람이 다 왔을 때까지도 자기 태도를 결정하지 못했다고 얘기했다. 이들이 다다른 유일한 결론은 목사 전체가 모이는 또 다른 모임이 필요하다는 것이었다. 암만은 8일 동안 회의하기를 바랐지만 가이거는 3주를 원했다. 그러는 동안 암만은 라이스트에게 사람 두 명을 보내 마이둥에 대한 그의 의견을 두 번째로 물었다. 라이스트는 교묘하게 시간을 끌면서 대답을 회피했지만, 몇몇 목사에게 자신은 마이둥을 수용할 수 없으며 그 까닭은 "교의와 교회 의식에 대한 문제를 논의할 때 젊은 사람에게 필요 이상으로 주목해서는 안 되기" 때문이라는 내용의 편지를 보냈다.[43] 그 '젊은 사람'이란 확실히 야코프 암만을 가리켰다.

가이거는 모제르의 헛간에서 열린 두 번째 회의에 라이스트가 오기를 기다리면서 한 경구를 인용했다. "사람을 더럽히는 건 입에 들어가는 것이 아니라, 입에서 나오는 것이다."[44] 암만은 이 구절이 지금 다루는 문제와 상관이 없다고 밝혔다. 그러자 가이거는 또 다른 경구를 인용했다. "너희가 다른 사람을 물어뜯고 삼키는 동안, 서로가 멸망하지 않도록 조심하라."[45] 가이거는 암만에게 교회를 분열시키지 말아 달라고 간청했다. 그러는 동안 몇몇 여성이 지시를 받고 라이스트와 다른 사람들을 회의에 참석시키려고 데리러 갔지만, 지금은 수확기라서 올 수 없다는 답변만 가지고 돌아왔다. 암만은 이들이 참석하지 않은 것을 무관심의 표시라고 해석했다.

전해오는 말에 따르면 암만은 이에 분노했다. 그리고 주머니에서 편지를 꺼내면서 라이스트의 여섯 가지 죄과를 읊고, 그와 다른 목사 여섯 명의 추방을 선언했다. 그 자리에서 여성 한 명이 무릎을 꿇으며 암만에게 참아달라고 애걸했다. 암만이 모제르 쪽으로 향하면서 마이둥에 대한 의견을 묻자 모제르는 자신이 신자들의 조언을 구하지 않았으므로 그 자리에서 자기 신자들을

---

43) 같은 책, p. 29.
44) 같은 책, p. 71.
45) 같은 책.

대변할 수 없다고 했다. 또 암만이 가이거에게 의견을 묻자 가이거는 목사들이 모두 출석하지 않은 상황에서는 자기 의견을 말할 수 없다고 대답했다. 그러자 암만은 두 사람 모두 거짓된 자라고 비난하며 그들을 추방하겠다고 했다. 이어서 암만은 하베거, 슈바르츠, 굴에게 만약 마이둥을 받아들일 수 없다면 그들을 추방하겠다고 말했다. 이렇게 회의는 끝이 났고, 암만 일행은 악수도 없이 자리를 떠났다. 가이거는 암만의 소맷자락을 끌며 "제 말도 좀 들어주시기를 바랍니다."라고 말했지만, 암만은 이를 뿌리치고 떠났다.[46]

이 에기빌 헛간의 극적인 회의가 끝나고 얼마 안 되어, 암만은 스위스의 목사들에게 경고하는 편지를 썼다. 특정 날짜까지 나타나 자신의 해석을 받아들이지 않으면 그들을 거짓된 자로 간주하겠다는 내용이었다. 암만이 보낸 경고 편지의 내용은 다음과 같았다.

【야코프 암만의 경고하는 말】

목사들, 주교들과 함께 나 야코프 암만은 판단과 결심에 의해 이미 추방되지 않은 모든 이, 남자와 여자, 목사와 평신도에게 이 전갈을 보내는 바다. 우리 앞에 당장, 또는 2월 20일까지 나타나 당신이 이 논쟁적인 조항들을 믿는지 여부를 밝혀라. 즉 추방된 자들을 기피하고, 거짓말한 자들을 교회에서 추방하고, 신의 말씀에서 멀어진 자들은 그 누구도 구원받지 못하리라는 것이다. 그렇지 않고 신의 말씀보다 나은 방식을 우리에게 알려줄 수 있다면, 기꺼이 귀 기울여 듣겠다. 만약 그대들이 이 지정된 날짜까지 출두해 우리와 함께 이 조항들을 인정하겠다고 밝히거나 신의 말씀이 아닌 다른 방식을 얘기할 수 없다면, 우리는 그대답을 할 수 있는 또 다른 날짜로 5월 7일을 지정하겠다. 하지만 그대들이 그때까지도 나타나서 대답하지 않는다면 나의 가르침과 강령에 따라 목사와 장로들에 의해 추방될 것이며, 특히 나 야코프 암만이 분리파 교회 신도로서 그렇게 할 것이고 그대가 신의 말씀에 따라 회개하는 그날까지 기피당하고 꺼려질 것이다. 이 글을 모두 돌려보도록 한 명 한 명씩 전달하라.

---

46) 같은 책, p. 73.

1693년[47]에 알자스에서는 신도 대부분이 암만을 지지했다. 라인 강 너머 팔라틴의 장로들은 분쟁이 있었다는 이야기를 듣고 다툼이 있었던 양측이 만날 자리를 주선했다. 이 모임은 1694년 3월 13일에 '(알자스) 오흐넨하임의 방앗간'에서 열렸다. 하지만 이렇듯 팔라틴 장로들이 의견 차이를 좁히려고 했음에도 합의는 이루어지지 않았다. 암만 일행은 어떤 요구에도 타협을 거부한 채 그 자리를 떠났다. 스위스와 팔라틴의 목사들은 자신들이 왜 암만의 주장에 동의할 수 없는지에 관한 성명을 발표했다.[48] 그러자 암만은 팔라틴 목사들을 추방시켰는데, 그중에는 그와는 초면인 사람도 많았다. 그 결과 스위스와 알자스, 남부 독일의 메노나이트파는 둘로 나뉘었다. 의견 차이가 있다고 생각한 목사 69명 가운데 27명이 암만의 편을 들었다. 알자스 목사 23명 가운데서는 20명이 암만을 지지했다. 그리고 스위스 출신 목사 한 명과 독일 목사 다섯 명이 암만의 견해에 찬성했다.

1700년에는 암만 또는 '아미쉬'단으로 불리던 사람들도 자신들의 방식이 지나치게 성급하고 무모했음을 인정했다.[49] 아미쉬단은 라이스트 무리의 추방을 무효로 하여 화해를 이끌어내고자 제안했다. 또한, 이에 그치지 않고 '자신들을 추방'해 라이스트 무리가 화해의 제스처를 하면서 창피하지 않게끔 미리 손을 썼다.[50] 하지만 두 집단의 회담 자리에서 아미쉬단은 마이둥 교의를 포기할 생각이 없음을 밝혔다. 스위스 형제단은 만약 아미쉬단이 단체를 되살리려 한다면 암만이 원했던 바와 같이 세족례가 여전히 중요한 논제라고 주장했다. 신도 가운데 일부는 아미쉬단의 동기에 의심을 품고 재화합하지 말기를 권했다. 상처의 골이 너무나 깊었기에, 두 집단 사이에는 여전히 적대감이 있었다.

사회적 기피에 관한 최초의 대결 국면 이후로 암만 역시 전통적인 의상, 간소한 옷차림, 그리고 바깥세상 식으로 외모를 꾸미는 것을 꺼리는 점 등을 매우 중요하게 여긴다는 사실이 확실해졌다. 암만은 수염을 다듬거나 화려한

---

47) 같은 책, p. 49.
48) 같은 책, p. 50.
49) 같은 책, p. 89.
50) 같은 책,

옷차림을 하는 것을 비난했으며, 이렇게 얘기했다. "그렇게 하기를 욕망하는 자는 마땅히 벌 받을 것이다."[51] 훅(hook, 갈고리단추)을 사용하는지는 처음에 논쟁의 일부가 아니었지만, 나중에는 두 집단의 차이를 나타내는 상징이 되었다. 아미쉬 사람들은 '훅 쓰는 사람들(Häftler)'로, 메노나이트파는 '보통 단추 쓰는 사람들(Knöpflers)'로 알려졌다. 이러한 구체적인 차이점은 구성원들에게 사회적 기피와 그들의 차이에 대한 자각을 지속적으로 일깨워주었다.

돌이켜 생각해볼 때, 아미쉬의 분열을 일으킨 진정한 원인은 무엇이었을까? 사람들은 지도자가 되려는 개인적인 야망, 그리고 아마도 약간의 질투심이 주된 요인이었다고 생각했다.[52] 야코프 암만은 자기주장을 굽히지 않는 성격이었고 자기 자신과 자신의 판단에 강한 확신이 있었다. 서명으로 미루어볼 때 암만이 몹시 완고하고 자부심이 강하며 고집 센 사람이라는 지적도 있었다.[53] 하지만 그 원인을 이해하려고 할 때 우리는 이 논쟁을 더 넓은 구도에 놓고 볼 필요가 있다. 심리학적인 설명 또는 도덕적인 판단으로만 보는 것은 적절하지 않기 때문이다.

스위스 출신 이주민인 알자스 메노나이트파는 그들이 스위스에서 알던 것과 다른 유형의 긴장을 경험했다. 알자스의 마르키르흐 계곡에 도착한 암만은 자신이 속한 '모(母)' 공동체와 차이가 있는 여러 개의 관습을 발견했다. 그 지방 재세례파만의 특유성 때문이었다. 이들은 그동안 요구받아온 군 복무나 하임부르크(Heimburg) 임무를 거부했다. 하임부르크란 그 지역 관공서의 공무원으로서 예컨대 길거리를 감시하거나 마을을 관리하는 등 공공선을 위해 공동체의 이름으로 일하는 것을 가리켰다. 이 관직이 선출직인지, 아니면 그 지역 가문의 가장들이 돌아가며 맡았는지는 확실하지 않다. 재세례파는 외부의 약탈에 대항해 마을을 지키는 경비 임무도 거부했다. 암만은 그 지역의 재세례파들이 "그 골짜기에서는 하임부르크로 복무하는 사람이 단 한 명도 없었

---

51) 같은 책, p. 42.

52) Gascho, "The Amish Division," p. 51.

53) Jean Séguy, *Les Assemblées anabaptistes-mennonites de France*(The Hague: Mouton, 1977).

고, 소년들이 과거에 그랬던 것처럼 군 복무를 하지도 않는다."[54]라고 힘주어 선언했다. 그리고 이 재세례파들이 하임부르크나 군 복무에서 벗어날 수 있게끔 면제비를 매년 준비해주었다. 즉, 암만은 알자스의 구성원들과 그 지역 당국 사이의, 또 알자스 재세례파와 스위스 재세례파 사이의 심각한 긴장 한 가운데에 있었다.

알자스 이주민과 그 자녀들은 사회적으로는 잘 통합되고 종교적으로는 자가 제어되는 공동체를 구성하는 것처럼 보였다. 하지만 그 내부에는 토지와 생계 수단을 제공하는 그 지역의 상인과 군주들에게 충성하려는 경향도 있었다. 이런 협조는 특정 위협으로 나타났지만, 박해가 아닌 절충적인 것이었다. 몇몇은 개혁파 교회에 다니기 시작했다. 두 집단 사이에는 우애를 바탕으로 한 제휴가 있었다. 이런 맥락에서 재세례파는 아니지만 신실한 사람들이 구원될 것인가 하는 문제가 스위스에서 다시 제기된 것이다. 암만은 국가 교회에 다니는 사람들이나 신실한 사람들의 구원을 인정하지 않게끔 분명하게 선을 그었다.

세족례와 마이둥은 둘 다 네덜란드의 초기 메노나이트파가 실행한 것이었으며 1632년의 도르드레흐트 신앙 고백에도 포함되었다. 스위스에서는 둘 다 실행되지 않았고, 1527년의 슐라이타임 조항에도 포함되지 않았다. 두 집단 사이의 논쟁은 추방에 대한 이해가 서로 다른 점을 반영했다. 스위스 쪽은 마이둥을 '새로운 교의'라고 불렀고, 장로들은 그들의 구성원들에게 새로운 가르침을 받아들이지 말라고 타일렀다.[55] 암만은 그들의 동료들에게 이렇게 말했다. "조상을 돌아보고 싶다면, 네덜란드 도르드레흐트 마을의 신앙 고백을 살펴라."[56] 라이스트 무리는 그리스도와 그 사도들이 기피를 행했다는 것을 단호하게 부인했고, 도르드레흐트 조항을 '인간의 기원에 대한 법령'[57]이라고 불렀다.

입장이 확고하던 암만은 복음에 대해 타협하지 않도록 가르쳤다. 그는 즉각 결심하지 않고 이리저리 고민하는 사람들을 그대로 두지 않았다. 알자스

---

54) 같은 책, p. 130. 이 면제료 때문에 암만의 구역 안에 있는 많은 가문 가장들이(새로 이주한 자들과 거주자들로 추정되는) 보호받았다. 다음을 참고하라. Jean Séguy, *Les Assemblées*, p. 130, p. 163, nn. 69, 70.

55) Mast, *Letters*, p. 53, 54.

56) 같은 책, p. 40.

57) 같은 책, p. 19.

신도들이 직면한 타협이 초래하는 문제를 깨달은 암만은 교의를 엄격하게 지키는 방향으로 돌아오도록 요구했다. 이런 태도가 낳은 한 가지 결과는 특정한 민족으로 구성되어 응집된 집단의 탄생이었다. 성찬식을 일 년에 두 번 치름으로써 알자스 신도들은 구성원들의 삶에서 훨씬 큰 규율을 시행할 수 있었다. 정통성과 의식을 더 빈번히 시행할 것에 대한 암만의 강조는 강한 응집력뿐만 아니라 강력한 율법주의로 이끌었다. 암만이 알자스 신도들에게 자신의 관점을 설득시킬 수 있었던 가장 그럴 듯한 이유는 이들이 자신의 고유한 정체성을 유지하려면 자신들의 위치를 단단하게 다질 필요가 있음을 알고 있었기 때문일 것이다.

4. 창립자 야코프 암만

야코프 암만의 출생이나 혈통, 사망한 날짜는 밝혀지지 않은 상태다. 스위스 형제단 종파에서 수행한 역할을 제외하고는 그에 대해 알려진 바가 거의 없다. 기록에 따르면 툰 남쪽 짐 골짜기의 에를렌바흐(스위스 취리히의 지명-역주)에서 살았다고 한다.[58] 그가 이곳에서 태어났는지, 아니면 이곳에서 장로로 일했을 뿐인지는 확실히 알려지지 않았다. 암만은 1693년에서 1712년 사이에 알자스에서 살았는데, 이때는 그가 재세례파의 목사, 장로로 일하던 시기였다. 그의 이름은 마르키르흐 지역에 살던 재세례파 인명록의 공동 서명인(당국이 규정한 바에 따르면)으로 올라 있다. 성년이 된 그의 딸 한 명은 1730년에 에를렌바흐 근처 비미스에서 국가 교회 성찬식에 참석을 허가받았다. 베른에 있는 이 성찬식에 관한 기록에 따르면 야코프는 이 날짜 이전에 베른 공화국 밖에서 죽었다.

그나마 신빙성 있는 자료에 따르면 야코프는 미카엘과 안나 러프 암만 부부의 아들로 1644년 2월 12일에 태어났다고 하지만 이것도 확실하지는 않다. 여

---

58) Delbert Gratz는 지금까지 암만에 관해 알려진 바를 요약한 바 있다. 그의 다음 글을 보라. "The Home of Jacob Ammann," p. 137-39. 알자스의 Robert Baecher는 최근까지 암만에 관한 광범위한 문헌상의 연구에 몰두한 결과 추가적인 정보들을 발견했고, 다음 글을 통해 이를 보고했다. French Mennonite Historical Association bulletin, *Souvenance anabaptiste*. 그 발견에 대해서는 아직도 해석 작업 중이지만 *Souvenance anabaptiste* 6 [1987]: p. 75-89에서 그 유용한 일부를 밝히고 있다.

▲ 1693년경에서 1712년까지 야코프 암만이 살았던 곳. 프랑스 알자스에 있는 보주 산맥의 높은 지대에서 바라본 모습이다.

기에 따르면 앞서 한스 라이스트가 암만을 '젊은 친구'라고 불렀을 때 암만의 나이는 49세였을 것이다. 1712년에 마르키르흐의 재세례파 공동체에 추방령이 떨어졌지만, 모든 구성원이 당장 지역을 떠났던 것 같지는 않다. 이 상황에서 야코프 암만은 살던 집을 팔고 떠났지만 그 뒤의 행적은 알려져 있지 않다.

1975년에 취리히에서 발간된 암만 가족의 가계도는 야코프 암만의 혈통에 대한 또 다른 자료를 제공한다.[59] 야코프 암만은 1656년 2월 19일에 태어났고 마디스빌 스타인가스에서 농업에 종사하던 야코프와 카타리나 (로이엔베르거) 암만 부부의 셋째 아들로 태어나 유아 세례를 받았다. 마디스빌은 랑겐탈과 후트빌 사이에 있으며 베른 주 재세례파의 활동지이기도 했다. 그러나 이 가계도의 편찬자들도 야코프의 결혼 기록이나 사망 날짜, 아내와 아이들에 관한 기록을 전혀 찾지 못했다. 야코프가 공동체에서 사라졌던 기록만이 발견되었을 뿐이었다.

이 기록에 따르면 아미쉬 종파가 첫발을 내디딘 시점에 야코프는 37세다.

---

59) Paul Amman and Hans Amman, *Aus der Sippe Ammann von Madiswil, Stammregister, 1612-1955*(Zurich, 1975). 이 작업은 여러 해에 걸친 아버지(Hans, 1874-1959)와 아들(Paul, b. 1901)의 협력의 산물이다. 나는 1977년에 Paul Ammann과 나눈 개인적인 대화에서 유전적인 날짜와 여러 통찰을 얻을 수 있었다.

▲ 알자스, 세인트마리오민 마을의 집들

이 나이대는 한스 라이스트가 암만을 젊은 성직자라고 말했던 것과 맞아 떨어진다. 야코프라는 성과 마찬가지로 암만이라는 이름은 베른 주에서 꽤 흔했지만, 재세례파 기록에 등장하는 암만은 몇 없다. 그리고 미국으로 떠난 암만 가족 가운데 재세례파로 알려진 사람은 한 명도 없다.[60]

야코프가 마디스빌에서 태어났다면, 학교를 마친 후에 자신이 살던 곳을 떠나 재세례파가 되었다고 추측할 수도 있다. 재세례파가 되는 것은 처벌받는 행위였기 때문에 야코프는 고향을 떠나야만 했을 것이다. 국가 교회에는 야코프의 결혼이나 태어난 자식에 관한 기록이 없어서 그 정보는 이후 세대에 전해지지 않았다.

재세례파 아미쉬 종파의 창립자인 야코프 암만은 농부이자 상인이었다. 비록 작은 땅덩어리와 소 두 마리, 염소 세 마리를 소유했지만 야코프는 아버지 미카엘과 마찬가지로 상인이었을 것이다. 야코프는 알자스 여기저기를 옮

60) 1730년 이후 펜실베이니아와 노스캐롤라이나에 암만이라는 성을 가진 여러 가족이 건너왔다. 다음을 참고하라. Ralph B. Strassburger and William J. Hinke, *Pennsylvania German Pioneers*, 3 vols. (Norristown, Pa.: Pennsylvania German Society, 1934), I: 417, 643, 665. 다음 책도 참고하라. A. B. Faust and G. A. Brumbaugh, *Lists of Swiss Emigrants in the Eighteenth Century to the American Colonies*, 2 vols. in I (1920; reprint ed., Baltimore: Genealogical Publishing Co., 1968), I: p. 30, 45, 195 / 2: p. 35.

겨 다니며 살았는데, 평원 지역뿐만 아니라 마르키르흐의 산간 지역, 정확히는 라 프티 리프브르에서 산 적도 있다. 20년에 걸친 관공서의 문서와 기록을 보면 서명이라기보다는 '기호'에 가까운 것들이 남아 있다. 이 '기호'는 항상 "그가 글을 쓸 줄 몰랐다"는 기록과 함께 나타난다. 야코프의 기호와 함께 다른 사람들의 서명도 같이 보이는데, 주로 한스 치머만, 니콜라스 블랑크, 크리스트 요더, 페테르 게르버, 야코프 호스테틀러, 크리스트 크로프의 것이다.

암만의 생애에 대해서는 여러 의문점이 있지만 답할 수 있는 것은 별로 없다. 글을 쓸 줄 몰랐다면, 읽을 줄은 알았을까? 그는 전도사였을까, 아니면 장로였을까? 아마도 둘 다였을 것이다. 그는 세금과 병역 문제로 관공서와 문제가 생길 때마다 그 사이에서 중재하며 집단의 유대를 책임지고 있는 듯이 행동할 때가 많았다. 공동체에 생기는 큰일 가운데 그가 모르거나 승인하지 않은 채 지나가는 일은 없는 것처럼 보였다.

암만과 라이스트 측이 주고받은 편지를 보면 창립자 야코프가 스위스 형제단으로 개종했을 가능성도 보인다. 이 편지들은 아미쉬 종파의 심리적인 동기에 관한 통찰을 준다. 야코프는 열성적이었고, 앞서 드러난 것처럼 젊은 이다운 야심도 있었다. 그는 일 년에 두 번 성찬식을 치를 것을 주장했다. 종교 운동에 새로 참여한 사람들은 형식을 준수할 것을 더욱 철저하게 요구했고, 오래전부터 있었던 구성원들보다 여러 모순에 더 민감하게 반응하는 경향이 있었다. 사람들은 다른 새로운 신자들보다도 알자스 같이 변두리에 있는 공동체가 스위스의 모 공동체의 나이 든 주교들에게 대담하게 맞서 의식과 기본적인 관례들의 근본적인 변화를 이야기하고 원로들을 거짓말쟁이로 불렀다는 점을 놀라워한다.[61]

---

61) Peter Lahman과 Rudolph Huszer의 편지(Mast, *Letters*, p. 61). 라이스트와 암만 사이에 험한 말이 오가는 등 서로에 대한 적의가 드러난다. 라이스트는 "당시 상당한 영향력을 가진 유력 인사"였다 (같은 책, p. 77). 암만은 라이스트의 오만함을 비난했다. 예배당의 법적인 소유권도 논란거리였다. 그럼에도 사회적 기피를 행하면 네덜란드에서 얼마나 큰 혼란이 생길지 알고 있었던 원로 장로들은 암만의 주장을 심각하게 받아들이려 하지 않았다. 이들은 그에 따른 해로운 결과에 대해 알고 있었다(Jacob Good Letter, 1699, 같은 책, p. 59). Menno Simons는 추방뿐만 아니라 사회적 기피도 지지했는데, 그 근거는 "뮌스터 광신도"들을 배척하고 "사악한 분파들(일부다처제, 폭력, 종말론 경향, 압제 정치)을 멀리하기" 위해서였다. 네덜란드에서 초기 메노나이트파가 행한 기피는 더욱 정도가 심했다. 결혼한 사이라도 한 사람이 추방되면 같이 살지 못하게 할 정도였다. Leenaert Bouwens와 Dirk Phillips는 이것을 더욱 극단적으로 몰아붙였다. 남편을 떠날지 곁에 머무를지 결정하지 못하는 아내들을 강경파들이 밤에 집에서 강제로 데리고 나왔던 것이다. 죄 없는 아이들이 비명을 지르는 동안 남편은 아이들에게 엄마가 필요하다며 아내를 데려가지 말라고 눈물로 애원했지만 자비는 없었다. 몇몇 배우자는 그 후로 결코 짝을 만나지 못했다. 결혼한 부부는 재산과 아이들을 나눈 후 떨어져 지냈다. Menno Simons는 이런 지나친 규율에 몹시 슬퍼했으며, 부부가 이런 심한 기피를 꼭 행해야 할지 수긍하지 못할 경우 기피 규율을 강제하는 것에 반대했다(*Complete Writings*, p. 1050, 1060-63). 16세기에 남부 독일의 교회들은 마이둥을 단호하게 거부했으며, 네덜란드의 메노나이트파 상당수는 심한 파벌주의로 인해 개혁파 교회에 합류했다.

지금까지 전해지는 야코프 암만의 편지 두 통을 보면 교회 당국의 전제적인 정책이 드러난다. 팔라틴 성직자들에게 보낸 편지에서 암만은 스스로 "나 야코프"라고 열여섯 번 언급한다.[62] 이것은 편지를 쓸 때 재세례파의 특징이었다. 암만은 원로들의 임무와 자신의 확신을 매우 강조했지만, 주변 동료의 조언에는 큰 비중을 두지 않았다. 개혁파 교회의 결정은 종교 회의(synod)에서 이루어졌다. 그에 비해 재세례파 교회에서는 주요 결정이 일차적으로 성직자들 사이에서, 그다음으로 전체 구성원이 모인 자리에서 정해졌다.

두 가지의 또 다른 사건이 재세례파 교의의 차이점을 드러낸다. 베네딕트 슈나이더가 추방은 전체 신도의 만장일치로 정해져야 한다고 주장하자 야코프 암만은 이렇게 비꼬았다. "(왕국의) 열쇠를 평신도 전체에게 맡기려는 듯하다."[63] 또 다른 논쟁에서 니콜라스 모제르는 만장일치로 새로운 교의를 받아들여야 하며 "관용이 필요할 것이다."[64]라고 주장했다. 암만은 그런 조처에 의문을 제기하며 이렇게 비난했다. "당신은 성직자인데 신도들에게서 신앙을 배우려 한다!"[65] 오늘날 아미쉬 사람 가운데 성이 암만인 사람은 없다. 이 성이 언제 사라졌는지는 알 수 없지만, 야코프의 딸 가운데 한 명은 성인이 된 후에 개혁파 교회로 돌아갔다.

정보를 얻을 수 있는 마지막 출처는 야코프 암만이 손으로 쓴 서명인데, 기록 보관소에서 여러 점이 발견되었다(그림 2). 당시 많은 사람은 자기 이름을 쓸 줄 몰랐고, 그래서 서명도 다양했다. 암만의 서명도 다양한 방식으로 존재한다. 예컨대 1701, 1703, 1708, 1709년의 서명은 각각 "Jacob Amen", "I. Amme", "Jacob Ami", "I. A."다. 당시 독일의 관습에 따라 'J'와 'I'를 구별할 수가 없다. 글을 손으로 적는 과정에서 원으로 둘러싸여 있는 1709년의 'I. A.'와 함께 적힌 "Marque Jacob Aman"이라는 서명은 이것이 실제 야코프 암만의 표시임을 독자들에게 확인시켰다. 1701년에 암만과 같이 서명한 사람은 한스 치머만과 야코프 호스테틀러였고, 1703년의 것은 한스 치머만과 니콜라스 블

---

62) Mast, *Letters*, p. 28-49.
63) 같은 책, p. 32.
64) 같은 책, p. 102-3.
65) 같은 책, p. 103.

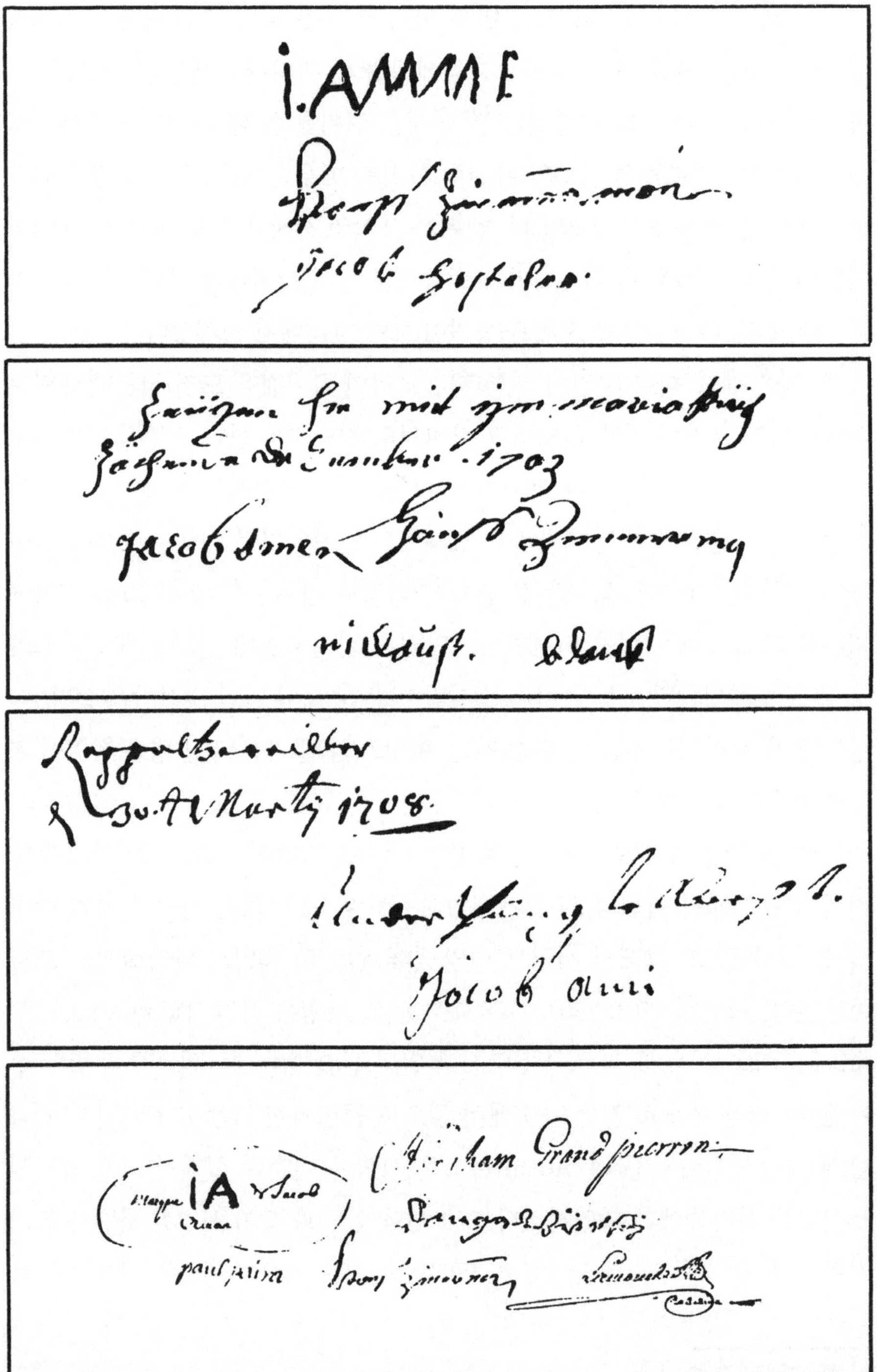

[그림 2] 알자스에 살던 당시 야코프 암만의 서명 모음

랑크였다. 1703년의 서명은 필사본의 글과는 구별되며 글을 쓴 사람이 스위스 사람으로 추정되므로 그 서명은 야코프 암만의 것일 확률이 높다.

프랑스의 사회학자로 알자스 메노나이트파에 대해 연구하는 장 세기는 이 서명들을 조사한 후 다음과 같은 의견을 남겼다. "네 개 문서의 다른 서명들과 비교해볼 때 야코프 암만의 서명이 가장 힘주어 적혔다. 암만은 자신이 중요한 사람이라는 의식을 문자적으로 드러내어 자신의 존재감을 극적으로 만들려 했다. 암만은 심리적, 사회적 정체성으로 볼 때 자신을 외부로 드러내는 것을 즐기는 사람이다. 다시 말해, 그의 서명으로 볼 때 암만은 스스로 지도자가 되기를 자청하고 사람들을 지배하고자 하는 사람이다."[66]

암만의 개인적인 특성에 관해 세기는 이렇게 말한다. "1708년의 서명은 복잡성이 가장 떨어져서 두드러진다(암만은 재세례파 가운데 유일한 서명자였다). 그렇다면 경쟁심을 느끼지 않을 경우에는 암만도 소박하고 친절한 사람이라고 봐도 좋은 것일까? 이 경우에는 결국 그렇게 볼 수 있을지도 모른다. 네 가지 서명의 차이점으로 미루어보아 야코프 암만은 한편으로는 일상적으로 펜을 쓰지 않는 사람일 수도 있고 다른 한편으로는 성격이 복잡하고 모순적인 사람일 수도 있다."[67]

겸양에 큰 강조점을 두는 아미쉬 사회의 관점에서 오늘날 아미쉬 사람들은 야코프 암만의 행동과 혁신을 어떻게 생각할까? 몇몇은 솔직히 그의 사나운 행동을 부끄럽게 여겨 더 깊이 생각하지 않으려 한다. 또 다른 몇몇은 그가 이끌던 사람들의 미온적인 태도 때문에 엄격한 규율로 돌아갈 것을 요구한 것이라고 생각한다. 아미쉬 공동체의 사회적인 특성은 '형제애'를 강조한 암만 이전의 초기 재세례파와 공통점이 많다. 이 점은 오늘날 아미쉬 가정들에 있는 책, 예컨대 메노 시몬스와 더크 필립스가 지은『순교자의 귀감(Martyrs Mirror)』과『표본(Ausbund)』에서도 잘 드러난다.

1830년에 아미쉬 교도였던 셈과 데이비드 주크는 다음과 같은 기록을 남겼다. "야코프 아이먼(Jacob Aymen)이 어디에서 태어났는지는 확실하지 않으며

---

66) 1979년 3월 7일, 개인적인 교신.
67) 같은 글.

그가 살았던 곳 또한 정확하게 알 수 없다. 하지만 그를 중요한 사람이라고 여긴 적이 결코 없었던 만큼, 우리는 그의 출생지를 중요한 사항으로 간주하지 않는다."[68] 1936년 지역 신문에 실린 글에서 엘리 J. 본트레거는 아미쉬 교회가 400주년 행사를 치렀음을 알렸다.[69] 이 400주년은 메노 시몬스가 가톨릭 성직자에서 재세례파 전도사로 전향한 해를 기준으로 계산한 것이었다.

오늘날 아미쉬 사람들은 자신을 재세례파[독일어로는 비더토이퍼(Wiedertäufer)]라고 여기며, 암만에 대해서는 거의 알지 못한다. 하지만 암만의 영향력으로 이들은 형제애와 집단의 단합을 명시한 슐라이타임 조항 등의 초기 스위스 전통에 더하여 세족례나 소박한 옷차림, 사회적 기피를 행하고 있다. 암만의 추종자에게 붙여진 이름이 '아미쉬 메노나이트' 또는 '아미쉬'이고 스위스에서는 '아미'로 줄여 부르며, 독일이나 프랑스 문헌에서는 다양한 표기가 확인된다. 초기에 미국에서 불렸던 명칭인 '아이메니스트(Aymennist)' 또는 '아이메니튼(Aymeniten)'은 아마도 '아미쉬 메노나이트'의 말소리상 특징을 조합한 결과였을 것이다. '아미쉬 구파'라는 명칭은 유럽에서는 한 번도 쓰인 적이 없으며 19세기 미국에서 전통적인 신도와 다른 신도들을 구별하고자 붙인 명칭이었다.

5. 종파주의의 발전

아미쉬가 분열되어 나온 모습은 다른 사회적 운동의 형성 과정과 사뭇 다르다. 하지만 몇몇 특징은 모든 반체제 운동의 지도자나 예언자, 창립자들과 공통된다.[70] 분리주의 운동은 다음과 같은 조건에서 일어나는 경향이 있다.

---

68) 1830년 11월 26일자 편지에서. *Register of Pennsylvania*, ed. Samuel Hazard, vol. 7 (March 12, 1831), p. 162.

69) Eli J. Bontreger, "Amish Church Observes 400th Anniversary this Year," *Middlebury Independent*, June 8, 1936, p. 7. 암만에 대한 현대 아미쉬인의 관점에 대해서는 다음 글을 보라. David Luthy, "The Amish Division of 1693," *Family Life*, October 1971, p. 18-20.

70) 반체제 운동의 자연사는 많은 사회과학자의 관심사였다. 다음 글을 참고하라. Rex D. Hopper, "Revolutionary Process: A Frame of Reference for the Study of Revolutionary Movements," in Ralph H. Turner and Lewis M. Killian, *Collective Behavior* (Englewood Cliffs, N.J.: Prentice-Hall, 1957), p. 310-19. 더 최근의 연구는 다음과 같은 것이 있다. Ron E. Roberts and Robert M. Kloss, *Social Movements* (St. Louis: C. V. Mosby, 1974).

분리주의 운동[71]이 모집단과의 관계를 끊으려면 모집단과 다른 이데올로기를 확립해야 한다. 신흥 종파의 신앙은 모집단과의 차이에 기반을 두고 선택되는 경향이 있다. 이는 그 운동이 반대하는 것이 무엇인지를 진술하는 본질적으로 부정적인 교의다. 암만은 마이둥을 주된 논제로 만들어 분열 지점을 확실히 하는 데 성공했다.

종교적 정통성을 주장하는 열정적인 지도자가 신앙상의 차이점을 뚜렷하게 하는 것은 종파의 발생에 필요한 초기 조건이다. 언제나 리더십을 분명하게 드러내는 인물이 믿음을 명료하게 표현한다. 암만은 매우 논리 정연하면서 공격적인 사람이었다. 그와 함께 조사 여행을 떠난 다른 전도사 두 명이 있었지만 이야기를 주로 하는 사람은 암만이었고, 그는 다른 사람들과 정통성을 공유하기보다는 자신의 영감에 기댔다.

대항하려는 사람이나 집단에 부정적인 제재를 가하는 권위적인 인물이 사태의 긴급성을 역설해야 한다. 암만에게는 인내라든지 신중한 숙고는 말도 안 되는 이야기였다. 그의 관점에서 교회는 점점 세속적인 나락으로 떨어져 즉각적인 행동으로만 구원할 수 있는 상태였다. 운동의 창립자는 개인적인 이유와 카리스마적인 권위를 바탕으로 행동해야지, 집단의 대리인에 그쳐서는 안 된다. 암만은 결코 타협하는 법이 없었고 자비를 빌기 위해 무릎 꿇은 자에게 답하지도 않았다.

종파의 목표는 추상적이기보다는 구체적이어야 한다. 그래야 사람들의 동의를 얻을 수 있다. 암만의 목표는 추상적이고 철학적이기보다는 구체적이고 정확했다. 사회 운동 대부분은 두 가지 모두에 기초를 두지만, 운동을 처음 조직하는 단계에서는 구체적인 목표가 필수적이다. 목표를 폭넓게 정의하면 개인적인 해석의 여지가 생기지만, 목표를 구체적으로 잡으면 타협 없이 일치시키기만 하면 된다. 암만의 구체적이고 달성 가능한 목표는 새로운 체제를 정의했다.

---

71) 사회학적으로 정의하면, 종파란 사회의 지배적인 제도와 분리되는 완벽주의를 지향하는 종교적 저항 운동이다. 다음 글에서 이에 대해 훌륭하게 다루고 있다. Bryan Wilson, *Religious Sects* (New York: Mcgraw-Hill, 1970). 다음은 사회학적인 유형으로 '교회'와 '종파'를 구별한 고전적인 작업이다. Ernst Troeltsch, The Social Teachings of the Christian Churches (New York: Macmillan, 1931). 이런 구조적인 분석은 비록 필수적이긴 하지만, 종파 운동의 동기와 비전, 또 그 하부 문화가 어떻게 자신만의 우주를 이루는지를 설명하는 데는 제한적인 가치를 지닌다.

종파는 상징적, 물질적, 이데올로기적으로 모집단과 차이를 만들어 문화적인 분리주의를 확립해야 한다. 암만이 이끄는 무리에서 분리주의는 상징적으로 복장이나 꾸밈새, 외모 면에서 다른 양식을 낳았다. 야코프 암만에게 교의적인 문제는 눈으로 보이는 명시적인 것이지 '영적인' 것만은 아니었다. 마이둥은 성찬식 탁자에서만 실행되거나 영적인 문제에 그치는 것이 아니라 일상생활과 상호 작용의 모든 측면에서 시행되어야 했다. 바깥세상과 조화를 이루지 못한다는 것은 사상과 감정에서만 차이를 두는 것이 아니라 물질적으로도 분리되는 것을 뜻한다. 이는 암만이 '세속적인' 머리와 수염 모양, 옷차림을 기피하는 것을 강조한 데서 드러난다. 예수가 그의 추종자들의 발을 씻겨준 사례 또한 영적인 측면뿐만 아니라 문자 그대로 따라야 하는 것이었다.

이들이 거쳐온 역사 과정을 되짚어볼 때 아미쉬는 다음 네 가지에서 다른 사회 운동과 유사하다. (1) 이들은 특정 믿음이나 현존하는 집단들의 관습을 변화시키거나 또는 변화시키지 않으려 한다. (2) 이들은 자신의 목표를 이루기 위해 사람들에게 호소하며 유력한 지도자가 가져야 할 비전과 기술에 따라 추종자와 지도자 사이에 책임을 분배한다. (3) 그리고 그로 인해 공동체에는 그 지역을 넘어서는 지리적인 시야가 생기고 (4) 시간을 넘나드는 영속성이 생긴다.[72] 아미쉬는 이 모든 특징을 보였다.

관습을 지켜내고 변화에 대한 반응이 느린 것은 아미쉬 사람들의 독특한 특성이다. 아미쉬 사람들이 전통적인 종교적 관행을 문자 그대로 고수한 특성은 생활의 사회적 · 경제적 측면에서도 계속되었다. 사회학자들은 이렇듯 변화의 속도가 느린 것을 문화적 관성, 문화적 지체, 또는 형식주의라고 부른다. 이를 통해 우리는 아미쉬 사회가 바깥세상이 급변하는 가운데서도 어떻게 해서 상대적으로 안정된 집단일 수 있었는지 알아볼 수 있을 것이다.

---

72) C. Wendell King, *Social Movements in the United States*(New York: Random House, 1956), p. 25-27.

3장

미국으로

미국으로 이주한 아미쉬 사람들은 독일어를 사용하는 팔라틴 지역의 이주민 중에서 대규모라고 볼 수 있었다. 이 가운데에는 메노나이트파나 다른 종교 집단도 포함되어 있다. 오늘날의 아미쉬 공동체는 18세기(1727~1770)와 19세기(1815~1860)의 대규모 이주 시기에 걸쳐 형성되었다. 1693년에 아미쉬 사람들이 분리되어 나가기 전에는 네덜란드와 북부 독일의 메노나이트파 여러 무리가 미국으로 이주해 펜실베이니아에서 살길을 찾고 있었다. 메노나이트파는 1683년에 저먼 타운을 중심으로 최초로 영구 정착했으며 이곳은 바로 오늘날 필라델피아 주의 자치구다.

1. 유럽의 골칫거리

유럽에서 재세례파들은 심한 박해를 받았기 때문에 타의에 의해 다른 곳으로 이주해야 하는 사람이 많았다. 스위스 출신들은 일단 남부 독일이나 프랑스, 펜실베이니아로 떠났지만, 소규모 집단은 네덜란드, 프러시아, 러시아령 폴란드로도 갔다. 재세례파들은 독일 제국에서 기술이 뛰어나고 부지런한 농부로 높이 평가받았지만 법적, 종교적 지위를 얻지는 못했다. 이들은 평화적으로 살아가기 위해 지역 통치자들의 선의에 완전히 의존했다.

라인 강을 낀 스위스 북부 지역은 1620년 이전부터 스위스 메노나이트파 신도들의 피난처였다. 오늘날 이 지역은 프랑스의 알자스, 독일의 라인란트 팔츠(팔라틴)와 바덴 지방이다. 1671년에서 1711년 사이에 수백 명에 이르는 스위스 재세례파 무리가 베른 주를 떠나 알자스와 팔라틴에 정착했다. 아미쉬 사람들은 대개 스위스 출신이지만 상당수가 대서양을 건너기 전에 알자스나 팔라틴에서 살았다.

당시 '재세례파 사냥꾼'이라는 비밀 경찰 조직이 만들어져 비신봉파적 신앙을 가졌다는 이유로 재세례파를 몰래 정탐해서 위치를 파악하고 체포했다. 스위스 당국은 (개혁파 교회의 인가를 얻어) 재세례파 문제를 다루기 위한 위원회를 만들어 재세례파의 재산을 몰수하고 권한을 빼앗았으며 감옥에 가두고 몇몇은 추방했다. 재세례파 지도자를 찾으면 일반 구성원이나 동조자를 찾아낸 것보다 큰 보상이 돌아갔다. 재세례파 부모의 아이들은 법에 저촉되었다. 그 이유는 부모가 개혁파 목사의 주관 아래 결혼하지 않았다는 것이었다. 따라서 부모의 재산을 상속받을 수도 없었다. 감옥 수감이나 정탐 및 체포 작업에 드는 비용, 비밀 경찰에게 줄 보수는 재세례파에게서 몰수한 재산으로 충당되었다. 병역을 거부하고 선서나 유아 세례를 하지 않는다는 이유로 국가에 위협이 된다고 간주된 재세례파들은 그들의 비순응에 대해 다양한 방식으로 처벌받았다. 감옥에 갇히거나 이탈리아에서 갤리선 노예로 일하기도 했다. 남자들은 국경으로 보내져 인두로 낙인찍혔으며 도망치려고 하면 죽이겠다는 위협을 받았다. 그럼에도 이들은 아내와 아이들, 친척이 있는 곳으로 돌아가려 했다.

비록 몇몇 팔라틴 군주가 재세례파에게 농사지을 기회를 주었지만, 그 지역은 정치적으로 불안정한 곳이었다. 프랑스와 독일 사이, 유럽의 한가운데에 있던 팔라틴은 17세기에 큰 전쟁이 일어난 전쟁터다. 30년 전쟁(1618~1648) 동안에는 가톨릭과 프로테스탄트 군대가 들이닥쳐 이 지역 사람들의 목숨과 재산을 짓밟았다. 그 후 체결된 베스트팔렌 조약(1648)을 근거로 군주들은 자신이 다스리는 신민들의 종교를 결정할 수 있게 되었다. 하지만 그 종교는 가톨릭, 루터 교회, 개혁파 교회에 한정되었다. 나중에 팔라틴이 여러 작은 공국으로 쪼개지면서 혼란은 더욱 가중되었고, 프로테스탄트였던 사람이 가톨릭 신자가 되어야 하거나 그 반대의 일들이 생겼다.[73] 그런 사람들은 허가된 종

---

73) 팔라틴 지역에 있는 기록물 보관소인 하이마트스텔 팔츠(Heimatstelle Pfalz)의 관리자 Karl Scherer는 80제곱마일 안에 작은 나라 44개가 있었고, 각각 독자적인 법과 행정부, 재정 체계, 도량형을 갖추었다고 밝혔다. 이뿐만 아니라 그에 따르면 이곳에는 "약 100년 동안 끊이지 않고 종교적인 다툼이 있었다." 출처는 1974년 5월 4일 펜실베이니아 독일인 협회의 발표이며, 다음 글로 출간되었다. "The Fatherland of the Pennsylvania Dutch," *Mennonite Research Journal* 15(July 1974): p. 25.

교의 구성원이 되기를 거부했고, '분리주의자'라고 불린 이들은 나라에서 쫓겨났다. 이 가운데에는 재세례파와 위그노파, 발데스파가 있었다. 가톨릭 군주들은 프로테스탄트에 등을 돌렸고, 가톨릭과 프로테스탄트 군대는 양쪽 모두 분리주의자들에게 등을 돌렸다.

전쟁과 약탈, 방화가 초래한 황폐함은 굶주림과 유행병으로 이어졌다. 사람들은 나무뿌리와 잎사귀, 풀을 먹었다. 몇몇은 인육을 먹기까지 했다. 교수대와 묘지는 시체의 도난 방지를 위해 삼엄하게 지켰다. 그런 한편 아이들의 시체는 어머니들로부터 안전하지 못했다. 한때 풍성하던 농장과 포도밭은 굶주린 사람들의 습격을 받았다. 팔라틴 전쟁(1688~1697)에서 루이 14세는 장군들에게 이 지역을 다시 한 번 파괴하라고 명령했다. 이런 상황은 18세기 전반부 반세기 동안 팔라틴 사람들이 아메리카 대륙으로의 이주를 촉진했다. 이 지역에 살던 온갖 신앙을 가진 사람들이 이주의 흐름에 합류했다. 그중 상당수는 개혁파인 루터 교회 신도였지만 가톨릭, 슈벵크펠트파, 여러 신비주의자, 그리고 메노나이트와 아미쉬 사람들도 있었다. 이 모든 집단은 오늘날 펜실베이니아 독일어 또는 펜실베이니아 네덜란드어라고 알려진 팔라틴 방언을 썼다. 신앙과 문화 때문에 망명을 택한 덩커파나 모라비아 사람들도 18세기에 펜실베이니아로 왔다.

메노나이트파가 이주를 시작한 시기는 유럽 전체에 유례없는 추위가 닥친 1709년이었다. 하지만 스위스 메노나이트파가 가장 큰 규모로 미국으로 떠난 시기는 1717년과 1732년이었다. 이때 약 3,000명이 팔라틴에서 펜실베이니아로 갔다고 추정된다.[74] 팔라틴 사람 상당수는 대서양을 건널 때 영국의 도움을 기대하고 런던으로 갔다. 당시 영국의 앤 여왕은 여러 해 동안 아메리카 대륙의 주인 없는 땅을 차지하기 위해 식민지 개척자들을 구하고자 애쓰고 있었다. 이를 위해 팔라틴으로 사람을 보내기도 했다. 윌리엄 펜(William Penn: 신

---

74) 메노나이트파와 아미쉬 사람들의 이주에 대한 설명은 다음을 보라. C. Henry Smith, *The Mennonite Immigration to Pennsylvania*, vol. 28(Norristown, Pa.: Pennsylvania German Society, 1929); 그리고 같은 저자의 *The Mennonite of America*(Goshen, Ind.: By the author, 1909). 스위스 이주에 관한 더 일반적인 역사에 대해서는 다음 글을 참조하라. A. B. Faust, "Swiss Emigration to the American Colonies in the Eighteenth Century," *American Historical Review* 12(October 1916): p. 21-41. 이 글은 다음 책의 일부로도 묶였다. A. B. Faust and G. M. Brumbaugh, *Lists of Swiss Emigrants in the Eighteenth Century to the American Colonies*, 2 vols. in I (1920; reprint ed., Baltimore: Genealogical Publishing Co., 1968).

대륙을 개척한 인물-역주)은 억압받는 사람들 가운데 펜실베이니아로 떠날 자들을 찾으려고 라인 강을 오르내렸다. 런던의 프렌드파 협회는 여비를 대며 이주자들을 도왔고, 네덜란드의 메노나이트파는 해외 원조를 위한 위원회를 조직해서 여러 문제를 겪고 있는 스위스 형제단을 도왔다.

1699년까지 베른의 감옥은 꽉 차 있어서 스위스 당국은 조치를 취해야만 했다. 재세례파를 추방하든가, 아니면 해외 이주를 허가해야 했다. 유럽 지배자들은 18세기에는 일반적으로 이주를 반대하는 입장이었다.[75] 고국을 떠나는 것은 의무를 회피하거나 그것에서 도망치는 죄악과 동등하게 취급되었다. 마르틴 루터는 시편(37장 3절)을 널리 알리며 젊은이들에게 조상의 땅에 남아 정직하게 생활할 것을 촉구했다.[76] 이주를 택한 사람들은 바람직하지 않은 부류로 간주되었다. 더구나 스위스는 전쟁이나 역병으로 인한 것과 같은 정도로 이주로 인한 인구 유출을 두려워했다. 유럽의 힘센 나라들에 젊은 병사들을 공급하는 것이 국가 수입의 일차적인 원천이었기 때문이다. 스위스의 부유한 귀족들이 제공한 이 용병들은 대가를 받고 전쟁 중인 유럽 국가들로 보내졌다. 스위스 병사들은 유럽에서 일어난 대부분의 큰 전쟁에서 싸웠는데 편을 가리지 않고 양쪽 편에 모두 참가했다.[77] 그런 배경에서 자유로운 이주 정책을 허가하는 것은 세력 있는 귀족들을 자극할 것이고, 이주를 통해 재세례파에게 군역을 면제해주게 되면 평민들이 그렇지 않아도 반감을 느끼던 귀족들의 군대 시스템에 대항해 폭동을 일으킬 수도 있었다.

이때쯤 리테르 사(社)라는 선박 회사를 운영하던 상인 두 명에 의해 탐탁지 않은 자들을 국외로 추방하자는 계획이 추진되었다. 베른 주 정부는 여기에 관심을 보였다. 빈민(무단 거주자이며 시민이 아닌 집 없는 사람들)과 재세례파의 두 부류를 제거할 기회였기 때문이다.[78] 1709년에 리테르 사는 배 한 척 가득 재

---

75) Faust and Brumbaugh, *Lists of Swiss Emigrants*, p. 5.

76) 같은 책, p. 4. 시편 37장 3절(표준 개역 『성경』)은 다음과 같다. "여호와를 의뢰하고 선을 행하라 땅에 머무는 동안 그의 성실을 먹을 거리로 삼을지어다" 마지막 구절에 대한 루터의 번역은 명령투다. "Bleib im Lande und nähre dich redlich..."("네 선조들의 땅에 머물러라, 그러면 거기에서 정직하게 먹고살 수 있을 것이다"). 재세례파 사이에서 널리 읽힌 *Züricher*와 *Froshauer* 성경(1535)에 따르면 이 구절은 다음과 같다. "So wirdst du im Land wohen [wohnen] und es wirt dich wailich [wahrlich] neeren [nähren]"("그러므로 너는 그 땅에서 살아라, 그리고 정직하게 생계를 꾸려라").

77) Faust and Brumbaugh, *Lists of Swiss Emigrants*, p. 7.

78) 같은 책, p. 2.

세례파와 빈민들을 붙잡아 태우고 미국 캐롤라이나로 향했다. 배가 네덜란드에 닿았을 때 네덜란드 정부(네덜란드 메노나이트의 영향을 받던)는 배에 탄 사람들의 의지에 반해서 그들을 싣고 간다는 이유로 통행 허가를 내 주지 않았다. 배에 탄 사람들은 자유롭게 풀려났고 경비원들은 이들이 자기를 해치지 않을까 걱정하여 몸을 사려야 했다. 이때 재세례파들은 네덜란드의 메노나이트 형제들을 방문했고, 대부분은 팔라틴으로 돌아갔다. 재세례파를 미국으로 싣고 가면 두당 45달러를 받기로 약속받은 선장은 돈도 동료도 없이 버려졌다. 재세례파 가운데 세 명은 암스테르담에 가서 해외 원조를 위한 메노나이트 위원회에 자신들이 경험했던 모든 것을 보고했다. 그중 한 명이 베네디흐트 브레흐뷜(Benedicht Brechbühl)이었는데, 트라흐셀발트에서 온 목사이자 장로로 나중에 메노나이트파가 펜실베이니아로 이주하면서 지도자가 된 인물이다.

2. 18세기의 이주

이때 베른 주 당국은 궁지에 빠진 베른 재세례파들을 두고 네덜란드 당국과 협상을 진행했다. 기나긴 토의 결과, 이들은 강제 추방이 아닌 이주가 해답이라는 데 동의했다. 문제는 그들을 어디로 이주시킬 것인가 하는 것이었다. 프러시아의 빌헬름 1세는 스위스의 재세례파 전부를 자국으로 초대했고, 베른 변두리의 늪지대에 정착할 것을 제안하기도 했다. 마침내 베른 주는 재세례파에게 네덜란드로 가서 정착해도 된다고 허락했다. 그동안 네덜란드는 이주를 위한 자금을 모으기 시작했고 베른 주 정부에 다음 조건을 충족시켜줄 것을 청했다. (1) 재세례파 사람들이 네덜란드나 프러시아의 자기가 원하는 곳을 택해 이주하는 것을 허락하고, (2) 죄인들에게 널리 은사를 내려 재세례파들이 떠나기 전에 광장에서 자기 물건을 파는 것을 허락하며, (3) 이들이 떠나기 전에 누군가에게 그곳에 남겨두고 가는 자신의 소유물이 팔리지 않도록 부탁하는 것을 허락하고, (4) 재세례파 신도를 모두 감옥에서 석방하며, (5) 재세례파 가운데 비(非)재세례파와 결혼한 사람도 배우자와 자식을 데리고 떠나는 것을 허락하고, (6) 재세례파에게는 통상적인 출국세를 면제해달라는 것이었다. 대부분의 조건이 승낙되었다. 하지만 석방된 죄수들은 감옥에 머물렀던 데 대해 비용을 지불해야 했고, 원래부터 재세례파가 아니었던 사람은 출국세 10퍼센트를 물어야 했다.

리테르 사는 보트를 다섯 대 준비했다. 출발하는 날이 1711년 7월 13일로 정해졌지만, 아직도 다른 말썽거리들이 있었다. 일부 사람이 고향을 떠나려 하지 않았던 것이다. 떠나기를 거부한 사람 가운데 한 명인 한스 게베르는 베네치아 갤리선의 노예가 됨을 언도받았다.[79] 또 암만과 라이스트파는 같은 배를 타고 여행하려 하지 않았다. 재세례파 이주자들의 숫자가 예상했던 500명이 되지 않았기 때문에 다른 승객들(빈민들)도 같이 탔다. 바젤에서 나흘간 머무른 후 보트 네 대는 라인 강 하류로 돛을 올렸다. 에른스트 뮐러는 당시 배에 탄 사람들 사이에 떠돌았던 슬픈 분위기를 묘사했다.[80] 심한 박해가 있었음에도 떠나기를 원하는 사람은 얼마 되지 않는 것처럼 보였다. 많은 사람은 정부가 제안한 계획과 약속들에 의구심을 표했다. 라인 강을 따라 이동하던 중 곳곳에서 열 명 넘는 사람이 배에서 내려 알자스와 팔라틴의 형제단에 합류했다. 나중에 이 가운데 몇몇은 스위스에 돌아가는 방법을 찾아냈다. 암스테르담에 도착한 재세례파 대다수는 아미쉬파였다. 라이스트 무리 대부분은 여정 중에 한 명 한 명 배를 떠났다.[81] 암스테르담에 온 사람들을 위한 임시 거처로 커다란 창고가 제공되었다. 암스테르담 시민들이 이주자들을 맞이하러 나왔으며 이 망명자들을 돕기 위한 기부금 상자가 설치되었다.

재세례파 조사 파견단이 프러시아에 갔다가 돌아오기 전에, 이주자들은 플랑드르 구파와 워터랜더 메노나이트의 고향으로 보내졌다. 프러시아보다 네덜란드를 선호했던 이주자 집단의 지도자들은 곧 무리를 이끌고 농장과 젖소 목장의 일꾼으로 생계를 꾸리기 시작했다. 이들은 흐로닝언, 사페메이르, 캄펀에서 아미쉬파 집회를 열었다. 하를링언으로 온 소규모의 라이스트 무리는 아미쉬파와 교제하기가 어렵다고 불평하며 1713년에 팔라틴으로 돌아갔

79) Ernst Müller, *Geschichte der Bernischen Täufer*(Frauenfeld, Switz., 1895), p. 300.
80) 같은 책, p. 304.
81) 같은 책.

다. 네덜란드에 정착했던 300명에 달하는 아미쉬 사람들은 거의 한 세기 동안 작은 문화적 섬을 유지하며 살았다. 하지만 결국 네덜란드어와 그들의 교회를 받아들이고 네덜란드 메노나이트에 합병되었다. 1720년 이후 네덜란드의 아미쉬 사람들은 스위스 '구파'와 '신파'로 나뉘었다.[82] 1781년에 한스 나프치거(Hans Nafziger)가 팔라틴을 방문한 후 작성한 보고서에 따르면, 이들은 네덜란드인다운 삶에 동화되기 전에 자신들의 분열에서 많은 것을 배웠다.[83] 네덜란드에 왔던 아미쉬 사람 가운데 1709년 이후로 미국에 간 사람이 있는지는 알 길이 없다.

아미쉬 사람이 최초로 미국에 도착한 시기가 언제인지도 알려져 있지 않다. 스위스 메노나이트파가 윌리엄 펜에게서 랭커스터 카운티의 면적과 비견되는 1만 에이커(약 40제곱킬로미터-역주)의 페크웨이 거류지를 사들였을 때 몇몇이 1710년에 스위스 메노나이트파와 함께 도착했을 수도 있지만, 증거 문서가 부족하다. 하지만 이 지역은 오늘날 아미쉬 사람들이 무척 많이 거주하고 있는 곳이다. 아미쉬 사람 몇몇은 개인 단위로 1717년과 1736년 사이에 미국에 도착했을 가능성이 있다.[84] 지금과 마찬가지로 아미쉬 사람들은 공동체의 구성원들이 어떤 운동을 하도록 조직하지 않았고, 박해받는 집단이었기 때문에 남아 있는 공식 기록이 없었다. 아미쉬 가족들은 교회법에 구애받지 않고 원한다면 이주할 수 있었다. 아미쉬 공동체는 전체적으로 봤을 때 고국인 스위스를 떠나기를 몹시 꺼렸는데, 이는 자료들을 주의 깊게 조사하면 알 수 있는 사실이다. 미국에 최초로 온 사람들은 아마도 종교에 대한 헌신성이 가장

---

82) 이 분열의 원인은 '큰 수도원'이라고 불린 예배당이었다. 목사 한스 안켄이 구입한 이 건축물은 지나치게 과시적이라는 공격을 받았다. 다음 글을 참고하라. *Mennonite Encyclopedia*, s.v. "Anken, Hans."

83) 다음 책으로 출판되었다. John D. Hochstetler, ed., *Ein alter Brief* (Elkart, Ind., 1916). 영어로 된 설명은 다음을 참고하라. Harold S. Bendor, "An Amish Church Discipline of 1781," *Mennonite Quarterly Review* 4 (April 1930): p. 140-48.

84) 1714년에 아미쉬 사람들이 최초로 미국에 도착한 이야기는 (Smith의 *The Mennonite Immigration to Pennsylvania*, p. 225에 따르면 남편과 아홉 아이를 바다에서 잃은 미망인 Barbara Yoder가 최초다.) 최근의 계보학적, 역사적 연구로 밝혀진 것이 아니다. '미망인 Barbara'의 이야기는 계보학자 Hugh Gingerich에 의해 검증되었지만, 그는 Barbara가 1742년에 이주했다고 주장한다. 다음을 참고하라. Hugh Gingerich and Rachel W. Kreider, *Amish and Amish-Mennonite Genealogies*(Gordonville, Pa.: Pequea Publishing, 1986). 1717년에서 1736년 사이의 이주 기록에는 이주하기 전의 유럽 또는 미국의 것에서 아미쉬 사람의 전형적인 이름이 포함되어 있지만, 이들이 아미쉬 사람이라는 것을 증명하기란 사실상 불가능하다. 이 이름들에 대한 논의는 다음을 참고하라. Smith, The Mennonites of America, p. 154, 210. 그리고 같은 저자의, The Mennonite Immigration to Pennsylvania, p. 155. 아미쉬 이주자들을 확인하는 작업은 선박의 승객 명단이 출판되면서 가속화되었다. 독일에서 펜실베이니아로 이주민이 대규모로 이동한 것은 영국인들을 자극했다. 그래서 1727년에는 관구 공의회가 모든 선박에 승객 명단을 제출할 것을 요구했다. 또한, 승객들에게 대영제국 국왕에 대한 충성 서약이 요구되었다. 이 목록이 처음 발견된 날짜는 1727년 9월 21일이며 이 기록은 미국 독립전쟁까지 계속된다. 다음을 참고하라. Ralph B. Strassburger and William J. Hinke, *Pennsylvania German Pioneers*, 3 vols. (Norristown, Pa.: Pennsylvania German Society, 1934); and I. D. Rupp, *Foreign Immigrants to Pennsylvania, 1727-1776* (Philadelphia, Pa.: Leary, 1898).

떨어지고, 가장 기회주의적인 사람이었을 것이다.

1727년 10월 2일에 필라델피아에 도착한 어드벤처 호의 승객 명단에는 전형적인 아미쉬 이름이 꽤 보였다.[85] 10년 후인 1737년 10월 8일, 차밍 낸시 호는 거주지나 가계도상으로 아미쉬라고 추정되는 많은 가족을 싣고 미국으로 왔다. 최초의 '아미쉬 배'였던 이 선박은 종교 집회를 열기에 충분한 정도의 아미쉬 사람을 싣고 있었다. 이 가운데에는 크리스티안 쿠르츠, 야코프 무엘러, 한스 샨츠, 한스 치머만이 있었다.[86] 그 밖에도 아미쉬로 추정되는 성은 에르브, 가버, 헤르츨러, 카우프만, 레만, 리히티, 마스트가 있었다. 이주자가 가장 많았던 시기는 1737년에서 1754년 사이다. 1775년부터는 독립 전쟁이 시작됨에 따라 아미쉬 사람들의 이주도 거의 중단되었지만, 19세기까지도 소수의 새로운 이주자들이 있었다.

식민지 시대에 아미쉬 사람들은 버크스, 체스터, 랭커스터 카운티에 다수의 정착지를 형성했다(그림 3을 보라). 아미쉬 사람들의 토지 기록, 세금 대장, 유언장, 자선금 명부를 살펴보면 이들의 초기 공동체가 어디에 있었는지 알수 있다.[87] 정착지 이름은 대개 분수령이나 분지 이름을 땄다.

노스킬 정착지는 나중에 버크 카운티의 틸든, 어퍼 베른, 센터, 펜 타운십이 된 곳에 자리 잡았고 이곳은 현재 샤틀스빌과 센터 포인트 마을 사이, 햄버그 서부에 해당한다. 버크 카운티는 아미쉬 사람들이 도착하던 무렵 이주민들을 막 받아들이려는 차였고, 이것이 아미쉬 사람들이 이곳을 선택한 이유였을 수 있다. 이곳은 미국 내의 몇몇 아미쉬 정착지 가운데 가장 큰 곳으

---

85) Strassburger and Hinke, *Pioneers*, p. 15-16. 예컨대 이런 이름에는 Beydler(Beiler), Kurtz, Leman(Lehman), Mayer, Miller, Pitscha(Peachey), Riesser, Snyder, Stutzman, Swartz 등이 있다. 유럽 출신 아미쉬 사람의 전형적인 이름은 Bowman, Hess, Histand이다. 아미쉬인 듯한 이름을 가진 Peter와 Ulrich Zug(Zook)는 1727년 9월 27일에, Johannes Lap, Johannes Reichenbach, Johannes Slabach는 1733년 9월 29일, Jacob Hostedler, Johannes Lohrentz, Peter Rupp, Melchior Detweiler는 1736년 9월 1일에 도착했다. 아미쉬스러운 이름이 단체로 승객 명단에 오르면 이들은 거의 확실히 아미쉬 사람이다. 이런 이름들이 덜 전형적인 아미쉬 이름과 함께 드물게 나타난다면 아미쉬 사람으로 확신하기 어렵다.

86) Strassburger and Hinke, *Pioneers*, 승객 목록 49A, p. 188-91.

87) 이 초기 정착지에 대한 문서는 Grant M. Stoltzfus의 다음 저작에서 조사했다. "History of the First Amish Mennonite Communities in America" (M.A. thesis, University of Pittsburgh, 1954). 이 글은 같은 제목으로 *Mennonite Quarterly Review* 28 (October 1954): p. 235-62에 실렸다. 초기 아미쉬 농가의 위치를 지도화하는 데는 다음 글에서 고맙게도 추가적인 도움을 받았다. *Early Amish Land Grants in Berks County*, Pennsylvania (Gordonville, Pa., Pequea Bruderschaft Library, 1990). *The Diary* (Gordonville, Pa.)에 1972년부터 연재된 Joseph F. Beiler의 "Our Fatherland in America"와, Amos L. Fisher의 "To Recall a Few Mennonite of the Past"도 참고하라. 아미쉬 이주에 대한 다음 기술도 참고하라. Richard K. MacMaster, *Land, Piety, Peaplehood* (Scottdale, Pa.: Herald Press, 1985), p. 69-74.

[그림 3] 펜실베이니아 주에서 18세기와 현재 아미쉬인의 거주지 비교

Present Amish settlements.

Amish settlements before 1800.

1 Northkill, c. 1738
2 Old Conestoga, c. 1738
3 Cocalico, ?
4 Conestoga, 1760
5 Maiden Creek, 1764
6 Lebanon and Tulpehocken, 1764

7 Casselman, 1767
8 Brothers, 1767
9 Chester, 1768
10 Lower Pequea, 1770
11 Conemaugh, 1780
12 Kishacoquillas, 1791

0 10 20 30 40
MILES

BRADFORD

LYCOMING

MONTOUR

CLINTON

UNION

SNYDER

CENTRE

Nittany Sugar
Valley   Valley
Beach

MIFFLIN

JUNIATA

HUNTINGDON

PERRY

DAUPHIN

LEBANON

BERKS

CUMBERLAND

CHESTER

LANCASTER

YORK

ADAMS

FRANKLIN

JEFFERSON

INDIANA

SOMERSET

CRAWFORD

MERCER

LAWRENCE

로 150명에서 200명을 수용할 수 있었다. 하지만 이들이 정착지에 도착한 해에 여러 가족(에르브, 거버, 쿠르츠, 샨츠)이 랭커스터 카운티로 갔다. 여기에는 아미쉬 공동묘지와 1749년에 이주한 야코프 헤르츨러 주교의 옛집 표지판 같은 역사적인 기념물이 아직도 남아 있다.[88]

툴페호켄 분지 정착지는 오늘날 하이델버그와 북하이델버그 타운십인 지역으로, 1764년경부터 아미쉬 사람들이 거주했다. 워멜스도르프의 서부 마을에도 몇몇 가구가 살았다. 농장에 있는 작은 공동묘지는 집사인 존 쿠르츠가 살던 곳이다.

세 번째 정착지인 메이든 크리크 분지는 메이든 분지 초입과 메이든 크리크 타운십의 슈일킬 강 가까이에 자리 잡고 있다. 리스포트 근처에는 조그만 공동묘지도 있다. 아미쉬 가구는 슈일킬 강에서 레딩 자치읍의 실링턴을 따라 남쪽으로 흩어져 있었다. 메이든 크리크와 그곳 레딩 근처에 살던 아미쉬 사람들이 하나 이상의 지구를 형성했는지는 확실하지 않다.

코네스토가 분지의 정착지는 처치타운과 엘베르슨 사이, 체스터와 버크, 랭커스터 카운티 모퉁이에 걸쳐 있다. 1760년대부터 이 지역에는 노스킬 정착지에서 온 가구들이 살았는데, 이들은 웨일스 이주민들에게서 땅을 산 사람들이었다. 이 지역에는 그때부터 줄곧 아미쉬 사람들이 살고 있다.

맬번 근처, 체스터 카운티의 화이트랜드 타운십에 있는 체스터 분지 정착지에 최초로 정착한 아미쉬파는 1768년의 주크, 랩, 카우프만 가족이었고 이들의 이주는 1834년까지 계속되었다. 맬번 근처에는 아미쉬 사람들의 공동묘지와 예배당의 잔해가 남아 있다.[89]

오늘날 펜실베이니아에서 아미쉬 공동체의 인구 밀도가 가장 높은 랭커스터 카운티는 18세기부터 각기 분리된 정착지 세 곳이 있었다. 아미쉬 문헌에 '오래된' 또는 '서부 코네스토가'라고 언급되는 곳에는 노스킬 정착지가 개척

---

88) 이주자인 Jacob Hertzler는 오랫동안 미국에 온 최초의 아미쉬 주교로 여겨졌다. 하지만 이는 의심스러운 점이 있다. 이미 그가 오기 전인 1737년에 이주한 많은 아미쉬 사람이 주교의 예배 집전 아래 결혼하거나 성찬식을 했기 때문이다. 다음을 보라. Silas Hertzler, *The Hertzler-Hertzler Family History*(Goshen, Ind.: 자비 출간, 1952).

89) 다음을 참고하라. Maurice A. Mook, "An Early Amish Colony in Chester County," *Mennonite Historical Bulletin* 16(July 1955). 묘비 사진은 다음을 보라. Christian Living, October 1956, p. 20.

될 무렵부터 일부 아미쉬 사람들이 살기 시작한 것으로 여겨지며,[90] 그곳은 맨하임, 어퍼 리코크 타운십에 있다. 몇몇 소문에 따르면 이곳에는 코칼리코 정착지라는 곳도 있는데 이곳은 동부, 서부 코칼리코 타운십에 집중 분포하며 브레크노크, 클레이 타운십 가까이에 있다. 이 지역은 에프라타 북부이며 베크 카운티의 툴페호켄 아미쉬 근처였을 것이다. 아미쉬 사람들은 1742년부터 이곳에서 살기 시작했다. 나중에 이 지역에는 메노나이트파 사람들도 살게 되었다. 화이트호스, 컴퍼스, 허니브루크 주변(대부분 샐리스버리 타운십 안에 있는)에는 '남부 페크웨이' 정착지가 있었다. 이곳은 18세기가 되어갈 무렵 버크 카운티의 집단이 쇠퇴하는 동안 번성했다.

이런 공동체뿐만 아니라 많은 아미쉬 가구가 툴페호켄 공동체에서 도핀 카운티까지 쭉 이어진 지역인 레바논 카운티에 살았다는 토지 문서상의 증거가 있다. 하지만 다른 종교에서 유대교로 개종하는 분위기가 매우 강해서 결국 이 지역의 아미쉬 공동체가 소멸되었을 것이다.

3. 초기 공동체의 문제점

초기 정착지는 규모가 작고, 비용도 많이 들었으며, 서로 고립되어 있었다. 원래 대부분이 농업 종사자, 농장 일꾼, 소작인이었던 아미쉬 이주민들은 수입이 적었다. 하지만 아미쉬 사람들은 정착지에 온 지 얼마 되지 않아 땅을 사들였다. 유럽에 있을 때 그들 일부는 자산을 투자해서 가축을 기르고 사는 집을 개량하기도 했다. 또 몇몇은 전쟁 때문에 강제로 떠나기 전까지는 저축도 하고 있었다.

미국의 독립 전쟁이 일어나기 전에 펜실베이니아에는 작은 아미쉬 정착지가 적어도 여덟 곳 있었다. 랭커스터 카운티에 처음 온 것은 아마도 아미쉬 사람들이었을 것이다. 하지만 뒤에 온 메노나이트 교도들이 빠르게 그곳에서 정착하자, 아미쉬 사람들은 버크 카운티 근처로 옮겨갔다. 그러나 이들은 곧

---

90) Joseph F. Beiler, "Eighteenth Century Amish in Lancaster County," *Mennonite Research Journal* 17 (October 1976): p. 37.

여러 가지 문제점에 직면했다. 인디언의 습격, 다른 종교로의 개종, 내부적인 어려움이 바로 그것이다. 아미쉬 사람들 가운데 일부는 미국에 무임 도항자로 들어왔으나 그 대가를 지불할 능력이 되지 않았다. 유럽에서 필라델피아로 온 이들은 경매로 가장 높은 가격을 제시한 사람에게 노역을 해주기로 했다. 의뢰자와 배의 선장, 여관 주인들은 순진해서 남의 말을 잘 믿는 이주민들을 이용했다. 무임 도항자들을 매매하는 일은 꽤 짭짤해서, 선장들은 이들이 일단 미국에 도착하면 자기 배로 꾀어내어 노역을 제공하는 경매에 참여하게끔 했다. 도항자 가운데는 어린아이도 있었다. 아미쉬 사람 멜키오르 플랑크와 그의 아내가 미국에 온 것도 이런 방식을 통해서였다. 5세였던 필립 란츠는 선장에게 납치되어 볼티모어로 보내진 후 랭커스터 카운티의 피터 요디와 노예 계약을 맺었다.[91] 요디가 이 어린이에게 요구한 고용살이가 형제애가 넘친 것이었는지는 알려져 있지 않다. 전하는 말에 따르면 당시 8세였던 루이스 릴(1746년생)은 달콤한 말로 꼬드김을 받아 배를 타고 미국으로 보내지기도 했다. 필라델피아에서 비인간적인 노역을 겪은 릴은 어느 날 길거리에서 본 '독일인들'에게 매혹되었다. 아미쉬 사람들이었다. 나중에 릴은 이들에게 합류했다.[92]

아미쉬 사람들이 미국으로 오게 된 여정에 관해서는 알려진 바가 적다. 18세기에 작성된 항해 관련 기록물이 대부분 유실되었기 때문이다. 차밍 낸시호(1737년 10월 8일 미국에 도착)에 탔던 승객 한스 야코프 카우프만이 쓴 일기의 남아 있는 일부를 보면 당시의 비극적인 상황이 기록되어 있다.

6월 28일, 로테르담에 머무르면서 출발할 채비를 하는 동안 나의 체른블리가 죽어 로테르담에 묻었다. 29일에 출항했는데 순풍이 분 것은 고작 하루 반나절뿐이었다. 7월 7일 아침 일찍, 한스 치머만의 사위가 죽었다.

7월 8일, 영국에 상륙해 항구에서 머무른 9일 동안 어린아이 다섯 명이 죽었

---

91) C. Henry Smith, *Mennonites of America*, p. 172.

92) "Pioneer Life of Our Ancestors", (펜실베이니아 주 Riehl 가문 후손과 친척들이 등사 인쇄한 기록, 날짜 없음, p. 6). 무임 도항자들과 계약 노동자들에 대해서는 다음을 보라. Emil Meynen, *Bibliography on German Settlements in Colonial North America* (Leipzig, 1937), p. 83-84.

다. 7월 17일에 다시 출항했다. 7월 21일, 내 친애하는 리스베틀리가 죽었다. 며칠 전에도 미카엘 게오르글리가 숨을 거두었다.

7월 29일에는 세 명의 어린아이가 죽었다. 8월 1일에는 나의 한슬리가 죽었고, 지난 화요일에는 어린아이 다섯 명이 죽었다. 8월 3일에는 반대 방향의 바람이 배를 괴롭혔으며, 같은 달 1일부터 7일까지 어린아이 세 명이 더 죽었다. 8월 8일에는 샴비엔 리

[그림 4] 1737년에 최초로 대규모의 아미쉬 사람들을 미국으로 싣고 온 차밍 낸시 호의 모습

지가 죽었고, 9일에는 한스 치머만 집안의 야코비가 죽었다. 19일에는 크리스티안 부르글리의 아이가 죽었다. 21일까지 항해가 계속되었다. 갑자기 순풍이 불었다. 28일에는 한스 가시의 아내가 죽었다. 9월 13일까지 항해했다.

18일에 필라델피아에 상륙했고, 아내와 나는 19일에 배에서 내렸다. 20일에 우리 아이가 태어났으나 곧 죽었고 아내는 회복되었다. 83일간의 항해였다.[93]

독일 뷔르템베르크 지방 사람으로 1750년에 미국에 왔다가 4년 후 고향으로 돌아간 고틀리프 미텔베르거에 따르면, 이 항해는 무시무시한 시련이었다.[94] 그는 독일의 하일브론과 네덜란드 사이에서 세관을 36군데나 거쳤으며 한 곳을 통과할 때마다 시간도 길게 소요되었고 추가 비용을 물어야 했다고 말했다. 로테르담에서는 사람들이 "커다란 배에 콩나물시루처럼 꽉꽉 들어차

93) 다음을 보라. Duane Kauffman, "Early Amish Translations Support Amish History," Budget, February 22, 1978, p. 11, 그리고 "Miscellaneous Amish Mennonite Documents," Pennsylvania Mennonite Heritage 2(July 1979): p. 12-16. 이 일지는 Dr. D. Heber Plank의 서류 속에서 발견된 것을 번역한 것이다. 독일 발덱 지역에서 이주한 Daniel Gingerich의 다른 일지들은 다음을 보라. David Luthy, "Sailing to America, 1833," Family Life, March 1974, p. 14-18; Jacob Swartzendruber, An Account of the Voyage from Germany to America (발행지명 없음, 자비 출판, 1937); Delbert Gratz, Bernese Anabaptists (Goshen, Ind.: Mennonite Historical Society), p. 147-50.

94) Gottlieb Mittelberger, Journey to Pennsylvania (Cambridge: Harvard University Press, 1960) p. 7-12.

있는 것"을 보았다. 그는 고약한 냄새가 나는 증기, 설사, 구토, 괴혈병에 관해 기술했다. 더러운 음식과 물, 그리고 이, 질병, 폭풍우가 이 불행을 몰고 온 주된 요인이었다. 이렇듯 초만원이었기 때문에 도둑이나 새치기가 기승을 부렸고 서로 간에 악담과 언쟁이 오갔다. 미국에 도착해서는 여비를 낼 능력이 있는 사람들이 먼저 내릴 수 있었다. 돈이 없는 사람들은 최고 입찰자가 자신의 미래 노동력을 사갈 때까지 갑판에 머물렀는데, 그 가운데는 병든 사람도 있었다.

전반적으로 봤을 때, 퀘이커 교도가 주류를 이루었던 펜실베이니아 주 정부는 1755년경까지 아메리카 원주민들과 평화로운 관계를 유지했다. 영국의 압력으로 프랑스와 아메리카 원주민들이 전쟁을 벌이는 동안, 블루 산을 따라 펜실베이니아의 변경 지대에 요새가 세워졌다. 야코프 호흐스테틀러 가족은 원주민들이 노스킬 정착지를 공격했을 때 표적이 되었다. 1757년 9월 19일 저녁, 가족이 잠자리에 든 이후에 난리가 벌어졌다. 아들 한 명이 문을 열었다가 다리에 총을 맞은 것이었다. 아들은 재빨리 소총을 향해 손을 뻗었지만 아버지는 그렇게 하지 말라고 했다. 사람의 목숨을 빼앗지 말라는 이들의 교리에 어긋나기 때문이었다. 원주민들은 이어서 이들의 집에 불을 질렀다. 야코프 호스테틀러 가족은 지하실 창문으로 도망치려고 했지만, 어머니와 아들 한 명, 딸 한 명은 붙잡혀 머리가죽이 벗겨졌다. 야코프와 아들 요제프, 크리스티안은 포로로 잡혔다. 이들은 원주민들에게 여러 해 동안 붙잡혀 있다가 겨우 돌아올 수 있었다.[95] 그동안 사람들은 아미쉬 정착지가 쇠퇴한 것은 아메리카 원주민과의 이런 조우 때문이라고 생각했다. 하지만 버크스 카운티에서 아미쉬 가구들이 빠져나간 데는 다른 이유도 있다. 다른 종파로 개종하기도 했던 것이다.

아미쉬 가족들은 독일의 개신교, 프랑스어를 쓰는 위그노파, 다양한 경건파 종파(특히 덩커파) 등 종파가 다른 이주민들과 이웃해 살았다. 그 결과 아미

---

95) 이 공격에 대한 설명은 다음을 보라. Harvey Hostetler, *The Descendants of Jacob Hochstetler* (Elgin. Ill.: Brethren Publishing House, 1912), p. 29-45. 다른 공격 사례를 보면, 1748년 9월 15일에 이주했던 Peter Glick은 대가족과 함께 버크스 카운티에 왔지만 아메리카 원주민들이 집에 불을 질러 아들 John을 제외한 전 가족이 죽었다. Glick 가족의 혈통은 John에게 이어졌는데, 전하는 바에 따르면 그는 빈 나무동치에 숨어 원주민들을 피했다고 한다.

쉬 가구 상당수는 덩커파나 형제단 교회에 합류했다. 펜실베이니아를 휩쓸었던 감리교 부흥 운동은 아미쉬 사람들을 끌어들였고 몇몇은 그 종파의 지도자가 되었다.[96] '갱생이라는 교의를 지나치게 강조한다'는 이유로 큰소리를 내지 못했던 레바논 카운티의 아미쉬 목사 에이브럼 드럭셀(트록셀)은 이 부흥 운동의 지도자가 되었다.[97] 젊은이들이 아미쉬 교도가 아닌 사람과 결혼하기 시작하면서, 아미쉬 지도자 가운데 독실한 축에 드는 사람들도 재편성되기 시작했다. 1767년부터 아미쉬 사람들은 펜실베이니아 남서부 서머싯 카운티에 세 곳의 정착지를 꾸리기 시작했다.[98] 1791년까지 미플린 카운티는 초기에 정착한 작은 아미쉬 가구 대부분을 끌어들였다. 1766년에 이주한 스톨츠퍼스 가족은 버크스 카운티에 정착했지만 곧 코네스토가 분지로 이주했다.[99]

미국 독립 전쟁 시기에 아미쉬 공동체는 아메리카 원주민들의 공격 때보다 더욱 크게 붕괴했다. 아미쉬 계보학자 조지프 F. 베일러(Joseph F. Beiler)는 이렇게 썼다. "…… 미국에 온 우리의 초기 선조 가문 대부분에서 자손이 한 명 이상 그 오랜 신앙을 지켜온 경우가 없다. 자손이 단 한 명도 신앙을 지키지 않는 가족도 있고, 자손 일부만 신앙을 지킨 가족도 있다. …… 전쟁이 끝나자 아미쉬 사람들은 끊임없이 덩커파나 형제단, 독일의 세례파, 심지어는 루터파나 모라비아파로 개종했다."[100] 베일러에 따르면, 독립 전쟁 전에는 자녀들이 모두 아미쉬로 남아 있는 가문은 하나도 없었다.

적당하고 생산성 있는 토지와 안정적이고 만장일치로 합의된 교회 교리, 그리고 아미쉬 교리에 헌신적인 지도자 등을 찾아야 한다는 문제점을 해결해야 했지만 거주지를 옮기지 않은 초기 아미쉬 정착자들이 결국 살아남았

---

96) Grant Stoltzfus, "History of the First Amish Mennonite Communities in America," p. 254. 다음 자료도 참고하라. C. Z. Mast and Robert E. Simpson, *Annals of the Conestoga Valley* (Elverson Pa.: 자비 출판, 1942), p. 88, 그리고 Joseph F. Beiler, "Revolutionary War Records," *The Diary*, March 1971, p. 71.

97) C. Brane, "Landmark History of United Brethren in Pennsylvania," *Pennsylvania German* 4 (July 1903): p. 326.

98) 세 정착지는 각각 다음과 같다. (1) 아미쉬인 Joseph Schantz의 이름을 딴 펜실베이니아 주 존스타운을 포함한 지역인 콘마(Maurice A. Mook, "The Amishman Who Founded a City," *Christian Living*, July 1955, pp. 4-7.), (2) 펜실베이니아 주 서머싯 처처의 브러더스 분지(글레이즈라고도 불린다), (3) 펜실베이니아 주 메이어데일과 엘킥 근방을 중심으로 한 카셀맨. 이 정착지들의 배경에 대한 논의는 다음을 보라. Sanford G. Shelter, *Two Centuries of Struggle and Growth* (Scottdale, Pa.: Herald Press, 1963). 다음 글도 참고하라. Ivan J. Miller, "The Amish Community at Grantsville," *Tableland Trails* 2(Summer 1956): p. 91-94.

99) 다음을 보라. Wilmer D. Swope, *The Genealogical History of the Stoltzfus Family in America*, 1717-1972(Seymour, Mo.: Edgewood Press, 1972).

100) Joseph F. Beiler, "Revolutionary War Records," p. 71.

는지는 확실하지 않다. 이러한 초기 정착지들의 사례는 그 실패 때문이 아니라 지속적인 공동체의 형성에 필수적인 시행착오 과정이었다는 점에서 참고가 된다.

영국과 미국 독립 전쟁을 치르는 동안 아미쉬 사람들과 메노나이트파는 무저항(nonresistance) 원칙을 고수했다. 미국의 자칭 애국자들은 아미쉬 사람들이 이민자에게 요구되는 헌법에 대한 충성 서약이나 군 복무를 거부하는 것은 그들이 영국과 연결되었기 때문이라고 의심했다. 아미쉬 사람들은 퀘이커 교도와 달리 대개 전쟁세를 냈지만, 그것을 사용하는 데 따른 책임은 거부했다.[101] 이들은 외국 국적에 대한 포기 및 충성 서약을 거부함으로써, 배심원이 되거나 법적으로 소송을 제기하거나 관공서에서 근무하거나 토지를 사고팔 권리를 잃었다. 아미쉬 사람들이 선서를 거부한 것은 메노나이트나 퀘이커 교도와 마찬가지로 종교적인 이유에서뿐만 아니라 이전에 군주에 대한 맹세를 한 바가 있는 데다 거짓으로 맹세하는 것을 두려워하기 때문이었다.[102] 그 결과 아미쉬 사람 상당수가 반역죄로 고발당해 펜실베이니아 레딩의 감옥에 갇혔다.[103]

공동체가 최초로 만들어진 것은 가구들의 모임에서 비롯했는데, 대부분이 혈족 관계였다. 정착지를 만들겠다는 전체적인 청사진은 없었다. 사실 개인주의와 강력한 가족 자율성이 교회의 통제력보다 큰 영향력을 행사한 것으로 보인다. 아미쉬 사람들의 행동 양식 가운데 일부는 오늘날 알려져 있는 아미쉬 전통과 일치하지 않는다. 예컨대 짐마차 지붕의 색이 일정하지 않고, 체스터 카운티의 아미쉬 사람들은 예배당을 만들었다. 대서양을 건너는 길고 고된 항해는 아미쉬가 아닌 사람들과 협력하고 우정을 쌓게끔 했을 것이다.

---

101) Wilbur J. Bender, "Pacifism among the Mennonites, Amish Mennonites, and Schwenkfelders of Pennsylvania to 1783, Part II," Mennonite Quarterly Review 1 (October 1927): p. 26, 46n. 127. 초기 정착지에 대한 개관과 그 거주민들의 공동체 생활을 구성했던 여러 문제에 대해서는 다음을 보라. Paton Yoder, Tradition and Transition(Scottdale, Pa.: Herald Press, 1991).

102) 아미쉬 사람들은 시민권을 박탈하지 않고 선서를 면제해달라고 시의회에 청원했다. 1742년 11월 11일, 시의회는 퀘이커가 아닌 프로테스탄트들에게 시민권을 주는 법안을 통과시켰다(Pennsylvania Archives, p. 626). 당시의 청원서는 다음 문헌에 실렸다. Register of Pennsylvania, ed. Samuel Hazard, vol. 7 (1831), p. 151. 청원서는 Redmond Conyngham에게 보내져 출간되었는데, 그는 Emanuel Zimmerman이 아미쉬 사람들을 위해 그 글을 작성한 것이고 1718년 5월 20일에 William Penn에게 보내졌다고 밝혔다. 하지만 C. Henry Smith, The Mennonite Immigration to Pennsylvania, p. 232 n. 35에 따르면 이 날짜는 잘못되었을 수 있다.

103) Richard K. MacMaster, Samuel L. Horst, and Roobert F. Ulle, Conscience in Crisis: Mennonites and Other Peace Churches in America, 1739-1789 (Scottdale, Pa.: Herald Press, 1979), chap 7.

오랜 세월 동안 주교 한 명이 걷거나 말을 타고 여행하면서 결혼식을 주례하고 교회 조합에 공동체에서 떨어져 있는 가구들을 소개했다. 랭커스터 아미쉬 정착지는 1843년까지는 분열하지 않았는데, 최초의 아미쉬 가족이 미국에 도착했을 때로부터 거의 100년 동안이다. 정착지가 성장함에 따라 아미쉬 사람들은 상주 주교를 정했고, 그로써 교회가 가족과 친족의 규칙을 넘어서는 수준까지 통제력을 가지기 시작했다. 아미쉬와 아미쉬가 아닌 사람을 구별하는 새로운 정체성이 생겨났고, 이러한 큰 흐름과 함께 종교적인 것과 세속적인 것에 관한 논쟁도 아미쉬 사람들을 괴롭히기 시작했다.[104] 아미쉬 가구들은 다른 정착지로 이주하든지, 아니면 더 엄격하거나 관대한 규율을 지키도록 재조직되었다.

4. 19세기의 이주

알자스나 로렌, 바이에른, 발덱, 헤세-다름슈타트, 팔라틴 등지에서 북아메리카로 이주하는 두 번째 물결은 1816년에 시작되어 1860년까지 이어졌으며, 1880년에도 느지막이 이주한 사람들이 일부 있었다.[105] 이 정착자들은 오하이오 주의 버틀러, 스타크, 바인, 풀턴 카운티, 일리노이 주의 우드포드와 테이즈웰 카운티, 아이오와 주의 헨리와 워싱턴 카운티, 뉴욕의 루이스 카운티, 펜실베이니아의 서머싯 카운티, 온타리오의 워털루와 퍼스 카운티에서 공동체를 이루었다. 19세기에는 이 아미쉬와 메노나이트 이주자들을 다 합쳐 3,000명이 이주했는데, 이와 비교해 18세기에 이주한 인원은 약 500명으로 추정된다.[106]

유럽의 불안정한 상황이 사람들의 이주를 촉진했다. 프랑스 혁명(1789~1799)과 나폴레옹 전쟁(1815년)이 이어졌고, 경제적으로도 여러모로 어려

---

104) 교회의 영향력이 가족 내부의 통제력보다 강력해진 이러한 흐름은 다음 글에 강조되어 있다. James E. Landing, "Amish Settlement in North America: a Geographic Brief," *Bulletin of the Illinois Geographical Society* 12 (December 1970): p. 65-69.

105) 이 시기의 이주에 대한 설명은 다음 글에 가장 잘 기술되어 있다. Smith, *The Mennonites of America*, p. 275-92.

106) 500명이라는 수치는 이민선 승선 명단과 버크스 카운티에서 최초로 발생한 과세액을 근거로 추정한 것이다. 승선 명단에(1737년에서 1749년까지) 이름이 적힌 동시에 최초의 과세 명단(1754)에도 이름이 있는 결혼한 가구의 가장은 102명이다. 그러면 한 가구당 5명으로 추산했을 때 총 인구수가 500명이 된다. 이 계산은 Joseph F. Beiler, 1978을 참고했다.

웠다. 그러던 중 유럽의 아미쉬파는 미국으로 간 아미쉬 사람들이 괴롭힘을 받지 않고 번영한다는 사실을 알게 되었다.

이 시기의 아미쉬 이주자 대부분은 미국에 도착한 후 이미 정착한 아미쉬 사람들에게 연락했다. 하지만 그 대다수는 프랑스 혁명 이전에 온 이주자들에게 받아들여지지 않았다. 19세기의 이주자들은 미국의 아미쉬 사람들이 자신들보다 전통적이라는 사실을 알게 되었다. 19세기 이주자들은 별도의 지역 협의회를 세웠으며, 그중 상당수는 나중에 메노나이트 교회에 흡수되었다.[107]

오늘날 19세기 아미쉬 구파 이주자들의 후손은 인디애나 주의 애덤스, 앨런, 데이비스와 온타리오 주의 퍼스 카운티에 살고 있다. 비록 이 집단이 초기 펜실베이니아 교회와 친분을 유지하고 있지만 한편으로 독특하고 특별한 물질적 문화의 특색을 띤다. 인디애나 주 애덤스 카운티의 아미쉬 공동체 사람들은 스위스와 프랑스 몽벨리아르 출신이어서 스위스 방언을 쓴다. 이곳에 사는 아미쉬 가구들은 아직도 19세기에 스위스에서 유행한 스위스 요들을 부른다. 또한, 19세기에 북아메리카로 이주한 아미쉬 가족들의 성은 18세기에 이주한 가족들과 다르다.

온타리오 주의 아미쉬 공동체는 바이에른에 살던 크리스티안 나프치거가 이주하면서 시작되었다. 1822년에 뉴올리언스에 상륙해서 펜실베이니아 주의 랭커스터 카운티에 갔던 나프치거는 다시 온타리오로 향했다. 여기에서 그는 아직 바이에른에 머무르는 자신의 신도들이 살 만한 넓은 땅을 확보했다.[108]

18세기에 아미쉬 사람들이 미국으로 들어오던 항구는 대개 필라델피아에 있었다. 하지만 19세기에는 아미쉬 사람 다수가 운임이 저렴한 뉴올리언스나 볼티모어를 통해서 들어왔다. 프랑스 배들이 대량의 솜을 싣고 뉴올리언스에 올 때, 미국과의 무역 거래를 희망했던 독일 사람 상당수가 함께 왔다.[109] 독

---

107) *Mennonite Encyclopedia*의 "Amish Mennonites" 항목. 다음 책도 참고하라. Jean Séguy, *Les Assemblés anabaptistes-mennonites de France*(The Hague: Mouton, 1927).

108) Orlando Gingerich, *The Amish of Canada*(Waterloo, Ont.: Conrad Press, 1972).

109) Barbara K. Greenleaf, *America Fever: The Story of American Immigration* (New York: The New American Library, 1974), p. 57.

일인들은 미시시피 강을 거슬러 항해를 계속했다. 이들은 미국과 교역을 시작하면서 담배를 싣고자 볼티모어에 왔고, 이곳에서 서쪽으로 더 가고자 하는 승객들도 만났다.

5. 유럽 아미쉬의 운명

오늘날 유럽에는 원래 자기 조상의 이름과 관습을 유지하는 아미쉬 신도가 존재하지 않는다. 유럽에 있는 후손들은 메노나이트파에 재합류하거나 아니면 아미쉬 정체성을 버렸다.[110] 몇몇 가족이나 교회는 그들의 아미쉬적 배경을 의식하고 있지만, 아미쉬의 고유한 관습과 이름이 살아남은 곳은 북아메리카뿐이다.

유럽의 아미쉬 사람들은 거주지에서 따로 모여 살지 않고 흩어져 있다. 토지 부족과 재세례파에 대한 전반적인 불관용 같은 경제적이고 사회적인 요인 때문이다. 그들을 박해했던 나라에서 추방되거나 망명했던 개인과 가족들은 자신들을 관대하게 받아들이는 피난처라면 어디든 찾아갔다. 유럽에서 아미쉬 사람들은 스위스, 알자스, 프랑스, 독일, 네덜란드, 바이에른, 갈리시아(폴란드), 볼히니아(러시아) 등지에서 살았다. 가족들 사이에 지리적인 거리가 있으면 서로 뭉치기가 아주 어렵다. 이들의 농장 집에서 열리는 예배는 한 달에 한 번, 또는 2주에 한 번이지만 매번 장소를 바꾼다. 서로 가까운 데 사는 사람들은 이 예배에 참석할 수 있지만, 그래 봐야 일 년에 한두 번 올 뿐이다. 이런 상황에서 서로 떨어져 사는 아미쉬 사람들은 같은 신도들보다 아미쉬가 아닌 사람들과 더 많이 어울렸다. 넓은 땅을 임대하거나 관리하는 지위에 오른 아미쉬 사람들은 자신의 땅에 거주하는 가구들을 일꾼으로 많이 고용했다. 대개 종교적 뿌리가 서로 달랐던 그 일꾼들은 같은 부지 안에서 아미쉬 가족들과 어깨를 맞대고 살았다. 하지만 아미쉬 사람들은 그들의 자손을 같은 신도로 만드는 것 외에는 다른 사람을 개종시키려 하지 않았다.

---

110) 유럽 아미쉬 사람들의 동화에 대해서는 다음을 보라. *Mennonite Encyclopedia*의 "Amish Mennonites" 항목. 다음 글도 참고하라. John A. Hostetler, "Old World Extinction and New World Survival of the Amish," *Rural Sociology* 20(September/October 1955): p. 212-19.

박해받던 긴 세월이 지나고 재세례파의 후손은 자신들의 목표를 개혁에서 물리적 생존 방법과 수단을 찾는 것으로 변경했다. 이런 조건에서 그들은 상호 부조와 집약 농업, 근면, 검소, 강도 높은 노동 등 황무지를 비옥한 땅으로 바꾸고 또 나중에 황제와 군주들이 그들을 찾게 한 특장점들을 키웠다. 아미쉬를 포함한 스위스 형제단은 '그 땅에 사는 조용한 사람들'이라고 불렸고, 농경 문화적으로 고립된 섬을 형성했다.

스위스에는 아미쉬 정착지가 엠메 분지와 툰 호수 유역 두 군데에 있었다. 아미쉬 사람들은 18세기에 베른 주에서 주교가 있는 바젤 주로 대규모 이주가 일어났을 때 라쇼드퐁(뇌샤텔)과 노이엔부르크 두 곳에 있는 신도들의 기초를 이루었다. 1810년까지 스위스에는 아직 두 종류의 아미쉬 신도가 있었지만, 이들은 서서히 자신들의 고유성을 잃어갔다. 1886년에도 이 집단들은 여전히 세족례를 행했으나, 1900년경에는 아무도 이들을 아미쉬라고 부르지 않았다. 이들은 스위스 메노나이트 동맹에 합병되었다. 현재 바젤(바젤-홀레스트라세)에 사는 메노나이트파의 기원은 1777년으로 거슬러 올라가며, 이들은 아미쉬를 배경으로 한다.

독일 남부에서 아미쉬 가족들은 여기저기에 흩어져서 살았지만 특히 카이저슬라우테른 인근에 많이 살았다. 알자스에서 온 아미쉬 무리는 란다우 가까이의 에싱엔에 정착했다. 아미쉬 사람들은 팔라틴에서 큰 공동체를 이룬 적은 없지만, 다수가 팔라틴에서 독일의 다른 지방으로, 또 북아메리카로 이주했다. 1730년에는 무리 가운데 하나가 독일 중부 비트겐슈타인의 헤세-카셀 지역에 정착했고, 1800년대에는 일부가 마르부르크 근처의 란 분지에 터를 잡았다. 규모가 작은 무리들은 노이비트와 아이펠 지역 근처에 자리 잡았다. 독일 중부에서 와 헤세 아미쉬라고 불린 이 무리들은 북아메리카로 떠났고, 1900년이 되면 이 지역에서 아미쉬 사람들의 흔적이 모두 사라졌다. 헤세에서 온 한 무리는 1817년에 오하이오 주 버틀러 카운티에 둥지를 틀었다. 발덱과 마르부르크 무리들은 펜실베이니아의 서머싯 카운티나 메릴랜드의 개럿 카운티에 갔다.

팔라틴에서 온 아미쉬 사람들의 또 다른 무리는 알자스나 로렌에서 온 다른 무리들과 함께 잉골슈타트, 레겐스부르크, 뮌헨이 있는 바이에른 지방으로 이주했다. 레겐스부르크에는 아직도 아미쉬 사람들의 후손이 살고 있다. 바이에른에 정착한 아미쉬 사람들은 집약적 농경 방식으로 부지런히 일했고, 그렇게 시간이 흐르면서 그들에 대한 부정적인 편견들도 점차 사라졌다. 이들은 마을 사람들에게 무시되었기 때문에 커다란 부지의 소작인이 되었다. 이곳에서 아미쉬 사람들은 얼마 안 되는 토지를 소유하면서 경제적으로 심하게 쪼들리는 농부들보다 자신들의 농사법을 시험해볼 기회를 더 많이 얻었다. 또 주변과 분리되는 자신들을 받아들이는 마을 주민은 별로 없었기 때문에 아미쉬가 아닌 소작인에 비해 더 열심히 일하고 더 많이 수확해야 할 동기가 있었다. 이는 새로운 농사법을 받아들이는 계기가 되었다. 오늘날 바이에른에 사는 아미쉬 사람의 후손 일부는 훌륭한 농장 관리인이다. 20세기 들어 이들에게 독특한 아미쉬 조직은 사라졌지만 세족례나 여성들이 모자를 쓰는 것, 자율적인 예배 같은 일부 관습은 좀 더 오래 남았다.

1791년에 팔라틴과 프랑스 몽벨리아르에서 온 재세례파의 소규모 무리들은 갈리시아(폴란드)나 볼히니아(러시아)로 이주했고, 이 지역에서 그들의 농경적 재능이 필요했던 진보적인 귀족들의 관대한 제의에 이끌렸다.[111] 수가 많지 않았던 이들은 다른 집단과 통혼하고 스위스 메노나이트와 가까운 관계를 맺으면서, 결국 1874년에 캔자스의 마운드리지나 사우스다코타의 프리먼 등지로 이주할 무렵에는 자신들이 아미쉬 신도라는 의식을 거의 잃었다.

팔라틴의 아미쉬 신도들은 독특한 관습을 가장 오래 유지했다. 예컨대 평신도 출신의 목사, 엄격한 사회적 기피, 세족례, 턱수염, 훅 사용 등이 있다. 그리고 츠바이브뤼켄 근처의 익스하임에 살았다. 나이 든 구성원 몇몇은 1932년까지 세족례를 시행했으나, 훅을 사용하는 관습은 1880년 이전에 이미 버렸다. 신도들은 사르에서 가족끼리 흩어져 살았다. 익스하임 아미쉬 사람들은 오랫동안 해프틀러(훅 쓰는 사람)라고 불렸고, 근처의 에른스트바일에 사는 메노나이트파는 크뇌플러(단추 쓰는 사람)이라고 불렸다. 하지만 이들의 차이점

---

111) *Mennonite Encyclopedia*의 "Volhynia" 항목. 다음 글도 참고하라. Martin H. Schrag, *European History of the Swiss Mennonites from Volhynia*(North Newton, Kans.: Mennonite Press, 1974).

에 관한 의식은 20세기 들어 많이 희박해졌다. 두 교파는 1937년에 공식적으로 합병되었고, 익스하임 예배당은 개인 거주지로 아직 남아 있다.[112]

알자스와 그 이웃의 공국 로렌에는 오늘날에도 메노나이트파 약 3,000명이 있는데, 이들은 아미쉬의 후손이다. 아미쉬 사람들은 1712년에 마르키르흐 골짜기에서 공식적으로 추방되었다. 토착민들은 이렇게 적대적으로 대할 필요는 없지 않느냐고 항의했다. 아미쉬 메노나이트파의 근면, 검소함, 성공은 토착민이 당국에 대해 행한 이러한 적극적인 항의와 관련이 있다. 루이 14세는 루터 교회와 개혁파 교회만이 허용되며 재세례파는 예외 없이 추방되어야 한다는 명을 내렸다. 이로 인해 재세례파 상당수가 몽벨리아르, 로렌, 츠바이브뤼켄, 독일 영토의 팔라틴으로 이주했다. 아미쉬 사람들은 몽벨리아르의 작은 구역에 결속력이 강한 공동체를 조직했다.[113] 그곳에서 농장을 운영하며 생계를 꾸렸는데, 그 상당수가 레오폴트-에베르하르트 대공의 소유였다. 그 지역에 사는 사람들이 불만족스러워했음에도 대공은 아미쉬 사람들에게 완전한 보호를 제공했고, 충성 서약을 면제해주었을 뿐만 아니라 전용 공동묘지를 만들고 학교 설립도 허락해주었다. 프랑스 혁명 이후에는 이 지역의 재세례파 다수가 토지의 소유자가 될 수 있었다.

아미쉬 메노나이트파는 프랑스에서 특별한 농경 기술을 개발했다. 이들의 근면성과 번영은 마법 같은 치료술과 함께 프랑스 사람들로 하여금 이들이 다른 사람들은 갖지 못한 대단한 비밀과 재능을 가진 것처럼 여기게 했다.[114] 아미쉬 메노나이트들은 정직함, 검소, 근면성, 생산력 덕분에 땅을 가진 귀족들보다 훨씬 더 호감을 주는 사람들이 되었다.

만약 아미쉬 사람들이 모두 유럽에 남았다면 그 독자적인 문화를 유지하며 살아남았을지는 의문이다. 18세기에 미국에 왔을 때 이들은 개발과 발전에 호의적인 분위기를 발견했다. 땅은 어디를 가도 끝없이 펼쳐져 있었다. 이

---

112) *Mennonite Encyclopedia*의 "Ixheim" 항목. 다음 글도 참고하라. Horst Gerlach, "Amish Congregations in Germany and Adjacent Territories in the Eighteenth and Nineteenth Centuries," *Pennsylvania Mennonite Heritage* 13(April 1990): p. 2-8.

113) Jean Séguy는 다음 글에서 이 추방의 배경을 설명한다(*Les Assemblés*, p. 133-37). 다음 글도 참고하라. Gratz, *Bernese Anabaptists*, p. 87. 1750년부터 작성된 교회 문건인 *Gemindebuch*는 몽벨리아르에 사는 메노나이트 신도들의 재산에 대해 기록했다.

114) Séguy, *Les Assemblés*, p. 509-15.

▲ 알자스와 바이에른에 살았던 아미쉬 남성과 여성의 모습

❶ 페테른 호흐스테틀러 주교(1814~1885). 알자스 출생, 바이에른에서 사망.

❷ 마리아 (헤이그) 호흐스테틀러. 페테른 호흐스테틀러의 아내로 작업복 차림이다.

❸ 마그달레나 (로기) 귄게리흐(1815~1879). 요하네스 귄게리흐(1808~1886)의 아내.

❹ 게오르게 구트(1811~1897). 츠바이브뤽켄 잉스하임 아미쉬 교회의 집사.

들은 가족 농장을 꾸리면서 서로 가까이에 살 수 있었고 어느 정도 자급자족이 가능하며 잘 조직된 공동체를 유지할 수 있었다. 이러한 조건에서 통합된 민속 문화를 발전시키고 정체성을 지켰다. 이런 식으로 아미쉬 사람들은 신대륙에서 살아남았으며, 그 결과 작고 균질적이며 독특한 자치 공동체가 등장했다.

Part 2

안정성과 성취
Stability and Fulfillment

Part 2

4장

아미쉬 헌장

아미쉬 사람들이 독자적인 집단을 이룬 시기는 300년 전이다. 이들은 약 250년 전에 미국에 건너와 살기 시작했다. 이때부터 이들은 고향인 유럽에서의 생활과 구별되는 독특한 공동체를 형성했다. 미국에서 토지 소유자로서의 이권과 어디든 마음대로 옮겨 살 수 있는 권리를 얻은 이들은 사실상 자유롭게 이상을 발전시킬 수 있게 되었다. 오늘날 아미쉬 공동체들은 자신들의 전통적인 물질문화의 많은 요소를 신대륙의 요소들과 융화시키고 있다.

우리는 이제 아미쉬 공동체의 생활을 지지하는 조직화 원리들에 눈을 돌리고자 한다. 아미쉬의 관점, 즉 아미쉬 사회의 세계관을 이루는 주된 요소들과 관점을 기술할 것이다. 그들이 인식한 근본적인 가치와 공동의 목적들은 헌장의 형태로 명시되어 받아들여졌다.[115] 이 헌장은 기본적인 믿음과 전통의 요체, 일상 속에서 구성원들을 이끄는 지혜를 망라한다.

현실에 대한 아미쉬의 관점은 이원론적인 세계관으로 나타난다.[116] 이들은 자신들을 신에게 복종하는 사람과 신에게 복종하지 않아 버림받은 사람들 사이의 긴장 어린 장 속에 붙잡혀 있는 크리스천 공동체라고 생각한다. 순결과 선함은 불순과 악함에 대립해 싸운다. 하지만 아미쉬의 관점은 물질이 정신과 대립하는 고전적인 이원론과는 다르다. 창세기에 따르면 천지창조는 동식물, 해양생물이 가득한 정원을 만들어낸 좋은 것이며 인류에게 유익했다. 아미쉬 사람은 겸손과 오만, 돌봄과 탐욕, 복종과 불복종 사이에 있다. 아미쉬

---

115) Bronisław Malinowski, *A Scientific Theory of Culture* (Chapel Hill: University of North Carolina Press, 1944), p. 48, 162. 아미쉬 같이 작은 공동체에서는 헌장이 그 효과를 갖기 위해 글로 표현할 필요가 없다.

116) "두 세계의 교의"에 관한 재세례파의 정교한 설명은 다음을 참고하라. Robert Friedman, *The Theology of Anabaptism* (Scottdale, Pa.: Herald Press, 1963), p. 36-48.

공동체에는 결혼, 가족, 아이들에 대한 규칙이 있고, 단체를 통제하기 위해 생활을 규율화한다. 아미쉬 사람들은 독신주의와 성직자 계급을 통해 삶을 규제하는 유럽의 수도원 체계를 거부한다. 유럽 수도원은 어마어마한 대성당과 화려한 제단으로 사치스럽고 상징적으로 부유함을 드러내는 한편 사유재산은 부인했다. 아미쉬 사람들의 경우 사유재산을 자신들의 책무의 하나인 농장과 가족 거주지로 이해하며, 부를 과시하며 드러내는 일을 조심스레 피한다. 이들은 노동으로 이득을 얻으면 서로 분배하거나 그것으로 공동체 구성원을 돌보는 등 인구가 늘어나는 데 따른 대가를 떠맡아 공동체 생활을 계속 이어간다.

세속적인 사회 구조를 거부하고 그들만의 우주를 창조하려는 시도는 아미쉬 헌장의 모든 구절에서 명백하다. 아래에는 속죄하는 공동체로서의 게마인데, 세상과의 분리, 세례의 서약, 오르드능과 전통, 파문과 사회적 기피, 자연 친화성에 초점을 맞추어 아미쉬 헌장을 설명할 것이다.

1. 속죄하는 공동체로서의 게마인데

아미쉬의 형제애는 교회를 속죄 공동체로 이해하는 데 바탕을 두고 있다. 이러한 단결적인 모습을 나타내기 위해 아미쉬 사람들은 독일어 용어인 게마인데(Gemeinde), 또는 이것을 방언으로 짧게 줄여 게미(Gemee)라고 한다. 이 개념은 교회와 신도, 공동체 등을 모두 함축한다. 이들은 진정한 교회란 그 기원이 신의 계획에 있고, 종말 이후에도 교회는 신과 함께 영원히 존재하리라고 믿는다. 진정한 교회는 "타락한 교회"와 구별된다.[117] 다른 수많은 크리스천 집단과 마찬가지로 아미쉬는 기존 교회가 부패하고 무능하며 신을 노하게 하고 있다는 크리스천 역사를 부분적으로 따른다.

신의 교회는 "진정으로 회개하고 진심으로 믿으며 옳은 방식으로 세례를 받고…… 이 세상 성인들의 모임에 함께하는" 사람들로 구성된다. 진정한 교

---

117) Franklin H. Littell, *The Origins of Sectarian Protestantism* (New York: Macmillan, 1964), p. 55.

회는 "여러 세대 중에 선택된 세대, 고귀한 성직자, 성스러운 나라"이고 "정의로운 신도들"이다.[118] 신의 교회는 분리되어 있고, "눈멀고 타락한 바깥세계"와 완전하게 구별된다.[119] 더군다나 이 교회는 "복음주의적인 신앙, 교의, 사랑, 신적인 대화뿐만 아니라 순수한 처세와 관습, 그리스도의 진정한 법에 대한 준수로 알려져 있다."[120] 이 교회는 "티나 주름 잡힌 것이나 이런 것들이 없이" 해야 하며(에베소서 5장 27절)[121], 생활의 순수함을 확실히 할 규율적인 수단과 바깥세상에 대한 분리를 강제한다. 교회에 대한 이러한 정의와 개념은 이상에 가깝지만, 구성원들이 얻고자 노력하는 인정된 목표이기도 하다. 구성원들이 속죄하는 과정에서, 공동체를 이루는 것은 몹시 중요하다. 구원은 어느 개인의 정의에 맞추어나가거나 편의에 맞추어 시행되는 식의 개인주의적인 노력이 아니다. 아미쉬 사람들의 목표는 예수의 가르침을 자발적인 사회 질서로 실현하는 것이다.

2. 세상과의 분리

아미쉬 구성원 개개인은 "바깥세상의 더러움에 물들지 말고" 세속적인 사람들의 욕망, 의도, 목표와 분리되도록 가르침을 받는다. 아미쉬의 설교와 가르침은 성경 구절에서 나오며, 세상과 떨어져 있을 필요를 강조한다. 아마도 아미쉬 사람들에게 가장 많이 인용될 두 구절은 성경이 전하려는 바를 요약해준다. 첫 번째는 이것이다. "이 세대를 본받지 말고 오직 마음을 새롭게 함으로 변화를 받아 하나님의 선하시고 기뻐하시고 온전하신 뜻이 무엇인지 분별하도록 하라."(로마서 12장 2절) 아미쉬 사람들에게 이 구절은 무엇보다도 바깥세상의 다른 사람들처럼 입고 행동하지 말라는 의미다. 두 번째는 다음과 같다. "믿지 않는 자와 멍에를 함께 메지 말라 의와 불법이 어찌 함께 하며 빛

---

118) 같은 책.
119) 같은 책.
120) Dietrich Philip, *Enchiridion or Hand Book* (Aylmer, Ont.: Pathway Publishers, 1966), p. 86. 16세기에 재세례파가 쓴 이 책은 포괄적인 문서적 해석으로, 크리스천이 된다는 것과 속죄 과정의 의미에 관한 재세례파의 이해를 보여준다.
121) *The Dordrecht Confession*, 조항 8.

과 어둠이 어찌 사귀며"(고린도후서 6장 14절) 이 가르침은 아미쉬 공동체의 구성원이 아닌 사람과 결혼하거나 외부인과 사업적인 협력 관계를 맺지 않도록 한다. 이는 공동체 외부의 사람들과 친밀한 관계를 맺는 것을 포함해 모든 종류의 사회적 접촉에 일반적으로 적용된다. 이렇듯 분리를 문자 그대로 강조한다는 점은 아미쉬가 자신들을 '선택받은 사람' 또는 '특별한 사람'으로 생각한다는 사실을 설명해 준다.[122]

분리의 원리는 아미쉬 사람들과 바깥세상의 접촉을 통제하고 결정한다. 이 원리는 실재와 존재에 대한 전반적인 관점에 영향을 주는 것이기도 하다. 그리스도의 가르침에 따르면 아미쉬 사람들은 폭력이나 전쟁에 가담해서는 안 된다. 전쟁이 터지면 이들은 양심적인 관찰자가 된다. 이는 "내 나라는 이 세상에 속한 것이 아니니라. 만일 내 나라가 이 세상에 속한 것이었더라면 내 종들이 싸워 나로 유대인들에게 넘겨지지 않게 하였으리라 이제 내 나라는 여기에 속한 것이 아니니라"(요한복음 18장 36절)와 같은 성경 구절에 기반한 입장이다.[123] 아미쉬 사람들에게는 자기 방어를 하거나 재산을 지킬 이유가 없다. 다른 초기 재세례파들과 마찬가지로 이들은 "자기 방어를 하지 않는 크리스천"이다. 이들에게 적대 행위를 하더라도 보복이 돌아오지는 않는다. 주변과 마찰을 빚는 아미쉬 농부는 이삭의 예를 따르라는 주교의 충고를 듣는다. 이삭과 다투던 블레셋 사람들이 아버지 아브라함의 우물을 모두 막아버리자 그는 새로운 땅으로 떠나 우물을 새로 팔 뿐이었다(창세기 26장 15~18절). 이 충고를 문자 그대로 받아들인 아미쉬 사람들은 자신들에 대한 적대 행위가 있을 때 권리를 지키기 위해 싸우는 대신 새로운 장소로 옮겨 갈 뿐이었다.

아미쉬 사람들과 메노나이트 사람들은 유아 세례가 아닌 성인 세례를 행하며, 싸우지 않는 무저항주의를 지키고, 맹세하기를 거부하며, 일반적으로 공공 기관에서 일하는 것을 삼간다. 이들에게 종교는 일상생활과 별개가 아닌

---

122) 유대인의 경우 이러한 개념은 구약 속에 등장한다(출애굽기 19장 5절, 신명기 14장 2절). 그리고 아미쉬 사람들은 이 개념을 신약의 베드로서 2장 9절과 디도서 2장 14절을 이용해 스스로에게 적용하려 한다. 막스 베버는 이 "선택된 사람들"이라는 개념이 소수 민족이 단합하기 위해 자연적으로 따르는 것이며 신분 분화의 수단이기도 하다고 보았다["Ethnic Groups," in *Theories of Society*, ed. Talcott Parsons, 2 vols(Glencoe, Ill.: Free Press, 1961), I: p. 305].

123) 무저항의 가르침은 싸우는 것에 대한 거부뿐만 아니라 복수하지 않는 모범적인 삶을 함축한다. *Dordrecht Confession*, 14조항을 참고하라.

삶의 전부다. 오늘날의 아미쉬 사람들은 외부의 변화가 집단에 미친 영향 면에서 볼 때 본래 메노나이트파와 차이가 있다. 메노나이트파는 아미쉬 사람들보다 변화를 더 잘 수용하고 그것을 종교적인 가치에 통합하려 한다.[124] 그러한 변화의 대부분은 문명의 이기이며, 고등 교육도 대체로 수용한다. 더구나 19세기를 지나면서 이들은 자체적인 고등 교육 기관을 설립하기도 했다.

그와 비교해 아미쉬 사람들은 자신들과 직접 마주한 바깥 환경을 개선하는 데도 별로 관심을 보이지 않는다. 그들은 자신들이 지금 이 세계의 '이방인이자 방랑자'라고 이야기한다. 구원에 대한 아미쉬의 해석은 현대의 종교적 근본주의에서 강조되는 바와는 차이가 있다. 구원이 보장되어 있다는 생각만큼이나 예정설(predestination)에 대한 믿음도 금기다. 구원에 대한 지식은 개인이 최후의 심판을 기꺼이 받아들일 때 비로소 완전하다. "그때에 임금이 그 오른편에 있는 자들에게 이르시되 내 아버지께 복 받을 자들이여 나아와 창세로부터 너희를 위하여 예비된 나라를 상속받으라"(마태복음 25장 34절) 여기에 그치지 않고 순종과 극기의 명령이 '신앙 그 자체를 통한 영광'에 대한 가르침보다 강조된다. '내가 구원받으리라' 확신하는 것은 마땅히 비난받아야 한다. 그러한 생각의 바탕에 오만과 자만이 있기 때문이다. 겸손(Demut)은 높이 상찬받지만 오만(Hochmut)은 혐오할 만한 것이다. 매우 전통적인 아미쉬 사람들에게 그리스도는 베크바이서(Wegweiser), 즉 '길을 안내하는 분'이지 그저 인류의 죄악을 대속해준 분만은 아니다.

아미쉬의 종교적, 도덕적 가르침은 신의 말씀에 따른 극기와 순종을 강조하는데, 신의 말씀은 곧 교회의 규칙과 동일시된다. 구약 성경의 긴 구절은 일차적으로 아브라함, 이삭, 야곱, 요셉의 삶에서 중요한 사건들을 여러 방식으로 기술하고 있다. 노예로 묶여 있던 이스라엘 사람들이 이집트를 탈출하고 모세가 신의 계율을 받은 것이 설교의 주제들이다. 신도들 앞에 놓인 선택은 따르거나, 아니면 죽거나였다. 교회에 순종하지 않으면 그것은 곧 죽음을 의미했다. 교회에 복종하고 '완전한 유대감', 즉 교회 질서와 완전히 조화를 이

---

124) 메노나이트 구파는 여기에서 제외된다. 그들 가운데 일부는 아미쉬 사람들과 마찬가지로 농사를 짓거나 운송하는 데 말을 사용한다.

루기 위해 노력하는 것은 레벤디케 호프눙(lebendige Hoffnung), 즉 구원에 대한 생생한 희망을 갖는 것과 같다. 즉 신에 대한 신앙이 있는 아미쉬 사람들은 교회의 질서에 순종하며 참을성 있게 최선의 결과를 기대한다.

비록 바깥세계와의 분리가 아미쉬 헌장의 기본적인 교의이지만, 아미쉬 사람들은 바깥세상과 맺는 관계에서 자기 집단 중심적이지는 않다. 이들은 타인을 그 사람 그대로 받아들이며 아미쉬적인 방식대로 그들을 판단하거나 개종시키려 하지 않는다. 하지만 아미쉬 사회에 태어난 사람들에게는 소속 사회가 주는 규제가 깊이 뿌리박혀 있다.

3. 세례의 서약

아미쉬 교회-공동체의 구성원 자격을 얻으려면 성인이 된 후에 자발적으로 교육과 세례를 받아야 한다. 세례는 교회-공동체의 신앙생활에 완전히 헌신하는 것, 회개, 그리고 성인이 되었음을 뜻한다. 이 서약은 아미쉬 사람이 된다는 것과 절대적인 가치들에 대한 수용뿐 아니라 어떤 외적인 보상과도 상관없이 온전히 그 자신만을 위한 종교적이고 윤리적인 목표들에 대한 의식적인 믿음과 영적인 의미를 표현한다. 이런 베르트라티오날(Wertrational)[125), 즉 절대적인 가치들에 대한 방향성은 개인에게 어떤 무조건적인 요청을 한다. 구성원들은 다소 희생이 따르더라도 의무, 명예, 개인적인 충의, 종교적인 부름을 실천하길 요구받는다.

청소년기 후반부에 다다른 젊은이들은 자연스럽게 교회의 구성원이 된다고 생각한다. 아미쉬 교회 목사는 설교할 때 젊은이들이 세례를 받도록 북돋는다. 부모들은 젊은이들이 당연히 이 과정을 밟으리라고 생각한다. 대개는 부모가 그들을 강경하게 강제할 필요가 없다. 젊은이들은 또래의 역할 기대를 따르는 것이 보통이기 때문이다. 아미쉬 공동체의 젊은이들은 신앙을 지니고 먼저 세례를 받지 않은 채로 아미쉬 교회에서 결혼할 수 없다.

---

125) Max Weber, *The Theory of Social and Economic Organization*, trans. A. M. Hederson and Talcott Parsons (Glencoe, Ill.: Free Press, 1947), p. 165.

봄철 성찬식이 끝나면, 교회에 들어오고자 하는 모든 사람을 위한 교육 강연이 열린다. 이는 디 게미 누흐 게(die Gemee nooch geh), 즉 말 그대로 '교회를 따르기'라고 알려져 있다. 지원자들은 일요일 아침 예배에서 한 명씩 목사와 면담한다. 도르드레흐트 신앙 고백이 가르침의 기본 원리가 된다. 목사는 세례를 받으려는 지원자들에게 신과의 올바른 관계나 공동체에 대한 올바른 태도를 제시하는 성경 속의 사건들을 아주 간단하게 알려준다. 대략 5월에서 8월에 걸쳐 2주에 한 번씩 6번에서 8번의 강습이 끝나면 세례식을 받을 날짜가 잡힌다. 그리고 공동체 구성원들은 지원자들을 동료로 맞이하는 데 동의한다. 세례식은 가을의 오르드눙스게미(Ordnungsgemee, '준비 예배')와 그에 이은 그로스게미(Grossgemee, '성찬식') 전에 열린다. 세례식에서는 '죽 뻗은 좁은 길'을 걷는 어려움이 매우 강조된다. 지원자들은 서약하고 나서 나중에 그것을 깨는 것보다는 아예 처음부터 서약하지 않는 것이 낫다는 이야기를 듣는다. 세례식이 열리기 전 일요일에 이들은 목사와 면담하면서 혹시 원한다면 '돌아설' 기회도 있다는 말을 듣는다. 또 제비뽑기에서 당첨되면 목사 일을 할 의무가 있다는 약속을 받아들인다. 설교와 세례식에 대한 다음 설명은 개인의 헌신과 그것의 공동체적 맥락 모두를 보여준다.

▼ 여름이 되면 집 안보다는 큰 헛간에서 예배가 열릴 때가 많다.

아름다운 9월의 아침이었다. 커다랗고 빨간 헛간 문이 경쾌하게 열릴 때마다 청중이 들어왔고, 햇살이 그 얼굴들을 환하게 비추었다. 헛간의 담장에 비스듬하게 세운 막대기가 커다란 문이 닫히지 않게 고정했다. 헛간 바닥에는 가운데의 두 줄만 빼고 의자들이 빼곡하게 줄지어 들어차 있었다. 남자들과 여자들은 각각 양쪽으로 나뉘어 몰려 앉았다. 여자들의 오른쪽 뒤편에는 알팔파(alfalfa, 자주개자리: 콩과 여러해살이 속씨식물이며 북미, 유럽 등의 많은 나라에서 여물용 작물로 경작된다.-역주) 포대가 높이 쌓여 있었다. 캔버스 천으로 된 커튼은 여성들의 뒤쪽에서 거치적거리지 않게끔 보기 좋게 접혀 구석에 놓여 있었다. 왼쪽에는 길쭉한 곡물 저장고가 있었는데, 남자들은 그 옆에 테가 넓은 검은 모자를 걸었다.

포어징거(Vorsinger, '노래를 이끄는 사람')가 첫 번째 노래를 시작하면 목사, 주교, 집사들은 그 집의 방 안으로 들어가서 회의를 하고, 마지막으로 세례식 지원자를 만난다. 여기서 이들은 그날의 예배 순서에 대해서도 합의한다.

찬송가가 한 곡 끝나면 다른 곡이 시작되기까지 깊은 침묵이 흐른다. 건초 더미의 향기, 새와 곤충의 소리가 청중의 의식을 가로지른다. 말들이 건초 우물거리는 소리를 들은 이도 있을 것이다. 다음 찬송가가 시작되기를 기다리는 동안 농장 주인은 안이 너무 후텁지근하다고 생각되면 여자들이 앉아 있는 가장자리의 두 번째 헛간 문을 힘들여 연다. 이렇게 해서 환기 문제를 해결하면 자기 자리로 돌아간다.

찬송가가 여러 곡 불리는 가운데 세례식 지원자인 열여덟 살에서 이십 대 초반까지의 젊은 여성 여섯 명이 헛간의 비탈 위로 일렬로 나아가 목사가 앉은곳 근처인 중앙에 자리를 잡고 앉는다. 젊은이들과 나이 지긋한 이들 모두 이 젊은 여성 여섯 명이 신과 교회에 대한 서약을 하는, 다시 말해 바깥세상에 "아니오"라고 말하고 예수 그리스도와 지상의 여기 게마인(Gemein)에 "예"라고 말하는 모습을 주의 깊게 지켜본다. 이 젊은이들은 깊은 생각에 잠겨 평생의 서약이 곧 받아들여지기를 기도하면서 머리를 숙인 채 앉아 있다. 이런 엄숙한 상황에서 이들은 아무도 감히 청중에게 시선을 던지거나 흘긋 쳐다보지도 않는다. 이들의 의복은 엄격하게 통일되어 있다. 검은색 오건디(아주 얇고 속이 비치는 가벼운 면직물-역주) 모자와 검은색 드레스, 흰색 오건디 어깨 망토와 흰색의 긴 오건디 앞치마, 검은색 스타킹, 검은색 옥스퍼드화가 그것이다. 오건디 어깨 망토 사이로 슬며시 보이는 드레스의 직물과 왼쪽 어깨에 다는 나비 리본의 색깔 정도가 개인의 취향을 드러내는 것이 허락되는 곳이다.

이제 조용히 모자를 벗으면서 성직자들이 들어온다. 이 특별한 예배를 위해 방문한 집사와 주교 몇몇을 포함해 모두 일곱 명인 이들은 성직자석으로 천천히 이동하면서 근처에 있는 이들에게 악수를 건넨다. 그리고 자리에 앉는다. 안팡(Anfang, '개회사')을 할 사람이 맨 앞자리에 앉고, 그보다 좀 더 긴 설교를 할 주교가 옆자리에 앉는다. 성직자들이 모두 자리에 앉으면 사람들은 노래를 멈춘다.

청중은 자리에 조용히 앉아서 두 편의 설교를 듣는다. 집중해서 설교를 들은 두 시간이 지나 주교가 지원자들에게 다가가서 개인적인 훈계를 하는 순서가 되면 이날의 행사는 최고조에 이른다. 집사는 예배 장소를 떠났다가 물이 든 작은 들통과 주석 컵을 가지고 돌아온다. 주교는 지원자들에게 그들이 지금 하려는 서약은 성직자들에게 하는 것도, 교회에 하는 것도 아닌 바로 신에게 하는 것이라는 점을 깨우쳐준다. 그리고 그리스도를 믿는 사람의 구성원이 되고자 한다면 무릎을 꿇으라고 한다. 그러면 여섯 명 모두 무릎을 꿇는다. 이때 주교는 간단한 질문 몇 가지를 던지고[126] 지원자들은 모두 그에 동의하는 대답을 한다.

이 예비적인 절차를 마치면 주교는 청중에게 일어나서 기도할 것을 청한다. 그리고 스위스 재세례파의 기도서인 『신실한 기독교인(Die Ernsthafte Christenpflicht)』에서 간단한 기도문 하나를 읽는다.

그리고 나서 청중은 자리에 앉고, 지원자들은 계속 무릎을 꿇고 앉아 있는다. 이어서 주교, 집사, 집사의 아내가 세례식 절차를 진행한다. 이 세 명은 지원자들이 늘어선 줄의 앞머리에 서고, 집사의 아내가 첫 번째 지원자의 모자 리본을 풀고 모자를 벗긴다. 그러면 주교가 그 여성의 머리에 손을 얹고 이렇

---

126) 이들의 세례 방식은 물을 끼얹는 것이지 물에 잠기는(침례) 것이 아니다. 다음 책에는 세례식에서 쓰이던 질문 두 세트가 실렸다. *Hanbuch für Prediger* (Arthur, Ill.: L.A. Miller, 1950). 다음 책에는 이 질문들의 영어 번역이 실렸다. Harvey J. Miller, "Proceedings of Amish ministers Conferences, 1826-1831," *Mennonite Quarterly Review* 33(April 1959): p. 141.

게 말한다. "신과 이 많은 목격자의 앞에서 고백한 그대의 믿음 위에서, 그대는 성부, 성자, 성신의 이름으로 세례를 받았노라. 아멘.(Auf deinen Glauben den du bekennt hast vor Gott und wiele Zeugen wirst du getauft in Namen des Vaters, des Sohnes und des Heiligen Geistes, Amen.)" 집사는 주교의 손에 물을 끼었고, 주교는 젊은 여성의 머리 위로 손을 모아 물을 받은 다음 머리카락과 얼굴로 그것을 흘려보낸다.

이때 머리 위로 비둘기들이 날개를 푸드덕대며 헛간의 한쪽 끝에서 다른 쪽 끝까지 날아간다. 가축우리의 밀짚 문 틈새로 불어오는 산들바람이 구름처럼 떠다니는 왕겨와 먼지의 고운 입자를 흩뜨려 놓는다. 저 멀리서 비행기가 웅웅 소리를 내며 날아간다.

세례식이 세례식의 모든 절차가 끝나면 주교는 무릎을 꿇은 지원자들의 손을 한 명씩 차례로 잡으며 이렇게 환영의 말을 한다. "주와 교회의 이름으로 우리는 그대에게 동료애의 손을 뻗습니다. 이제 일어나세요.(In Namen des Herrn und die Gemein wird dir die Hand geboten, so steh auf.)" 비로소 지원자가 자리에서 일어서고, 주교가 도와주는 부인에게 지원자의 손을 건네면 부인은 이 새로운 구성원에게 신성한 입맞춤으로 인사한다. 지원자들은 마지막 사람이 이 인사를 받을 때까지 일어서 있다. 다 끝나면 주교가 이들에게 앉으라고 한다. 모자 끈을 다시 맬 때 몇몇은 눈물을 훔치기도 한다. 이제 이들은 교회의 구성원으로 인정받아 게마인데 구성원으로서의 모든 특권을 누릴 것이다.

주교는 아까 연설하던 자리로 돌아가서 신도들에게 새로운 구성원들을 도와주라고 말한다. 그리고 방금 세례를 받은 이들에게 교회와 성직자들에게 믿음을 가지라고 설교한다. 순종의 중요성을 예증하기 위해 주교는 모세가 기도하면서 산에 올라갈 때 이스라엘의 아이들이 저질렀던 우상 숭배 이야기를 꺼낸다. 여기서 이스라엘은 부모가 집에 없을 때 파티를 열고 다른 죄스러운 행위에 몰두하는 젊은이들을 빗댄 것이다. 주교는 로마서 6장을 읽으면서 긴 설교를 마무리 짓는다. 다른 성직자들은 그의 설교에 증언을 해주고, 여섯 명 가운데 세 명이 이를 승인하는 짧은 진술을 한다. 4시간 후 예배는 여느 때와 같이 마무리된다. 모든 이가 기도하기 위해 무릎을 꿇고 짧은 마무리 기도

▲ 일요일 아침 가족 단위로 예배에 참석하러 가는 아미쉬 사람들

를 한 후, 찬송가를 부른다.

아미쉬의 서약 문구는 일반적인 기독교 교회에서와 크게 다르지는 않다. 중요한 점은 이 약속이 서약에서 명시적으로 진술되지 않은 암묵적인 규칙에 의해 오래 이어진다는 것이다. 엄격하게 따지고 질문을 하면서 아미쉬 교회는 서약에 레겔과 오르드눙(Regel und Ordnung, '규칙과 규율')을 유지하는 데 도움이 되겠다는 약속과 자신의 삶과 죽음에서 이것들을 떼어놓지 않겠다는 약속을 포함시킨다. 한 주교는 이렇게 설명한다. "이것은 우리 교회에서 행하는 방식이다. 이것은 모든 사람이 자신이 세례를 받은 교회 안에 머물러야 한다는 것처럼 들린다. 일단 서약을 하면 절대로 그 집단을 떠나서는 안 된다."[127] 서약에 대해 더 온건한 견해는 예수 그리스도의 진정한 교회에 대한 헌신을 요구하지만 평생 그 정해진 교구의 특정 규칙과 규제에 얽매이라는 것은 아니다. 예컨대 고인이 된 존 B. 피치(John B. Peachey) 주교는 이렇게 말했다. "젊

---

127) 펜실베이니아 주 미플린 카운티에 사는 John B. Renno와의 개인적인 인터뷰.

은이들에게 일평생 오르드눙 속에 머무르라고 서약하게 하는 것은 옳지 않다. 그보다 성경의 가르침을 평생 따르게 하는 것이 옳다."[128]

추방에 대해 이야기할 때 이 두 가지 관점의 차이는 아주 중요하다. 전자의 관점에서는 사회적 기피가 가능하지만 후자에서는 그렇지 않다. 나는 젊은 시절 아미쉬 교회에서 세례를 받으려 했다. 그때 성직자 두 명이 상반된 견해를 이야기한 것이 기억난다. 그때 나는 내가 지키지 못할 서약은 하고 싶지 않았고, 내가 아미쉬 교리대로 살지 못했을 때 사회적 기피를 당하리라는 것도 서약하고 싶지 않았다. 결국, 내 소꿉친구들이 세례식을 위한 교육을 받던 어느 날 나는 말과 마차를 끌고 근처의 메노나이트 교회로 발걸음을 돌리고 말았다.

4. 오르드눙(Ordnung)과 전통

사회적 규제를 구체화하는 것은 바로 오르드눙(아미쉬 방언으로는 [오트-닝]으로 발음된다)이다. 지도자들 사이의 합의를 보여 주는 이 규정은 일요 예배 전에 열리는 특별한 협의회(오르드눙스게미, Ordnungsgemee)의 구성원들이 연 2회 서명하며, 교회-공동체의 안녕을 위해 필요하다고 여겨진다. 구성원들은 모두 대개 글로 기록되지 않고 말로 전해지는 자기 교회의 오르드눙을 알고 있다. 이러한 규정 대부분은 당연한 것으로 여겨지며, 오르드눙스게미에서 논의되어야 할 것은 얼른 결정하기 어려운 문제들이다.

이때 두 종류의 규정을 구별해야 한다. 16세기부터 특별한 회의를 거쳐 역사적으로 만들어진 것들, 그리고 오늘날 교구별로 시행되는 오르드눙이 그것이다. 전자의 규칙들은 활자로 정리되어 있지만[129], 오늘날 교구에서 시행되는 규정 대부분은 그렇지 않다. 오래된 규칙들은 분리주의와 무저항, 변절, 추

---

128) 펜실베이니아 주 미플린 카운티에 사는 John B. Peachey와의 개인적인 인터뷰.

129) 출간된 교의들에 대해서는 다음을 참고하라. Harold S. Bender, "Some Early American Amish Mennonite Disciplines," *Mennonite Quarterly Review* 8(April 1934). 이 글에는 1809, 1837, 1865년의 회의 내용이 담겨 있다. 1779년과 1781년 회의는 같은 문헌의 4호(April 1930)와 11호(April 1937)를 보라. 20호(July 1946)에는 "An Amish Bishop's Conference Epistle of 1865"가 실렸다. *Christlicher Ordnung or Christian Discipline* (Aylmer, Ont.: Pathway Publishers, 1966)과 Miller, "Proceedings of Amish Ministers Conferences, 1826-1831"도 참고하라. Donald B. Kraybill은 랭커스터 카운티에서 해야 했거나 금지되었던 행위를 목록으로 만들었다. *Riddle of Amish Culture* (Baltimore: Johns Hopkins University Press, 1989), p. 98.

방에 대한 기본적인 원칙을 명확하게 나타낸다. 그리고 오늘날의 오르드눙은 구성원들에게 이 원칙의 올바른 적용과 실천을 안내한다.

오르드눙은 무엇을 세속적인 것, 죄악으로 여겨야 하는지를 밝힌다. 세속적인 것은 타락한 것이기 때문이다. 일부 규칙은 성경 구절로 직접 뒷받침될 수 있지만 어떤 것은 그렇지 못하다. 성경에 언급되지 않아 직접 지지받지 못하는 규정들은 그렇게 하는 것이 세속적이라는 추론에 의해 정당화된다.[130] 하지만 오래된 방식(das alt Gebrauch)이 더 낫다. 새로 형성된 아미쉬 거주지에서 살려던 한 남성에 따르면, "이곳에는 모든 것을 성경(또는 성경의 이해 방식)에 따라 이루어내는 견고한 전통이 없다. 그래서 그런 방식이 제대로 통하지 않는다." 그리고 그 경험을 바탕으로 이렇게 말했다. "나는 더 큰 공동체의 건전한 전통을 존중한다."

바깥세상과 분리된다는 것은 바깥세상과 달라진다는 것이다. 어떤 범위에서 달라진다는 것은 특정 방식으로 달라진다는 것보다 중요하다. 예컨대 아미쉬 사람들은 자신들과 특정 방식에서 차이가 있지만 바깥세상과 분리되어 살아가는 재세례파 집단들(후터파 교도, 구 식민지 메노나이트 교도)에게 어느 정도 친근함을 느낀다. 아미쉬 사람들이 바깥세상과 분리되어야 한다는 원칙을 굳게 지키는 것은 한편으로 이들이 왜 아미쉬 공동체 간에 규정에 조금씩 차이가 있더라도 불안해하지 않는지를 설명해준다.

신도들은 바깥세상과 어떻게 달라질 것인가에 동의해야 한다. '그리스도의 몸'(교회를 말한다.-역주)은 '하나의 마음'이어야 하기 때문이다. 구성원들은 일 년에 두 번 있는 성찬식 전에 자신들의 단합을 표현해야 한다. 만장일치로 드러나는 단합의 표현은 오르드눙에 대한 만족, 모든 구성원 및 신과 함께하는 평화를 함축한다. 단결에 대한 집단적 표현이 없으면, 성찬식은 열리지 않는다.

아미쉬 교회의 규칙은 인간 행동의 모든 범위를 포괄한다. 비록 공동체별로 다양성이 존재하지만, 바깥세상으로부터 자신들을 지키는 것이 일차적인 목표다. 그리고 그 목표 아래 많은 금기가 있고, 그들이 지켜나가는 관습은 곧

---

130) 나는 고맙게도, 다음 글을 통해 아미쉬 사회의 분리 규칙에 대한 통찰을 얻었다. Gertrude Enders Huntington, "Dove at the Window: A Study of an Old Amish Community in Ohio" (Ph.D. diss., Yale University, 1956), p. 109-18.

그들의 상징이다. 미국과 캐나다에서 가장 보편적인 아미쉬 규범은 다음과 같다. 가정에는 높이 걸린 전깃줄, 전화선, 중앙난방 시스템이 없고 자동차나 트랙터, 압축 공기를 넣은 타이어도 사용하지 않는다. 결혼한 남자들은 모두 턱수염을 길러야 하지만 콧수염을 기르는 것은 허용되지 않는다. 머리를 길게 기르고(남성은 귀를 덮을 정도로 기르고 여성은 머리를 자르지 않는다), 옷이나 코트에는 단추 대신 혹을 달며, 농사를 짓는 데 말을 활용한다. 단, 초등학교 이상의 정규 교육은 받지 않는 것이 규칙이지만 종종 예외를 둔다.

오르드눙은 분리의 수단일 뿐만 아니라 자만하고(Hochmut) 남을 조종하려는 인간의 자연적인 경향을 제어하는 공공의 수단이기도 하다. 공동체의 의지에 대한 개인의 복종(Gelassenheit)을 통해 구성원들은 공동체의 인간관계 네크워크에 기여할 수 있다. 이기주의, 개인의 권력, 부나 지위와 같이 파괴적이고 위험한 것으로 보이는 경향들은 사랑과 형제애라는 사회적인 질서로 방향을 튼다. 질서정연함은 아미쉬 공동체의 특성이다. 잘 손질된 정원과 들판, 잘 관리된 건물과 잔디밭, 그리고 크기와 색깔별로 줄지어 널린 빨래들을 보라.[131]

오늘날 아미쉬 목사들은 오르드눙에 대해 이렇게 이야기한다. "훌륭한 오르드눙은 평화, 사랑, 만족, 평등, 단합을 가져온다. 이것은 단란함과 우정에 대한 욕구를 불러일으킨다. 또한, 혼인 관계를 공고하게 하고, 가족이 함께 살고 함께 일하며 함께 예배하고 바깥세상과 떨어져 서로 친해지게끔 그 끈을 단단하게 해준다." 순종하지 않는 사람들에 대해서는 이렇게 설명한다. "우리에게는 언제나 그런 구성원이 있었다. 그자들이 죄악의 먹잇감이 될 때, 그들은 오르드눙을 탓한다. 배반하는 자들은 오르드눙을 '인간이 만든 법에 불과하며 성문화되지도 않은 것'이라고 낙인찍는다. 이렇듯 오르드눙에 저항하는 소수 구성원은 존재한다. 순종은 오르드눙에 밀접하게 참여하는 것이며, 하나의 상징으로서 구성원이 교회를 사랑하는지 아닌지를 알려준다. 구성원은

---

131) 의식(ritual)을 통해 조종하는 힘의 공공적 제어 관계에 대한 통찰은 Sandra Cronk의 도움을 받았다. ("Gelassenheit: The Rites of the Redemptive Precess in Old Order Amish and Old Order Mennonite Communities"[Ph. D. diss., University of Chicago, School of Divinity, 1977], p. 14-21). Gelassenheit 연구를 위한 기반으로 미국에 '구파' 개념을 적용하는 것은 유용하다. 하지만 암만-라이스트파의 분열을 Gelassenheit 모형으로 설명하는 것은 약간의 문제가 있다.

교회 안에 있을 수도, 밖에 있을 수도 있다. 하지만 그 중간에서 행복하게 지낼 수는 없다. 외부인의 관점에서는 오르드눙이 법이자 억압의 속박 도구이겠지만, 존중받을 만한 교회 오르드눙 속에서 사는 법을 배운 사람이라면 그 가치를 인정한다. 오르드눙은 마음에 자유를 주고 정신을 평화롭게 하며 의식을 명료하게 한다. 그런 사람은 바깥 세계에 매인 사람들보다 사실상 더 자유롭고 독립적이며, 특권을 가지고 있다."[132]

5. 파문-공동체 밖으로의 축출과 사회적 기피

재세례파 관습을 지켜나가는 과정에서 교회의 순수성과 정결함을 지키려면 사악하고 냉혹한 구성원을 집단 밖으로 쫓아내야 한다. 어떤 구성원도 이 추방 규칙에서 예외가 될 수 없다고 열정적으로 가르친 메노 시몬스에 따르면, 신도들의 교회에서 추방되어야 할 사람은 세 부류다. 죄악에 자신을 노출하고 사는 자, 분열을 일으킨 자, 거짓된 교의를 가르친 자다.[133]

독일어로 반(Bann)이란 가톨릭교회에서의 파문을 의미한다. 사회적 기피(마이둥, Meidung) 또는 회피란 이렇게 추방된 사람들과 어울리는 것을 제한하는 관습이다. 성경의 가르침에 따르면 추방된 사람들과는 '함께 먹지도 말고' '어울리지도 말아야' 한다(고린도전서 5장 11절). 기피(avoidance)를 나타내는 용어는 로마서 16장 17절에서 가져온 것으로 사도들이 신자들에게 교회의 평화를 깨뜨리는 자들을 '피하라'고 가르친 데서 비롯되었다. 또 요한2서에 의하면 신자들은 자신이 진정한 교의를 옹호한다고 주장하는 사람을 '집 안에 들이지도 말고' 그들에게 인사를 건네지도 말아야 한다.

16세기에 재세례파는 뮌스터파, 바덴부르크파, 다윗파 같은 광신도들에게 사회적 기피를 행했다.[134] 야코프 암만은 스위스 교회에 이 관습을 소개했고, 2장에서 설명했듯이 그 결과는 아미쉬의 분열이었다. 마이둥이라는 아미

---

132) 펜실베이니아 주 랭커스터 카운티에 사는 Joseph Beiler의 의견.

133) *The Complete Writings of Menno Simons* (Scottdale, Pa.: Herald Press, 1956), p. 94.

134) *John Horsch, Mennonites in Europe* (Scottdale, Pa.: Mennonite Publishing House, 1950), p. 328-35.

쉬의 관습은 암만이 가르친 것이다. 마태복음 18장 15~17절에 따르면 구성원을 추방하는 것은 그가 제대로 경고를 받고도 교의의 위반, 불화를 일으키는 가르침, 배반 행위를 그만둘 마음이 없을 때 비로소 시행되어야 한다. 성직에 임명된 지도자들은 신의 모든 가르침에 충실해야 하고, 믿음이 약한 사람들이 죄를 저지르지 않게 하며, 죄악을 저지른 사람이 스스로 뉘우치고 회개하게 해야 한다. 마태복음 18장 18절에 따르면 그리스도의 교회는 권위로 '구속하거나 풀 수 있으며' '왕국의 열쇠'를 활용할 수도 있다.

사회적 기피가 개인의 삶에 미치는 영향을 알아보기 위해 조지프라는 가상의 젊은이를 예로 들어보자. 조지프는 아주 엄격한 아미쉬 가정에서 교의를 잘 지키는 양친의 영향을 받으며 자랐다. 그리고 20세에 세례를 받았다. 세례를 받고 3년이 지난 후 조지프는 추방되어 기피 대상이 되었다. 그가 저지른 죄목은 다음과 같았다. 아미쉬에서 금하는 신앙 부흥 집회에 참여했고, 추방된 사람들과 어울렸으며, 자동차를 구입했고, 메노나이트 교회에 나가기 시작했다는 것이다.

조지프는 연이은 경고를 받고 신도들 앞에서 추방당했다. 이로써 집에서 가족과 한 식탁에서 식사하지 못하게 되었다. 그래서 교회 구성원이 아닌 다른 젊은이들과 따로 식사해야 했다. 부모와 목사들은 조지프에게 행동거지를 고쳐 세례식 서약을 회복하라고 재촉했다. 이에 조지프는 여러 번 가족과 함께 예배에 참석했다. 아미쉬 구성원들은 추방된 자에게서 물질적 도움이나 호의를 받으려 하지 않는다. 그래서 그는 여동생을 교회에 데려갈 수 없었다. 아미쉬 사람들을 자극하는 자동차 대신 마차를 사용했지만 마차에 함께 타고 갈 수 없었기 때문이다. 조지프는 얼마 지나지 않아 아미쉬가 아닌 사람에게 고용되어 자동차를 타고 직장과 집을 오가기 시작했다. 어느 날 아미쉬에서 추방된 친구들이 이야기를 나누려고 그를 찾아왔다. 그들을 본 조지프의 부모는 문 앞에서 바로 돌려보내고, 조지프에게 집을 떠나라고 했다. "내가 집을 떠나지 않으면 부모님이 교회에 나갈 수 없어요. 부모님은 집 안의 다른 아이들마저 타락하는 것을 두려워하셨죠. 정확히 말해 그분들이 저를 쫓아낸 게 아니지만, 어쨌든 저는 이제 집에서 환영받지 못하게 되었어요." 조지프의

▲ 농장 일은 선호하는 직종이고, 일반적으로 가족 구성원 전체에게 의미 있는 경험이기도 하다.

말이다.

자신의 과오를 인지하고 개선하려는 희망이 있는 사람은 대개 2~3주 안에 교회로 돌아갈 수 있다. 지나치게 화려한 옷을 입거나 타인과 공격적인 말을 주고받는 등의 가벼운 죄를 저지른 사람은 교회에 공식적으로 사과한다. 하지만 간통이나 간음, 이단적인 교리를 가르치는 무거운 죄를 저지른 사람들은 무릎을 꿇고 자신의 죄과를 고백해야 한다. 그래야만 용서받고 주교의 손에 의해 교회로 되돌아갈 수 있다.

오늘날 아미쉬 공동체는 사회적 기피에 대한 다양한 관점에 따라 분파가 다양해지고 있다. 기피에 대해 온건하게 해석하는 '온건파'는 도덕적 계율을 위반한 이들을 추방하고 기피해야 한다고 보지만, 그들이 평화주의적인 재세례파 신앙의 다른 교회나 분파에서 믿음을 되살렸다면 기피가 중단되어야 한다고 생각한다. 하지만 '엄격한' 기피를 주장하는 이들에 따르면, 그러한 관점은 암만의 가르침에서 벗어난 것이다. 한때 아미쉬 구성원이었다가 메노나이트에 합류한 사람들에 대해 한 주교는 이렇게 설명한다. "우리가 추방을 취소하는 유일한 방법은 먼저 그가 구파 교회와 평화롭게 지내고 신과 그 교회 앞에 무릎을 꿇는 서약으로 다시 돌아와 그 안에서 살도록 하는 것이다."[135] 이 관점에 따르면 추방된 자는 집단과 이전의 관계를 회복하지 않는 한 평생 기피되어야 한다. 공동체는 모든 사회적 관계에서 그를 기피함으로써 그가 공동체의 다른 구성원에게 가할 위협을 최소화하는 지위로 떨어뜨린다. 이에 관해 지속되는 논쟁은 의심의 여지없이 구파 집단이 독특함을 간직하고 외부 사회의 영향을 받지 않게끔 돕는다.

아미쉬 사람들은 외부인들에게 복음을 전하거나 개종을 권유하지 않는다. 이들의 일차적인 관심은 세례를 받은 내부 구성원들이 바깥세상의 수렁에 빠지거나 다른 종교 집단으로 들어가지 않게 하는 것이다. 오늘날 기동성이 커지고 여행이나 통신이 용이해짐에 따라 아미쉬 사람들의 결속은 위협받게 되었다. 자동차나 라디오, 흔한 현대 문명의 이기를 누리고자 하는 구성원은 사회적 기피나 추방될 위험에 놓인다. 즉, 추방은 술꾼이나 간음한 자뿐만 아니라 오르드눙을 어기는 자에 대한 규제 도구로도 쓰인다. 이는 바깥세상에 마음을 빼앗기는 것을 방지하는 강력한 도구다.

6. 자연 친화성

아미쉬 사람들은 흙, 그리고 자연에 강한 친근감을 느낀다. 흙과 함께 일하는 것은 재세례파 운동 또는 아미쉬 집단을 처음 나타나게 한 근원이자, 살아남으려는 발버둥 끝에 얻은 기본적인 가치이기도 하다. 박해받는 집단이던 아미쉬 사람들은 낙후한 오지에서도 생존하는 법을 익혔고, 작물을 생산하고 가축을 키우는 독특한 기술을 발달시켰다.[136] 북아메리카로 건너온 아미쉬 사람들은 그들이 스위스, 프랑스, 독일의 산골짜기에서 습득했던 기술을 이어나갔다.

자연적인 세계는 선하며 그 자체로는 타락하거나 악한 것이 아니라고 여

---

135) John B. Renno, letter of October 19, 1950.
136) 유럽 재세례파 집단의 창의적인 농경 기법에 관해서는 특히 다음을 참고하라. Ernst Correll, *Das schweizerische Täufermennonitentum*(Tübingen: Mohr, 1925); 그리고 Jean Séguy, *Les Assemblées anabaptistes-mennonites de France*(The Hague: Mouton, 1977).

겨진다. 그 아름다움은 우주 안에서, 계절과 천국의 질서, 살아 있는 식물뿐만 아니라 수많은 동물 종의 세계 속에서, 삶과 죽음의 힘 속에서 명백하다. 아미쉬 가족들이 대도시에서 동물원을 방문하는 것은 꽤 흔한 일이다. 동물은 창조의 일부분이기에 특히 아미쉬 농장에 없는 동물들은 이들에게 흥미를 제공한다.

아미쉬 생활 헌장은 구성원들의 직업을 농업이나 제재소, 목수, 석공 일 같이 농사와 가깝게 연계되는 일로 제한한다. 아미쉬 사람들은 자신의 근육과 손발을 직접 움직여 하는 일을 통해 물질적인 세계와 맞닿아 있다고 느낀다. 규모가 작은 아미쉬 공동체에서는 힘든 노동을 선한 행위로 여기며 종교는 그것에 의미를 제공하고, 가족과 교회의 유대는 인간적인 만족과 애정을 제공한다. 유럽에서 농촌에 사는 아미쉬 사람들은 언제나 흙을 가까이 하며 농사를 짓는 것이 특징이다. 그러나 미국에 온 아미쉬 사람들은 도시화의 영향에서 자신들을 보호하기 위해 직업에 관한 규정이 필요하다고 느낀다.

농경 생활의 선호는 명시적인 교의라서 지켜야 하는 것이라기보다 태도나 비공식적인 상호 작용에서 드러나는 특색이다. 아미쉬 사람들은 인공적인 도시보다는 자연과 더 가까워질 때, 또 흙과 거친 비바람, 동식물 속에서 신이 더 명백하게 모습을 드러낸다고 여긴다.

고된 노동, 근면, 상호 부조에 대한 근거는 성경에서 찾을 수 있다. 이와 대조적으로 여가 생활의 중심지인 도시에서는 생산과 연계되지 않는 소비가 일어나며, 그 과정에서 종종 사악한 일이 발생한다. 도시에서 멀어질 때 크리스천다운 생활이 가장 잘 유지된다. 신은 아담과 이브를 만들었고 이렇게 말했다. "생육하고 번성하여 땅에 충만하라, 땅을 정복하라, 바다의 물고기와 하늘의 새와 땅에 움직이는 모든 생물을 다스리라 하시니라."(창세기 1장 28절) 이와 비슷하게 오늘날의 인류가 이 우주에서 실현해야만 하는 가장 큰 사명은 창조의 결과물들을 돌보는 것이다. 한 아미쉬 사람이 이렇게 말한다. "신은 아담에게 땅을 후손으로 가득 채우고 동물과 대지를 지배하라고 일렀다. 하지만 도시에서는 이런 일을 할 수 없다." 또 다른 이는 이렇게 말한다. "신은 시골에 남아 있는 사람들에게 은총을 내리고, 소돔에는 질병과 파멸을 내린

▲ 전통 방식으로 밀을 수확하는 모습이다. 농사를 지으려면 가족 구성원들의 협동과 헌신이 필요하다.

다. 도시에서는 각종 쇼, 춤, 파티 등의 유혹이 선한 사람마저 타락시킨다. 도시에서는 가족의 규모도 작고, 내 아내가 어디에 있는지도 모르게 되며, 여자들은 요리를 할 줄 모른다. 도시 사람들은 굶주리지만, 농촌에 사는 사람은 일만 열심히 하면 절대 굶을 일이 없다."[137]

아미쉬 사람들은 일반적으로 이웃 주민보다 수확량이 많다. 아미쉬 공동체의 중심지라고 할 수 있는 펜실베이니아 주 랭커스터 카운티는 오랫동안 미국의 곡창 지대로 유명했다. 이곳에 사는 아미쉬 사람들은 상대적으로 좁은 경작지에 집약적으로 농사를 지었는데, 이는 그들의 선조들이 유럽 대륙에서 농업에 종사했던 오랜 경험 및 검약과 노동의 철학을 반영한다. 펜실베이니아의 토지 소유주 가운데 일부가 소유한 농장은 윌리엄 펜 또는 그의 토지 관리인에게서 직접 받은 것이다. 농장은 아버지에서 아들로 대물림되었으며, 가축을 돌보고 농사를 짓는 것과 관련된 경험과 지혜도 같이 대물림되었

---

137) 다음 책에서 인용한 것이다. Walter M. Kollmorgen, *Culture of a Contemporary Community: The Old Order Amish of Lancaster County, Pennsylvania*, Rural Life Studies no. 4 (Washington D.C.: U.S. Department of Agriculture, 1942), p. 23.

다. 아미쉬 사람들은 그들의 농사에서 물질적인 성공을 거두면 신의 은총 덕분인 것으로 생각했다.

월터 콜모건(Walter M. Kollmorgen)에 따르면 이들이 농사를 짓는 주된 목적은 다음과 같다. "농장에서 아이들을 전부 키울 만큼의 땅을 사는 데 충분한 수단을 축적하기 위해서다. 이 목적을 위해 아미쉬 사람들은 열심히 일하며 풍족하게 생산하고, 그것을 충분히 저장한다."[138]

농업은 아미쉬 사람들의 대화 주제이며 그들이 내는 출간물에도 많이 등장한다. 주간지인 「버짓(The Budget)」에 관례적으로 등장하는 것은 날씨, 씨앗 뿌리기, 작물 돌보기, 그리고 수확이다. 봄철에는 다음과 같은 문장이 많이 등장한다. "저번 주에는 농부들이 밭일에 바빴다." "몇몇은 밀 씨를 뿌렸다." "밀과 알팔파 밭을 보니 잘 자라는 것 같다." 여름에는 "농부들은 귀리를 타작하고 토마토를 따느라 분주하다.", "사람들이 건초를 만들고 딸기를 따기 시작했다.", "여성들은 산딸기를 따고 콩을 거두고 있다.", "콩은 대부분 수확되었고 몇몇은 옥수수를 따기 시작한다." 같은 문장이 많이 보인다. 겨울철에 잡지 기자들이 언급하는 것은 가축이나 판매 관련, 농장에서 일어난 사건들, 건축 작업 등이다. 농장은 가족이 바깥의 넓은 사회와 분리되어 독립적으로 살아나갈 공간을 제공한다. 모든 가족 구성원을 위해 건축물 여러 채와 다양한 사업체, 의미 있는 작업 환경을 갖추어야 충분한 크기의 농장이라고 할 수 있다.

아미쉬 헌장은 이 사회의 전설과 믿음들에 의해 강력하게 뒷받침된다. 이 맥락에서 믿음들은 사회 질서를 유지하는 보수적인 기능을 수행한다. 또한, 헌장을 실천하는 면에서 아미쉬 사회의 규범을 정당화한다. 믿음, 행위, 생생한 신앙에 의해 지지를 받을 때 아미쉬 헌장은 비로소 사회를 한데 모아 유지하는 통합적인 기능을 수행하게 된다.

---

138) 같은 책, p. 30.

5장

공동체

아미쉬 공동체는 지리적으로 다양한 곳에 있지만, 특정 마을이나 국가, 구역에 모여 산다. 아미쉬 농부들은 대부분 가족 단위로 작은 시골 마을 근처 고속도로의 한쪽 가장자리에 자리를 잡거나, '외부인(English)' 농촌 가정들 사이에 흩어져서 산다. 아미쉬는 어떤 계급이나 카스트 사회, 집단 농장, 수도원 집단이 아니라 미국에서 하부 문화를 이루는 종교적 공동체다. 미국과 캐나다 등지에 형성된 공동체 조직으로서 아미쉬 구파들은 성찬식을 거행하고 빵을 나누어 함께 식사한다. 이들은 공동체가 '하나의 마음', 하나의 교의, 그리고 '하나의 몸'이라고 여긴다. 아미쉬 사람들은 그들의 공동체가 세상에 있지만 "세상에 속하지 아니함 같이" 하려고 노력한다(요한복음 17장 16절).

1. 정착지의 유형

미국에 사는 아미쉬 사람들은 독특한 공동체 구조를 발전시켰다. 아미쉬 공동체는 결혼한 부부와 그 아이들로 구성되는 가구 외에도 **정착지**(settlement), **교구**(district), **소속 분파**(affiliation)로 이루어진다. 이 용어들은 사회 집단의 기본적인 특색을 나타낸다.

정착지는 밀접한 인간관계 속에서 생활하는 아미쉬 가구들로 이루어진다. 이들은 서로 가까운 곳에서 거주한다. 정착지는 몇몇 가족과 그들을 지도하는 성직자만으로 구성된 작은 규모도 있고, 여러 카운티를 포괄하는 큰 규모도 있다. 가장 큰 아미쉬 정착지는 오하이오 주 홈스, 그리고 여기에 인접한 여러 카운티에 자리한다. 그다음으로 큰 정착지 두 곳은 펜실베이니아 주의

[그림 5] 1991년 미국과 캐나다의 주(州)별 아미쉬 교회 교구 수

랭커스터 카운티와 그 부근, 그리고 인디애나 주의 엘크하트, 라그랜지 카운티와 그 부근이다. 정착지의 규모에는 정해진 한도가 없다. 그림 5에 주별로 교구가 몇 개나 있는지 표시했다.

교구는 정착지의 지리학적 범위를 나타내는 공식 단위다. 교구의 크기는 하나의 농촌 거주지에서 설교를 듣는 사람들의 수로 정해진다. 교구는 설교 예배를 통해 그 공식적이고 단체적인 기능이 강화되는 자치적인 체제다. 세례, 결혼, 성직 임명식, 장례식은 교구 단위로 이루어진다. 교구의 경계는 지도자와 구성원들의 동의 하에 정해지며, 이들은 도로, 시내, 케이블선, 작은 산맥 등을 이용해 경계로 삼는다. 정착지의 경계 지역에 있는 교구의 경계는 물리적인 요소가 아니라 그 구역에 사는 아미쉬 가구를 모두 포괄하도록 설정된다. 랭커스터 교구는 구불구불하고 비스듬한 모양인 데 비해 인디애나 주의 엘크하트와 라그랜지 정착지는 제곱마일로 측량하기 쉬운 사각의 형태를 띠어 크게 대조된다(그림 6과 7을 비교해보라). 랭커스터 정착지에서는 각 교구의 면적이 약 4제곱마일이다. 하지만 인디애나 주에서는 주 전체에 걸쳐 농장들이 더 커서 각 교구의 면적이 평균적으로 약 6제곱마일이다. 아미쉬 구성원들과 그 자녀들에게는 거주하는 교구의 설교 예배에 참석하는 것이 의무로 되어 있다.

교구는 그 경계 안에 사는 구성원들, 그리고 교회 공동체를 함께 지켜나가는 모든 이에게 '고향 교회'다. 구성원들은 각기 자신이 속한 교구의 교의만 따른다. 또한, 교구 내에서 징계를 받은 것이 교구 밖에서까지 적용되지는 않는다. 구성원들은 일요일이 아닌 요일에 자기 교구에서 예배가 없으면 다른 교구의 예배에 나갈 수도 있다. 젊은이들은 다른 교구의 젊은이와 데이트하고 결혼할 수 있다. 구파 교구는 교의가 꽤 비슷하다. 성직자 스스로 그러한 동일성을 유지하고자 하며, '평화'를 지키고 신도들의 모범이 되고자 평신도들보다 규정을 더욱 잘 준수한다.

비록 아미쉬 공동체에서 혈연관계와 비공식적인 접촉이 많지만, 교구는 넓은 정착지에서 핵심적인 부분이다. 예컨대 오래된 정착지들은 비공식적인 교제의 정도가 높은 새로운 공동체를 발생시켰다. 아미쉬 가구는 다른 정착지, 이웃 교구에 사는 친척들이 있다. 이렇게 서로 다른 교구에 속한 친척과 친구들 사이에 방문이 잦아지다 보면 교구에서의 공식적인 인간관계가 불필요해질 수 있다. 예컨대 결혼식이나 장례식 같은 인생의 중요한 의례를 진행하고 헛간 만들기 같은 상호 부조의 경제, 사회적 활동을 할 때 교구의 경계를 넘는다.

한 교구에 속한 교회들은 공통된 교의를 따르고 성찬식을 함께 치른다. 바꿔 말하면, 의례상의 배타적 집단이다. 아미쉬 교회와 바깥세상 사이에는 확실한 분리가 유지된다. 그렇다면 구파 교회에서 떨어져 나온 다른 집단이나 세속의 다른 모든 교회는 어떻게 생각해야 할까? 아미쉬 구파들은 세속성의 정도에 따라 이들을 '낮은' 교회와 '높은' 교회로 분류한다. 낮은 교회(대부분의 작고 간소한 교회)는 교의를 엄격하게 지키며 바깥세상과 분리를 유지하고 사회적 기피를 행한다. 이에 비해 높은 교회는 다소 완화된 교의를 적용한다. 이 두 극단 사이에는 많은 소속 분파가 존재한다. 다른 집단과 상호 작용하는 정도는 이들 사이의 사회적 거리에 따른다. 일반적으로 교구들은 '서로 친교를 유지하는' 상태다. 이들은 각자의 교의 내용을 교환해서 어떤 구성원이 자기 교구에서 추방되었을 때 다른 교구에서 그 결정을 존중해 역시 사회적 기피를 행할 수 있다.

소속 교회는 교의에 대한 자유주의적, 진보적인 해석에서 처음 생겨나는 경우가 가장 많다. 대부분의 프로테스탄트 교파 속에도 이런 다양한 아미쉬

[그림 6] 1980년 펜실베이니아 주 랭커스터 카운티의 아미쉬 교회 교구들

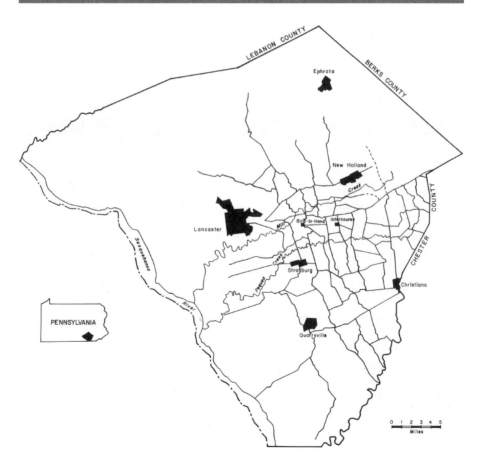

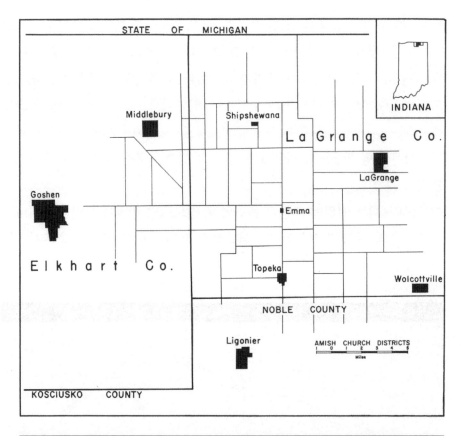

STATE   OF   MICHIGAN

INDIANA

Middlebury

Shipshewana

La Grange   Co.

LaGrange

Goshen

Emma

Elkhart   Co.

Topeka

Wolcottville

NOBLE   COUNTY

Ligonier

AMISH   CHURCH   DISTRICTS
Miles

KOSCIUSKO   COUNTY

[그림 7] 1980년 인디애나 주 엘크하트와 라그랜지의 아미쉬 교회 교구들

소속 교회에 해당하는 유사체들이 있다. 상징적이고 작은 특징들 정도로 이 소속 교회들을 구분하기 때문에, 외부인들에게는 그 차이가 명확하게 느껴지지 않을 수 있다. 큰 아미쉬 정착지에는 여러 소속 교회가 있다. 랭커스터 카운티에는 진보적 집단이 두 곳 있는데, '비치 아미쉬(Beachy Amish)'와 '새로운 아미쉬(New Amish)'로 알려져 있다. 비치 아미쉬 교회에서는 자동차 소유를 허락하고, 설교 예배를 위해 예배당을 사용하며, 의례에서 영어를 사용해도 괜찮다. 새로운 아미쉬는 전화나 전기, 그리고 트랙터 같은 농경 기계를 사용하고 싶어 하는 가구들이 생기면서 시작되었다. 이들은 1966년에 따로 소속 교회를 만들어 분리되었다. 오하이오와 인디애나 주의 아미쉬 정착지에는 다양한 소속 교회가 있으며, 이들은 공동체 조직에 복잡성을 더했다. 각 소속 교회

의 지리학적인 경계가 다른 교회의 경계와 겹쳤기 때문이다. 아미쉬 구파들은 다른 분파들과 함께 의례에 참여하지 않았고, 그 이유에 대해 단순히 이렇게 말할 뿐이었다. "그 사람들은 우리의 동료가 아니다." 완전한 동료 의식이란 의례나 계율에 대한 생각이 같다는 것에 더하여 성직자들이 서로 방문하며 설교할 수 있다는 것을 의미한다.

큰 정착지 안에는 아미쉬 교회가 여럿 존재할 수 있지만, 메노나이트 교회도 여러 곳 있을 수 있다. 메노나이트파 역시 자유로운 분파에서 정통파에 달하는 스펙트럼이 있다. 즉 방언이나 의복, 농장 경영면에서 아미쉬 사람들과 비슷하며 말과 마차를 사용하는 메노나이트 구파가 있는가 하면, '세속적인' 사람들과 별 차이가 없는 신도들도 있다. 그 가운데 위슬러, 스타우퍼, 웽거, 버크홀더, '블랙 범퍼' 메노나이트 등의 정통파는 아미쉬와 다른 교회들이며, 어떤 지역에서는 여전히 존재하는 개혁파 메노나이트, 구파 강 형제단(River Brethren), 형제단 교회(덩커파), 구식민지 메노나이트 등과 공존하기도 한다.

2. 성장과 확장

아미쉬 사람들은 교구에 사는 가구의 수와 학교에 다니는 아이들의 수를 빼고는 구성원들에 관한 정확한 자료를 기록하지 않는다.[139] 오하이오 주 발틱에서 매년 발간되는 「새 미국인 연감(The New American Almanac)」은 아미쉬의 교구와 성직자들의 이름을 게재한, 아미쉬 사람들의 베스트셀러다. 아미쉬 이주자의 정확한 숫자는 알려져 있지 않다. 1890년에 발간된 미국 「교단 통계 조사(Census of Religious Bodies)」에 따르면 아미쉬 구파 교회 22곳에서 성인 세례를 받은 인원은 9개 주에 걸쳐 2,038명이었다.

아미쉬 인구는 1890년 이래로 꾸준히 성장세를 보이고 있다(표 1). 10년마

---

139) 정확한 구성원 수를 세는 데 대한 아미쉬 사람들의 혐오는 King David가 든 다소 경솔한 사례에서 온 것이다. 야훼가 바라는 바를 거슬러 '사람들의 수를 셈'으로써 재난과 유행병을 겪었다는 것이다(사무엘기 2서 24장). 비록 아미쉬 사람들이 인구학 연구를 수행하는(의료 유전학적 목적으로) 비아미쉬인 조사자들의 작업에 간접적으로 수혜를 볼 수 있지만, 그 결과에 대해 소유권을 주장하지는 않는다. 꽤 긴 기간 동안(1905년에서 1967년까지) Mennonite Yearbook은 아미쉬 구파 구성원 수를 기록했다. 한편 다음 글에서는 아미쉬 정착지의 네 단계를 논의하고 있다. W. K. Crowley, "Old Order Amish Settlement: Diffusion and Growth," Annals of the Association of American Geographers 68(June 1978): p. 249-64.

다 인구가 30~48퍼센트씩 늘어났다. 이 총 인구는 출간물이나 자료 제공자들을 통해서 가능한 한 실제와 근사하게 추정되었다. 대개 교구에는 세례를 받은 인구보다 아이들, 즉 세례를 받지 않은 인구수가 더 많다. 각 교구는 크기가 다양하지만 각 집단은 작은 크기를 유지한다. 말이 끄는 마차를 교통수단으로 이용하고, 많은 사람이 농가나 헛간에서 예배를 올린다. 가장 큰 세 곳의 아미쉬 정착지를 보면 한 교구에 평균 35가구 정도가 산다. 오하이오 주의 가장 큰 정착지에는 한 교구에 평균 86명의 세례를 받은 구성원과 113명의 비구성원이 있다. 즉, 교구당 총 199명이 사는 것이다.[140] [이 비율을 적용해보면 아미쉬 집단에는 세례를 받은 사람 100명에 대해 세례를 받지 않은 사람(아이들 포함)이 131명 있는 셈이다.]

[표1] 10년 단위로 본 아미쉬 구파 교회 교구와 인구수

연도	총 교구수	추정 인구	부근의 교구		
			랭커스터 카운티	홈스 카운티	엘크하트 카운티
1890	22	3,700	5	6	4
1900	32	5,300	6	7	6
1910	57	9,500	9	8	8
1920	83	14,000	11	13	10
1930	110	18,500	12	16	12
1940	154	25,800	18	24	18
1950	197	33,000	25	40	25
1960	258	43,300	38	49	29
1970	353	57,600	47	70	37
1980	594	95,040	60	103	47
1990	784	128,000	85	131	61

*출처: Mennonite Yearbook (Scottdale, Pa.), 1905~1967; The New American Almanac (Baltic, Ohio), 1930~1991; U. S., Census of Religious Bodies, 1890; Family Life (April 1992): 19-24.

표 2는 주나 지역별로 본 오늘날의 인구수다. 미국의 23개 주와 캐나다의 1개 주에 존재하는 아미쉬 정착지에서 총 인구는 14만 4,700명으로 추산된다. 대평원 지역이나 뉴멕시코, 미시시피, 노스다코타 같이 멀리 떨어진 주와 멕시

---

140) Herold E. Cross, "Genetic Studies in an Amish Isolate" (Ph.D. diss., Johns Hopkins University, 1967), p. 42.

코, 파라과이, 온두라스 등지에 정착지를 만들려는 시도가 많았지만, 그런 가구들은 큰 규모의 원래 공동체로 돌아오거나 더욱 현대화된 소속 교회에 합류하곤 했다.[141] 아미쉬 사람들의 약 70퍼센트가 오하이오, 펜실베이니아, 인디애나의 3개 주에 거주한다. 표 2에는 이 각 주에(온타리오 주 포함) 정착지가 만들어진 시기, 그리고 정착지의 대략적인 수도 정리했다. 최근 새로운 정착지들이 형성됨에 따라 우리는 각 주 안에서 변동하는 정착지의 수를 예상해야 한다.

[표 2] 1992년 각 주의 아미쉬 구파 인구수

위치	총 인구수	교구수	정착지 형성 시기(년)
오하이오	43,200	253	1808
펜실베이니아	35,200	216	1737
인디애나	25,200	155	1839
위스콘신	7,800	48	1925
미시간	6,500	40	1900*
미주리	5,200	32	1947*
뉴욕	4,700	29	1949
아이오와	3,700	23	1846
일리노이	3,200	20	1864
온타리오	2,800	17	1824
켄터키	1,500	19	1958
미네소타	1,500	9	1972
델라웨어	1,300	8	1915
메릴랜드	1,000	6	1850
캔자스	800	5	1883
테네시	800	6	1944
오클라호마	300	4	1892
텍사스	-	3	1986
플로리다	-	1	1927
조지아	-	1	1990
몬태나	-	1	1970*
노스캐롤라이나	-	1	1989
버지니아	-	1	1991*
총합	144,700	898	

*출처: The New American Almanac(Baltic, Ohio), 1992. Amish directions; and Family Life (April 1992): p. 19-24.
*현재 존재하는 정착지에 해당하는 연도이고, 지금은 없어진 옛 정착지는 포함하지 않음.

---

141) 대평원에 있는 정착지에 대한 논의는 다음을 보라. John A. Hostetler, "The Old Order Amish on the Great Plains: A Study in Cultural Vulnerability," in *Ethnicity on the Great Plains*, ed. Fred Luebke (Lincoln: University of Nebraska Press, 1980), p. 92-108.

3. 인구의 특성

아미쉬 사람들은 대가족을 이루며, 신생아 사망률이 낮고, 수명이 늘어나는 추세인 데다 출산 조절을 금지한다. 즉, 최근 이들의 총 인구수는 아미쉬가 아닌 사람들보다 훨씬 늘어나고 있다. 아미쉬 인구를 면밀하게 조사한 결과, 아미쉬 인구의 증가 경향이 여러 면에서 드러났다.[142] 미국이나 후터파(기록상 미국에서 인구가 가장 빠르게 늘어난 집단)와 비교한 이러한 연구 결과들의 요점은 다음 절에서 논의한다.

결혼 연령

아미쉬 여성의 초혼 연령 중앙값은 22세가 채 되지 않는다.[143] 남성의 초혼 연령 중앙값은 23세를 살짝 넘긴다. 아미쉬 여성은 미국의 다른 여성들과 거의 비슷한 나이에 결혼한다. 미국 인구 전체에서 남편과 아내의 나이 차는 약 2.5년이고, 아미쉬 가구에서는 약 1.5년이다.

아미쉬 사람이 많이 사는 펜실베이니아, 오하이오, 인디애나 주에는 차이점이 있다. 펜실베이니아 주의 아미쉬 여성은 오하이오나 인디애나 주의 여성들보다 좀 더 어린 나이에 결혼한다. 오하이오와 인디애나 주에 사는 아미쉬 여성의 평균 초혼 연령은 거의 비슷하다. 또 오하이오와 인디애나 주에 사는 아미쉬 남성은 펜실베이니아 주의 남성들보다 늦게 결혼하는 경향이 있다.

이 세 곳의 정착지 사이에는 지금도 차이점이 있지만 지난 40년 동안에도 계속 차이가 있었다. 오늘날 펜실베이니아와 오하이오 주에서 아미쉬 여성들은 40년 전보다 어린 나이에 결혼한다. 인디애나 주에서만 전보다 조금 더 늦은 나이에 결혼한다. 인디애나 주의 아미쉬 남성들은 40년 전과 거의 비슷한

---

142) John A. Hostetler et al., "Fertility Patterns in an American Isolate Subculture," Final Report of National Institutes of Health Grant (NICHHD) No. HD-08137-01A1, 1977. 이 보고서를 바탕으로 한 간행물은 다음을 보라. Julia A. Eriksen et al., "Fertility Patterns and Trends among the Old Order Amish," *Population Studies* 33(July 1979). 이 연구는 Victor A. McKusick과 존스홉킨스 의과대학의 동료들, 그리고 필자가 진행한 여러 기획 가운데 하나다. 이 연구의 인구학적 측면은 미국 아미쉬 구파 3대 정착지인 펜실베이니아, 오하이오, 인디애나 주를 아우른다.

143) 이 발견은 초기 연구자들의 연구를 지지하지만, 이 연구는 최초로 시간에 따른 출산율을 측정하고 있다. 초기 작업들은 다음과 같은 것들이 있다. Herold E. Cross and Victor A. McKusick, "Amish Demography," *Social Biology* 17 (June 1970): p. 83-101; "Pockets of High Fertility in the United States," *Population Bulletin* 24(December 1968).

나이에 결혼하고 있다.

가족 규모

아미쉬 부부 사이에서 태어나는 아기의 수는 평균 7명이다. 이 수치가 가장 적은 곳은 오하이오 주이고 펜실베이니아와 인디애나 주는 그보다 많다(표 3). 오하이오 주에서 이 수치가 적은 것은 이곳에 사는 아미쉬 사람들이 상대적으로 조금 늦은 나이에 결혼하기 때문이라고 볼 수 있다. 40년이 흐르는 동안 아미쉬 사람들의 가족 규모는 점점 커졌다. 현대 의학의 발전과 의료 복지의 개선이 이런 경향을 설명하는 듯하다. 아이가 없는 부부의 비율은 40년 동안 감소했고, 특히 펜실베이니아와 오하이오 주에서 그렇다. 의학이 발달하면서 미국에서는 전반적으로, 아미쉬 여성들 사이에서도 불임률이 낮아졌다. 자녀가 없는 아미쉬 가정의 비율이 미국 전체의 비율보다 낮은 것은(4.4퍼센트 대 7.5퍼센트) 놀라운 일이 아니다. 아미쉬 가정에는 이혼이 없고 부부가 모두 아이를 원하기 때문이다. 후터파 가정은 이보다 낮은 3.4퍼센트다.[144]

아미쉬 사람들의 인구가 지속적으로 높은 성장세를 보인다는 것은 아이를 열 명 이상 낳는 부부의 비율에서 잘 드러난다. 21.8퍼센트다. 이 비율은 오하이오나 인디애나 주보다 펜실베이니아 주에서 더 높다. 아마도 펜실베이니아 주에 사는 아미쉬 여성의 결혼 연령이 더 빠른 것이 부분적인 이유일 것이다. 하지만 이 비율은 후터파의 48.2퍼센트에 비하면 겨우 절반 정도다.[145]

---

144) Joseph W. Eaton and Albert J. Mayer, *Man's Capacity to Reproduce: The Demography of a Unique Population* (Glencoe, Ill.: Free Press, 1954), p. 31.

145) 같은 책. 생존한 후손이 많은 아미쉬 사람들이 기록되어 있다. 1987년 96세로 사망한 위스콘신 주 메드퍼드의 Adam Borntrager는 후손이 675명이었다.

[표 3] 아미쉬 구파가 많이 사는 3대 정착지에서 가족 규모의 변화 추이

출산	펜실베이니아 (랭커스터와 인근 지역)	오하이오 (홈스 카운티와 인근 지역)	인디애나 (엘크하트 카운티와 인근 지역	총계
정상 출산 수 (mean)				
1898년 이전	7.1	6.3	6.7	6.6
1899-1908	8.2	6.2	7.0	6.8
1909-1918	6.9	6.4	6.7	6.6
1919-1928	7.2	6.8	7.2	7.0
무자녀 부부 비율				
1898년 이전	7.6	7.8	4.3	6.6
1899-1908	2.8	6.7	3.2	5.0
1909-1918	6.6	5.1	5.2	5.5
1919-1928	2.9	5.3	5.2	4.4
1929-1938	0.9	3.1	3.9	2.6
10명 이상 자녀를 둔 부부 비율				
1898년 이전	28.7	21.0	21.8	22.7
1899-1908	33.5	14.7	25.6	21.2
1909-1918	25.2	19.1	16.7	20.0
1919-1928	25.7	19.4	24.5	21.8

*주의: 이 수치는 초혼 가정에 국한하여 조사한 결과다. 여성이 사산하지 않고 아기를 출산한 정상 출산(live birth) 수는 45세 이전에 결혼한 경우만 포함한다.

결혼 시기

다른 많은 농경 사회와 마찬가지로 아미쉬 사람들은 수확을 마친 후 결혼하는 관습이 있었다. 결혼식에는 준비 기간 이틀과 양가 친척을 위한 잔치가 포함된다. 신부 측 가족은 별도로 더 오랜 기간 준비를 거친다. 결혼식 일정은 공동체의 일정에 맞추어 정해진다. 즉, 여름철 일이 끝난 10월에서 12월 사이에 치러진다.

결혼식을 올릴 시기로 가장 선호되는 달은 11월과 12월이다. 펜실베이니아 주에서는 이 두 달 동안 결혼하려는 경향이 강하다. 전체 신혼부부의 약 92퍼센트가 이 시기에 결혼하는데, 41퍼센트인 오하이오 주와 34퍼센트인 인디애나 주와 대조된다. 오하이오와 인디애나 주에서는 1월, 2월, 3월에도 결혼식을 많이 올리는 편이다. 재혼인 경우는 대개 '제때가 아닌 시기'에 이루어진

다. 당사자들이 초혼과 같은 정도로 공동체가 관여하거나 축제를 열어주기를 바라지 않기 때문이다.

시기별로 결혼 일정표를 살펴보면 펜실베이니아 주에 사는 아미쉬 사람들은 시종일관 11월과 12월에 결혼한다는 점을 알 수 있다. 인디애나 주에서는 계속 1월, 2월, 3월에 결혼식을 올리고 있다. 오하이오 주에서는 1월 결혼은 점차 줄어드는 추세지만 그 대신 3월, 4월, 5월에 식을 올리는 경향이 생겼다.

공동체 사이의 차이

큰 정착지(오하이오, 펜실베이니아, 인디애나 주) 세 곳에서 결혼 연령, 가족 규모, 결혼 시기에 차이가 나타나는 까닭은 각 공동체의 관습을 모르고서는 이해하기 어렵다. 이 차이점은 부분적으로 경제·문화적 요인을 근거로 들어 설명할 수 있다. 오하이오와 인디애나 주의 아미쉬 공동체는 공통점이 꽤 많다. 펜실베이니아의 공동체는 중서부에 있는 정착지들과 계속해서 두드러진 차이를 보인다. 펜실베이니아 주의 아미쉬 사람들은 오랫동안 매우 비옥한 토양에 의존하여 살아왔다. 중서부에 있는 아미쉬 공동체보다는 농경지 면적이 작지만 더 집약적으로 농사를 짓는다.

일을 하려는 욕구와 작업 편성은 가족 규모와 여러모로 관련이 있을 것이다. 랭커스터 카운티의 아미쉬 사람들은 알려진 대로 중서부의 아미쉬 사람들보다 진취적이고 더욱 엄격하게 일한다. 예컨대 이들이 소유한 말은 다른 아미쉬 공동체에서보다 새끼를 더 많이 낳고 더 빨리 달린다. 경제적 생산성을 중시하는 이들의 욕구는 가족 규모와는 직접적인 관련이 없을 수도 있지만 간접적으로 영향을 주는 것 같다.

교의로 현대화를 제한하는 정도는 이 3개 주의 아미쉬 공동체에서 각기 다르다. 비록 '완전한 친교 관계'이고 성직자들이 다른 공동체를 방문해서 설교할 수 있지만, 각기 농업 기술을 한정하는 오르드눙에 차이가 있다. 랭커스터 교회는 기술면에서 어느 정도 양보해 젊은이나 현대 농업 기술을 도입하는 데 적극적인 농부들이 자기 농장에 머무르며 연구하도록 허락한다. 농기구를 말이 끌게 하지 않고 동력 구동식을 사용해도 괜찮다. 젖소를 키우는 헛간에는 착유기, 집유 탱크, 디젤 엔진이 달린 냉각 장치를 갖출 수 있다. 고된 노동의 대가와 농장에 머무르며 일하려는 동기는 이런 식으로 유지되는 것처럼 보인다. 중서부에 있는 아미쉬 공동체는 자전거나 기성복 같이 개인의 편의를 더 많이 보장하는 상징적인 구제들을 풀어주었지만, 일하려는 욕구를 불러일으키고 더 많은 이익을 내는 농업 기술의 도입은 완고하게 반대해왔다. 교구에서 착유기와 개선된 농경 기술을 허용하지 않는 오하이오 주 몇몇 아미쉬 공동체에서는 일부 젊은이들이 농장 일을 포기했다. 그들은 여전히 아미쉬에 속해 있지만 농업에 종사하는 대신 목수나 공사장 인부, 작은 공장의 고용인이 되었다. 이렇게 아미쉬 공동체의 특색과 사회적 구조는 점차 변화하고 있다.

인구 증가와 줄어드는 구성원 수

출산 계획 때문에 아미쉬 구파의 인구 성장률이 낮아지고 있다는 증거는 없다. 사실 지난 70년 동안 아미쉬 공동체의 인구 성장률은 조금 높아졌다. 펜실베이니아 주 랭커스터 카운티에서 아미쉬 사람들이 점유한 토지 면적은 1940년에 150제곱마일이었는데 1980년에는 약 525제곱마일이 되었다. 교구의 숫자도 꾸준히 늘었다(표 1을 보라). 1900년에는 교구가 6개였는데 1950년에는 25개, 1990년에는 85개가 되었다. 1910년에서 1930년까지 인구 성장률이 완만하게 상승한 것은 1911년에 어떤 교구 하나가 만들어진 것으로 설명된다. 오늘날 위버타운 아미쉬 메노나이트 교회라고 알려진 곳이다.

구성원들은 어느 정도나 늘어났고 또 그것은 인구 성장률에 얼마나 영향을 미쳤을까? 아미쉬 구파와 과거에 아미쉬였으나 지금은 공동체를 떠난 '아미쉬 출신'들이 이루는 가족 규모를 비교한 연구에 따르면, 아미쉬 출신은 출산하는 자녀의 숫자가 매우 적다.[146] 예컨대 아미쉬 구파(1900년에서 1909년 사이의 출생 코호트(cohort, 동시 출생 집단)를 살펴보았을 때)의 정상 출산 수는

---

146) Eugene P. Ericksen, Julia Ericksen, and John A. Hostetler, "The Cultivation of the Soil as a Moral Directive: Population Growth, Family Ties, and the Maintenance of Community among the Old Order Amish," *Rural Sociology* 45 (1980): p. 49-68.

평균 7.2명이지만, 부모가 아미쉬 사람인 아미쉬 출신은 4명이고 부모가 아미쉬 사람이 아닌 아미쉬 출신은 3.9명이었다. 즉 아미쉬를 떠나면('아미쉬 출신'이 되면) 아이를 적게 낳아 가족 규모가 작아진다. 이에 비해 아미쉬 구파는 대가족을 이루는 경향이 있다.

[표4] 펜실베이니아 주 랭커스터 카운티에서 아미쉬 구파 교회의 구성원이 아닌 아미쉬 구파 후손의 비율

출생 코호트	사례수	아미쉬 아닌 비율
1879년 이전	612	28.1
1880-1899	599	19.5
1900-1909	400	22.0
1910-1919	645	17.9
1920-1929	917	21.7
1930-1939	450	23.7
Total	3,623	22.4

*주의: 이 비율은 특정 기간에 구파 가족에서 태어났지만 아미쉬 구파 구성원이 아닌 사람의 수로 측정했다. 이 비율은 오늘날의 인구나 1939년 이후에 태어난 사람들의 경향은 포함하지 않는다. 이 데이터를 집계하는 데 도움을 준 유진 P. 에릭슨(Eugene P. Erickson)에게 감사한다.

아미쉬 부모에게서 태어난 자녀 가운데 아미쉬 교회에 남는 비율은 얼마나 될까? 가계도 기록과 아미쉬 정보통의 도움을 받아 펜실베이니아 주 랭커스터 카운티에서 이 비율이 계산된 적이 있다. 1880년에서 1939년 사이를 통틀어 구파가 자기 집단을 빠져나간 비율은 22.4퍼센트였다. 하지만 10년 단위로 동시 출생 집단의 크기를 계산하면 수치가 상당히 달라진다. 1880년 이전에는 이 비율이 높았다가 1919년까지 줄어들며, 1939년까지 다시 높아진다. 오늘날의 비율을 계산하는 것은 불가능하다. 1939년 이후에 태어난 사람들은 아직 자신의 가족을 형성하는 중이기 때문이다. 최근에는 토지가 부족한 것이 여기에 큰 영향을 끼치는 듯 보이지만, 높은 인구 성장률이 불가능할 정도는 아니다.

아미쉬 교회에 남을지 여부를 결정하는 것은 아미쉬 사람들의 농장이나 사업과 관련한 경제적인 문제와 상관이 있다. 보통 결혼 직후나 아이를 갖기 시작할 즈음에 많이 떠난다. 다 큰 자녀들을 위해 땅을 사거나 이들에게 돈을 빌려주거나 담보를 맡기는 것, 즉 짧게 말해서 결혼한 자녀를 사회적으로 다양한 방식으로 지지해주는 일은 부모에게 중요한 책임이다. 한 연구 자료를 보면 아미쉬 교회에서 중도 탈락하는 현상은 무작위로 나타나는 것이 아니라 특정 가구에서 한꺼번에 나타난다. 일반적으로 아미쉬를 떠나는 아들의 아버지는 농장 일이 직업이 아닌 경우가 많다. 이 아버지들이 신체적으로 무력해지면 자녀들은 농장 일을 배울 수 없는 경우가 많아 아미쉬에 남아 있지 못하는 것이다.

다른 독특한 특징들

아미쉬 사람들의 유전병에 관한 연구에 따르면, 아미쉬 집단에는 색다른 특징들이 있다.[147] 아미쉬 집단에는 쌍둥이의 비율이 어느 인구 집단에서보다도 높다(오하이오 주 아미쉬 공동체는 생존 출생자 1,000명당 쌍둥이가 15.3쌍이고, 인디애나 주에서는 21.1쌍이다). 오하이오 정착지에서 매년 인구가 자연적으로 증가하는 비율은 3.019퍼센트로 계산되었으며, 이것은 23년마다 인구가 2배가 된다는 것을 뜻한다.[148]

그림 8에서 볼 수 있듯이 아미쉬 인구의 연령별·성별 구성은 미국 내 다른 농촌의 인구 구성과 매우 다르다.[149] 이 차이점은 아미쉬 공동체의 사회적, 문화적 특징을 반영한다. 아미쉬 공동체와 다른 농촌의 인구를 비교해보면, 아미쉬에서는 65세 이상 인구의 비율이 다른 농촌 집단의 절반에 불과하고 20세 이하 인구의 비율은 2배임을 알 수 있다. 어떤 사회의 연령 분포는 중요한 경제적, 사회적 결과를 불러일으킨다. 아미쉬 집단에서 65세 이상 인구가 상대적으로 적은 한, 젊은 층이 퇴직 인구를 부양하는 부담이 그만큼 적어진다. 아미쉬 사람들은 정부에서 사회적 보장 연금을 받는 것을 반대하는데,

---

147) Victor A. McKusick, *Medical Genetic Studies of the Amish: Selected Papers, Assembled, with Commentary* (Baltimore: Johns Hopkins University Press, 1978) 특히 Herold E. Cross와 Victor A. McKusick이 쓴 B1장, "Amish Demography"(p. 29-47))를 참고하라.

148) 다음 글에 따르면 후터파의 증가율은 4.1265인데 이는 16년마다 두 배씩 증가함을 뜻한다. John W. Eaton and Albert J. Mayer *Man's Capacity to Reproduce: The Demography of a Unique Population* (Glencoe, Ill.: Free Press), p. 44. 하지만 Eaton과 Mayer의 수치는 잘못 계산되었음이 밝혀졌고, 새로 정정한 증가율은 8.970이었다. 다음 글을 참고하라. Hartmut Lang and Ruth Goehlen, "Completed Fertility of the Hutterites: A Rivision," *Current Anthropology* 26(June 1985): p. 395.

149) 미국의 1970년 인구 조사와 *Indiana Amish Directory* (1970)를 바탕으로 했다. 다음 글에서 허락 얻고 재인용한 것이다. Richard F. Hamman, "Patterns of Mortality in the Old Order Amish" (Ph.D. diss., Johns Hopkins University, 1979).

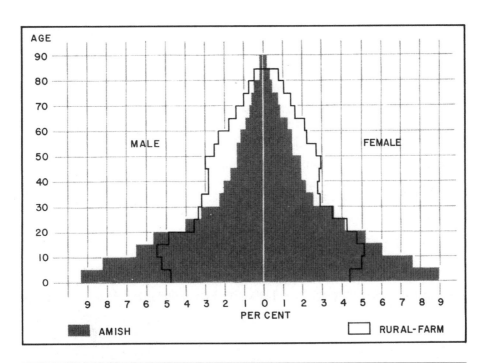

[그림 8] 1980년 인디애나 주 밀크하트와 라그란지에 사는 아미쉬와 농촌에서 농업에 종사하는 인구의 구성도

연령 구조상의 차이를 고려하면 연금 문제는 아미쉬보다 미국의 일반 국민에게 더 심각하다고 볼 수 있다. 아미쉬 인구의 구성도를 보면 대공황 시기에도 출생률이 낮아지지 않은 데 비해 비아미쉬 집단에서는 대공황 직후 1940년에 급작스러운 출생률 증가세가 나타났다.

4. 리더십

바깥세상의 강제력을 거부하고 겸손과 복종, 검소함을 추구하는 아미쉬 사람들은 지도자를 매우 신중하게 선택한다. 지도자로 선택된 인물은 권위나 권력을 좇아서는 안 되지만 현실적으로는 둘 다를 행사하는 위치다. 지도자 후보를 고를 때 아미쉬 구성원들은 그 사람이 겸손한지, 또 농장 경영을 잘하는지를 본다. 조금이라도 급진적이거나 독특한 개성이 있다면 재빨리 간파된다. 아미쉬 사람들은 다른 복음 교회 사람들과 달리 성직자를 직업으로 삼고

자 하지 않으며, 성직에 나가라는 신의 부름을 받았다고 선언하지도 않는다. 신학교에 다니는 것은 세속적이라는 의미이며, 이는 추방의 이유가 된다. 겸손함을 잃고 자아를 발달시켰기 때문이다. 아미쉬 공동체에서는 남을 교묘히 조종하거나 개인적인 야망을 키우지 않도록 하기 위해서 추첨으로 성직자를 선택한다. 권한은 모든 구성원에게 고르게 분포하도록 해서 한 명의 지도자나 소집단이 힘을 독점하지 않게 된다. 지도자들은 구원 과정에서 공동체를 돕는 역할이 기대되며, 중간에 걸림돌이 되어서는 안 된다. 지도자를 선출하는 방법에 대해서는 이들이 하는 기능을 알아보고 나서 다시 살펴보겠다.

아미쉬 공동체의 구성은 교회 교구에 집중되어 있다. 선출된 관리직은 디너(Diener, 말 그대로 번역하면 '종복'이라는 뜻)라고 불리며, 교구마다 세 가지 직위가 있다. 즉, 전통적으로 포엘리거-디너(Voelliger-Diener, '최고 권력을 가진 목사' 또는 '주교'), 디너 춤 부흐(Diener zum Buch, '성경을 설교하는 목사' 또는 '전도사'), 그리고 아르멘 디너(Armen-Diener, '가난한 자를 향한 목사' 또는 '집사')로 나뉜다. 이 세 가지 직위명은 펠리셔디너(Vellicherdiener), 브레디셔(Breddicher), 아르메디너(Armediener)의 방언이다. 이상적으로 말하면 각 교구에는 주교 한 명, 목사(전도사) 두 명, 집사 한 명이 있어야 한다.

주교는 교회의 지도자이며 최고의 권위를 가진다. 주교는 성찬식, 세례식, 결혼식, 추방을 집행하며, '타락한 자'들을 교회 구성원으로 복귀시키는 일도 한다. 또 추첨으로 목사를 선출하는 과정을 감독하고, 성직 수임식을 집전한다. 주교는 교회의 오르드눙을 위반한 자들에게 징계 처분을 선고한다. 그리고 의사 결정에서 만장일치가 필요할 때 교회의 '목소리'나 투표권을 얻어내야 하는 책임이 있다. 또한, 통상적인 예배에서 자기 차례가 돌아오면 '본 설교(es schwere Deel)'에 임한다. 성직 수임식에서 주교는 다음과 같은 평생의 책무를 받는다.

(1) 즉 주와 교회의 이름으로 완전한 목사 또는 주교의 임무를 그대에게 위임한다. (2) 그것은 주의 고된 시련과 죽음을 인정하고 빵과 포도주를 나누는 의례를 지키며, (3) 만약 교회와 뜻을 같이 하고자 하는 자들이 있으면 그들에게

크리스천 신앙을 가르치고 세례를 베풀며, (4) 교회의 조언에 따라 죄악을 범한 자들과 순종하지 않는 자들을 벌하고, 그들이 뉘우치고 마음을 돌리면 그들을 받아들이되 역시 교회의 조언을 따르며, (5) 교회의 형제와 자매들이 결혼하고 자 하면 신성한 예식에 따라 그들을 하나로 맺어 주고, (6) 교회에서 필요로 하고 그대에게 요청한다면 최고 권위를 가진 성직자(주교)로 임명될 수도 있으며, (7) 그대가 늙고 지치면 뒤를 이을 사람을 임명하고, (8) 성부, 성자, 성령이 함께 그대를 굳건하게 하기를 기원하는 바다. 아멘.[150]

교구에는 대개 주교와 함께 전도사 두 명이 있어서 돌아가며 설교한다. 주교와 전도사들은 쪽지나 성경을 보지 않고도 신도들 앞에 설 수 있어야 하며, 신의 법도대로 그들에게 훈계할 수 있어야 한다. 담당한 교구에서 설교가 없는 일요일에는 성직자들이 원한다면 다른 교구를 방문할 수도 있다. 방문 전도사들이 방문한 교구와 '완전한 친교를 맺고 있다면' 설교를 요청받는 일도 꽤 흔하다. 또한, 전도사들은 주교를 도와 일 년에 두 번 열리는 성찬식에서 빵과 포도주를 나누어준다. 성직 임명식에서 전도사는 다음과 같은 임무를 받는다. "주와 교회의 이름으로 성경을 설교하는 전도사 임무가 그대에게 부여되었으니 그대는 교회에서 설교(말씀을 해설하기)하고 읽고 기도하며, 선함을 보호하고 악함을 처벌하라."[151]

집사는 임명식에서 다음과 같은 임무를 받는다.

주와 교회의 이름으로 가난한 자를 위한 성직자의 임무가 그대에게 부여되었으니 그대는 과부와 고아를 돌보며 교회의 조언에 따라 시혜를 받아 이들에게 베풀어라. 그리고 결혼하고자 하는 형제와 자매들이 있다면 신성한 질서에 따라 이들을 위해 일하며, 그대가 필요하다는 요청을 받으면 성직자들을 위해 성경을 읽고 세례식에서 물을 부어주어라.[152]

집사는 성경 구절을 읽어 정기적으로 예배를 돕는다. 대개 성경을 읽고 나

---

150) 이 구절은 다음 독일어 문헌을 번역한 것이다. John Umble, "Amish Ordination Charges," *Mennonite Quarterly Review* 13 (October 1939): p. 236.

151) 같은 책, p. 237.

152) 같은 책.

서 자발적인 설교를 행할 때가 많다. 직위명(Armen-Diener)이 암시하듯, 집사는 그런 목적으로 조성된 자금을 풀어 도움이 필요한 사람이나 과부들을 보살필 의무가 있다. 세례를 위한 특별한 예식에서 주교가 지원자의 머리 위로 컵 모양으로 손을 모으면, 집사는 그 위로 물을 붓는다. 또 성찬식에서 잔과 빵, 포도주를 챙기고 식이 진행되는 동안 성배가 계속 채워지도록 한다. 집사는 성찬식과 함께 진행되는 세족례를 돕는데, 들통 가득 물을 채우고 수건을 준비한다. 예식이 진행될 때는 장막 뒤에서 일종의 관리인 역할을 한다. 집사에게 부과된 다른 두 가지의 중요한 임무는 다음과 같다. 주교에게 가서 계율 위반자에 대한 정보를 전하며, 추방 명령을 통보한다. 구성원 사이에 일어나는 분쟁을 조정하는 역할을 맡는데, 이는 가장 까다로운 일이다. 이 임무는 다소 꺼려지기도 하지만 슈테클리만(Schtecklimann, '중매')이라는 결혼식을 중개하는 더 즐거운 임무가 있어 어느 정도 상쇄된다. 결혼을 원하는 한 쌍이 있으면, 집사는 신랑이 얼마나 전도유망한지를 살피고 나서 신부의 부모가 허락했는지를 조사한다. 아무 장애물이 없으면(Wann nix im Weg schteht) 집사가 주교에게 알리고, 주교는 결혼식 2주 전의 일요 예배에서 신도들에게 결혼을 발표한다.

몇몇 사례에서도 볼 수 있듯이 주교 한 명은 두세 개의 교구를 맡아야 한다. 이는 추가로 맡은 교구가 충분히 커져서 새로운 주교가 오거나 그 자리에 알맞은 적격자를 찾을 때까지의 일시적인 배정이다. 주교는 일반적으로 담당 교구에서 불만의 목소리가 나오지 않는 한 한 교구에서 다른 교구로 옮기지 않는다. 전도사와 집사는 이보다 자유롭게 옮길 수 있지만 언제나 교구의 사전 승인이 있어야 한다. 잘못된 행동이나 탈선 때문에 처벌받지 않는 한 주교, 전도사, 집사라는 직위는 평생 유지된다.

각각의 교회 교구는 사람들 사이의 관계가 가까운 작은 자치 단위다. 지방의 집단을 위해 정책을 해석해줄 중앙 조직이나 협의회는 존재하지 않는다. 주교는 그 교구에서 최고의 권위를 지닌 인물이다. 하지만 큰 아미쉬 정착지에서는 그 지역의 여러 주교 사이에 열리는 비공식적인 협의회가 있다. 랭커스터 카운티에서는 성직자들이 봄, 가을의 성찬식 전에 협의회를 통해 만난다. 이 모임에서는 교의의 의문점이나 분열이 일어난 원인에 대해 토의한다.

성직자들을 불러 모으는 것은 대개 가장 나이가 많은 주교이며 사회도 그가 맡는다.

각 교구에서는 아이들을 포함한 비구성원들이 해산한 후 설교 예배에 관한 여러 가지 일과 토의를 행한다. 의사 결정 과정은 가부장제적인 민주주의 형태다. 주교가 어떤 결정을 내리는 데 충분한 권력이 있을 때 그는 '교회의 계획 또는 지지(der Rat der Gemein)'의 대상이다. 예컨대 어떤 구성원을 추방해 기피하는 것은 세례를 받은 남성, 여성 구성원들의 투표를 통해서만 가능하다. 또 투표를 통해서만 원래 상태로 돌아올 수 있다. 집사가 가난한 구성원을 돕는 것도 신도들의 투표를 통해서 권위를 얻었을 때뿐이다. 비록 교회 규칙의 이상이 지켜지더라도, 성직자들은 교회에서 투표를 통해 제안된 행동 방침을 따른다. 성직자들은 설교 예배 때마다 '목사들의 회의(Abrot)'를 주최한다. 이 정기적인 회의에서는 목사 누구든 모두가 주목하는 가운데 자신이 느끼는 바를 이야기한다. 신도들 앞에서 제기된 문제는 그것이 어떤 것이든 먼저 목사들 사이에서 논의되어야 한다. 더군다나 그 처방에 대한 계획은 그 문제가 구성원들의 모임에서 다시 제기되기 전에 목사들 모두의 동의를 받아야 한다.

지도자의 선출은 중요한 행사이며, 교회의 질서 정연한 의례에 따라 치러진다.[153] 앞에서 언급했지만 개인은 신이 그 자리에 자신을 '불렀는지'를 자기 마음대로 판단할 수 없다. 대신 추첨에 따른 교회의 '목소리'가 그 부름을 만든다. 자신을 낮추어야 한다는 훈계가 반드시 이루어지기는 하지만, 별도의 훈련이나 교육, 보수에 대한 규정은 없다. 후보들은 모두 교구 안에서 선택된다. 외부자는 교회 안으로 들어와도 주교나 전도사, 집사로 임명될 수 없다. 주교는 이미 임명된 전도사 가운데에서 선출된다. 일단 추첨으로 선택되고 나면, 이 부름을 거부하는 것은 나쁜 징조로 여겨진다. 대부분 전도사에게 이 직위의 수행 경험은 정신적 외상과 같아서 몇몇은 정신적인 병에 시달리기도

---

153) 아미쉬 구파 리더십의 이상적 패턴에 대한 통찰력 있는 고찰은 다음을 보라. Sandra Lee Cronk, "Gelassenheit: The Rites of the Redemptive Process in Old Order Amish and Old Order Mennonite Communities" (Ph.D. diss., University of Chicago, 1977), p. 77-92. 아미쉬 관습과 규칙에 대한 예외에 관해서는 다음 글을 보라. David Luthy, "A Survey of Amish Ordination Customs," Family Life (March 1975): p. 13-17.

한다. 새로 임명받은 자에 대해 말하자면, 한 전도사의 아내는 이렇게 말한다. "그 경험은 남편을 족히 5년은 병약해지게 했다."

성직 임명에 앞서 교회는 집단생활에 대해 반성할 것을 요구받는다. 구성원들이 서로 단합하고 있다면 임명해도 좋다는 표시다. 만약 오해나 마찰의 기운이 있다면 임명식은 연기될 수 있다. 일단 임명이 적절한 것으로 여겨졌다면, 주교는 임명을 선포하고 2주 동안의 숙고 기간을 거치고 기도를 준비하는데, 이 과정은 대개 일 년에 두 번의 준비 예배(Attningsgmee)가 열리기 전에 끝낸다. 또 구성원 전체가 임명에 동의해야 한다.

대부분 주교는 성찬식이 열리는 날 임명 예배를 하려고 한다. 성찬식은 집단의 영성이 고조되므로 지도자의 선출과 취임에 적절한 행사다. 성찬 예배가 끝나고 신도들은 임명식을 기다린다. 식을 진행하는 주교가 엄숙한 예식이 치러질 것임을 환기하고, 성직자의 자격에 대한 성경 구절(디모데전서 3장)을 읽는다. 주교가 임명자의 자격 부분을 언급하기도 하지만, 그가 기혼 남성이어야 한다는 이야기는 너무 당연하므로 생략한다. 그러면 임명자는 옆방으로 간다. 신도들은 모두 살짝 열린 문(또는 창문) 뒤에 한 줄로 서서 이제 집사 자격을 갖게 된 사람의 이름을 속삭인다. 새 집사가 그 이름을 주교에게 다시 전하면, 주교는 이름을 받아 적고 투표수를 계속 센다. 후보가 되려면 적어도 두 표를 얻어야 한다. 세 표가 필요한 교구도 있다. 세 표를 얻어야 한다는 규칙을 지지하는 사람들은 원칙을 지켜야 하며 속임수는 허용될 수 없다고 주장한다(남편과 아내 또는 다른 두 명이서 사사로운 이익으로 어떤 특정인 한 명을 뽑을 수도 있기 때문이다). 남편과 아내를 포함한 구성원들은 자신이 누구를 뽑았는지를 내부에서 논의해서는 안 된다. 또 성직자들은 투표하지 않는다.

한 사람이 모든 표를 받은 경우에는 추첨 없이도 임명된다. 추첨표에는 16명의 이름이 적혀 있지만 대개 4~8명이 후보로 지명된다. 한 번 지명된 사람은 어떤 이유로든 자기 이름을 철회할 수 없다. 펜실베이니아 주 랭커스터 카운티에서 주교 후보들은 아미쉬 교회 구성원인 자녀가 있어야만 하며, 적어도 자녀 한 명이 구성원이고 모든 자녀가 회비를 완납한 상태여야 한다. 이 규칙이 가져오는 한 가지 결과는 젊은 주교가 나올 수 없다는 것이다. 인디애나 주의 애덤스, 앨런 카운티의 스위스 정착지 가운데에서 목사 후보자는 오직 두 명뿐이며, 그 가운데 가장 많은 표를 받은 사람이 추첨 대상이 된다.

선출 방식으로 추첨을 사용하는 것은 유다의 계승자를 선택할 때 사도들이 행했던 바를 토대로 한 것이다(사도행전 1장 23~26절). 추첨에 쓰이는 도구인 흰 종잇조각에는 성경 구절이 적힌 경우가 많다. 이때 사용되는 두 가지 구절은 다음과 같다. "제비는 사람이 뽑으나 모든 일을 작정하기는 여호와께 있느니라"(잠언 16장 33절) "그들이 기도하여 이르되 뭇 사람의 마음을 아시는 주여 이 두 사람 중에 누가 주님께 택하신 바 되어"(사도행전 1장 24절) 이 종잇조각은 찬송가 책 가운데에 끼워진다. 여분의 찬송가 책이 후보자의 수만큼 선택되고 탁자나 의자 위에 나란히 놓인다. 기도자가 무릎을 꿇으면 후보자들은 책을 뽑으라는 요청을 받는다. 그러면 주교는 그 책에서 추첨에 쓰이는 종잇조각이 나올 때까지 갈피를 넘긴다. 그러다가 종잇조각이 나오면 주교는 모든 이가 들을 수 있도록 후보자의 이름을 반복해서 외친다.

주교는 추첨에 '걸린' 후보자에게 자기 앞에 다가온 의무를 받아들이라고 요구한다. 만약 주교를 선택하는 자리였다면 새로 임명되는 주교는 식을 집전하는 다른 두 주교의 손이 머리에 얹힌 채 무릎을 꿇고 의무를 받아들였을 것이다. 이제 주교는 새로 성직을 임명받은 사람에게 악수와 성스러운 입맞춤으로 인사한다. 이 의례에서 흐느껴 울거나 눈물을 흘리는 사람들이 있는 것을 보면, 무거운 짐을 지게 된 선택받은 종복에게 사람들이 깊은 공감을 느낀다는 사실을 알 수 있다.

주목할 만한 점은 이때 신도들이 무거운 짐을 지게 된 선택받은 종복에게 깊은 공감을 표하며 눈물을 비치거나 심하면 흐느껴 운다는 것이다. 모든 구성원은 집회가 해산될 때 새로이 임명받은 형제를 위해 용기를 갖고 기도하도록 명령받는다. 비록 구성원 일부가 그 사람이 다른 후보자보다 자격이 떨어진다고 여긴다 해도, 그것이 신의 선택이기에 구성원들은 결과에 만족한다.

5. 상호 작용의 유형

앞에서 밝혔듯이 헌장은 아미쉬 교회와 바깥세상이 뚜렷하게 분리되어야 한다는 점을 요구한다. 완전한 지리학적 고립은 추구되지도 않고 요구되지도 않는다. 그러나 분리에 필요하며 또한 선호되는 상호 작용 패턴이 존재한다. 상호 작용 패턴은 아미쉬 사람들이 세속적인 그림자에 따라 집단들을 분류하는 방식에 좌우된다. 즉 다른 아미쉬 사람들이나 메노나이트파, 그와 연관된 집단, 또는 다른 종교 집단과 상호 작용하는 방식은 바깥세상과 관계 맺는 방식과 차이가 있다. 고향 교구에서 구성원 개인은 일련의 '장벽들' 또는 분리선에 둘러싸여 있어서 상당한 신중함을 배우고, 또 지켜야 한다. 아미쉬 공동체 내부의 상호 작용에 대해서는 앞에서 다루었으므로, 여기서는 바깥세상과의 상호 작용에 필요한 사회적, 경제적 측면들을 살펴보기로 하자.[154]

바깥세상으로부터의 분리는 몇몇 실제 결과들을 불러일으킨다. 아미쉬 사람들이 세상으로부터 한걸음 물러서는 모습은 바깥세상보다 시계를 느리게, 아니면 빠르게 맞추어놓는 데서도 드러난다. 서머타임제가 처음 실행될 때 아미쉬 사람들은 이렇게 말하며 저항했다. "그렇지 않아도 세상은 너무 빨리 돌아가고 있는데!" 그 결과 세상이 서머타임제로 바뀌어도 아미쉬 사람들은 '느린' 시간을 유지했다. 그리고 바깥세상이 표준 시간으로 돌아오자, 이번에는 시계를 30분 앞당겼다. 이런 점은 외부인에게 혼란스러워 보였을 뿐만 아니라 아미쉬 공동체와 바깥세계의 관계에 모호함을 더했다. 의식적으로 시행되었든 무의식적으로 시행되었든, 그것은 아미쉬 사회를 바깥세상의 구조와 활동으로부터 분리시키는 효과적인 수단이었다. 아미쉬 사람들과 약속할 때 외부인들은 약속 시간이 '느린' 시간인지 '빠른' 시간인지 확인해야 한다. 하지만 아미쉬 사람들은 공동체 안에서는 이 시간 체계를 활용하지만 바깥세상과 상호 작용할 때는 바깥세상의 시간에 맞춘다.

아미쉬 공동체는 소비, 고용, 자본의 공유와 상호 부조라는 공동체의 패턴

---

154) 상호 작용 유형에 대한 통찰에 대해, 나는 다음 글을 인용하였다. Gertrude E. Huntington, "Dove at the Window: A Study of Old Order Community in Ohio" (Ph.D. diss., Yale University, 1956), p. 230-396."

과 잘 맞물려 있다. 살아남기 위해 아미쉬는 든든한 경제적 기반을 갖추어야 했고, 이 기반이 다음 세대를 이끌고 지탱할 수 있어야 했다. 오늘날 상당수의 농장은 완전히 자급자족하지 않으며, 부가적인 수입이 필요하다. 농장에서는 가족 구성원이 곧 노동력이다. 아미쉬 소년은 세례를 위한 교육을 받기 전까지는 아버지의 농장에서 일한다. 그다음에는 집 밖으로 나가 친척들에게 고용되거나 아미쉬 공동체 외부에서 일하는데, 그렇더라도 건축 노동이나 작은 공장 일 등 대개는 다른 아미쉬 사람들과 함께 일한다. 21세가 넘으면 그렇게 일해서 번 돈은 자신의 것이 되고, 돈을 모아 자기 소유의 농장을 갖기 위한 첫 할부금을 준비할 것이다.

아미쉬 여자 아이들은 남자 아이들보다 어린 나이에 집 밖에서 일하는 경향이 있으며, 자신이 일하는 아미쉬 가정에서 함께 거주하는 경우가 많다. 그렇게 일해서 번 돈은 자신의 가족에게 보낸다. 그러면 여자 아이의 가족은 그 돈을 다시 여자 아이에게 보내 용돈이나 옷값으로 쓰게 하거나, 가족의 생활비로 쓰기도 한다. 아니면 아이가 21세가 될 때를 대비해서 모아놓기도 한다. 아미쉬 여자 아이는 때때로 외부인 가정이나 작은 가게에서 일하기도 하는데, 가정부나 청소부로 일하는 경우가 많다. 그 범위는 아이가 바깥세상과 만나지 않는 곳에 제한된다. 집을 떠나 일하는 것은 대개 즐거운 일로 여겨지며, 일을 시작하는 것은 성장의 한 부분으로 간주된다.

아미쉬 사람들의 이웃 가운데에는 아미쉬가 아닌 농촌 사람들이 어느 정도 있다. 이 외부인 이웃들은 아미쉬 주부를 부엌 '파티'에 초대하기도 한다. 그러면 아미쉬 주부는 수락할 수도, 거부할 수도 있다. 아미쉬 사람들은 사교적으로 방문하는 경우가 아닐 때, 즉 수확 때라든지 긴급 상황에는 외부인 이웃을 돕기도 한다. 영화를 보러 가거나 농장 사람들 사이의 집회, 연회, 축제 등은 금지되지만, 부모와 아이들은 종종 도시로 여행 가서 동물원을 방문한다. 동물은 신이 창조한 피조물이므로 보고 즐기는 것이다. 어딘가를 방문하는 일정은 항상 꽉 차 있어서 대부분의 지인이 자기들을 보러 오는 것은 뒷전이라고 불평할 정도다. 아미쉬 사람들은 너무 바빠서 그럴 시간이 없다.

아미쉬 사람들은 다른 교회들 사이의 모임이나 회의에 대표자를 보내지 않는다. 개인은 지역 소방대에서 봉사한다든지 힘든 일을 당한 다른 사람들을 돕는 모금 등 다양한 비아미쉬 사람들의 활동에 참여할 수 있지만, 공통의 문제나 활동 계획을 논의하기 위해 다른 분파 사람들을 만나지는 않는다.

거의 모든 아미쉬 가정은 외부인 친구들과 오랜 기간 알고 지낸다. 이들의 만남은 편한 대로 아무 때나 이루어진다. 이들은 다른 아미쉬 사람들뿐만 아니라 외부인들에게도 환대받는다. 하지만 그 상호 작용이 그렇게 자주 일어나지 않고 물리적 거리가 너무 멀어서 외부로부터의 분리 규칙이 깨지지는 않는다. 예컨대, 독일어가 모국어인 관광객 부부가 아미쉬 사람의 마차를 불러 세우고 길을 물었다. 이 부부는 아미쉬 사람들의 가정에 초대를 받고 나중에 아미쉬 교회의 예배에도 참석했다. 부부 중 한 명은 뉴욕에서 내과의사로 일하는 사람이었고 아미쉬 부부에게 의학적인 조언과 처방을 주었다. 이 두 쌍의 부부는 서로 뜻이 맞아 그 후로 15년 이상을 친하게 지냈다.

아미쉬 사람들은 농장에서 생산한 작물을 팔기 위해 바깥세상의 시장에 간다. 그리고 시장에서 사온 작물과 건초는 모두 가축에게만 먹인다. 이들은 가격 변동에 무척 민감하며, 시황 보고에 조심스레 주목한다. 스스로 소비하거나 다른 아미쉬 사람들에게 팔고도 꽤 남을 정도의 작물을 생산하기 때문에 낙농품, 가축, 그 밖의 상품들을 바깥 시장에 팔아서 얻은 대금이 이들의 주된 수입원이다. 더 좋은 값을 쳐주는 시장이 있다면 자신들의 생산품을 멀리까지 실어 나르기도 한다.

아미쉬 사람들은 마을에 있는 가게에서 설탕, 소금, 밀가루, 그 밖의 식품을 산다. 통조림은 거의 사지 않고, 많은 아미쉬 가정이 매년 500쿼트(4분의 1갤런이며, 미국에서 곡물용 1쿼트는 약 1.1리터다.-역주)에 달하는 과일, 고기, 채소를 저장 식품으로 만든다. 일부 아미쉬 사람들은 우편 주문 카탈로그나 집 앞까지 방문하는 판매원을 통해 정기적으로 옷감이나 그 밖의 물건을 구매한다. 남편들은 다양한 종류의 농장 잡지를 구독해서 낙농업, 양계업의 생산이나 마케팅 방식에 영향을 받지만, 집안까지 외부의 영향이 미치지는 않는다. 굳이 필요 없는 문명의 이기나 사치품, 화려한 옷 등을 사용하면 세속적이라는 낙인이 찍힌다.

6장
농업과 생계

아미쉬 사람들에게 흙은 신성한 중요성을 띤다. 창조에 대한 헤브루 사람들의 설명을 따라 아미쉬 사람들은 인류의 첫 번째 의무가 정원을 가꾸는 것이라고 생각한다. 즉 사람은 정원을 일구고 노동과 관리를 통해 작물이 해를 입지 않도록 지킨다. 신이 땅을 소유했다면("땅과 거기에 충만한 것과 세계와 그 가운데에 사는 자들은 다 여호와의 것이로다", 시편 24장 1절), 신 대신 땅을 돌보는 것은 사람의 임무다. 『신약 성경』에 나오는 비유 또한 인간이 부재하는 땅 주인의 관리인이라는 사실을 아미쉬 사람들에게 일깨운다. 인류가 언젠가 자신이 한 일을 설명해야 할 최후의 심판일까지 이 관리인 역할은 계속될 것이다.

땅에 대한 이러한 관점은 땅이 이들의 생계 수단일 뿐만 아니라 어느 정도는 즐거움을 주는 매력적인 대상, 순종해야 할 대상임을 암시한다. 인류의 지배권은 한정적이다. 인류가 동식물에 대한 소유권을 누리는 것처럼 땅도 적절한 돌봄, 영양, 휴식을 누려야 한다. 만약 거칠게 다루어지거나 이기적으로 착취되면 땅은 적은 소출을 낼 것이고, 그 결과 인간은 가난해질 것이다. 아미쉬 사람들의 관점은 인간이 자신의 진보와 발전을 위해 자연을 착취한다는 이른바 서구적인 관점과는 분명하게 대조된다. 땅에 해를 입히는 것은 다음 세대를 생각하지 않는 행위다.

아미쉬 사회에서 가장 많은 직업은 농업이며, 직접 농사짓기가 불가능할 경우는 농촌과 직간접적으로 연관되는 직업이 선호된다. 아미쉬 사람들이 농사를 짓는 것은 돈을 벌기 위해서가 아니다. 그 반대로 이들은 농사짓는 것 자체를 위해, 그리고 바깥세상과 최소한으로만 접촉하면서 자신과 자기 가족을 부양하기 위해 일하고 저축한다. 16세기 메노 시몬스의 가르침은 오늘날 아미쉬 사람들의 생각을 잘 표현하고 있다. "농장을 빌리고, 소젖을 짜며, 가능하다면 장사를 배워라. 바울이 그랬던 것처럼 육체노동을 하라. 이 모든 것을 행해도 신성한 형제단이 그대에게 제공한 의지에 미치지 못할 것이다."[155]

아미쉬 사람들의 농경에 대한 이 기술은 세 가지 요소에 초점을 맞춘다. 아미쉬 전통의 농경 기술, 아미쉬 정착지들 사이의(특히 펜실베이니아 주 랭커스터 카운티와 다른 정착지들 사이의) 자원과 토지 생산성의 차이, 그리고 아미쉬적 가치의 한계 안에서 세우는 농장 관리 전략이다. 이 장의 끝부분에서는 농사가 아닌 다른 사업에 관여하는 아미쉬 사람들에 관해 기술할 것이다.

1. 유럽식 농경의 유산

아미쉬와 메노나이트파의 독특한 농업 관습은 재세례파가 고향에서 공민권을 빼앗기고 이전보다 생산성이 낮은 지역과 기후에서 새로운 농사법을 고안해야 했던 때로 거슬러 올라간다. 17세기에 이들은 작물을 돌려짓기했고, 가축을 우리에 가두어 키웠으며, 초원을 개간했고, 자연 비료를 사용했으며, 토양의 비옥함을 되찾기 위한 수단으로 토끼풀과 알팔파를 키웠다.[156] 이들은 '땅을 고갈시켜' 생산성이 떨어지면 다른 곳으로 옮겨가는 것이 아니라 땅의 생산력을 회복하는 방법을 고안했던 것이다.

모범적인 농부들

재세례파 사람들은 알자스에서 성공적으로 농사를 짓게 되면서 숙련된 농부라는 자자한 명성을 얻었다. 1712년에 아미쉬 사람들이 마르키르흐(세인트 마리오민) 계곡에서 쫓겨나자마자, 그 지역 통치자들은 프랑스 당국에 이들의 추방으로 지역 경제가 퇴보했다고 불평했다. 이 통치자들은 "재세례파가 농

---

155) Menno Simons, *The Complete Writings of Menno Simons*(Scottdale, Pa.: Herald Press, 1956), p. 451.

156) Ernst Correll, *Das schweizerische Täufermennonitentum*(Tübingen: Mohr, 1925), p. 101.

사에 많은 노력을 기울일 뿐만 아니라 감탄할 만한 관련 지식이 있다."[157]라고 했다. 또 어떤 보고서에는 "재세례파는 황폐하고 건조한 땅을 이 지역에서 제일 아름답고 경작에 알맞은 목초지로 바꾸었다."라고 기술되어 있다. 재세례파 농부들은 토지를 개척해서 초원과 목초지를 만들어냈으며, 가축 기르기와 농사를 결합시켰다. 게다가 '무력을 사용하지 않았는데도 세금을 최대한 정확하게' 내서 제후들을 흡족하게 했다.[158]

농장

오늘날의 연구자들은 경작된 언덕이나 들판을 한 번 둘러보기만 해도 재세례파의 농장을 찾아낼 수 있다고 주장한다. 재세례파 농부들에 대한 이런 우호적인 이미지는 19세기까지도 무리 없이 이어졌다.

재세례파 신도들은 땅의 소유권을 거부당하면서 그들이 빌린 농장에서 집약 농업을 하는 동시에 가축을 키웠다. 한 가족이 농장에 들어가 살면 식구 전부가 그곳에서 일했다. 결혼한 자녀들이 때때로 농장을 빌려주리라는 기대에서 가족과 함께 살기도 했다. 일찍 퇴직한 부모는 자녀들을 재정적으로 돕기도 했다. 즉 젊은 자녀 부부가 농장을 넘겨받아 운영하는 것을 도우면서 노년을 보냈다. 이런 식으로 농사를 짓는 가족의 모든 세대가 농장 노동으로 통합되었다. 그리고 이들은 장기임대를 하여 토양과 주거 환경을 개선할 수 있었다. 가족의 거주, 사업가 정신, 노동의 지속성과 동기가 농장 경영을 통해 하나로 합쳐졌다. 농장 건물에는 노인이나 농장에서 사용하는 기계를 운전하는 사람과 그 가족들을 위한 집도 있었다.

유럽에서는 소작인, 미국에서는 땅 주인

유럽의 아미쉬 사람들은 가축에서 나온 거름과 광물을 함유하는 비료를

---

157) Jean Séguy, "Religion and Agricultural Success: The Vocational Life of the French Anabaptists from the Seventeenth to the Nineteenth Centureis," trans. Michael Shank, *Mennonite Quarterly Review* 47(July 1973): p. 182.
158) 같은 책.

사용해서 땅을 개간하고 토양을 개선시키는 방법과 기술을 고안했다. 예컨대 농토를 넓히기 위해 석고 채굴장에서 석고를 캐고 가마에서 구웠다. 3년에 걸쳐 작물을 돌려짓기하는 방식은 대개 다음과 같은 순서를 따랐다. 처음에는 밀을 재배하고, 다음에는 호밀과 보리, 토끼풀, 그리고 그다음에는 감자와 당근, 순무를 재배하는 식이었다. 가축을 함께 기르는 농경은 재세례파 농부들의 가장 두드러진 특징이다. 이를 위해 추가로 풀밭을 빌렸는데, 쥐라 산맥이나 보주 산맥 같은 높은 산지도 포함되었다. 베른의 재세례파 신도들은 다양한 토끼풀 품종뿐만 아니라 교잡해서 탄생한 새로운 가축들을 프랑스와 독일에 처음 들여온 공로를 인정받는다. 우유는 짭짤한 돈벌이가 되었고, 18세기에 재세례파는 치즈 생산으로도 유명세를 떨쳤다. 19세기에 벨포트 아미쉬-메노나이트 출신의 유능한 농부였던 자크 클로펜슈타인(Jacques klopfenstein)은 농부들의 모범이 되는 남다른 성취로 프랑스 농업 협회에서 금메달을 받았다. 클로펜슈타인은 『경험에 의한 재세례파 농부(The Anabaptist Farmer by Experience)』라는 연감을 처음으로 펴내기도 했다.[159] 남다르게 뛰어난 농업 기술 전통은 이미 유럽에서 형성되었던 것이다.

펜실베이니아에 온 아미쉬 사람들은 한 가족이 운영할 수 있을 정도의 농지를 얻어 집약적인 경작을 하는 것을 매우 선호했다. 더군다나 이들은 농업을 삶의 방식으로 선호하고, 상업적인 이득을 우선시하지 않았다. 아미쉬 사람들은 다른 독일 출신 농부들과 마찬가지로 석회 토양이 농사짓는 데 훨씬 좋다고 믿었다. 오늘날 펜실베이니아 남동부의 석회질 지대에는 온통 아미쉬 사람들이 살고 있는데, 원래부터 살았던 것이 아니라 다른 곳에서 그리로 이주한 것이다. 비록 아미쉬 사람들은 처음에는 100~400에이커에 이르는 넓은 면적에 걸쳐 살았지만, 점차 자기 가족이 일해서 관리할 수 있을 정도의 면적으로 줄였다. 미국에서 유행한 플랜테이션이라든가 대규모 농장은 관심 밖이었다.

159) Séguy, *Les Assemblées anabaptistes-mennonites de France* (The Hague: Mouton, 1977), p. 503-7. 다음 글도 참고하라. John H. Yoder, "Mennonites in a French Almanac,": *Mennonite Life* 7 (July 1952): 104; Ernst Correll, "Master Farmers in France," ibid. 6 (July 1951): p. 61, 클로펜슈타인의 연감은 1812년부터 1821년까지 발간되었다. 다음을 보라. Deborah H. Stinner, Ivan Glick, and Benjamin R. Stinner, "Forage Legumes and Cultural Sustainability: Lessons from History," *Agriculture, Ecosystems and Environment* 40 (1992): p. 233-48.

[그림 9] 재세례파 농부(『알자스 연감』의 표지, 1841)

식민지 시대에 농업에 종사한 가장 큰 이주자 집단 두 개는 영어를 쓰는 스코틀랜드-아일랜드인과 독일어를 쓰는 스위스-독일인 집단이었다. 이들은 서로 매우 달랐다.[160] 스코틀랜드-아일랜드인은 매우 활동적이어서 "끝없이 무언가를 바꾸고", 더 저렴한 농토를 찾아 이주했다.[161] 여기에 비해 스위스-독일인은 자신들의 공동체에 정착한 후 얼마 지나지 않아 토지를 비옥하

---

160) 이 다양한 전통에 대한 논의는 다음을 참고하라. Richard H. Shryock, "British versus German Traditions in Colonial Agriculture," *Mississippi Valley Historical Review* 26 (June 1939): p. 39-54.

161) Walter Kollmorgen, "The Pennsylvania German Farmer," in *The Pennsylvania German*, ed. Ralph Wood (Princeton: Princeton University Press, 1942), p. 33.

게 만들었다. 펜실베이니아의 유명한 내과의사 벤저민 러시는 독일인들의 농장을 이렇게 묘사했다. "다른 농부들의 땅과 확연히 구별된다. 울타리가 튼튼하고 과일나무가 많으며 흙이 비옥하고 들판과 초원이 온갖 작물로 풍요롭다."[162] 이 묘사는 오늘날에도 유효해서, 차를 몰고 아미쉬 사람들의 농토 근처를 지나가다 보면 이러한 특징을 볼 수 있다. 더구나 독일인들은(그리고 아미쉬 사람들은) 스코틀랜드-아일랜드 사람이 떠난 후에 그 농장을 지키면서 황폐한 토양을 개선하고 회복시키기도 했다.[163]

2. 토양의 생산성과 관리

농토와 농기구, 건물을 유지하고 자신의 몸을 매만지는 방법은 아미쉬 공동체마다 다양하다. '그림처럼 아름다운 미국인'이나 '행복과 동시에 풍요로움을 추구하는 견실한 문화' 같은 아미쉬에 대한 일반인의 이미지는 랭커스터 공동체를 기반으로 할 것이다. 외부에 보이는 모습에서 이들보다 나은 아미쉬 공동체는 없다. 농장 건물에는 새로 페인트칠이 되어 있고, 정원은 풍요로우며, 아이들은 단정하다. 펜실베이니아의 서머싯이나 미플린 카운티 같은 다른 정착지들도 농장을 훌륭하게 가꾸려고 한다. 중서부의 정착지들은 농장마다, 또는 정착지마다 모습이 아주 제각각이다.

펜실베이니아 주 랭커스터 카운티는 미국에서 지금껏 농장을 경영하는 아미쉬 정착지 가운데 가장 역사가 오래되었다. 그런데도 랭커스터와 체스터 카운티의 토양은 미국 전체에서 가장 비옥하다고 알려져 있다.[164] 펜실베이니아에 사는 독일 출신 이주민들은 석회질 토양이 다른 어떤 토양보다도 농사짓는 데 우수하다는 믿음을 오랫동안 고수해왔다. 오늘날에도 아미쉬 사람 상당수는 석회 토양을 선호하는데, 토양의 깊이가 깊어 다른 토양보다 수

---

162) Benjamin Rush, *An Account of the Manners of the German Inhabitants of Pennsylvania*, Written in 1789, 주석은 I. Daniel Rupp가 붙였음(Philadelphia: Samuel P. Town, 1875), p. 11-12.

163) Fletcher에 따르면, 1730년까지는 펜실베이니아에 있는 대다수 농장의 토양이 황폐했다. 다음을 참고하라. S. W. Fletcher, *Pennsylvania Agriculture and County Life*, 1640-1840 (Harrisburg: Pennsylvania Historical and Museum Commission, 1950), p. 124.

164) James T. Lemon, *The Best Poor Man's Country: A Geographical Study of Early Southeastern Pennsylvania* (Baltimore: Johns Hopkins Press, 1972), p. 39-40.

분을 더 많이 흡수한다고 믿기 때문이다. 18세기 이주자들은 이주지의 석회질 충적토가 비옥도 면에서 우수하다는 점을 발견했을 것이다. 하지만 토양의 생산성은 석회질인지 아닌지에 의존하지 않는다는 점이 경험을 통해 밝혀졌다. 한때 열등하다고 여겨졌던 종류의 토양이 오늘날에는 석회질 토양만큼 생산성이 높다.[165] 최근에는 부식토와 비료를 뿌리는 데다 균일한 기후와 식생이 오랫동안 이어지면서 토양 유형 간의 생산성 차이는 줄어들었다. 랭커스터 카운티에서 18세기에 가장 수익이 높았던 작물인 밀이 오늘날에는 거의 옥수수에 밀려나기도 했다.

다양성의 선호

오늘날 아미쉬 농부들은 과거에 그랬던 것처럼 일반 농업(general farming)을 하기 때문에 생산하는 작물이 다양하다. 이들은 수입을 올릴 목적으로 어느 한 가지 작물 경작에만 주력하지 않는다. 아미쉬 사람들은 옥수수, 귀리, 호밀을 비롯해 가축을 먹일 건초용 작물을 많이 기르고, 가정에서 먹기 위해 채소도 많이 키운다. 이들은 숲이나 초원을 가리지 않고 가능한 한 농장으로 편입시킨다. 그리고 주의 깊게 계획을 세워서 돌려짓기를 하는데, 옥수수와 곡물(귀리, 밀, 보리), 알팔파나 토끼풀 같은 건초 작물로 3모작 또는 4모작을 한다. 풍부한 동물성 거름과 작물 돌려짓기(토끼풀이나 건초용 작물 등을 이용한), 석회석이나 시판 비료를 사용해 토양을 보존하고 생산성을 유지한다.

아미쉬 농장은 대개 다양한 종류의 가축을 기른다. 말, 젖소, 육우, 돼지, 가금류, 양 등이다. 대부분 농장에서 과수원은 일찍부터 중요한 위치를 차지했다. 또 정원에서 다양한 종류의 채소를 기른다. 이렇게 농장 안에서 우유와 치즈, 과일, 곡물, 고기를 직접 생산하기 때문에 아미쉬 사람들은 자급자족률이 높다. 아미쉬 사람들에게 농장 경영은 자기 자신과 가족을 유지하고 자신이 속한 종교적 공동체를 지지하는 수단이다.

---

165) 같은 책.

모자라는 땅

세월이 흐르고 바깥세상에 새로운 농경 기계들이 발명되면서 아미쉬 사람들의 농장 경영은 결코 쉽지 않게 되었다. 인구가 증가하면서 아미쉬 사람들은 농장의 크기를 줄여야 했고, 농장 운영에 특별히 신경 써야 했으며, 공동체 생활에서 기술 문명의 영향을 조심스레 평가해야 했다. 이러한 변화는 땅값이 천정부지로 뛰었던 펜실베이니아 주 랭커스터 카운티에서 두드러졌다.[166] 1850년에 이 카운티에서 농장들의 면적은 평균 92.1에이커였다. 이는 1954년까지 62.7에이커로 줄어들었고, 1978년까지는 84에이커로 다시 늘어났다. 오늘날 아미쉬 농장의 면적은 30~120에이커다. 아미쉬 사람들은 젊은 세대를 위해 농장을 나누며, 여유가 생기면 아미쉬가 아닌 사람들에게서 농장을 사들이기도 한다. 중서부에서 땅값이 오르락내리락할 때 동부 아미쉬 지역은 평온한 상태였고 농장에 딸린 농가를 투기하려고 하지도 않았다. 랭커스터 아미쉬 공동체가 확장되면서 공동체 중심부의 땅값은 지속적으로 올랐다.[167] 그 이유는 아미쉬 사람들이(다른 보통사람들도 그렇지만) 적당히 가까이 살면서 함께 지내는 것을 좋아하고, 혈족을 떠나 여행하고자 할 때에도 마차를 이용하는 이동 방식 때문에 거리가 제한된다는 점이었다.

농장의 크기가 작아지고 땅값이 비싸지는 데 더해, 중요한 시기(전쟁이나 대공황)에 땅값이 오르락내리락한 현상은 아미쉬 사람들로 하여금 토지를 더욱 집약적으로 사용하게 했다. 그 결과 돈을 벌기 위한 작물(담배, 감자, 토마토, 콩)을 기르고 마시는 우유와 가금류 고기를 생산하는 특수 농업이 증가했다. 랭커스터 카운티의 아미쉬 사람들은 중서부의 아미쉬 사람들보다 모판을 더욱 집약적으로 준비했다. 그리고 제초제를 빠르게 도입해서 잡초를 뽑는 데 드는 노력이 매우 줄어들었다.

---

166) 아미쉬 사람들의 농경에 대한 역사적인 자료는 다음 책에서 참고했다. Walter M. Kollmorgen, Culture of a *Contemporary Community: The Old Order Amish of Lancaster County, Pennsylvania*, Rural Life Studies no. 4. (Washington, D.C.: U.S. Department of Agriculture, 1942), p. 23-55. 다음 글도 보라. Ira D. Landis, "Mennonite Agriculture in Colonial Lancaster County, Pennsylvania," *Mennonite Quarterly Review* 19 (October): p. 254-72.

167) 1938년에 아미쉬 공동체 중심부의 땅값은 에이커당 300~400달러였지만 변두리는 200달러였다. 1978년에 가장 비싸게 팔린 농장 값은 47.5에이커에 대해 에이커당 6,400달러로 쳐준 경우였다. 이후 1991년에 랭커스터 카운티의 한 아미쉬 가족이 주를 떠나 이주하기 전에 50에이커짜리 농장을 다른 아미쉬 부부에게 팔았는데, 그 가격은 에이커당 1만 1,780달러, 총 58만 9,000달러였다.

환금 작물

랭커스터 카운티의 아미쉬 사람들은 1838년경에 담배 산업이 이곳에 처음 도입되었을 때 담배 재배에 뛰어들었다.[168] 이들은 메릴랜드 주 세인트 메리스 카운티 사람들과 함께 미국에서 담배를 기르는 유일한 아미쉬 공동체다. 1929년에는 랭커스터 카운티 리콕 타운십(Leacock Township)에 사는 아미쉬 농부 가운데 85퍼센트가 담배를 재배했다. 오늘날 아미쉬 농부 가운데 담배를 기르는 비율은 약 5분의 1로 추정된다. 좋은 작물은 에이커당 2,000파운드를 산출한다. 또 담배는 토지의 가치가 높게 유지되게 한다. 최근에는 돈을 벌어다주는 주된 품목이 담배에서 지방분을 빼지 않은 우유(전유)와 감자로 바뀌었다. 저장고를 새로 지으면, 담배에서 우유 생산으로 바뀐다는 의미일 때가 많다. 농업 관련 보고서를 보면 아미쉬 사람들(그리고 메노나이트파)이 점유하는 지역과 담배 재배 지역이 놀랄 만큼 많이 겹친다. 전문가들에 따르면 담배 경작에서 랭커스터 카운티의 토양이 인접 지역의 토양보다 특별히 우수하지는 않다. 이 상관관계를 설명하려면 아미쉬 사람들이 생계를 위해 노동을 하며 이를 통해 상당한 보상을 거둔다는 점을 알아야 한다. 다른 농장 일이 거의 없는 겨울철에는 담배 잎을 손질하면서 일가족이 다함께 소득을 올리는 활동에 참여한다.

감자 재배도 소득원이 될 수 있지만, 아미쉬 사람들이 기르기에는 힘들다. 감자는 잘 자라서 펜실베이니아 주에서만 해도 1에이커당 400~450부셸(bushel, 곡류의 양을 나타내는 데 이용되는 단위로 약 35L에 해당됨-역주)이 산출되지만, 감자의 재배와 판매에는 특별한 기계가 있어야 하고 많은 노동력이 들어가며 시장에 출하하고 매매해야 한다는 문제가 있다. 대규모 도매 대리점들은 작은 면적에서 재배하는 사람들을 신경 쓰지 않을 것이다. 또한, 감자를 수확하고 가공하며 배달하는 일은 재빨리 이루어져야 하므로 전화가 없는 아미쉬 농부들은 자동화된 시장에서 경쟁하기가 어려울 것이다.

---

168) Fletcher, *Pennsylvania Agriculture*, p. 165. 추가적인 논의는 다음을 보라.

옥수수 지대와 아미쉬

중서부의 아미쉬 공동체들은 랭커스터 카운티보다 경작지가 넓다.[169] 하지만 그들도 농지를 더 집약적으로 활용하고 특수 농업을 하게끔 압력을 받고 있다. 인디애나 주에서 아미쉬 사람들은 박하 재배로 부가 소득을 올렸지만, 이제는 더 많은 소득을 올리는 것이 어려워졌다.[170] 옥수수와 콩 생산량이 많은 재배 중심지 일리노이 주 중부에 사는 아미쉬 사람들은 고도로 기계화된 농경 기술을 도입한 다른 농부들과는 차별되는 그들만의 가치에 주목했다. 이 지역에 남아 있는 아미쉬 사람들이 경제적 손실을 입으리라는 것은 확연하다. 일리노이 주 중부에서 현대화된 농기계와 파트타임 일꾼을 사용하면 600에이커에 이르는 농장을 경영할 수 있다. 또 가축을 기르는 것은 인건비가 많이 들기 때문에 금물이다. 하지만 평균적으로 85에이커의 농지를 보유한 아미쉬 농부들은 가축을 치고 다양한 작물을 기르는 데 집중한다. 이런 방식은 이윤이 많이 나는 한 가지 작물에 집중하는 농법과는 정반대다. 아미쉬 사람들의 재정적인 경향을 상업적인 작물 농부들과 비교한 한 은행가는 "아미쉬 사람들의 생활 방식에서 심각한 재정적 위기가 감지된다."라고 결론내렸다.[171] 그는 10년에 걸쳐 비아미쉬 농부들이 아미쉬 농부에 비해 총자산을 48퍼센트 더 증가시켰다고 지적하고, 더욱이 아미쉬 사람들은 대가족이기 때문에 곤경을 맞은 상황이 "개선될 여지가 없고 오히려 점차 악화할 것"이라고 내다보았다.[172] 경제적인 관점에서 보면 상업적인 곡물 생산은 큰 규모, 경쟁성, 높은 생산성, 낮은 인건비, 대규모 자본과 전문적 경영을 요구한다. 몇몇 경제학자는 아미쉬 사람들이 "지역 경제를 끌어내리고 있으며" 따라서 그 지

---

169) 인디애나 주 내파니에서 아미쉬 농장과 비아미쉬 농장의 평균 면적은 각각 104에이커와 261에이커였다. 다음 글을 보라. Alice Rechlin, "The Utilization of Space by the Nappanee, Indiana, Old Order Amish: A Minority Group Study" (Ph.D. diss., University of Michigan, 1970), p. 89. 일리노이 주에서는 이 차이가 더 크다. 아미쉬인은 85에이커, 비아미쉬인은 500에이커다. 다음 글을 보라. John A. Dukeman, "Way of Life of Illinois Amish-Mennonite Community and Its Effects on Agriculture and Banking in Central Illinois" (Stonier Graduate School of Banking, Rutgers-the State University, New Brunswick, N.J., 1972), p. 43.

170) 추가적인 읽을거리는 다음 글을 보라. James E. Landing, "An Analysis of the Decline of the Commercial Mint Industry in Indiana" (M.A. thesis, Pennsylvania State University, 1963); Melvin Gingerich, "Mint Farming in Northern Indiana," *Mennonite Life* 4 (October 1949): p. 40-41, 46.

171) Dukeman, "Way of Life of Illinois Amish-Mennonite Community," p. 52.

172) 같은 글. 이런 견해는 은행가적인 것일 뿐 탄탄한 근거로 뒷받침되지는 못한다. 게다가 아미쉬 공동체에는 비경제적인 가치들도 있다.

▲ 풀밭의 개울은 농장의 자연적인 에너지원이다.

역의 경제적 성장에 책임이 있다고 주장한다.[173]

---

173) 같은 글, p. 57. 만약 일리노이 주 아미쉬 사람들이 2만 에이커의 땅에서 비아미쉬인과 똑같은 속도로 생산했다면 지역 경제가 살아났을 것이다. "이렇게 하면 은행이 빌려주는 자금이 이 지역에 더 많이 들어올 것이고 결과적으로 지역의 총생산량이 늘었을 것이다."(같은 글, p. 57-58).

비록 아미쉬 사람들이 농경 규모를 늘리는 것을 거부함으로써 잠재적 소득을 낮추고 있다는 비난을 듣지만, 일괄적으로 이들 모두의 수확량이 낮다고 볼 수는 없다. 2차 세계대전이 끝난 후 미국 정부 대변인에게서 트랙터를 사용해 "전 세계의 굶주린 사람들을 위해 더 많은 곡물을 생산하라"는 권유를 들었을 때 아미쉬 주교들은 단호한 반응을 보였다. 이들은 자신들이 트랙터를 사용하는 이웃들보다 말의 힘으로 더 많은 식량을 생산하고 있다고 주장했다. 아미쉬의 모든 구성원은 이미 (4월까지) 밭을 구석구석 쟁기질한 상태였지만, 트랙터를 모는 이웃 농부들은 밭 갈기를 겨우 시작하고 있었다. 아미쉬 사람들은 말했다. "우리의 심장은 어디에 있든 배고픈 사람들을 위해 힘차게 고동치고 있다." 그리고 쟁기질과 작물 심기는 "장애물 바로 아래서" 이루어진다.[174] 즉, 어려움이 많이 따르지만 부지런히 해야 한다.

에너지 수요를 줄이기

작물 생산량은 아미쉬 공동체마다 다양한 수준을 보이고 있다. 한 연구에 따르면 농장을 경영할 때 아미쉬 사람들은 같은 양을 생산하는 다른 농부들보다 에너지를 적게 사용한다.[175] 그뿐만 아니라 아미쉬 농부들은 완전히 기계화된 농경 기술을 사용하는 농부들보다 적은 양을 생산하는 것처럼 보인다. 일리노이 주에서 아미쉬 사람들은 옥수수 밭의 에이커당 70~130부셸을 생산하지만 기계를 사용하는 농부들은 150~170부셸을 생산하는 것으로 보고된다.[176] 일리노이 주에서 아미쉬 사람들은 비아미쉬 농부들에 비해 인공 비료를 아주 적게 사용하며, 질소 비료도 훨씬 적게 쓰고, 작물의 간격도 넓다.

아미쉬 사람들은 화석 연료를 적게 소비한다. 이들은 자신들의 생활 방식을 고수하고자 자연적인 연료 자원을 사용하기 때문에 화석 연료의 수요가

---

174) 이 대변인은 펜실베이니아 주 농업 조정국 소속의 Clyde A. Zehner였다. 다음을 보라. *New York Times*, April 28, 1946, p. 12. 미국 농무부의 전직 선임 사회과학자였던 Charles P. Loomis에 따르면, "들판 위의 공장이" 국가 전체적으로 평균 경제 수치를 올려주기 전에 "검소한 사람들"이 많이 사는 농촌의 평균 소득이 국가 전체에서 제일 높아질 정도였다.

175) W. A. Johnson, Victor Stoltzfus, and Peter Craumer, "Energy Conservation in Amish Agriculture," Science, October 28, 1977, p. 373-78. 이 연구는 결정적이지 않지만, 아미쉬 공동체 사이의 다양성은 인상적이다. 이 연구에서 에너지는 다음과 같이 정의된다. "그것을 생산하기 위해 소모된 단위 에너지당 만들어지는 식품 열량의 크기."

176) Goshen Colleage의 Victor Stoltzfus가 이 생산량에 대한 수치를 제공했다.

한정적이다. 예컨대 상당수 아미쉬 공동체에서는 풍차를 사용한다. 랭커스터 카운티에서 이들은 풀밭의 개울에 물레방아를 설치해서 자연을 동력으로 이용한다. 다른 지역에서는 산속 저수지의 물을 파이프로 끌어다 쓴다. 아미쉬 사람들은 연료, 비료, 음식, 도구들을 상업적인 농부들보다 적게 구매한다. 한 아미쉬 사람은 자동차 한 대를 사느니 젖소 다섯 마리를 들여와서 우유를 더 짜겠다고 말했다. 자동차, 농장 트럭을 몰거나 농장에 전기 기구를 놓고 쓰려면 얼마나 많은 젖소가 필요할지 궁금해할 수도 있다. 아미쉬 사람들은 단순한 기술로 만족스러운 삶을 영위하며 큰 재정적 위기도 극복해왔다. 하지만 현대 세계에서 이들의 경험이 하나의 모형으로 더 광범위하게 적용될 가능성은 희박하다. 오늘날의 농부들은 육체노동의 장벽이나 엄격한 소비 패턴을 받아들이려고 하지 않을 것이다.

미국의 농장에 트랙터가 처음 소개되었을 때, 아미쉬 사람들은 이렇게 말하며 거부했다. "그건 비료를 만들지 못해.", "땅을 망칠 거야." 대부분 외부인은 이런 생각을 무해한 합리성으로 받아들였지만, 지금까지 트랙터 농경과 대비되는 아미쉬 사람들의 말 농사법에 어떤 자연보호 요소가 있는지 심도 있는 연구가 이루어지지는 않았다. 이들은 몇몇 예외를 제외하면 말의 힘을 사용해서 처음으로 밭을 갈고 씨를 뿌린 사람들이다. 트랙터를 쓰는 농부들은 일하기가 훨씬 편리하고, 땅을 일굴 시점에 대한 선택지도 더 많으며, 일을 더 빨리 할 수 있다. 하지만 아미쉬 농부들에 따르면 트랙터는 흙을 단단하게 압축시켜서 수확량을 감소시킨다고 한다. 비아미쉬 사람들에게서 땅을 구입한 아미쉬 농부들은 구입 시점에서 3년은 지나야 비로소 작업이 쉬워졌다고 말한다. 또한, 그쯤 지나야 땅에 배수가 잘 되기 시작해서 이른 봄부터 쟁기질을 시작할 수 있었다고 한다. 토양이 압축되지 않으면 작물의 뿌리가 흙 속에서 더 쉽게 뻗어나가고, 날이 가물어도 더 많이 살아남는다. 아미쉬 사람들은 식물성 쓰레기를 땅에 버릴 때도 상업적인 농부들보다 체계적이다.

비록 아미쉬 사람들이 흙과 작물 관리에서 일반적으로 건전한 원리를 지키지만, 그렇다고 해서 공인된 유기 농법의 절대적인 기준을 맞추는 것은 아니다. 오직 소수만이 이런 특수한 형식에 관심을 보인다. 아미쉬 사람들은 흙의 생산성을 유지하기 위해 많은 양의 유기 물질(동물성 거름)을 쓴다. 화학 비료를 제한적으로 쓰고 작물을 보호하는 지속 가능한 유기 농법을 행하는 것이다.

아미쉬 농부들은 경작지와 일반 도로에서 서로 다른 말을 이용한다. 농장 경영자들은 대부분 무거운 수레를 끄는 말 여섯 마리와 길에서 마차를 끄는 작은 말 한두 마리를 보유하고 있다. 큰 규모의 아미쉬 정착지에는 말을 거래하는 상인이 아미쉬 출신과 비아미쉬 출신을 포함해 여럿 있다. 이들은 말을 직접 기르거나 거래한다. 아미쉬 농부들은 말 경매에 참여해서 좋은 말을 건진다. 말을 사고팔지 않는 사람들도 경매에 참여해서 흐름과 가격을 살피고 훌륭한 동료들의 생각을 알아본다. 말을 매매하는 사람들 사이의 농담, 이야기, 열띤 정보 교환, 동료애는 몹시 탐나는 경험이다. 아미쉬 사람들이 주로 기르는 말은 벨기에 말과 페르시아 말이다. 이 말들은 대개 서부에 있는 말 농장들에서 오며, 종마는 서부에 남고 망아지들이 동부에 공급된다. 랭커스터 카운티의 농부들은 상당수가 밭일을 할 때 노새를 이용한다. 노새가 적게 먹고도 인내심이 좋다고 믿기 때문이다. 이런 선호도는 농부들마다 다르며, 어떤 농부들은 노새가 말보다 고집이 세다고 여기기도 한다. 오하이오 주에서는 노새를 기르는 것이 1865년 아미쉬 목사 협의회에서 금지되었다. 노새가 "말과 당나귀라는 신의 피조물을 접붙인 부적절한 동물이며, 신은 최초에 그런 동물을 창조하지 않았기 때문"이라는 이유에서였다.[177]

아미쉬 규칙의 현대화

아미쉬 사람들이 기르는 젖소는 생산량이 좋은 편이지만, 전문가들에 따르면 아미쉬 사람들은 최대한의 양을 생산하지는 못하고 있다. 아미쉬 농부들의 이름은 생산자 명단을 정리한 간행물에 자주 등장하지 않는다. 이들이 '광고'를 원하지 않기 때문이다. 비록 생산량이 좋은 순종 젖소를 보유하고 인공 수정도 시키지만 아미쉬 사람들은 가축을 등록시키는 것을 허락받지 못한

---

177) Harold S. Bender, "Some Early American Amish Mennonite Discipline," *Mennonite Quarterly Review*(April 1934): p. 97.

다. 다시 말해 구성원들은 젖소 연합회에 소속되는 것에 찬성하지 않는다. 표면상으로는 여기에 가입하면 "바깥세상으로부터 너무 많은 주목을 받을 것"이라고 하지만, 더 비공식적인 이유도 있다. 기록해야 할 내용과 '서류 작업'이 많다는 점이 이들을 단념하게 하는 것이다. 다른 생산자와 경쟁에서 이기기 위해 교묘한 수를 써야 한다는 점도 아미쉬 사람들에게는 비윤리적으로 여겨진다.

아미쉬 사람들은 현대화 과정에 어느 정도는 적응했지만, 기술 등 문명의 이기가 가족이나 공동체를 압도하는 것을 바라지 않는다. 아미쉬 구파는 아미쉬 공동체의 율법과 현대화 사이에 균형을 유지하려고 애쓴다. 공동체의 생존과 양립하지 않는 규칙이 많아질수록 구성원이 이탈하는 비율이나 공동체가 와해될 확률이 높아진다. 신참 지도자들은 아미쉬 사람으로 산다는 것의 대가와 함께, 단순한 생활과 교회-공동체에 대한 충성을 유지하기 위해 무엇이 희생되는지를 알고 있다. 희생하지 않으려는 사람은 편의를 도모할 것이며, 대부분의 큰 정착지에는 진보적인 아미쉬 교회(메노나이트)가 여럿 있어서 전에 아미쉬였던 사람들을 받아들인다. 경제적 이득을 높이려는 압력은 곧 현대화된 기계를 더 많이 도입하라는 것이고, 이는 주교들에게도 전해졌다. 주교들은 변화하려는, 또는 변화에 저항하는 생각들을 완화시키고 일련의 행동을 제안했을 수도 있지만, 외부인들이 생각하는 것처럼 모든 주교가 규칙을 강제하지는 않았다. 현대화를 얼마큼 수용해야 하는가에 대해 성직자들 사이에 불일치가 있어야 새로운 합의점도 도출될 것이다. 가장 정통파에 가까운 집단은 건초 포장기(hay baler, 수확된 건초를 손쉽게 처리, 운반 및 저장하기 위해 건초를 압축하여 묶는 기계-역주)나 집유 탱크, 착유기도 사용하지 못하게 했다.

지난 20년 동안 아미쉬 사람들은 농사 관행에 많은 변화를 주었다.[178] 20년 전에 날카롭게 대두했던 트랙터를 둘러싼 동요는 수그러들었다. 오늘날 아미쉬 사람들은 펜실베이니아 주 랭커스터 카운티의 농장이 트랙터를 몰기에는 너무 작다고 이야기한다. 생산량이 많아진 것도 트랙터 사용에 대한 압

---

178) Gideon L. Fisher, *Farm Life and Its Changes* (Gordonville, Pa., Pequea Publishing Co., 1978). 이 책에서는 랭커스터 카운티의 한 아미쉬 농부가 1세기 이상에 걸친 농경의 변화에 대해 논의한다.

박을 덜어주었다. 좋은 씨앗을 사용하고 생산성을 높이면, 예전보다 밭 면적이 절반으로 줄어들더라도 옥수수 창고는 꽉 찬다. 전통적인 농사법인 돌려짓기도 바뀌었다. 오늘날에는 같은 토양에서 연달아 옥수수를 재배한다. 또한, 토양을 보호하고 수분을 보존하기 위해 계단식 밭에 작물을 재배하는데, 30년 전까지만 해도 아미쉬 사람들은 이 방법을 '책상물림 농사법'이라고 비판했다.

밭일을 하는 데 쇠로 된 바퀴가 달린 트랙터를 사용할 수 있는 중서부 정착지에서 아미쉬 농부들은 또 다른 문제들과 맞닥뜨린다. 이 지역의 법은 아스팔트로 포장한 길에 러그(lug, 볼트 구멍 등을 고정하기 위해 끼워 넣는 끝이 뭉툭 튀어나온 조각-역주)로 고정된 바퀴가 달린 탈것을 끌고 다니는 것을 금지했다. 아이오와 주의 아미쉬 사람 중 일부는 트랙터에 공기 타이어 바퀴를 달아 사용함으로써 이 문제를 해결하고자 했다. 그 결과 이들은 추방되었고, 그 후 자신들끼리 비치 아미쉬 교회를 설립했다. 아미쉬 구파는 포장도로에서 트랙터를 몰지 않거나 금속 러그에 안전하고 분리 가능한 테를 둘렀다.

비록 랭커스터 카운티의 아미쉬 사람들은 다른 아미쉬 공동체 사람들에게 매우 보수적이고 종교 문제에서 믿을 만한 권위가 있다고 여겨지지만, 경제적인 문제에서는 누구보다 혁신적인 태도를 취한다. 이들은 더 근면한 생활을 하게 되었고, 바깥세상과의 사이에 벌어지는 경제적 경쟁의 압박을 더욱 날카롭게 의식한다. 랭커스터 카운티 전역의 성직자들은 일 년에 두 번 만나 공동체의 복지를 논의한다. 많은 분파가 다른 교구에서 느낄 더 세부적인 곤란 사항을 진보적인 방향으로 완화하는 데 대해 확실히 반대했다. 랭커스터 카운티의 아미쉬 농부들은 디젤 엔진으로 구동되는 착유기와 집유 탱크를 쓰도록 허락받았지만, 착유기와 집유 탱크를 연결하는 데 파이프를 사용하는 것은 수용되지 않았다.[179] 이러한 수용은 농부들이 지방분을 빼지 않은 우유를 팔아 안정적인 소득을 얻게 해주었다. 또한, 가솔린 모터도 허락되었고 예전부터 있던 말이 끄는 농기구도 계속 쓸 수 있었다. 아미쉬 공동체의 수리점

---

179) 디젤이나 공기의 힘으로 냉각시키는 집유 탱크를 한동안 실험적으로 운영한 끝에, 일리노이 주에서는 1972년에 이것을 도입했다. 주교가 혁신에 대해 찬성이나 반대하지 않겠다고 비공식적으로 동의했기 때문이었다. 다음 글을 보라. Victor Stoltzfus, "Amish Agriculture: Adaptive Strategies for Economic Survival of Community Life," *Rural Sociology* 38(Summer 1973): p. 196-206.

들은 오래된 트랙터 부품을 들여놓고 그것을 말이 끄는 기구에 사용하며 차의 뼈대(chassis, 자동차의 기본을 이루는 차대-역주)에 가솔린 모터를 달아서 건초 자르는 기계, 갈퀴 달린 차, 가열기, 건초 포장기, 옥수수 수확기(corn picker), 옥수수자루를 조각조각 써는 기구를 만든다. 캔자스 주의 아미쉬 사람들은 동력원과 주행 장치를 함께 갖춘 곡물 농사용 콤바인(곡식을 베고 탈곡하는 기능이 결합된 농기구-역주)을 사용하기도 하지만, 펜실베이니아의 아미쉬 사람들은 콤바인을 전혀 사용하지 않는다.

랭커스터 아미쉬 사람들이 어째서 이중적(교리에서는 보수적이지만 농장 경영에서는 혁신적인)인지에 대해서는 열린 질문으로 남겨두겠다. 예전에는 이 현상이 그래야만 할 사정이 있는 것처럼 여겨졌다. 중서부 교회들은 교의 문제에서 성직자들의 충고가 필요할 때 랭커스터 아미쉬 사람들을 불렀다. 랭커스터 아미쉬 사람들은 중서부 사람들이 사회적 기피를 너무 느슨하게 적용한다고 여기곤 했다. 그런 반면에 중서부 아미쉬 사람들은 담배를 재배하고 현대적인 농장 기계를 도입했다는 이유로 동부 아미쉬 사람들을 비난했다. 최근 계율의 중재 문제가 생길 때 중서부 아미쉬 사람들이 랭커스터 아미쉬 사람들에게 부탁하는 경우는 거의 없다. 랭커스터의 아미쉬 농장에서 집유 탱크를 사용하는 등의 변화된 농장 관습이 매우 보수적인 서부 아미쉬 사람들에게 불신을 주었기 때문이다.

아미쉬 공동체들은 착유기 사용을 비롯한 현대화를 단호하게 반대한다. 하지만 이 과정은 음용유를 팔기 위해서는 필요했기 때문에 이에 대한 반대는 그들의 경제적인 능력뿐만 아니라 젊은이들이 소중한 농장에 남아 있을 동기를 낮추었을 것이다. 오하이오 주의 지아거, 트럼블 카운티에서는 농장을 지키는 데 아무런 전망을 찾지 못한 상당수의 젊은이가 공동체를 나가 지역의 공장에서 일을 시작하기도 했다. 판매되는 음용유의 기준을 맞추지 못한 많은 아미쉬 농부는 그들의 우유를 싼 가격으로 치즈 공장에 팔아넘긴다. 몇몇 아미쉬 공동체에는 치즈 산업이 꽤 발달해 있다.

그러나 농장이 산업화되면서 일요일을 주일로 지키는 전통이 흔들리기 시작했다. 일요일에는 사업적인 거래를 할 수 없다고 생각해온 아미쉬 사람들

▲ 오하이오 주 파머스타운에서 진행되고 있는 말 경매

은 일요일에 우유를 트럭에 싣는 것을 계속해서 거부했다. 대부분의 우유 회
사는 일요일에 우유를 싣고 가져가서 적절한 냉각과 저장을 거쳐 월요일 아
침에 내보냈다. 그리고 일주일 내내 우유를 판매하는 생산자와만 거래했다.
그래서 아미쉬 사람들에게는 심각한 문제가 생길 때가 많았다. 이에 이들은
문제를 해결할 방법을 찾았다. 몇몇은 우유와 판매용 크림을 분리해서 팔았
고, 몇몇은 가격대를 낮추었다. 집유 탱크와 냉각 시스템을 도입한 아미쉬 공
동체들은 이 문제를 다소 해소할 수 있었다. 한편 이들은 우유 또는 다른 비슷
한 물품에 적용되는 정부 보조금을 거부했는데, 정직한 노동으로 번 돈이 아
니면 믿음이 있는 자로서 받아들일 수 없다고 생각하기 때문이었다. 몇몇은
이런 보조금을 받는 것이 말썽거리로 이어져 정부에 갚아야 할 빚이 생기는
셈이라고 여겼다.

▲ 한 아미쉬 청년이 노새 여덟 마리를 몰고 있다.

농장을 위한 저축

아미쉬 사람들은 자녀들이 성인이 되었을 때 농장을 사주기 위해 저축한다. 농가를 유지 보수하고 개선하는 데에도 돈을 많이 쓴다. 농부로 자리 잡고자 애쓰는 갓 결혼한 젊은 부부가 도움을 받을 방법은 많다. 동료 아미쉬 구성원에게서 낮은 이율로 돈을 빌리는 것이 흔하다. 땅은 거의 가족 소유다. 아미쉬 사람들 사이에 유산을 분배하는 관행이 조금씩 다르기는 하지만, 아들이 딸보다 농장의 집을 받게 될 가능성이 크고 형보다는 남동생이 농가를 받을 가능성이 크다. 늙은 부모들은 대개 농가에서 계속 거주하며 여생을 보낸다.

많은 농장 가구는 길가에 가설한 노점상에서 자신들이 재배한 작물을 팔아서 소소한 소득을 올리곤 한다. 대개 이들에게는 단골손님이 있다. 그 길의 끝부분에 상품명을 적은 표지판을 세워 알린다. 감자, 제비꽃, 접이식 의자, 말린 식품, 꿀, 목재, 빗자루, 집에서 직접 구운 빵, 온실에서 키운 식물, 제철 채소 등이다. 모지스 스톨츠퍼스 가족은 여러 해 동안 자기 농장에서 아이스크림콘을 팔았다. 길가의 표지판을 보고 손님들이 너무 많이 몰려들면 이들은 표지판을 치우지만, 손님은 줄어들지 않았다. 이 농장은 아미쉬제 양탄자, 퀼트, 손으로 그림을 그린 접시, 그 밖에도 다양한 수제품을 내놓았다. 하지만 이런 판매 행위가 다른 아미쉬 농장에서도 보편적인 것은 아니다.

전통적으로 농업에서 성공한 랭커스터 카운티의 아미쉬 젊은이들은 먼저 아미쉬 농장에서 노동자나 농장 도우미로 일을 시작한 후 처음에는 농장의 3분의 1을 빌리고, 이후 2분의 1을 빌리며, 그다음에 전부를 임차한 후 마침내 농장의 주인이 된다. 오늘날에는 농장의 수가 줄어들었기 때문에 이 과정에 다소 변화는 있다. 요즘에는 적당한 농장이 생기면 노동자에서 농장 주인으로 아주 빠르게 변신할 수 있다. 아미쉬 소년들은 고등학교에 진학하지 않기 때문에 16세부터 농장에서 일손을 도울 수 있다. 이렇게 일해서 모은 돈은 나중에 가축이나 농기구를 사는 데 쓴다. 대개는 농장을 사기 전에 대여부터 한다. 부모에게서 원조를 받으면 결혼하고 몇 해 지나지 않아 자기 이름으로 된 농장을 가질 수 있다. 농사짓기에 충분한 땅을 확보하기 어려운 것은 대부분

▼ 정원과 노점상은 아미쉬 공동체에서 흔하며, 가족 수입에 보탬이 된다.

아미쉬 공동체에서 지속적으로 발생하는 문제다. 하지만 아미쉬 출신이 아닌 젊은이들이 농촌 공동체에서 도시로 많이들 떠나고 있기 때문에 '외부인'이나 메노나이트파가 농장을 내놓으면 아미쉬 사람들이 그것을 구입하는 흐름이 생겼다. 아미쉬 사람들은 오래된 정착지에서 더는 땅을 구하기가 어려워지면 새로운 정착지로 떠나기도 했다.

생활양식의 하나가 된 절제와 간소함

아미쉬 사람들은 말이 끄는 도구들과 한정된 면적의 농토를 가지고도 꽤 유복한 생활을 누린다. 또한, 정부가 주는 직접적인 현금 보조금을 어떤 이유에서든 거부한다. 그러고도 어떻게 그럭저럭 농장을 경영할 수 있었을까? 이들은 여러 면에서 인위적으로 소득을 얻는 것이 위험하다고 본다. 예컨대 정부 보조금을 받는 데 따른 도덕적인 결과를 겁낸다. 정부 보조금은 이들의 양심과 동기를 깎아먹는다고 여기기 때문이다. 또한, 이 거부는 소득이 늘어나면 씀씀이도 늘어나고, 그 결과 생활수준에 대한 기준이 더 높아진다는 연쇄작용을 피하고자 하는 마음에서 비롯하는 것이기도 하다. 아미쉬 사람들은 생활수준이 어느 정도 높아지자, 더 이상 자신들이 편하다고 생각하는 것보다 생활수준이 높아지는 것을 원하지 않았다. 최근의 선거에서 대통령 후보가 살림살이를 나아지게 해주겠다고 하자, 한 아미쉬 가장은 이렇게 말했다. "그런 높은 생활수준으로 사는 것은 황금 송아지를 숭배하는 것과 다를 바가 없다." 아미쉬 사람들은 단순히 그들의 소득과 생산 능력이 비현실적으로 늘어나는 것을 피하고자 할 뿐이다.

절제와 만족은 그들이 살아남을 수 있었던 단 한 가지의 비밀이다. 절제하는 생활을 영위하는 것은 또한 아이들에게 일하는 법과 함께 다양한 맥락에서 가족 노동의 긍정적인 측면을 즐기도록 가르치는 것을 포함한다. 다양한 맥락이란 농장에서 함께 사는 가족, 가족과 종교 공동체, 서로 다른 세대가 섞였을 때를 말한다. 안정적인 사회적 전통은 이러한 유형의 자원을 지지한다. 이에 관해 아미쉬 사람들은 일찍이 이렇게 지적했다. '돈으로 살 수 없는 것.'

비옥한 토양에 올바른 집약 농법을 행하고 품질 좋은 씨앗과 적절한 비료를 쓰는 것은 중요한 요소다. 이 모든 기술의 사용과 더불어 비료 사용은 가능한 한 높은 소출을 거두기 위해서는 반드시 필요한 요소이다.

대규모 정착지에서 높은 인구 성장률과 한정된 토지 면적 문제를 겪은 아미쉬 사람들은 세 가지 선택지와 마주했다. 첫째는 이들이 농사를 지을 수는 있지만 대규모 정착지보다 생산성이 떨어지는 새로운 정착지를 조성하는 것이다. 둘째는 아미쉬 생활 방식을 지킬 수 있는 농사일 말고도 아미쉬의 생활 방식을 지킬 수 있는 직업을 찾는 것이다. 이는 쉽지 않은 일이며, 많은 사람이 불만족스러운 해답이라고 여겼다. 셋째는 현재 존재하는 농토를 계속 세분하면서 더욱 집약적으로 경작하는 것이다. 이 방법은 낙농업과 양계업을 확장한다는 뜻일 수도 있지만, 먹이를 직접 기르는 대신 구입하는 비용이 들 것이다. 몇몇 아미쉬 가족의 아들은 아버지에게 기계화된 양계장이나 돼지 헛간을 지을 약간의 땅을 자신에게 팔도록 설득한다. 이런 준비는 아버지가 자녀들과 함께 집에 머무르게끔 하는데, 이는 아미쉬식 가족생활에서 필요한 요소다. 농장을 높은 가격에 사서 높은 이자(연간 2만 달러에서 4만 달러)를 내는 사람들이 적당한 총수입을 얻으려면 돼지, 닭, 젖소 우리를 지어야 한다. 이런 대안들은 모두 대규모 정착지에서 발달했다. 그 과정에서 몇몇 농장은 마치 공장같은 모습을 보이기 시작했으며, 평화롭고 조용한 교외라는 전통적인 이미지는 옅어졌다.

3. 일과 계절 활동

일반적으로 아미쉬 사람들은 자신의 노동에 대해 높은 기준을 세운다. 노동 패턴은 의식의 특성을 계승한다. 하지만 공동체들은 일하는 속도나 동기에서 서로 다를 수 있다. 농장 일에 외부인을 고용하는 아미쉬 사람은 거의 없다. 이들에 따르면 외부인들은 "지식이 충분하지 않고 일을 열심히 하지도 않는다." 아미쉬 소년들이 양심적 병역 거부자로 대체 복무를 할 때, 아미쉬 사람들은 이렇게 말했다. "우리가 짧게 대충대충 일하려는 외부인을 고용해야만 한다면, 우리는 파산하고 말 것이다."[180]

노동 시간

아미쉬 사람들의 일과는 새벽 네다섯 시에 우유를 짜고 다른 집안일을 하면서 시작된다. 어른과 젖소의 숫자에 따라 다소 다르지만 이 일상적 일은 한두 시간 정도 걸린다. 농번기에는 아침 식사가 다섯 시 반에 시작된다. 밭을 갈거나 씨앗을 뿌리거나 수확하는 기간에는 밭일이 최대 관심사다. 겨울철에는 가축에게 먹이를 주고 거름을 나르는 일이 가장 중요하다. 어떤 지역에서는 점심 식사를 11시에 한다. 짧게 쉬고 난 후 일꾼들은 다시 밭으로 나가 일한다. 저녁 식사는 4시에서 5시 사이에 한다. 가축에게 먹이를 주고 젖을 짜는 일은 그전에 끝내야 한다. 바쁜 시기에는 이 일을 남자들이 하지 않고 여자들이 할 때가 많다. 이렇게 하면 남자들이 밭에 나가서 저물녘까지 다시 일할 수 있다. 잠자리에 드는 시간은 9시 또는 이보다 조금 늦은 시각이다.

토요일 저녁이면 아미쉬 사람들의 일정은 급작스레 끝난다. 분주한 철이 아니면 토요일은 가축 우리를 청소하고 다음 날이자 휴식일인 일요일을 준비하는 날로 정해져 있다. 일요일에는 설교 예배가 주된 활동이며, 2주에 한 번은 다른 사람들을 방문할 때가 많다.

연간 노동 일정

연간 달력에는 씨앗을 뿌리고 수확하는 농경 활동이 반영될 뿐만 아니라 여가 활동이나 그해의 다른 계절과 관련 있는 관습들도 포함된다. 이런 계절 활동은 거주지마다 다양하다. 다음 설명은 펜실베이니아 주 랭커스터 카운티의 연간 주기를 토대로 한 것이다. 하지만 담배를 재배하고 수확하는 이야기를 빼면 다른 지역의 아미쉬 사람들에게도 일반적으로 적용된다.[181]

---

180) Kollmorgen, *The Old Order Amish of Lancaster County*, p. 43.
181) 같은 책, p. 45-46.

1월에는 아직 담배 손질을 마무리하지 못한 몇몇 농부가 남은 일을 끝낸다. 수소들이 시장에 팔 정도로 살이 오르면 이 시기에 상당한 주목을 받는다. 가격만 적당하면 시장에 내다팔 준비가 끝난 것이기 때문이다. 1월은 12월과 마찬가지로 식용 동물들을 도축하는 데 좋은 달이다. 추위가 별로 심하지 않다면 사과나무의 가지를 치기도 한다. 지인을 방문하는 일도 이 달에 주로 이루어진다.

2월에는 마차용 마구를 수리하고 기름칠한다. 땅에 서리가 많이 내리지 않았으면 농부는 쟁기질을 시작한다. 2월과 3월에 농사철이 시작되면 은퇴자나 농사 규모를 축소하려는 농부들은 농장에서 벼룩시장을 연다. 이곳에서는 농기구, 농장의 재고, 마구, 가정용품, 저장한 곡물이나 식량 등을 팔며, 농장 전체를 매각하기도 한다. 이 벼룩시장은 매매 행위이기도 하지만 중요한 사회적 행사이기도 하다. 다시 말해 남성, 여성, 아이들이 서로 만날 좋은 기회다. 학교 선생들은 이웃에서 벼룩시장이 열리면 어린 학생들을 조퇴시키기도 한다. 이런 행사는 대개 3월에 있는데, 아무것도 살 필요가 없더라도 열린다.

땅이 꽁꽁 얼고 건조한 겨울철에는 거름을 나르기도 한다. 땅의 상태가 괜찮으면 쟁기질을 시작한다. 밀밭에 토끼풀이나 알팔파 씨앗을 뿌린다. 3월에는 일부 농부들이 하천이나 호수에 석회를 뿌려 산성도를 중화하기도 한다. 수증기로 담배 모판을 소독하고, 정원에는 채소를 약간 심는다.

4월이 되면 가능한 한 빨리 감자를 심어야 한다. 그리고 소독된 담배 모판에 담배 씨앗을 뿌린다. 귀리를 키우는 농부들도 이달 안에 씨앗을 뿌린다. 이제 땅은 옥수수를 심을 준비가 되었다. 농부들은 정원에 관심을 쏟으며, 헛간에서 가져온 거름도 친다.

작물은 보통 4월 마지막 주, 아니면 5월 첫째 주에 심는다. 5월 말까지는 어린 담배 모종을 밭에 옮겨 심어야 한다. 농부들은 정원에 더 많은 채소를 심는다. 작물이 성장하는 시기가 이른 편이라면 5월 중순부터는 옥수수와 감자의 재배가 시작될 것이다.

6월 초까지는 어린 담배 옮겨심기가 계속된다. 이런 식물들을 옮겨 심을 때는 적당한 간격을 두어야 한다. 그래야 작물이 충분히 성숙하며 알맞은 시점에 수확할 수 있기 때문이다. 옥수수와 감자 재배는 6월이나 그 이전부터 시작되는데 양이 많아서 4~6번은 반복한다. 감자는 심고 나서 1주에 한 번 정도 물을 뿌려 주어야 한다.

6월 초는 알팔파를 처음으로 벨 시점이다. 1주가 지나면 잡종 토끼풀과 큰조아재비(티머시그라스)도 벨 수 있을 것이다. 이 작물은 대개 한 번만 벨 수 있지만 알팔파는 제철이 되면 세 번은 벨 수 있다. 건초가 마르면 바로 들판에서 묶음으로 만들어 헛간에 저장한다. 건초 더미를 바깥에 쌓아 두지는 않는다. 일반적으로 보리는 6월 중순에 수확할 준비가 끝난다. 밀이 일찍 익는다면 6월 말에 수확 준비가 끝난다. 곡식을 베고 나면 완전히 건조되도록 다발로 묶어서 들판에 쌓아둔다. 하지만 밀짚은 거의 항상 단으로 묶였든 그렇지 않든 헛간에 저장한다.

7월에는 옥수수와 감자 재배가 계속된다. 7월 초에는 담배밭 전체를 괭이로 김을 매야 하며, 이 작업에 가족이 총동원된다. 이때는 작은 곡물 탈곡도 시작해 8월까지 이어진다. 대가족이나 이웃들 사이에 품앗이 형식으로 탈곡 작업을 한다.

8월이 되면 한가할 때가 많아서 가족 구성원들은 먼 곳에 사는 친척들을 만나러 여행을 떠나기도 한다. 간혹 8월에 담배 베기 작업이 한창이거나 알팔파를 두 번째로 벨 때가 되기도 한다. 8월 중하순에 빨리 자란 감자를 캐기도 한다.

9월과 10월은 아주 바쁜 달이다. 9월에는 곡물 창고가 꽉 들어차고, 때 이른 서리가 내리기 전에 안전하게 담배 베기와 저장을 마무리한다. 이달 중하순에 감자를 캐고 옥수수를 수확한다. 이 작업은 각각 끝마치는 데 여러 날이 걸린다. 농부들은 겨울 동안 먹여 키울 수송아지를 사기 시작한다. 감자를 캐서 내다 파는 작업은 10월 중순에야 끝난다.

옥수수 수확은 11월까지 계속된다. 대개 11월에 사료로 쓸 옥수숫대를 자른다. 이달에 일부 농부들은 밭에서 발에 채는 돌을 골라내기도 한다. 12월에는 담배를 손질하고 수송아지를 먹이는 데 신경 써야 한다. 도축 작업도 많이 이루어진다. 한편, 이달에는 지인을 방문하는 일이 잦고 오래 이어진다. 몇몇 예외를 제외하면 11월과 12월은 결혼하기에 좋은 달이기도 하다.

▲ 겨울에 교회나 친구 모임에 나갈 때 아미쉬 가족들은 썰매를 이용한다.

4. 농사짓지 않는 아미쉬 사람들

아미쉬 사람들이 유럽에서 농업 전문가로 이름을 날렸지만, 모두 농업에 종사한 것은 아니다. 미국의 초기 납세 대장을 보면 몇몇은 제분소, 제재소, 채석장의 기계 기사로 일했고, 무두장이, 맥주 양조업자, 대장장이로 일한 사람들도 있었다. 아미쉬 이민 2세대에 이르러 착실한 농경 전통이 나타났다. 가족 구성원 일부가 호텔 경영자, 가게 점원, 상인으로 일하면서 아미쉬의 보수적인 요소가 가다듬어졌고 농업을 공인된 직업으로 고수하게 되었다. 1830

년에서 1950년 사이에 이르러서는 다른 직업에 종사하는 것이 극히 제한되었다. 모든 신혼부부의 몸과 마음은 농장 경영으로 쏠렸다.

농장에서 쫓겨나다

농장의 땅값이 오르고 좋은 농지를 구하기가 어려워지면서 농장 경영으로 얻는 소득은 줄어들었는데 농기구 값과 경비는 올랐다. 그 결과 직업 유형도 바뀌었다. 1954년 이전에 펜실베이니아 주 랭커스터 카운티의 초기 아미쉬 이주자 가운데 공장에 취직한 사람들은 공동체에서 추방되었다. 오늘날에는 상당수가 농장을 떠나거나 농지가 더 저렴한 지역으로 이주할 수밖에 없게 되었다. 1960년대 이후로 아미쉬 사람들에게는 농업이 아닌 직업이 급격히 많아졌다. 경제적 위기에 몰린 아미쉬 사람들은 오늘날 50년 전 또는 그보다 이전과는 상황이 다르다. '열심히 일하면 살아남을 수 있다'는 가정은 더 이상 진실이 아니다. 오늘날에는 한 가족이 아무리 열심히 일하더라도, 부부가 그 자녀들에게 자기 농장을 소유하고 경영을 시작할 수 있으리라는 확신을 주기 어렵다.

이러한 결론은 아미쉬 농부 두 세대에게 "농업을 시작하려는 아미쉬 젊은이들을 가로막는 가장 심각한 문제는 무엇인가?"라는 물음을 던졌던 일련의 인터뷰를 기반으로 한다. 젊은이들은 압도적으로 '돈 문제', '높은 이자율', '장비의 값이 오른 것'이라고 답했다.[182] 나이 든 농부들의 답도 이와 다르지 않았다. 이들은 다음 답변에서와 같이 아버지 세대의 역할이 중요하다고 강조했다. "젊은이들이 농사를 시작할 수 있는 유일한 방법은 아버지의 도움을 받는 것이다. 그전에 집을 떠나 일을 시작하면 돈을 모아서 그의 아버지가 지원해준 금액의 반 정도는 감당할 수 있을 것이다. 하지만 그렇게 도와 줄 아버지가 없다면 첫발을 뗄 수조차 없다."

오늘날 아미쉬 가구 거의 절반이 농업에 종사한다. 세 곳의 큰 정착지 가운데 비농업 인구 비율이 제일 높은 곳은 오하이오 주다. 아미쉬 가정의 가장

---

182) Eugene P. Ericksen, Julia Ericksen, and John A. Hostetler, "The Cultivation of the Soil as a Moral Directive: Population Growth, Family Ties, and the Maintenance of Community among the Old Order Amish," *Rural Sociology* 45(1): p. 49-68.

가운데 농장을 소유하지 못해 농장 노동자로 일하는 사람은 아주 드물다. 결혼하지 않은 남성이 만약 농부의 아들이라면 대개 아버지의 농장이나 다른 아미쉬 농장에서 일한다.

다양해진 새로운 직업들

농사짓지 않는 아미쉬 사람들은 상당수가 아미쉬 공동체 안에서 목수, 가구나 마차 및 마구 제작공, 대장장이, 벌채 노동자로서 가게 일이나 교역에 종사한다. 아미쉬 공동체에서 유용한 존재이지만 비아미쉬인들이 종사하는 직업으로는 푸주한, 양털 깎이, 구두 수리공, 빗자루 제작공, 양봉업자, 배관공, 말 조련사, 제본업자, 칼갈이, 난초 재배자, 카펫 제작공 등이 있다.

약 1960년대부터 등장한 새로운 직업들은 대규모 아미쉬 공동체들에 배포되는 『가게와 서비스 사전』에도 나온다.[183] 이 목록에는 회계사무소, 전자 제품점, 빵집, 벌 공급업소, 정육점, 가구점, 캔버스 제품 판매점, 목공상, 주물 공장, 의자 가게, 치즈 제조상, 탁상시계와 손목시계 판매점, 관광 기념품 가게, 포목상, 엔진 판매상, 농기구 판매, 수리점, 농산물 직판장, 농장 짐마차, 사료 판매장, 가구점, 비닐하우스, 철물점, 마구 판매점, 모자 가게, 건강 식품점, 기계 판매점, 자물쇠 판매점, 인쇄소, 냉동 창고, 신발 가게, 곡물 저장고와 창고 설비 판매상, 운동 기구 판매점, 양장점, 묘비 판매점, 의자나 소파 천을 갈아주는 가게가 포함된다. 이 가게들은 일반적으로 농장 안에 있었고, 드러내놓고 광고하는 일은 없었다. 많은 농장에서 이런 활동은 농장의 소득을 보충해주었다. 농작물 생산량이 그렇게 많지 않고 농장 크기도 한정되어 있었지만 이러한 상업 활동에서 얻은 소득으로 가계를 꾸릴 수 있었을 것이다.

앞에 나열한 목록은 농장 일에서 더 특화된 유형은 반영하지 않는다. 예컨대 고기 굽는 사람, 닭이나 칠면조, 돼지를 기르는 사람 등이다. 송어 기르는 사람도 있다. 시간이 흐르면서 다양한 전문적인 상점과 서비스점이 많이 생

---

183) *Old Order Shop and Service Directory of the Ole Order Society in the United States and Canada*, 1st ed.(Gordonville, Pa.: Joseph F. Beiler, Compiler, November 1977). Benjamin K. Beiler의 1990년 판을 개정한 것이다. 사실상 이 책은 전화번호가 빠진 '업종별 인명부'였다.

겼다. 이들은 공동체의 다양한 수요를 만족시키는 동시에 공동체를 경제적으로 지지하고 일자리를 제공하기도 했다. 아미쉬 공동체의 성장과 동시에 이런 작은 사업체들이 증가한 현상은 20세기 아미쉬 사회에서 일어난 아주 중요한 변화 중 하나다.[184]

작은 사업체에서 일하기

아미쉬 출신이 아닌 고용주 밑에서 일하는 아미쉬 가장의 비율은 어떤 정착지에서는 낮고 어떤 정착지에서는 높다. 1970년에는 펜실베이니아 주 랭커스터 카운티에 사는 아미쉬 가장의 5퍼센트가 '외부인' 고용주에게 고용되었다. 이와 비교해 인디애나 주 내파니 공동체에서는 71퍼센트가 비아미쉬 고용주 밑에서 일했다.[185] 아미쉬 사람들은 자신의 집과 가까운 데서 일하는 것을 선호하며, 산업의 전원화 흐름을 타고 이동 주택 제조업이나 조선소에서 일하고 있다. 그러한 사업체 일부는 아미쉬 사람들을 일꾼으로 모으기 위해 아미쉬 공동체 근처에 자리를 잡는다. 아미쉬 사람들에게 취업은 농장을 구매하는 데 필요한 돈을 모을 수 있는 기회로 여겨진다. 아미쉬 가정의 아버지들은 아이들이 6세 미만이고 몇 명 없을 때는 노동자로 고용되어 일할 때가 많다. 이때는 농장을 마련하기 위해 열심히 노력한다. 하지만 농장을 마련하려는 의지가 없는 사람들도 꽤 늘어났다.

아미쉬 공동체에서는 직접적인 위협이 되지 않는 한 그럴듯한 이유로 부업을 허용한다. 하지만 어느 개인이 부업을 심각하게 받아들여 바깥세상의 기준으로 탁월해지고자 한다면, 공동체가 허용하는 범위를 넘어설 수 있다.

아미쉬 사람들의 산업과 직업

아미쉬 사람들의 사업체가 규모가 커지고 바깥세상 기준에 의해 성공을

---

184) Kraybill, *The Riddle of Amish Culture*, p. 201-10. 상점들에 대해 더 자세히 논의한다.
185) Rechlin, "The Utilization of Space," p. 79.

▲ 아미쉬 가족의 교외 저택. 이 가정의 아버지는 목공소에서 일한다. 작은 헛간은 말을 보관하는 용도이자 은신처다.

거두면, 이들은 아미쉬식 삶의 방식에 책임을 느낀다. 작은 규모의 사업을 유지한다는 결정은 사업이 '지나치게 커지면' 그것을 외부 회사에 팔아야 한다는 뜻이다. 28명이 일하는 어느 아미쉬 공장은 굉장히 크다고 여겨진다. 제철소나 기계 조립 공장은 많은 양의 전력이 필요하며 많은 양의 원자재를 옮기거나 실어 날라야 한다. 이런 공장들은 에너지원으로 디젤 엔진 발전기를 사용한다. 여기서 만든 제품들을 배달하려면 아미쉬가 아닌 운전사들과 그들의 트럭을 빌려야 한다. 농장 창고를 제작하고 배달하며 설치해주는 한 아미쉬 공장은 반경 200마일(1마일은 1.6킬로미터-역주)까지 이동할 때도 많다. 고객들의 주문에 맞게 강철 곡물 저장통을 만들어 배달, 설치하는 업체도 있다. 이런 제품들을 배달하고 설치하려면 꽤 많은 종업원이 필요하고, 이들이 하루에서 닷새는 일해야 한다. 이런 공장들은 대개 아미쉬 출신이 아닌 트럭 운전수들과 미혼 아미쉬 청년들을 종업원으로 고용한다.

새롭게 등장한 직업 가운데 하나는 학교 교사다. 30년 전에는 아미쉬 아이들 대부분이 공립학교에 다녔기 때문에 아미쉬 사람들은 교직 훈련을 받지 않았다. 오늘날 학생을 가르치는 일은 도제식으로 교육이 진행되며, 거의 결혼하지 않은 젊은 여성들이 맡는다. 기혼 여성이나 어린아이의 어머니는 선생을 맡지 않고, 가끔 결혼한 남성이 수입원으로 교사 일을 하기도 한다. 또한, 아미쉬 출신 의사는 없으며, 대학 교육을 금지하는 이상 앞으로도 없을 것이다. 아미쉬 여성 가운데 간호조무사가 되었던 사람들은 몇 있다. 이러한 활동은 공동체에 필요한 소명으로 간주되지만 생계로 추구되지는 않는다.

아미쉬의 명성과 관리 패턴

소득, 교육 수준, 물질적 재산으로 표현되는 사회적 계급의 측정은 아미쉬 사회와는 거의 관련이 없다. 아미쉬 사람들의 목표는 순종, 겸손, 형제애이며, 이것은 경쟁적이고 소비 중심적인 바깥 사회와는 아주 다르다. 아미쉬 사회에서 신망이 높은 사람들은 바로 자녀들을 잘 키우고 아미쉬 교회와 계속 함께하며 자녀에게 농장을 물려준 은퇴한 부부다. 이들은 저축은 꽤 많은 데 비해 현재 수입은 적지만, 아미쉬 공동체 내에서 매우 존경을 받는다. 아미쉬 사람들이 자식을 얼마나 낳는지에 대한 연구를 보면, 소득과 가족 크기 사이에는 연관 관계가 없었다.[186] 아미쉬에서 성공의 가장 큰 지표는 남성 가장의 노동 활동이다. 가장 신망을 얻을 수 있는 활동은 농업이고, 두 번째로 높게 평가하는 것은 농업이 아닌 다른 분야에서 사업을 창업하는 것이며, 가장 낮게 보는 것은 일용직이다.

오늘날 젊은 아미쉬 부부들 사이에서 농업은 남편과 아내의 상당한 협동이 필요한 일이다. 아내들은 장부 적는 역할을 맡을 때가 많으며 정보와 돈의 흐름을 긴밀하게 통제한다. 수확, 끼니 준비, 취침 같은 농장의 시간표는 일에 대한 이해와 헌신을 포함한 적응이 바탕이 되어야 한다. 이런 점에서 아미쉬 사람들은 토지 투자 회사의 안정적인 정보 제공자다. 몇몇 지역의 농장 대상 신용 서비스 회사들은 아미쉬 고객에게 대출해주는 것을 괜찮은 투자로 여긴다. 한 해의 작황이 안 좋다고 해도 아미쉬 사람들은 농장을 그만두지 않으며

---

186) Julia A. Ericksen et al. "Fertility Patterns and Trends among the Old Order Amish," *Population Studies* 33(July 1979): p. 255-76.

▲ 아미쉬의 마차 가게

그다음 해에 더 많은 수확을 기대한다. 또한, 아미쉬 사람들은 농업을 가족 사업으로 여기므로 돈이 필요할 때 은행이나 신용 서비스 회사가 아닌 가족의 도움을 받을 수도 있다. 젊은 경영자가 아버지 또는 친척에게서 돈을 빌리면 상황이 나쁘지 않다. 게다가 아미쉬 농장은 급작스레 이혼 때문에 파탄 나는 경우가 없다.

아미쉬 사람들의 생활에서 훌륭한 경영이란 중요한 변별 기준이다. 아미쉬 사람들에게 '훌륭한 경영'이란 태도나 자원이 복합된 전체를 가지는 것이고, 다음을 포함한다. 하루를 일찍 시작하는 것, 가족이 협동해서 일하는 것, 가족 사업에서 아이들을 어떻게 참여시킬지 아는 것, 시간을 엄수하고 질서를 지키는 것, 장비나 도구를 제자리에 보관하고 잘 손질하는 것, 가축과 말을 좋은 상태로 돌보는 것, 날씨가 좋고 노동력이 있을 때 흙 위에서 일하고 수확하는 것, 식량과 물질적 재고품과 에너지를 보존하는 것, 힘든 노동을 해야 할 때도 피하지 않는 것 등이다. 구성원들은 교회를 이끌거나 성직자에 임명될 사람을 지명할 때 이러한 덕목을 갖추었다고 판단되는 사람을 고르며, 노동자나 사업 종사자보다는 농부를 선택하는 경향이 있다.

아미쉬 사람들은 혈족 사이에서 사는 방식과 단정함이 무엇인지를 인식하고 있다. 아미쉬 계보학자들은 페크웨이 계곡에 사는 랩 가문과 코네스토가 계곡에 사는 매스트 가문에서 볼 수 있는 "고전적인 생활 방식"과 "특별한 몸단장 욕구"를 언급한다.[187] 혈통 좋은 말과 넓고 잘 정돈된 농가, 정원과 집 창문틀의 다양한 꽃, 산책길과 대문에서 현관까지의 차도를 빗자루로 쓸어 항상 깨끗하게 하는 것, 찬장에 장식용 도자기를 두는 것 정도가 특별한 장식이다. 게으른 것으로 유명한 가족들도 있다. 하지만 조화로움과 형제애가 무엇보다 우선하는 가치이기 때문에 이런 차이점은 의식적으로 최소화되며 대개는 입 밖에 내지 않는다.

환경 문제

인구 성장률이 높은 데다 이들의 정착지를 둘러싸고 산업화의 압력이 생겨나면서, 아미쉬 사람들은 토지 활용에 정부의 개입이 늘어났음을 실감하고 있다. 환경에 대해 국가 차원의 관심이 높아지면서 아미쉬 사람들이 정부 관료, 국회의원과 직접 접촉할 일도 생기고 있다.[188] 몇몇 지역에서는 농경지 구획화, 토지 분할, 주택 건설, 하수 관리, 토지 보존, 빗물 관리 등을 정부가 중재한다.

아미쉬 공동체 모두 산업 단지의 확장에 맞서고 있지만, 펜실베이니아 랭커스터 카운티는 특히 그렇다. 이 공동체의 아미쉬 사람들은 개량종 씨앗과 수의사들의 진료, 가축 인공 수정, 살충제, 저장을 위한 집유 탱크를 사용한다. 비록 이들이 조심스럽게 이러한 변화의 영향을 고려하고 있지만, 아미쉬 공동체들은 이러한 농장 기술 한 가지 또는 그 이상의 사용을 대체로 금지한

---

187) *Diary* 10(April 1978): p. 32.

188) Elizabeth Place, "Land Use," in *The Amish and the State*, ed. Donald B. Kraybill(Baltimore: Johns Hopkins University Press, 1993). 아미쉬 정착지 내 농토의 개발과 규제 구획화의 효과에 대해서는 다음을 보라. Randy-Michael Testa, *After the Fire: The Destruction of the Lancaster County Amish* (Hanover, N. H.: University Press of New England, 1992).

다. 시간이 흐르면서 여러 아미쉬 공동체가 이러한 지나친 규제에 실망했다. 이러한 흐름은 많은 아미쉬 사람이 농사를 포기하고 다른 지역으로 이주하게 했다. 우유를 캔에 저장하는 데 관한 22페이지의 규제 조항과 우유에 'A' 등급을 매기는 데 관한 100페이지 넘는 조항에 대해 한 아미쉬 여성은 이렇게 말했다. "우리는 그 우유 검사원들에게 대응할 수 없다. 우리가 한 가지를 제대로 해도 이들은 다른 것을 문제 삼는다."[189]

아미쉬 출신인 제이컵 허쉬버거는 장인에게서 작은 면적의 경작지를 샀고 헛간을 지어도 된다는 허락을 얻었다. 말 조련사였던 그는 말들을 1층에서 키우고 자기 가족(아이가 8명이었다)은 2층에서 살기를 원했다. 하지만 타운십 관리들은 그가 이 건물을 하수도 설치 허가 없이 짓고 있다는 사실을 발견하고 건축 허가를 취소했다. 전에 이 건물의 건축 허가를 얻기 위해 허쉬버거는 다양한 토양 시험을 거쳤다. 이 지역의 타운십 관리들이 허용하는 유일한 하수 시스템은 모래 더미를 쌓는 것인데, 그러려면 비용이 수천 달러나 들었다. 허쉬버거는 이러한 유형의 기술을 경제적, 종교적인 이유로 반대했다. 그의 말에 따르면 '비싸고' '어울리지도 않는다'. 그는 옥외 변소를 만들었고, 새로운 헛간 위층에서 살았다.

허쉬버거는 하수 시설법을 위반했다는 이유로 벌금을 물었다. 게다가 반대하는 여론도 있었지만 그는 교도소에 수감되었다. 관리들은 허쉬버거가 환경을 더럽히지 않았음을 알고 있었다. 집행관은 그에게 이렇게 물었다. "어째서 법을 지키면서 다른 사람들과 똑같이 살지 않는가?" 허쉬버거는 그가 감당할 수 없는 현대적인 하수 시스템 대신에 옥외 변소를 만들 권리가 있다고 믿었다. 타운십에서 요구하는 하수 시스템은 하루에 물 400갤런을 버릴 수 있게끔 설계되었고 다량의 물을 쓰는 수세식 변기나 자동 세정기, 세탁기, 음식 찌꺼기 처리기를 사용하기에 적합했다. 허쉬버거가 큰돈을 주고 설치해야 했던 시스템은 집들이 밀집한 도시 주변에 맞게 설계된 것으로 단순한 농촌 생활과는 어울리지 않았다.

---

189) Marc Olshan, "Amish and Antipathies: The Old Order Amish in New York State" (Paper presented to American Anthropological Association, New Orleans, La., 1990).

1990년대에 펜실베이니아 주에서는 체사피크 만의 영양염류 오염(nutrient pollution)을 줄여야 했다. 아미쉬 농장 근처의 우물물 샘플을 조사한 결과 전체 우물의 67퍼센트가 안전하게 마실 수 있는 물의 기준보다 질산염 수치가 높았다. 닭, 돼지, 젖소 이 농장에서 키우는 동물이 많고 초원과 목초지가 줄어들면서 거름을 흘려보내는 양과 토양 침식이 늘었기 때문이었다. 환경 자원국은 쟁기질이나 토지 경작 같이 토양을 오염시키는 활동과 관련 있는 모든 사람에게 토양 침식에 대비한 계획을 제출하라고 명령했다. 여기에 대해 농지 2에이커당 소 한 마리만 허용된다는 소문이 퍼지자 아미쉬 사람들은 놀랐다. 아미쉬 농부들의 대변인이던 기드온 피셔는 이렇게 말했다. "우리는 도움이 필요하다. 농부들이 스스로 해결할 수 있는 것보다 문제가 크다."[190] 현재의 지역, 주, 정부 기관은 '거름에 대한 지침'과 정부의 규제를 지키는 데 드는 비용을 감당할 수 있다. 하지만 아미쉬 사람들은 그들의 농업 활동에 대한 정부 보조금과 감시를 거부했기 때문에 쉬운 해결책은 보이지 않았다.

농경지 구획화 법은 개발로 인한 농토 파괴를 방지하기 위해 만들어졌다. 장기적으로는 억제하는 방향으로 작용했지만 아미쉬 사람들은 이 법을 유리하기도 하고 불리하기도 한 것으로 보았다. 이들은 이 규제가 자신들의 농토를 지켜준다고 생각했지만, 한편으로 자신의 농장 안에서 작은 가게나 사업을 운영할 특권도 원했다. 산업적인 개발을 금지하는 구획화 법령은 이러한 활용에도 적용되었다. 예를 들어, 수십 년 동안 마차 바퀴를 제조해온 아미쉬 농부들이 자기 가게를 확장했다고 체포되기도 했다. 구획화 관련 법규를 위반했다는 죄목이었다.

비록 정부의 재원이 기금 형식으로 배분되어 농토를 보존하는 데 쓰였지만, 아미쉬 사람들은 '지역권(easement, 타인의 토지를 특정 목적으로 이용할 수 있는 권리-역주)'이나 '토지 사용 제한 조약' 형식의 보조금을 받아들이지 않았다. 이러한 기금과 보조금은 정부 기관의 관리와 감시가 뒤따랐고, 아미쉬 사람들의 오랜 자급자족 전통과 맞지 않을 가능성이 컸다. 아미쉬 사람 가운데 거주나

---

190) Gideon L. Fisher, "Are we Awake?" *Diary* (February 1989): p. 41.

산업 개발을 위해 농장을 매각하는 사람은 드물었다. 사실 농경지를 구획화해서 보호하는 가장 효과적인 방법은 아미쉬 사람들이 직접 소유하는 것이었다.

고령자를 보살피는 아미쉬 사람들의 방식은 구세계에서 만들어져 아메리카 대륙에서도 이어졌다. 이는 어떤 방식보다도 인간적이며, 거주와 이동, 제한적인 취업, 모든 세대를 아우르는 생활 시설, 사회적 참여, 보살핌 등을 포함했다. 하지만 구획화 규제는 '할아버지'를 위한 이러한 제도를 위협했다.

두 번째 집을 짓거나 현재 살고 있는 농가에 방을 늘리고자 하는 가구들은 엄격한 규정과 맞닥뜨렸다.[191] 랭커스터 카운티에서 이런 가구들은 건축 허가를 얻기 위해 토지 조사를 받고 빗물 관리 계획을 세우며 도시 계획 위원회에 토지 개발 계획을 제출해야 했을 뿐만 아니라 하수 처리 시설을 준비해 지자체의 심사, 예비적인 수문 지질학적 연구, 하수 처리 면허 취득 과정을 거쳐야 했다. 이 모든 준비 과정에는 수천 달러가 들었다. 환경을 보호하고자 만들어진 규정들은 사실상 중요한 사회적 제도에 해를 끼쳤다. 몇몇 타운십에서는 하수관과 급수관이 집과 연결되어 있다면 '노인들을 위한 오두막집'을 짓게끔 허가해주었지만, 건축하려는 건물에 지하실이나 다락이 없어야 하고 노인들이 거주하지 않게 되면 허물어야 했다. 이러한 해결법은 아미쉬 사람들이 보기에는 소모적이고 불만족스러웠다.

아미쉬 사람들은 국가에 많은 돈을 지불해야 하는 농지에서 살아가는 것을 어떻게 정당화했을까? 이들에게 농토란 공유의 대상일 뿐만 아니라 많은 사람의 필요를 충족시키기 위해 비옥하게 가꾸고 다음 세대에게 전해주기 위해 위탁받은 것이었다. 다양한 기술을 활용하여 이들은 다음 세대에 물려주기 전에 농토를 개선하고자 노력했다. 이러한 목적을 계속 추구하려면 엄청나게 다양한 실용적인 기술이 필요했다. 비록 아미쉬 사람들은 소규모 자본가로 분류되지만, 이들의 윤리는 막스 베버가 칼뱅주의, 경건주의, 감리교로 분류해 표현한 프로테스탄트 윤리와는 아주 다르다.[192] 베버의 논의에서는 육체노동, 검소함, 근면함, 정직함이 유용한 가치였지만, 이런 주장과 달리 아

---

191) Place, "Land Use."

192) Max Weber, *The Protestant Ethic and the Spirit of Capitalism* (New York: Charles Scribner's Sons, 1958), p. 144-54.

미쉬 사람들에게는 이러한 도덕적 덕목이 구원을 보장해주지 않는다. 부유함은 개인이 자신의 즐거움을 위해 일하거나 사회적 계급이 상승할 때 생기는 것이라기보다는 공동체의 복지를 증진시키는 것이다. 사실, 아미쉬 사람들은 사회적 인정이라는 눈에 보이는 표지를 수용한다. 이와 비슷하게 아미쉬 사람들의 소명이 세속적인 성공을 구하는 것이 아닌 이유는 이들이 자신의 물질적 성공에 대한 표지나 보장된 구원에 연연해하지 않기 때문이다. 소비의 금욕적인 자제는 절약에 대한 강박과 맞물려 '세상 속에 있지만 거기에 속하지 않는'["내가 세상에 속하지 아니함 같이 그들도 세상에 속하지 아니하였"(요한복음 17장 16절)-역주] 사람들의 경제적 기반을 이룬다.

7장
아미쉬 가족

　출산과 양육, 사회화는 아미쉬 가족의 주된 기능이다. 아미쉬 문화에서 가족의 중심적인 기능은 다양하게 표현될 수 있다. 개인이 아이일 때뿐만 아니라 청년기와 그 후에도 가족은 개인보다 큰 권위가 있다. 부모나 친척, 조부모에 대한 충실함은 그 정도가 다를 수 있지만 결코 사라지지는 않는다. 교회의 교구 크기는 세례를 받은 사람의 숫자가 아닌 가족(가구)의 수로 결정된다. 또한, 가족별로 돌아가며 설교 예배를 치른다. 아미쉬 사람들은 정착지의 지도와 주소록에 가구와 부모의 이름, 그들의 생일과 결혼 날짜, 자녀들의 생일을 기록한다. 결혼 이후 가족의 가장 중요한 기능은 아이를 양육하는 것으로 여겨진다. 부모들은 그들 자신의 개인적인 권리보다는 자녀들을 올바르게 양육하는 책임감과 의무를 강조한다. 이들은 자신들이 신으로부터 자녀들의 영적인 행복에 대한 책임을 부여받았다고 생각한다.

1. 짝 찾기

　아미쉬 젊은이가 아내를 선택하는 권리는 제한적이거나 스스로의 가치 체계에 제약을 받는다. 아미쉬 신앙에 따라 배우자를 얻어야 하지만 꼭 자신이 속한 공동체 안에서 선택해야 하는 것은 아니다. 다만, 다른 공동체나 다른 주 젊은이들과 접촉하는 일이 거의 없기 때문에 대규모 정착지에서는 대개 그 안에서 결혼이 이루어진다. 짝을 정하는 일은 교회의 규칙에 따라야 한다. 사촌 간의 결혼은 확실히 금지되며, 육촌 간의 결혼은 권장하지 않지만 불가한 것은 아니어서 꽤 이루어진다. 랭커스터 카운티에서 금지하는 것은 '슈워츠

사촌'끼리의 결혼, 즉 사촌의 자녀와 결혼하는 것이다.[193]

특정 공동체에서는 자신이 속한 집단 내부 사람하고만 결혼해야 한다는 규칙을 따르지만 예외가 있다. 자유주의적인 분파가 보수파에 합류하려는 상황에서는 더 정통파 교회에 속한 사람과 결혼하는 것이 항상 허용된다. 또 서로 친교를 유지하는 아미쉬 교구나 정착지 간에는 소속이 달라도 자유롭게 결혼할 수 있다.

젊은이들이 서로 만날 수 있는 가장 좋은 기회는 일요일 저녁의 합창단 모임이다. 이 모임은 대개 그날 아침 예배를 본 집에서 열린다. 노래를 함께 부르기 위해 여러 교구의 젊은이들이 모인다. 이 행사는 단일한 교구에서 가능한 것보다 폭넓은 교류의 기회를 제공한다.

집안일이 끝난 일요일 저녁이면 젊은이들은 노래를 부르러 갈 준비를 한다. 젊은 남성들은 말과 마차를 깨끗하게 하고 솔로 모자와 양복의 먼지를 털어낸 다음 가장 좋은 옷을 차려입는다. 모임에 여자 형제나 그 친구들을 데려가는 것은 가능하지만, 여자 친구를 데려가는 것은 어렵다. 만약 여자 친구를 데리고 가려 한다면 해질 무렵 교차로나 길가까지 데리러 가야 할 것이다.

합창단은 경건한 모임으로 간주되지는 않는다. 젊은이들은 긴 식탁에 둘러앉는데, 남성과 여성이 각기 다른 편에 앉는다. 이 모임에 참가하는 사람은 모두 미혼의 젊은이다. 이들은 빠른 곡조의 노래만 부른다. 남성들뿐만 아니라 여성들도 함께 부를 찬송가 제목을 알리고 노래를 이끈다. 노래를 부르는 중간 중간 대화할 시간이 있다. 노래 모임은 공식적으로는 대개 열 시 정도에 끝나지만, 이들은 바로 자리를 뜨지 않고 함께 농담을 주고받으면서 한 시간 이상을 더 보낸다. 사귀는 사람이 없는 남성들은 바로 이때 여성들("Mädel")과 약속을 잡는다.

양봉이나 결혼식, 가벼운 모임 등 젊은이들이 만날 기회는 더 있지만, 합창단은 아미쉬 남성과 여성들이 만나는 제일 중요한 모임이다. 남성과 여성들 모두 서로를 잠재적인 배우자로 생각한다. 남성 또는 여성들은 언제나 자

---

193) '슈워츠 사촌'이라는 별칭은 제이컵 슈워츠에게서 기원했다. 그는 마그달레나 스톨츠퍼스(1832년 6월 18일 생)와 결혼했다는 이유로 추방당했다. 그녀와 슈워츠는 '오촌(사촌의 딸)' 간이었다.

▲ 친교 집단은 미래의 배우자를 만날 기회를 제공한다. 구혼에는 건강한 말과 지붕 없는 마차가 필요하다.

신이 원할 때 '만남을 끝낼' 수 있다. '럼스프린가(rumspringa, 교제하기)'라고 불리는 구혼 활동을 하는 통상적인 나이는 남성은 열여섯, 여성은 열넷에서 열여섯 살 사이다. 구혼이 시작되었다는 사실은 가족이나 친구들 사이에서도 흔하게 이야기되지 않는다. 형제자매나 친구들 사이에서 지나칠 정도로 놀림을 당하는 경우도 있다. 하지만 개인 생활을 존중하거나 적어도 못 본 척하는 것이 흔한 행동 양식이며, 그것은 부모들도 예외가 아니다.

젊은이들 사이에서는 남자 친구나 여자 친구를 이름으로 부르는 일이 거의 없다. '그'나 '그녀'라는 대명사를 사용하고, 일반적인 대화에서는 '친구' (beau 또는 Kal)라는 용어를 사용한다. '데이트'라는 말도 쓰지만 여기에 해당하는 방언은 없다.

일요일 저녁 합창 모임이 끝난 후 여자 친구를 집에 데려오는 것 외에도, 계속 만나는 여자 친구가 있는 젊은 남성은 토요일 저녁마다 데이트하러 나간다. 토요일 저녁이 되면 제일 좋은 옷으로 빼입고 야단법석 없이 조용히 집을 떠나서 남동생이나 여동생이 자기가 일 때문에 마을에 나가는 것으로 알게끔 한다.

여자 친구의 집에 들어가기 전에 남성은 '나이 든 가족'이 잠자리에 들었는지 확인해야만 한다. 즉, 구혼 기간의 모든 아미쉬 젊은이에게는 성능 좋은 손전등이 필수품이다. 여자 친구는 자기 창문에 비치는 손전등 불빛을 보고 남자 친구가 도착했다는 것을 알게 된다. 그러면 조심스레 아래층에 내려가서 그를 안으로 들어오게 할 것이다. 이렇게 하면 이들은 다음날 이른 아침까지 함께 머물 수 있다. 이들은 게임을 하거나 다른 커플과 함께 논다. 이른 아침에 단단한 길 표면에 말발굽이 탁탁 부딪히는 소리는 젊은 구혼자가 자기 집으로 돌아가고 있다는 표시다.

약혼한 남성과 여성이 함께 시간을 보내는 전통적인 방법 중 한 가지는 옷을 완전히 갖춰 입고 같은 침대에 눕는 것이다. 이 관습을 가리키는 아미쉬 고유의 단어는 없지만, 오래전부터 매우 흔한 일이었다. 영국에서는 이 행동 양식을 번들링(bundling)이라고 부른다. 유럽과 초기 아메리카 식민지에서 행해진 오랜 관습으로, 집이 대체로 넓고 난방이 되지 않는 지역에서 흔했다. 이 관습을 옹호하는 사람들도 있었지만 아미쉬 지도자 대부분은 심하게 반대했다. 이 관습에서 벗어나고자 하는 가구들이 모여 19세기에 새로운 정착지가 형성되었다. 이런 아미쉬 공동체는 번들링 관습을 강력하게 반대한 미국 사회에 잘 동화되었다. 전통 문화를 굳건히 지키고 성에 관련한 규칙을 존중하던 집단들은 번들링 관습에 대해 반대가 덜했다. 나중에 집을 현대적으로 개조하고(거실이 다른 곳과 붙어 있는 등) 사회적으로 바깥세상과 광범위하게 접촉하게 됨에 따라 다른 지역에서는 이 관습이 논란을 겪지 않고 사라졌다.

작은 공동체에서는 주로 외부에서 짝을 찾았다. 배우자를 잘못 만나서 나타나는 갈등과 문제들은 그 공동체의 문화 속에서 완화되었다. 이런 곳에서는 더 큰 사회에서보다 갈등이 덜 뚜렷하다. 결혼식은 가족과 공동체에서 정점에 해당하는 경험이다. 신랑과 신부의 양가는 신혼부부가 성공적으로 가정을 꾸릴 수 있도록 적극적으로 돕는다.

신부의 혼인 예물을 마련하는 것은 가족의 중요한 역할이다. 혼인 예물은 대부분 집에서 만든 각종 물건과 공예품이다. 그리고 결혼식에 초대받은 사

▼ 신혼부부는 신혼살림을 꾸리는 과정에서 많은 선물을 받고, 가족에게서 상당한 도움을 받는다.

람들은 각자 신혼부부에게 선물을 주어야 한다. 이것은 우정의 표시로, 주로 접시나 등유 램프, 침대 커버, 담요, 테이블 덮개, 수건, 시계, 손수건, 조그만 농기구 등이며 위층 침실의 침대에 진열된다.

신랑과 신부의 부모들은 가구와 가축을 주며, 일부는 신혼부부 집의 기본 살림도 마련해준다. 예를 들어 신랑이 외동아들이라면 농기구 및 가축과 함께 농장 전체가 양도된다. 신부는 부모에게서 젖소, 식탁, 의자, 새 난로, 접시, 침구를 비롯한 많은 살림살이를 받는다. 또 신부의 결혼 예물도 많다. 전통적으로 어머니들은 자녀를 위해 퀼트 약간과 이불을 만들어준다. 대개 자녀들이 나이가 차기 몇 해 전에 미리 만들어 준비해둔다. 아들 일곱 명과 딸 세 명을 둔 한 가정주부는 자녀 한 명당 퀼트 세 개와 이불 두 채를 만들기도 했다. 결혼식에 대해서는 9장에서 자세히 다룬다.

2. 결혼 생활

아미쉬 가정은 각 구성원의 사회적 역할이 잘 규정되어 있다. 전통과 종교적 가르침의 힘, 실용적인 것에 대한 강조 덕분이다. 가정은 엄격한 일부일처제, 가부장제에 의해 운영된다. 아버지가 전체를 아우르는 권위를 갖지만 그 정도는 가정마다 다르다. 『성경』의 가르침(고린도전서 11장 3절)에 따르면 남자는 여자의 머리이며 이것은 그리스도가 교회의 머리인 것과 같다. 아내는 불멸하는 영혼을 가지며 스스로 한 사람의 개인이다. 비록 남편에게 순종해야 하지만 첫 번째로 섬겨야 할 대상은 신이다. 결혼을 통해 남편과 아내는 '하나의 몸'이 되며, 이 결합을 갈라놓을 수 있는 것은 죽음뿐이다. 이혼에 관한 조항은 없다. 아내는 남편이 이끄는 대로 따르고 본을 받아야 하며, 자신이 교회를 위해 준비된 사람인지 자문해야 한다. 교회 심의회에서 아내는 동등한 선거권이 있지만 '목소리'를 내는 권리는 동등하지 않다. 하지만 남편이 죄악을 저질러 사회적 기피 처분을 받으면 아내도 다른 구성원과 마찬가지로 남편을 기피해야 한다. 아내가 기피 처분을 받으면 남편도 그렇게 한다. 가정의 중요한 사항은 대개 상의해서 결정한다. 아미쉬 가정에서는 다른 지역으로 이주

▲ 결혼한 부부는 공동체의 규칙을 충실히 준수하고 자녀들에게 모범이 되어야 한다.

하는 문제에 관해 상의하는 데 아내가 능동적으로 참여할 수 있으며, 따라서 "직업 아내(corporation wife)"라 불릴 만큼 수동적이기만 한 것은 아니다.[194]

아미쉬 여성의 지위는 이들이 가정 경제에 필요한 재화와 서비스를 생산

---

194) 다음 글의 내용을 토대로 한 것이다. Gertrude E. Hutington in "The Amish Family," in *Ethnic Families in America*, ed. Charles H. Mindel and Robert W. Habenstein (New York: Elsevier Scientific Publishing Co., 1976), p. 307. 나는 아미쉬 사회 가족 구조의 속성과 역할을 명확히 하는 데 Gertrude E. Hutington의 도움을 얻었다.

하는 정도와 밀접한 관련이 있다. 아미쉬 농장에서 여성의 노동으로 생산되는 산물들, 예컨대 과일이나 채소, 고기, 낙농 제품은 가족의 생활을 뒷받침한다.[195] 여성은 생계인 농업에 종사하고 가족 농장의 노동에 필요한 아이들을 낳으므로 생산적인 존재다. 가족을 위해 고기와 채소를 저장하고, 또 전체 가족 구성원의 옷을 만든다. 농장에 사는 여성들은 다른 환경에서 사는 아미쉬 여성들보다 경제적으로 중요성이 크다고 여겨진다. 아미쉬 사람들은 전체적으로 여성들이 경제에 상당한 공헌을 한다는 점을 인정한다. 남성들은 아내 없이는 농장을 꾸리지 못하고, 그 반대도 마찬가지다. 비록 아미쉬 사회는 가부장적이라고 알려져있지만, 노동의 분업은 대부분 외부인이 인식하는 것보다 훨씬 평등하다. 아미쉬 남성들은 여성에게 칭찬을 거의 하지 않지만, 일상을 들여다보면 여성을 얼마나 존중하는지를 알 수 있다.

남편과 아내의 협동은 개인의 기질과 적응 능력에 따라 다양한 정도로 나타난다. 하지만 다음 예에서 볼 수 있듯이 명령 체계가 그렇게 딱딱하지는 않다. 한 남성과 그 아내가 이웃집에서 침대를 판다기에 보러 갔다. 남편은 아내가 이웃집에 들어가서 침대를 살피는 동안 마차에 앉아 있었다. 아내는 결정을 내리지 못하고 남편의 동의가 필요하다고 생각해 남편을 불렀다. 침대를 살피고 가격에 대해 숙고한 끝에 아내가 "어떻게 생각해요?"라고 말하자 남편이 이렇게 답했다. "당신이 우리 집의 주인이잖소." 아내가 침대를 사겠다고 의사 표시를 하자 남편은 수표에 그만큼의 액수를 적었다.

가정 내에서 문제가 생기면 가장인 남편은 아내의 의견을 참고할 때가 많고, 아이를 키울 때도 아내의 입김이 큰 영향을 미친다. 그러나 집안일에 관한 최종 결정권자는 남편이다. 아내는 남편의 조력자이지만 그와 대등한 사람은 아니다. 아미쉬 여성은 가정에서 자신의 역할이 무엇인지 알고 있으며, 아내의 태도는 대개 자발적인 순종이다. 물론 예외적으로 아내가 일반적인 수준보다 큰 영향력을 행사하는 가정도 있다. 실제로 농장은 아미쉬 남성의 왕국이며, 그의 아내는 살림을 맡는 총지배인이다.

---

195) Julia Erickson and Gary Klein, "Woman's Roles and Family Production among the Old Order Amish," *Rural Sociology* 46(2): 1981, p. 282-96.

가족 간에는 가정의 재화와 농기구 등 재산을 '우리 것'이라고 지칭한다. 하지만 실제로는 재산의 매매를 비롯한 모든 거래는 남편이 직접 하거나 그의 승인을 얻어서 이루어진다. 농장은 남편이 사망할 경우 법적 소유권을 확실히 하기 위해 남편과 아내가 공동으로 소유한다. 공적인 일에서 남성은 여성보다 더욱 리더십 있는 존재로 여겨진다. 대부분 가정에서 현금 인출 같은 은행 업무와 수표 발행을 부부가 공동으로 맡는다. 또 함께 의논해서 살림살이를 시장에 내놓기도 한다. 집안일에 관한 결정을 내리는 데서는 경험 있는 가정주부가 권위를 갖지만, 고액의 소비를 할 때는 남편과 아내가 의논해서 결정하고, 특히 살림 관련 물품을 살 때는 남편이 아내에게 조언을 구한다. 아내는 집에 필요한 물건이나 식재료, 옷을 살 돈을 남편에게서 주기적으로 타서 쓴다.

가계 소비의 큰 부분이나 의료비의 지출이 예상된다면 부부가 함께 의논을 한 후, 아내가 어떤 의사의 단골이 되기로 결정을 내리면 남편도 동의한다. 하지만 이와 반대로 남편은 아내의 충고를 구하지 않고 농기구나 가축을 사기도 한다. 아내는 채소나 농장에서 생산된 것을 팔아서 돈을 벌어 모아놓곤 한다.

농부는 아내가 맡은 집안일을 사실 많이 도와주지 않는다. 도축해야 하거나 사과 버터를 만들 때 같은 특별한 경우에만 도움을 주고, 음식 준비, 설거지 등의 일상적인 일은 돕지 않는다. 단, 집안에 결혼식이 있을 때는 아내와 함께 요리를 하고, 웨이터 역할도 한다. 하지만 남편은 아미쉬 출신 손님들에게 이렇게 말할 때가 많다. "자네 먹을 것은 자네가 챙기라고."

아내의 의무는 자녀 양육, 요리, 청소, 시장에 내다팔 것 준비, 가족의 옷 만들기, 식량 저장, 정원 일이다. 대개 월요일에 청소를 하고, 화요일에 다리미질을 하고, 금요일에 빵을 굽고, 토요일에 청소를 한다. 특별한 날을 정해서 저녁 장을 보지는 않고 주중에 마을의 가게에서 필요한 것을 산다. 아내와 다 큰 딸들은 작물 수확을 도울 때가 많다. 한 집에서는 나이 많은 딸들이 여름 내내 말들을 나누어 돌보았다. 그 밖에도 밭을 갈고 경작하는 등 성인 남성들이 하는 일을 한다. 하지만 이렇게 여성이 힘든 농사일을 하는 것은 예외적이다. 여성들은 울타리나 말뚝, 포도덩굴을 관리하거나 봄철에 농가 건물의 목재에 흰색 페인트칠을 한다. 집 근처 마당과 잔디밭을 보기 좋게 가꾸는 것은 대개 아내의 책임이며, 아내는 집 바깥뿐만 아니라 안쪽도 깨끗하고 깔끔하게 유지해야 하는 의무감을 느낀다.

아내는 살림의 영역 외에도 다양한 일을 하며 남편을 도와주는데, 남편이 아내의 집안일을 돕는 것보다 많이 돕는다. 어떤 가정에서는 남성들과 목수들이 장남의 결혼을 위해 헛간을 개조하는 동안 어머니는 이웃의 친척 여성들과 함께 종일 헛간 창문틀에 페인트칠을 하기도 한다.

정원 일은 봄철에 처음으로 삽질을 할 때를 제외하면 온전히 아내의 몫이다. 아미쉬 아내들은 정원에 다양한 식용 작물, 거의 20종에 달하는 다양한 채소를 키운다. 아내는 일요일 예배의 점심 식사에 항상 들어가는 오이나 붉은 근대가 충분한지 확인해야 한다. 아미쉬 가정의 정원에는 꽃이 만발해 있다. 어떤 정원에는 20종이 넘는 꽃이 피기도 한다. 그러면서도 질서 있고 깔끔한 것은 아미쉬 정원의 독특한 특성이다. 아미쉬 사람들은 과수원을 가꾸는 경우가 많은데, 물을 주는 것은 원래 남자들의 일이다. 하지만 그 때문에 작은 과수원에 비싼 살수기를 설치하는 것은 지나친 낭비라고 생각해서 과일을 사 먹는 경우가 많다.

여성들과 아이들의 옷은 거의 아내와 그 친척들이 집에서 만든다. 음식을 만드는 일도 아내들의 시간을 상당 부분 잡아먹는다. 고기를 소금에 절이는 일은 남편이 해주기도 하는데 아내의 계획과 제안에 따른다.

종교 의례에서 여성의 역할에 대해서는 사도 바울의 다음과 같은 가르침을 문자 그대로 따른다. "여성들에게 침묵하는 법을 배우고 언제나 복종하게 하라." 통솔력이 필요한 활동에서 여성은 '남성의 권위를 빼앗아서는' 안 된다. 세례식에서도 남자 아이가 여자 아이보다 먼저 세례를 받는다. 여성은 교회의 성직자로 일할 수 없다.

아미쉬 부모들은 자녀 문제에 관해서는 한 마음이 되어, 의견 차이가 있더라도 신앙심을 앞세우며 비밀리에 논의하고자 한다. 결혼한 배우자들은 서로 배려해야 하며 남 앞에서 불화하는 모습을 보이면 안 된다는 가르침을 받는다.

▲ 아미쉬 여성들은 집 안팎에서 청결함과 단정함을 추구한다. 이들은 모든 가족 구성원의 옷을 직접 만든다.

3. 개인적인 인간관계

남편과 아내의 개인적인 관계는 겉으로 감정을 드러내는 일 없이 조용하고 건전하게 이루어진다. 이런 관계는 대중적인 미국 문화에서 표현되는 로맨틱함과 놀라울 정도로 대조된다. 아미쉬 부부는 다양한 주제로 대화를 나누지만 서로 애칭으로 부르거나 애정을 담은 제스처를 사용하는 것은 매우 보기 드물다.

남편은 자기 아내의 이름을 부를 수도 있지만, 전혀 부르지 않기도 한다. 말하기 전에 그저 아내의 주의를 끌 뿐이다. 더욱이 남에게 자신의 아내를 언급할 때는 이름을 말하는 경우가 드물고 '그녀' 또는 '내 아내'라고 부른다. 아내도 마찬가지로 남편을 '내 남편' 또는 '그'라고 부른다.

부부 사이에 갈등이 생기면 다양한 방식으로 표현되지만, 불만족을 표현하는 비공식적으로 승인된 표현 수단으로 조절된다. 말하자면 규칙과 제도에 대한 고려가 개인보다 우선한다. 아미쉬 사람들 사이에 사소한 불만이 없는 것은 아니다. 불쾌함과 반대 의견은 어조나 몸짓으로 표현된다. 남편이 저녁 식탁에서 한 마디도 하지 않음으로써 불만을 표시하면, 아내는 무엇이 잘못되었는지 추측해야 한다. 관계가 완전히 정상으로 되돌아오기까지 며칠 동안 일상적인 대화를 하지 않을 때도 있다. 하지만 부부 사이에서 험하고 거친 말이 오가는 일은 거의 없다.

부모의 역할은 전통적인 가족 관계와 혈연의 유대에 따라 다르다. 남편과 아내는 개인적인 감정에 의해 묶였을 뿐만 아니라 특정한 규범과 존엄성이 있는 집단의 구성원이기도 하다. 이런 경향은 토머스와 즈나니에츠키가 폴란드 농촌 가정 연구에서 발견한 바와 적절히 비교된다. 이들은 "결혼 규범은 사랑이라기보다는 '존중'이다."라고 주장한다. 이들의 설명은 다음과 같다.

규범에 따라 아내가 남편에게 보여야 하는 존중에는 순종, 정절, 남편의 안락함과 건강에 대한 염려가 있다. 남편이 아내에게 지켜야 하는 규범에는 친절한 대우, 순고한 사랑, 꼭 필요하지 않다면 다른 일에 고용되어 일하지 않는 것이 있다. 일반적으로 남편과 아내 모두 서로의 사회적 지위를 낮추는 일을 해서는 안 된다. 그것은 배우자 가족의 사회적 지위를 욕보이는 일이기도 하기 때문이다. 이러한 존중에 관한 규범에서 애정은 명시적으로 포함되지 않지만 바람직한 가치이기는 하다. 성적인 사랑은 완전히 개인적인 문제이며, 어떠한 형태이든 사회적인 것이 아니고 그렇게 되어서도 안 된다. 가족은 의도적으로 그것을 눈감아주며, 결혼 생활의 성적 관계에 따른 눈꼴사나움과 무분별함이 조금이라도 보이면 역겹고 도덕적으로 지탄받을 일로 여겨진다.[196]

폴란드 농촌 가정의 결혼 생활은 아미쉬 사람들과 꽤 비슷하다. 단, 아미쉬 사람들은 여기에 더해 『성경』 구절을 매우 신경 써 지킨다. "아내들이여, 자기 남편에게 복종하기를 주께 하듯 하라 …… 이와 같이 남편들도 자기 아내 사랑하기를 자기 자신과 같이 할지니 자기 아내를 사랑하는 자는 자기를 사랑하는 것이라.…… 아내도 자기 남편을 존경하라"(에베소서 5장 22, 28, 33절)

아미쉬 사람들은 혼전 성관계와 혼외정사를 강력하게 반대하며, 구성원 사이에서 그런 일탈이 일어나면 공동체의 신도들이 모인 앞에서 임신 여부를

---

196) William I. Thomas and Florian Znaniecki, *The Polish Peasant in Europe and America* (New York: Alfred A Knopf, 1927), I: p. 90.

고백해야 한다고 여긴다. 남성과 여성 모두 고백할 똑같은 책임이 있다. 추방당해 처벌받는 기간이 끝나고 회개하면 다시 교회에 나올 수 있다. 그러면 완전히 용서받는다. 이 경우 임신은 죄를 저지른 두 사람이 결혼하기에 충분한 이유가 되지 못한다. 그러나 결혼하기로 한다면 아이가 태어나기 전에 결혼식을 올린다. 결혼하지 않는다면 여성이 아이를 기르거나 다른 아미쉬 가정에 입양을 보낸다.

4. 부모와 자녀

아미쉬 아이들은 순진하고 바깥세상의 때가 묻지 않은 것처럼 보인다. 아미쉬 사회에서 아이의 탄생은 그 가정과 공동체에 기쁨을 준다. 설거지를 하고 나무를 벨 사람, 새로운 교회 구성원이 태어났기 때문이다. 즉 아이들은 환영받는 존재다. 아미쉬 사회에서 아이들은 '신의 재산'으로 여겨져 언제나 환대받는다.

삶의 처음 두 해는 행복한 나날이다. 아기는 바라는 것을 모두 얻을 수 있다. 어머니, 아버지, 언니, 오빠, 고모, 삼촌, 할아버지, 할머니, 사촌들에게서 두터운 보살핌과 사랑을 받는다.

그 두 해가 지나고 나면 청소년이 될 때까지 지켜야 할 일들과 엄한 계율이 계속해서 부과된다. 아이는 부모의 권위를 존중하고 그들의 엄격함에 적절히 응답하는 법을 배워야 한다. 아이는 잘못을 저질러도 올바른 것과 그릇된 것의 차이를 알지 못하기에 죄악을 범하지 않았다고 여겨진다. 아이에게 그 분별을 알려주어 도덕적인 부적절함을 일깨우고 아미쉬 신앙의 '올바른 길'을 깨우쳐주는 것이 부모의 의무다.

아미쉬 가정은 아이가 아미쉬 생활 방식을 통해 성숙해지도록 이끄는 효과적인 사회화 매개체다. 인생의 초반부에 아이는 아미쉬 사람들이 다른 사람들과 '다르다는' 것을 배운다. 즉, 학교와 아미쉬 공동체 안에서 수행하는 역할을 이해해야 할 뿐만 아니라 '외부인'인 이웃의 기준과 관련해 어떻게 행동해야 하는지도 배워야 한다. 아이는 '외부인'들이 가진 옷이나 장난감을 가질 수 없다. 그리고 곧 부모를 모방하게 되어 자신들의 '차이'에 자부심을 느끼고 청소년이 될 때까지 더 이상 '왜'라는 질문을 하지 않는다.

아이들은 아미쉬 가정과 공동체 안에서 아주 조심스럽게 양육되므로 그 테두리 밖에서는 안전하다는 느낌을 받지 못한다. 아미쉬 소년 소녀들의 얼굴을 보면 대부분 순수한 선의, 진실함, 정직함, 친절함, 점잖음이 보인다. 남다른 사랑과 엄격한 규율 아래 자라면서 이들은 아미쉬 여성, 남성이 될 준비를 마치게 된다.

예전에는 아이들에게 독일어 읽는 법을 가르치는 역할을 가족이 맡는다고 여겨졌다. 하지만 오늘날에는 아미쉬 학교에서 이 역할을 담당한다. 가족 구성원들은 거실 탁자에 둘러앉아서 독일어로 쓰인 『성경』을 들고 한 명씩 철자를 대거나 알파벳 하나하나를 대고 단어와 문장을 소리 내어 읽는다. 유치원에서도 4~5세 된 아이들이 아버지에게서 배운 발음대로 단어나 짧은 문구를 한 명씩 반복해서 읽는다.

아미쉬 아이들은 부모에게서 주기적으로 용돈을 받지 않는다. 젊은이들은 하루 또는 반나절을 이웃에서 일해 돈을 벌고 자유롭게 쓸 수 있지만 저축하라는 얘기를 듣는다. 물론 아미쉬의 부모도 자녀들을 마을로 데려가서 약간의 사탕을 사주기도 한다. 그와 함께 자녀가 어릴 때부터 돈을 저금할 '저금통'을 사준다. 그리고 아이들은 자기 옷과 물건을 아껴 쓰라는 말을 귀에 못이 박히도록 듣는다.

부모가 아이들의 모범이 되는 것과 마찬가지로 나이가 꽤 든 자녀는 어린 동생의 모범이 되어야 한다. 아이들 사이에 서열, 책임, 맡는 일이 정해지는 데는 성별보다 나이가 우선시된다. 나이가 꽤 든 자녀는 동생을 보살피고 도와주지만 물리적으로 벌을 주지는 않는다. 대개 좋은 말로 타일러서 동생이 순종하게끔 한다. 청년기에 가까워질수록 형제자매 관계에서 남성의 우위가 더욱 확연해진다.

아이들에게 일하는 법과 책임지는 법을 가르치는 것은 무엇보다도 중요하다. 아미쉬의 아이들은 4세쯤부터 부모를 돕기 시작하고 6세 될 무렵에는 자신의 행동에 부분적으로 책임을 진다. 남자 아이들은 닭에게 모이를 주고 알

▲ 세대 간에 강한 유대감이 있다.

을 모으며 송아지에게 먹이를 주고 말을 모는 법을 배운다. 여자 아이는 어머니의 잔심부름을 하며 일찍부터 요리와 집안일을 배운다. 아이들의 역할과 각각이 수행하는 일은 이제 예로 들 여섯 아이를 둔 가정에서 잘 드러난다. 남자 아이 다섯 명과 여자 아이 한 명이 있는 집으로 아이들의 연령대는 3세에서 22세까지다.

12세인 여자 아이는 어머니의 집안일을 돕는 것을 좋아한다. 특히 식탁을 차리고 식사 준비를 한다. 이 여자 아이와 8세 남동생은 어머니와 함께 정원에서 일하기도 한다. 허드렛일을 해야 할 시간이면 자녀 각각에게 임무가 주어지는데 하는 일이 겹치기도 한다. 나이 많은 아이 네 명은 아버지를 따라 주기적으로 젖소 열다섯 마리의 우유를 짠다. 장남은 말과 돼지, 송아지에게 먹이를 주고, 우리에 짚을 깔아준다. 둘째는 알 낳는 암탉에게 모이를 주며, 셋째는 어린 암탉을 돌보고, 어머니를 위해 땔감을 나른다. 여자 아이는 젖소 세 마리에게서 우유를 짜고, 토끼에게 먹이를 주며, 달걀을 모은다. 여덟 살짜리 남자 아이는 매일 해야 하는 일은 없지만 어머니나 형, 누나의 일을 돕는다. 나이 많은 아들 두 명은 빨래하는 날에 물 길어오기 같은 힘쓰는 일을 도맡는다. 셋째 아들은 확실히 집안일을 별로 좋아하지 않는다.

많은 농가에서 자녀들은 송아지나 어린 암소 같은 동물을 한 마리씩 받는다. 그러면 직접 이름을 지어주고 자기 소유의 동물로 기른다. 빠르면 17세 생일에 동물을 받으며, 가족이 모두 한데 모여서 생일을 맞은 주인공이 여러 동물 가운데 자신의 동물을 고르는 모습을 지켜본다. 암소가 성숙해서 송아지를 낳으면 그 송아지를 내다판 돈은 주인인 아이의 저금통으로 들어간다. 동물의 운명은 주인이 얼마나 잘 보살피고 신경을 써주느냐에 달렸다. 아이는 한 생명의 주인이 되어서 동물에게 먹이를 주며 잘 보살피거나 반대로 소홀히 했을 때의 결과, 즉 성장, 탄생, 생식, 병, 죽음을 배운다. 이 자녀가 결혼하면 자녀 소유의 동물도 신혼부부의 농장 집으로 따라간다.

아미쉬 가정에서는 아들이 21세가 되면 결혼하기 전까지 집에서 일할 경우 매달 급료를 준다. 젊은이는 여름 한 철만 고용될 수도 있지만, 이런 관습은 트랙터를 사용하는 아미쉬 농가에서는 거의 없어졌다. 일손이 필요한 농부들은 이웃이나 친척에게 며칠 동안만 도움을 요청한다. 미혼 여성들은 다른 아미쉬 가정에서 가정부로 일하곤 한다. 아미쉬 사회에서 가정부(Maut)는 가족 구성원과 똑같은 대우를 받는다.

긴급 상황이 생겨 가족이 하나가 되는 모습은 가축이 달아났을 때 볼 수 있다. 아미쉬 농장에서 일꾼으로 일했던 찰스 P. 루미스는 그런 사건 한 가지

▲ 사람들과의 모임에 나가는 소녀들

를 기록으로 남겼다. 가족이 저녁 식사를 막 시작하려 할 때 벌어진 일이다.

매티가 우유를 가지러 갔다가 젖소들이 열린 문으로 달아나는 것을 목격했다. 매티의 비명에 온 가족이 문으로 돌진했다. 어머니는 우선 재빨리 아기를 요람에 데려다놓았다. 우리는 젖소 22마리의 뒤를 쫓았다. 대가족이 모두 질주했고, 딸 한 명은 쟁기질한 땅 위를 1마일 넘게 달렸다. 그렇게 해서 마침내 젖소들을 데리고 올 수 있었다. 봄철 내내 밖에 내보내지 않아서 소들은 거칠어진 상태였다. 어머니는 이 소동이 전에 책에서 읽었던 금을 찾아 서부로 몰려든 사람들의 이야기를 떠올리게 한다고 얘기했다. 크리스와 나는 저녁 식사가 끝났을 시간에 비로소 소들을 외양간에 몰아넣었다. 그러고 나서 크리스는 먼저 소들에게 먹이를 주었다. 하지만 우리의 일은 아직 끝나지 않았다. 크리스는 이렇게 말했다. "소들이 훈련되지 않아서 그래. 매일 풀밭으로 끌고 나가다 보면 고분고분해질 거야."[197]

---

197) Charles P. Loomis, "A Farmhand's Diary," *Mennonite Quarterly Review* 53(July 1979): p. 248.

부모에게 절대적으로 순종하는 것은 아미쉬 부모뿐만 아니라 목사들도 강조하는 가르침이고, 『성경』에도 여러 구절에 걸쳐 나오는 원칙이다. 아미쉬 청년이 가출하거나 성인이 아미쉬 교회를 떠나면 그의 부모에게 순종하지 않은 죄를 지었다고 여겨진다.

아미쉬 아이들도 여느 아이들처럼 입을 삐죽거리거나 부정적으로 반응해 자신이 화났음을 드러내기도 한다. 하지만 이런 표현이 공공연하면 손바닥이나 회초리, 면도칼 가는 가죽, 말채찍으로 '찰싹 때리는' 체벌이 가해진다. 실제로 아미쉬 아이들 사이에서 서로 짜증을 부리거나 얼굴을 찌푸리거나 욕을 하거나 건방진 행동을 하는 일은 극히 드물다. 어려서부터 그런 행동을 하면 매를 맞는다는 사실을 배우기 때문이다.

하지만 남자 아이들 사이의 싸움은 비아미쉬 가정에서와 마찬가지로 흔하게 벌어진다. 청소년들 사이에 불만을 표현하는 것은 거의 말로 이루어지지만, 가끔 코뼈가 부러질 정도로 싸우기도 한다. 그 과정에서 신성을 더럽히는 언행을 하는 것은 금지되며, 부모에게 들키면 즉각 벌을 받는다. 형제자매 사이에 불만이 생겨도 연장자 앞에서는 부드럽게 표현된다. 부모가 앞에 있으면 싸움이 일어날 일이 있어도 주저하여 비교적 조용하게 넘어가고, 그 상황이 완전히 진정되기도 한다.

아미쉬 사회에서 성적인 주제는 완전히 개인적인 문제로 여겨진다. 성인들은 이 주제에 관해 의식적으로 언급하지 않으며, 아이들 앞에서는 더욱 그렇다. 그래서 아미쉬 아이들에게는 성교육을 거의 하지 않는다. 이런 억압된 상황에서도 아이들은 조금씩 생물학적인 재생산 과정에 관한 기초적인 지식을 습득해간다. 아미쉬 아이들은 대부분 농장에서 동물들의 성적 행동에 대해 질문을 던진다. 그리고 호기심을 만족시키기 위해 또래 아이들과 이 주제에 관해 이야기를 나눈다. 젊은이들 사이의 농담을 들어보면 구혼 기간과 결혼하기 한참 전 시기에 이들이 성적인 것에 흥미를 보이는 것을 알 수 있다. 결혼 적령기 연령의 남성과 여성 사이에 이루어지는 사적인 대화에서 성을 언급하는 것은 부적절하지만, 남성들 사이에서는 종종 외설적인 농담을 나누기도 한다.

5. 음식과 식단

아미쉬 가정에서 '식탁에 앉는 자리'는 그 자리에 앉는 식구를 상징한다. 죽음이나 결혼, 질병, 아버지의 마을 외출, 추방 명령, 자녀의 가출 등으로 식탁의 자리가 비어 있으면, 다른 가족은 그 빈자리를 가슴 깊이 의식하게 된다. 자리 배치는 전통적으로 아버지가 한쪽 끝에 앉고 아들들이 아버지의 오른쪽에 나이순으로 앉 는다. 어머니는 아버지의 바로 옆 왼쪽에 앉고 딸들은 어머니가 앉은 쪽에 죽 앉는다. 그림 10에 아버지, 어머니, 자녀들로 구성된 전형적인 가족의 식탁 자리 배치가 나타나 있다. 가족의 나이도 표기되었고 자녀 아홉 명은 모두 미혼이다.

식탁은 행동을 평가하는 자리이자 구성원들 앞에서 개인적인 선호와 비선호를 표현하며 집단에 참여하고 의사 결정을 내리는 장이 되었다. 식탁에서 시간을 때우기 위한 대화는 환영받지 못한다. 아침 식사 자리에서 이루어지는 대화는 대개 해야 할 일이나 누가 어떻게 그 일을 해야 하는가에 관한 것이다. 이때 어머니는 병아리집 짓기나 사과 따기 등을 결정한다. 아버지는 이 일을 아들들에게 분배하고 학교 수업이 끝나고 나서 또는 시간이 있을 때 일하라고 지시한다. 점심 식사 자리에서는 학교에 다니는 아이들이 자리에 없기 때문에 부모와 손위 자녀 사이에 더 친밀한 대화를 나눌 수 있다. 주요 주제는 그때까지 한 일에 대한 경과 보고다. 아버지와 어머니는 오전에 부른 상인에게서 산 물건을 평가하기도 한다. 저녁때는 다시 가족 전체가 식탁에 모인다. 침묵이 흐르다가도 트림 소리나 아이들의 질문, 개 짖는 소리로 조용한 분위기는 오래가지 않는다.

아미쉬 여성들은 요리와 빵 굽기, 저장 음식 만들기에 상당한 시간을 보낸다. 그리고 작물이 자라는 시기에는 정원에서 채소와 과일, 산딸기를 수확해서 식탁에 올린다. 필요할 때는 편리한 통조림을 이용하기도 하고 작은 슈퍼마켓에서 특정 식재료를 구입하기도 한다. 아미쉬 구파 사람 중에는 여름철을 시원하게 나기 위한 아이스박스를 가진 사람도 있다. 또 전기가 아닌 등유로 작동되는 냉장고를 가진 사람도 있다. 아미쉬 가정의 식탁에 차려지는 음식들은 푸짐하고 맛도 좋다.

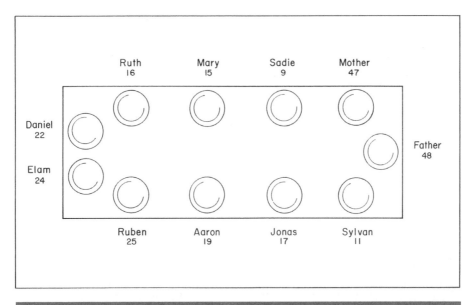

[그림 10] 아미쉬 가정에서 식탁에 앉는 순서

아미쉬 사람들은 열심히 일하고, 그만큼 음식을 먹는다. 펜실베이니아 주의 통상적인 아침 식사에는 계란, 기름에 튀긴 요리나 콘밀 무쉬(거칠게 간 옥수수 가루를 물에 넣고 끓인 것-역주), 곡물 요리, 감자튀김이 나온다. 그리고 끼니마다 빵과 버터, 젤리, 사과 버터가 나온다. 감자, 그레이비(고기를 익히면서 나온 육즙에 밀가루를 넣어 만든 소스-역주), 튀김 요리, 패스트리로 이루어진 보통 식단에는 지방과 탄수화물이 풍부하다. 집에서 절인 햄, 차우차우(양배추, 풋토마토 등에 식초, 후추, 설탕을 넣고 담가 만든 식품-역주), 비트 절임, 슈플라이 파이(흑설탕과 당밀을 채워 만든 파이-역주), 사과 덤플링(밀가루 반죽으로 사과, 계피 등을 싸서 구운 요리-역주), 콩 수프, 작은 경단이 들어간 수프, 녹색 토마토 파이, 특유의 냄새가 있는 치즈 등 전통적인 음식들도 있다. 이 밖에 아미쉬 사람들도 미트로프(다진 고기를 식빵 모양으로 구운 요리-역주)나 볼로냐 소시지(얇게 썰어 먹는 양념 소시지-역주), 피자 등 현대 음식의 영향을 받았다. 케이크, 파이, 푸딩 정도는 흔히 볼 수 있다. 아미쉬 사람들은 정원에서 수확한 신선한 채소를 많이 먹지만, 지나치게 오래 가열하거나 감미료를 많이 넣는 습관 때문에 자연적인 비타민과 미네랄이 상당히 파괴된 채일 것이다. 최근에는 건강한 음식, 비타민, 건강 보조 식품도 많이 먹는다. 아미쉬 사람 가운데는 건강식품 가게를 운영하는 사람도 있다.

대부분의 아미쉬 공동체에서 야외 오븐은 거의 사라졌다. 예전에는 설교 예배 시간에 맞추어 말린 과일과 채소, 구운 파이를 다량 준비하기 위해 이 도구가 쓰였다. 아미쉬 사람들은 옥수수를 말려서 오븐에서 구운 후 갈아서 콘밀을 만든다. 그리고 밀로 겨울철에는 파이와 패스트리를 만들고 봄철에는 빵을 굽는다. 마을의 가게에서는 옥수수 가루나 밀 낟알을 빻은 가루, 통밀가루를 구할 수 있다.

외부인들은, 특히 랭커스터 카운티를 찾은 여행객 가운데는 아미쉬 음식에 대해 환상을 품은 사람이 많다. 아미쉬 식탁에는 '단 음식 일곱 가지와 신 음식 일곱 가지'가 오른다는 이야기가 유명하기 때문이다. 하지만 그 말처럼 일곱 가지 단 음식과 신 음식을 맛볼 수 있는 곳은 관광호텔뿐이다. 지역 관광 산업 차원에서 이 이런 이야기들을 적극 활용하여 꽤 많은 레스토랑이 아미쉬 음식을 내놓고 있다. 광고하는 것 가운데는 '아미쉬 음료', '아미쉬 하이볼(위스키에 소다수를 탄 칵테일의 일종-역주)', 패스트리처럼 확실히 여행객의 구미에 맞추어 아미쉬의 독특한 무언가를 만들어낸 외부인들의 자본화의 결과도 있다. 어떤 아미쉬 지역에는 '네덜란드' 레스토랑이 50개도 넘게 생겼다. 메노나이트 아니면 전에 아미쉬 신도였던 사람들이 이런 음식점에서 주방장으로 일한다. 외부인 대부분은 '진짜' 아미쉬 요리를 제공하는 식당과 '가짜' 식당을 구분하지 못한다. 시중에는 아미쉬 요리책도 매우 많이 나와 있다. 상당수는 지역 내에서 소규모로만 유통되었지만, 꽤 많이 팔린 책도 있었다.[198]

아미쉬 가정에서는 가족 의례를 최소화한다. 사회적 질서와 역할이 명확하게 정의되어 효과를 발휘한 결과다. 나이 든 아미쉬 정보통에 따르면, 예전에 가족이 지키던 유일한 종교 행사는 식사 전후에 하던 조용한 기도 정도였다고 한다. 잠자리에 들기 전의 기도도 침대에서 조용히 이루어진다. 이는 대부분의 정통파 교회에서 아직도 이어지고 있는 전통적인 관습이다. 일부 가정에서는 잠자리에 들기 전에 모두 함께 무릎을 꿇고 아버지가 기도서에서

---

198) *Amish Cooking* (Alymer, Ont.: Pathway Publishers, 1977)은 아미쉬 사회에서 제일 많이 팔리는 책이다.(이 책의 요리법을 처음 수집해 엮은 것은 펜실베이니아 주 벨빌의 Joseph N. and Sylvia Peachey의 *Favorite Amish Family Recipes*다.) 펜실베이니아 주 인터코스의 People's Place에서는 많은 요리책을 펴냈다.

▲ 아미쉬 사람들이 가족 단위로 협동해 이윤을 내는 사업을 할 때 정원은 꼭 필요한 공간이다. 매년 약 800리터에 달하는 과일과 채소를 저장하는 가족도 있다.

선택한 기도를 읽는다.[199] 즉흥으로 소리 내어 하는 기도는 거의 없다. 아미쉬 사람들은 법식에 맞는 기도와 기도서, 조용한 기도, 루터가 독일어로 번역한 『성경』같은 종교 개혁 때의 의례를 아직도 유지하고 있다.

식사 시간에 식탁에 앉은 구성원들은 암기한 묵상을 조용히 외운다. 사춘기가 되었거나 그보다 조금 어린 아이들은 자기만의 기도를 만들기도 한다. 이런 기도는 독일어로 암송하며, 대체로 주기도문이나 기도서에 수록된 기도와 길이가 비슷하다. 다음은 그런 기도들의 예다.

식전 기도

하늘에 계신 아버지, 우리를 축복하십시오. 우리는 당신의 부드러운 선의로부터 선물을 받았습니다. 우리에게 먹을 것과 마실 것을 주시며 우리 영혼을 위해 영원한 생명을 주시며, 예수 그리스도를 통해 우리를 당신 천상의 식탁에 함

---

199) 표준적인 기도서는 *Christenpflicht*다. 이 책 p. 124와 p. 126의 기도는 대개 아침과 저녁 기도에 쓰인다.

께하게 해 주십시오. 아멘. [주기도문을 반복한다.]

식후 기도

하늘에 계신 아버지, 우리는 당신의 신성한 먹을 것과 마실 것 앞에, 당신의 수많은 은총과 선의에 대해 찬미하고 감사합니다. 당신은 가장 오래 살고 널리 권세를 누리시며, 영원히 진정한 하느님입니다. 아멘. [주기도문을 반복한다.]

아미쉬 가정은 가족 구성원 모두가 속한 장소이자 생활의 중심이다. 집은 안전한 장소다. 또한, 일과 놀이, 바깥세계와 더 넓은 공동체를 향한 노출과 관련해 의사 결정을 하는 중심이기도 하다.

6. 오락과 여가 생활

오락과 여가 생활은 그 자체로 추구되는 활동이 아니며, 비공식적이지만 일과 연관된다. 아미쉬 부모들은 아이들에게 가게에서 산 장난감보다는 집에서 만든 장난감을 갖고 놀도록 교육한다. 아미쉬 아이들과 젊은이들이 즐기는 특정 놀이도 있다. 예컨대 청소년기의 여자 아이들이 흔히 즐기는 박수치기가 있다. 격식을 차리지 않는 가족, 친척이 방문했을 때 즐기는 실내 놀이다. 이 놀이는 '누더기'라고 불리며, 여러 가지 방법이 있다. 두 사람이 마주 보고 의자에 앉아 상대방과 왼손 오른손 엇갈려 손바닥을 맞부딪힌 다음, 큰소리가 나게 상대방의 대각선 방향 무릎을 얼른 친다. 발을 굴러 힘을 싣기도 한다. 참가자가 여럿이면 누가 제일 빨리 치는지 치열하게 겨룰 수 있다. 이런 박수치기를 할 때는 「사랑하는 넬리 그레이」, 「팝 고 더 위즐」 같은 노래를 곁들이기도 한다.

아미쉬 사람들은 대부분의 여가 시간을 친척이나 공동체의 원로, 병든 사람들을 방문하는 데 보내고, 가을에는 결혼식에 참석하기도 한다. 부활절이나 오순절은 일요일뿐만 아니라 월요일까지 이어지기 때문에 누군가의 집을 방문할 정도로 긴 주말 연휴가 된다. 끝에서 끝까지 거리가 40마일은 되는 대규모 정착지에서는 가족이 일요일 아침 일찍 출발해서 이웃 교구의 교회를 방문하기도 한다. 이들은 오후까지도 계속 차를 몰고 이동하다가 멈추어서 가족끼리 일요일 저녁을 먹고 난 후 다음 목적지에 닿을 때까지 여행을 계속한다.

일주일에 한 번 열리는 경매와 가정에서 열리는 벼룩시장은 많은 가족 구성원이 즐기는 오락거리다. 성인 남자들과 남자 아이들은 제철 사냥을 즐기기도 한다. 일요일에는 가끔 소프트볼을 한다. 결혼 적령기의 젊은이들은 승천 축일이나 부활절 월요일 같은 특별한 주말 연휴에 소프트볼을 즐긴다. 하이킹에 나서는 남자 아이도 많다.

담배를 피우는 것도 기분 전환의 하나로 분류될 수 있다. 담배를 피우는 방법은 지역마다 다르고 또한, 오르드눙마다 다르다. 많은 교구에서는 공식적으로 흡연을 금지하고 골초들을 추방하기도 하며, 보수적인 집단에서는 담배를 어느 정도 피우고 죄책감도 느끼지 않는다. 담배를 환금 작물로 재배하는 랭커스터 카운티의 아미쉬 사람 가운데에는 성직자를 포함해 미혼, 기혼 남성 일부가 담배를 피운다. 흡연을 허용하는 교구에서는 흡연한다는 사실을 감추지 않아도 되지만, 궐련은 '세속적'인 것으로 간주되어 흡연을 할 수 없다. 흡연을 금지하는 곳에서도 몰래 피우는 사람이 꽤 있다. 나이 든 남자들은 젊은이들과 달리 불 붙여 태우는 담배나 씹는 담배를 즐길 '권리'가 있다고 여기는 듯하다. 파이프나 시가 흡연은 관습상 받아들여진다. 신식 라이터를 쓰는 사람들도 있다. 매우 정통파인 아미쉬 공동체에 속한 나이 든 정보원에 따르면, 그들이 기억하는 한 사람들은 계속 담배를 피워왔다고 한다.[200] 나이 든 여성들이 파이프 담배를 피우는 것은 예전에 꽤 흔했고 아직도 피우는 사람들이 있지만, 공공연하게 흡연하지는 않는다.

7. 퀼트(Quilt)

퀼트 전통이나 퀼트로 만든 침대 덮개를 발명한 것이 아미쉬 사람들은 아

---

200) 담배 이용에 대한 또 다른 정보에 대해서는 다음 글을 보라. John Umble, "The Amish Mennonite of Union County, Pennsylvania. Part I: Social and Religious Life," *Mennonite Quarterly Review* 7 (April 1933): p. 71-96; 그리고 Mennonite Encyclopedia의 "Tobacco" 항목.

▲ 퀼트는 가족이나 공동체의 창조적인 사업이다.

니다. 퀼트는 미국 초기 정착자들보다 역사가 오래되었다. 이 기술은 적어도 고대 이집트까지 거슬러 올라가며, 십자군은 서아시아에서 만든 퀼트 셔츠를 입으면 갑옷을 더 편하게 착용할 수 있다는 것을 발견했다고 한다. 1551년에 웨일스의 물품 장부에 퀼트 항목이 포함되었으며, 1700년대에는 아메리카 대륙에서 여성들이 퀼트를 만들기 시작했다.[201] 퀼트가 아미쉬 공동체의 물품 장부에 처음으로 오른 것은 1831년 오하이오 주 웨인 카운티와 1836년 펜실베이니아 주 미플린 카운티에서였다.[202] 퀼트 제작이 확실하게 아미쉬 공동체에서 상당한 인기를 누린 것은 1880년대 이후였다.[203]

아미쉬 여성들은 바깥세상에서 퀼트 양식을 수용했지만, 염색하지 않은 강렬한 색의 퀼트를 의복에 사용하는 새로운 방법을 생각해냈다. 아미쉬 사람들이 퀼트를 만들 무렵에는 펜실베이니아 주의 랭커스터와 미플린 카운티,

---

201) Joseph Harriss, "The Newest Quilt Fad Seems to Be Going Like Crazy," *Smithsonian* 18 (May 1987): p. 114-24.
202) Eve Wheatcroft Granick, *The Amish Quilt* (Intercourse, Pa.: 1989), p. 25.
203) 같은 책, p. 39.

오하이오 주의 홈스 카운티를 포함해 여러 곳에서 아미쉬 공동체가 자리를 잡았다. 퀼트를 만들던 아미쉬 사람들은 외부의 퀼트 양식과 기술을 수용했으며, 새로운 정착지를 형성할 때도 이런 양식과 기술을 이어갔다. 퀼트에 허용되는 색상은 그 집단의 보수성을 반영했다. 예컨대 제일 보수적인 집단이 제일 어두운 색을 사용했다.

퀼트는 호의의 상징이다. 가족이나 친척, 더 넓은 세계에 부모 같은 애정과 따뜻한 메시지를 담아 전한다. 퀼트는 여러 세대가 함께 사는 가족의 중요성을 나타낸다. 퀼트의 패턴, 색상, 직물은 굳건한 경계와 정체성, 단호함을 의미한다. 그리고 그 경계 안에는 따뜻함과 보살핌이 있다. 퀼트 만들기는 아미쉬 사회에서 가족과 공동체의 창조적인 사업이다.

퀼트는 아미쉬 여성에게 사회생활, 가정생활의 중요한 부분이다. 규칙과 전통 안에서 퀼트는 개인의 선호와 공동체 생활을 반영하는 예술이다. 헛간 짓기, 떠들썩한 모임, 수확 같은 상부상조의 다른 모습들과 마찬가지로 퀼트는 즐겁고 유쾌한 활동이다. 아미쉬 여성들이 퀼트를 만드는 것은 가족을 위해서일 뿐만 아니라 시장에 내다팔기 위해서이기도 하다. 장식품이자 예술품으로 퀼트의 인기가 높아지면서 퀼트 만들기는 아미쉬 가구가 경제적으로 수입을 올리는 수단이 되었다. 판매용으로 만들어진 퀼트는 고객들의 취향을 반영하여 제작자만의 취향과는 관련이 없을 수 있다.

아미쉬 퀼트는 수집가들의 수집품이 되었다. 초기에 만들어진 퀼트는 미술품 경매 시장에서 1만 달러를 호가한다. 미국뿐만 아니라 유럽, 오스트레일리아, 아시아에서 미술관이나 큰 회사, 도서관, 은행의 로비에 아미쉬 퀼트가 걸려 있다.

8. 노인을 존경하는 공동체

아미쉬 사람들은 어릴 때부터 어른을 존경해야 한다는 점을 확실하게 인식하고 있으며, 성인이 되어서도 이를 실천한다. 모든 연령대의 남성과 여성이 부모, 조부모, 증조부모를 존경한다. 앞에서 이야기했듯이 부모에게 순종할 의무는 아미쉬 교회에서 설교의 주된 주제다. 아마 이 주제를 무엇보다도 반복해서 이야기하는 글은 「십계명」일 것이다. "네 부모를 공경하라. 그리하면 네 하나님 여호와가 네게 준 땅에서 네 생명이 길리라."(출애굽기 20장 12절, "네 아버지와 어머니를 공경하라. 이것은 약속이 있는 첫 계명이니"(에베소서 6장 2절), "자녀들아, 모든 일에 부모에게 순종하라. 이는 주 안에서 기쁘게 하는 것이니라."(골로새서 3장 20절) 참고)

아미쉬 사회에서 나이 든 사람들은 존중받을 뿐만 아니라 권위를 부여받는다. 이러한 질서는 자연적으로 노인들이 생활을 통제하게끔 한다. 종교적인 이상과 도덕이 이로써 확실히 보존되며, 변화를 도입하고자 하는 젊은이들은 검열을 받는다.

혈연관계를 강하게 의식하는 것 역시 장로 정치(gerontocracy), 다시 말해 사회의 나이 든 구성원에 의한 사회적 통제에 특별히 우호적이다. 이러한 통제는 공식적이기보다는 비공식적이지만, "숨 쉬는 것보다 손발보다 우리와 더 가까운" 무엇이다.[204] 나이 든 이들은 "친족 집단 안에서 모든 젊은이의 성격과 생활 지침을 이끌고 다듬어준다. 그래서 아미쉬 사회의 고립된 문화 속에서도 그렇지 않은 다른 공동체보다 직접적인 통제가 훨씬 덜 필요하다."[205]

통합된 공동체는 나이 든 사람들, 즉 부모나 교회 지도자들이 요구하는 실제적인 규칙 준수와 연결된다. 그래서 나이 든 사람에 대한 존경은 공동체 안에서 가족 관계뿐만 아니라 공동체의 종교적 통솔력에까지 파급된다. 더구나 나이가 많은 주교나 목사가 하는 상담은 젊은 축이 하는 것보다 더욱 권위가 있다.

아미쉬 농장에는 대개 건물 두 채가 있는데, 그중 하나는 조부모들이 거주하는 '할아버지 집(Grossdaadi Haus)'이다. 은퇴한 조부모는 이 집으로 이사하고, 결혼한 아들이나 딸이 농장을 책임질 상속자가 된다. 젊은 부부가 농장을 경영할 능력을 증명할 때까지 농장에 통제력을 행사하기도 하고, 별도의 집에서 살 뿐만 아니라 말이나 마차도 따로 가진다. 상당수 농장은 집이 두 채가

---

204) Howard Becker and Harry E. Barnes, *Social Thought from Lore to Science*, 3rd ed. rev., 3 vols. (New York: Dover, 1961), 1:p. 11.
205) 같은 책.

아니라 한 채뿐이지만 두 가구가 분리되어 생활할 수 있을 정도로 크다. 만약 조부모가 없다면 이들은 다른 아미쉬 사람들에게 거처를 빌려주거나 고용된 일꾼과 그의 아내가 살게끔 한다. 은퇴했거나 마을 가까이에 사는 아미쉬 사람 가운데 일부는 집 옆에 작은 헛간을 세워서 말을 먹이고 기른다.

60세 무렵이면 아미쉬 사람 상당수는 만족스러운 은퇴 생활을 할 정도로 경제적 여유가 있는 상태이다. 전통적으로 아미쉬 사람들은 어떠한 종류의 노후 보조금이나 공적 보조금도 받지 않는다. 생명 보험에도 가입하지 않는다. 도움이 필요한 노인들은 친척들의 도움을 받는다. 가까운 친척들이 무능하거나 도와줄 의사가 없다면, 교회가 이 노인들에게 도움을 준다.

부모가 농장의 활발한 생활에서 은퇴하는 것은 전체 아미쉬 공동체의 사회적 조직을 안정화한다. 다시 말해, 젊은이들이 자유롭게 스스로 결정을 내리더라도 농장에 있는 부모의 존재 자체가 젊은 세대의 생활에 영향을 준다. 젊은 부부는 부모의 바람을 실현해야 할 의무가 있는 것은 아니지만 그럼에도 부모의 조언을 받으면 경제적 안정뿐만 아니라 종교적 통합성을 높일 수 있다.

아미쉬 공동체에서 인생의 마지막 단계는 절망이 아닌 통합성이 특징이다. 나이 듦에 대한 아미쉬 사람들의 태도와 관습은 건전한 은퇴 시스템을 만들어냈다.

▼ 상당수 아미쉬 농장에는 농가가 두세 채씩 있다. 이 중 한 채는 조부모가 사는 '할아버지 집'이다.

은퇴 연령

아미쉬 사람들이 은퇴하는 나이는 엄격하게 정해져 있지 않다. 건강, 가족의 필요, 개인의 취향 등에 따라 적절한 시기를 선택한다. 노부부는 50~70세 사이에 언제든지 은퇴할 수 있다. 이들이 '농장에서 나가' 이사하면 농장이 필요한 젊은이에게 기회를 주는 셈이다. 자손들에게 농장을 넘겨주면 공동체 안에서 노부부의 위상은 한층 더 높아진다. 이들은 또한, 종일 일하는 것과 아무 일도 하지 않는 것 중에 하나를 선택하지 않아도 된다. 노부부는 자신의 속도로 일을 계속하고, 결혼한 자녀가 농장에서 자리 잡는 것을 돕는다. 상당수는 작은 가게를 꾸려 일을 계속하기도 한다.

명성

공동체와 교회 활동에서 나이 든 남성과 여성들은 계속해서 투표권을 행사하며, 이들의 영향력과 '목소리'는 더욱 커진다. 성직자들은 죽을 때까지 자기 자리에서 은퇴하지 않는다. 아내는 남편들에게 여전히 중요한 영향력을 행사한다. 이들은 친구나 동갑내기들을 방문하고, 설교 예배 전후에 의견을 주고받아 어떤 주제에 대해서도 비공식적인 합의에 이를 수 있다.

거주와 이동

노부부들의 거주지는 농장의 큰 농가 옆에 있는 '할아버지 집'이다. 이렇게 배치하면 독립성을 누리면서도 여전히 세대 간의 교류가 가능하다. 말과 마차가 따로 있기 때문에 노부부나 젊은 부부 모두 마음대로 어디든 이동할 수 있다. 운전면허가 취소될 염려도 없다.

기능적인 전통

은퇴한 부부는 자신들만의 집에 살기 때문에 개인적인 관습과 생활 습관을 유지할 수 있다. 여기에는 가구, 손님들을 위한 방, 여러 공구, 그리고 아이들에게 장난감을 만들어주고 퀼트와 양탄자를 만들며 아미쉬 관습을 유지하기 위한 설비들이 포함된다. 오래된 방식이 선호되며, 자발적으로 이어진다. 기술적인 변화 속도가 늦기 때문에 사회적인 유대가 무엇보다 우선된다. 노인을 위한 관습이나 거주지를 보면 이들이 변화하지 않는 사회 구조 속에서 안락하게 살고자 하는 것이 아님을 알 수 있다.

경제적 보장

아미쉬 공동체의 은퇴자들은 소수를 제외하고는 부유하지 않다. 하지만 수입이 심각한 수준은 아니다. 어떤 종류의 정부 보조금 없이도 생계를 꾸릴 수 있다. 원래 하던 일, 농장을 대여, 목수 일, 시간제 노동 등을 통해 수입을 얻을 수 있다. 이들은 인간적인 권리를 유지하기 위해 어떤 노력을 하거나 상담을 구하지 않는다. 공동체에서 나눔과 상호 부조가 원활하고 도움이 필요한 사람들이 잘 사는지에 지속적으로 관심을 기울인다는 점이 노인들에게는 큰 이점이 된다.

사회와 가족의 영속성

세대 간의 접촉은 친척들을 통해 유지된다. 친족 사이에 방문과 교류가 잦기 때문이다. 그래서 아미쉬 공동체의 노인들에게 고독으로 문제가 생기는 일은 거의 없다. 나이 든 사람들은 일이나 공동체 활동에서, 주기적인 즐거운 모임이나 경매, 결혼식과 휴일 활동 등에서 의미 있는 사회적 참여를 할 수 있다. 먼 곳으로 여행하는 것 또한, 노인들에게 중요한 소일거리다. 결혼한 자녀의 일을 돕거나, 아플 때나 큰일을 당했을 때 그들을 돕는 데서 오는 만족이 노인들의 기본적인 태도와 기대를 구성한다. 젊은이들은 부모에게 농장 경영이나 자녀 양육에 관한 조언을 구한다. 이것은 부모의 조언을 수용한다는 뜻이라기보다는 부모를 인정하고 존중한다는 뜻이다.

건강 문제와 의학적 보살핌

훌륭한 영양 상태와 의료 서비스는 그다지 멀리 있는 것이 아니다. 육체적 노동과 운동을 꾸준히 하면 활기찬 몸 상태를 유지할 수 있다. 건강이 나빠지면 친척과 친구들이 종종 방문한다. 아미쉬 사회에서 병자에게 낙인을 찍는 일은 없다. 재정적인 도움이 필요하다면, 친척 또는 교회가 부족한 의료비를 대준다.

8장
자녀 교육과 훈육

교육은 미국 사회에서 널리 사용되고 높이 평가받는 단어이지만, 아미쉬 사회에서는 이 점이 다소 의심스럽다. 이들은 바깥세상의 **교육**이 스스로 향상되는 것, 독립, 타인에 대한 지배력을 얻는 것, 소박한 삶을 경시하는 것을 의미한다고 여긴다. 아미쉬 기준에서 진정한 교육이란 '겸손과 단순한 생활, 신의 의지에 대한 복종을 장려하는 것'이다. 단 하나 가장 중요한 목표가 있다면, 그것은 영원한 삶이다. 아미쉬 사람들은 운명 예정설, 즉 누구는 태어날 때부터 구원받고 누구는 저주받게끔 미리 정해져 있다는 이야기를 믿지 않는다. 이들은 아이들이 스스로 아무 잘못이 없음에도 죄 많은 천성을 타고났다고 믿기 때문에 아이들은 사랑스럽고 무언가를 가르칠 수 있는 존재라고 여긴다. 적절한 환경이 갖추어진다면 아이들은 성인이 될 무렵 올바른 행동을 몸에 익힐 수 있다. 부모는 자신의 자녀를 훈육할 의무가 있고, 올바른 것과 그렇지 않은 것을 가르쳤는지를 신에게 설명할 도덕적 책임이 있다. 부모에 대한 순종, 그리고 궁극적으로는 신에 대한 순종은 아미쉬 사회에서 기본적인 덕목이다. 아이들은 타인 앞에서 예의 바르고 차분하며 겸손하도록 가르침을 받는다. 또 게을러서도 안 된다. 아이들은 유용한 육체노동과 읽고 쓰기를 배워야 하고, 『성경』에 대한 지식도 습득해야 한다.[206]

---

206) Gertrude E. Huntington이 이 장을 쓰는 데 도움을 주었다. 아미쉬 공동체의 사회화는 다음 책에서 더 자세하게 논의된다. John A. Hostetler and Gertrude E. Huntington, *Amish Children: Education in the Family, School, and Community*(New York: Holt, Rinehart & Winston, 1992). 이 장의 내용은 이 공저에 기반을 두고 있다. 내용을 고쳐 쓰기도 했으나 내용을 사용하는 데 출판사의 허락을 얻었다.

1. 교육의 목적

아미쉬 공동체에서 가족은 아이들에게 삶의 방식을 훈육할 일차적인 책임이 있다고 여겨진다. 학교의 책임은 그보다 약간 덜하다. 또한, 아이들은 그가 속한 문화(부모, 형제, 친척, 교회, 공동체, 학교) 안의 더 넓은 사회적 구조에 명시적인 관련을 맺으며, 이 모든 것은 아이가 성인이 될 준비를 하는 데 도움이 된다. 학교는 아이들에게 글 읽는 법과 협동심, 생산적인 삶을 사는 데 필요한 기술을 가르친다. 이는 집이나 교회에서 가르치는 가치와 조화되어야 한다. 물리적, 사회적으로 성숙하고 아미쉬 신앙에 대한 신실함과 지식을 증명한다면 젊은이들은 신앙심 강한 공동체에서 세례를 받고, 자신의 배우자를 고르게 된다. 세례식에서는 믿음을 위해서라면 박해나 죽음을 불사하겠다는 이들의 의지가 잘 드러난다.

2. 연령 단계

아미쉬 사람들은 태어나서 죽을 때까지 나이와 성별에 맞는 일련의 단계들을 거친다. 각 연령 집단(age group)의 사회적 기능은 아미쉬 문화를 바탕으로 결정되고 묘사된다. 이런 연령 집단 또는 단계로는 다음과 같은 것들이 있다. 아기, 어린아이, '학생', 청소년, 성인, 은퇴한 노인. 아미쉬 사람이 되려면 각 개인은 자신의 연령대에 맞는 적절한 태도와 행동을 배워야 한다. 학교는 개인의 삶에 영향을 주는 많은 요인 가운데 하나일 뿐이다. 여기서는 처음 네 가지 단계의 사회화 유형에 관해 논의할 것이다. 성인과 은퇴한 노인에 대해서는 앞에서 기술한 바 있다.

아기: 태어나서 걷기까지

갓난아기는 신에게서 온 선물로 여겨지며 가족과 공동체가 기뻐하며 환영하는 존재다. 아미쉬 사람들은 아기는 나쁜 짓을 할 수 없으며 따라서 죄를 탓할 수 없다고 여긴다. 아기가 안락함을 구하고자 울음을 터뜨려도 벌을 주어서는 안 된다. 아기에게 먹을 것을 줄 때는 엄격하게 시간을 정해서 주기보다는 배고파할 때 주어야 한다. 하지만 식사 시간에는 아기도 식탁에 나와야 하는데, 이때부터 가족의 몸가짐을 공유해야 하기 때문이다. 여기에서 알 수 있듯이 아미쉬 사회에서 식사는 중요한 사회적 활동이다.

태어나서 첫 해 동안 아기는 모든 연령대의 사람에게서 열성적인 보살핌을 받는다. 아기가 즐거워하면 사람들은 아기의 성격이 온순하고 반응을 잘한다고 여긴다. 부적절하게 보살피면 아기는 나쁜 본을 받을 수도 있는데, 특히 신경질적이거나 거칠게 다룰 때 그렇다. 하지만 그것은 아기의 잘못이 아니다. 갓난아기는 가정이나 아미쉬 공동체 안에서 보호받으며, 그럼으로써 아기가 자기 자신과 자신을 둘러싼 사람들을 신뢰하게 된다. 이 나이대의 아기를 꾸짖거나 벌을 주어서는 안 된다. 비록 아기가 까다로울 수 있지만, 그렇다고 못됐다고 여겨서는 안 된다. 아기가 걷기 시작하면 이 단계는 끝난다.

어린아이: 걷기 시작해서 학교에 들어가기까지

부모들은 아이를 위해 안전한 환경을 조성하며 물리적, 도덕적 위험으로부터 보호해야 한다. 취학 전의 아동은 권위를 존중하고 따르는 법을 배우며, 타인과 무언가를 나누거나 타인을 돕고, 배운 것을 행하고, 일을 즐기며 즐겁게 수행해야 한다.

권위를 존중하는 것은 순종을 통해 나타난다. 아미쉬 아이들은 아주 일찍부터 권위와 책임감의 관계를 배운다. 어린아이들이 더 나이 든 사람을 따라야 한다고 해서 나이 든 아이들이 어린아이들에게 제멋대로 무언가를 요구하지는 않는다. 4세 아이가 자기보다 어린 아이가 장난감을 갖고 싶어서 울면 그것을 주어야 하지만, 부모가 없을 때는 더 어린 아이가 나이 든 아이를 따라야 한다.

부모는 일관적으로 굳건하게 순종을 가르친다. 회초리를 사용할 수도 있지만, 심하게 때려서는 안 된다. 부모가 순종하지 않는 아이를 다루는 방법은 다양하며 반항이나 고집은 용서하지 않는다. 일반적으로 아미쉬 사람들은 아이들을 다룰 때 교훈을 주려고 하기보다는 사실 관계를 따지는 편이다. 일은 다른 사람을 돕는 활동으로 여겨지며, 아이들은 각자가 독립적이기보다는 서로 도움을 줄 수 있도록 교육받는다. 취학 전일 때 여자 아이와 남자 아이가 하는 일은 그다지 다르지 않다. 그리고 기대된 임무를 수행했다고 해서 아이에게 고마움을 표현하지 않는다. 울음과 강렬한 감정 표현은 기본적으로 억제되지 않는다. 단, 신체적 고통이나 자기 연민으로 그러할 경우는 예외로 한다.

아미쉬 아이들은 연장자들과 함께라면 농장 근처를 다닐 때 아주 자유롭게 이동할 수 있다. 그리고 쓸모 있는 사람이 되라는 격려를 받지만 자기 능력을 넘어선 일을 하라는 압력을 받지는 않는다. 물리적인 세계에서 솔선하는 것은 칭찬할 일이지만, 자연 세계에 대해 지적인 물음을 던지는 것은 엄격하게 금지된다. '어떻게'나 '왜'라는 물음을 던지는 대신 아이들은 행동을 관찰하고 모방하는 법을 배운다. 취학 전의 아동이 제대로 양육되려면 아버지의 존재가 필요하다고 여긴다. 아이들이 긴 설교 예배 동안 앉아 있을 때, 여자 아이들은 어머니와, 남자 아이들은 아버지와 함께한다. 여기서 이 아이들은 침묵하고 인내하는 법을 배운다. 아미쉬 사람들은 유치원 교육을 금지하지는 않지만 아이들은 집에서 부모의 보살핌을 받아야 한다고 믿는다. 그리고 어린 시절에는 가능한 한 바깥세계와 멀리 떨어지게 한다. 아미쉬가 아닌 사람들에게 아이들을 소개하는 일은 좀처럼 없다.

'학생': 6~15세까지의 아이들

아이들이 학교에 다니더라도 가족은 계속해서 아이의 사회화에 영향을 주는 일차적 요인이다. 가족은 아이를 보호하고, 학교에서 받은 가르침을 뒷받침해주며, 아이가 잘못된 일을 저지르면 벌을 주거나 용서한다. 처벌은 아이의 안전을 위한 것이다. 즉 물리적, 문화적, 도덕적, 법적 안전을 말한다. 학교에 다니는 아이들은 무엇보다도 처벌에 대한 두려움이 아니라 다른 사람들의 관심에서 동기를 얻는다. 그리고 일이나 공부에서 겸손, 용서, 실수의 인정, 호의, 책임감, 판단 등의 태도를 기르는 과정에서 보상이 주어진다. 부모들은 자녀가 교회의 규율에서 벗어나지 않는지 지켜볼 의무가 있다. 학교는 아이들에게 크리스천의 모범을 보이고 아미쉬 공동체에서 살 때 필요한 일에 대한 기술을 가르치는 부모들을 뒷받침한다.

학교의 역할은 아이들에게 그들이 교의를 배우는 환경을 지키는 세 가지 R(아껴 쓰기(reduce), 또 쓰기(reuse), 재활용하기(recycle)-역주)을 지키게 하고, 기본적인 가치와 타인과 살아가는 법을 가르친다. 가정과 학교, 교회가 같은 것을 가르친다는 점은 중요하다. 대부분 아이들은 아미쉬 학교에 다닌다. 이곳의 선생은 아미쉬 사람이며, 학교는 정서적으로 아미쉬 공동체에 속해 있다. 아미쉬 아이들이 세상에 대해 선택적으로 거부하려면 먼저 세상을 얼마간 배워야 한다. 이들은 영어와 함께 외부인들과 사업적인 거래를 하는 기술을 배운다.

아미쉬 아이들은 학창 시절 학교에 가지 않을 때에는 대부분 가족과 함께 시간을 보낸다. 가족은 다 함께 교회에 다니고, 친구나 친척들을 많이 만나러 다닌다. 아이들은 자신이 선택하면 많은 시간을 가족 외의 사람들과 함께 보낼 수 있다. 아미쉬 아이들은 부모 외에도 많은 성인이 자신과 자신의 성장에 관심이 있다는 사실을 안다. 학교 밖에서 여자 아이들은 요리나 빵 굽기, 바느질, 장난감집(playhouse) 만들기를 배운다. 남자 아이들은 농장 일을 돕지만 장난감을 만들거나 새집을 짓기도 하고 털 달린 동물을 덫으로 잡거나 개울에서 고기를 잡기도 한다. 육체노동을 하거나 부지런하게 생활하면 남자 아이와 여자 아이들은 상을 받는다. 아이들에게는 역할 모델이나 비공식적인 선생이 많다.

청소년: 사춘기에서 결혼까지

학창 시절이 끝나면 가족이나 교회가 아닌 동료 집단이 젊은이들의 준거 집단(reference group)이 된다. 개인은 자신의 '동아리'나 친구 '패거리'를 선택한다. 만약 한 젊은이가 외부인과 친구가 되거나 낯선 동료 집단에 좌우된다면 그는 아미쉬의 믿음을 저버릴 위험이 있다. 이 젊은이는 이전에 아미쉬 사람이라는 것을 자기 정체성의 일부로 받아들였다. 그는 아미쉬 사람으로 산다는 것이 어떤 의미인지를 알기 위해 노력해야 한다. 다른 아미쉬 가구나 공동체 바깥에서 다양한 일을 해보면 남녀 젊은이 모두 더 넓은 공동체와 집 밖의 세상에 대한 지식을 얻게 된다. 몇몇은 사춘기의 반항을 하기도 한다. 일하는 동안 젊은이들은 공동체의 규칙을 존중한다. 자유 시간이 되면 그 가운데 일부는 경계에 아슬아슬하게 걸쳐 있을 수 있다. 만약 아미쉬 젊은이가 물리적으로 공동체에서 떠나 있다면, 그 또는 그녀는 외부 종교의 영향을 받기 쉽다.

이 기간에 젊은이들은 중요한 선택 두 가지를 해야 한다. 아미쉬 교회에 합류할 것인지, 그리고 누구와 결혼할 것인지 선택하는 것이다. 이런 결정을 하기 위해 개인은 가족과 공동체에 대해 독립성을 갖추어야 한다. 가족은 얼마간 통제를 풀어준다. 교회는 자발적으로 구성원이 되려고 하지 않는 젊은이에게 직접적인 통제력을 행사할 수 없다. 바깥세상을 맛보고 금지된 영역 가까이에 가 보는 일은 예컨대 라디오나 카메라를 사는 것이나 영화를 보러

▼ 아이들은 방과 후나 토요일에 농장의 주요 작업에 참여한다.

가는 것, 아미쉬식이 아닌 복장을 하는 것, 운전면허를 따거나 자동차를 사는 것 등으로 모두 비밀리에 이루어진다. 그러한 일탈을 스스로 신중하게 통제할 수 있다면 부모나 공동체는 이를 눈감아준다. 다시 말해 젊은이들은 약간의 자유를 허락받고 바깥세상을 경험해보면서 자발적으로 교회 구성원이 되는 것을 거부할 수 있다. 일반적으로 아미쉬 젊은이들은 어렸을 때 배운 것과 청소년기에 경험한 것 사이에서 연속성을 발견한다.

3. 학교생활

오늘날 대부분의 아미쉬 아이는 아미쉬 학교에 다니지만, 시골 지역 일부에서는 여전히 공립학교에 다니기도 한다. 50년 전만 해도 아미쉬 아이들은 공립학교에 다녔다. 아미쉬 사람들은 주에서 작은 시골 학교를 합병하는 정책 흐름에 맞추어 자신들을 위한 학교를 짓고 아미쉬 출신 교사들을 고용했다. 교실이 하나뿐인 시골 학교에서 아이들은 거의 구두로 수업을 받는다. 이 수업에서는 규율과 기본적인 기술이 강조된다. 학교생활의 이러한 측면들이 적절하다고 생각되지 않았지만 어쩔 수 없다고 여겨졌다. 그러던 중 합병이 이 모든 상황을 바꾸었다. 아미쉬 사람들은 자신들의 학교가 잘 짜인 단계별 과정에 따라 교육하는 장소이기보다는 인간적인 교육이 이루어지는 장이 되도록 애썼다. 학교 교육이 자신들의 생활 방식과 조화를 이루게 하기 위해서였다.[207] 아미쉬 사람들이 학교 합병에 최초로 반대한 때로부터 35년

▲ 어린 '학생들'의 모습. 아미쉬 아이들은 겸손, 순서, 판단에 대한 태도와 기본적인 학습 기술을 익히는 데 가족으로부터 강력한 지원을 받는다.

이 흐른 1972년에 미국 대법원은 아미쉬 학교의 적법성을 인정했다.

제도와 조직

아미쉬 공동체에는 두 종류의 학교가 있다. 8학년제의 초등학교와 직업학교다.[208] 후자는 모든 정착지에 설립되어 있지는 않으며, 바로 실전에 투입될

---

207) 학교를 둘러싼 갈등은 12장에서 논의될 것이다.
208) 직업학교에 대해서는 다음을 참고하라. Hostetler and Huntington, *Amish Children*, p. 67-68.

YOUR · BOOKMOBILE

▲ 아미쉬 학교에 이동도서관 차가 오면 남자 아이들은 자동차 운전에 많은 관심을 보인다.

수 있도록 직업 훈련을 받는 곳이다. 초등학교를 끝마쳤지만 노동 허가를 받을 정도로 나이가 많지 않은 학생들을 위해 농장 일과 교육을 겸한다. 아미쉬 학교들은 지역 교회 교구의 부모들이 설립하고 운영하며, 중앙에서 통제하는 조직이 아니다.

학교 건물은 대부분 교실 한두 개로 이루어지며, 대개 현관이 딸렸고 도서실은 없는 곳도 있다. 새로 생긴 학교에는 학생들이 궂은 날씨에 들어가 놀 수 있는, 물이 새지 않는 지하실도 있다. 예전에는 돈이 충분하다면 주 당국에서 학교로 쓸 방 하나짜리 농가 건물을 사들였다. 그리고 자신들의 용도에 맞게 내부를 뜯어 고쳤다. 천장이 높으면 안락하고 집 같은 분위기를 위해 천장을 낮추었다. 오늘날 대부분의 아미쉬 학교 건물은 아미쉬 사람들이 스스로 짓고 있다. 건축 위원회는 주 당국의 소방, 건강 담당 관리들에게서 청사진에 대한 인가를 받는다. 건물을 지을 대지는 아미쉬 농부가 기증하는 경우가 많다.

학교 건물은 유약을 바른 타일과 콘크리트 블록, 페이싱 블록(brick facing, 벽돌을 쌓을 때 마감 면에 나오는 벽돌-역주), 치장 벽토(stucco, 스투코. 벽돌이나 목조 건축물 벽면에 바르는 미장 재료. 건물의 방화성과 내구성을 높일 뿐만 아니라 건물의 외관을 아름답게 한다.-역주), 알루미늄 벽널로 지어진다. 아미쉬 학교에는 전기가 들어오지 않는다. 그래서 학교 건물은 자연광을 최대한 이용할 수 있는 방식으로 지어진다. 특정 공동체에서는 학교 안에 화장실을 만들기도 하지만 대부분 지역에서는 실외 화장실이 선호된다. 또 많은 학교에는 줄로 당기는 구식 학교 종이 있다. 그리고 학생들이 그린 색색의 그림이나 도표를 학교 안의 벽이나 창문에 붙인다. 모든 학교에는 운동장에 야구장이 있다. 몇몇 학교에는 그네나 시소도 있다. 학교에 적당한 장소가 있다면 얼음판을 만들어 썰매나 스케이트도 즐길 수 있다.

아미쉬 학생 대부분은 걸어서 학교에 다닌다. 학교까지 거리가 먼 곳에는 스쿨버스를 보내 아이들을 실어 나른다. 이때 아미쉬 사람들은 대중교통이나 정부에서 주는 학교 보조금을 거부한다.

그리고 아미쉬의 자체적인 교육위원회가 초등학교를 관리한다. 대부분 공동체에는 학교마다 위원회가 있지만 일부 공동체에서는 한 위원회가 여러 학교를 관리하기도 한다. 위원회 구성원은 후원자 가운데 선출되거나 교회에서 지명한다. 위원회는 세 명에서 여섯 명의 위원으로 구성되며 그중 한 명이 위원장을 맡는다. 위원회에는 기록을 담당하는 사무원 또는 서기가 있고 회계 담당자도 있다. 회계 담당자는 학교 운영을 위한 기금을 모으고, 교사들에게 지급할 급료 수표를 발행하며, 각종 계산서 관련 업무를 수행한다. 상근 담당자는 출근 기록부가 주 당국의 담당자에게 전달되고 있는지 살핀다. 교사가 이 일을 하는 학교들도 있다. 외부인에게는 이렇게 업무상 변화와 중복이 있다는 사실이 의문스러울 수 있지만, 아미쉬 사람들에게는 이런 지역적 다양성이 존중된다. 여러 아미쉬 구파(성찬식을 하지 않는 교회들) 집단의 아이들이 같은 학교에 다니면 각 교파의 구성원들은 위원회 구성원을 한 명만 선출하기도 한다.

교육위원회는 단체로 교사들과 만나는데 이 모임은 한 달에 한 번이 이상적이다. 이는 공개 모임으로 학부모와 다른 교회 구성원의 참석도 장려된다.

▲ 쪽지 건네기

교육위원회는 후원자들과 지역 교회 교구에 대해 학교를 원활하게 운영할 책임이 있다. 위원회는 교사를 고용하거나 해고하며, 교사들에게 급료를 지급하고, 학교 건물과 운동장을 좋은 상태로 유지한다. 또 수업료와 교육 회비를 산정한다. 그리고 교회는 후원자들이 자기 할당량을 낼 수 없다면 학년이 끝날 무렵 그 금액의 전액 면제를 요청할 수 있다.

주 전역을 관장하는 아미쉬 교육위원회 모임은 1년에 한 번씩 열리며 교육위원회 구성원과 위원장, 교회 사무원, 그리고 교사들과 학부모 가운데 관심 있는 사람들이 참석한다. 이 모임에서 주 전체 위원회의 위원이 뽑힌다. 600~800명이 참가하는 이 행사는 대개 큰 헛간에서 열린다. 주 위원회는 여러 소위원회를 만들기도 하고, 긴급한 주요 사안이 있을 때 소위원회가 교육 당국의 관리와 만나 의견을 교환한다. 펜실베이니아 주에서는 1937년에 '아미쉬 교회 교육위원회'가 설립되어 주 당국의 교육 관리에게 교육에 대한 아미쉬 공동체의 입장을 명확히 전하고자 했다. 이 밖에 아미쉬 학교에서 교재로 활용하기에 적당할 책을 선별하기 위해 구파 독서회(펜실베이니아 주 고든빌)가 조직되었다. 이 단체는 새로운 학교를 설립하는 데 필요한 돈을 제공하는 기금 역할도 한다.

시간표

학교에서의 하루는 1시간 반짜리 수업 4교시로 이루어진다. 시골 학교에서는 50년 전부터 전형적인 패턴이다. 수업 시간 사이에는 쉬는 시간이 있으며 점심시간도 있다. 그리고 대개 수업 시간마다 10분가량 암송을 한다. 암송하지 않는 아이들도 자기 차례가 언제인지, 어떤 주제를 준비해야 할지 알고 있다.

학교는 대개 8시 30분에 시작해서 3시 30분에 끝난다. 모든 학교에는 자유로운 시간이 있어서 찬송가 부르기나 설교 없이 『성경』 읽기, 주기도문 암송 등을 한다. 상당수 학교는 점심시간 전에 노래를 부르거나 묵념을 한다. 오후에는 교사가 몇 분 동안 아이들에게 책을 읽어주는데, 『낸시 드루 이야기』 같은 완전히 세속적인 책을 읽어줄 때도 있다. 가장 까다롭거나 중요한 과목은 1교시에 배정된다. 제일 쉬운 과목으로 여겨지는 철자법은 오후 늦게 공부하곤 한다. 이 시간대에 철자법 대회가 열릴 때도 많다. 아미쉬 학교에서 노래 부르기는 중요한 역할을 하며, 교사들은 아이들에게 새로운 노래를 배워 다 함께 부르며 즐기도록 격려한다.

교육 과정

학교 교육 과정에 대해 지역별로 선호하는 바도 다르고 주마다 규정도 다양하기 때문에 학교에서 가르치는 과목에 조금씩 차이가 난다. 아이들은 영어(읽기, 문법, 철자법, 습자, 그리고 간단한 작문 연습 등)와 산수(덧셈, 뺄셈, 곱셈, 나눗셈, 소수, 백분율, 비율, 부피와 면적, 무게나 도량형 변환, 단리법과 복리법)를 배운다. 아미쉬 학교에서는 '새로운 수학(1960년대 집합론에 기초한 신수학-역주)'을 가르치지 않는다. 이 밖에 대부분 학교에서는 약간의 보건, 역사, 지리학을 가르친다. 과학과 예술이 추가되기도 한다. 몇몇은 역사와 지리학은 가르치지 않고 농업을 가르친다. 기본적으로 아이들은 읽기와 쓰기를 배우는데, 읽기를 시작하기 전에 알파벳이 어떻게 소리가 나는지를 익힌다.

교과서를 선정하는 것은 교육위원회이며, 그 과정에서 교사와 상의할 수도, 하지 않을 수도 있다. 아미쉬 선생들 사이에는 「블랙보드 불레틴(*Blackboard Bulletin*)」이라는 이름의 특별한 잡지가 있는데, 패스웨이 출판사(아미쉬 사람들이 소유하고 운영하는 회사로 에일머, 온타리오, 라그랜지, 인디애나에 각각 사무실이 있다)에서 발행되는 월간지로 교사들에게 도움이 되는 다양한 내용을 싣는다. 공립학교에서 폐기한 책들을 사용하기도 하고, 가끔 공립학교 교사들이나 관리인들이 아미쉬 학교에 책을 기증하기도 한다. 아미쉬 학교는 오래된 책을 선호한다. 과학에 대한 내용이 적고, 텔레비전을 덜 언급하며, 성교육 내용도 적기 때문이다. 아미쉬 학교는 성교육이라든지 자신을 매력적으로 꾸미는 것을 강조하는 보건 교과서에 반대한다.

아미쉬 학생들에게 적당한 읽을거리를 찾는 것도 어려운 문제다. 과시적 소비를 뒷받침하거나 애국적, 군사적 내용이 드러나며 이러한 가치들을 지지하는 사례들을 담은 책은 '세상으로부터 분리된' 생활을 하고자 하는 무저항주의 집단에 부적합하다. 몇몇 공동체, 특히 오하이오 주에서는 고전인 『맥거피 리더스(*McGuffey Readers*)』를 읽는다. 이 책은 학교에서 도덕성과 인격 도야를 강조했던 시절에 오하이오 주의 공립 초등학교 체계를 정립한 사람 중 한 명이 썼기 때문이다. 이 교육 철학은 아미쉬 사람들의 마음가짐과 일치한다. 또한, 『맥거피 리더스』에서 장려하는 식의 애국주의는 아미쉬 사람들에게도 받아들여지는데, 기술적인 오만이나 거만함은 빼놓으면서 미국의 훌륭함을 강조하기 때문이다.

아미쉬 사람들은 아이들에게 동물들이 사람처럼 행동하고 말한다든지 마법이 등장하는 옛날이야기를 읽어주지 않으려고 한다. 아미쉬 출신의 저자들이 저술하거나 선별한 이야기들은 미국 농촌이 배경이고, 어려운 종교적 용어 없이 정직, 근면, 순수, 사랑과 같은 크리스천의 가치를 강조한다.

아미쉬 학교 교실에는 교육 기자재들이 별로 없지만 학생들은 그것을 가지고도 철저하게 배운다. 아미쉬 사람들은 속도보다는 정확성을, 다양성보다는 반복 연습을, 선택의 자유보다는 정식 절차를 강조한다. 아미쉬 학교는 아이들이 공동체의 일부분이 되어 그 안에 계속 남는 데 도움을 준다. 학교는 진보보다는 지식의 공유와 기품 있는 전통을 강조한다. 아미쉬 사람들은 개인은 약하기에 더 나아지려면 도움이 필요하다고 본다. 다른 사람들로부터, 지위가 높은 사람들로부터 도움을 받고, 그 위에 개인적인 노력을 통해 나아지는 것이다. 짧게 말하면, 아미쉬 아이들에게는 적절한 특정 사실들이 주어지고 그것을 완전히 배워 익히는 것이 비판적인 질문을 던지는 것보다 중요하다고 가르침을 받는다. 이런 사실들은 공동체의 공유된 지식 일부이며, 이로써 공동체가 하나의 정신으로 유지되는 데 도움을 준다. 다시 말해 학교는 아미쉬 문화를 효과적으로 유지시키는 역할을 한다. 젊은이들이 중산층의 가치와 현대 사회의 매스컴을 최소한으로만 신뢰하며 소박하게 생활하도록 준비시키는 것이다.

아미쉬 학교들은 가족과 교회의 종교적 가르침을 존중하지만, 교실에서 종교에 대해 가르치거나 해설하려고 하지는 않는다. 신에게서 성직을 받은 사람만이 신도들 앞에서『성경』을 설명해야 하기 때문이다. 부모는 가정에서 아이들에게『성경』을 가르칠 수 있지만 다른 가정의 아이들에게 가르칠 수는 없다. 아미쉬 종교는『성경』학습보다는 의례를 더 중시하는 경향이 있다. 기독교적인 정신은 말로 하는 것이 아니라 직접 그에 따라 살아야 하는 무엇이다. 아미쉬 사람들은『성경』구절을 자주 인용하면서『성경』에 대한 자기 지식을 과시하려는 학생들을 비판적으로 본다. 그것을 오만의 한 형태로 여기기 때문이다. 비록 학교에서 독일어 성경 구절을 암송하기는 하지만, 교사들은 종교를 가르치지 않고 학생들에게 '종교적 과시를 위해『성경』에 해박할 것'을 요구하지도 않는다. 교육은 모범을 보임으로써 이루어진다. 그리고 지식의 과시가 아닌 극기, 겸손, 인내가 종교적인 행동으로 인정받는다.

아미쉬의 독특한 학교 체계가 발전하면서 나타난 가장 두드러진 변화는 그들만의 교육 과정을 수립했다는 것이다. 아미쉬 사람들은 공립학교의 오래

▲ 아미쉬 어린이들은 신나는 놀이를 즐기고 여럿이 협동하면서 어른이 되어간다.

된 교과서를 빌려서 쓰는 데 그치지 않고 자신들만의 독본(글을 읽어서 익히기 위한 책-역주)과 텍스트, 학습 지도서, 시험 문제를 만들었다. 1964년에는 '가치 있는 읽을거리를 출판해서 배포'하고자 하는 아미쉬 출신의 문외한 세 명이 패스웨이 출판사를 설립했다. 이 출판사의 사무실은 온타리오 주 에일머 근처 시골에 있었으며, 공공기관에서 보내는 전기를 쓰지 않을 뿐더러 전화기나 디지털 표시 장치를 사용하는 제품도 전혀 쓰지 않았다. 이 출판사에서는 100종도 넘는 책을 펴냈고, 1학년에서 8학년까지의 학생들이 쓸 교과서와 지도서도 만들었다. 또 잡지「블랙보드 불레틴」은 교육 관련 논의, 아이디어, 이야기들을 담았다.

교사와 교수법

아미쉬 학교의 교사들은 아이들을 가르치는 데 흥미가 있는지, 소질이 있는지를 기준으로 선택된다. 이들은 초등학교 졸업 외에 다른 공식 교육을 받지 않았다. 이 사실은 공립학교 행정관들을 질색하게 하지만, 아미쉬 사람들은 대학을 졸업한 자격 있는 교사들이라도 아미쉬 학교의 교사로는 '부적합'하다고 여긴다. 우리가 아미쉬 학교와 전형적인 교외 학교의 두 문화를 비교한다면, 교사들이 아주 다른 기능적 역할을 한다는 점이 명백해질 것이다.[209] 중류층 교사들은 아미쉬의 정체성을 구현하기에는 구전적 전통과 너무나 크게 유리되어 대개 아미쉬 아이들에게 모범이 되기에는 부적당하다.

아미쉬 학교 교사들은 평생 교육에 헌신한다. 자신의 인생을 공동체에 바치고, 행동과 인격의 모든 면을 교육에 연결시켜야 한다. 종교적 믿음은 굳건해야 하며, 확고부동한 신념과 타인에 대한 사랑을 본보기로 보여야 한다. 여기에 더해, 이들은 교육에 관심을 갖고 학생들보다 실제적인 지식을 충분히 지녀야 한다. 무언가를 가르쳐달라는 요청을 받거나 특정 기간 동안 도제 생활을 하면 교사가 될 수 있다. 3년 동안 교사 일을 하면 그 사람은 아미쉬의 기준을 충족한 것으로 본다.[210] 교사들은 서로 지지와 조언을 받기 위해 주 전역에 걸친 연간 교사 모임이나 공동체 안의 지역 모임에 출석한다. 교사 훈련은 근본적으로 비공식적이고 개인적이다.

학교는 가족 같은 화목한 분위기이고, 교사는 학생들에게 부모나 언니, 오빠 같은 존재이다. 학생들과 교사는 서로 친근하게 이름으로 부른다. 그러나 교사들이 아이들에게 결정권을 내주지는 않으므로 학교생활과 수업은 순조롭게 진행된다. 아미쉬 학교에서는 규율을 지킬 것이 강조되며, 그와 관련한 적절한『성경』구절이 벽에 붙어 있다. 이들은 "다른 사람이 네게 해주었으면 하는 대로 네가 다른 사람에게 행하라"라는 황금률을 따른다. 아이들은 다른 아이가 좋은 성적을 보이면 학급 전체, 학교 전체가 잘할 수 있다고 생각해 격려해준다. 개인끼리의 경쟁이 아닌 개인의 책임감이 강조된다. 한 사람의 재능은 신이 준 것이므로 누가 더 빨리 배운다고 해서 칭찬할 것도, 늦게 배운다고 해서 나무랄 것도 없다. 각자에게는 신에게서 받은 본분이 있다. 아미쉬 학교에서는 교육을 통해 아이들에게 이러한 차이를 인식하고 존중하도록 가르친다.

---

209) 같은 책, p. 75-59.
210) *Guidelines in Regards to the Old Amish or Mennonite Parochial Schools* (Gordonville, Pa.: Gordonville Print Shop, 1978), p. 29.

아미쉬 교실에서는 아이들이 서로 교사의 질문에 답하겠다고 손을 들지 않는다. 성적은 상대평가보다는 절대평가 방식으로 평가한다. 즉 학생의 인원에 따라 평가하는 방법, 즉, 한 학생이 받은 점수가 다른 학생들이 받은 점수에 의해 상대적으로 결정되는 평가방식은 수용되지 않는다. 또 학생들의 동기를 유발하고자 성적을 이용하지도 않는다. 학생들은 자기가 할 수 있는 수준의 공부를 하고, 언제나 더 나아지게끔 노력하라고 교육받는다. 토론은 학술적 주제에 한정되지 않고 모든 아이가 배우고 지식을 암기할 수 있도록 이루어진다.

교사들은 벌을 주기보다는 격려하거나 상을 훨씬 많이 준다. 훈육이 필요한 아이가 있다면 대개 처음에는 따로 불러서 말로 타이른다. 교사는 아이에게 다른 아이들 앞에서 사과하라고 할 수도 있고, 쉬는 시간이나 점심시간에 자기 자리에 남아 있으라고 하기도 한다. 중대한 잘못을 저지르거나 같은 잘못을 반복하면 체벌을 하기도 한다. 교사들은 절대 학생들을 가벼이 여기지

▼ 아미쉬 학교는 우물을 파서 물을 길어다 쓰는 곳이 많다.

▲ 청소년들은 규율을 지키며 성년으로 성장한다. 물론 집단에 푹 빠지는 것은 꼭 거치는 단계다.

않고, 학생들을 통제하려는 수단으로 조롱하거나 비꼬지 않는다. 교사들은 잘못한 아이가 자신의 잘못을 이해하고 벌을 받을 만하다고 인정하게끔 애쓴다. 또한, 아이들과 감정적으로 아주 가깝게 지내기 때문에, 그에 따라 아이들도 교사를 기쁘게 하고자 하고 또 존경한다.

4. 아미쉬 사람들의 성격

아미쉬 학교는 비판적인 분석보다는 사회적 책임감을 더 강조한다. 그리고 아이들은 지침이 있는 실제적인 지식을 철저하게 학습한다. 아이들은 학교와 공동체 구성원들을 보살피고 뒷받침하는 방법에 대한 사례를 배우고 실제 연습을 해본다. 전형적인 아미쉬 사람의 성격은 다음과 같이 표현될 수 있다. "조용하고 상냥하지만, 책임 있고 양심적이다."[211] 아미쉬 사람들에게는

---

211) 아미쉬 사람들의 성격에 대한 기술은 Myers-Briggs Type Indicator (Isabell Briggs Myers, Educational Testing Service, Princeton, N.J.)의 결과를 참고했다. 다음 책에 실려 있다. Hostetler and Huntington, *Amish Children*, p. 97-100.

성실하고 인정과 동정심 많은 성격이 이상적으로 여겨진다. 이들은 '자기 의무를 다하기 위해 헌신적으로 일하고', 세부 사항에 신경 쓰면서 '전문적인 주제들을 숙달하기 위해 시간을 들여 노력한다.' 다른 사람이 자신을 어떻게 생각하는가는 아미쉬 사람에게 중요한 문제다. 아미쉬 사람들은 타인에게 불쾌한 것들에 대해 말하기를 꺼린다.

아미쉬 학생들에게 어떤 직업을 선호하는지 물어보면, 이들은 대개 서비스직이나 육체노동을 꼽는다.[212] 남자 아이들은 농장이나 농장과 관련된 일을 좋아한다. 한편 여자 아이들은 집안일, 정원일, 요리, 청소, 아이 돌보기, 또는 간호나 교육직 같이 타인을 대하는 서비스직을 이야기한다. 아이들의 직업적 포부는 현실적이며 아미쉬 문화의 테두리 안에서 실현 가능한 것들이다. 아미쉬 아이들이 그린 그림을 분석해보면 아이들이 타인을 몹시 의식한다는 점이 드러난다. 일은 놀이와 따로 떨어져 있지 않으며, 여가에 무엇을 선호하는지에 대해 양성 간에 확실한 차이도 없다. 아미쉬 아이들은 어렸을 때부터 공간을 개념적으로 설명하는 데 놀라운 능력을 보이며, 그림에 타인을 포함시킨 것은 가족과 집단 활동의 중요성을 시사한다.

표준화된 여러 검사를 해보면 아미쉬 아이들은 철자법과 단어 사용, 산수에서 다른 시골 공립학교 학생들의 평균보다 확실히 뛰어난 능력을 갖춘 것으로 확인된다.[213] 비록 도서관도 작고 여러 설비도 한정적일 뿐만 아니라 라디오나 텔레비전도 없고 교사들이 대학 교육도 받지 못했지만 위의 과목에서 전국 평균보다 약간 높은 점수를 받았다. 아미쉬 학생들은 독해와 참고 자료 사용 능력에서 아미쉬가 아닌 학생들과 동등한 능력을 보였다. 하지만 어휘력 점수는 낮았다. 즉 아미쉬 문화에서 강조되는 분야인 경우, 아미쉬 학생들은 대조 집단 학생들보다 우수했다.

남자 아이와 여자 아이 모두 부모의 목표를 자신의 목표와 동일시하고, 대개는 부모라는 역할 모델을 받아들였다. 아미쉬 부모와 아이의 관계에 대한 여러 연구가 이런 결론을 뒷받침한다. 남자 아이들은 아버지와 자신을 동일

---

212) Hostetler and Huntington, *Amish Children*, p. 101-3.
213) 같은 책, p. 93-97.

▲ 랜턴을 청소하고 안에 등유를 채우는 것이 토요일에 할 일 중 하나다. ⓒ국립지리학협회

▲ 옥수수를 수확해서 저장고에 넣으러 가는 모습이다. 아이들은 농장 일을 분담하며, 이는 교육의 일부분이기도 하다.

시한다.[214] 남자 아이는 "자신이 누구인지, 자신이 어른이 되면 무엇이 될지 정확하게 안다."[215] 또한, 8학년인 아미쉬 아이들은 아미쉬가 아닌 아이들보다 자신의 가족을 더 긍정적으로 평가했다.[216]

바깥세계의 기준에서 아미쉬 문화는 제한적이고 한정적인 환경을 고수한다. 이러한 환경은 아미쉬 아이에게 받아들일 만한 성취와 개인에게 기대되는 것이 무엇인지를 알려 준다. 또 아미쉬 사회에서 배움은 올바른 것과 조화를 이루는 방향으로 나아가야지, 새로운 지식을 발견하는 방향은 안 된다. 아미쉬 사람들에게 나이 든 사람의 지혜는 현대 과학의 견해보다 중요하다. 사람들의 갈채를 받고 명성을 얻거나 부자가 되는 것보다, 신체적으로 오래 사는 것보다 도덕적으로 올바른 것이 더 중요하다. 확실하게 정의된 문화의 경

214) Joe Wittmer, "Homogeneity of Personality Characteristics: A Comparison between Old Order Amish and Non-Amish," *American Anthropologist* 72(October 1970): p. 1063-68.

215) M.L. Lembright and K. Yamamoto, "Subcultures and Creative Thinking: An Exploratory Comparison between Amish and Urban American School Children," *Merrill-Palmer Quarterly of Behavior and Development* 11 (January 1965): p. 49-64.

216) Mervin R. Smucker, "Growing Up Amish: A Comparison of the Socialization Process between Amish and Non-Amish Rural School Children" (M.S. thesis, Millersville State College, Pa., 1978). 같은 저자의 다음 글도 참고하라. "How Amish Children View Themselves and Their Families: The Effectiveness of Amish Socialization," *Brethren Life and Thought* 33(Summer 1988): p. 218-34.

계 속에서, 장기간에 걸쳐 친밀한 인간관계가 형성되는 소규모 아미쉬 학교에는 풍부하고 다양한 경험이 존재한다.

아미쉬 이탈자

아미쉬 학교에서 초등학교를 마친 아이가 고등학교로 진학하여 정규 교육을 더 받는 일은 매우 드물다. 정규 교육을 이어가는 학생은 아미쉬 공동체에 잔류하지 않을 것이며, 아미쉬 생활 방식의 '이탈자'가 된다. 아미쉬 아이들은 고등학교에 진학하지 않음으로써 모두 공립학교 통계에서 탈락자로 분류된다. 만약 한 가족이 더 자유주의적인 분파로 소속 교회를 바꾸면 그 가정의 아이들은 정규 교육을 이어갈 확률이 더 높아진다. 일부 아미쉬 사람들은 10대 후반이나 21세 이후에 정식 교육을 다시 받기도 한다. 하지만 이렇듯 배우고자 하는 동기가 부여되어 그것을 계속 추구하는 사람은 그리 많지 않다. 몇몇 교육가는 아미쉬 사람들이 나중에 교회를 떠날 경우 학력이 떨어진다는 이유로 바깥사회에서 불이익을 받아서는 안 된다며 아미쉬 사람들이 학교 교육을 더 받아야 한다고 주장하지만, 그 근거는 빈약하다. 정규 교육을 덜 받았다는 점 때문에 아미쉬 사람들이 취업에 어려움을 겪는 경우는 없기 때문이다. 많은 공동체에서 아미쉬 사람들과 예전에 아미쉬였던 사람들 모두 농장 소작인, 목수, 페인트공, 청소부, 육아 도우미로 인기가 좋았다.

아미쉬 사람들은 자신들의 삶의 방식과 조화를 이루는 학교 체계를 조용하게 발전시켜왔으며, 소외된 청소년을 양산하지 않고 일에 헌신적인 성인들을 배출해왔다. 아미쉬 학교 체계는 아이들이 그들의 소수 집단 안에서도 성공적으로 교육받을 수 있고, 교사가 8학년 다음 단계의 정규 교육을 받지 못했다고 해도 이것이 가능하다는 점을 여실히 보여준다. 아미쉬 학교 안에서 교육을 받은 아이들은 자신들의 하부 문화에 활발하게 참여하며, 동시에 더 큰 사회의 번영과 복지에도 공헌하고 있다.

9장
인생의 통과의례

탄생, 성년, 결혼, 직업적 성취, 죽음은 대부분 사회에서 인생의 적절한 격식 또는 통과의례로 여겨진다. 이러한 주요 변화는 "사회적, 개인적 생활에 어려움을 주지 않고 달성되지 않으며, 여러 통과의례의 목적은 곧 그것의 해로운 결과를 확인하기 위해서다."[217] 이 장에서는 아미쉬 사람들이 인생의 주된 세 가지 전환점으로 생각하는 의식들을 살펴보겠다. 즉 탄생, 결혼, 죽음이다.

1. 탄생

많은 사회에서 탄생과 관련한 의식은 공들여 격식을 갖추어서 치러지지만, 아미쉬 사회에서는 그렇게 철저하게 격식을 따지는 법이 없다. 임신과 탄생을 둘러싼 민간 신앙이 일부 존재하기는 하지만, 탄생은 신성하다거나 친족 간에 의례를 치를 일은 아니다. 사회에 아이가 한 명 더해지는 것은 전혀 '말썽'이 아니며, 경제적 부담으로 여겨지지도 않는다. 사실 아이의 탄생은 공동체 안에서 부모의 위상을 높인다. 아미쉬 부부는 원하는 만큼, 가능한 한 아이를 많이 가지라는 기대를 받는다.

오늘날 아미쉬 사회에서는 아이들 상당수가 집에서 태어나지만, 20년 전에는 의사들이 가정 분만을 권하지 않았다. 산파들의 기록에 따르면, 아미쉬 사회에서 가정 분만을 하는 사람들의 숫자가 점점 늘고 있으며 현재 그 비율

---

217) Arnold van Gennep, "On the Rites of Passage," in *Theories of Society*, ed. Talcott Parsons, 2 vols.(Glencoe, Ill.: Free Press, 1961), 2: p. 951.

은 대략 세 명에 한 명꼴이라고 한다.[218] 의료적 보살핌에 대한 금기는 없지만 가정 분만을 선호한다. 아미쉬 여성들은 분만을 위험으로 보지 않고, 아기를 공동체의 일부분으로 긍정하는 경험으로 생각한다. '그 해로운 영향을 확인'해야 하는 사회적 의례가 없는 것은 그런 유해한 사건이 없다고 보기 때문이다.

베이비 샤워 같은 세속적인 의례는 그 소비주의적인 행태 때문에 아미쉬 가정에서는 발붙일 데가 없다. 갓난아기의 옷은 어른들과 마찬가지로 간소하며, 화려하고 비싼 복장과 장신구로 아기를 꾸미지 않는다. 아미쉬 가정은 아이를 성인들의 생활 속으로 사회화하는 측면에서 매우 효율적이기 때문에 종교적인 의례가 거의 필요 없는 것이다. 아미쉬 사람들은 성인 세례가 합당하다고 믿는다. 즉, 이들은 유아 세례를 하지 않는다. 대부나 대모 제도도 없다. 아이를 보살피고 염려하는 것은 공동체라고 여겨진다. 아이가 아미쉬의 '생활 방식'으로 들어온 이후에야 아이는 세례를 받고 종교 공동체와 공식 관계를 맺는다. 따라서 세례식은 굉장한 경험이며 누군가를 새로운 지위로 들이는 일이다. 그러므로 논리적으로 볼 때 인생의 의례에서 세례식도 포함되어야 하지만, 나는 종교적 중요성을 감안해 앞에서 아미쉬 헌장을 다룰 때 함께 다루었다.

2. 결혼

결혼식은 공들여 준비하는 행사이며 공동체 전부가 이 의식에 참여한다. 결혼이란 새로운 집, 다시 말해 설교 예배가 열릴 또 다른 장소가 생기는 것이고, 아미쉬적 삶의 방식으로 아이를 양육하는 데 공헌할 가족이 또 하나 생긴다는 뜻이다. 또한 결혼이란 젊은 선남선녀가 사춘기의 거친 반항을 끝마치고 정착해서 공동체의 존경받는 구성원이 될 준비가 되었다는 의미이기도 하다. 즉 결혼은 청소년에서 성인으로 넘어간다는 통과의례라고 할 수 있다.

---

218) Penny Armstrong and Sheryl Feldman, *A Midwife's Story*(New York: Arbor House, 1986).

아미쉬의 구혼은 비밀스러우며, 공동체에서는 교회에서 결혼하기 1주에서 4주 전에 그 부부를 '공인'할 때까지는 예정된 결혼에 대해 자세히 알지 못한다. 결혼이 가까워졌다는 티를 내면 사람들은 농담을 하거나 놀리기도 한다. 아미쉬 전통에는 약혼에 해당하는 것이 없기 때문에 결혼이 예정되어 있다는 다른 표시가 필요하다. 예컨대 정원에 셀러리를 많이 기르는 것이 그 집에 예비 신부가 있다는 하나의 표시가 될 수 있다. 결혼식에 이 채소가 많이 필요하기 때문이다. 또 다른 단서는 예비 신랑의 아버지가 새로운 농장을 구하려고 노력하거나 자기 농장에 농가를 새로 짓는 것이다.

결혼식은 11월이나 12월에 치러질 때가 많다. 한 해의 일이 마무리되어 공동체 구성원이 두루두루 참가할 수 있는 시기이기 때문이다. 참가하는 사람이 많으면 결혼식을 주중에 하게 되는데, 전통적으로 화요일이나 목요일에 잡는다. 과부나 홀아비가 하는 재혼은 한 해의 언제든 치를 수 있으며, 그렇게 공들여 준비하지는 않는다.

젊은 남자는 결혼 직전에 집사나 목사를 찾아가서 자신의 선택과 자신이 바라는 바를 알린다. 그러면 그 성직자는 '중매인(Schtecklimann)'이 된다. 이 성직자가 해야 할 일은 해가 지고 어둑어둑해졌을 때 신부가 될 여성의 집에 몰래 가서 그녀가 결혼을 원하는지 확인하고, 부모의 허락도 얻는 것이다. 이때쯤이면 신부와 그 부모는 이미 공식적으로 승낙한 상태이므로 중매인의 이런 의무는 사실 형식에 불과하다.

집사는 자신이 얻은 결과를 목사에게 보고하고, 신부의 교구에서 열리는 설

▼ 전통적인 아미쉬 공동체의 아미쉬 남자 어린아이 모습이다.

교 예배에서 이 커플이 결혼한다고 발표한다. 예비 신랑이 같은 교구 소속이라면 그는 이 중요한 발표가 있은 후 마지막 찬송가가 시작되기 전에 자리를 떠난다. 그리고 말을 잡아타고 신부의 집으로 향하며, 그동안 신부는 집에서 소식이 발표되기를 기다린다. 신랑은 이때부터 결혼식 날까지 신부 집에 머무른다. 이 기간에는 해야 할 준비가 엄청나게 많다. 호두와 히코리 열매를 까야 하고, 바닥을 닦아야 하며, 가구를 옮기고, 접시를 빌리고, 은 식기의 광을 내야 한다.

신랑의 첫 번째 과제는 친척을 모두 직접 결혼식에 초대하는 것이다. 신랑신부의 부모도 몇몇 하객을 초대한다. 멀리 사는 친척들에게는 엽서나 편지를 보내서 초대한다. 하지만 청첩장을 인쇄해서 보낼 수는 없다. 초대장은 가족 전체에게 다 전하기도 하고, 구성원 가운데 일부, 예컨대 남편과 아내에게만 전하기도 한다. 저녁 만찬에만 초청하는 초대장도 있다. 삼촌이나 숙모, 그리고 요리사나 교구의 민생 위원 같은 특별한 지인들에게는 명예 초대장을 보낸다. 남자들과 그 부인들 모두 이런 자격을 갖는다. 신부의 부모는 누가 음식을 나누어주는 역할을 맡을지를 결정한다. 결혼식 당일에 신랑 신부의 부모는 일을 하지 않는다.

결혼식 풍습은 의례적, 생태학적으로 공동체마다 차이가 있는데, 메뉴나 실제로 사용되는 설비, 사회적 활동 면에서 그렇다. 다음은 내가 펜실베이니아 중부의 한 결혼식에 참가해 관찰한 내용이다.

음식 준비는 결혼식 전날에 시작된다. 총 30명 정도의 결혼한 부부들로 구성된 요리 담당 팀이 아침 7시에 신부 집에 도착한다. 관습에 따라 신랑은 가금류의 목을 따야 한다. 남자들은 닭, 오리, 칠면조를 잡고, 여자들은 그것들을 씻고 다듬는다. 여자들은 새 요리의 속을 준비해서 가금류 고기 안에 넣고, 설거지를 하고, 꽤 많은 양의 파이를 굽고, 2부셸의 감자를 손질하고, 견과류를 깐다. 남자들은 셀러리를 씻고, 큰 주전자에 물을 끓이고, 쓰레기를 비우고, 집의 큰방에 임시로 쓸 식탁을 놓는다. 거실과 부엌, 침실 하나의 세 면을 빙 둘러 폭이 넓은 소나무 널빤지와 버팀 다리로 만든 식탁 여섯 개가 설치된다. 100명 정도로 예상되는 손님을 맞기 위해서다(그림 11). 속이 채워진 가금

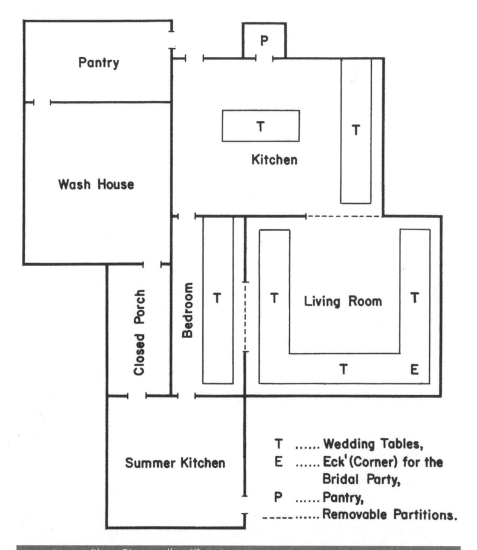

[그림 11] 아미쉬 결혼식에 필요한 테이블 배열을 보여주는 평면도

류 고기는 결혼식 전날 저녁에 야외의 큰 오븐에 넣는다.

　결혼식 자체는 신랑 신부뿐만 아니라 친족 공동체와 손님들, 특히 젊은이들에게 큰 행사다. 결혼식 당일에는 날이 밝기 전에 신랑과 신부, 그리고 이들과 동행하는 두 쌍의 부부가 신부의 집에서 1마일 떨어진 이웃의 집으로 간다. 이곳에서 설교와 예식이 열릴 예정이다. 결혼식은 공개적으로 진행되지만 대개 초대받은 사람들만 참석한다.

결혼식 하객들이 슬슬 도착할 때쯤 신부 측 손님들은 이미 맨 앞줄에 앉아 있다. 9시가 되어 집이 꽉 차면, 노래가 시작되고 목사들이 회의실에 들어가며 신랑과 신부도 따라간다. 여기서 이들은 하객들이 결혼식 성가(『표본』 발췌곡 97, 69, 131번)를 부르는 가운데 결혼의 의무에 대한 가르침을 받는다. 그러고 나서 목사들의 행렬 가까이에 자리 잡은 신부 측 하객들(서로 손을 잡고 있는)에게 다가갈 때 세 명의 젊은이가 각자 상대와 마주선다. 이들은 새 옷을 입었지만 전형적인 일요일 예배에 참석할 때의 차림새이다. 주교는 구약『성경』에 나오는 결혼을 주제로 본 설교를 한다. 즉 아담과 이브 이야기, 대홍수 이후 인류의 사악함, 부인을 어리석게 고른 사례들, 믿지 않는 자들과 결혼의 인연을 맺지 않았던 강직한 노아 가정, 이삭과 레베카 이야기, 간통의 곤경에 빠진 솔로몬 이야기다. 설교는 외경(Apocrypha, 토빗기 1~14장)을 자세히 설명하며 끝난다. 토빗이 조심스레 아버지의 지시에 복종하는 내용으로, 엄청나게 많은 장애물을 뛰어넘고 자기 부족 안에서 아내를 구한 이야기다.

정오가 가까워오고 긴 설교가 끝날 무렵이 되면 주교는 신랑과 신부를 앞으로 나오게 한다. 결혼식은『성경』이나 미리 적힌 원고 없이 진행된다. 몇 개의 질문과 대답이 오가고, 주교가 신랑 신부의 꽉 잡은 손 위에 자기 손을 얹으며 축복의 말을 건네는 것으로 끝난다. 이 맹세는 다른 프로테스탄트 교회와 비슷해 보이지만 특별한 기도를 하지는 않는다. 맹세 내용은 다음과 같다.

"그대들은 이제 크리스천의 결혼 법령에 대해 들었다. 그대들은 신이 태초에 규정하고 명령한 바와 같이 결혼 생활에 들어가겠는가?"

"예."

"그대는 우리의 자매를 그대의 아내로 맞이하도록 신이 정하신 바에 대해 확신하는가?"

"예."

"그대는 우리의 형제를 그대의 남편으로 맞이하도록 신이 정하신 바를 확신하는가?"

"예."

"또한, 신께서 다시 그대들을 따로 떨어뜨려 놓을 때까지 육체적인 질병이 닥치거나 크리스천 남편이 그녀를 보살펴야 할 책임이 있는 모든 상황에서 절대로 그대의 아내를 떠나지 않고 보살피고 아껴줄 것을 주와 그의 교회 앞에서 약속하는가?"

"예."

"그대도 또한, 주와 그의 교회 앞에서 그대의 남편에 대해 이와 똑같이 약속하는가?"

"예."[219)

부부가 이제 오른손을 맞잡으면, 주교는 계속한다. "그러면 나는 이제 라구엘(토빗기 7장 15절), 아브라함의 하느님, 이삭의 하느님, 야곱의 하느님이 그대들과 함께하고 예수 그리스도와 함께 그대들을 돕고 또 축복을 가득 내리시길 기원합니다. 아멘." 이렇게 주교가 이들을 남편과 아내로 선언하고, 주교를 포함한 많은 사람이 눈물을 훔친다. 이 결혼이 그 두 사람이 죽을 때까지 이어지리라는 것을 알고 있기 때문이다.

예식이 끝날 때쯤 가까운 친척들과 테이블 담당 웨이터를 맡은 사람들이 자리를 떠난다. 신부 측 하객들은 식이 끝날 때까지 남아 있는 30분 동안 자리를 지키다가 끝나면 자리를 뜬다. 부부끼리 활기차게 정원 문까지 걸어가 그곳에서 마차를 준비하고 있는 세 명의 말구종을 만난다. 마차 안에서 기다리던 말구종은 부부 한 쌍씩을 맡아 결혼식 만찬이 있는 신부 집으로 태워다준다.

신부의 집에서 내린 부부들은 빠르게 위층으로 올라간다. 이들의 분위기는 전보다 진지하다. 아무도 소리를 지르거나 축하의 악수를 건네지 않는다. 집 안과 헛간에 모이기 시작한 많은 손님을 위해 테이블에는 음식이 차려졌다. 요리를 담당한 사람들은 테이블에 음식을 날라 대접하는 오후 일을 해야 하므로 이미 식사를 마쳤다. 두 쌍의 부부가 각 테이블을 맡았다.

손님들은 신부의 아버지가 정한 대로 자리에 앉는다. 배치는 가까운 친척 순서대로 하며, 결혼 적령기 젊은이들은 그 순서에서 제외된다. 신부 측 하객들은 구석 쪽 테이블(Eck)에 앉는데 이곳은 거실에서 제일 눈에 잘 띄는 곳이

---

219) 19세기 문헌에서 번역한 내용이다. 다음을 참고하라. *Mennonite Quarterly Review* 33 (April 1959): p. 142.

다. 신랑은 신부의 오른쪽에 앉고, 부부의 양옆으로 다른 하객들이 앉는다. 결혼하지 않은 여성들(사촌과 친구들)은 거실의 세 면을 둘러싼 테이블에 한 명씩 벽 쪽에 등을 대고 앉는다. 젊은 남성들은 여성들의 맞은편에 앉는다. 결혼한 여성들은 부엌과 침실에서 이와 비슷한 방식으로 벽을 따라서 앉고 남성들이 그 맞은편에 앉는다. 신랑과 신부의 맞은편에는 고기 써는 사람(Schnützer)이 앉아서 구석 쪽 테이블에 앉은 이들을 위해 가금류 고기를 썰어주고, 신부 측 하객들이 충분히 대접받고 있는지 확인하는 역할을 한다.

테이블의 자리가 모두 차면 주교가 묵념하도록 신호를 보낸다("테이블이 모두 차면 기도하라."[Wann der Disch voll is, welle mir bede]). 그러면 모두 머리를 숙이고 묵념을 시작한다. 결혼식 만찬에는 구운 오리고기와 닭고기, 드레싱, 감자 으깬 것과 그레이비, 차게 식힌 햄과 양배추 샐러드(caole slaw), 생차(生茶)와 숙차(熟茶), 쿠키, 여러 종류의 케이크가 나온다. 식사는 다양한 만남이 있는 즐거운 자리이며 모두 배불리 먹는다. 일부 사람들은 소화를 위해 약이나 박하를 가져가기도 할 정도다.

구석 쪽 테이블에는 꽃 대신 예쁜 접시와 케이크, 맛있는 음식이 잔뜩 놓인다. 여섯 개 정도의 아름답게 장식된 케이크(친구들이 구운)와 사탕이 담긴 접시들이 놓인다. 중앙에는 과일을 담은 큰 그릇이 있다. 신부 측 하객들은 오래된 와인 병(사과주를 담은)과 여기에 어울리는 받침 달린 잔을 사용한다.

한 무리가 먼저 식사를 끝내면 접시가 재빨리 치워지고 휴대용 빨래통에서 설거지가 이루어지며, 그다음 손님을 대접할 준비를 한다. 신부 측 하객들은 자리를 떠나지 않는다. 대부분 손님이 식사를 끝내면 합창단 가운데 한 명이 찬송가가 시작될 것임을 알린다. 그러면 모든 사람이 따뜻한 마음으로 노래를 부른다. 신랑과 신부는 노래하지 않는다. 자신의 결혼식에서 노래하면 불운을 불러온다고 여기기 때문이다. 손님들은 각자 자신의 조그만 찬송가 책(Lieder Sammlungen)을 준비해온다. 그렇게 오후 5시까지 꽤 많은 곡을 부른다. 이때쯤 이면 나이 든 사람들은 속속 귀가한다. 느린 노래도 하지만 대부분 빠른 노래다. 종교 행사를 주도하는 일이 좀처럼 없는 여성들도 찬송가의 시작을 알리거나 합창을 이끄는 역할은 자주 맡는다. 오후 내내 젊은이들은 테이블을 떠나 야외나 헛간에 모여서 자기들만의 만남과 축제를 즐긴다.

관습에 따라 결혼식에 참석한 젊은이들은 저녁 만찬에서 남녀 커플로 앉아야 한다. 그래서 젊은 남성들은 원하든 원하지 않든 이 자리에 같이 할 여성을 데려와야 한다. 나이가 어느 정도 있는 남성은 계속 만나던 여자 친구가 있어서 이 자리에 데려오는 데 어려움이 없지만, 청년들은 경험이 별로 없어서 파트너 찾는 것을 무척 쑥스러워한다. 파트너를 찾으려 하지 않는 젊은이들은 붙잡혀서 문 앞까지 질질 끌려가 여성들의 옆에 앉혀진다. 일단 이 과정이 끝나면 더 이상의 방해 없이 각 커플이 손을 잡고 테이블로 간다. 이때 신부 측 하객들이 모범을 보인다. 저녁 식사에는 로스트비프, 로스트치킨, 국수, 쇠고기 그레이비, 닭고기 그레이비, 으깬 감자, 양배추 샐러드, 서양 자두, 과일 샐러드, 감자 칩, 쿠키, 파이, 케이크가 나오고, 신부 측 하객과 요리 담당자들을 위해 요리한 굴과 아이스크림이 추가로 나온다.

저녁 식사 내내 찬송가를 부르는데 이는 밤 10시까지 계속된다. 이때쯤이면 신랑과 신부는 구석 자리에 앉은 사람들과 집 곳곳에 앉아 있는 각별한 지인들이 보낸 케이크, 파이, 사탕 같은 맛있는 음식들이 있는 접시로 간다. 저녁 식사가 끝나고 마지막으로 부르는 노래는 종교 민요인 「좋은 친구(Guter Geselle)」이다. 이 곡은 아미쉬 찬송가집에는 수록되어 있지 않은 노래다. 팸플릿 형태로는 인쇄되어 있지만 대개는 기억에 의존해 전해진다. 1절은 다음과 같다.

> 좋은 친구여, 무엇을 말하는가?
> 오, 좋은 친구여, 내가 그대에게 말하네
> 단 하나의 것이 무엇인지를
> 바로 하느님 한 분이시네
> 살아 계시고 높이 날아오르시며
> 진정한 믿음을 이끄시는 분
> 천상에서, 그리고 지상에서

저녁 식사가 끝나면 젊은이들은 다시 헛간으로 돌아가 한밤중까지 게임을 하며 논다. 이때쯤 결혼한 사람들은 대부분 자기 집으로 돌아가지만, 요리를 맡은 사람들은 계속 머무르며 설거지를 하고 남아 있는 음식들을 치운다.

신랑과 신부는 신부의 집에서 하룻밤을 보내는데, 사람들이 신혼부부에게 못된 장난을 치지는 않는다. 신혼부부는 곧바로 신혼여행을 떠나지는 않는다. 그리고 결혼을 결정하고 나면 몇 주 동안 숙부와 숙모, 사촌들을 방문하는 관습이 있다.

신랑과 신부의 부모들은 결혼식에 모습을 비추거나 부부를 인정한다는 특별한 표시를 하지 않는다. 이들은 음식과 손님 대접을 계속 감독하면서 음식의 양이 적당한지, 접대가 계획대로 이루어지는지 확인한다. 또 요리를 담당한 사람들과 같이 식사하며 부수적인 역할을 한다.

신랑과 신부는 구석 자리에 앉아서 사람들에게 매우 존중을 받는다. 행사는 이들이 완전히 즐기게끔 이루어진다. 하지만 식사 중간 중간에 부부가 따로 떨어져서 손님들 사이에 섞일 때는 평범한 개인으로 취급받는다. 손님들은 행운을 빈다는 표현을 하지 않는다. 당연한 것으로 생각하기 때문이다. 결혼 선물은 신부의 침대에 놓이는데 대개 주방 용품이나 농기구다.

결혼식 때는 헛간에서 게임을 하기도 했는데 가장 보수적인 교파에서는 옥수수 껍질 벗기기 모임만 이루어진다. 몇몇 정착지에서는 게임이 점차 흥겨워져서 경쾌한 춤을 추기도 한다. 전통적인 게임에는 '빙고'(흔한 빙고가 아닌 노래하고 행진하는 게임), '내 사랑을 향해 뛰다', '톱시가 창문을 타고 넘어가네', '오-하이-오', '식스 핸디드 릴' 등이 있다. 이것들과 함께 다음 게임이 결혼식에서 행해진다. '빨갛고 작은 짐마차를 파란색으로 칠해', '농부', '찰리는 여자에게 구애하는 걸 좋아해', '우리는 버펄로를 쏠 거야', '바늘 귀', '결혼 선서하기까지 여섯 발짝 전'이다. 파티 게임이라고도 알려진 이런 게임을 할 때는 파트너와 손을 잡고 빙빙 돈다.

한편 많은 아미쉬 가족과 교회 지도자는 이 헛간 게임을 반대한다. 그 자체로 나빠서가 아니라 도가 지나칠 때가 많고 악기를 다루는 아미쉬 구성원이 아닌 사람들을 끌어들이기 때문이다. 또한, 이 게임이 불필요하고, 사람을 들뜨게 하며, 크리스천에게 적절한 행동 기준에 맞지 않는다는 것이다. '원형'

게임라고도 불리는 이 게임은 아미쉬뿐만 아니라 식민지 시대에 아메리카 대륙에 정착한 사람들이 많이 즐겼다. 아미쉬 사람들은 전통 속에 이것을 생생하게 보존해왔다.[220] 비록 아미쉬 사람들은 춤추는 것을 반대하지만 이들이 '노래하면서 하는 게임'을 춤의 한 형태라고 단정 지은 적은 없다.

랭커스터 카운티에 존재하는 독특한 제도인 '결혼 피로연'은 두 가문 사이에 맺어지는 새로운 관계를 공식적으로 승인하는 자리다. 결혼식이 끝나고 몇 주가 흐른 후 신부의 부모가 신랑의 부모와 그날 특별히 방문한 기혼, 미혼 청년들 모두를 즐겁게 해주는 자리다. 이날은 대개 가족적인 저녁 식사로 떠들썩한 자리를 갖는다.

요약하자면, 아미쉬 생활에서 결혼식은 단순히 낭만적인 행사만은 아니다. 프로테스탄트 식의 결혼에서는 개인적인 취향이 가장 우선시되며 예식과 설교 내용이 신혼부부에 의해 구성된다면, 아미쉬의 결혼식에서는 그렇지 않다. 신랑과 신부의 의상은 전통적인 양식으로 만들어져야 하며, 결혼은 공동체와의 결합이자 그 부부가 성숙한 구성원으로서 가치를 인정받는다는 상징이다. 공동체와 개인의 기대로 인해 이혼이 비집고 들어갈 틈이 없으며, 별거도 거의 없다. 결혼식은 공동체에 대한 순응과 책임감의 한 방식으로 여겨지는 만큼 공들여서 진행된다.

3. 죽음

죽음은 엄숙한 행사다. 하지만 한편으로 당연한 사실로 여겨지는 면도 있다. 아미쉬 사람들은 죽음의 그늘 안에서 자연의 위력에 의식적으로 복종하며 인생을 살아가기 때문이다. 아미쉬 공동체는 공동체 구성원이 아픈 것을 매우 민감하게 받아들이며, 누군가가 심각하게 병들었다면 교회와 공동체 구성원들이 단 5분, 10분이라도 병자의 집을 방문해야 하는 종교적인 의무가 있다.

내 아버지 쪽 사촌인 '외팔이' 존 바일러가 암으로 사경을 헤맬 때, 나는 여

---

220) 아미쉬 사람들이 하는 몇몇 게임은 *Colonial Singing Games and Dancing*이라는 앨범 속에 포함되기도 했다. Colonial Williamsburg Foundation, Williamsburg, Va.가 제작했다.

동생과 함께 그의 집을 방문했다. 바일러의 자식들이 모두 와 있었다. 검은 옷을 입은 여성들이 설거지를 하고 여러 가지 일로 바쁘게 돌아다녔다. 저녁에는 방문자들이 노크도 하지 않고 그의 집에 왔고 거실에 들어오라는 권유를 받았다. 방문자들은 이웃, 친구, 친척들이었고 거실의 모든 사람과 평소처럼 악수를 나눈 후 조용히 자리에 앉았다. 병자의 아내가 그의 방에서 나오며 손님들에게 한두 마디를 했을 뿐이었다. 남편의 대변인인 그녀는 방문자 무리에 있던 여성 한 명과 이야기를 나누었다. 나머지 방문자 모두는, 특히 남성들은 입을 다물고 가만히 있었다. 긴 침묵의 시간 동안 심각한 분위기가 퍼져 있었다.

아미쉬 사람들은 필요할 때와 불가피할 때만 병원에서 죽는다. 이들은 집에서 숨을 거두는 것을 선호한다.[221] 한 사람이 세상을 떠나면 그의 사망 소식은 공동체 안에 아주 빠르게 퍼진다. 누군가가 사망함과 동시에 그 소식을 개인적으로 알려 장례식에 초대할 사람들의 명단을 작성한다. 그다음에는 친척이 아닌 사람들에게 장례식을 치를 모든 작업과 준비 과정을 부탁한다. 멀리사는 친척들에게는 이웃에 사는 비아미쉬 사람의 전화를 빌려 소식을 알린다.

가족 구성원에게 죽음이 닥치면 어떤 전통을 따를 것인가 말 것인가 결정할 경황도 없다. 이웃과 친척이 아닌 사람들은 모든 일을 도맡아 책임질 유가족을 위로한다. 가족은 이런 상황에서 대부분의 미국인 가정이 직면하는 수많은 결정 사항을 고민하지 않는다. 공동체가 책임감을 갖고 가족이 직면하는 관이나 장지를 고르는 고민들, 장례에 드는 재정적 부담을 덜어준다.

젊은이들은 농장의 일을 넘겨받고 나이 든 부부는 집안을 관리하는 명예로운 책무를 맡는다. 이들은 여러 조력자와 함께 청소, 음식 준비, 매장지 예약 등을 한다. 가장 가까운 가족은 조용히 기도하며 시간을 보내거나 거실에서 대화를 나눈다. 관은 옆방이나 뒷방에 놓는다. 다른 지인들이 계속 집에 도착하고, 가족이 잠자리에 드는 동안 몇몇이 밤을 새워 자리를 지킨다. 중서부의 아미쉬 사람들은 시신 근처에서 밤을 새우고 젊은이들은 저녁에 집에 모

221) 랭커스터 카운티 사람들의 죽음과 죽어가는 과정에 대한 관찰은 다음 자료를 참고했다. Kathleen B. Bryer, "The Amish Way of Death: A Study of Family Support Systems," *American Psychologist* 34(March): p. 255-61. 생명 연장 시스템과 기타 의학 기술에 관한 아미쉬 사람들의 태도에 대해서는 다음을 보라. Gertrude E. Huntington, "Health Care," in *The Amish and the State*, ed. Donald B. Kraybill(Baltimore: Johns Hopkins University Press, 1993). 아이오와 주의 장례 관습에 대해서는 다음을 보라. Melvin Gingerich, "Custom Built Coffins,", *Palimpsest* 24(December 1943): p. 384-88.

여 노래를 부르는 오랜 관습을 계속 지키기도 한다. 일반적으로 장례식은 망자가 세상을 떠난 지 3일 후에 치른다.

전통적으로 시신에는 흰색 옷을 입힌다. 남성에게는 흰 셔츠와 바지, 양말을, 여성에게는 흰 드레스와 망토, 오건디 모자를 착용하게 한다. 망토와 앞치마는 망자가 결혼식 때 입었던 것을 다시 입히는 경우가 많다.

나무로 된 관은 아미쉬 목수나 아미쉬 사람들의 요구에 맞추어주는 관련 업자들이 만든다. 예전에는 호두나무로 만들었지만 오늘날에는 이 목재가 귀해서 소나무를 쓴다. 관은 기름칠하고 색을 칠한 다음 간소하게 광택제를 칠하며 옆쪽에 손잡이가 없는 나무 상자다. 관 디자인은 아미쉬 정착지마다 다양하다. 안쪽에 하얀 천을 덧대는 집단이 있는가 하면 전통을 강조하는 집단에서는 천을 대지 않는다. 어떤 집단에서는 뚜껑을 하나의 조각으로 만드는 것을 선호한다. 이 뚜껑을 2피트 정도 밀어서 열면 유체를 볼 수 있다. 뚜껑을 두 조각으로 만드는 집단도 있는데, 위쪽 뚜껑이 경첩으로 부착되어서 유체를 지켜보는 동안 열어놓는다. 두 종류의 관 모두 고정하는 데는 나무못이 쓰인다.

아미쉬 교파 대부분은 시신을 위생, 방부 처리하지만 매우 엄격한 교파는 그렇게 하지 않는다. 후자의 경우 장의사는 절대 죽은 사람의 시신을 볼 수 없다. 몇몇 공동체에서는 장례식 날까지 시신을 집 밖으로 내보내지 않는다. 장의사가 장례 허가서를 작성한다. 필요에 따라 가족 중에서 운구자 4~6명이 선택된다. 운구자들은 장례식장의 좌석 배치와 사람들에게 유체를 보여주기 위해 관을 열고 닫는 일도 돕는다. 무덤을 덮는 일에는 모두가 힘을 모은다.

장례식과 매장은 엄격하고 '간소히' 치러진다. 현대적인 하강 장치나 인공 잔디, 카펫을 쓰지 않고 무덤 앞에서 천막을 치지도 않으며 꽃도 없다. 아미쉬 장례식에서 목재 관 제작이나 방부 처리하는 데 과도한 비용이 드는 경우는 거의 없다. 지역 신문 기자가 요청할 경우 마을 신문에 간단한 부고가 나기도 한다.

펜실베이니아 주 랭커스터 카운티에서는 아미쉬 사람들이 장의사를 고용하기도 한다. 그 지역 토박이로 아미쉬 방언을 할 줄 아는 사람을 고르며, 운구차와 말 몇 마리, 묘지까지 시신을 운송할 운전사가 제공된다. 인구가 밀집한 아미쉬 지역에서는 몇 가지 독특한 관습이 있다. 결혼식 철인 11월과 12월에는 결혼식이 장례식 날짜보다 먼저 잡힌다. 그리고 매장하는 땅 속에서 마지막 인사를 하도록 잠시 관을 연다.

누군가가 죽으면 이웃이 전화로 장의사에게 알린다. 사망한 지 얼마 지나지 않아 장의사는 그 집에 방문하는 길에 마을 사람 40~50명을 모아서 함께 간다. 이렇게 여러 사람이 모이는 것은 유가족의 일을 분담하고 도우려는 표현이다. 시신은 장례식 준비를 위해 장례식장으로 옮겨진 다음 적절한 수의가 입혀지고 관에 들어간 상태로 집에 돌아온다. 장의사가 작업할 때 목사나 운구자들에게 연락하거나 묘지를 준비하지는 않는다. 레이히타자거(leicht-ah-sager)라고 불리는 젊은이들이 여기저기 돌아다니면서 장례식 초청장을 돌린다. 고인이 다니던 교회의 구성원들은 초청장 없이도 참석할 수 있다. 하지만 친척들은 반드시 초대하여야 하며, 그 범위는 대개 고인과 나이가 비슷한 사촌까지다.

고인에 대한 추모는 여러 방식으로 이루어진다. 가족은 수의를 만든다. 구성원들은 그 수의를 시신에게 입히고, 머리를 빗겨준다. 그리고 행동과 언행으로 고인에 대한 존경과 사랑, 염려를 전한다. 전통적인 장례식 복장도 이런

▼ 공동체 구성원이 사망하면 많은 사람이 유가족을 돕기 위해 방문한다. 묘지는 가까운 친척이 아닌 구성원들이 준비한다.

존경을 드러낸다. 고인이 가까운 가족일 경우 1년 동안 검은색(여성들에게 해당) 옷을 입으며, 조부모일 경우는 6개월, 숙부나 숙모일 경우는 3개월, 사촌일 경우는 6주 동안 입는다.

다음은 어느 2월 아침 9시에 펜실베이니아 주 미플린 카운티의 오래된 농가에서 열린 한 아미쉬 가장의 장례식에 대한 묘사다.

우리가 농가의 앞마당에 도착했을 즈음에는 이미 검은색 마차들이 가득했다. 사람들은 크고 흰 건물에 천천히, 조용히 모여 먼저 길게 이어진 현관에서 덧신을 벗었다. 안에 들어가니 큰 방이 세 개 있었다. 벽 칸막이가 제거되어 세 개의 방 어디서든 발언자를 볼 수 있었다. 각 방에는 긴 면과 평행하게 의자들이 놓였다. 사람들이 약 300명 있었다. 거실에는 62명이 들어가 있었는데 그중에는 목사 14명(상당수가 조문객이었다)도 방 가운데에 한 줄로 놓인 의자에 앉아 있었다. 큰 부엌에는 사람들이 80명 정도 앉았고, 세 번째 방에는 50명 정도 앉았던 것 같다. 아이들도 있었다. 나머지 사람 중에 일부는 위층에 있었고, 몇몇은 별채 주방에 서 있었으며, 야외에도 사람들이 있었다.

원래 큰 침실이던 세 번째 방은 전에 돌아가신 할아버지가 살던 곳이었다. 이곳에 고인의 시신이 놓였다. 벽 맞은편 의자 위에 관이 놓였다. 가족은 관을 마주하고 앉았고, 그 옆에 제일 가까운 친족이 앉았다. 이들은 발언자 자리를 등지고 자리 잡았다.

집 안은 서서히 가득 찼다. 안내 담당자는 가까운 친족이 아닌, 가족의 친구 가운데 한 명이 맡았다. 그는 머리에 모자를 쓰고 손님들에게 자리를 안내했으며, 친척들을 미리 준비된 자리로 데리고 갔다. 준비된 의자가 모두 차고 집 안 구석구석까지 손님들이 들어가 앉자 추모자들은 정해진 시간까지 침묵 속에서 기다렸다.

세 개의 방에서 시계가 9시를 가리키자 죽 늘어선 전도사 가운데 맨 앞에 있던 목사가 모자를 벗었다. 그러자 그 자리에 있던 모든 사람이 일제히 모자를 벗었다. 첫 번째 목사가 부엌과 거실 사이 문간의 자리로 들어갔다. 그가 전한 말은 보통 예배의 설교 도입부와 크게 다를 바 없이 『성경』에서 비롯한 훈계의 말이었고 대개 구약을 인용했다. 그는 청중에게 이 모임이 특별한 것임을 상기시켰다. 형제의 죽음을 통해 신이 말씀하시는 것이다.

　목사는 고인의 삶과 그의 성격을 참고로 하지만 그에 대한 언급은 설교에서 부차적이었다. 그리고 다음과 같이 계속되었다. "세상을 떠난 형제는 생을 마치기 전 몇 년 동안 몸이 불편했는데도 특별히 예배에 참석하려고 애썼습니다. 그동안 그를 도와주었던 사람들은 후회 없을 정도로 잘해냈습니다. 이제 그의 의자는 비었고, 침대도 비었으며, 그의 목소리는 어디서도 들을 수 없을 것입니다. 우리의 존재를 위해 그가 필요하지만, 신 역시 그를 필요로 하셨습니다. 우리는 그에게 되돌아오라고 바라는 대신 그를 따를 준비를 해야 합니다. 그는 인간이며 약점이 있었지만, 그가 한 일은 이제 생전보다 소리 높이 이야기될 것입니다."

　30분 정도 이야기한 후 첫 번째 목사가 앉았다. 그리고 특별히 초대받은 두 번째 목사가 주 연설을 한다. 그 역시 청중에게 천국에서 신도들에게 큰 외침이 당도했으며, 『성경』에 따라 모든 이가 죽음을 맞을 준비를 해야 한다고 이른다. "언제 '우리 차례'가 올지 모르지만, 중요한 것은 준비하고 있어야 한다는 것입니다." 목사는 경고한다. "죽음은 아담이 죄를 저지른 결과입니다. 여기 어린 사람들은 언젠가 나이가 들면 교회에 합류할지에 대해 생각하게 될 텐데, 미적대지 마십시오."(젊은이들에 대한 이러한 직접적인 훈계는 강렬한 감정적 호소와 연결되어 전통적인 아미쉬 가치에 순종하는 동기를 제공한다.)

　이 과정에서 『성경』의 두 구절을 낭송하는데, 한 번은 두 번째 연설을 시작할 때쯤이고 또 한 번은 이 연설이 끝날 때쯤이다. 읽는 구절은 요한복음 5장과 요한계시록 20장이다. 설교는 듣기 좋으라고 하는 말과는 거리가 멀다. 강조하는 말은 개인적이고 직접적이다. 심판의 날은 누구에게나 오는 만큼 청중에게 올바르게 살 것을 호소한다. 목사는 날씨가 궂고 말이 빗속에 오래 서있을 수 없는 만큼 설교를 오래하지는 않겠다고 말한다. 45분의 설교가 끝난 후 목사는 신도들에게 무릎을 꿇게 하고 긴 기도문을 읽는다. 기도가 끝날 때쯤 청중은 일어섰고 축복이 이루어졌다.

　이 시점에서 청중은 자리에 앉고, 맨 처음에 설교했던 목사가 독일어로 적힌 고인의 간단한 약력을 읽는다. 이 목사는 가족을 대신해서 고인이 병들고 죽음에 이르기까지 도와주었던 사람들에게 감사를 표하고, 그 자리의 모두를 장례식이 끝난 후의 저녁 식사에 초대한다. 보조 목사가 찬송가 가사를 읽는다. 노래를 부르지는 않는다.

담당 목사가 소년들은 농가로 돌아가도 좋다고 통보한다. 사람들에게 시신을 보여주기 위한 준비를 해야 하기 때문이다. 목사들을 제외하고 거실에 있던 사람들은 모두 나간다. 그러면 관을 현관문 안쪽, 사람들이 편하게 볼 수 있는 곳으로 옮긴다. 참석한 모든 사람이 한 줄로 서서 고인이 된 형제의 마지막 모습을 지켜본다. 슬퍼하고 눈물을 흘리는 분위기이지만 흐느껴 우는 사람은 적다. 사람들이 지켜보는 동안 가장 가까운 가족이 관 뒤에 서서 무덤까지 따라간다.

그러는 동안 지인과 도우미들은 묘지까지 시신을 운송할 영구차를 준비한다. 영구차는 말 한 마리가 이끄는 4륜 짐마차로, 좌석에서 말을 몰 수 있다. 비가 왔기 때문에 습기를 막기 위해 관 위에는 캔버스 천을 덮는다. 조문객들의 말은 여러 도우미가 마차에 매어준다. 고인의 친척들은 그들의 마차에 타고 시신을 묘지(Graabhof)까지 운구하는 긴 행렬을 이룬다. 이 행렬은 매우 느리게 이어지며, 말이 걷는 일반적인 속도보다 빨라지는 일이 거의 없다.

묘지에 도착하면 말들은 말을 매는 말뚝에 묶인다. 관은 두 개의 억세고 둥근 히코리 나무 기둥에 지탱되어 곧바로 비어 있는 묘지 위로 옮겨진다. 친척과 지인들이 그 주변에 모인다. 펠트로 만든 긴 끈이 관의 양 끝에 묶인다. 운구자들이 그 끝을 잡고 관을 들어 올리면 옆에서 지켜보는 사람들이 관을 지탱하던 나무 기둥을 재빨리 치운다. 관이 서서히 무덤 안으로 내려가면 긴 끈이 천천히 풀려 올라온다. 한 남성이 관 옆에 서서 자신에게 건네진 작은 널판들을 관 위에 올렸다. 그 근처에서 아버지가 4세 된 아들의 손을 잡고 무언가를 속삭였는데, 아들이 할아버지의 기억을 간직하기를 바라는 마음으로 보였다. 이제 운구자 4명이 삽질을 하여 무덤을 메우기 시작했다. 흙과 자갈이 탁탁 소리를 내면서 단단한 관 위에 떨어졌다. 무덤이 반쯤 메워지면 이들은 목사가 찬송가 가사를 읽게끔 작업을 멈춘다. 관습에 따라 이들은 모두 모자를 벗고 머리를 숙여야 한다. 무덤을 메우고 나면 그 위에 흙을 쌓아올린다.

가족은 그 장면을 다 지켜보지 않고 천천히 자기 마차로 돌아간다. 그리고 모든 참석자가 고인의 집으로 다시 가서 함께 식사를 한다.

죽음과 그와 연관된 예식은 아미쉬 공동체의 믿음과 마음가짐에 따라 행해진다. 죽음을 통해 공동체 가장 깊이 묻혀 있던 감정들이 솟구쳐 나온다. 사람이 경험할 수 있는 가장 사적인 장면인 누군가의 죽음은 공동체의 행사로 탈바꿈된다. 죽음의 발표는 결혼과 마찬가지로 관계자가 직접 전한다. 이런 식으로 가장 친밀한 감정들이 개인의 존엄성과 더불어 보호된다. 죽음은 한 개인의 감정적 기반을 흔들 수 있지만 사회의 도덕적인 기반을 위협하지는 못한다. 공동체의 조직은 한 구성원 개인의 죽음으로 악영향을 받지 않는다. 사람이 죽는 이유는 인생의 의미라는 맥락에서 이해된다.

시신의 매장이 끝나고 식사를 나누는 관습은 조문객들이 그들의 일상적 역할과 책임으로 되돌아갈 수 있도록 돕는다. 그리고 그 자리에서 유가족은 소속감과 유대감을 느낀다. 또한, 대화와 상호 작용하는 모습이 정상적인 기능으로 회복된다. 이렇게 유가족은 빠른 속도로 공동체에 다시 통합된다. 이는 바로 옆집에서 누가 죽어도 이를 모르는데다 장례식에서 익명의 타인들과의 부적절한 접촉을 통해 동정을 받곤 하는 일반적인 미국 가정들과 큰 대조를 이룬다.

예전에는 매장식이 농장에서 열릴 때가 많았지만 오늘날에는 그런 식으로 행하는 경우가 드물다. 대규모의, 잘 운영되는 아미쉬 공동체에서는 간소한 묘비를 갖춘 아미쉬 공동묘지가 별도로 존재한다. 다른 지역에서 아미쉬 사람들은 시신을 메노나이트파나 다른 관련 종교 집단의 공동묘지에 같이 매장하기도 한다. 부부와 그 자녀들은 대개 양 옆에 묻힌다.[222] 일리노이 주 아미쉬 사람들은 시신을 친족 관계나 결혼 관계와 상관없이 사망한 순서대로 줄지어 묻는다. 아미쉬 사람들이 망자에게 품는 경의는 그들의 묘지에 매우 주의를 기울인다는 점에서 알 수 있다. 지금은 사라진 정착지에 있는 100년 된 공동묘지라도 여름철 모임을 조직해서 청소하러 오곤 한다.

---

222) 매장과 혈통에 대한 연구는 다음을 보라. Gary Unruh and John M. Jantzen, "Social Structure and Burial Symbolism among the Kansas Amish," in *Conference on Child Socialization*, ed. John A. Hostetler(Philadelphia: Temple University, Department of Sociology, 1969), p. 167-92.

▲ 장례식이 끝나면 친척과 지인들은 행렬을 이루어 매장지까지 따라간다. 그리고 대부분은 고인의 집에 다시 돌아와 함께 식사를 한다.

삶에 충실하고 삶을 최대한 누리고자 하는 모든 이에게 죽음은 가장 큰 위협이다. 하지만 바깥세상에 순응하지 않기로 공언한 아미쉬 사람들은 죽음 이후의 삶에 대한 전망에 의지한다. 불멸을 포함한 모든 것에 미치는 신적인 질서에 대한 이들의 믿음은 유가족과 공동체에 위안을 준다.

10장
공동체의 관습적 통합

분석을 위해 나누어보자면, 아미쉬 사회의 관습적 행동은 사회적인 것과 의례적인 것의 두 가지라고 할 수 있다. 사회적인 관습은 일, 복장, 가족 관계, 아이 양육, 친족의 의무, 방문 등 이상적인 행동과 관련된다. 의례적인 관습은 더 좁은 의미에서 행해지는 것으로 예배나 세례식, 결혼, 성찬식, 장례식이 그 예다.[223] 두 가지 유형 모두 말 그대로 신성시되는데, 아미쉬 사람들은 신성한 활동과 세속적인 활동을 명확하게 구별 짓지 않기 때문이다. 이런 활동들이 사회의 근본적인 '필요'를 상징하기에, 의례적인 관습은 공동체를 재활성화하고 통합하는 데 도움이 된다. 이러한 통합은 구성원 개인의 믿음을 뒷받침한다. 또한, 교회의 의식들은 모든 가정을 공통된 의무감으로 묶는다.

'아미쉬 방식'대로 생활하기 위해 지켜야 하는 규율은 전체적으로 속죄 과정으로 볼 수 있을 것이다. 관습은 해당 집단이 그들의 세계관에 질서를 부여하는 권력의 원천과 맞닿게끔 한다. 집단적인 예배는 그들이 자신들의 우주를 유지하는 적절한 신화를 암송하고 해석(천지창조 이야기)하게 하지만, 일차적으로는 게마인데(공동체) 속 개인 간의 관계를 강조한다. 아미쉬 사람들은 다른 재세례파 집단과 마찬가지로 예수의 삶과 가르침을 따르며 초기 크리스천 교회의 특성을 행동 지침으로 삼는다.

아미쉬 사람들에게 신성한 힘은 공동체 외부가 아닌 내부에서 발견된다. 아미쉬 사람들은 성지로 순례를 떠나지 않으며 다른 교파와 함께하는 종교 집회에 참가하지도 않는다. 이들에게는 성스러운 경전이나 계시의 의미를 알

---

223) 이 구별을 시도한 것은 다음 글이다. Sandra L. Cronk, "Gelassenheit: The Rites of the Redemptive Process in Old Order Amish and Old Order Mennonite Communities" (Ph. D. diss., University of Chicago, School of Divinity, 1927), p. 8-14. 이 논문 초록은 다음 문헌에 실렸다. *Mennonite Quarterly Review* 55 (January 1981): p. 5-44.

려줄 율법학자 계층도 없다. 아미쉬 공동체의 지도자들은 성경과 예수의 가르침에서 온 사례들을 이용해 타이르고 훈계하며 꾸짖는다. 의례 참석은 모든 인간 집단에서 그렇듯이 개인적인 근심을 쫓고 구성원들에게 자신감을 주며 여러 사회적 관계를 통제하는 효과를 준다. 다음은 몇몇 중요한 의례적 관습에 대한 설명이다.

1. 설교 예배

아미쉬 공동체에서 가장 널리 행해지고 있는 의례적인 활동은 매주 일요일에 구성원들의 집에서 돌아가며 모임을 가지는 설교 예배다. 예배는 오전 시간 거의 전부에 걸쳐 이루어지며 약 9시에 시작해서 정오까지 계속될 때가 많다. 그리고 통상적인 식사를 하고, 오후 중반까지 지인 방문이 이어진다.

일요일 모임을 주최하기 전(1년에 한 번)에 해당 가정에서는 많은 준비를 해야 한다. 축사의 분변 치우기라든지 집 안에 카펫 들어내기 같은 세속적인 일이 의례적인 중요성을 띤다. 이런 일은 여성들이 도맡는데, 집안은 깨끗이 치워져야 하고 가구는 재배치되어야 하며 난로는 광을 내고 장식 도자기도 닦아놓아야 한다. 사실상 모든 신도가 집안을 살펴볼 것이기에 이렇게 청소와 정리정돈을 하면서 많은 준비를 하는 것이다. 토요일이 되면 이웃 여성들이 와서 파이를 구워주고 예배 때 내놓을 다른 음식들도 준비한다. 집의 바깥주인은 교회 의자를 가져오고 좌석 배치를 살피며, 예배가 이루어지는 동안 문지기 역할을 한다.

아미쉬 사회에서 일요일은 미리 못 박아둔 날이다. 따뜻하고 햇살 좋은 아침이든, 바람 부는 겨울날이든 상관없다. 아미쉬 가정의 아버지, 어머니, 자녀들은 서둘러 젖소 젖을 짜고 준비하며, 8시가 되면 예배를 보러 간다.

언제나 아버지가 말이 끄는 마차를 몰고, 어머니와 아기는 아버지 옆에 앉으며, 어린 자녀들은 뒷좌석에 앉는다. 겨울에는 어머니와 아기가 마차 뒷좌석에 앉을 때도 있는데, 날씨가 너무 추울 때에 한한다. 마차 여러 대가 일렬로 긴 농장 길을 달리는 광경과 언덕 반대편에서 다른 말들이 단단한 길을 탁

▲ 일요일 아침 예배에 참석하러 가는 아미쉬 사람들

탁 차는 소리는 공동체의 신도들에게 깊은 감상을 불러일으킨다. 예배가 치러질 집에서 가까이 사는 주민들은 걸어서 예배에 간다. 예배하러 가는 길에는 아무도 다른 마차를 추월하지 않는다.

예배가 열릴 집에 도착하면 마당에 마차를 세우고 어머니와 여자 아이들이 먼저 내린다. 아버지와 남자 아이들은 세우기 편한 장소까지 마차를 몰고 가는데 이때 말구종 역할을 맡은 그 집 아들들과 만난다. 이들은 손님의 말을 수레에서 풀어 마구간에 넣어두고, 말은 마구간에 쌓인 건초를 먹는다. 그동안 사람들은 마구간이나 헛간의 취수지(물레방아 등으로 물이 흘러드는 상부 저수지-역주) 앞에서 몇 명씩 무리를 짓고 악수를 나누며 나직한 목소리로 서로 인사한다.

마침내 목사들이 집 안에 모일 시간임을 선언한다. 겨울에는 남자들이 두터운 외투를 벗어 헛간에 걸어놓는데, 대개 농기구를 걸어놓는 고리에 같이 거는 경우가 많다. 여름에는 헛간에서 예배가 열리기도 한다. 예배자들이 입장하는 순서는 성별과 나이순으로 결정되며, 이 원칙은 이 공동체의 사회생활에서 전반적으로 뚜렷하다. 먼저 성직자들이 들어서고, 그 뒤를 따라 나이 많은 남성들이 들어간다. 그리고 중년의 신도들이 느긋하게 그 뒤를 따른다. 마지막에는 결혼하지 않은 청년들이 나이 많은 순서대로 일렬로 들어온다.

이렇듯 나이에 따라 무리 짓는 방식은 예배가 끝나고 식사할 때도 똑같다.

여성들과 여자 아이들은 세탁소나 장작을 두는 헛간에 숄과 보닛을 둔다. 여름에 여자 아이들은 예배 장소에 들어가기 전에 이곳에 머무르기도 한다. 겨울에는 부엌에 모인다. 이들은 남자들이 헛간에서 들어오기 전에 자리를 잡을 때가 많다. 몇몇 교구에서는 남자 아이들이 예배가 시작되기 전에 헛간에서 대기하기도 한다. 여성들 역시 대개 나이순으로 일렬로 들어오며, 입장하면서 목사들과 악수를 나눈다. 규칙상 세례를 받은 미혼 여성들이 제일 앞에 선다. 행렬의 맨 앞에 서는 사람에게는 교구의 젊은 구성원들을 방문할 수 있는 특권이 주어진다.

아미쉬 가구의 주택들은 특별히 많은 인원의 수용이 가능하도록 지어지는데, 예배 모임에 참가하러 오는 200명 이상의 인원이 들어갈 수 있는 경우가 많다. 문은 폭이 넓고, 동부 정착지에서는 1층의 어디에서든 착석한 사람들이 목사의 모습을 볼 수 있도록 처음부터 벽을 가림막처럼 만들어서 필요할 때 치울 수 있게 한다. 각 교구는 긴 의자와 찬송가집을 갖고 있으며 예배 장소가 바뀔 때마다 그것을 운반해간다. 예배 장소에 이 긴 의자를 놓기 위해 원래 가구들은 미리 이곳저곳으로 옮겨진다.

사람들이 앉는 등받이 없는 긴 의자는 부엌과 거실, 큰 침실에 들어간다. 중간 줄은 성직자들을 위해 비워놓는다. 나이 많은 사람들이 벽 옆의 의자에 앉지만 병약한 사람들은 흔들의자에 앉기도 한다. 의자를 갖다놓는 사람은 성직자들의 아내나 나이 많은 여성들이다. 목사는 큰 방 두 개의 사이, 문간에 서 있는데, 설교단은 따로 없지만 기댈 수 있는 의자가 놓인다. 여성과 남성들은 따로 앉지만 방까지 따로 쓰는 것은 아니다. 미혼 여성들이 여러 줄에 걸쳐 앉은 거실에는 남성들도 함께 들어가고, 늦게 도착한 남성들은 여성들, 어린 아기들과 함께 부엌에 머무른다. 미취학 아동 들의 경우 남자 아이들은 아버지와, 여자 아이들은 어머니와 함께 앉는다. 생후 1개월이나 6주 정도의 갓난 아기들도 예배에 같이 온다. 출석하는 것이 중요하기 때문이다.

어떤 교구나 정착지의 관습은 다른 곳에서는 조금씩 달라질 수 있다. 집단을 통일된 하나의 전체로 묶는 상징은 펜실베이니아 주, 캔자스 주에서 각기 다르며, 때로는 같은 펜실베이니아 주 안에서도 다르다. 예배 순서는 거의 동일하지만 비공식적인 예법, 그리고 그런 비공식적인 행동이 의례화되는 정도에는 차이가 있다. 예컨대 어느 주에서는 찬송가가 시작되기 전까지는 남성들이 집 안에서 모자를 쓰고 있어야 한다. 그리고 한꺼번에 벗어서 의자 밑에 넣어두거나 빈 의자 위에 쌓거나 고리에 건다. 다른 교구에서는 실내에 들어오자마자 모자를 벗어야 한다. 남자 아이들은 현관에 쌓아둘 수 있다. 어떤 집단에서는 남자들이 식사 시간에는 모자를 쓰고 있다가 식사가 시작될 때나 끝날 때 묵념 시간에만 잠시 벗는다.

설교 예배는 3시간 정도 걸리며, 예배가 진행되는 순서에 따라 형식이 조금씩 다양하다.

【아미쉬 설교 예배의 순서】

1. 목사들이 조언을 하기 위해 위층 방으로 들어가 있는 동안 찬송가를 여러 곡 부른다. 두 번째로 불리는 찬송가는 언제나「로블리트(Loblied 또는 'S Lobg'sang, Ausbund)」다(찬송가를 부르는 데는 20~30분 걸린다).

2. 도입부 설교(Anfang)를 한다.

3. 기도한다(신도들은 무릎을 꿇는다. 대부분 지역에서 소리 내지 않고 기도한다).

4. 집사(Armen-diener)가 성경의 한 구절을 읽는 동안 신도들은 일어선다.

5. 주 설교(Es schwere Deel)를 하고, 성경의 한 구절을 읽는 것으로 마무리한다.

6. 다른 목사들이 설교한 목사의 요청에 따라 주 설교에 대한 증언(Zeugnis)을 한다. 평신도들도 때때로 증언을 요청받는다.

7. 설교한 목사가 끝맺는 말을 한다.

8. 목사가『신실한 기독교인(Die Ernsthafte Christenpflicht)』에서 기도문을 읽는 동안 모두 다시 무릎을 꿇는다.

9. 축복이 이루어진다(신도들이 일어선다).

10. 다음번 집회가 어디에서 열릴지, 이 모임이 끝난 후 구성원들의 모임을 위해 남아야 할지 여부 등에 대한 공지가 있다.

11. 끝맺는 찬송가를 부른다.

12. 모임이 끝난다. 가장 어린아이가 제일 먼저 떠나고, 나이순으로 그다음 나이 든 구성원이 떠난다.

방이 꽉 차고 모두 예배가 시작되기를 기다리면 원로가 찬송가 번호를 알린다. 이 원로는 마치 독창을 하는 것처럼 노래를 시작하지만 첫 번째 구절이 끝나면 모든 신도가 하나가 되어 노래를 부른다. 이렇듯 노래를 처음 이끄는 사람, 즉 선창자를 '포어징거(Vorsinger)' 또는 '포어스티머(Vorstimmer)'라고 하는데, 비공식적 훈련을 받은 남성 구성원이면 누구든 할 수 있다. 이 역할은 정식으로 임명받거나 특별한 자리나 좌석에 앉는 것도 아니다. '포어징거'는 떨리는 가성으로 새로운 찬송가가 시작되는 첫 구절을 선창한다. 곡조는 굉장히 느리며, 늙은이들의 목소리가 젊은이들의 목소리와 하나가 되어 섞인다.

첫 번째 찬송가를 부를 때 성직자들은 '의논'(Abrot 또는 Abrath)을 위해 위층 방에 들어간다(연장자부터). 이는 기도 문구를 위해서이기도 하지만 다음번 설교 순서를 정하기 위해서이기도 하다. 세례식 지원자들이 있다면 위층에 있는 목사들의 앞에 나아간다. 들어서면서 가장 나이 많은 지원자는 이렇게 말한다. "이것은 신과 교회와 더불어 평화로워지고자 하는 저의 바람입니다." 그리고 다른 지원자들도 자기 차례가 올 때마다 이렇게 말한다. "저도 그렇게 바랍니다." 교육이 끝나면 이들은 해산하며, 성직자들은 자신들의 일을 계속한다.

목사들이 회의실에 있는 동안 신도들은 찬송가를 계속 부른다. 찬송가 한 곡이 끝나면 긴 침묵이 이어진다. 원로인 '포어징거'가 고개를 한 번 끄덕여 그다음 찬송가를 이끌 책임을 누군가에게 넘겨준다. 대개 익숙한 곡이 들리는 중간에 나이 많은 사람이 젊은이를 쿡 찔러 노래를 이어받게 한다. 젊은이가 멜로디를 잊어버리고 기죽어 있으면 나이 든 구성원이 도와줄 것이다. 노래를 이끄는 사람이 기억에 의존해서 노래를 부르려면 재능이 꽤 필요하다.

전도사들이 계단에서 내려오면 그때 부르던 노래를 끝으로 멈춘다. 전도사들은 늦게 온 사람들이나 아침 일찍 인사하지 못했던 사람들과 악수를 나눈다. 목사들은 일단 자리에 앉은 후, 한 명이 일어나 두 개의 큰 방 사이에 서서 첫 번째 설교를 시작한다. 전도사는 길게 기른 하얀 수염 아래로 두 손을 포개고, 처음에는 낮은 목소리로 중얼거린다. 그러다가 차츰 펜실베이니아 독일어, 독일어, 영어가 섞이고 리듬이 있는 또렷한 단어들이 흘러나온다.

여기 모인 형제님과 자매님들, 먼저 저는 신의 은총과 성령의 힘이 여러분에게 깃들기를 기원합니다. 베드로가 이렇게 말했듯이 말입니다. "우리 주 예수 그리스도의 아버지 하나님을 찬송하리로다 그의 많으신 긍휼대로 예수 그리스도를 죽은 자 가운데서 부활하게 하심으로 말미암아 우리를 거듭나게 하사 산 소망이 있게 하시며, 썩지 않고 더럽지 않고 쇠하지 아니하는 유업을 잇게 하시나니 곧 너희를 위하여 하늘에 간직하신 것이라"(베드로전서 1장 3~4절)

보통 첫 설교에서 목사는 신도들에게 이 모임의 목적을 다시 일깨워준다. 신의 말씀을 다시 듣는 것이다. 목사는 모두에게 성경의 가르침을 주목하게 하고 율법을 따르는 것이 중요하다고 지적한다. 예컨대 이렇게 훈계한다. "두렵고 떨림으로 너희 구원을 이루라"(빌립보서 2장 12절) 이는 즐겨 인용되는 구절이다. 30분에 달하는 첫 설교를 끝마치기 전에 목사는 하느님 안에서 신뢰하고 기도하는 중요성을 언급한다. 예배의 자유에 대한 감사함을 표현하기도 한다. 자신의 유약함을 고백한 후 그는 신도들에게 주된 소식을 전해줄 형제에게서 그에게 주어진 시간을 빼앗고 싶지 않다고 이른다. 그리고 신도들에게 주된 소식을 전할 목사를 위해 기도하자고 청한 후 유명한 다음 문구를 인용한다. "오라 우리가 굽혀 경배하며 우리를 지으신 여호와 앞에 무릎을 꿇자, 그는 우리의 하나님이시요 우리는 그가 기르시는 백성이며 그의 손이 돌보시는 양이기 때문이라 너희가 오늘 그의 음성을 듣거든, 너희는 므리바에서와 같이 또 광야의 맛사에서 지냈던 날과 같이 너희 마음을 완악하게 하지 말지어다"(시편 95장 6~8절) 그리고 다음과 같이 설교를 끝마친다. "여기에 전부 동의한다면 이제 모두 기도합시다." 모두 무릎을 꿇고 한동안 조용히 기도한다.

방문객들은 기도하다가 일어서라는 신호를 잘 알아채지 못할 수도 있다. 목사가 개인이 충분한 시간을 기도했다고 느끼면 무릎으로 일어선다. 사람들은 목사의 발이 바닥을 끄는 소리를 듣고 일어설 시간이 되었음을 알게 된다.

집사가 성경을 읽는 동안 신도들은 모두 일어선다. 집사는 신에게 순종해야 한다는 훈계를 한 후에 무언가를 더 말하기도 한다. 집사는 성경의 장 하나를 단조롭게 흥얼거리는 어조로 읽는다. 마지막 구절이 끝나면 그는 이렇게 말한다. "이제까지 성경 말씀이었습니다." 그러면 모두 자리에 앉는다. 예배에서 읽는 성경 구절은 주기적으로 다르다.[224] 크리스마스의 그리스도 탄생에서 시작해 신약 성경에 나오는 최후의 심판과 세상의 종말로 끝난다. 찬송가집(Ausbund)에서 선택하는 곡도 이 성경 구절과 맞춘다.

이제 주 설교를 할 시간이다. 목사가 먼저 통상적인 인사말을 건넨다. "아버지 하느님으로부터 은총과 평화가 함께하시길 빕니다. 우리는 형제들로부터 오늘 아침 여러 차례 타이름을 받았습니다." 그는 청중에게 세례의 서약뿐만 아니라 성경과 부모에 대한 순종이 중요함을 알린다. 이런 도덕적인 강조 사항은 '오래된 생활 방식(das alt Gebrauch)'으로 요약될 수 있다. 이 구절은 아미쉬 교회가 바깥세상과 사악한 세상에서 온 외부인, 순례자들에게서 자신들을 분리하는 원칙['규칙과 계율(Regel und Ordnung)']을 표현한다. '새로운 어떤 것(eppes Neies)'이라고 불리는 혁신은 허용되지 않으며, 그런 것은 오래된 생활 방식의 힘과 대립된다고 여겨진다.

설교는 정형화된 양식을 따라 행해진다.[225] 전도사의 목소리는 약간 높은 음조로 올라갔다가도 각 구절이 끝날 때 갑자기 떨어진다(그림 12 참고). 전도사들 바로 앞에서 아기들이 엄마 품에서 잠든 아기들은 옆방이나 위층 방으로 옮겨진다. 침대에는 이미 서너 명의 아기가 있다. 다른 아이들은 부모의 팔에 기대거나 손수건으로 생쥐, 요람에 있는 쌍둥이 아기 등을 만들면서 시간을 보낸다. 어머니들은 부엌에서 갓난아기를 돌본다. 아기들만 지루해하는 것이 아니라 이 영창조의 설교는 분위기를 숨 막히게 만들어서 방 안이 밀집해 있는 사람들 때문에 덥거나 하면 힘든 일을 하는 남성들은 잠드는 경우가 많다. 몇몇이 고개를 끄덕이는 것처럼 보이는 것은 사실 졸다가 몸이 흔들리는 것이고, 의자에 등널이 없기 때문에 자세가 바뀌는 것뿐이다.

예배는 질서정연하고 엄숙하다. 어머니가 아기를 위층에 재운 후 아기의 조그만 흰 모자를 자기 머리에 얹은 채 계단을 내려오는 것 같은 재미있는 일

---

224) 여러 교구에서 여기에 대한 기록을 출간했다. 소책자나 J. A. Raber의 *Der Neue Amerikanische* Calender에 실린 자료, 다음 자료들을 참고할 수도 있다. *Mennonite Quarterly Review* 15(January 1941): p. 26-32, Joseph W. Yoder, *Arnische Lieder* (Huntington, Pa.: Yoder Publishing Co., 1942), p. xii.

225) 전통적으로 아미쉬 전도사들의 특징이기는 하지만 영창은 아미쉬 사회에서만 보이는 고유한 것은 아니다. 다음을 보라. Bruce A. Rosenberg, *The Art of the American Folk Preacher* (New York: Oxford University Press, 1970).

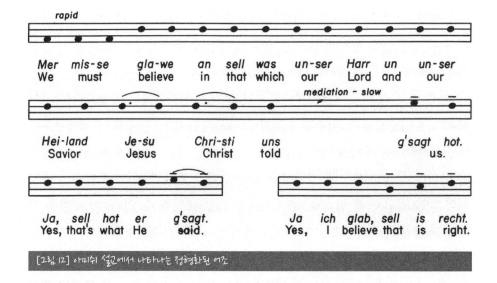

rapid

| Mer | mis-se | gla-we | an | sell | was | un-ser | Harr | un | un-ser |
| We | must | believe | in | that | which | our | Lord | and | our |

mediation - slow

| Hei-land | Je-su | Chri-sti | uns | | g'sagt | hot. |
| Savior | Jesus | Christ | told | | | us. |

| Ja, | sell | hot | er | g'sagt. | | Ja | ich | glab, | sell | is | recht. |
| Yes, | that's | what | He | said. | | Yes, | I | believe | that | is | right. |

[그림 12] 아미쉬 설교에서 나타나는 정형화된 어조

은 거의 생기지 않는다.

그러는 동안 전도사는 단조롭게 흥얼거리는 듯한 설교를 계속하고, 사람들은 등 기댈 곳 없는 의자가 점점 딱딱해지기라도 하듯 몸을 뒤척인다. 아이들은 점차 대담해지기 시작한다. 예배가 열리는 집의 부인은 아이를 데리고 온 부모들에게 크래커와 쿠키 접시를 돌린다. 모든 아이가 과자를 받을 수 있도록 접시가 이 줄 저 줄, 옆방으로 전달된다. 나중에는 아이들에게 물도 한 잔씩 준다. 기나긴 설교가 막 시작되었고 앞으로 두 시간은 꼼짝 못하고 앉아 있어야 하기 때문이다. 집 주인은 전도사에게 물을 가져다줄 수 있다.

전도사는 맨 처음에 구약 성경의 아담과 아브라함 이야기를 하고, 그다음으로 세례자 요한과 베드로의 전도 여행을 설명한다. 얼굴에 땀방울이 송송 맺힐 정도로 열심히 설교하기 때문에 몇 분마다 외투 주머니에서 손수건을 꺼내 땀을 닦아야 할 정도다. 전도사는 손에 하얀 손수건을 쥐고 있다가 자신이 중요하다고 생각하는 대목에서 그것을 공중에 흔들기도 한다.

전도사는 성경의 한 장을 읽는 것으로 긴 설교를 마무리하는데 읽는 중간에 자기 의견을 말하기도 한다. 그리고 긴 한숨과 함께 자리에 앉으며 다른 성직자들에게 이 전언과 '언급되어야 했던 모든 것', 또는 고쳐야 할 실수들에 대해 '증언'하자고 요청한다. 이 발언 요청은 앉은 채로 3~5분에 걸쳐 이루어진다.

증언이 끝나면 주 설교를 한 전도사가 일어나 끝맺는 말을 한다. 신의 말씀대로 설교할 수 있었던 데 감사하고, 인간이 아닌 신을 찬미하라고 신도들을 더 훈계한다. 다른 교구에서 왔다면 모두에게 자기 교구 성직자들에게 순종하라고 타이르고, 해당 교구의 성직자들에게는 다른 교구를 방문하라고 충고한다. 이렇게 하면 교회의 기반을 탄탄히 다질 수 있기 때문이다. 그리고 신도들에게 무릎을 꿇고 끝맺는 기도를 하자고 청한다. 그러면 그 목사가 기도서를 영창조로 읽는 동안 잠든 아기를 안고 있는 어머니 서너 명을 제외하고는 모두 무릎을 꿇는다.

목사가 긴 기도문을 다 읽으면 모두 일어서서 마지막 기도를 한다. 목사는 기도문을 암송한다.

> 마지막으로 말하노니 형제들아, 기뻐하라. 온전하게 되며 위로를 받으며 마음을 같이하며 평안할지어다. 또 사랑과 평강의 하나님이 너희와 함께 계시리라. 거룩하게 입맞춤으로 서로 문안하라. 모든 성도가 너희에게 문안하느니라. 주 예수 그리스도의 은혜와 하나님의 사랑과 성령의 교통하심이 너희 무리와 함께 있을지어다(고린도후서 13장 11~13절).
>
> 이렇게 저는 여러분과 함께 하느님과 그 은혜로운 손에 복종합니다. 그러면 하느님은 기꺼이 구원하는 믿음 속에서 우리를 계속 지켜주실 것이고, 그 안에서 우리를 강하게 하실 것이며, 축복받은 마지막까지 우리를 이끌어주실 것입니다. 이 모든 것을 예수 그리스도를 통해 그렇게 하실 것입니다. 아멘.

"예수 그리스도(Jesum Christum)"라는 목사의 마지막 말이 끝나면 모두 일제히 무릎을 꿇는다. 외부 방문객에게는 무릎 꿇는 모습이 신기해 보일 수도 있겠지만, 구성원들에게는 완전한 복종과 경의를 나타내는 강렬한 경험이다. 집단의 단결력을 상징하기도 한다.

신도들이 다시 자리에 앉으면 집사는 다음번 모임 장소를 알린다. 계율에 따라 필요한 순서를 마치면 집사는 구성원들에게 마지막 찬송가를 부른 후 자리에 남아 있으라고 부탁한다. 세례를 받지 않은 소년과 소녀들, 공동체의 구성원이 아닌 사람들은 이런 자리에 참여하지 못한다.

이런 구성원 모임이 없으면 신도들은 찬송가를 부르고 해산한다. 나이 어린 축이 먼저 떠나고 남성과 여성은 따로 떨어져서 나간다.

남성들이 창문과 문을 지나며 의자 일부를 치워 테이블을 놓을 공간을 마련하고, 그 자리에 테이블과 의자를 옮겨와 정렬한다. 곧 여성들과 여자 아이들이 테이블에 파이, 빵, 버터, 잼, 치즈, 피클, 붉은 근대, 커피를 차린다. 이것이 기본 메뉴이지만 지역마다 조금씩 다르다. 각 자리에는 나이프와 컵, 접시만 놓인다. 파이는 충분히 단단해질 때까지 구워서 사람들이 자기 조각을 잘라 손에 쥐고 먹을 수 있게 한다. 축제용 음식은 아니지만, 그 조각은 집에 갈 때까지 먹을 수 있다. 성직자들은 나이와 상관없이 제일 먼저 앉아서 먹고, 방문객들도 첫 번째 테이블로 초대받는다. 이런 경우가 아니라면 테이블에 앉는 순서는 나이순으로 정해진다. 대개 테이블을 서너 번은 차려야 하고, 남자 아이와 여자 아이, 그리고 가장 어린 축에 드는 아이들이 제일 나중에 먹는다. 언젠가 우리 집에서 예배가 열렸을 때, 남동생과 나는 어머니의 허락을 받고 '반달 파이'를 헛간에 숨겨두었다가 예배가 끝나자마자 제일 친한 친구들에게 나눠주었던 적이 있다.

오후 시간은 종교나 서로 관심 있는 주제로 대화를 나누며 보낸다. 예배가 끝나고 사라지거나 식사가 끝나고 바로 자리를 뜨는 것은 다소 무례하다고 여겨진다. 남성 신도들은 비공식적으로 집 안이나 헛간에 모인다. 몇몇 큰 교구에서는 나이별 모임이 잘 활성화되어서 예배가 끝나고 모일 때가 많으며, 이런 경우 젊은이들은 나이 든 사람들과 이야기할 기회가 드물다.

젊은이들 사이에서는 교회나 아미쉬 신앙에 각별한 관심을 보이거나, 아니면 그 정반대일 때 서열이 높게 여겨진다. 후자는 이미 확립된 종교적 관습에 반항적인 태도를 보이는 것이다. 모든 젊은이는 이 두 가지 비공식적인 집단 사이에서 양극화되는 경향이 있다. 종교적 문제에 대한 관심은 다양한 방식으로 표출되는데 그중 제일은 부모에게 순종하는 것이다. 예배 시간 잘 준수하기, 졸지 않고 전도사의 설교 잘 듣기, 찬송가 합창에 참여하기, 자기보다 나이가 많거나 더 진지한 사람들과 대화하면서 솔선하는 태도 보이기, 정해진 복장 갖추기, 화려한 장식 없이 단정하게 차려입기 등도 좋은 방법이다. 반항아의 모습을 보이려면 이것과 정확히 반대로 하면 된다.

오후의 친교 모임은 2시나 3시에 열리는데, 이때쯤이면 많은 가족이 마차를 타고 집에 가서 저녁 일을 볼 시간이다. 집안일을 돕지 않아도 되는 젊은이들은 예배가 열린 집에서 다시 저녁 찬송가 모임이 시작되기 전까지 친구의 집에 놀러갈 수 있다. 친구와 이웃들, 50명쯤 되는 인원이 예배가 열렸던 집에 머무르면 주인이 저녁 식사에도 초대한다.

2. 방문 유형

아미쉬 사람들에는 두 종류의 일요일이 있다. 하나는 앞에서 설명한 것처럼 예배를 가는 날이고, 다른 하나는 '노는' 일요일이다. 이런 날에는 집에 머물러 쉬거나 친척들을 방문한다.

'교회 가는 일요일(Gemeesunndaag)'에는 개인의 하루 일정이 결정되어 있다. 개인들의 욕망은 집단의 기대에 맞아 떨어져야 한다. 선택지는 없으며, 아침에는 우유를 짜거나 가축에게 먹이를 주고 그다음에는 예배를 준비해야 한다. 몸이 아프지 않는 한 누구도 집에 남는 것이 허락되지 않는다. 아버지는 아침 식사 전에 말에 마구를 채우지만 가족이 집을 떠날 준비가 되면 그때 비로소 말을 마차에 맨다. '구혼하러 돌아다니는' 젊은이는 자기만의 마차를 갖는데, 펜실베이니아 주에서는 이런 마차에 지붕이 없지만 인디애나와 아이오와 주에서는 지붕이 있다. 만약 결혼 적령기의 여자 형제가 있다면 마차에 태워 예배에 데려가기도 한다. 충분한 나이가 되거나 부모의 허락을 얻어서 일요일 저녁 합창에 참여하는 것은 사춘기 청소년들의 소망이다. 집에 돌아오면 아미쉬 가족은 잠잘 때까지 농장의 일상적인 일을 하거나 여가 활동을 하며 보낸다. 청소년과 아이들의 관점에서 보면 일요일은 강렬하고 엄격한 경험을 하는 날이다.

노는 일요일은 훨씬 격식 없이 보낼 수 있다. 이런 일요일은 예배를 보는 긴 일요일에 대한 휴식이다. 물론 가족 전체나 일부 가족이 원한다면 다른 교구로 가서 예배에 참석할 수도 있다. 그러나 이는 강제 사항이 아니며, 평신도

가족보다는 전도사들이 다른 교구를 방문하는 경우가 잦다.

아이오와나 인디애나 주의 몇몇 교구는 여름철에는 이런 대체 일요일에 주일 학교를 열기도 한다. 동부 주의 아미쉬 전통과는 다소 차이가 있는 관습이다. 주일 학교는 폐교된 학교 건물에서 열린다. 출석은 자유이고, 점심은 제공되지 않는다. 이 학교에서는 평신도 교장과 조수를 선출해서 이들이 차례로 수업을 맡는다. 주일 학교 교사들은 학생들을 차례로 일으켜 세워서 숙제로 내준 독일어 성경 구절을 읽게 한다. 이 학교의 주된 기능은 독일어를 가르치는 것이다. 교사가 무언가를 직접 소리 내어 알려주지는 않는다. 어려운 구절의 해석 내용은 하교 전까지 교장과 전도사가 가르쳐준다. 주일 학교를 수료하고 읽기 과제를 해내면 어린아이들은 상을 받는다. 주일 학교의 수업 시간은 9시 반부터 정오까지이며, 학교가 끝나면 대개 집에 돌아온다. 결혼 적령기가 된 젊은이들은 집에서 자기 '패거리'끼리 모이기도 한다. 여기에서 점심을 대접받고, 오후에는 다른 집에 놀러가거나 다른 무리와 어울린다. 젊은이들이 모여서 저녁 합창 모임에 가는 것도 이곳이다.

하지만 대부분 아미쉬 공동체에는 주일 학교가 없으며, 가족들은 노는 일요일을 집에서 보낸다. 한 주 동안 힘든 밭일을 했기 때문에 휴일에는 달콤한 휴식을 취한다. 농장 일이 끝나면 가족은 깨끗한 옷으로 갈아입고 독일어를 배우거나 읽는다. 몇몇 가족은 시간을 정해놓고 가족 식탁에 모여서 독일어 성경과 소기도서를 읽기도 한다. 어머니들은 어린아이들에게 영어나 독일어로 성경을 읽어줄 때가 많다. 이 일요일에는 집에서 맛있는 점심 식사를 하며 평일의 식사 때보다는 긴장을 많이 풀고 즐긴다. 오후에는 책을 읽거나 친구의 집을 방문한다. 젊은이들은 전날 밤부터 일요일의 이른 아침까지 여자 친구 집에 머무르느라 잠을 충분히 못 잔 것을 보충하기도 한다. 하지만 토요일 저녁의 구애 활동은 _(전통적으로) 여자 아이 쪽의 노는 일요일 전날의 토요일에만 허락된다.

일요일은 엄숙한 분위기가 지배적이다. 농장에서도 크고 시끄러운 소리를 낼 수 없다. 일요일에 남자 아이들은 망치나 다른 도구를 사용하지 못한다. 우리 집에서는 일요일에 아이들이 히코리 열매를 열매 껍데기를 부수는 것 정도는 허락되었지만 휘파람은 불 수 없다는 규칙이 있었다. 그리고 다른 아미쉬 아이를 집에 부르거나 다른 집에 놀러갈 수 있었다. 하이킹을 하거나 건초 더미 위나 헛간을 드나들며 노는 일도 많았다. 때때로 부모들이 노인이나 병든 이들을 방문하면 아이들은 집에 남겨진다. 하지만 우리 집에서는 친구 집에 놀러가는 것이 특별한 일이었고, 부모님 없이 집에 남겨진다는 것은 더욱더 흔치 않은 일이었다. 낚시는 금지되었지만 근처의 산꼭대기에 올라가거나 개울을 건너는 것은 괜찮았다. 우리는 부모님이 집에 없는 동안에는 다양한 게임을 했고 오랫동안 누구의 방해 없이 놀이를 즐겼다. 우리가 진짜 잘못된 일을 저지르는 경우는 흔하지 않았다. 어른이 있었다면 벌어지지 않았을 일, 이웃 소한테 멍에를 씌운다든지 수탉이나 숫양을 못살게 군다든지, 마을 쓰레기장에 가서 오래된 자동차를 몰아 본다든지 하는 등 어른이 있으면 할 수 없는 일을 하기는 했지만 말이다. 쓰레기장에서 우리는 자동차를 운전하지도 못할 거면서 기어 바꾸는 법을 익혔다. 부모님은 우리 중 한두 명이 다른 형제자매를 책임감 있는 행동으로 이끈다면 작은 비행은 눈감아주었고, 우리를 믿고 집에 남겨두셨다.

가족 구성원들은 일요일에 지인을 방문해서 자신과 나이가 비슷한 다양한 사람과의 만남을 즐긴다. 점심을 먹기 전인 오전에 친구들의 집에 도착하는 것이 보통이다. 이럴 경우 가족 중에 집에 있던 서너 명이 맞아줄 것이다. 남자들은 말에 고삐를 풀어주고 말이 집으로 가는 길을 찾는 동안 이야기를 나누며, 여자들은 긴 식탁에 맛있는 음식을 차린다. 사람들은 거실에 빙 둘러 앉아서 여자들이 저녁 먹으라고 부르기를 기다린다. 남자들이 먼저 식탁에 모이고, 여자들은 일단 뒤에 물러섰다가 빈자리를 채운다. 식사를 두 번 차려야 할 때도 많다. 정오의 점심 식사는 그날의 가장 중요한 일이다. 그런 만큼 몇몇 중서부 아미쉬 가족이 그렇게 하듯 야외 소풍을 가거나 카페에 가서 점심을 먹는 것은 엄격한 집단 대부분에서 환영받지 못한다. 이들에게는 식탁에 앉아서 식사하는 것이 중요하다.

성인들은 거실에서 담소를 나누며 오후를 보내고, 여자들도 설거지가 끝나면 남자들 틈에 낀다. 둥그렇게 둘러앉아서 사탕이나 팝콘을 나눠먹기도 한다. 날씨, 농작물, 농기구, 질병, 바깥세상에 최근 발생한 일들, 이사, 농장 매매, 자기가 다녀온 여행, 멋지거나 신비한 지역의 옛날이야기 등이 대화 주제이다. 여자들은 남자들의 이야기를 듣는 것과 자신들이 관심 있는 주제들, 즉 바느질이나 퀼트, 집안일에 대한 조언, 질병의 처방과 치료법 같은 화제에 열을 올릴 수 있는 것들 중에서 선택해야 한다. 늦은 오후 무렵이면 부모들은 놀고 있던 아이들을 불러 모아서 가족을 모두 마차에 태우고 집에 돌아가 집안일을 한다.

친척들의 집은 초대 없이도 방문하는 것이 보통이다. 각 가정의 어머니들은 일요일에 으레 손님이 올 것으로 예상해 그에 맞게 준비를 한다. 설교 예배 후에 병든 사람들을 잠깐 방문하기도 한다. 일요일 저녁에는 이웃을 방문하는 일도 많다. 우리 가족은 일요일 저녁 식사가 끝나고서 마차를 타고 이웃집에 종종 들렀다. 만약 이웃이 집을 비웠다면 우리는 다른 집으로 갔다. 멀리 있는 주에서 온 방문객들은 1~2주에 걸쳐 한 정착지를 돌며 여러 가족을 두루

▼ 중서부의 몇몇 공동체에서는 구성원들이 격주로 일요일에 '주일 학교'에서 만난다. 이 사진은 '네덜란드 학교'로 알려져 있는 아이오와 주의 학교다.

만난다. 아미쉬 사람들의 주간지 「버짓(The Budget)」에서도 제일 많이 다루는 주제는 바로 지인 방문이다.

3. 의례 일정

의례 활동은 주중이나 계절별, 연중 일정에 따라 이루어진다. 세례식은 가을 성찬식에 앞서 1년에 단 한 번만 열린다. 결혼식은 11월과 12월에 치러진다. 교회 회의와 성찬식은 봄과 가을에 일 년에 두 번 열린다. 설교 예배는 격주로 열린다. 성직 수임식과 장례식만이 정해진 일정 없이 치러지는 행사다.

명절로 간주되는 특별한 날로는 크리스마스, 성 금요일(예수의 수난일로 부활절 전의 금요일-역주), 부활절, 예수 승천일(부활절 후 40일째의 목요일-역주), 오순절, 추수 감사절이 있다. 이날을 얼마나 열심히 준비하는지는 공동체마다 차이가 있는데, 특히 마지막 두 명절의 경우가 그렇다. 아미쉬 예배는 가끔 주중에도 열린다. 멀리 떨어진 공동체에서 온 전도사들에게 편의를 제공하기 위해서다. 결혼식은 추가로 생기는 휴일이다. 전통에 따르면, 화요일 또는 목요일에 열리는 결혼식 당일에 앞서 준비하는 날도 있고 결혼식이 끝난 뒤 정리정돈하는 날도 있다.

크리스마스는 아마 가장 축복받는 휴일일 테지만, 의례의 성격보다는 가족이나 친척끼리 보내는 행사로서의 성격이 더 강하다. 아미쉬 사람들은 크리스마스트리나 산타클로스 없는 자신들만의 방식을 지킨다. 하지만 공립학교에 다녔던 아이들이라면 이런 풍습에 익숙해진다. 그래서 몇몇 아미쉬 부모는 매년 지역 학교의 크리스마스 행사에 아이와 함께 참가하기도 한다. 아미쉬 사람 가운데 몇몇은 이름이 적힌 제비를 뽑고 벌칙으로 선물을 사주기도 한다. 우리 집에서는 크리스마스이브에 아이들이 각각 식탁의 자기 자리에 접시를 놓았다. 그러면 우리가 자러간 다음에 부모님은 여러 종류의 사탕과 견과류를 접시에 가득 채워주셨다. 특정 장난감을 원하는 아이들도 대개는 그것을 받았다. 다만, 간소하고 너무 비싸지 않은 것이어야 했다. 결혼한 부부는 서로를 위해 깜짝 선물을 사주기도 하는데 새로운 침대나 의자 같이 그들에게 필요한 물건인 경우가 많다. 여자 아이들은 부모에게서 장식 접시를 받기도 한다. 이렇게 받은 선물은 새해 첫날까지 거실에 장식한다.

크리스마스 날에는 남편의(또는 아내의) 친척들이 파티를 열어 서로 만난다. 가족 규모가 너무 크다면 한 해는 아내 쪽 친척, 이듬해는 남편 쪽 친척을 초대한다. 아미쉬 공동체에서 크리스마스에 이틀을 쉬는 것은 유럽에서의 관습이 이어진 것이다. 일부 사람들은 새해 첫날에 지인을 방문한다. 그리고 펜실베이니아 주와 다른 몇몇 주에서는 1월 6일에 옛날 크리스마스 또는 두 번째 크리스마스로 불리는 성탄절도 지낸다.

봄이나 가을 성찬식 전에는 단식이 행해진다. 예를 들어 성 금요일은 단식하는 날이다. 부활절은 크리스마스와 마찬가지로 일부 지역에서 이틀 동안 지내고 있다. 부활절에는 특별한 의식이 없지만 아이들 사이에 고대 유럽의 관습이 이어지고 있다. 부활절 2~3일 전부터 몇몇 아이는 매일 닭장에 가서 달걀 몇 개를 가져와 헛간의 비밀 장소에 숨긴다. 그리고 부활절 아침에 달걀을 집에 가져와서 누가 가장 많이 모았는지를 겨룬다. 흔히 겉에 색을 칠하거나 그림을 그리고, 이를 부활절 달걀이라고 한다. 아이들은 부활절 아침에 자기가 원하는 만큼 달걀을 먹어도 된다. 예수 승천일에는 그냥 쉬거나 지인을 방문하는데, 이날 젊은이들이나 가족 전체가 숲으로 소풍을 가고 남자 아이들은 낚시하러 가기도 한다. 젊은 남성들은 모여서 공놀이를 즐긴다. 주중에 휴일이 있는 날이면 사냥도 허락되지만, 이런 조항은 지역별로 다양하다. 성 금요일의 경우, 펜실베이니아 주에 살던 우리 가족은 엄격하게 의례를 따르지 않았다. 그런데 나중에 이주한 아이오와 주에서는 성 금요일에 우리 아버지가 아들에게 밭일을 시키는 것에 대해 이웃들은 무척 격앙된 반응을 보였다.

4. 성찬식과 세족례

1년에 두 번 열리는 성찬식과 그 관련 의례는 아미쉬 사람들의 교회에 대한 헌신을 강화하는 가장 중요한 행사다. 아미쉬 사람들의 성찬식 예배 횟수가 두 번인 것은 앞서 이야기한 것처럼 야코프 암만이 자신의 집단을 스위스 형제단과 차별화하기 위한 지점 가운데 하나였다. 스위스 형제단은 성찬식을 1년에 한 번 치른다.

성찬식은 한 교구의 아미쉬 구성원들을 신성한 끈으로 하나로 묶는다. 성찬식은 교회의 결속을 상징하며, 성찬식을 치르지 않는다는 것은 중요한 문제에서 구성원들의 의견을 하나로 모으는 데 심각한 어려움을 겪고 있는 것이라고 여겨진다. 성찬식은 예수 그리스도의 고난과 죽음을 체험하며 그의 죽음을 기억하고 감사한다는 뜻이다.

성찬식 2주 전에는 '준비 예배(Attnungsgemee)'가 열린다. 이 예배와 같이, 또는 그 전에 개인적인 시험도 거쳐야 한다. 구성원들은 반드시 예배에 참석해야 한다. 이 예배는 대개 종일 이어진다. 설교가 평소보다 길어지거나 모임이 오후 늦게까지 이어질 때가 많기 때문이다. 이 예배에서 목사들은 '아트눙(Attnung, 고지 독일어로 오르드눙을 뜻함)'에 관한 자신의 관점을 밝히고 잊히거나 저지된 관습들에 대해 언급한다. 구성원들은 각각 자신이 오르드눙에 동의하는지, 형제애 안에서 평화를 느끼는지, 성찬식에 들어올 때 '자신의 길을 가로막는' 무언가가 있었는지 여부를 밝혀야 한다. 만약 잘못이 있었다면 고백해야 하고, 서로 간의 차이로 분쟁이 일어난 구성원이 있으면 조정이 이루어져야 한다. 이런 점에서 성찬식 준비는 깨끗이 정화하는 의식이다.

이러한 신성한 예배를 위한 개인적 준비는 그 중요성이 크게 강조된다. 가치를 느끼지 못한 상태에서 참여한다거나 마음속에 진심으로 증오를 품고 있는 사람은 아무도 없다. 성경은 모두가 알기 쉽게 쓰였다. "사람이 자기를 살피고 그 후에야 이 떡을 먹고 이 잔을 마실지니, 주의 몸을 분별하지 못하고 먹고 마시는 자는 자기의 죄를 먹고 마시는 것이니라"(고린도전서 11장 28~29절)

사소한 죄를 지었음이 밝혀졌지만 고백하지 않는 구성원들은 '성찬식에 참여하지 못함'으로써 벌을 받는다. 즉 이들은 성찬식 의례에 배제된다. 때로 파문당한 사람이 이 예배에 동료로 같이 참석하기도 하는데, 무릎을 꿇고 자신의 잘못을 인정하며 이에 주교가 동료로서 오른손을 내밀어 줄 때에만 가능하다. 따라서 이 예식은 개인의 행동 평가, 의견의 만장일치, 엇나간 개인의 순조로운 공동체 복귀에 매우 중요하다.

성찬식 이전에 자기반성을 하는 또 다른 방법은 단식이다. 아침을 먹지 않고 조용히 명상하면서 아침 시간을 보내는 것이다. 단식하는 날은 봄철의 성금요일과 가을철의 '성 미카엘의 날'(Michaelstag, 10월 11일, 랭커스터 카운티에 한함)이다.

아이들은 대개 엄격한 준비 예배와 성찬식에는 참석하지 않는다. 이 의식들은 대개 종일에 걸쳐 치러지며 구성원이 아닌 사람은 참석할 수 없기 때문이다. 하지만 아미쉬 아이들은 이날을 목이 빠져라 기다린다. 바로 이웃 아이들과 온종일 놀 수 있고 어른들의 간섭도 없기 때문이다. 많은 가정에서는 미혼인 젊은 성인들이 아이들을 감독한다. 부모들도 일상에서 벗어날 수 있고 옆에서 꾸물대는 어린애들 없이 정숙하게 예배에 참석하는 자유를 누릴 수 있는 이 행사를 기다린다. 교회 구성원들은 모두 이 가장 성스러운 행사가 정숙하게 치러지기를 기대한다. 아미쉬 교회는 성인 세례를 하는 재세례파다. 이 교파의 의식은 아이들이 주인공이 아니며, 흥겨운 행사도 아니다.

준비 예배와 성찬식에는 모두 손님으로 온 목사와 주교들이 참석하는데, 이들은 이런 행사에 필요한 긴 설교를 할 때 특히 도움이 된다. 또 이들의 참석은 그 지역 교파를 지지한다는 의미도 있다. 이틀 내내 종일 이어지는 모임의 설교는 설교하는 사람과 듣는 사람 모두에게 체력과 인내를 시험한다. 이런 행사에서 행하는 설교는 '나이 든 아버지 또는 가장의 역사'(Altväter-Geschichten)로 알려져 있다. 창세기에서 예수의 고난까지 성경 속의 역사를 포괄한다. 이 두 행사에서 두 번째 설교는 대개 꽤 긴 시간 동안 진행되는데 때로는 3시간에 걸쳐 계속되기도 한다.

준비 예배에서 설교의 시작은 아브라함이 고향을 떠나라고 부르심을 받은 이야기에서 시작한다. 그리고 아브라함과 이삭, 야곱과 열두 아들의 삶, 모세와 파라오, 극적으로 이집트를 탈출한 이야기 속에서 인간의 갈등, 죄악, 화해에 대한 드라마가 이어진다. 이 역사는 인간사에서 선악의 사례를 드러내며, 구성원들이 성찬식 전에 그들의 삶에 조화를 찾게끔 뒤돌아보게 한다. 성경의 이야기 가운데에는 긴장감과 감동이 상당한 것도 있다.

성찬식 설교는 준비 예배의 설교보다 느슨한 분위기에서 진행된다. 창세기의 창조에서 시작해 인간의 타락과 저주, 대홍수와 죄 많은 인류에 대한 이야기, 그리고 준비 예배에서 하는 비슷한 설명들이 이어진다. 이 설교에서는 구세주의 강림을 상징하는 사건들을 골라 얘기한다. 이어서 주교가 행하는 두 번째 설교는 '그리스도의 고난'(das Leiden Christi) 이야기로 끝맺는다.

기나긴 설교는 점심시간을 지나 계속되고, 구성원들은 삼삼오오 무리지어 (정해진 순서 없이) 집회를 빠져나와서 설교가 열리는 장소 어딘가에 준비된 식사를 하러 간다. 몇몇 정착지에서는 구성원들이 식탁 앞에 서서 식사를 하며 이 특별한 행사를 진행하기도 한다. 식사를 마친 사람들은 다시 예배로 돌아오고, 이렇게 돌아가면서 주 설교를 하는 전도사 외에 모두가 점심 식사를 마치게 된다(이 전도사는 대개 이른 점심을 먹는다).

긴 설교가 끝날 즈음 목사 두 명이 잠시 자리를 떠나 빵과 포도주를 가져온다. 이들이 주교의 옆 테이블에서 빵을 조각조각 자르는 동안 주교는 빵이 (그리고 포도주가) 어떻게 만들어졌는지, 씨 뿌리기에서부터 수확, 제분, 빵 굽기에 대해 이야기한다. 그리고 포도 키우기, 가지치기, 포도주 정제하기에 대해 하나하나 열거한다. 이 빵과 포도주의 상징적 의미는 주를 따르는 사람들의 생명이다. 빵은 언제나 행사 장소가 된 집의 안주인이 직접 구운 것으로 준비한다. 포도주는 주교의 아내가 담근다.

설교가 끝나면 주교는 집사에게서 빵 한 조각을 받고, 구성원들에게 일어서서 기도하자고 청한다. 기도가 끝나면 모두 일어서 있는 가운데 목사 중 한 사람과 주교가 빵을 잘라 구성원들에게 나누어준다. 구성원들은 각각 공손하게 무릎을 구부려 절하고 작은 빵 조각을 먹은 다음 자리에 앉는다. 집에서 만든 포도주로 이와 동일한 과정을 진행하는데, 몇몇 공동체에서는 포도 주스를 쓰기도 한다. 빵과 포도주가 모든 구성원에게 전해지면 주교는 평소와 같이 증언을 청하고, 기도를 한다.

기도가 끝나면 목사 한 명이 예수가 제자들의 발을 씻은 이야기(요한복음 13장)를 읽는 동안 집사와 평신도들이 수건과 물 한 통을 가져온다. 주교는 구성원들에게 타인을 편애하지 말고 가장 가까운 사람의 발을 씻어주라고 훈계한다. 이때 발을 씻는 동안 무릎을 꿇는 대신 몸을 구부려 자신을 낮추는 것이 완전한 겸손의 상징으로 여겨진다. 찬송가가 예고되고, 남자들은 신발과 양말을 벗고 서로의 발을 씻어주기 시작한다. 여자들도 다른 방에서 같은 의식을 행한다. 두 발을 다 씻겨주고 나면 참가자들은 서로 악수하고 입맞춤을 한다. 그리고 나이 많은 쪽이 "주께서 우리와 함께하십니다"(Da Herr sei mit uns)라고 말하면 나이 어린 쪽이 "평화로이, 아멘"(Amen, zum Frieda)이라고 대답한다. 초기 교회에서는 이 신성한 입맞춤이 신도들 사이의 사랑과 친교의 상징이었다. 성직자들도 매주 일요일 설교 예배에서 만날 때마다 입맞춤을 나누는데, 평신도들 사이에서는 그만큼 자주 행해지지 않는다. 발 씻기가 모두 끝나면 찬송가를 부르며 예배가 마무리된다. 신도들은 예배 장소를 떠나면서 교구에 '약간의 돈'(Armengelt)을 기부한다. 이것은 성찬식의 마지막 순서이며, 신도들은 한 명씩 집사에게 기부금을 전달한다. 집사는 얼마인지 액수를 확인하지 않고 기부금을 받자마자 자기 주머니에 넣는다.

5. 음악과 통합

찬송은 예배에서 빠질 수 없는 부분이다. 신의 말씀을 설교하는 것 다음으로 중요하다. 노래 부르기의 기본 원리는 다음과 같은 『성경』의 가르침에 의해 뒷받침된다. "그리스도의 말씀이 너희 속에 풍성히 거하여 모든 지혜로 피차 가르치며 권면하고 시와 찬송과 신령한 노래를 부르며 감사하는 마음으로 하나님을 찬양하고"(골로새서 3장 16절) 예수와 그의 제자들이 찬송가를 불렀던 예도 있다. 음악은 전체적으로 아카펠라(반주 없는 교회 음악풍의 합창곡-역주)다. 악기는 과시적이며 겸손의 정신에 어긋난다고 여겨 예배에 사용하지 않는다. 모든 예배는 찬송가로 시작해서 찬송가로 끝난다. 아미쉬 사람들은 노래가 인간의 영혼에서 가장 깊은 감정을 끌어내며, 따라서 사회적인 통합과 집단적인 정화 작용의 원천이라고 생각한다. 개개인의 목소리를 영적인 공동체의 목소리와 섞어 감정적인 호소를 이끄는 의식은 노래 외에 또 없다.

가사와 가락을 통해 구성원들은 아미쉬 문화의 깊은 뿌리를 접할 수 있다. 음악적인 훈련의 유무와 상관없이 외부인은 아미쉬 노래가 몹시 어렵다고 느낄 텐데, 처량하고 단조롭게 읊는 영창처럼 들리기 쉽다. 아미쉬 사람들은 다른 재세례파 교파가 오래전에 버린 16세기식 찬송가를 충실하게 고수해왔다. 아미쉬의 찬송가책은 아우스분트(Ausbund)라고 불리는데, 아마도 '모음집' 또는 '선집'[226]이라는 뜻으로 추정된다. 가사는 악보 없이 시의 형태로 적혀 있다. 이 찬송가를 쓴 사람은 1535년 이래 독일 바이에른 파사우의 거대한 성의 감옥에 갇혔던 재세례파였다. 이곳은 라인 강, 인 강, 입스 강의 세 지류가 만나는 초입에 있다. 이 노래들은 발라드 형식으로 무자비한 종교 지도자들의 희생양이 된 신도들의 비극적인 운명과 특별한 사건들을 이야기한다.[227] 독창부는 대화 형식으로 희생자와 심문자, 고발자, 당국, 사형 집행인 사이의 대화를 담고 있다.[228] 가사의 전반적인 주제는 사악한 독재자들에 대한 고발이며, 고독함과 슬픔이 아래에 깔려 있지만 절망적이지는 않다. 신은 그를 따르는 사람들을 저버리지 않으며 슬픔을 통해 그들을 영원한 기쁨과 영생으로 이끈다는 굳건한 신념도 표현되어 있다. 감옥에서 작성되었기에 이 가사들은 기억에 의존해 불렸으며, 어쩌면 죄수들이 분리된 지하 감옥에서 서로에게 내용을 크게 소리쳐야 했을 수도 있다.

유럽에서 아우스분트 판본이 처음 출간된 것은 1564년으로 알려져 있다. 이 책이 미국 저먼타운에서 처음 출간된 것은 1742년이다. 오늘날의 판본은 812페이지에 걸쳐 140개의 찬송가를 담고 있다. 유럽에서 이 찬송가책은 14쇄가 출간되었으며 미국에서는 20종 넘는 판본이 간행되었다. 미국판에는 1635년에서 1645년 사이에 박해받았던 스위스 순교자 40명에 대한 내용도 추가로 실려 있다.[229] 이 노래를 만든 사람들, 가사와 곡조는 학자들, 특히 음악

---

226) 최근 판본에는 다음과 같이 적혀 있다. "모음집(선집): 아름다운 크리스천 찬송가의 일부로, 스위스 형제단과 다른 정통파 크리스천에 의해 파사우 성 감옥에서 때때로 작곡되었음. 어떤 교파에 속하든 모든 크리스천에게 매우 유용함. 부록으로 6개 노래가 더 실려 있음. 13판. 1970년 펜실베이니아 랭커스터 카운티 아미쉬 교회에서 출간함."(여기에 대한 번역은 다음 글을 참조했다. William I. Schreiber, "The Hymns of the Amish Ausbund in Philological and Literary Perspective," *Mennonite Quarterly Review* 36 [January 1962]: p. 37)

227) 이 사건들과 찬송가의 역사에 대해서는 다음을 보라. Mennonite Encyclopedia의 "Ausbund", "Philipites" 항목. 그리고 Harold S. Bender, "The First Edition of the Ausbund," *Mennonite Quarterly Review* 3 (April 1929): p. 147-50; A. J. Ramaker, "Hymns and Hymn Writers among the Anabaptists of the Sixteenth Century," *Mennonite Quarterly Review* 3 (April 1929): p. 101-31; Paul M. Yoder, Elizabeth Bender, Harvey Graber, and Nelson P. Springer, *Four Hundred Years with the Ausbund* (Scottsdale, Pa.: Herald Press, 1964); David Luthy, "Four Centuries with the Ausbund," *Family Life*, June 1971, p. 21-22.

228) Schreiber, "The Hymns of the Amish Ausbund," p. 49.

229) 스위스 순교자들의 전기는 다음 책에 영어로 번역되어 실렸다. John E. Kauffman, *Anabaptist Letters from 1635 to 1645*. 원본은 *Ausbund* (Atglen, Pa.: By the author, 1975)이다.

학자들의 큰 관심을 끌었다.

아우스분트에는 악보가 실리지 않았기 때문에 노래의 선율은 귀로만 듣

▲ 독일 파사우의 감옥 탑. 16세기 이곳에 갇힌 재세례파들은 오늘날 아미쉬 찬송가책에 실린 많은 찬송가들을 작곡했다.

고 배워야 한다. 포어징거가 음의 높이를 조정하고 각 악절의 첫 구절을 독창으로 부르면 신도들은 합창을 한다. 노래는 굉장히 느린 속도로 흘러가며, 다음 음이 언제 시작되는지에 대해서는 몇몇은 알지만 몇몇은 감으로만 짐작한다.[230] 선율에 익숙하지 않은 젊은이들이나 듣는 귀가 없는 사람들은 음정을 못 맞추기도 한다. 포어징거는 합창을 이끌라고 정식으로 뽑힌 사람이 아니다. 타고난 능력이 제일 좋은 사람이 모두의 동의를 받아 자연스레 포어징거가 된다. 그래서 나중에는 재능 있는 젊은이를 알아보고 합창을 이끌어달라고 부탁하기도 한다. 아미쉬 찬송가 가운데 4~5절을 넘는 것은 거의 드물지만, 어떤 노래는 37절에 이르기도 한다. 비록 곡조가 가사 첫머리에 이름으로 표시되기는 하지만 선율을 아는 것은 귀로 듣고 직접 배운 사람뿐이다.

그림 13에는 가장 잘 알려진 아미쉬 찬송가인 「로블리트」를 아이오와 아미쉬 사람들이 부르는 것과 똑같이 재현했다. 이 찬송가는 모든 아미쉬 교구에서 설교 예배의 두 번째 찬송가로 불린다. 노래 한 구절을 부르는 데는 보통 약 30초가 걸린다. 제일 정통파인 아미쉬 공동체에서는 네 개 절을 전부 부르는 데 20분이 걸린다. 11분에 끝내는 공동체도 있다. 아미쉬 음악은 문화를 반영하며, 공동체가 바깥세상에 동화된 정도가 클수록 노래 속도도 빨라진다.

음악학자 조지 풀렌 잭슨(George Pullen Jackson)은 아미쉬 노래를 유럽의 노래와 비교한 결과, 상당수가 그 노래가 만들어진 당시에 흔했던 세속적인 선율에 바탕을 두고 있다고 밝혔다.[231] (각 찬송가에는 어떤 곡조가 쓰였는지를 표시하는 표제가 붙어 있다.) 예컨대 「로블리트」는 「Aus tiefer Not schrei ich zu Dir」의 곡조에 맞추어 불렸는데, 이것은 세속의 노래인 「소녀가 항아리 들고 가네(There Went a Maiden with a Jug)」에 상응한다. 그렇다면, 재세례파 작곡가들은 종교적인 선율을 몰랐기 때문에 종교적인 가사를 세속적 선율에 맞추어 불렀던 것일

---

230) 이 노래에 대한 깊이 있는 논의는 다음 글을 참고하라. John S. Umble, "The Old Order Amish: Their Hymns and Hymn Tunes," *Journal of American Folklore* 52(1939): p. 82-95; J. William Frey, "The Amish Hymns as Fold Music," in *Pennsylvania Songs and Legends*, ed. George Korson(Baltimore: Johns Hopkins Press, 1960), p. 129-62; Charles Burkhart, "The Music of the Old Order Amish and the Old Colony Mennonites: A Contemporary Monodic Practice," *Mennonite Quarterly Review* 27(January 1953) p. 34-54; Robert K. Hohmann, "The Church Music of the Old Order Amish of the United States"(Ph.D. diss., Northwestern University, 1959).

231) George P. Jackson, "The American Amish Sing Medieval Folk Tunes Today," *Southern Folklore Quarterly* 10 (June 1945): p. 151-57; 같은 저자, "The Strange Music of the Old Order Amish," *Musical Quarterly* 31 (July 1945): p. 275-88.

까? 한 유럽 학자는 죄수로 갇혔던 재세례파 사람들이 박해자들에게 노래의 내용을 감추기 위해 당시 유행하던 노래의 선율을 이용했다고 주장한다.[232] 이 학자에 따르면 재세례파 사람들은 박해가 약화되자마자 루터 교회와 개혁 교회의 성가에서 온 종교적인 선율을 사용하기 시작했다. 스위스와 남부 독일 교파들이 18세기에 새로운 찬송가와 그 선율을 도입했을 때, 아미쉬 교파는 혼자서 고대의 음악적 전통을 지켰다.

선율이 입에서 입으로 전해지기 때문에 아미쉬 노래는 정착지마다 조금씩 다르다. 작은 악절에 장식음을 넣거나 몇몇 악절을 좀 더 천천히 부르기도 했다. 펜실베이니아 주 미플린 카운티의 아미쉬 메노나이트파이며 인디애나 주 엘크하트 학교를 마친 후 교사 학교의 숙달된 포어징거가 된 조지프 W. 요더는 이러한 추세를 지적하며 악보에서 음의 고저를 줄였다.[233] 아미쉬 사람들이 그들 자신의 것으로 받아들여 통일된 곡조로 노래하게끔 도와주는 노래책을 만드는 것이 요더가 바라는 바였다. 그가 조심스레 지침을 마련해 노래를 담으려고 했지만 아미쉬 사람들은 요더의 책이나 그의 혁신적인 방법을 수용하지 않았다. 그럼에도 음악가나 민속학자들은 아미쉬 음악에 대한 지식을 보존하려 했던 요더의 노력에 큰 찬사를 보냈다.

요더는 아미쉬 음악이 느릿느릿하고 쓸쓸한 분위기인 것을 보아 그 선율이 그레고리안 성가에서 유래되었으리라고 추측했다. 그러나 다른 연구자들에 따르면 곡조들은 단순히 원래의 것에 장식이 더해진 것이다. 즉 통제되지 않은 채 집단적으로 노래하는 과정에서 각 곡조는 길게 늘어졌고, 그 결과 온갖 종류의 별난 장식음이 원래 곡조에 가미된 것이라고 여겨진다.[234]

아미쉬 젊은이들은 이런 느린 노래를 지겨워하는 경우가 많으며, 일요일 저녁 합창 모임에서 부르는 '빠른 노래들'을 훨씬 즐거워한다. 이런 노래들은『특정 교파에 속하지 않는 노래 책(Unpartheyisches Gesang Buch)』과 리더사

---

232) Christian Hege(1869-1943); *Mennonitisches Lexicon*의 "Melodien" 항목을 보라.

233) Yoder, *Amische Lieder*. 아미쉬 찬송가 상당수는 자기 테이프에 녹음되어 미국 의회 도서관에 보관되었다. 1938년에는 인디애나 주의 아미쉬 교도 Eli J. Bontreger와 Joni Easch가 부른 찬송가가 Alan Lomax에 의해 녹음되기도 했다. 1943년에 아이오와 대학교의 Marcus Bach도 아이오와 주에 사는 "Hay" John Miller 가족에게서 노래를 채록했다.

234) Yoder의 *Amische Lieder*에 대한 Mary Oyer의 논평인 다음 글을 참고하라. Mennonite Quarterly Review 24 (January 1950): p. 97-98. 또 주석 9번에 인용된 George P. Jackson의 해석도 참고하라.

믈룽(Liedersammlung)이라고 불리는 『얇은 책(dinn Bichli)』에 실려 있다. 이런 독일어 찬송가들은 19세기의 유명한 복음 성가의 곡조로 노래되었다. 아미쉬 사람들은 이를 아카펠라로 불렀고, 영어로 노래할 때보다 속도가 훨씬 느렸다. 「죄 짐 맡은 우리 구주(Wo ist Jesus, mein Verlangen)」, 「기도하는 달콤한 시간(Du unbegreiflich höchstes Gut)」, 「주 예수는 나를 이끄네(Herr jesu Christ, dich zu uns wend)」가 그런 예다. 젊은이들은 저녁 합창 때 부르는 예배 후반부의 노래들은 영어로 바꿔 부르는 경우가 많다. 결혼식장에서도 이런 빠른 노래가 불린다.

아미쉬 사람들이 랑잠 바이스(langsam Weis)라고 부르는 느린 노래들은 예배 때 불리는 노래의 특징이다. 신도들은 노래의 선율을 외워야 한다. 찬송가를 부를 때 아미쉬 사람들은 세속적인 것과 죄악에 관련된 모든 것을 떠올린다. 노래 가사나 부르는 사람들의 마음속에 개인의 주관은 거의 없다. 십자가를 짊어지고 고난에 찬, 그리고 이익을 함께 나누는 그리스도와 동일시하려는 의지가 넘칠 뿐이다. 찬송가에는 아미쉬 사람들의 생활 방식과 세계관의 극적 요소들을 상징적으로 드러내는 대목이 꽤 많다.

11장
공동체의 상징과 관례

아미쉬 공동체는 유대가 끈끈한 집단이다. 공동체 안의 가족과 개인들은 공통의 복지를 책임지고 또한, 누리며, 서로 역사적 · 사회적 · 경제적 · 의례적 · 상징적 끈과 친족 관계로 그물처럼 엮인다. 이러한 사회학적인 측면 말고도 아미쉬 사람들은 공동체 내부의 통일성과 공동체 외부에 사는 세속적이고 순종하지 않는 사람들과 분리되는 영적인 특권을 누린다. 생활하는 데 따르는 사회적 규칙은 명시적인 사회적 구획으로 윤곽이 그려진 삶의 방식을 구성한다. 이러한 구획은 아미쉬 관습을 바깥세상의 문화와 구별하는 기호와 상징으로 명백히 나타난다. 아미쉬 공동체의 개인은 자신이 속한 문화와 개인의 정체성을 형성하는 사고 유형을 학습하며 점차 성숙해지고 여러 가지 능력을 습득한다. 개인은 '배타적 소집단(unser Satt Leit)'의 구성원이며, 이는 '외부인' 또는 '다른 종류의 사람들(anner Satt Leit)'과 구별된다.[235] 이 구별선을 엄격하게 적용한다면 양쪽 세계에 대한 고정관념이 생기기 쉽다. 아미쉬 사람들은 바깥세상에 대해 엄청나게 과장된 정보를 얻을 것이고, 바깥세상 사람들도 아미쉬 사람들에 대해 불합리한 인식을 하게 될 것이다.

상징체계라는 말은 언뜻 멋 부린 말처럼 들릴 수도 있지만, 사실 이것 없이는 분석 작업이 어려워지는 면이 있다. 아미쉬 사람들이 대를 거쳐 존중하는 공통의 전통과 이상은 모두의 기대를 구체화한 것이다. 구성원들 사이에 소통하는 데는 별도의 언어가 쓰이며, 바깥세상의 말을 하는 능력은 그들을

---

235) 외부인들을 '영국인(English)'이라고 부르는['양키(Yankee)' 또는 '미국인(American)'이라고 부르는 지역도 있다.] 아미쉬 사람들의 관습의 기원은 식민지 시대의 언어 및 인종 집단의 차이로 거슬러 올라갈 수 있다. 신세계에서 독일인들은 영국이나 프랑스, 스페인 식민지와는 대조적으로 좁은 소규모의 정착지를 형성했다. 독일은 아메리카에 식민지를 보유하지 못했고, 영국인들은 아미쉬나 메노나이트파를 부를 때 간단히 '독일인들'이라고 불렀다. 오늘날 아미쉬 사람들이 어떤 사람을 '영국인(Englischer)'이라고 부른다고 해도 미국을 인정하지 않는 의도에서 그러는 것은 아니다. 그저 비아미쉬인을 그렇게 부를 따름이다.

▲ 아미쉬 문화의 동질성은 공동체 내부의 사회적 실재를 바깥세상의 기준과 떨어뜨려 놓는 효과를 낸다.

둘러싼 세상으로 통하는 길을 제공한다. 대를 이어 물려받은 가족 농장을 포함한 물질적 재산 또한, 상징적 의미를 띠게 된다. 친족들은 모두 아미쉬 사람이거나 아미쉬의 후손이다. 규모는 작은 것이 환영받는다. 친밀하고 비공식적으로 통제되는 공동체로 기능할 수 있도록 각 교구의 크기는 최소한으로 유지된다. 공동체의 사회적 구조는 개인의 기본적인 필요가 요람에서 무덤까지 충족되는 한 상대적으로 변하지 않는다.

1. 기호, 상징, 관습

이들을 둘러싼 세계 속에서 아미쉬 사람들은 바깥세상의 문물과 진보의 징후를 계속 주시한다. 고층 건물, 고성능 자동차, 대량 생산된 교외 주택, 텔레비전, 현대적인 의상 등이다. 이런 문물은 아미쉬 사람들에게 '세속화'의 위험성을 일깨우고, 아미쉬 사회는 이러한 바깥세상의 진보를 피하려 한다.

아미쉬 사람들은 독자적인 상징을 사용하며 이는 공통적인 의식과 행동 양식의 기초가 된다. 말과 마차, 올바른 몸치장과 복장, 이 모든 것에는 상징적인 의미가 있다. 모든 아미쉬 사람은 어떤 행동이 공동체에 받아들여지는지를 알고 있다. 상징은 사회적 통제의 효과적인 수단이다. 순응하지 않는 사람이 순응하는 사람과 쉽게 구별되기 때문이다. 아미쉬 사람들의 공통적인 특징은 여러 가지가 있다. 먼저 남자들은 일요일에 입는 외투와 조끼에 혹을 달고, 바지는 허리를 따라 한쪽으로 여미고, 챙이 넓은 검은색 펠트 모자를 쓰고, 벨트는 하지 않고 멜빵을 하고, 머리를 귀 중간까지 길게 기르고 앞머리를 가지런히 자른다. 여자들은 흰색 오건디 모자를 쓰고, 머리를 자르지 않는다. 이러한 상징들은 사회적 실재성을 갖추어 사람들에게 어떻게 생활하고 무엇을 모방해야 하는지를 가르쳐준다.

아미쉬 사회에서 예의를 표현하는 것은 대개 말보다는 행동이다. 그들처럼 관례가 인정되는 작은 사회에서는 정확한 의미를 나타내기 위해 많은 말이 필요하지 않다. 아미쉬 가정과 공동체에서는 영어권에서 쓰이는 정중한 언행이 존재하지 않는 것이 특징이다. 아미쉬 사람들은 대화할 때 남편과 아내 사이에도 애칭을 거의 사용하지 않는다. 결혼 적령기의 젊은이들이 이런 말을 쓴다고 해도 그것은 거의 영어 단어다. 그렇다고 해서 이들에게 예의를 차리는 언행이 없는 것은 아니며, 말보다는 행동을 더 적절한 수단으로 여긴다. 아미쉬 부모들은 외부인 부부가 '여보', '당신' 같은 말로 서로를 지칭하는데 대해 그런 말은 피상적이거나 뭔가 다른 의도가 있다고 생각한다. 또 '죄송합니다'라든가 '실례합니다'에 상응하는 아미쉬 방언은 있긴 하지만 실생활에서 거의 쓰이지 않는다. 아이들이 자기들끼리 놀 때 이런 말을 쓰기도 하지만, 가족들 사이에서 계속 쓸 수는 없다. 그런 말을 자주 하면 '사교적인' 사람이 되려 한다고 꾸중을 들을 것이다. "아이쿠(Oops)!" 같은 말은 어떤 행동에 대해 의도적이지 않았음을 나타낼 때 이따금 쓰인다. '부탁합니다'나 '감사합니다' 같은 말 역시 식사할 때나 일상생활에서 거의 쓰이지 않는다. 반면에 아이들은 특별한 날 선물을 주고받을 때 "고마워(Denki)", "천만에(Willkomm)."라고 말하도록 교육받는다. 일요일 아침에 남편이 모자를 찾기 전에 아내가 솔질을 해주더라도 '고맙다'는 말을 듣지는 못한다. 대신, 사려 깊은 사람이라면 예배하러 갈 때 걸음마하는 아이를 직접 데려가거나 아내가 마차에 오르는 것을 돕고 담요를 덮어줄 것이다. 저녁 식사 자리에서 트림을 하는 것은 무례하다기보다 음식을 잘 먹었다는 신호다. 하지만 '외부인'이 같은 자리에 있을 때 아미쉬 사람들은 외부인들의 정중한 언어를 쓸 것이다. 한 번은 어떤 아미쉬 여성이 집 앞의 보도를 청소하는 다른 여성을 보고 그곳을 지나치면서 "실례합니다."라고 말했다. 중세 유럽의 정중한 언어는 농촌 사람보다는 귀족층에서 훨씬 많이 쓰였고, 이런 관습이 아직도 아미쉬 사람들의 생활 속에 살아 있는 것이다. 공손한 단어가 상대적으로 부족하다는 점은 아미쉬 공동체에서 상징과 동작의 영향력을 강화해 준다.

2. 항의의 언어, 복장

아미쉬 공동체의 종교적인 상징은 복장이나 외모에서도 나타난다. 몸치장이나 의복 양식은 신에게 복종한다는 표현이자, 오만하고 순종하지 않는 바깥 세상에 대한 '항의'다. 1장에서 설명한 것처럼('내부로부터의 관점' 단락에서), 경건한 지식은 신에 대한 순종에서 기원하며, 오만함은 '신보다 많은 것을 안다고 생각하는' 데서 비롯한다. 아미쉬 공동체의 남자들은 턱수염을 자르지 말고 길러야 하며, 바깥쪽이나 엉덩이에 주머니가 달리지 않은 검은색의 단순한 옷을 입고, 테가 3인치인 검은색 모자를 써야 한다. 여자들은 비단 옷이나 화려하고 몸에 꼭 맞는 옷을 입어서는 안 되고, 치마 길이는 바닥에서 8인치 이상 올라가서는 안 되며, 머리카락을 자르거나 머리에 장식을 붙이거나 둥글게 말아서도 안 된다. 앞치마, 숄, 보닛은 정해진 크기와 색상을 지켜야 하고 적절한 시간에 착용해야 한다. 어린아이들도 세속적인 양식으로 꾸며서는 안 된다.

아미쉬 사회에서 의복 양식은 단합과 공동체의 상징으로서 중요하다.[236] 의복은 그 개인을 완전한 동료로 인정하는 수단일 뿐만 아니라 그 사람의 연령, 성별, 사회적 지위까지 명확하게 드러낸다. 예컨대 모자는 아미쉬 사람과 외부인을 구별해주고, 사회 구조 속에서 그의 역할을 나타내기도 한다. 2세

---

236) 의복과 문화적 경계에 대한 자세한 내용은 다음을 보라. John A. Hostetler, "The Amish Use of Symbols and Their Function in Bounding the Community." '간소한' 의복의 여러 종류에 대해서는 다음을 참고하라. Stephen Scott, *Why Do They Dress That Way?* (Intercourse, Pa.: Good Books, 1986).

남자 아이가 갓난아기 때 입던 옷을 벗고 처음으로 바지를 입기 시작할 때, 이 아이는 챙의 길이가 3인치를 넘는 새까맣고 뻣뻣한 모자도 받는다. 모자 제조인들은 치수가 28가지도 넘고 모양도 여러 가지인 아미쉬 모자를 만든다. 펜실베이니아 주의 신랑들은 신혼 초기에 신축성이 있는 소재의 모자를 쓴다. 이 모자는 윗부분에 영구적인 주름 장식이 있는데, 주름 모양이 살짝 둥글고 윗부분 테의 둘레가 넓은 것이 특징이다. 아미쉬 사회에서 아버지들이 쓰는 모자의 높이는 사회적 계급과 지위에 따라 정해진다. 외부인들은 그 차이를 눈치채지 못하거나 알아채더라도 그저 우연으로 생각하고 넘어갈 수 있다. 하지만 아미쉬 사람들에게는 이러한 사소한 차이가 개인이 집단의 기대를 충족시키는지 여부를 나타낸다. 테두리가 지나치게 좁은 모자를 쓴 젊은이는 훈계를 받기 쉽다.

아주 엄격한 아미쉬 교회 신도와 진보적인 교회 신도를 구별하려면 모자의 챙과 윗부분 테의 지름을 보면 된다. 우리 가족이 펜실베이니아에서 아이오와로 이주했을 때 처음으로 적응해야 했던 것은 가위를 꺼내 모자챙의 테두리를 잘라내는 것이었다. 그렇게 하자 나와 남동생은 새로운 아미쉬 공동체에 더 쉽게 받아들여질 수 있었다. 동시에 이 행동은 더욱 '서구화된' 아미쉬 구파 집단들에 순응하는 적응을 상징하기도 했다.

아미쉬 남성들이 입는 외투에는 두 종류가 있다. 외투는 단지 몸을 따뜻하게 하는 기능만 생각하는 것이 아니라 때와 장소에 맞추어 입어야 한다. 일요일에 입는 연미복 밑에는 조끼를 받쳐 입어야 한다. 이 일요일의 연미복 외투와 일할 때 입는 외투가 보통 가지고 있는 두 종류의 외투다. 세례를 받은 남성은 설교 예배 때 항상 프록코트(Mutze)를 입어야 한다. 아미쉬 남성은 일요일에 친척을 방문하거나 번화가에 나갈 때 외투(wamus)를 포함해서 완전히 차려 입을 수 있지만, 예배 때는 프록코트를 입는다. 이 프록코트는 보통 코트보다 길이가 길고 끝자락이 갈라져 있다. 조끼와 외투를 입을 때는 언제나 훅으로 옷섶을 여며야 한다. 최근에는 몇몇 공동체에서 일할 때 입는 외투에 단추나 지퍼, 똑딱 단추를 다는 것도 허용하지만 그렇지 않은 공동체도 있다. 남성들은 모두 셔츠나 바지를 입을 때 자기 공동체에서 허락되는 단추를 사용해야

▲ 펜실베이니아 주 중부에 사는 아미쉬 사람들의 의복 양식. 남성 외투에 달린 훅과 여성의 드레스 뒷자락을 받들리는 허리밴드에 주목하라.

한다. 아미쉬 사람들의 이러한 의복 양식은 과거 유럽의 농촌 사람들 사이에서 흔했다.[237] 아미쉬 공동체는 그 의복들을 관례처럼 고수해온 것이다. 한때 유럽에서 흔했던 문화적 특색이 아미쉬 공동체 내에서 보존될 뿐만 아니라 그들의 생활 방식의 상징이 되었다.

여성들의 복장은 남성들보다 색이 화려한 편이다. 문양이 없는 단색 직물이기만 하면 다양한 색상이 허용된다. 원피스 드레스도 전통적인 양식으로 만든다. 여성들은 몸통 부분 위에 '할스두흐(Halsduch)'라는 것을 입는데, 간소하게 입는 다른 메노나이트파에서 '망토'라고 부르는 것과 비슷하다. 팔라틴(팔츠)에서는 이것을 브루슈투흐('가슴에 대는 천')라고 불렀다. 할스두흐는 길이가 30인치 정도 되는 삼각형의 천이다. 삼각형의 한 꼭짓점은 등 뒤에서 고정되고, 다른 두 꼭짓점은 어깨를 넘어와 몸통 앞에서 교차되어 허리를 둘러 핀으로 꽂힌다. 여자 아이들은 예배 때 흰색 오건디 망토와 흰색 앞치마를 입지만 기혼 여성들은 드레스의 색에 맞는 앞치마와 망토를 두른다.

---

237) 팔라틴에서 입는 복장에 관한 설명은 다음을 보라. Karl A. Becker, *Die Volkstrachten der Pfalz* (Kaiserslautern, 1952). Melvin Gingerich는 메노나이트파의 복장을 다루면서 아미쉬 의복의 여러 측면에 대해서도 논의한다. 다음을 보라. *Mennonite Attire through Four Centuries* (Breiningsville, Pa.: Pennsylvania German Society, 1970). 다음 글도 참고하라. "Nonverbal Performances: The Function of a Grooming and Garment Grammar in the Organization of Nonverbal Role-Taking and Role-Making," p. 25-65, in W. Hullen, ed. *Understanding Bilingualism* (Frankfort: Peter Lang, 1980); Fritz Plancke, "The Evolution of Clothing Trends among the Amish: An Interpretation," p. 12-23, in *Internal and External Perspectives on Amish and the Mennonite Life*, ed. W. Enninger(Essen, Germany: Unipress, 1984).

그리고 이렇게 입을 때는 드레스에 수많은 곧은 핀을 꽂는다. 단추는 아이들의 옷에만 달 수 있기 때문이다.

아미쉬 여성이 걸치는 의류 가운데 가장 상징적인 것은 머리에 쓰는 두건 비슷한 모자(Kapp)다. 갓난아기를 포함한 모든 아미쉬 여성은 이것을 쓴다. 여자 아이가 12세 무렵이 되면 일요일에는 검은색 모자를 쓰고, 집에서는 흰색 모자를 쓴다. 그러다 결혼하고 나면 언제나 흰색 모자를 써야 한다. 모자의 크기와 모양, 색상은 지역마다 조금씩 다르고, 같은 공동체 안에서도 정통성을 따지는 정도에 따라 또 다르다(그림 14). 이 모자에 잘게 진 주름을 다림질해서 펴는 일은 시간이 오래 걸리는 지루한 작업이다. 모자 앞부분(fedderdale)과 뒷부분(hinnerdale), 주름과 이음매 너비를 포함한 모자 만드는 구체적인 방법에는 그 공동체의 신성한 상징이 담겨 있다. 비록 이 구체적인 부분은 꽤 바뀌어 왔지만, 오늘날 아미쉬 여성들이 쓰는 모자는 예전에 팔라틴 여성들이 쓰던 것과 본질적으로 같다. 주류 사회에 부분적으로 동화된 아미쉬 사람들이나 스위스독일 출신 메노나이트파에서 여성들은 기도하거나 예배할 때 '머리 덮개', '기도 모자', '베일'을 썼다. 이 관습은 『성경』의 다음과 같은 구절에 근거한다. "무릇 여자로서 머리에 쓴 것을 벗고 기도나 예언을 하는 자는 그 머리를 욕되게 하는 것이니 이는 머리를 민 것과 다름이 없음이라"(고린도전서 11장 5절) 하지만 전통적인 아미쉬 구파 사람들은 이런 식의 타협을 수

▼ 남성의 의례용 복장에는 끝자락이 갈라져 있는 프록코트가 필요하다.

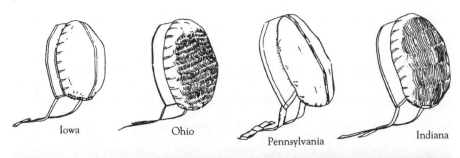

Iowa   Ohio   Pennsylvania   Indiana

[그림 14] 이 젊은 여성들이 쓴 흰색 오건디 모자(kapp)는 지역별로 종류가 다양하다.

용하지 않았다.

그것이 '항의'의 언어였든 아니면 관습이었든, 아미쉬 의복 양식은 정체성과 배타주의의 강력한 기반을 이룬다. 다른 모든 경계적 메커니즘과 마찬가지로, 특정한 의복은 내부자들을 바깥세상에서 분리하고 외부인을 식별하는 역할을 한다. 종교적인 인가와 『성경』의 정당화가 이러한 공유되는 관습을 만든다. '외부인(englische Leit)'이나 '다른 사람들(anner Satt Leit)'은 '우리 편 사람들(unser Satt Leit)'과 구별된다. 배우들에게 아미쉬 사람들의 복장을 재현하려는 시도도 있었지만 결코 원조에 근접하지 못한다. 아미쉬 사람들에게 이 배우들은 배꼽을 잡을 정도로 우습거나, 최소한 바보 같아 보인다.

3. 언어와 회화

아미쉬 사람들은 스위스나 프랑스의 알자스나 로렌, 독일의 라인란트 등지에서 왔지만, 이들의 가정에서 대화할 때 쓰는 말은 놀랍게도 동일하다. 이들의 다양한 출신지가 모두 같은 방언(알라만어)을 쓰는 지역 안에 있기 때문이다. 알자스 출신 아미쉬 사람 가운데 일부는 미국에 도착해서도 프랑스어를 썼고, 일부 프랑스어 단어들이 통합된 이들의 방언은 펜실베이니아 독일어 또는 펜실베이니아 네덜란드어(Dutch)라고 불렸다. 여기서 후자는 진짜 네덜란드어라기보다는 'Deitsch(독일어)'의 방언적 형태다. 인디애나 주의 애덤스 카운티와 앨런 카운티에서는 19세기 아미쉬 이주자들의 후손이 스위스 방언을 썼지만, 그렇다고 다른 아미쉬 교파 사람들과 상호 작용하는 데 큰 장벽이 되지는 않았다. 친척들을 방문하러 펜실베이니아 주에서 중서부 주로 여행온 아미쉬 사람이라도 자신에게 익숙한 방언을 사용하며 대화할 수 있다.

아미쉬 사람들은 세 가지 방언을 쓰는데, 각 방언에는 모두 다른 방언의 요소가 들어가 있다.[238] 게다가 이들은 자신들이 쓰는 언어와 헷갈리지 않고 영어를 읽고, 쓰고, 말할 수 있다. 비공식적인 상황에서는 약간의 혼란이 생기기도 하지만 말이다. 그들의 모국어인 펜실베이니아 독일어 방언은 일차적으로 입말이 우선인 언어다. 하지만 『성경』을 크게 읽을 때나 인용할 때는 발음에 고지 독일어(High German, 현재 독일의 표준어-역주)를 간접적으로 배운 티가 나기도 한다. 언어별로 그 언어를 사용하는 사람에게 고유의 역할과 기능이 체계화되는 듯하다. 영어를 말할 때 아미쉬 사람들은 영어가 모국어인 사람처럼 유창하다.

펜실베이니아 독일어는 아이들이 집에서 편하게 사용하는 언어이자 비공식적인 대화에서 쓰는 언어이기도 하다. 아미쉬 부모를 둔 아이들에게는 이 말이 모국어다. 앨버트 버핑턴(Albert Buffington) 교수는 이 언어가 "멋대로 고쳐 쓰는 영어"라든지 "억양이 심한 무지한 사람들에 의해 오염된 독일어"가 아

---

238) J. W. Frey, "Amish Triple-Talk," *American Speech* (April 1945): p. 84-98. 같은 저자의 다음 글도 참고하라. "Amish Hymns as Folk Music," in *Pennsylvania Songs and Legends, ed. George Korson* (Baltimore: Johns Hopkins Press, 1960), p. 129-62.

닌 독일어의 독특한 방언이라고 분명하게 주장했다.[239] 이 방언은 팔라틴 지역의 주민이 사용하는 독일어와 비슷하다. 물론 루터 교회나 칼뱅파 교회, 형제단 같이 독일어권 지역에서 발생한 다른 교파에서도 이 방언을 사용한다.

자라나는 아미쉬 아이들이 그다음으로 많이 사용하는 언어는 영어다. 아이는 학교에 다니면서부터 영어를 많이 쓰기 시작한다. 그전까지는 자기가 쓰던 방언 속의 영어에서 온 단어라든지 손위 형제가 쓰는 영어 정도에 노출될 뿐이다. 아미쉬 아이들은 고유의 억양을 섞지 않고 두 가지 언어로 어려움 없이 이야기할 수 있도록 배운다. 학교에 들어갈 무렵에는 아주 한정된 범위 내에서 영어를 배우지만, 곧 영어가 모국어 다음의 언어가 된다.

도시에 나가서 비아미쉬 사람들과 이야기할 때라든지 학교에서, 또 '외부인' 방문객이나 외판원과 대화할 때 영어를 사용한다. 즉, 아미쉬 사람들은 어쩔 수 없는 상황에서 영어를 쓰게 된다. 이들은 자신들의 방언에서 영어로, 영어에서 방언으로 상황에 따라 적절한 언어를 사용해 대화할 수 있다. 아미쉬 가족과 식사하는 외부인은 이들이 식탁의 한쪽 끝에서는 아미쉬 방언으로 수다를 떨지만, 예의를 차려 일반적인 주제로 이야기할 때는 영어를 쓴다는 것을 알게 될 것이다. 아미쉬 사람들이 쓰는 영어는 어느 정도 모국어인 펜실베이니아 독일어의 영향을 받은 면도 있지만, 전반적으로 이들은 영어를 제대로 사용하는 데 거의 어려움을 느끼지 않는다.[240]

고지 독일어, 더 정확히 말해 '아미쉬 고지 독일어'는 설교 예배와 공식적인 의례 때에만 쓰인다. 아미쉬 사람들은 고지 독일어로 대화하지 않으며, 성인 대부분이 이 언어를 수동적으로만 배웠을 뿐이다. 즉 『성경』을 인용할 때 정도만 접한다. 성직자들은 고지 독일어로 된 『성경』, 즉 루터가 번역한 원래 판본을 바탕으로 설교하고 인용할 수 있어야 한다. 기도서와 여러 찬송가책은 독일어로 쓰여 있다. 그리고 오늘날 아미쉬 학교에서는 고지 독일어를 가

---

239) Albert F. Buffington, "Pennsylvania German: Its Relation to Other German Dialects," American Speech, December 1939, p. 276-86.

240) 언어 유형에 대한 분석에서 나는 에센 대학교의 Werner Enninger와 미시간 주립 대학교의 Steven M. Benjamin의 도움을 받았고, 이들에게 감사를 표한다. 이들은 출간되지 않은 다음 두 논문의 저자다. "The Old Order Amish: Their History, Culture, and Language" (p. 18); "The Amish: A Working Bibliography, 1951-1977"(p. 36).

르친다.

아미쉬 종교 의례는 고지 독일어로 진행하지만, 설교할 때는 방언이나 영어 단어를 섞어 쓴다. 예컨대 아미쉬 전도사는 다음과 같이 이야기한다. "Heit sin viel Leit voll religion, avver sie hen kenn salvation.(오늘날 많은 사람이 신앙생활에 열심이지만, 이들은 구원을 받지 못합니다.)" 's'Teschdement(신약 『성경』)'나 'Biewel(『성경』)' 전체에서 구절들을 암송한다. 이들의 방언에는 영어에서 온 단어들이 접두사나 접미사의 형태로 나타나고, 고지 독일어도 마찬가지로 그렇게 나타난다. 방언에서 어미가 약화되거나 철자를 생략하여 발음하는 것은 고지 독일어에서도 종종 나타나는 현상이다. ö나 ü 같은 움라우트가 들어간 단어는 현대 표준 독일어에서 입술을 동그랗게[원순(圓脣) 모음으로] 하지 않고서 발음되는데, 팔라틴 방언에서도 이런 식으로는 발음되지 않는다. 즉 'frölich(즐거운)'은 '프레이-리히'로 발음된다. 아미쉬의 독일어 방언에서는 일시적으로 습득한 고지 독일어 지식이 의례적인 기능과 연결되어 사용됨으로써 보존되고 있다.

아미쉬가 아닌 사람에 대한 일반적 명칭은 'Englisher' 또는 'Auswendiger'로 '외부'에서 온 사람이라는 뜻이다. 아미쉬 사람들은 감리교나 침례교, 루터교회 같은 다른 교파 사람들을 분명하게 구별하지 않는다. 하지만 메노나이트 구파, 강 형제단(River Brethren), 후터파, 구식민지 메노나이트, 검소파 퀘이커 교도 같이 바깥세상과 분리된 생활을 실천하는 다른 '검소파(plain people)' 사람들과는 어느 정도 친근함을 느낀다. 메노나이트파는 '외부인'으로 분류되지 않는다. 사실 메노나이트파는 아미쉬와 한 끗 차이이기 때문에 아미쉬 사람들은 이들을 'Mennischte'라고 부르며 다른 '외부인'과는 구별해서 생각한다. 반면에 가톨릭교도는 'Gedolischer(독일어 Katholischer에서 온 단어다)'라고 부르며, 확실히 외부인으로 취급한다. 아미쉬 사람들을 이웃으로 둔 외부인들은 아미쉬 사람을 '네덜란드인(the Dutch)'이라고 부르는 경우가 많다.

방언으로 대화하는 것은 공동체 생활에서 특히 중요한 기능을 한다. 아미쉬 사람들은 매우 사교적이고 붙임성 있는 성격이기 때문이다. 다른 사람의 집에 방문하거나 설교 예배, 장례식, 결혼식, 물건 매매, 헛간 만들기, 여러 가지 즐거운 모임, 바느질, 합창, 일요일의 이웃 방문 등에는 언제나 긴 대화가 따른다.

4. 이름

균질적인 작은 공동체에서는 대화하는 말씨 속에서 성이 같은 사람들을 구별해야 한다(이름까지 같은 경우도 있다). 아이오와 주 칼로나의 우체국에서는 농촌 지역의 밀러 450명, 슈바르첸드루버 85명의 가족을 구별한다. 이런 조건에서는 중간 이름의 머리글자나 별명이 큰 도움이 된다. 그 밖에도 우편물을 받는 사람에게 정확히 곧장 전달하려면 주소에 적힌 '행간을 읽어야' 하고, 친척이나 가족사를 알아야 하며, 가족의 지인이 사는 곳을 계속해서 꼼꼼히 확인해야 한다.

오늘날 14만 4,000명 정도인 아미쉬 사람들의 성은 126개다. 그중 43개(33퍼센트)는 미국 출신으로서 아미쉬 신앙으로 개종한 사람으로, 이들의 비율은 그다지 높지 않다. 현재 이 43개 가운데 18개가 1인 가구다. 큰 정착지 세 곳에서는 사람들의 성이 다양하다(표 5를 보라). 세 곳 모두 절반이 넘는 인구의 성이 5개로 압축된다. 랭커스터 카운티 정착지의 34개 성 가운데 25퍼센트가 스톨츠퍼스(Stolzfus)다. 첨언하자면 이 성은 원래 루터파였다가 아미쉬로 개종하고 1766년에 미국으로 이주한 니콜라스 스톨츠퍼스에게서 이어진 것이다.[241] 스톨츠퍼스 다음으로 흔한 성은 킹(King), 피셔(Fisher), 베일러(Beiler), 랩(Lapp)이다. 오하이오 정착지(홈스 카운티와 그 주변)에서는 밀러(Miller), 요더(Yoder), 트로이어(Troyer), 레이버(Raber), 허쉬버거(Hershberger)가 가장 흔하다. 인디애나(엘크하트 카운티와 그 주변)에서 상위 5개 성은 밀러, 요더, 본트래거(Bontrager), 호흐스테틀러(Hochstetler), 매스트(Mast)다. 정착지 세 곳을 비교해보면 펜실베이니아에서 성의 종류가 가장 적다는 것을 알 수 있다. 이곳은 오하이오나 인디애나 정착지보다 남성과 여성 모두 성과 이름의 종류가 적다. 이런 작명 관습은 중

---

241) Paul Schowalter, "Pioneer Nicholas Stolzfus," *Mennonite Research Journal* 4(April 1963): p. 13.

서부 공동체들이 바깥세계에 더 개방적이고, 폐쇄된 공동체를 유지하는 점에서 덜 엄격하다는 주장을 뒷받침한다.

[표 5] 아미쉬 사람들의 이름: 큰 구파 정착지 세 곳에서 각 이름의 개수와 빈도

		펜실베이니아 주 a		오하이오 주 b		인디애나 주 c
가구 수		2,051		2,561		1,204
성의 개수		34		47		64
남성 이름 개수		77		157		154
여성 이름 개수		68		137		121
흔한 성 (%)	스톨츠퍼스	25	밀러	27	밀러	25
	킹	13	요더	17	요더	14
	피셔	11	트로이어	10	본트래거	11
	베일러	10	레이버	6	호흐스테틀러	5
	랩	7	허쉬버거	9	매스트	4
흔한 남성 이름 (%)	존	10	엘리	8	존	5
	아모스	8	존	6	레비	5
	새뮤얼	7	레비	2	조지프	5
	대니얼	6	댄	5	대니얼	4
	데이비드	6	제이컵	3	페리	3
흔한 여성 이름 (%)	메리	9	메리	10	메리	10
	레베카	7	케이티	7	케이티	7
	세라	7	애나	6	애나	7
	케이티	7	패니	5	에드나	6
	애니	6	세라	5	수지	5

a 『펜실베이니아 아미쉬 인명부』(1973), 랭커스터, 체스터 카운티 포함.
b 『오하이오 아미쉬 인명부』(1973), 홈스 카운티와 그 인근.
c 『인디애나 아미쉬 인명부』(1970), 엘크하트와 라그랜지 카운티 포함

이처럼 같은 성이나 이름이 너무 많다 보니 서로 구별하는 방법이 필요했다. 중간 이름이나 머리글자를 사용하는 것만으로는 충분하지 않았다. 어떤 주제이든 의미의 차이를 구분하여 나타내기 위해 그 사회에서 많은 단어가 사용되어야 한다는 것은 인정된 원리다. 에스키모들은 다양한 종류의 눈을 구별해서 말하기 위해 30개도 넘는 단어를 쓴다. 트로브리안드 제도 사람들은 참마속(屬) 식물(yam)로 생계를 꾸리는데, 그 종류가 여러 가지여서 해당하는 단어도 많다. 아미쉬 공동체에서는 이렇게 구별해야 하는 대상이 사람이다. 그래서 아미쉬 정착지에서는 별명을 흔히 사용하며, 발화 패턴을 통해 비

숫한 이름들을 구별하는 방법을 개발했다. 모리스 무크(Maurice Mook)의 관찰에 따르면 다음과 같다. "별명은 거의 고유명사처럼 아주 흔하게 쓰인다. 아미쉬 사람들이 아미쉬가 아닌 이웃보다 별명을 많이 쓴다는 것은 아주 쉽게 관찰할 수 있다."[242]

아미쉬 사람들은 동명이인을 구별하기 위해 이름을 줄여 부르거나 개인의 물리적 특징이나 선호도, 취미, 재미있는 사건에서 따와 별명을 짓는다. 아이들에게는 모계나 부계 가족의 이름을 붙이기도 하며, 성이나 머리글자를 독특하게 발음하거나 개인의 직업 또는 사는 곳에서 따와 별명으로 부르기도 한다. 오늘날 아미쉬의 가계도를 연구하는 학자들은 선조였던 '힘센 제이컵' 요더(힘이 무척 센 것으로 유명했다)를 18세기에 살았던 다른 제이컵 요더와 구별한다. '허들 제이크'도 또 다른 초기 미국 이민자의 별명인데 그 기원은 알려지지 않았다. '세븐 딕'('Sivve Dick'에서 온)'도 제이컵 요더와 비슷한 경우로, 그의 외투는 엄청나게 컸다. 어느 일요 예배가 끝난 후 다른 사람들이 장난삼아 그의 외투를 입어보았는데 젊은이 일곱 명이 그 안에 들어갈 수 있었다고 한다.

별명을 지을 때 솔로몬은 '솔', 벤저민은 '벤'이 되었다. 통통한 존, 곱슬머리 존, 땅딸보 애브너는 신체적인 특징을 딴 것이다. 사과버터 존, 버터 에이브, 이쑤시개 존은 개인적인 습관에서 비롯했다. 그레이비 댄은 저녁 식사 때 누가 식탁을 흔드는 바람에 커피 잔에 크림 대신 그레이비 소스를 넣었다고 해서 붙은 별명이다. 이름과 중간 이름으로 누군가를 구분할 수 없다면 아버지의 이름을 사용한다. 예컨대 존 요더는 루벤 조의 존이 된다. 또 낸시 존과 낸시 제이크는 어머니의 이름을 이용해 구별한 예다. 기수 조는 말 판매상이고, 닭 엘럼은 닭 농장을 운영하며, 닭 댄은 그 닭 농장에서 일하는 일꾼이다. 갭 데이브, 갭 엘럼, 갭 조는 갭이라는 마을 근처에 산다. 우리 가족이 펜실베이니아에서 아이오와 주로 이주하자, 우리 아버지에게는 이름이 같은 가장들과 구별하기 위해 '펜실베이니아 조'라는 별명이 붙었다. '복숭아 과수원 마이

---

242) Maurice A. Mook, "Nicknames among the Amish," Names 15(June 1967): p. 111-18. 다음 글도 참고하라. Lester O. Troyer, "Amish Nicknames from Holmes County, Ohio," Pennsylvania Folklife 17(summer 1968): 24; Eleanor Yoder, "Nicknaming in an Amish-Mennonite Community," Pennsylvania Folklife 23(Spring 1974): p. 30-37. Yoder의 글은 펜실베이니아 주 서머싯 카운티와 메릴랜드 주 개릿 카운티를 다룬다.

크'라는 별명이 붙으면 펜실베이니아 주 미플린 카운티에 사는 다른 마이크들과 구별된다.

같은 관심사를 보이는 사람의 수가 늘면서 젊은이들 사이에서, 특히 남자 아이들 사이에서 별명 붙이기가 유행했다. 이들은 만화 캐릭터, 야구선수 이름을 따거나 완전히 자의적으로 붙인 별명을 부르며 집단의 결속력을 높이고 외부인과 어른들의 '올바른' 세상과 분리되고자 한다. 예컨대 남자 아이들은 애시파일(잿더미-역주), 빈 백(자루에 작은 플라스틱을 채워 의자처럼 쓰는 것-역주), 블립('삑' 하는 소리-역주), 불, 독, 패츠(뚱뚱한 사람-역주), 페그스(마르고 핼쑥한 사람-역주), 퍼디(땅딸보-역주), 고머(신참 사관 후보생, 또는 건강 염려증 환자, 어리석은 사람-역주), 핀키(분홍빛을 띠는 것-역주), 요요(속어로 바보, 멍청이-역주) 같은 별명을 쓴다. 별명은 얘기할 때만 쓰이고 글에서는 거의 쓰지 않는다.

5. 겸허한 지식

아미쉬 사람들은 오만함의 위험을 경고하고자 다음 『성경』 구절을 인용한다. "높은 데 마음을 두지 말고 도리어 낮은 데 처하며 스스로 지혜 있는 체 하지 말라"(로마서 12장 16절) 고등 교육은(사실상 '고등학교')는 자기 발전이자 신에 대한 불복종에서 비롯된 지식의 상징이다. 이는 겸손함이라는 낮은 길과 공동체에 대한 충실한 봉사를 버리는 것으로 여겨진다.

다른 사회와 마찬가지로, 아미쉬 사회 역시 생존을 보장하고자 실용적인 핵심 지식을 발전시켜 그것을 계속 유지한다. 아미쉬 사회에서 지식은 한편으로는 외부에서 유입된 것에 대한 규제에 의해, 다른 한편으로는 사회 내부의 금기에 의해 제한된다. 그런 가운데 지식의 두 가지 원천이 이어진다. 하나는 실용적인 농경 기술이고, 다른 하나는 아미쉬 식으로 해석한 『성경』 지식이다. 유용하거나 실용적인 지식을 선호하는 것은 다른 많은 민속사회와 마찬가지로 아미쉬 사회의 특색이다. 이 점은 사변적이고 추상적이거나 현대적인 과학 지식을 강조하는 바깥세상과는 사뭇 대조된다. 책상물림이라고도 불리는 책에서 배운 지식은 의심의 대상이다. 아미쉬 소년에게는 밭고랑을 일

직선으로 만드는 방법이 기하학적인 공간적 관계에 대한 지식보다 중요하다. 실용적인 지식을 가장 효과적으로 얻는 방법은 결과에 대해 보상해주거나 사회의 목표에 참여시켜 무언가를 학습하게 하는 방식 및 도제식 체계다. 아미쉬 사회에서 가장 중요시되는 태도, 즉 타인과 협동하고 일을 좋아하는 태도는 학교에 다니는 것이 아니라 가족이나 공동체 속에서 다른 사람과 함께 일하면서 비공식적으로 습득하게 된다. 아미쉬 사람들은 이론적인 문제에는 확실히 관심이 없다.

『성경』은 지식을 얻는 중요한 원천이다.『성경』은 도덕의 기초이자 아미쉬 사람들에게 지금처럼 살라고 강제한다. 이 윤리는 가족과 교회에 의해 전파되며, 공동체 생활의 의례를 통해 강화된다. 성공적으로 사회화된 아미쉬 사람은 개성이나 지적인 활동을 통한 탁월함을 추구하지 않는다. 그보다는 영적인 공동체와 교인들과의 동일시에서 비롯한 지혜의 공유를 추구한다. 개성은 교만과 오만, 자화자찬으로 향하는 경향이 있다. "자기 자랑은 역겹죠." 아미쉬 사람들이 흔히 하는 말이다.

한 아미쉬 사람은 이렇게 말했다. "아미쉬 사람들은 자기 자녀에게 읽기, 쓰기, 산수라는 세 가지 기본적인 과목을 가르치는 데 굉장한 관심을 기울입니다. 우리는 아이들이 책이나 대학 교육에 둘러싸여 얻을 수 있는 것보다 부모와 함께 일하거나 경험하면서 지적 능력을 훈련할 수 있다고 생각합니다."[243] 하지만 그렇다고 아미쉬 사람들이 대학에 진학할 수 있는 외부인을 싫어하는 것은 아니다. 바깥세상에는 그런 사람이 필요하다는 점을 이해하기 때문이다. 이 아미쉬 사람은 이렇게 말하기도 했다. "우리는 안락한 삶을 일궈나가며, 도움이 필요한 이웃을 돕고, 공동체의 자산이 될 가족을 일으켜 세우는 것, 신과 그를 따르는 사람들과 더불어 평화로이 사는 것이 가능하다고 여긴다. 그리고 우리가 가능한 가장 실용적이고 훌륭한 교육을 받아왔다고 생각한다."[244]

아미쉬 아이는 초등학교를 마치면 가족 농장에 투입되어 일한다. 성인 생

---

243) 펜실베이니아 주 미플린 카운티에 사는 Ezra Kanagy가 필자에게 보낸 편지 중 일부. 1964년.
244) 같은 글.

▲ 헛간 짓기는 전통적으로 필요가 있을 때마다 행하는 경제적 분담 활동이며, 구성원들이 다른 구성원의 복지에 신경 쓴다는 점을 보여준다.

활에 대한 계율의 형태이자 준비 수단인 일은 모든 아미쉬 사람의 사고에서 기초를 이룬다. 즉 "우리는 특정 형태의 농업에 종사하며, 공립 초등학교 교육만으로도 농사일을 잘한다고 본다. 학교 교육은 땡볕 아래 넓은 들판에서 오랫동안 힘을 쏟으며 땅을 경작할 수 있는 근육을 만들어주지 않는다. 남자 아이가 21세 전에 힘든 일을 많이 해보지 않으면 그 후로도 그런 노동을 결코 좋아할 수 없을 것이다. 바꿔 말하면, 충분히 농부가 되지 못할 것이다."[245]

학교 통폐합과 고등학교 취학에 대한 아미쉬 사람들의 반대는 미국 사람들에게 널리 알려졌다. 아미쉬 사람들은 아이들이 '바깥세상의 지혜'에 노출되지 않기를 바란다. 예배에서 "이 세상 지혜는 하나님께 어리석은 것"(고린도전서 3장 19절)이라고 반복해서 배우기 때문이다. 아미쉬 사람들은 '바깥세상 사람들이 받는 세속적인 교육'이 죄악과 타인을 조종하려는 권력의 추구, 도덕

---

245) 익명을 희망하는 한 아미쉬 사람의 말.

적 타락으로 아이들을 이끈다고 여긴다. 그리고 과학자들이 교육이 저지르는 가장 큰 왜곡을 지속시킨다고 믿는다. 과학자들은 진화론을 고안하고 세상을 파괴하는 폭탄을 만들었다. 이러한 결과는 『성경』의 가르침과는 모순된다.

공식 학교 교육을 제한하며 젊은이들이 공립 고등학교나 대학에 진학하지 못하게 하는 아미쉬의 관습은 과학 지식과 비아미쉬적인 삶의 방식에 대한 노출 빈도를 줄였다. 이 규칙을 따르지 않는 구성원들을 징계하는 관습은 실용적인 지식을 장려하는 전통과 더불어 아미쉬 사회의 경계를 유지하는 효과적인 수단이다.

6. 상호 부조와 관대함

작고 균질한 공동체에서는 긴밀한 상호 작용이 이루어져 구성원들이 서로 다른 구성원의 복지에 책임을 느낀다. 비록 공동체 차원의 원조가 경제적 분담 형태로 이루어지곤 하지만, 이러한 동정심은 깊은 사회적 염려에서 비롯한 것이다. 아미쉬 사람들은 재세례파 사촌인 후터파처럼 완전한 '재산 공유'를 실천하지는 않지만 여러 가지 방법을 통해 서로 돕는다. 상호 부조의 가장 극적인 형태는 아마 헛간 짓기일 것이다. 그 밖에도 일손을 교환하는 이웃 간의 협력으로 톱질과 나무 자르기, 우유 보존실을 세우거나 건물을 수리하고 페인트칠하기, 울타리 세우기, 도살하기 등이 있다. 여성들은 퀼트나 바느질하기, 집 안 청소하기 등을 돕는다. 또 빵을 굽거나, 청소하거나, 설교 예배를 할 수 있게끔 집과 헛간을 준비하는 일 등에 이웃이나 친척의 도움을 받을 때가 많다. 어느 가정에 예기치 않게 죽음, 질병, 사고가 닥쳤을 때 공동체 사람들은 농장 일을 해주고 곡식을 수확하거나 아이들을 돌봐주어 구원의 손길을 내민다. 막 자기 농장을 시작한 젊은 농부들은 낮은 금리로 대출을 받을 수 있다. 아미쉬 공동체에는 화재에 대비하는 그들만의 보험 체계가 있다. 즉 모든 가구에서 화재가 난 집을 수리하거나 새로 짓는 데 필요한 비용을 모아준다. 상업적인 보험은 어떤 식으로든 금지된다.

이런 식으로 공동체 전체가 구성원 한 명 한 명을 뒷받침한다. 어떤 구성원이 병에 걸렸거나 곤란한 상황에 빠졌거나 무능력해졌다면, 공동체가 그것을 알고 행동에 나선다. 『성경』에서는 모든 이에게 선을 행하라고 가르치는데, 아미쉬 사람들은 자기 공동체의 '믿음의 가정들'(갈라디아서 6장 10절)에 대해서는 특히 이 충고를 철저하게 지킨다. 노인에 대한 사회적 보살핌은 아미쉬 사회에서는 결코 문젯거리가 아니다. 아미쉬 사람들은 일정한 나이가 되면 농장 일에서 은퇴한다. 아미쉬 농장은 두 단위의 가정으로 이루어진 곳이 많은데, 하나는 조부모를 위한 집이고 다른 하나는 아이를 키우는 젊은 부부의 집이다. 나이 든 사람들은 농장에서 생산하는 농산물을 공급받으며, 생활하는 데 꼭 필요한 물건도 얼마 안 된다.

다음은 아미쉬 공동체가 여러 층위로 얽힌 사회적 단위로 남게 하는 기술들이다. 『성경』과 재세례파에 뿌리를 둔 헌장은 아미쉬 사회의 이데올로기의 윤곽을 그리며, 개인들은 그 안에서만 자신을 표현할 수 있다. 생태적 공동체,

▼ 정오에 헛간은 시끌벅적하다. 이 모자들은 아미쉬 공동체의 힘을 상징한다.

바깥세상의 소비재에 대한 제한된 필요성, 의례의 통합 등은 상징적인 기대와 조화를 이룬다. 전통과 경험은 비슷하게 공유되는 의복, 언어, 한정된 교육, 상호 부조 관습 같은 구조적인 요소들 안에서 고도로 상징화되는 경향이 있다. 아미쉬 사람들은 자신들의 공동체 안에서 현대 미국 농촌 공동체의 특색을 이루는 유행을 배제하는 데 성공해왔다. 도시로의 이주, 학교 통폐합, 정부에 대한 의존 심화, 도시 사람들의 휴양지 역할 수행, 전반적인 세속화, 도시와의 연합 등이 그렇다. 이들은 강력한 공유 및 개인의 사회적 필요를 충족시키는 다른 방법을 통해 이러한 흐름에서 벗어났다. 이 사회는 요람에서 무덤까지 개인에게 필요한 것을 제공한다.

아미쉬의 상징에는 각기 의미가 담겨 있다. 그래서 아미쉬 공동체는 존속의 불확실함에 대한 불안으로 감성적이 되어 악화일로로 치닫는 일을 피할 수 있었다. 아미쉬 공동체의 전통과 사회적 구조는 현대의 계획적인 공동 생활체(commune)와는 매우 뚜렷하게 대조된다. 물론 아미쉬 사회에는 깃발이나 표어도 없고 토템 폴(토템의 상을 그린 기둥-역주)도 없지만, 많은 상징(emblem)[246]이 있다. 이러한 상징은 종교적인 개념을 바탕으로 하며, 구성원들이 옷을 입고 몸치장하는 특정 방식을 알려준다. 또한, 물질적인 형태로 사회의 통합성을 표현하며, 그 사회가 스스로 존립 가능하다는 점을 명확히 한다. 개인은 공동체의 상징에 반응할 때 비로소 자신의 외모나 지위를 외부에 드러낼 수 있다. 공동체의 공통된 감성을 표현하는 기호는 그 자체가 정체성과 연계되어 있다. 이 끈은 각 구성원에게 공동체 내의 조화와 도덕적 일관성을 의식하라고 일깨운다. 따라서 상징들은 사회적 구조의 영속을 담보하는 데 빼놓을 수 없다.

---

246) 상징에 관한 논의는 다음을 참고하라. Emile Durkheim, *The Elementary Forms of Religious Life*, trans. Joseph W. Swain (Glencoe, Ill.: Free Press, 1954), p. 230-31.

Part 3

변화의 유형
Patterns of Change

12장
정부 제도와 아미쉬

지금껏 이 책에서 아미쉬 사회는 전체적으로 기능하는 하나의 단위로 표현되었다. 아미쉬 사회 같이 독특하고 작은 하부 문화는 그 안에 존재(being)와 생성(becoming)이 끊이지 않고 공존하며, 경쟁하는 가치 체계 사이에 불안하게 매달려 있다. 그뿐만 아니라 외부 세계의 유혹, 내부의 무기력함과 분쟁 가능성 등에도 직면해 있다. 검소한 생활을 유지하고자 노력하는 가운데 아미쉬 사람들은 규제와 관료제에 대처해야 하는 특수한 문제와 마주하게 된다.

아미쉬 공동체와 가족 조직에 대한 다양한 위협의 뿌리는 군산 복합체에 유리한 법들이다. 다시 말해 (1) 작은 초등학교 통폐합, (2) 의무 교육 기간 확대 및 그에 따른 고등학교 출석 일수 증가, (3) 의무적인 복지 체계, (4) 징병제 등이다.

여기에 더해 자동차나 텔레비전, 라디오를 접하기가 쉬워졌다는 점 등 비공식적인 위협도 늘었다. 또한, 개인주의와 성령 경험을 강조하는 근본주의 종교적 영향은 아미쉬 사회의 비언어적인 결속에 위협을 제기했다. 여기서 잠재적인 파괴력을 모두 자세히 설명하기란 불가능하다. 이 장에서는 아미쉬 생활 방식에 가장 위협적이었던 의무 교육 제도를 강조하겠다. 그리고 의무적 사회보장제도와 징병제도 덧붙여 언급할 예정이다.

정부에 대한 아미쉬 사람들의 태도는 재세례파 선조들과 본질적으로 바뀌지 않았다. 이들은 정부의 필요성과 시민들을 통치하는 특권에 대해 인지하고 있다. 메노 시몬스의 말에 따르면, 정부는 "악을 벌하고 선을 보호하면서 올바른 정의를 집행하고, …… 그리고 신과 그의 세계에 적대하지 않는 경찰력을 제공하는"[247] 기능을 한다. 정부에 대한 반항은 크리스천답지 않은 행동으로 여겨져 생각조차 할 수 없다. 정부의 기능은 자연 세계 또는 세속 세계의 질서를 유지하는 것이다.

하지만 재세례파와 마찬가지로 아미쉬 사람들은 주 정부의 권위에 중대한 제한을 가했다. 즉 그들이 주 정부가 영적인 영역에 대해서는 판단할 권리가 없다고 여기는 한 정부가 종교 또는 교회의 통일성을 증진하거나 반대자들을 억압할 권리는 없다(이런 점에서 교회와 주 정부에 대한 재세례파의 개념은 종교 개혁 시기의 가톨릭이나 프로테스탄트의 개념과는 다르다)는 것이었다.[248] 주 정부는 양심의 기능이나 신에 대한 개인의 책임을 가정하지 않을 수도 있다. 아미쉬 사람들은 공공 기관에서 일하지 않으며, 공권력이 필요한 어떤 종류의 정치 활동도 피할 것이다. 이는 그들이 이해하기에 크리스천의 사랑이라는 더 상위의 법을 위반하기 때문이다.

아미쉬 사람들은 자신들 사이에서, 또는 외부인과의 사이에서 일어난 분쟁을 해결하기 위해 법에 의지하지 않는다. 이들은 상대가 소송을 하도록 부추기거나 자신이 소송을 걸어 법정에서 자신을 보호하느니 차라리 불의를 견디며 깨우침을 얻겠다고 생각한다. 아미쉬 사람들에게는 맹세를 하거나 배심원 역할을 하는 것, 법을 통해 빌려준 돈을 받는 일이 금지되어 있다. 아미쉬 사람들에게는 법을 준수하고 범죄를 거의 저지르지 않는다는 남다른 명성이 있다. 하지만 양심과 종교에 반하는 일이라면 이들은 결연히 자리를 박차고 일어나 모두를 위한 종교적 자유라는 큰 뜻을 실현시켰다.

아미쉬 사람 가운데 일부는 상황과 그들의 양심에 따라 법을 이용하기도 한다. 가장들은 이 문제에 선택권이 있다. 자녀를 고등학교에 보내지 않아 벌금이 부과되면 아미쉬 부모들은 벌금 납부를 거부한다. 벌금을 내면 죄를 인정하는 셈이 되기 때문이다. 이런 경우 변호사들이 법정에서 이들을 위해 변호한다. 법정에 가는 것에 대한 이들의 이중성은 한 아미쉬 사람의 말에서 드

---

247) *Mennonite Encyclopedia*, "State, Anabaptist-Mennonite Attitude Toward" 항목을 보라.

248) 다음 책에서는 이런 차이에 관해 훌륭하게 논의하고 있다. Thomas G. Sanders, *Protestant Concepts of Church and State* (New York: Holt, Rinehart & Winston, 1964). 오늘날의 실제 사례에 대해서는 다음 글들을 참고하라. Paul C. Kline, "Relations between the Plain People and Government in the United States" (Ph. D. diss., American University, 1968; *The Amish and the State* (Baltimore: Johns Hopkins University Press, 1993).

러난다. "소송과 관련된 문제는, 소송에서 지면 당신은 지는 것이고 이기더라도 당신은 역시 지는 것이라는(호의를 베풀어야 하므로) 사실이다." 몇몇 아미쉬 사람은 법정에 가는 데 비이성적일 정도로 겁을 낸다. 사악한 힘을 억압하면 더 큰 사악함으로 확대될 것을 우려하기 때문이다. 이런 우려는 이들이 유럽에서 전제주의적 정권 아래 있었고, 미국의 법적 절차가 인권을 향상시킨다는 지식이 부족하기 때문이다.

비록 공공기관이나 세속적인 권력이 있는 자리에서 일하는 것이 금지되어 있지만 지방 선거나 총선에는 참가할 수 있다. 아미쉬 사람들의 투표율은 지역 타운십 선거에서 제일 높다. 아미쉬 사람들은 그들이 알고 있는 사람, 그리고 경험을 통해 신뢰할 수 있는 사람을 뽑기 때문이다. 과거에는 아미쉬 사람들이 교장이라든지 철도 관리인으로 일하기도 했다.[249] 아미쉬 사람 가운데 자발적으로 투표장에 등록하는 사람은 적지만, 이들은 교통편을 제공해 등록과 투표를 권하는 지역 위원회 사람들에게는 응하는 경우가 많다. 한 번 등록하면 이후 투표하기가 쉬워진다. 몇몇 펜실베이니아 타운십에서는 아미쉬 사람들의 40퍼센트가 투표하기도 했다. 이들은 일반적으로 보수적이며 조세, 학교 통폐합, 농지 재구획, 주류법 자유화에 반대한다. 그리고 대부분은 공화당에 등록한다. 마을 근처에 사는 아미쉬 사람들은 지역의 소방서에서 자원봉사 활동을 하기도 한다.

대중적인 오해와 달리, 아미쉬 사람들은 세금을 낸다. 조상 대대로 이들은 세금을 군말 없이 신속하게 내는 것으로 유명했다. 아미쉬 사람들은『성경』이 정부를 존중하고, 정당한 부채를 상환하고 정부의 세금을 납부할 의무가 있음을 가르친다고 여긴다. 그래서 그 가르침에 따라 연방 정부와 주 정부의 소득세, 지방 자치세 또는 카운티 세금, 소비세, 부동산 양도세, 교육세를 내고 여기에 더해 아미쉬 사립학교를 지원하는 돈을 낸다. 또한, 아미쉬 사람들은 자기 공동체 안의 노인을 돌보며, 그래서 자영업자를 대상으로 하는 '노인 및 유가족 사회보장 보험'에 들지 않아도 되게끔 준비한다.

---

249) Christ S. Lapp, *Pennsylvania School History*, 1690-1990 (Gordonville, Pa.: 자비 출판, 1991), p. 120.

1. 학교를 둘러싼 논쟁

대부분 아미쉬 공동체에서 공립학교를 전면적으로 거부하고 자신들만의 학교를 세운 것은 20세기 들어서였다. 여러 주에서 공립학교가 세워져 의무 교육이 처음 시행되었을 때 학교 교육위원회 위원 중에는 아미쉬 사람이 꽤 있었다. 위원회의 위원이 되려면 자녀가 4학년 이상이어야 한다는 자격 요건이 있었는데, 이를 거부하는 소송을 한 아미쉬 부모는 몇 안 되었다. 아미쉬 사람들은 마지못해서 천천히, 8학년제를 받아들였다. 그리고 학교 통폐합과 더불어 8학년 이상 의무 교육을 받도록 강제하는 것 때문에 갈등의 골이 깊어졌다.

아미쉬 공동체에는 교실 하나짜리 시골 초등학교가 여러 가지로 잘 맞는다. 공립학교라는 면에서 이 학교는 아미쉬 공동체와 '바깥세상'의 중간 쯤에 서 있었다. 아미쉬 사람들이 자신들을 둘러싼 상황 속에 그들의 전통적인 자원을 도입할 수 있는지 여부에 따라 학교의 영향은 그럭저럭 참을 수 있기도, 그럴 수 없기도 했다. 학교가 작고 시골에 있으며 공동체에 가까울수록, 외부의 영향은 세속적이기보다는 좀 더 참을 만 했다.[250] 아미쉬 부모 상당수는 학부모 모임에 나가거나, 학교 기자재를 사기 위해 모금하거나, 학교에 일손을 제공하거나, 학교 대청소나 파티, 소풍에 참가했다. 또 교육위원회 위원장이나 교사를 뽑는 데 도움을 주기도 했다. 학교 건물이나 각종 시설 가운데 아미쉬 교의에 어긋나는 것이 거의 없어 아미쉬 사람들에게 수용 가능했지만, 가끔 금지된 것이 포함되기도 했다. 예컨대 내부에 전기가 들어오고 중앙난방을 하고 축음기나 피아노를 사용하는 정도는 허용되었다. 시골 학교에는 실내 배관이 없고 장난감 교구도 조금뿐이지만, 학교를 통해 아이들은 자기가 있던 세상과 다른 세상을 대비하는 개인적 경험을 하게 된다. 교사는 옷도 다르게 입고, 쓰는 말도 다르다. 학교에 다니기 시작한 아미쉬 아이들은 나이 많은 상급생의 도움을 받아 양쪽 문화를 습득하는 능력을 키운다.

아미쉬 부모들은 자녀들에게 '외부인' 아이들과 어느 정도 접촉할 필요가 있

---

250) 1886년에 전직 주(州) 교육부 장관인 James P. Wickersham은 아미쉬 사람들이 "이웃들이 학교를 설립할 수 있도록 나서서 도우며, 아미쉬 아이들은 어디 출신이든지 다른 초기 정착자들의 아이들과 마찬가지로 훌륭한 교육을 받았다."라는 글을 남겼다. 그가 쓴 다음 책을 참고하라. *A History of Education in Pennsylvania* (Lancaster, Pa.: Inquirer Publishing Co., 1886), p. 168.

▲ 아미쉬 가족들은 스스로 학교를 짓고, 유지하며, 운영한다. 부모와 아이들은 아미쉬 학교를 통해 자기 정체성을 확립해 나간다.

다고 종종 말한다. 나는 아미쉬 아이들이 '약간의 접촉'을 경험하는 전통적인 시골 학교에 다녔다. 그런 접촉이 있어야 아미쉬 사람이 된다는 것이 더 매력적이고 더 안전해진다고 여겨졌다. 이 시골 학교에서 아미쉬 아이들은 독특한 한 개인이라기보다는 집단의 구성원으로 취급받았다. 배우는 노래는 대개 종교적인 것이었다. 노래는 공책에 베껴 쓰고, 선율과 가사를 외워서 합창했다. 이는 아미쉬 공동체의 관습과 비슷했다. 학교에서는 주 정부의 교육 과정을 조심스레 따랐고, 개인이 선택할 여지는 적었다. 아미쉬 아이들은 학교에서 읽기, 쓰기, 산수 같은 기본적인 학습 기술을 배웠다. 비록 교육 과정 상당 부분이 아미쉬의 삶의 방식과 관련되지 않거나 의미가 없었지만 공립학교에 계속 다녔다.

하지만 정부의 정책으로 작은 학교들이 대규모로 통폐합되고 집산화(농장, 산업체 등을 한꺼번에 정부가 관리하는 것-역주)되면서 이 모든 상황은 바뀌었다. 아미쉬 사람들은 농장 공동체가 있는 곳과 멀리 떨어진 큰 학교에서 자신들이 모르는 교사가 아이들을 가르친다는 점을 두려워했다. 아미쉬 사람들은 학교가 가족이나 농장 일의 규율과 동떨어진 일에 너무 많은 시간을 쏟는다고 분개했다. 비록 1925년에 이미 아미쉬 사람들이 델라웨어에 자신들만의 학교를 세우기는 했지만, 펜실베이니아 주에는 1938년까지 그런 학교가 없었다. 아미쉬 사람들은 교육위원회를 설득해서 교실 하나짜리 학교를 열었지만 대부분이 서서히 문을 닫았다. 통폐합 과정에서 공립학교 공무원들은 학생 수가 많은 아미쉬 구역을 자신들의 재조직화 목표에 부응하지 않는 '문젯거리'로 보았다. 통폐합을 하면 아미쉬 가정과 공동체가 파괴되리라고 생각한 사람은 아무도 없었다.

2. 고등 교육에 대한 반대

아미쉬 사람들은 학교 통폐합을 지지하는 논의를 전혀 받아들이지 않았다.[251] 그 후로 공동체 내부에 작은 학교를 짓고 그 학교를 조직적인 큰 규모

---

251) 학교 통폐합에 관한 주장이나 그에 대한 논박은 다음을 참고하라. Jonathan P. Scher, ed., *Education in Rural America: A Reassessment of Conventional Wisdom* (Boulder, Colo.: Westview Press, 1977). 다음 책도 살펴보라. John A. Hostetler and Gertrude Huntington, *Amish Children: Their Education in Family, School, and Community* (New York: Holt, Rinehart, Winston, 1992), p. 45-46.

가 아닌 사람 대 사람으로 운영하기 위해 긴 투쟁이 이어졌다. 초점이 된 주된 문제는 네 가지였다. (1) 학교의 위치, (2) 교사가 어떤 교육을 받았고 어떤 자격이 있는지, (3) 학교에서 몇 학년까지 다녀야 하는지, 그리고 (4) 교육 과정이었다. 여러 주에서 논쟁 양상은 달랐지만, 이러한 큰 주제는 같았다.

아미쉬 젊은이들의 삶에서 고등학교 시절은 개인적으로, 사회적으로 성숙하면서 문화의 분리를 배우는 데 가장 중요한 시기다. 이 시기에 젊은이들은 자신이 속한 사회의 테두리 안에서 자신의 개성을 확립해나간다. 사춘기에는 처음으로 가족을 넘어선 또래 집단과 어울리기 시작한다. 대부분 청소년이 그렇듯이 부모나 공동체의 규칙에 반항해 자신의 힘을 시험해보기도 한다. 공동체의 눈으로 보면, 또래 집단이 아미쉬 사람으로만 구성되는 것이 중요할 것이다. 만약 이때 '외부인' 문화 속에서 돈을 모았다면 아미쉬 공동체에서 벗어날 확률이 아주 높아진다. 자녀에 대한 부모의 직접적인 통제력은 느슨해지지만 공동체는 아직 이들을 엄격하게 규제하지 않기 때문에, 젊은이들에게 이 기간은 바깥세상의 영향에 노출되는 매우 중요한 시기다.

가족 농장에서 벗어나 아미쉬가 아닌 지인들과 어울리는 이런 시기가 없다면, 고등학교에 다니는 청소년들은 정신적으로 쇠약해지고 말 것이다. 아미쉬 사람들이 고등학교가 '농장과 종교 생활에 모두 손해가 된다'고 말하는 것은 이런 맥락에서다. 그뿐만 아니라 공립 고등학교는 아미쉬 문화와 이질적인 지식을 가르치기도 한다. 하지만 아미쉬 사람들이 고등학교를 질색하는 것은 아마 이런 교과 과정보다는 그 '생활 방식' 때문일 것이다. 어떤 아이가 일하는 시간의 대부분을 공동체에서 벗어나 있으면, 아미쉬 생활 방식을 즐기는 법을 배울 기회가 사실상 없다.

대부분 미국 부모와 마찬가지로 아미쉬 사람들도 십 대 시절이 무척 중요하다는 점을 인식하고 있다. 아미쉬 가정은 보통 미국 가정보다 십 대 청소년의 도움이 더 많이 필요하며, 아이도 그 사실을 안다. 가족에게 자신의 육체적인 노동력이 필요하다는 점과 자신이 가족의 복지 면에서 경제적인 자산이라는 인식은 청소년 개인에게 중요하다. 그런 만큼 가족과 더욱 하나가 되고 어른들의 사회에 참여하기 위해 초등학교 정도까지만 다니고 학교를 그만두는 경우가 일반적이다. 가족과 자신의 생활 방식을 즐길 줄 알게 된 전형적인 아미쉬 청소년은 학교를 그만두어도 별 미련을 보이지 않는다. 오늘날의 부모들은 청소년들에게 통제의 수단으로 권위를 내세우기보다는 가족에게 그가 얼마나 필요한지를 보이는 방법으로 통제력을 행사한다. 그러면 농장에서 일하는 젊은이들은 가족에게 자신이 공헌하고 있음을 느끼고 또 이해하게 된다.

아미쉬 사람들이 고등 교육을 반대하는 데는 비공식적인, 또는 '진짜' 이유가 있다. 우선 공식적인, 또는 '이상적인' 이유는 사회의 테두리를 유지해야 한다는 종교적인 관념에 기초한다. "이 세상 지혜는 하나님께 어리석은 것이니 기록된 바 하나님은 지혜 있는 자들로 하여금 자기 꾀에 빠지게 하시는 이라 하였고"(고린도전서 3장 19절)라는 『성경』구절이 흔히 인용된다. 바깥세상 사람들은 오랫동안 교육을 받은 탓에 타락했다고 아미쉬 사람들은 지적한다. 아미쉬 사람들은 외부인들이 그들의 자녀를 교육하는 것을 막지 않지만, 그들 자신은 새로 나타난 고등 교육의 영향에 오염되는 것을 원하지 않는다.

3. 펜실베이니아에서의 타협

1937년에 펜실베이니아 주 랭커스터 카운티의 이스트 램페터 타운십에 정부 기금이 지원되어 대규모 학교 통폐합 계획이 진행되었다. 아미쉬 지도자들은 그것이 어떤 여파를 미칠지 고민했고, 처음에는 대응책도 갈렸다. 한쪽은 아이들을 공립학교에서 자퇴시키려 했다. 하지만 다른 한쪽은 법을 어기는 것을 두려워했다. 그러던 중 16명으로 구성된 '아미쉬 구파 교육위원회'가 결성되었고, 메노나이트 구파 대표들도 초청되었다.[252] 한 변호사는 아미쉬 사람들에게 학교 통폐합을 막게끔 법적 절차를 밟으라고 조언했다. 그 결과 주 정부에 탄원서를 보내기도 했다. 여기에는 3,000명이 서명했으며, 1년의

---

252) 주교인 스티븐 F. 스톨츠퍼스가 의장을 맡았다. 학교 논쟁을 거치면서 1941년에 그가 메릴랜드 주로 이주하자 그 자리를 에런 E. 베일러가 이었다. 베일러는 아미쉬 평신도 출신으로 30년 동안 끊임없이 아미쉬 공동체의 종교적 자유를 위해 싸웠고, 평생 개인적으로 시민, 입법자, 신문기자와 연락을 주고받아 '법률가 에런'라는 별명을 얻었다. 아무에게도 도움을 받지 못하는 상황에서 베일러는 프랭클린 D. 루스벨트 대통령과(1938년 1월 31일, 2월 16일) 대법관 휴고 L. 블랙에게(1938년 3월 16일) 탄원서를 쓰기도 했다. 베일러는 1968년에 숨을 거두면서 양자인 엘럼 H. 베일러와 앤드루 S. 킨싱어에게 자신의 일을 넘겼다. 킨싱어는 1966년에 아미쉬 구파 운영 위원회 설립에 도움을 주었으며, 이 위원회의 목적이 "우리 아미쉬 사람의 생활 방식과 관련되거나 그것을 방해하는 중대한 모든 문제에 대해 합리적인 해결책을 도출하는 것"이라고 밝혔다.

▲ 아미쉬 8학년 학생들

교육 기간을 8개월로 할 것, 초등학교 과정을 마치면 상급 교육 과정을 면제해줄 것, 교실 하나짜리 학교에 다니게 해줄 것이 요구 사항이었다. 그렇지만 탄원서도 소용이 없었고, 곧 통폐합된 학교가 세워졌다.

펜실베이니아 법에 따르면 청소년들은 17세 생일까지 학교에 다녀야 한다. 단, 농장에서 일하는 청소년이 사정을 봐달라고 허락을 구하면 그 연령을 15세로 낮출 수도 있었다. 또 상당수가 8학년을 반복해서 다녔지만(고등학교에 가지 않기 위해서), 그래도 그 허가를 받을 정도의 나이는 되지 않았다. 학교가 더 이상 아미쉬 아이들이 8학년을 반복하는 것을 허용하지 않겠다고 선언하면서 학교와 아미쉬 공동체 사이에 갈등이 불거졌다. 학교 관계자들은 아미쉬 아이들이 농장에서 일하도록 의무 교육 기간을 줄여주는 것을 허용하지 않으려 했다. 주 정부는 교구에서 받는 기금도 법에 저촉되므로 승낙하지 않겠다고 말했다. 아이들을 통폐합된 고등학교에 보내지 않은 이유로 학부모들은 법정에 출두해 벌금을 물어야 했다. 하지만 이들은 벌금을 내기를 거부했다. 그렇게 하면 죄를 인정하는 셈이 되기 때문이었다. 그 결과 이 부모들은 카운티의 교도소에 송치되었다. 이에 익명의 지인들과 사업가들이 벌금을 대신 내서 이들을 교도소에서 석방시켜주었다. 아미쉬 학부모 가운데는 무려 열 번이나 체포된 사람도 있었다.

아미쉬 아버지와 어머니들은 초등학교 이후의 학년을 강제적으로 다니게 하는 것이 그들의 종교적 자유를 저해하며, 그렇기 때문에 공립학교에서 배우는 가치는 그들의 종교와 대립된다는 입장을 취했다. 아미쉬 사람들의 지인들과 이 사건을 맡은 변호사들은 법적인 해결책을 찾을 수 없었다.[253] 아미쉬 학부모들이 여러 번 법정 공방을 겪고 많은 수모를 당한 끝에 1955년에 조지 리더(George Leader) 주지사가 타협안, 즉 아미쉬 직업학교를 합법화할 수 있도록 학교법을 재해석하고 조정해주었다. 이 안에 따르면 학생들은 부모의 감독 아래 농장 일이나 가정에서 자신의 역할을 수행할 수 있다. 대신 이런 활동에 대해 일지를 작성하고 1주일에 3시간은 학교에 나와야 한다. 그리고 직업학교는 농장과 가정 일에 대해 교육하고 여기에 대한 학생들의 보고서를 받아야 한다. 이 학교의 교사가 되는 데는 특정한 자격 요건이 없다.

다른 주들도 펜실베이니아 주의 안을 따르기 시작했다. 오하이오 주에서는 아미쉬 학생들이 공립학교에 다니도록 강제하려는 법적인 시도가 여러 번 있었다.[254] 인디애나 주에서는 주의 교육감이 아미쉬 사람들에게 자신들만의 학교를 세우고 종교 집단으로서의 교의와 규칙을 발전시키라고 격려했다.[255] 세 개 주에서 모두 아미쉬 사람들은 자신들만의 카운티 학교를 설립하기 시작했

---

253) 다음을 보라. Albert N. Keim, ed., *Compulsory Education and the Amish: The Right Not to Be Modern* (Boston: Beacon Press, 1975), 특히 5장, "A Chronology of Amish Court Cases"를 참고하라.

254) 오하이오 주는 아미쉬 사람들의 반박을 수용하는 방향으로는 법을 전혀 개정하지 않았다. 오하이오 주에서 펴낸 다음 보고서를 참고하라. *Amish Sectarian Education* (Columbus: Ohio Legislative Service Commission, Research Report no. 44, 1960). 그 후속 조치에 대해서는 다음을 보라. Frederick S. Buchanan, "The Old Paths: A Study of the Amish Response to Public Schooling in Ohio" (Ph. D. diss., Ohio State University, 1967).

255) 다음을 보라. Richard D. Wells, *Articles of Agreement regarding the Indiana Amish Parochial Schools and the Department of Public Instruction* (Bloomington: Indiana Department of Public Instruction, 1967).

고 공립학교 체계에서 퇴직한 경험 있는 교사들을 고용했다. 이것은 이들이 아미쉬 출신 교사들을 고용하기 전까지로, 고용 기간이 한정적이었다.

4. 아이오와의 대항

여러 주에서 다양한 형태로 갈등이 커지는 동안 1960년대 중반에 아이오와 주에서 일어난 논쟁은 이 주제에 관련된 감정의 강도를 엿볼 수 있게 한다. 아이오와 주 뷰캐넌 카운티를 중심으로 한 아미쉬 정착지에서 통합된 학교의 당국자들이 아미쉬 사립학교에 자신들의 방식을 강요했다. 아이들을 버스에 싣고 자기들 학교로 데리고 가려 한 것이다. 이 사건이 일어나자, 그 사실을 알아낸 언론이 부모들이 흐느끼며 아이오와 주의 학교 법을 어긴 죄로 체포되고 그러는 동안 겁먹은 어린아이들이 근처의 옥수수 밭으로 도망치는 장면을 보도했다.[256]

그 결과 아이오와 주의 작은 커뮤니티는 일약 전 세계 언론의 주목을 받았다. 아미쉬 사람들을 동정한 사람들이 사건을 일으킨 학교 당국자들을 나무라는 목소리가 쇄도했다. 이 사건으로 '아미쉬 문제'보다 좀 더 큰 공동체 간의 해묵은 알력이 정점에 달했다. 이 일이 크게 보도되기 몇 년 전부터 두 교육구 사이에 쌓여 있던 갈등이었다. 아이오와 주 아미쉬 사람들은 미처 몰랐지만, 이들은 오래전부터 적대시하고 있던 이 지역의 학교 선거판에서 체스판의 졸개 역할을 한 셈이었다.

뷰캐넌 카운티에는 두 개의 아미쉬 학교가 있었다. 시간이 흐르면서 주 정부는 자격 있는 교사들을 뽑으라고 점점 압력을 넣었고, 학교들은 그에 따르고자 노력했다. 하지만 아미쉬 사람들은 자격 있는 교사들을 찾으면 아미쉬 학교가 이들을 인정하지 않거나 그 교사들도 더 많은 돈을 요구할 것이라고 생각했다. 그래서 아미쉬 학교 두 곳에서는 펜실베이니아, 오하이오 주와 마

---

256) 이 논쟁에 대해서는 다음 글에서 자세하게 다룬다. Donald A. Erickson, *Public Controls for Non-Public Schools* (Chicago: University of Chicago Press, 1969)의 5장, "Showdown at an Amish Schoolhouse." 이 책에 발췌문을 싣게끔 허락해주어 저자와 출판사에 감사하는 바다. Erickson의 다음 글도 참고하라. "The Plain People vs. the Common Schools," *Saturday Review*, November 19, 1966.

찬가지로 강의 능력이 뛰어나다고 평가되는 아미쉬 출신 젊은 여성들에게 학생들이 교육받는 것으로 결론 내렸다.

헤이즐턴과 올와인의 두 지역 교육구는 통합 절차에 들어갔다. 헤이즐턴 교육구에서는 많은 사람이 통합에 반대했고, 두 지역이 서로 경쟁 관계였던 시절을 회상하며 올와인 교육구에 관리권이 넘어가는 것을 반대했다. 헤이즐턴 사람들은 합병에 반대해 투쟁했지만 지역 공무원들은 이 문제를 투표에 붙이는 데 반대했다. 마침내 연대가 필요하다고 여긴 일부 주민들이 주민 투표를 요구하는 진정서를 넣었다. 헤이즐턴-올와인 교육구 재편성은 특히 말이 많았다. 오래된 친구들도 생각이 다르면 서로 이야기를 나누지 않았고, 양측 모두 악의적인 소문이 퍼졌으며, 여기저기서 사람들이 비밀스럽게 숙덕거렸다. 아미쉬 사람들은 여전히 교실 하나짜리 학교를 허용해주는 인접한 페어뱅크 타운십 지역에 속하기를 희망했다. 필요한 절차를 밟는 과정에서 이들은 교육구의 경계를 정하는 일을 담당하는 여러 지역의 카운티 공무원들을 만나 진정서를 냈다. 하지만 올와인 공무원들은 진정서를 기각했다. 자녀를 공립학교에 보내지 않는 교육구 내 농촌 가정에서 세금을 걷어 부가적인 수입을 올리기 위해

▼ 아이오와 주 아미쉬 학교 소속 학생이 자신을 시내의 통합된 학교로 데리고 가려는 공립학교 관계자들에게서 도망치고 있다.

서였다. 총명하고 학교 일에 대해서라면 구석구석 모르는 것이 없는 전문가로 알려진 올와인 교육구 교육감은 두 교육구에서 충분한 찬성표를 얻지 못할까 봐 걱정했다. 아미쉬 사람들은 주민 투표

에서 반대표를 던져 교육감의 노력을 방해할 것이었다. 그래서 주 공무원과 의논한 오웰웨인 교육감은 아미쉬 사람들과 '타협'하기로 했다. 만약 그들이 교육구 개편에 찬성표를 준다면 교실 하나짜리 학교를 운영하게 해주겠다는 것이었다. 아미쉬 사람들을 설득하는 일은 물론 쉽지만은 않았다. 그들의 학교가 헤이즐턴 교육구와 대립하고 있기 때문이었다. 하지만 교육감은 이렇게 약속했다. "저는 앞으로 몇 년 동안 계속 교육감 자리에 있을 텐데, 그동안은 교육위원회가 우리의 합의를 존중하도록 하겠습니다." 이에 대해 아미쉬 사람들은 만족했다.

그 결과 올와인의 투표는 합병을 지지하는 쪽으로 압도적으로 기울었고, 헤이즐턴에서는 찬반이 거의 반반이었다. 헤이즐턴 사람들은 아미쉬 사람들이 합병을 찬성하는 쪽에 투표함으로써 주민 투표 결과 자신들이 불리한 입장에 놓였다는 사실을 깨닫고 분노했다. 헤이즐턴 주민들은 오늘날에도 아미쉬 사람들이 투표에서 흔들리는 모습을 보여 결국 헤이즐턴 사람들이 올와인 교육위원회의 말에 고분고분 따라야 하게 되었다고 주장한다. 주민 투표가 통과되기를 원하는 사람들은 아미쉬 사람 상당수를 시내로 오게 해 투표하도록 했고, 많은 지역 주민이 그 결과를 지켜보았다. 그리고 그 결과로 오래된 불평의 씨앗이 다시 살아났고, 신랄한 편견이 생겨나 아미쉬 사람들에게 좋지 않은 방향으로 강력한 압력을 행사하는 기반이 만들어졌다. 지역 주민들은 아미쉬 사람들이 새로운 학교 규정을 '단 한 자도 빠뜨리지 않고' 지키는지 확실히 지켜보려 했다.

종교적 원리를 행동의 기반으로 삼은 아미쉬 사람들은 이제 헤이즐턴 사람들로부터 '모든 것을 자기 하고 싶은 대로 하기 위해 종교를 변명으로 이용하는 자들'이라는 비난을 받게 되었다. 이 지역에서 아미쉬 사람들은 위선자라고 불렸으며, 경제적인 탐욕에 휩싸여 있고 교육비를 낮추는 데만 관심이 있으며 자녀들을 밭일에 내몰아 착취하는 사람들로 간주되었다.

그러는 동안 올와인 학교 관계자들은 주 정부에서 도움을 받도록 준비했다. 주 정부에서 나온 조사관 두 명은 아미쉬 학교를 방문해서 실외 화장실과 간소한 시설을 보고 '충격'을 받았고, 이런 것은 도저히 '불가능'하다고 여겼다. 이 덕분에 올와인 교육위원회는 곤경을 면할 수 있었다. 위원회는 아미쉬 사람들에게 주 정부의 요구에 동의하지 않으면 도와줄 수가 없다고 주장했다. 그러는 동안 아미쉬 사람들은 아미쉬 출신 교사들로 학교를 다시 운영했다. 지역 공무원들에게 복수하기에 알맞은 시점이었다.

아미쉬 사람들은 치안판사 앞에 소환되었다. 그리고 학부모들은 자격증이 없는 교사들을 학교에 고용했다는 이유로 유죄 판결을 받았다. 그 후, 여러 주에 걸쳐 아미쉬 사람 14명이 월요일에서 금요일까지 밤에 나타나 매일 24달러의 소송 비용을 내고 갔다. 유죄 판결을 받은 학부모들은 종교적인 근거에서 벌금을 내기를 거부했다. 판사는 이들에게 벌금을 내지 않으면 농장이 매각될 것이라고 경고했다. 벌금 액수는 곧 수천 달러까지 치솟았고, 이 속도로 가다가는 아미쉬 사람들이 얼마 지나지 않아 파산 지경에 이를 정도였다. 이 무렵인 1965년 11월 19일, 올와인 스쿨버스가 부모의 뜻을 거스르고 아미쉬 학생 40명을 아미쉬 사립학교에서 자신들의 통합된 학교로 데리고 간 사건이 일어났다. 학교 관계자에 따르면, 아미쉬 사람들이 저항하더라도 아이들을 스쿨버스에 태우고 갈 계획이었다고 한다. 며칠이 지나자 부모들은 마지못해 승낙했고, 문제는 해결되었다고 여겨졌다. 하지만 자제를 요청하는 아이오와 검찰의 충고가 있었음에도 법정 공방은 계속 이어졌고 결국 전국적인 반발을 불러일으켰다.

주지사 해럴드 E. 휴스(Harold E. Hughes)는 3주 동안 휴전을 선언하고 그동안 대안을 모색하려 했다. 아미쉬 아이들을 시내로 데려가려는 시도는 다시 일어나지 않았고, 부모들에 대한 기소도 중단되었다. 카운티 공무원들은 아미쉬 사람들의 옥수수와 부동산을 압류해 못 받은 벌금을 받아내려 했지만, 익명의 기부자가 벌금을 미리 내주어서 아미쉬 사람들의 재산이 매각되는 상황까지 이르지는 않았다. 아미쉬 학교 한 곳을 방문한 주지사는 그 지역의 중학교에 다니는 학생과 대화를 나누고 교육위원회 구성원들과 2시간 동안 회동했다. 그 후, 주 정부와 아미쉬 공동체는 2년의 냉각기를 거쳤다. 그런 가운데 한 개인 재단이 2년 동안 자격증을 갖춘 교사들의 급료를 내주어 아미쉬 학교가 이들을 고용할 수 있게 했다.

아이오와의 사례는 사립학교를 운영하는 데 따르는 많은 교육적, 법적 문제에 대해 주의를 환기시켰다. 이에 따라 시카고 대학교의 도널드 A. 에릭슨(Donald A. Erickson)은 사립학교에 대한 주 정부의 규제에 관해 이를 일정으로 토론하는 전국적인 회의를 개최했다. 토론 주제는 '교육에서의 자유와 통제'였다.[257] 참석자들은 주 정부의 교육 분야 담당자들, 법조인, 사립학교를 운영하는 종교 분파 구성원들, 그리고 몇 명의 대학교수였다. 또 이 문제를 우려한 일부 국민이 아미쉬 종교 자유를 위한 전국 위원회를 조직했다. 위원장은 루터 교회의 목사 윌리엄 C. 린드홀름(William C. Lindholm)이었다. 그들은 먼저 미국 캔자스 주 대법원이 아미쉬 사람 로로이 가버(Leroy Garber)에게 내린 결정을 되돌리도록 청원하는 데 긴급히 착수했다.[258]

그러는 동안 많은 종교 지도자, 정치가, 교육가가 전국에 유통되는 잡지에 글을 써서 아미쉬 사람에 대한 처벌을 완화하라고 충고했다. 아이오와 주 주지사 휴스는 이렇게 말했다. "나는 인간을 굴복시키기보다는 법과 논리에 대해 그렇게 하겠다. 나는 아이오와와 미국이 인종이나 종교에 상관없이 선한 사람 모두에게 아량을 베풀고 그들이 있을 장소를 제공할 만큼 충분히 넓다고 믿는다."[259]

종교 개혁 시기를 연구하는 역사가이자 아이오와 웨슬리언 대학교의 총장이었던 프랭클린 H. 리텔(Franklin H. Littell)은 이렇게 말했다. "이 사람들은 오랜 기간 모범적인 미국 국민이었다. 이는 우리가 우리 아닌 다른 사람에게도 종교적 자유를 적용하는지 여부의 시험 사례다. 검소하고 법을 잘 지키지만 조금 '독특한 사람' 2만 3,339명을 수용하지 못한다면, 우리는 형편없는 영혼임이 틀림없다."[260]

도널드 에릭슨도 이렇게 말한다. "교육에 대한 아미쉬 사람들의 접근은 지금껏 고안된 것 가운데 매우 효율적으로 실업과 범죄, 청소년 일탈을 줄인다.

---

257) 해당 보고서는 Erickson의 *Public Controls for Non-Public Schools*가 나온 이후에 출간되었다.

258) 대법원은 4대 3으로 이 사건의 심리를 거부했다. 다음을 참고하라. Donald A. Erickson, "The Persecution of Leroy Garber," *School Review* 78(November 1969): p. 81-90.

259) 다음 글에서 인용한 것이다. William Lindholm, *Do We Believe in Religious Liberty-for the Amish?* (East Tawas, Mich.: National Committee for Amish Religious Freedom, 1967).

260) 같은 글.

얼마 지나지 않아 약간의 자유를 얻은 동등하지 않은 학교들이 우리에게 무언가를 가르쳐줄 수도 있을 것이다. 공립학교적 접근은 많은 사람에게 잘 작동해왔지만, 주류 문화 바깥에서는 명백하게 실패를 거두었다."[261]

1967년, 엄청난 노력 끝에 아이오와 주 의회는 학교법을 개정하여 종교 집단이 표준적인 교육법을 따르지 않아도 되게끔 면제를 허락했다. 단, 일 년에 한 번씩 신청서를 작성해야 했다. 그리고 특정한 기본적인 기능을 성취했음을 증명하는 것이 조건이었다. 같은 해에 메릴랜드 주도 학교법을 개정했다. 이 주에서 아미쉬는 신실한 교회 조직으로 분류되었고 그에 따라 학교를 계속 운영하기 위해 교육감의 승인을 얻지 않아도 되었다. 아미쉬 사람들이 주 정부를 위태롭게 하거나 복지세를 납부하지 않는 경우에는 체포가 정당화되었으며 여기에 해당하는 사람의 수가 늘었다. 아미쉬 사람이 된다는 것이 불법이 아니라면, 아미쉬 전통을 가르치는 학교에 자식을 보내도 불법이라고 할 수는 없었다.

5. 대법원의 판결

1972년 5월 15일에 미국 대법원은 오랫동안 끌어온 공방에 종지부를 찍었다. 위스콘신 주 대(對) 요더(Wisconsin v. Yoder) 건에서 법원은 주 정부가 아미쉬 사람들이 자녀를 공립 고등학교에 보내도록 법적으로 강제할 이유가 없다고 판결했다. 이 판례의 배경은 위스콘신 주 그린 카운티의 뉴 글래러스였는데, 이곳에는 새로운 아미쉬 정착지가 형성되고 있었다. 1968년 가을, 이 지역 학교 교장의 고발로 아미쉬 가정의 아버지 세 명이 체포되었다. 당시 15세이던 프리다 요더와 바버라 밀러, 14세이던 버넌 여치를 고등학교에 보내지 않았다는 이유에서였다. 이 아이들은 모두 공립학교에서 8학년을 마친 상태였다. 위스콘신 법에 따르면 아이가 16번째 생일을 맞이하는 날까지 학교에 보내야 했다.

아미쉬 사람들은 법정에서 자신을 변호하지 않기 때문에, 예전에 조직된

---

261) 같은 글.

시민 단체인 아미쉬 종교 자유를 위한 전국위원회가 도와주었다. 위원회는 헌법과 종교 전문가였던 변호사, 윌리엄 B. 볼을 고용하고 필요한 기금을 모금했다. 수정 헌법 제1조의 종교 관련 조항을 토대로 볼은 이 사건에 진정한 종교적 자유의 문제가 관련되어 있음을 보이려 했다. 주 정부가 아미쉬 종교를 침해했으며, 의무적으로 고등학교에 다니지 않게 하더라도 사회에 전혀 중대한 위협을 가하지 않으리라는 것이었다.[262] 이전의 많은 판례에서 그랬듯이, 카운티 법원과 순회 법원은 아무리 아미쉬 사람들이 신실하며 그들의 종교가 침해당했을지라도 주 정부의 이해관계가 더 중요하다고 판결했다. 그러나 위스콘신 대법원은 주 정부가 이 판례에서 정부의 입장을 설득력 있게 입증하는 데 실패했음을 인정하고 아미쉬에 유리하게 판결했다. 위스콘신 주 정부의 교육부서는 이 문제를 좌시할 수 없었다. 그래서 대법원에 항소해 이 사례를 다시 검토해달라고 요청했다. 이들은 정치 시스템을 유지하기 위해서는 의무 교육이 필요하며, 주 정부는 아이들을 무지함에서 해방시킬 권리가 있고, 교육 정책을 결정할 수 있는 주체는 주 의회뿐이라고 주장했다.

수석 재판관 워런 버거가 맡은 재판에서 7대 0의 배심원 투표 결과로 대법원은 수정 헌법 제1조와 제4조에 의거해 주 정부가 아미쉬 아이들을 16세까지 공립 고등학교에 다니게 강제할 수 없다고 판결했다. "주 정부가 주민들의 교육을 개선할 책임이 있다는 점에는 의심의 여지가 없다. 그러나 이 권리는 종교의 자유라는 적법한 주장과 부딪힐 때 무엇이 더 무거운지에 비추어 비교 판단되어야만 한다."[263] 아미쉬의 이 승리는 몹시 중요하다. 교회와 정부 간의 문제에 대한 권위자로 잘 알려진 레오 페퍼(Leo Pfeffer)의 말에 따르면, 이 판례는 "미국 헌법사상 한 획을 긋는 사건"이다.[264] 미국 역사상 법이 종교의 자유를 이유로 의무 교육에 성공적으로 이의를 제기한 것은 처음이었다.

대규모 학교 및 그와 관련한 가치들에 대한 반발은 적어도 일시적으로 멈추었다. 그러나 나이 차이가 많이 나지 않는 대규모의 단체 생활을 하면서 아

---

262) William B. Ball, "Building a Landmark Case: Wisconsin v. Yoder," *Compulsory Education and the Amish*, ed. Keim, p. 114-23.

263) *Wisconsin v. Yoder*, 406 U.S. 205 (1972).

264) Leo Pfeffer, "The Many Meanings of the Yoder Case," *Compulsory Education and the Amish*, ed. Keim, p. 136.

미쉬의 생활 방식에는 쓸모없는 기술을 가르치는 데다, 아미쉬 문화와 반대되는 가치를 내세우며 멀리 떨어진 곳에 있는 이런 학교를 아미쉬 사람들이 꺼리리라는 것은 분명했다. 이들은 이제 어떤 면에서 법적인 보호를 얻었다. 하지만 이들이 자신들의 학교를 운영하는 점에서 여론은 긍정적이지만 확실히 보장해주는 것은 별로 없었다. 몇몇 주에서 교사들의 자격증 문제는 여전히 해결되지 못한 까다로운 부분이었다. 그러는 동안 아미쉬 사람들은 주의 요구 조건을 기꺼이 따랐다. 출석 학생 수, 한 학년의 길이, 일과의 길이, 보건과 안전 기준, 교사들의 기본적인 수업 능력 등이 그것이었다.

6. 의무적 복지

아미쉬 사람들은 공동체 안의 도움이 필요한 구성원을 돕는 문제에서 교리를 단호하게 지켜나간다. 이들은 노인, 과부, 고아들을 보살피는 과정에서 자급자족 원리가 조금씩 무너진다는 점을 깊이 의식한다. 자급자족은 농장 보조금이나 사회 보장 연금 같은 정부의 원조 프로그램에 대한 아미쉬적인 대안이기 때문이다. 이들은 작물 재배량을 줄이는 정책에는 따르지만, 재배량이 줄어든 데 대한 보상액 수령을 거부한다. 아미쉬 지도자들은 반복적으로 워싱턴을 방문해서 연방의 원조 프로그램에 대한 자유를 주장한다. 세금을 안 내겠다는 것은 아니지만, 이들은 어떠한 형태로든 정부에 의존하는 것을 거부한다.

의무적 보험 제도에 대한 아미쉬 사람들의 반대는 농부들을 포함한 자영업자까지 지급 대상이 확대되면서(공법 761조, 1955년 1월 1일) 널리 알려졌다. 아미쉬 주교들로 구성된 대표단이 여러 번에 걸쳐 워싱턴에 가서 세금과 연금을 면제받을 방법을 찾았다. 의회의 위원회 앞에서 이들은 "노령 유가족 보험(Old-Age Survivors Insurance)은 우리의 종교적 자유를 축소하고 침해한다."[265]라고 강력히 주장했다. 그리고 자신들의 입장을 뒷받침하기 위해 『성경』을 인용

---

265) 다음 제목의 전단에서 인용. "Our Religious Convictions against Social Security" (April 1960).

▲ 워싱턴 D.C.에서 아미쉬 대변인들이 연방 복지 프로그램과 연금에 대한 면제를 주장하고 있다.

했다. "누구든지 자기 친족 특히 자기 가족을 돌보지 아니하면 믿음을 배반한 자요, 불신자보다 더 악한 자니라"(디모데전서 5장 8절) 아미쉬 사람들은 사회 보장세를 내는 것은 정부가 나이 든 아미쉬 구성원들에게 책임이 있음을 인정하는 것이고, 이는 믿음을 거부하는 것이라고 말한다. 이들은 이렇게 정부와 협력하면 미래 세대가 정부에 의존하게 될 것임을 안다. 또 연방 기관에서 필수품을 제공받는 것은 죄악까지는 아니라고 해도 완전히 세속적이다.

아미쉬 사람 가운데는 자영업세를 내거나 세금이 포함된 은행 구좌를 개설해 이용하는 이들도 있다. 하지만 많은 아미쉬 사람이 세금을 내지 않자, 세무서 직원들은 이들을 만나 법을 따르라고 설득했다. 이 시도가 무위로 돌아가자 세무서는 세금을 체납한 아미쉬 농부 30명에게서 말을 압류하는 법적 조치를 취했다. 예컨대 1961년 5월 1일에 펜실베이니아 주 뉴 윌밍턴에 사는 발렌틴 바일러는 법 집행 공무원들에 의해 자신의 밭에 붙들려갔다. 공무원들은 그의 말 세 마리의 마구를 벗기고 시장에 데려가 내다 팔았다. 바일러의 세금을 비롯해 말을 운송하고 먹이는 데 든 비용은 판매 수익에서 빠졌고 잔액이 그에게 돌아왔다. 이 사건이 널리 알려지자 국세청장은 그들의 적법성에 대한 입증 문제가 해결될 때까지 강압적인 징세를 일시적으로 중단시켰다.[266] 마침내 1965년 7월 30일에 대통령 린든 존슨(Lyndon Johnson)이 공법(개인의 공적인 국가 생활 관계를 규율하는 법-역주) 89~97조에 서명했다. 이 법안은 사회 보장법 319조의 의료에 대한 조항보다 나이가 어린 사람들에게 의료적 보살핌을 제공하는 내용이었고, 이 법안의 세부 조항(sec. 1402h, I.R.S.)에 개인이 자영업세를 면제받고자 신청할 수 있다는 내용이 포함되었다(Form 4029). 해당자는 반드시 양심적으로 사회적 보장 연금을 거부하는 종교적 단체의 구성원이어야 했으며, 이 조항은 그것에 의존하는 구성원들에게 합당해야만 했다. 이 연금의 포기는 자영업자에게만 적용되었고 아미쉬 사람이 아닌 고용주와 계약을 맺고 일하는 사람들에게는 적용되지 않았다. 1988년 이래로 의회는 아미쉬 고용주들이 그들이 고용한 아미쉬 고용인에 대한 급료세를 부담하지 않아도 되게끔 해주었다. 캐나다에서는 아미쉬 사람들이 자영업세뿐만 아니라 캐나다 연금에서도 완전히 면제되었다. 아미쉬 사람들은 이런 조항에 대해 마음속 깊이 고맙게 여겼지만, 여전히 실업 보험, 재해 보상, 업무 보상세 같은 또 다른 강제적인 제도들과 마주하고 있다.

아미쉬 사람들은 불이나 번개, 폭풍우로 발생한 손실을 메워주는 모든 공동체 간의 협정을 정식으로 마련했다. 이에 따라 펜실베이니아 랭커스터의 아미쉬 원조 협회 역시 미플린, 주니아타, 레바논, 세인트 메리(메릴랜드 주) 근

---

266) Clarence W. Hall, "The Revolt of the Plain People," *Reader's Digest*, November 1962.

처의 작은 공동체들을 비롯해 랭커스터 카운티에서 새로 생겨난 정착지들에도 원조하고 있다. 인디애나 주와 마찬가지로 라그랜지-엘크하트 지역은 더 작은 정착지들을 포괄하는데, 미시간 주 일부도 들어가 있었다. 각 지역은 공무원을 직접 뽑았다. 금융 회사들은 일반적으로 아미쉬 원조 계획을 존중한다. 만약 손실이 발생하면 공정한 위원회가 선출되어 필요한 액수를 산출한다. 모든 구성원은 일 년에 한 번씩 원조 필요 여부를 평가받는다. 원조 계획은 손실량을 메우는 것이 목적이다. 여기에 더해 공동체는 무료로 노동력을 기부하며, 예컨대 대청소 날이나 헛간 짓는 날에 그렇다. 아미쉬 원조 계획은 교회의 규칙들과 통합되어야 한다. 예컨대 아미쉬 헛간이나 가축우리에 보관된 자동차 또는 트랙터는 아미쉬 보험으로 처리되지 않는다. 또한 아미쉬 구파의 주요 단체들과 '친교를 맺지 않은' 교구들은 원조 계획의 대상이 아니다. 아미쉬 사람들은 스스로 화재 보험을 갖춤으로써 "믿지 않는 자와 멍에를 함께 메지"(고린도후서 6장 14절) 않으며, 또한, 소유를 허락받지 않은 재산의 손실에 대해 지불하는 일을 피한다.

오늘날에는 또 다른 두 종류의 보험, 즉 책임보험과 입원보험도 아미쉬 공동체에서 자체적으로 마련하고 있다. 책임보험은 고속도로 사고에 연루된 아미쉬 사람들이 법적인 책임을 보상받는 데 필요하다. 아미쉬 책임보험은 자발적이다. 상업적 보험회사의 책임보험에 가입하는 것이 금지되어 있지는 않지만, 구성원들은 여기에 가입해서 자신의 재산이나 생명을 지키는 것은 꺼린다.

랭커스터 아미쉬 사람들이 든 입원보험은 높은 병원비를 감당하기 위해 이런 보험의 필요성을 느낀 가정들이 1966년에 도입했다. 모든 아미쉬 구성원과 주교가 여기에 동의하는 것은 아니므로 이 보험도 자발적이다. 이것은 200달러씩 공제하는 데서 시작해 점점 금액이 올라간다. 또 지역 교구 대표를 통해 회계 담당자가 손익을 맞추기 위해 필요할 때마다 한 사람당 30달러씩 받는다. 많은 아미쉬 사람이 여전히 입원보험에 반대하며, 몇몇 교구는 금지하기도 한다. 입원보험을 도입한 공동체에서는 어떤 가족이 큰 병원비를 부담해야 하면 구성원들이 돈을 모아준다. 입원보험을 감독하는 담당자가 선출되어서 자원봉사로 관련 사무를 처리한다.

아미쉬 사람들은 자연재해에 피해를 입은 사람에게 도움이 필요함을 이해한다. 홍수나 화재, 토네이도가 닥치면 피해를 입은 가족이나 공동체에 많은 사람이 도우러 방문한다. 이들은 메노나이트 재해 서비스 회사에 자원해서 봉사한다. 1965년에 큰 토네이도가 인디애나 주와 미시간 주 남부를 덮쳤을 때, 다른 주의 아미쉬 사람들이 기차나 버스를 타고 와서 집과 농장 건물을 다시 짓는 데 일손을 보탰다.[267] 이들은 아미쉬 정착지가 없는 앨라배마나 다른 지역에도 가서 집을 다시 짓도록 돕기도 했다.

직업 안전 및 건강청(미국 노동부)이 공사장이나 목수 일을 하는 피고용인들에게 딱딱한 안전모를 쓰라고 규정했을 때도, 아미쉬 사람들은 전통적인 폭넓은 펠트 모자를 포기하지 않았다. 아미쉬 사람들은 안전모가 사실상 그들의 정체성을 없애버린다고 여겼다. 이들은 안전 기준에 대해서는 이견이 없지만, 그 규정이 타인이 아닌 자신들의 안전에 영향을 주는 것에 관한 내용이므로 그것이 자기 종교에 대한 침해라고 생각했다. 인디애나 주 앨런, 드칼브 카운티에서 400명이 넘는 아미쉬 사람들이 건축 현장에서 잠정 해고되고 난 후에야, 이들은 이 규정에 대한 면제권을 요구했다. 아미쉬 사람들은 소송까지 가지는 않았지만 규정에서 면제되기를 바랐고, 1972년 6월에야 허가를 받았다. 타인의 안전과 연계될 때, 예컨대 법적으로 마차에 등과 '저속차(SMV, 천천히 움직이는 차량)' 표지를 달아야 했을 때 아미쉬 사람들은 대개 규정을 따랐다. 몇몇 지역에서만 SMV 표지를 반대했는데, 자신들의 생활 방식에 비추어 지나치게 장식적이라는 이유에서였다.[268]

7. 징병제

아미쉬 사람들은 미국에 처음 도착했을 때부터 일관되게 전쟁에 대해 양심적 반대를 해왔다. 1차 세계대전과 2차 세계대전 동안 이들은 비전투원 형

---

267) 다음 두 글은 이 토네이도에 대한 아미쉬 사람의 묘사와 사후 처리 과정을 보여준다. David Wagler, *The Mighty Whirlwind* (Aylmer, Ont.: Pathway Publishing, 1966); Gideon L. Fisher, *Alabama Tornado*(Ronks, Pa.: 자비 출판, 1975).

268) SMV 표지에 대한 반대 논리는 다음 글을 보라. David Wagler, "Not Afraid of Persecution," *Family Life*, July 1970, p. 20. SMV 를 둘러싼 법정 공방은 다음 글에 기록되어 있다. Lee J. Zook, "Slow-moving Vehicles," *The Amish and the State*, ed. Donald B. Kraybill(Baltimore: Johns Hopkins University Press, 1993).

태의 공공 복무로 병역을 이행해도 된다고 당국으로부터 허락받았다. 2차 세계대전 때는 징집된 아미쉬 젊은이 가운데 94퍼센트가 양심적 병역 거부자로 복무했다.[269] 나머지 젊은이들 중 중 바깥세상 구경을 하고 싶거나 집에서 나오고 싶은 이들이 병역 복무를 택했다.

젊은이들에 대한 징병은 특히 아미쉬 공동체를 분열시키는 요인이 되었다. 2차 세계대전뿐만 아니라 1946년에서 1976년 사이에도 아미쉬 사람들은 징집 대상이 되었는데, 2년 동안 양심적 병역 거부자로 대체 복무를 해야 할 상황이었다. 선발 징병제(전쟁이 났을 때 병역 보충을 위해 정보를 미리 확보하려는 차원에서 구축된 체계-역주)는 양심적 병역 거부자로 살아가는 데 혼란을 일으키게 하는 규정이었다.[270] 여기에 더해 이 제도는 해당자의 직업이 (1) 국가적인 보건, 안전, 이익에 기여하는 것이어야 하고, (2) 그가 소속한 공동체 바깥에서 수행되어야 하며, (3) 경쟁적인 직업 시장을 통해 바로 대체되어서는 안 된다고 규정한다(국립공원 관리인, 숲 소방관, 병원 관리 노동자, 농장 일꾼 등으로 일했다.-역주). 그래서 이 제도로 징병된 젊은이들은 아미쉬 공동체 밖에서, 대개는 혼자 도시에서 살았으며, 일할 때는 아미쉬 복장이 아닌 유니폼이나 의복을 입었다. 이런 조처들은 젊은이들을 공동체의 통제에서 벗어나게 했다. 병역을 치르는 일정 기간에는 아미쉬 구성원이 아닌 셈이었다.

도시에서 살면서 독특한 아미쉬 복장을 벗어버린 개인은 곧 자기 정체성의 상징을 잃는다. 젊은이들은 자동차나 텔레비전 같은 금지된 것들을 사기 시작한다. 젊은이가 대체 복무 전에 이미 세례를 받았다면, 세례식에서 맹세한 것처럼 물리적으로 바깥세상과 분리된 생활을 더는 할 수 없게 된다. 세례식 전에 대체 복무를 했다면, 공동체의 규칙을 도덕적으로 따르지 못하게 되어 바깥세상의 영향에 더욱 취약하다.

그뿐만 아니라 징병제는 아미쉬의 결혼 전통을 파괴하기도 한다. 젊은 남성이 아내 없이 병역 복무를 하게 되면 아미쉬 소속이 아닌 여성과 가까워질 가능성이 크다.[271] 결혼은 '그리스도 안에서'(같은 아미쉬 구성원과) 해야 하기 때

---

269) Guy F. Hershberger, *The Mennonite Church in the Second World War* (Scottdale, Pa.: Herald Press, 1951), p. 39.

270) Local Selective Service Board Memorandum no. 64, September 1968.

271) 도시에서 일하는 청년이 비아미쉬 출신 여성과 결혼하고자 하면서 벌어지는 문제점들에 대해 Pathway Publications에서 종종 각색을 거쳐 출간하였다. 예컨대 다음을 보라. "Al Can Take Care of Himself," *Family Life*, October 1971.

문에 이런 친교는 위험하다. 만약 병역을 마치기 전에 결혼했다면 아내가 그를 세속적인 영향에서 보호해줄 것이다. 그럼에도, 현대적인 문명의 이기(전기와 전화)를 갖추고 결혼생활을 시작하는 부부는 아미쉬 공동체로 돌아오기가 더 힘들어질 수밖에 없다.

가끔 아미쉬 사람들은 공동체의 젊은이들을 다른 아미쉬 사람들이 일하는 장소에 데려간다. 주로 의료적 보살핌이 필요한 곳보다는 농장이 그 대상이다. 하지만 젊은이들을 자유주의적인 아미쉬 사람이나 메노나이트파처럼 매우 논리적이고 설득력 있는 다른 양심적 병역 거부자들과 만나게 하는 것 역시 혼란을 일으킬 수 있다. 아미쉬 남자 아이들은 아미쉬의 생활 방식을 고수하더라도 논리 정연하게 이야기하는 것이 불가능해지는 경우가 종종 생긴다. 아미쉬 공동체의 농장 징병 유예 요청을 지역 징병 위원회가 존중한다면 문제는 다소 누그러진다. 선발 징병된 아미쉬 젊은이들이 다른 아미쉬 공동체의 일손이 꼭 필요한 농장에 가서 2년 동안 일할 수 있도록 배려해준다.

전통적인 아미쉬 사람 대부분은 대체 복무에 대해 강경한 입장을 보이며, 비전투원으로 복무하는 것도 허용하지 않는다. 차라리 젊은이들을 감옥에 보내는 것이 낫다고 여긴다. 그곳에서는 '신이 함께하시기' 때문이다.[272] 교도소에 수감되었던 아미쉬 젊은이 일부는 대개 신앙과 신념이 더욱 굳건해져서 공동체에 돌아온다. 되돌아오면 더 이상 불확실한 기간을 거치지 않는다. 이들이 공동체 밖에서 보낸 시간은 이들의 세례식 서약에 더욱 힘을 실어주고, 공동체와 바깥세상의 경계를 확실하게 해준다. 그리고 자신의 조상 가운데 순교자들과 자신을 동일시하게끔 한다.

8. 아미쉬의 법 실무

비록 아미쉬 종교는 원칙적으로 법정의 송사와 정치적인 관여를 허락하지 않지만, 1966년에는 느슨하게 조직되었지만 정치적인 영향력이 있으며 '아미

---

272) 아미쉬 사람들이 교도소에서 겪는 문제에 대해서는 다음 글에 묘사되어 있다. "Behind Prison Walls," *Family Life*, August/September 1968.

쉬 구파 운영 위원회'라고 알려진 통솔 집단이 나타났다. 이 위원회는 선발 징병제 담당자들과 직접 교섭해 징병제와 관련한 문제를 해결하기 위해 설립되었다. 설립 목적은 다음과 같이 넓게 정의할 수 있다. "우리의 아미쉬 생활 방식과 관련되거나 그것을 방해하는 모든 중대한 문제에 대해 합리적인 해결책을 찾으려고 노력하는 것이다."[273] 앤드루 킨싱어(Andrew Kinsinger)는 위원회의 설립자이자 주최자이며 여러 해 동안 회장을 맡았다. 여러 주에서 모인 아미쉬 대표자들이 일 년에 한 번 모여 공동체가 당면한 갈등과 문제점들을 짚어본다. 신도들이 모여 합의한 결과에 따라 결정이 내려지는 것은 아니지만, 소식에 밝은 몇몇 지도자의 개인적 특기와 정치적 인맥을 토대로 한다. 위원회 구성원들은 이리저리 돌아다니며 분쟁 해결자 역할을 한다. 지역 공무원들과 꽤 오랫동안 열띤 교섭을 벌이기도 한다. 이들은 준전문가 자격으로 법률가가 하는 대부분의 일을 수행하며, 실용적인 지혜와 효과적인 전략을 개발한다.

　열성적인 변호사들은 종종 아미쉬 사람들의 법률적 문제 해결을 지원하며, 가끔은 자원봉사로 일 해주기도 한다. 하지만 아미쉬 사람들이 자신의 조언을 따르지 않으면 실망하기도 한다. 국세청이 아미쉬 사람들의 말을 압류해 사회보장세를 납부하게 했을 때, 뉴욕의 변호사 셰퍼드 콜(Shephard Cole)은 아미쉬 사람들을 위해 변호를 준비했다. 콜과 아미쉬 대표단이 재판을 받기 위해 피츠버그에 있는 연방 법원으로 걸음을 옮겼을 때, 주교들은 마음을 바꾸었다. 정부에 소송을 하지 않기로 결정을 내린 것이었다.

　아미쉬 사람들을 지지하는 또 다른 지원군은 아미쉬의 가치, 아미쉬 공동체, 이들의 전통적이고 보수적인 관습을 보존하고자 하는 외부인들이다. 그 가운데에는 아미쉬 출신이 아닌 중상류층 시민도 있었다. 이들은 농부는 아니지만 농촌 풍경 속의 아름답고 조용한 장소를 찾고자 아미쉬 지역으로 이주해 왔다. 아미쉬 출신이 아닌 이 사람들은 아미쉬 공동체를 다양한 위협에서 보호하는 완충 구역이 되었다. 주 정부가 랭커스터 카운티를 관통하는 4차

273) 아미쉬 사람들이 법적 문제에 대응하는 모습에 관해서는 다음 글을 보라. Marc A. Olshan, "The National Amish Steering Committee," *The Amish and the State*, ed. Donald B. Kraybill (Baltimore: Johns Hopkins University Press, 1993); Robert L. Kidder and John A. Hostetler, "Managing Ideologies: Harmony as Ideology in Amish and Japanese Societies," *Law and Society Review* 24(4) 1990: p. 895-922.

선 고속도로를 건설하겠다고 밝히자 많은 정치가와 국민, 정치적 행동 집단이 이를 막기 위해 모였다. 이런 집단 중 하나인 새로운 방향을 위한 랭커스터 동맹(LAND)은 고속도로를 건설하면 미국에서 가장 풍요롭고 생산력 있는 풍경이 파괴될 것이라고 주장했다. 고속도로는 교회 관구를 둘로 나누고 교통을 혼잡하게 하며 아미쉬 사람들을 살던 지역에서 내몰 것이었다. LAND의 일원 중 아미쉬 사람은 아무도 없었다. 외부인들이 전단지를 만들어 아미쉬 농가들에 돌리면서 새로운 고속도로가 아미쉬 공동체를 갈라지게 할 것이라고 그 악영향을 경고했다. 1,000명이 넘는 아미쉬 사람들이 큰 고등학교에서 대중 집회를 열어 카운티를 통과할 고속도로가 놓일 일곱 가지 후보 경로를 검토했다. 그 자리에 온 교통 담당자들은 대규모의 아미쉬 군중에 먼저 놀랐고, 그들의 정숙함에 마음이 움직였다. 며칠 지나지 않아 펜실베이니아 주지사는 고속도로가 아미쉬 정착지의 중심부를 지나지 않을 것이라고 발표했다.

13장

변화와 분열

모든 사회는 변화에 대한 두려움과 함께 궁극적으로는 분열의 위험을 안고 있다. 같은 사회에 사는 사람이라고 해서 정확하게 똑같이 생각하는 것은 아니다. 통일성에 대해 모두 같은 선호도를 보이지는 않는다. 전통적인 것을 선호하는 사람이 있는가 하면, 창의적이며 내부 지향적인 비순응형 사람도 있다. 전통적인 사회는 경제적, 사회적 불경기에 특히 취약하다. 시간이 흐르면서 전통이 역기능을 일으킨다고 여기는 새로운 무리들이 만들어진다. 우리는 이 장에서 아미쉬 전통에서 벗어나 무리를 이룬 집단에 대해 알아보겠다.

1. 아미쉬 구파 사이의 다양성

외부인들의 눈에는 아미쉬 사회가 단일화되어 있는 것처럼 보인다. 어떤 공동체의 관습이나 규칙이 다른 곳과 얼마나 다른지 그 안에 참여하고 있지 않은 사람은 제대로 알기가 어렵다. 정착지마다 차이가 있을 뿐만 아니라 같은 정착지 안에서 개인의 소속별로도 차이가 있다. 예를 들어 마차나 탈것에도 세세한 변형이 있다. 랭커스터 카운티에서는 대부분 마차가 회색 지붕에 좌석이 두 개이지만, 오하이오 주를 비롯한 멀리 떨어진 서부에서는 마차 지붕이 검은색이다. 하지만 펜실베이니아의 같은 지역에 사는 아미쉬 사람들 사이에도 누구는 '노란색 지붕'이고 또 누구는 '흰색 지붕'이기도 하다. 랭커스터 카운티에서 좌석이 한 개인 마차는 외부인들에게 미혼이고 결혼 적령기인 남성이 모는 마차로 해석된다. 하지만 이런 마차는 결혼한 아미쉬 사람이 교회에 가는 용도 이외의 활동에 쓰기도 한다. 중서부의 공동체에서 검은색 지붕은 좌석 한 개짜리 마차에 쓰인다. 반면에 마차에 지붕을 얹는 것을 허락하지 않는 집단도 있다. 마차 앞에 다는 흙받이나 채찍 주머니, 건전지로 켜는 전등, 마차 옆이나 뒤에 다는 감아올리는 커튼, 브레이크 등의 유무에 대한 것도 집단마다 다양하다. 말에게 걸치는 마구나 장신구의 양과 종류 역시 오르드눙에 규정된다.

사회적 변화를 감지할 수 있는 정확한 징후는 설교 예배에서 부르는 합창의 종류다. 아미쉬 구파 교회에서는 모두 공통적인 찬송가집에 실린 독일어 노래를 부르며 구전하기 때문에 노랫가락의 꾸밈음이나 노래 한 곡을 부르는 데 걸리는 시간이 다양하다. 모든 아미쉬 교구는 7줄씩 4연으로 구성된 〈로블

▼ 아미쉬 집단을 구별하는 상징은 마차의 종류에서 드러난다. 여러 가지 변형은 지역과 기능, 교회 규칙의 다양성을 보여준다.

▲ 왼쪽: 바지 멜빵을 허용하지 않는 교파 소속인 한 아미쉬 남성의 모습. 오른쪽: 바지 멜빵을 한 개만 하라고 규정하는 교파의 구성원.

리트〉를 예배의 두 번째 곡으로 부른다. 어떤 전통적인 집단에서는 이 노래 하나를 부르는 데 30분이 걸리며, 다른 곳에서는 20분, 심지어는 11분이 걸리는 곳도 있다. 노래를 천천히 부르는 집단은 빠르게 부르는 집단보다 전반적으로 더 전통적인 문화를 고수하고 있다. 그래서 노래를 천천히 부르는 곳에서는 여성들의 치마 길이도 남성들의 머리도 길며, 모자의 폭도 더 넓다. 노래를 빠르게 부를수록 문명의 이기를 더 많이 수용하는 경향이 있다. 다양한 주의 여러 정착지에서 온 아미쉬 사람들이 한 군데에 모였을 때, 이러한 노래의 다양성은 문제가 된다. 예를 들어 여러 주에서 온 아미쉬 사람들이 일시적으로 플로리다 주에 살게 되었을 때 이런 일이 일어났다. 함께 합창하기 어려운 상황이 종종 일어났고, 특히 노래를 이끄는 사람이 다수의 신도와 다른 정착지 출신일 때 문제가 심각했다.

합창 방식이나 마차 장식은 다방면에 걸친 아미쉬 공동체의 문화적 특성과 패턴의 여러 사례 가운데 두 가지일 뿐이다. 의복 유형이나 여성의 모자 모양,

노동을 줄이기 위한 기술을 사용하는지 여부, 여행 방식 등도 집단마다 다르다. 이러한 차이는 어떻게 해서 생겨났을까? 또 그 차이는 어떠한 영향을 미칠까?

차이가 생기는 것은 문화의 융합 때문이기도 하고, 변화를 수용하는 정도가 다르기 때문이기도 하다. 이동 수단의 예를 들면, 최초의 아미쉬 공동체 사람들은 걷거나 말을 타고 예배에 갔다. 마차가 처음 생길 무렵에는 지붕이 없었다가 곧 흰색 지붕이 있는 마차를 타고 다녔다. 마차 지붕의 소재는 아마천으로 만든 색칠하지 않은 유포(油布, 기름을 입힌 천)였다. 그 후로 노란색, 회색, 검은색으로 염색된 마차 지붕도 등장했다. 의복 양식도 비슷한 방식으로 발전했다. 바지 멜빵의 경우가 그렇다. 펜실베이니아 주의 아미쉬 구파 사람들은 바지 멜빵을 하지 않았지만, 다른 곳에서는 한쪽 어깨에 바지 멜빵을 하나 걸쳤고 또 양쪽 어깨에 멜빵을 하는 곳도 있었다. 아미쉬 문화 안의 이런 차이는 오늘날 신기술을 받아들이는 차이로 이어지고 있다. 어떤 아미쉬 집단은 다른 곳보다 변화를 더 심하게 반대한다. 어떤 것이 허용되는지 아닌지의 차이는 아미쉬 공동체가 다양한 분파로 분열되는 사태를 불러일으켰고, 급진적이라는 이유로 분파 사이에 서로를 피하는 일도 일어났다.

2. 주된 갈등과 분열 요인

표 6에는 아미쉬 사회에서 일어난 주된 분열 양상이 정리되어 있다. 1850년 이전에는 정착지들이 소규모였고 서로 흩어져 있었다. 이후 미국의 산업과 상업, 농업이 발전하면서 통신과 교통이 발달하자 아미쉬 지도자들은 정착지 간에 문화와 의례의 차이를 느끼기 시작했다. 종교적 관습의 차이를 일치시키고 정기적으로 함께 의논하는 자리를 마련하기 위해 1862년부터는 매년 목사 대표 협의회가 열렸다.[274] 이 회의는 모든 구성원에게 열려 있었으며, 보통 넓은 헛간에서 열렸고 여러 주에서 온 목사들이 참석했다. 전도사들

---

274) C. Henry Smith, *The Mennonite in America* (Goshen, Ind.: 자비 출판, 1999), p. 239. 이 협의회는 인디애나 주 고센의 메노나이트 역사 도서관에서 열렸다. 여기서 논의된 구체적인 내용에 대해서는 다음 글을 참고하라. John A. Hostetler, "Amish Problems at the Diener-Versammlungen," *Mennonite Life* 4 (October 1949): 34-39. '구파' 집단의 등장 및 제도화에 대한 이들의 거부는 다음 글에 묘사되어 있다. Beulah S. Hostetler, "The Formations of the Old Orders," *Mennonite Quarterly Review* 66 (January 1992): 5-25.

도 자신의 관심사와 의문점을 해결하기 위해 참석한다. 회의 주제로 어려운 문제가 상정되면 철저하게 연구해서 자리에 모인 이들에게 해결책을 제시한다. 몇몇 중요한 교리 문제에서는 만장일치가 이루어지기도 하지만, 실제로 그것을 적용할 때 논쟁이 발생하고 그 차이는 해결하기 어렵다는 점이 곧 드러난다. 남북 전쟁 동안에는 참전이 『성경』과 어긋난다는 점에 모두 동의했다. 그리고 구성원들은 군용 말을 길러서는 안 되고, 전에 군 복무 이력이 있는 구성원이 교회에 돌아왔어도 정부의 연금을 받을 수 없었다. 또 사업적인 목적과 밀접하게 관련된 일도 금지되었다. 다시 말해 가게나 우체국, 통운회사를 운영할 수 없었다. 피뢰침이나 복권, 사진, 보험 등도 세속적인 것으로 간주되었다. 하지만 목사 대표 협의회에서 해결되지 못하는 중요한 문제도 많았다. 예컨대 일부 신도는 예배당을 지었다. 또 여러 공동체가 사회적 기피 관습 때문에 분열했고, 추방된 구성원을 기피하지 않는 사람 역시 추방해야 할지도 상황에 따라 의견이 갈렸다. 아미쉬 사회가 많은 문제에서 공통된 합의에 이르는 데 실패하고 차이점을 좁힐 수 없게 됨에 따라 1878년부터 협의회는 열리지 않았다.

[표 6] 1862~1966년 아미쉬 사회의 분열 양상

연도	분파 또는 운동의 명칭
1862	목사 대표 협의회 (Verhandlungen der Diener-Versammlungen)
1866	'에글리 아미쉬' 또는 무저항주의 메노나이트 교회 (나중에 복음주의 메노나이트 교회가 됨)
1872	'스터키 메노나이트' 또는 메노나이트 중앙 협의회 (메노나이트 교회 총 협의회에 통합됨)
1888	인디애나·미시간 아미쉬 메노나이트 협의회 (1917년에 메노나이트 교회에 통합됨)
1890	서부 아미쉬 메노나이트 협의회(1920년에 메노나이트 교회에 통합됨)
1893	동부 아미쉬 메노나이트 협의회(1927년에 메노나이트 교회에 통합됨)
1910	보수주의 아미쉬 메노나이트 협의회(메노나이트 교회 소속)
1927	비치 아미쉬 메노나이트 교회(소속 없음)
1956	보수주의 메노나이트 비동맹 협의회 (later Conservative Mennonite Fellowship)
1966	'새로운 아미쉬'

이 전국적인 총회를 시도한 이후로 아미쉬의 역사는 크게 세 무리에 의해 각기 진행되었다. 첫 번째 무리는 오랜 전통을 가능한 한 그대로 지키려는 신도들로, '아미쉬 구파(Alt Amisch)'로 분류되었다. 그전에는 모든 공동체의 이름에 '아미쉬' 또는 '아미쉬 메노나이트'라는 단어를 쓸 수 있었다. 두 번째 무리는 더 급진적인 분파인 에글리(Egli), 스터키(Stuckey) 집단에 속했으며, 양쪽 모두 알자스에 기원을 두었고 이미 전통적인 분파와는 연결 고리를 잃은 상태였다. 세 번째 무리는 온건한 변화를 선호하는 중도주의 분파였다. '아미쉬 메노나이트'라고 불리는 이 무리는 지역 협의회 세 곳을 조직했으며, 나중에는 메노나이트 교회에 통합되었다(표 6을 보라). '하우스 아미쉬'들은 신도들의 집에서 예배를 보았으며, 예배당에서 예배를 하는 '교회 아미쉬'와 구별되었다.

알자스 아미쉬 이주민들 사이에 큰 분열이 일어난 것은 1866년에 '에글리 아미쉬'가 생겨나면서부터였다. 인디애나 주 번 근처에 자리 잡은 아미쉬 집단의 주교였던 헨리 에글리(Henry Egli)는 '마음을 쇄신'하고 오랜 병에서 회복해야 한다고 주장했다. 에글리는 고향의 교회에서 중대한 종교적 개심의 필요성을 설교했다. 또 기존 교회가 형식주의에 젖었고 영적인 생동감이 결여되었으며 오랜 관습을 지키는 데도 느슨해졌다고 비판했다. 첫 번째 세례에서 갱생을 경험하지 못한 사람에게는 다시 세례를 해야 한다고도 말했다. 아미쉬 회의는 에글리의 교회가 일으킨 분열을 해결할 수 없었다. 논쟁으로 의견이 갈릴 때마다 작은 무리가 분열되어 나갔다. 에글리의 추종자들은 따로 교회를 세웠으며 일리노이, 미주리, 캔자스, 네브래스카, 오하이오 주에서도 신도들이 같은 논점을 들고 일어섰다. 헨리 에글리는 이곳들을 방문해 많은 지지자를 확보했다. 전통과 결별하며 개인적인 종교 체험을 강조하는 무리들도 곧 단색의 의복, 엄격한 집단 계율, 독일어 같은 아미쉬 구파 교회의 외적인 상징을 버렸다. 1890년에 에글리가 사망하자 프로테스탄트 교회의 방식대로 선교 활동에 관심을 보인 무리도 등장했다. 1898년에는 에글리 아미쉬 안에서도 침례 관습에 의문을 품은 또 다른 분파가 갈라져 나왔다. 그 결과, 전도 교회 연합이 만들어졌다. 남아 있는 에글리 아미쉬 무리는 '무저항주의 메노나이트'라는 이름으로 불리다가 나중에 복음주의 메노나이트 교회로 바꾸

었다.[275)]

　1872년에는 '스터키 메노나이트'라는 분파가 생겼다.[276)] 일리노이 주의 주교이자 아미쉬 목사 총회의 지도자 격 인물이던 조지프 스터키(Joseph Stuckey)는 몇몇 문제에 대해서 다른 아미쉬 주교들보다 더 개방적인 관점을 보였다. 스터키는 교구 내에서는 인기가 높았지만, 목사 대표 협의회에서는 비난을 받고 있었다. 그의 신도 가운데 학교 교사 한 명이 모든 사람이 결국 구원될 것이라는 생각을 담은 시를 출판한 적이 있었다.[277)] 이 생각은 일부 아미쉬 사람에게는 지독한 이단으로 비쳤다. 다음 번 협의회에서 이 시가 읽혔고, 영원한 형벌을 믿지 않는 구성원은 추방해야 한다는 결정이 내려졌다. 하지만 스터키는 그 시를 쓴 신도를 추방하기를 거부했다. 협의회에서는 그의 거부를 불복종으로 여겼다. 그리고 이 문제를 숙고한 후, 스터키에게 공개적인 고해를 하라고 요구했다. 스터키는 이에 대해서도 거부했으며, 1872년에 아미쉬 목사 협의회와의 관계를 끊었다. 스터키의 신도들은 무리에서 떨어져 나가지 않고 그의 결정을 지지했다. 스터키가 이끄는 교회는 점점 세를 넓혀 1899년에는 중부 일리노이 메노나이트 협의회를 설립했다. '아미쉬'라는 단어는 떨어져 나갔다. 스터키는 1902년에 사망했으며, 이후 그의 교회는 진보적 분파인 메노나이트 교회 총 협의회에 흡수 통합되었다.

　일반적으로 전향적인 노선을 따르는 아미쉬 구파 구성원들은 아미쉬 메노나이트로 옮기는 경향이 있었다. 1878년에 설립된 아미쉬 메노나이트의 지역 협의회 사이에는 큰 갈등이 없었고 더 큰 메노나이트 단체로 통합되는 과정도 순조롭게 진행되었다. 하지만 기존 메노나이트 단체에서 종종 소규모의 아미쉬 구파 무리가 새로운 분리주의 분파로서 떨어져 나오기도 했다. 1910년에는 보수주의 아미쉬 메노나이트 협의회라고 불리는 단체가 만들어지기도 했다. 이 단체는 아이오와에서 펜실베이니아 주에 이르는 지역에서 신도

---

275) *Mennonite Encyclopedia*, "Evangelical Mennonite Church" 항목 참조.

276) 메노나이트 중앙 협의회로 알려져 있는 스터키 집단에 대해서는 다음 책을 참고하라. C. Henry Smith, *The Story of the Mennonites* (Newton, Kans.: Mennonite Publication Office, 1950), p. 612.

277) 다음 글은 이 시인의 일대기다. Olynthus Clark, "Joseph Joder, Schoolmaster-Farmer and Poet, 1797-1887," *Transactions of the Illinois State Historical Society*, 1929, p. 135-65.

들을 끌어들였다. '보수주의'라는 이름이 붙은 것은 진보적인 아미쉬 메노나이트 및 기존의 구파와 구별하기 위해서였다. 구성원들은 주일 학교를 운영하고, 복음 전도를 행하며, 자선 단체를 지지했다. 1954년에는 이 협의회에서도 '아미쉬'라는 명칭이 떨어졌다.

1927년에는 비치 아미쉬라는 또 다른 무리가 구파에서 분리되어 나왔다. 이들의 운동은 펜실베이니아 주 서머싯 카운티에서 시작되었고 주교 모제스 M. 비치(Meses M. Beachy)의 이름에서 자신들의 명칭을 따왔다.[278] 카셀맨 강 교구의 주교였던 비치는 주일 학교 운영과 전기, 자동차의 사용 문제를 두고 자기 교구의 다른 지도자들과 다소 마찰을 빚었다. 비치가 그 지역 보수주의 아미쉬 메노나이트 교회에 합류한 교구 구성원들을 파문하는 것을 거부하자, 신도들 일부는 전통적인 아미쉬 구파와 연합했다. 오래지 않아 다른 아미쉬 교구에서도 비치의 선례를 따랐다. 자동차나 전기, 예배당, 트랙터를 원하는 아미쉬 가구, 신도들은 대개 '비치'파가 되었다. 다른 지역에서도 여러 이름이 붙은 집단들이 생겨나며 이런 흐름이 일어났다. 랭커스터 카운티에서는 '존 A. 스톨츠퍼스 교회' 또는 '위버타운(Weavertown) 아미쉬'가 비치 아미쉬 집단에 합류했다. 인디애나 주에서는 '버크홀더 아미쉬'라고 불렸다. 오늘날에는 90개 이상의 모임이 형식적인 단체를 조직하지 않은 채 여기에 소속되어 있으며, 느슨하게 조직된 분파를 이룬다. 이들은 독일어 대신 영어로 예배하고, 합창도 4성부로 늘렸다. 그뿐만 아니라 복장을 비롯한 다른 관습에서도 비치파와 아미쉬 구파 사이의 차이가 커지고 있었다.

1956년에는 '보수주의 메노나이트 비동맹 협의회'를 자칭하는 운동이 나타났다. 전에 비치 아미쉬였던 사람들과 메노나이트 교회에서 벗어나 더 보수적인 분위기를 찾는 사람들이 그 구성원을 이루었다. 이들은 〈하비스트 콜〉이라는 제목의 정기간행물을 펴냈다. 이 집단의 대표자들은 일시를 정하지 않고 만나서 '세속화의 흐름'을 조사하고, 체계적인 메노나이트주의에 대항하고자

---

278) Alvin J. Beachy, "The Amish of Somerset County, Pennsylvania: A Study in the Rise and Development of the Beachy Amish Mennonite Churches" (M.A. thesis, Hartford Seminary Foundation, 1952), 이 글은 다음 잡지에 실렸다. *Mennonite Quarterly Review* 28(October 1954) and 29(April 1955). 다음 책도 참고하라. Elmer S. Yoder, *The Beachy Amish Mennonite Fellowship Churches*(Hartville, Ohio: Diakonia Ministries, 1987).

하는 서로를 격려했다.

마지막으로 1966년에는 '새로운 아미쉬'라고 불리는 집단이 펜실베이니아와 오하이오 주에서 나타났다. 전화나 트랙터 농경, 발전기를 사용한 원유 냉각 등을 지지하는 아미쉬 가정 사이에서 '새로운 질서' 운동이 일었다. 이들은 담배를 피우지 말자고 주장했고, 깔끔한 생활 방식과 행동을 강조했다. 새로운 아미쉬파는 돌아가며 서로의 집에서 예배 모임을 가졌다. 이들이 비치파와 다른 점은 자동차나 예배당을 허용하지 않았다는 것이다.

3. 쟁점과 갈등

아미쉬 사람들은 조화와 통일성을 유지하기 위해 많은 노력을 기울였음에도 사회 질서가 파편화되는 결과를 맞았다. 이들이 논쟁을 벌이는 주제는 다양하다. 의복의 모양이나 색깔, 집과 마차, 마구의 생김새, 노동력을 절감해주는 농기계의 사용, 합창 속도 등에서 의견이 갈렸다. 일반인들로서는 이해가 잘 되지 않을 정도다. 알고 보면 부러움이나 질시에 찬 대가족들이 무언가를 반대하는 일이 많았다. 분파들의 바탕에는 대개 불경기에 허덕이거나 너무 많은 변화를 견딜 수 없는 구성원들이 있었다. 아미쉬 사람들은 분열이나 불화의 원인이 되고 싶지 않아 자기감정을 억누르는 경향이 있다. 대개 불만이 있는 구성원들은 자신과 더 잘 맞는 구파 공동체로 옮기거나 새로운 정착지를 꾸렸다. 이주를 해도 문제가 해결되지 않을 때, 겉으로 드러난 반목이나 기피는 파벌 간의 사회적 거리를 지속시켰다. 이러한 갈등의 본질이 어떠했고 얼마나 심했는지를 드러내는 사례가 몇 가지 있다. '혼란의 소용돌이(Huttlerei)'라고 불렸던 악명 높은 모제스 하츠(Moses Hartz)의 예로, 몇 세대 전에 일어난 사건이다.

부유한 아미쉬 농부였던 모제스 하츠는 전도사이기도 했다. 교구 신도들은 그를 매우 똑똑한 사람이자 훌륭한 연설가로 여겼다. 모제스는 아미쉬 교회에 애착을 드러낼 때가 많았다. 그에게는 이름이 똑같이 모제스인 아들 한 명이 있었는데 물레방아를 만드는 목수였다. 아들 모제스는 제조 회사에서

▲ 젖소를 이용해 옥수수를 수확하는 모습. 농부들이 모두 한 개짜리 바지 멜빵을 하고 있다.

물레방아를 설치, 판매하는 전문가가 되었고, 이 일에서 성공을 거두려면 아
미쉬 교회의 규칙을 모두 지킬 수는 없다고 생각했다. 무엇보다 외투 바깥에
주머니가 있었으면 했는데 이는 규칙에 어긋났다. 방아를 만들고 고치는 일
을 하려면 늘 가지고 다니는 렌치를 넣을 바깥 주머니가 필요했다. 결국, 그는
'조용히 메노나이트 교파로 옮겼다.'

아들 모제스는 아미쉬 교회에서 추방되었다. 이는 계율 위반자에게 흔한 조치였지만 구성원들에게 충분히 고지되지 않았다. 비록 모제스를 추방한다는 결정이 만장일치로 내려지지는 않았지만 주교는 그를 쫓아내라고 명령했다. 전도사 모제스 하츠는 메노나이트에 합류했다는 이유만으로 자기 아들을 기피할 수 없었다. 기피를 거부한 결과, 아버지 모제스는 전도사 일을 할 수 없게 되었다. 이에 그가 반발하면서 교구 지도층과의 화해는 불가능한 것처럼 보였다.

마침내 아버지 모제스와 그의 아내 레나는 코네스토가 아미쉬 메노나이트 교회 신도가 되기 위해 신청했다. 이 분파는 예배당에서 예배하는, 나름대로 진보적인 아미쉬 사람들로 구성되어 있었다. 아미쉬 메노나이트는 구파 교회에서 전도 업무를 금지당한 모제스를 받아들이는 데 다소 주저했지만, 결국 모제스와 그의 아내를 평신도로 받아들였다. 구파 집단의 기피 계율 때문에 벌어진 이 일로 양쪽 교회에서 모두 논쟁이 일어났다. 아미쉬 메노나이트 사람들은 구파 교회에서 평판이 좋지 않은 인물을 받아들이는 것은 옳지 않다고 여겼다. 하츠를 사회적으로 기피한 구파 교회의 결정은 아미쉬 메노나이트 교회 구성원의 분열을 초래했다. 구파 집단의 구성원 가운데는 메노나이트 교회 사람들과 가까운 친척 관계인 사람들이 많았다.

다른 주의 위원회가 이 사건 전체를 조사하고 해결책을 제안하기 위해 초청되었다. 여러 관점에서 이야기를 들어본 위원회는 모제스와 레나에게 아미쉬 구파로 돌아가는 것과 아미쉬 메노나이트 교회에서 무릎 꿇고 고해성사하는 것 중에 선택하라고 했다. 아미쉬 메노나이트 집단은 위원회의 제안에 동의했고, 모제스 부부는 고해성사를 선택했다. 이렇게 이들이 메노나이트 집단과 완전히 화해하면서 이 분쟁은 마침내 해결된 것처럼 보였다. 대표단이 이 소식을 아미쉬 구파의 주교에게 알리자 주교는 일단 그 결정을 반겼다. 이로써 모제스와 레나도 그들의 잘못을 인정했으며, 그에 따라 아미쉬 구파도 그들에 대한 사회적 기피를 중단했다. 하지만 이것은 마이둥의 가치를 떨어뜨리는 결정이었다.

그런데 아미쉬 메노나이트 교회의 설명에 따르면, 목사들 모임에서 화해가 이루어질 때 영향력 있는 목사 한 명이 그 자리에 없었다고 한다. 결국 구파 목사들은 다음 번 모임에서 자신들의 영향력을 이용해 결정을 뒤집고 모제스와 레나에 대한 마이둥을 재개했다. 평생 사회적 기피 대상이 될 것이라는 결정이었다. 그러자 이 사건이 원인이 되어 일어난 분열이 구파 교회에서 신도 100명이 떨어져 나갈 정도로 정점에 달했다. 오랫동안 서로 간에 악감정이 팽배했고, 가족과 친척들 사이에도 긴장 상태가 이어졌다. 하츠 사건을 지켜본 한 사람은 이렇게 말했다. "나이 든 사람들이 그것에 대해 끊임없이 되풀이해서 말하는 바람에 내 또래는 사회적 기피 계율에 대해 아주 신물이 났다."[279] 구파 사람들은 다툼이 있을 때는 언제나 양쪽의 이야기를 들어보아야 한다고 지적했다. 논쟁에 대한 기록이 아미쉬 메노나이트 쪽에서 전해졌기 때문에 구파 교회에서는 모든 정황을 자세히 알 수 없었다.

몇몇 주변 상황을 살펴보는 것이 하츠 사건을 이해하는 데 도움이 될 수 있다. 모제스 하츠는 루터 교회 출신이었고 4세에 부모를 잃었다. 18세가 되던 해에 그는 일자리를 찾아 나서 아미쉬 사람인 데이비드 매스트의 농장에 취직했다. 그리고 필라델피아와 피츠버그 사이에서 운송업을 하던 코네스토가 마차 회사에서 말 돌보는 일을 했다. 마그달레나 나프치거와 결혼하면서 그는 아미쉬 교회에 들어왔고 농부로 성공했으며, 1855년에는 아미쉬 목사가 되었다. 모제스는 설교에 뛰어났고 전통보다는 『성경』의 가르침을 강조했다. 1877년에 밀우드 예배당 분파가 독립하던 당시 그는 아미쉬 교구에 남은 유일한 목사였다. 그는 코네스토가 계곡에서 제일 큰 농장의 경영주이자 가장 유명한 농부이기도 했다. 1880년에는 최초로 콤바인 수확 결속기(곡물을 잘라 단으로 묶는 기계-역주)를 농장에 들였는데, 새로운 기계를 사용한다는 이유로 많은 사람에게서 경고를 받기도 했었다.

이 때문에 다른 아미쉬 농부들의 부러움을 샀는지는 확실하지 않지만, 꽤 그랬을 법하다. 더구나 아들 모제스는 펜실베이니아 체임버즈버그의 기계 회사 직원으로 취직해 상당 시간을 떠돌아 다녔다. 캘리포니아 주에서 아들 모제스는 금광의 공동 소유주가 되었다. 또 뉴멕시코에서는 물레방아를 설치

---

279) C. Z. Mast가 저자에게 보낸 편지 중에서(1960년 7월 3일). 다음 책에는 Moses Hartz(1819-1916)와 아들 Moses(1846-1946)에 대한 전기적 내용을 싣고 있다. Amos Hartz and Susan Hartz, *Moses Hartz Family History*, 1819-1965(Elverson, Pa.: 자비 출판, 1965)

하는 일을 했고 필라델피아에서는 사업체를 차렸으며, 이 모두 34세의 나이로 결혼하기 전에 한 일이었다. 그가 외투에 바깥주머니를 달고 아미쉬 교회를 떠났다고 해도 전혀 놀라운 일이 아니었다. 구파 교회의 지도자들은 그의 부모와 함께 아들 모제스를 확실히 추방해야 한다고 보았다. 아버지 모제스는 비록 공동체에서 존경받는 인물이었지만, 교회를 바깥세상과 분리하려면 필요한 일이라고 여겼던 것이다. 모제스와 마그달레나 하츠 사이에는 아미쉬 후손들이 있었지만, 오늘날 아미쉬 사람들 가운데 하츠 가문의 이름은 남아 있지 않다. 모제스가 바깥주머니를 다는 일 때문에 계율에 맞서야 했던 사실은 여전히 몇몇 하츠 후손의 반발을 사고 있다.

주교들의 냉정한 태도는 동료 목사들과 신도들의 지지를 얻지 못했고, 그 여파로 많은 인원이 교회에서 이탈했다. '모든 것을 버리고' 다른 주로 이주한 추방당한 구성원들은 종종 분파의 중요한 인물이 되었다. 예컨대 오하이오 주에서 추방당한 한 명이 인디애나 주로 옮겨 간 적이 있다. 인디애나 주에서 그는 신앙을 고백하고 아미쉬 교회에 들어갔다. 몇 년 후, 인디애나 교회가 오하이오 주 교회와 친교 관계를 맺고자 했다. 오하이오 주의 주교는 전에 그들의 주에서 추방당한 구성원이 인디애나 주에서도 추방되어야만 친교를 맺을 수 있다고 대답했다. 이에 인디애나 주교는 그 구성원을 추방하고, 오하이오 교회와 연합하는 데 반대하는 사람은 세례를 받을 수 없다고 선언했다. 그러자 구성원 절반 이상이 주교의 결정에 반발해 인디애나 교회는 분열되었다. 이 주교의 남자 형제 다섯 명과 여자 형제 두 명도 저항하는 무리에 동조했다.

또 다른 사례는 1884년에 인디애나 주의 전도사였다가 아이오와 주로 옮겨 간 크리스티안 웨리의 예다. "그는 구파 교회에 합류하려 했으며 첫째 주 일요일마다 그들의 예배에 참석했다. 하지만 설교를 부탁받은 적은 없었다. 그는 지붕이 접히는 마차와 비옷을 사용했는데 그 두 가지는 아이오와 교회에서 허락하지 않는 것이었기 때문이다. 이 문제에 대해 대답을 요구받았을 때, 그는 자신의 건강에 도움이 되는 용품은 포기할 의향이 없다고 대답했다."[280] 그러

---

280) Melvin Gingerich, *The Mennonites in Iowa* (Iowa City: State Historical Society of Iowa, 1939), p. 137.

자 구파 교회를 떠난 사람들이 웨리에게 자신들의 목사가 되어달라고 했다. 이 무리는 아이오와 주 칼로나 근처에서 메노나이트 교회 동부 연합을 세웠다.

외부인들이 아미쉬 교회에 합류하거나 그러기를 희망하면 집단을 분열시키는 문제가 발생할 수 있다. 한 디트로이트 노동자가 아미쉬 사람들을 발견한 것에 크나큰 기쁨을 표현했을 때도 그런 일이 일어났다. 자신의 믿음이 적합한지 아직 확신할 수 없을 때, 그는 신문에서 자기 집에서 원유가 발견되었다는 이유로 농장을 팔고 이주한 캔자스 주 아미쉬 사람의 이야기를 읽었다. 매니어치라는 이름의 이 노동자는 "그 사람은 바보이거나, 아니면 진정한 믿음이 있다."라고 결론 내리고, '진짜'라는 데 희망을 품고서 한 아미쉬 농부에게 그들의 교회에 들어가려면 어떻게 해야 하는지 편지를 보냈다. 그는 자신이 사는 미시간 주의 한 아미쉬 가정에 문의했다. 하지만 아미쉬 공동체는 외부인을 받아들인 전례가 없었기 때문에 매니어치와 그의 가족을 디트로이트의 작은 메노나이트 선교회로 보냈다. 여전히 그리스도로 가는 길이 아미쉬 교회라고 믿은 매니어치는 아미쉬 선교 활동을 시작했다. 그는 아미쉬 방식으로 표현된 크리스천의 생활이 널리 전파되어야 한다고 진심으로 믿었다. 매니어치는 〈아미쉬 선교 노력〉이라는 복음 소식지를 출간하기 시작하고 모든 아미쉬 성직자에게 다음과 같이 특별히 준비한 편지를 보냈다. "저에게 단 하나의 관심사가 있다면, 아미쉬 교회가 복음에 생명력을 불어넣는 것입니다. 지도자인 당신이 구원받지 못하는 사람들에게 지고 있는 빚이 무엇입니까? 당신의 교회에는 새로운 일을 하고자 하는 젊은이가 많습니다. …… 그들을 이끌거나, 아니면 다른 교회에 합류하게끔 권하는 것이 어떻습니까?" 매니어치의 노력은 얼마간의 성과를 불러왔고, 그는 계속해서 여러 주에서 '선교하고자 하는' 무리들을 조직해나갔다. 1950년에는 아이오와 주 칼로나에서 최초의 아미쉬 선교 협의회가 열렸다. 자기 주교의 충고를 거스르면서 여기에 참가하는 사람들도 있었다. 이런 협의회에는 메노나이트 선교 설교자가 관여했다. 1953년에는 선교 참가 협의회가 조직되어 〈증언〉이라는 정기 간행물을 냈다.

아미쉬 지도자들은 매니어치를 위험한 혁신가로 여겼다. 결국, 그는 아미쉬 신도 자격으로 설교할 수 없게 되었고 침입자로 간주되었다. 지도자들에게서 받는 이런 비난을 상쇄하기 위해 아미쉬 출신인 매니어치 동조자들은 독일어로 연간 선교 협의회를 진행했다. 매니어치는 다음과 같이 결론을 내렸다. "주교들은 외부인이 자신들의 일을 운영하는 것을 내켜 하지 않는다." 그럼에도 그는 자기 의견을 정확하게 정리해 간행했고, 아미쉬 사회 내부에서 특별한 동조자들을 만들었으며, 뜻을 같이 하는 사람들과 함께 소통했다.

그러는 동안 오클라호마 주 아미쉬 구파 교회의 목사로 선교 운동에 적극적이었던 데이비드 밀러(David miller)가 여러 주를 돌아다니며 복음 전도사처럼 설교했다. 그는 전통적인 아미쉬 예배에서 정통적이지 않은 방식으로 설교하고 기도했을 뿐만 아니라, 저녁에 아미쉬 사람들의 집 앞마당에서 대규모 군중을 모아놓고 연설하기도 했다. 밀러가 전파하는 새로운 『성경』의 전갈에 수백 명이 찬사를 보냈고, 통상적인 아미쉬 합창 방식이나 용어를 더는 수용하지 않았다. 밀러는 이윽고 자신을 따르는 신도들과 함께 비치 아미쉬에 합류한 뒤, 구파 교회와는 친교를 끊었다.

매니어치와 밀러의 사례로 볼 수 있는 선교 운동은 아미쉬 집단 안에서 상당한 동조 세력을 만들었으며, 그 가운데는 예전에 몰래 모여 기도나 『성경』 공부 모임을 가지던 젊은이들도 있었다. 또 자녀에게 독일어를 가르치는 것이 힘들었던 부모들이나 또래의 난폭한 행동을 견딜 수 없던 젊은이들도 포함되었다. 하지만 이런 선교 운동을 통해 공공연히 갈라져 나가지는 않았다. 아미쉬 지도자들은 선교 협의회에 참석하는 것을 엄격하게 금했고, 동조하던 사람들은 이에 굴복하거나 비슷한 주장을 펼친 비치파 등 다른 교회에 들어갔다.

4. 공동체 내부의 분열

지금까지 다양한 갈래로 펼쳐진 아미쉬 운동에 관해 알아보았다. 이렇게 여러 무리가 단일한 공동체 안에서 살다 보면 더욱 복잡해지게 마련이다. 이것을 가장 잘 보여주는 사례는 펜실베이니아 주 중부의 미플린 카운티다. 이 지역은 '빅 밸리(큰 계곡)'라고도 불리는 키샤코퀼라스 계곡을 둘러싸고 있으며 열두 종류의 아미쉬 집단이 거주하고 있다. 이들은 모두 하나 혹은 일부의 아미쉬 집단에서 기원했고, 적어도 1791년에 펜실베이니아 주 남동부에서 이곳으로 이주한 사람들이다. 이들은 자신들 안에서 미국의 주류 문화에 얼마나 동화되었는가에 따라 '낮은 교회' 또는 '높은 교회'로 순위를 매긴다. 낮은 교회는 오랜 전통을 유지하는 데 비해 높은 교회는 더 '바깥세상'에 가깝다(그림 15를 보라). 후자는 얼마나 전통적인지의 순위에서 아래쪽에 들어간다.[281]

아미쉬 '전통파'(그림 15에서 1번, 2번 분파)는 지역적으로는 '네브래스카 아미쉬'[282]라고도 알려져 있으며 1881년부터 시작되었다. 네브래스카라는 이름이 붙은 것은 이들의 정착지가 네브래스카 주에 있기 때문으로, 주교인 요스트 H. 요더(Yost H. Yoder)의 이름을 따서 불리기도 한다. 요더는 미플린 카운티의 소규모 분파를 도와 그들만의 지도자를 두게 했다. 나중에 네브래스카에서 몇몇 가족이 미플린 카운티로 이주해 이들에게 합류했다. 이 분파가 정식으로 독립하자 사람들은 '네브래스카 아미쉬' 또는 '전통파들(Old Schoolers)'이라고 불렀다. 이 분파의 남자들은 윌리엄 펜처럼 머리를 어깨까지 기른다. 흰 셔츠와 갈색 데님 바지, 회색 외투를 입고 챙이 넓은 모자를 쓰며, 바지 멜빵이나 벨트를 사용하지 않는다. 이들은 바지를 뒤에서 끈으로 졸라맨다. 여자들은 머리에 흰색 모자를 쓰고 그 위에 검은색 머릿수건을 맨다. 챙 없는 보닛 모자는 금지되어 있다. 밭에서 일할 때 여자들은 밀짚으로 만든 '스쿠프'라는 평평한 모자를 쓴다. 2세기 전에 스위스나 알자스 지방의 농부들이 쓰던 모자와 닮았다. 이 모자는 챙의 양 옆에 끈을 달고 턱 밑에서 당겨 묶어 챙이 아래로 향하도록 접는다. 다른 아미쉬 여성들과 마찬가지로 네브래스카 아미쉬의 여성들도 어두운 단색의 긴 치마를 입는다. 겨울에 여성들은 맨델(Mandel, 망토 달린 외투)이라는 긴 코트를 입고, 어깨에 숄은 걸치지 않는다. 사용하는 농기구에도 금기가 있다. 1940년까지만 해도 이 아미쉬 사람들은 말의 힘을 빌

---

281) 이 공동체의 초기 분파에 대해서는 다음 글에서 부분적으로 다루고 있다. John A. Hostetler, "The Life and Times of Samuel Yoder, 1824-1884," *Mennonite Quarterly Review* 22(October 1948): p. 226-41. 다음 글도 참고하라. S. Duane Kauffman, *Mifflin County Amish and Mennonite Story*, 1791-1991(Belleville, Pa.: Mifflin County Mennonite Historical Society, 1991), p. 118-37. 인근 유니언 카운티의 분파에 대해서는 다음 글에 기술되어 있다. "The Amish Mennonites of Union County, Pennsylvania, Part I, Social and Religious Life," *Mennonite Quarterly Review* 7 (April 1933): p. 71-96; 같은 저자, "The Amish Mennonites of Union County, Pennsylvania, Part II, A History of the Settlement," *Mennonite Quarterly Review* 7(July 1933): p. 162-90.

282) 다음 글을 보라. "The Amish in Gosper County, Nebraska," *Mennonite Historical Bulletin* 10(October 1949); Maurice A. Mook, "The Nebraska Amish in Pennsylvania," *Mennonite Life* 17 (July 1962): p. 27-30. 이 집단 구성원들에 대한 묘사는 다음 글을 보라. *Mennonite Life* 16 (July 1961).

▲ 펜실베이니아 주 중부에 있는 빅 밸리의 모습이다. 전통적이거나 현대적인 다양한 아미쉬 분파가 모여 있는 지역으로 유명하다.

려 곡물을 갈았다. 견인용 트랙터 역시 사용이 금지되지만, 벨트 구동장치를 끌기 위한 1기통, 2기통 엔진은 사용된다. 잔디 깎는 기계나 창문과 문의 방충 망, 커튼, 카펫도 써서는 안 된다. 마차는 흰색 지붕에 좌석 2개짜리여야 한다. 좌석이 1개이거나 지붕이 없는 마차는 쓰이지 않고, 갈색 지붕이 일부만 있는 스프링 달린 짐마차('시장 마차'로 불리는)는 사용된다. 흙받이나 채찍 주머니는 허락되지 않는다. 헛간과 집에는 페인트를 칠하지 않고 내버려둔다. 건물 박 공벽(건물 옆면과 지붕보 위 서까래 사이에 있는 삼각형의 벽-역주)에 보호 지붕을 다는 것도 금지된다.

신대륙에 이주한 전통적인 아미쉬 집단이 그렇듯이, 이들은 오래된 관습 을 유지한다. 대부분 아미쉬 공동체가 19세기에 들어와 보닛 모자를 허용했 을 때도, 이 집단은 머릿수건을 버리지 않았다. 이들은 마차 지붕과 남자들의 셔츠 소재로 표백하거나 염색하지 않은 흰색 아마천을 쓴다. 장례식 때는 시신을 공동묘지에 안장하러 떠나기 전에 망자와 마지막으로 인사한 모든 참석자에게 달콤한 빵 한 조각과 치즈, 와인을 대접한다.

요더의 전통파에서 주크(Zook) 분파가 갈라져 나온 것은 1933년이지만, 외부인들의 눈에는 다 똑같아 보일 정도로 차이가 크지 않다. 각 집단은 일요일마다 자신들만의 예배를 치르며, 다른 분파와 확실히 분리되게끔 각자 주교를 두 명씩 둔다. 구성원이 이전에 외부인이 소유했던 농장을 샀을 때, 두 전통파 아미쉬 공동체의 목사들 사이에서 전통에 대한 시각 차이가 발생했다. 문제는 새로운 소유주가 집 건물 박공벽의 보호 지붕을 톱질해서 떼어낼 필요가 있는가 여부였다. 이들은 그 문제에서 서로 의견이 갈렸다.

오늘날 네브래스카 교회는 세 갈래의 분파로 나뉜다. 요더와 주크 분파에는 각기 세 곳의 교회 교구가 있다. 1978년에 주크 교회에서 두 곳의 교구로 이루어진 루퍼스 교회가 갈라져 나왔다. 이 세 분파는 함께 성찬식을 하지 않으며 각기 독립적인 계율을 유지한다.[283] 현존하는 네브래스카 분파 여덟 곳 모두 미플린 카운티의 북동부 지역에 있는 자신들의 무리를 중부 지방의 카운티로 연합해 뻗어가는 작은 분파들과는 구별했다. 필라델피아와 피츠버그 사이의 큰 도심과 떨어져 있는 이들의 거주지는 다른 아미쉬 집단 거주지보다 방문 여행객 수가 적었지만, 사진가들은 이들을 찍어 전국적, 국제적인 사진 상을 받기도 했다. 이 '하얀 지붕' 아미쉬 무리는 1992년에 한 방화광이 이들의 헛간 여섯 곳을 전소시키고 한 곳을 부분적으로 불태웠으며 가축 172마리를 태워 죽인 사건 후로 유명세를 탔다.

'바일러 교회(Byler Church)'는 '오래된 교회(die Alt Gemee)'라고 불리기도 하지만(그림 15에서 3번), 이들을 더 잘 기술하는 명칭은 '콩 수프를 먹는 사람들'일 것이다. 이 별명은 예배가 끝나고 점심에 콩 수프를 먹는 관습에서 비롯했다. 다른 전통파 교회도 같은 관습이 있지만 말이다. 일반적으로 이 집단은 1849년에 새뮤얼 B. 킹(Samuel B. King)의 분파에게서 자신들의 뿌리를 찾으며, 이들의 구전적 전통이 다른 집단의 밑동 역할을 했다고 여긴다. 이들의 문화에서 가

---

283) 이 분파들의 차이점에 대해서는 다음 글을 보라. James P. Hurd, "The White Buggy Amish: Lifestyle and the Boundaries of Reciprocity," 1990.

```
                    Protestant
              13  Maple Grove Mennonite
            12   Brethren In Christ
          11   Locust Grove Mennonite
        10   Allensville Mennonite
       9   Holdeman Mennonite
      8  Beth-El Mennonite
     7  Beachy Amish (Valley View)
    6  "New Amish"
   5  Peachey Amish (Renno)
  4  Byler Church
 3  Old School (Zook)
2  Old School
1  (Yoder)
```

[그림 15] 펜실베이니아 주 미플린 카운티의 '낮은' 교회와 '높은' 교회를 알아보기 쉽게 도식화했다.

장 특징적인 것은 마차 지붕이 노란색이고 좌석이 2개라는 것이다. 남성들은 흰색 셔츠를 입지 않으며 대개 푸른색을 많이 입는다. 1948년에 이 무리는 레노파 교회(그림 15)와 서로 상대편의 목사를 초청하며 교류하기 시작했다. 바일러 아미쉬 남성들은 전통파 사람들보다 머리를 짧은 길이로 유지하지만 그래도 귀를 덮을 정도의 길이다. 여성들은 갈색 보닛을 쓰며 맨델을 입는다. 벨트 달린 구동장치를 돌리는 데 트랙터 엔진을 사용하지만 그것으로 밭일을 하지는 않는다. 결혼하지 않은 남성들은 좌석 한 개짜리 마차를 몰고 다닌다. 스프링 짐마차(앞에 좌석이 하나 있고 뒤에 긴 짐칸이 달렸으며 말 한 마리가 끄는 마차)로 식량 포대를 운반하거나 다른 가벼운 짐을 실어 나르기도 한다. 건물에는 대개 페인트칠을 하고 깔끔하게 가꾼다. 반 정도 길이의(아래쪽 반만 가리는) 커튼, 창문 가림막, 방충망도 사용하지만 다른 아미쉬 집단이 흔히 사용하는 직물 카펫은 쓰지 않는다.

'레노 아미쉬'(그림 15의 4번) 교회는 존 레노(John Renno)와 그의 아들 조슈아에서 따와 이름 붙여졌다. 랭커스터의 다른 형제 분파들과 '완전한 친교'를 유지하고 있어서 같은 기준에 따라 마이둥과 문화적 관습을 실행하지만 약간의 예외도 있다.[284] 남성들은 한 줄로 된 바지 멜빵을 착용하고, 머리카락은 귀를 덮을 정도로 기른다. 여성들은 어두운 단색의 치마를 입고, 검은색 보닛과 풀 먹인 흰색 머리 덮개를 쓰며, 검은색 숄을 걸친다. 사춘기를 지나고 아직 결혼하지 않은 여성들의 일요일 복장은 흰색 할스두흐와 흰색 앞치마, 검은색 머리 덮개다. 가족은 지붕이 검은색인 좌석 두 개짜리 마차를 타고 예배에 간다. 미혼 남성들은 좌석이 한 개인 지붕 없는 마차를 타는데, 흙받이와 채찍 주머니, 배터리로 밝히는 등을 사용한다. 근처 마을로 짐을 실어 나를 때는 스프링 짐마차를 쓴다. 헛간은 대개 붉은색이고 집은 하얀색이며, 그 밖에 색깔이 들어간 장식은 없다. 카펫, 창문 가림막, 절반 길이의 커튼도 흔하다. 실내에 배관 공사를 하는 것도 허용된다.

'새로운 아미쉬 또는 '구파 분지 교구(정식 명칭)'는 1972년에 구원의 의미, 특히 구원의 확실성에 대해 탐구하기 시작한 구성원들에 의해 생겼다. 목사 크리스티안 피치(Christian Peachey), 에즈라 캐너지(Ezra Kanagy)와 함께 레노파와 바일러파에서 17가구가 모인 것이 처음이었다. 전통파의 관점에서 보면 이들은 신도들의 통합을 저해하는 '생소한 믿음'을 주장하는 것으로 여겨진다. 이 '새로운 아미쉬' 사람들은 개인이 그저 구원에 대한 '희망'을 품는 데 그치는 것이 아니라 '구원의 보증'을 얻을 수 있다고 생각한다. 전통파의 관점에서도 이런 생각을 하는 것이 허용되기는 하지만, 그런 믿음을 적극 퍼뜨리는 것은 위

---

284) 구파 아미쉬에서 중심을 이룬 사람들은 에이브러햄 피치의 후계자다. 피치는 1863년에 솔로몬 베일러에게 반기를 들었는데, 베일러는 시냇가에서 세례를 하는 것을 허락했고 앨런스빌과 벨빌(메이플 그로브)에 세워진 예배당을 이끌었다.

험한 오만으로 간주된다.[285] 구원에 대한 생각이 같았던 두 목사는 자신들의 관점이 교파 분열을 일으키지 않도록 노력했지만, 상황은 반대로 흘러갔다.

목사 에즈라 캐너지의 아들 아킬라가 불의의 사고로 숨을 거두며 남긴 말이 그 계기가 되었다. 가장이었던 이 젊은이는 말에게 차여 병원에서 38일을 앓다가 포도상구균 감염으로 사망했다. 숨을 거두기 몇 시간 전에 그는 아버지에게 다음과 같은 계시를 알렸다. "예수님이 저를 안심시키며 말씀하시길, 저는 올바른 길로 가고 있다고 합니다." 또 젊은 아내에게 자신이 꾼 꿈을 이야기했다. "사탄이 와서 나를 데려가려 했지만, 예수님이 오셔서 나를 멀리 데려가 멋지고 아름다운 것들을 보여주셨소." 아킬라는 입원하고 38일째 되는 날 수혈받던 중에 조용히 사망했다. 젊은이의 지인들은 그가 자신이 구원받으리라고 확신하며 살다가 죽었다고 주장했다.

새로운 분파의 노선을 그리던 목사 에즈라 캐너지는 자기들 무리의 이름으로 '새로운 질서'가 딱 알맞다고 보았다. "우리는 결국 '새롭게 탄생'할 것이고, 우리 교파는 새로운 탄생에 관심이 없는 구성원에게는 흥미가 없기 때문이다. (그들이 얼마나 간소하게 입든 상관없이) 우리가 다시 태어나리라는 것을 바랄 수만 있지 확실히 알 수는 없다고 가르치는 자들에게는 더욱 그렇다. 이는 『성경』뿐만 아니라 우리 선조, 재세례파, 사도들로 거슬러 올라가는 구교도의 계율, 신앙과도 어긋난다."[286] 새로운 아미쉬 집단은 매주 일요일에 구성원의 집에서 설교를 들었다. 하지만 1979년에 주교 크리스티안 피치와 구성원 다수가 홀드먼파(그림 8, 15번)에 합류하고 목사 캐너지가 오하이오로 이주함에 따라 분파의 맥이 끊겼다.

비치 교회(밸리 뷰) 또는 '스파이처' 집단(그림 6, 15번)으로 불리는 분파의 이름은 주교 제스 스파이처(Jesse Speicher)에서 비롯했으며 주로 '주크' 교회라고 불린다. 1911년에 피치 아미쉬의 진보적인 분파로 처음 결성되었다. 펜실베이니아 주 랭커스터 카운티에서 독립되어 나올 때 미플린 카운티에 목회적 도

---

285) 존 R. 레노 주니어는 구원에 대한 확신을 얻은 계기와 아버지 존 B. 레노에 의해 직접 파문된 경험을 다음 책에 기술했다. *A Brief History of the Amish Church in Belleville*(Danville, Pa.: 자비 출판, 1976).

286) *Budget*, July 12, 1973, 같은 잡지의 June 30, July 6, 1972에서도 이 사건에 대한 논의를 실었다.

움을 요청했고, 존 B. 주크(John B. Zook)가 도우러 오면서 이 집단은 첫걸음을 내디뎠다. 분파가 한 정착지에서 다른 곳으로 퍼져 나간 사례였다.

'킹 아미쉬'로 알려진 랭커스터 카운티의 작은 분파에는 지도자가 없었다. 엄격한 아미쉬 계율에 동감하지 못했던 이들은 빅 밸리에 목사를 보내달라고 요청했다. 빅 밸리에는 교구가 세 곳 있었는데 각기 주교가 한 명씩 있었다. 존 B. 주크, 샘 피치, 데이비드 피치였다. 주크 주교는 이 작은 랭커스터 집단에 도움이 필요하다고 여겼고 주교 세 명은 신도들을 모아서 이 문제에 대한 회의(Rat)를 열었다. 주크는 그의 교구에서 호의적인 반응을 끌어냈지만, 피치 주교는 이렇게 밝혔다. "우리 교구는 만장일치를 이루지 못했다." 그에 대해 주크는 이렇게 대답했다. "만약 당신이 올바른 방식으로 투표를 행했다면 호의적인 결정을 내릴 수 있었을 것이오."(피치 주교는 구성원들에게 랭커스터 집단을 돕자고 동의를 구하지 않고 목회적 도움을 거부하는 데 동의를 구했다.) 그 결과 빅 밸리 집단은 분파로 갈렸고, 주크 교구는 랭커스터 카운티의 킹 집단을 도우러 갔지만 주교의 성이 피치인 교구 두 곳은 그렇게 하지 않았다. 그렇게 하지 않았다. 이 킹 분파는 존 A. 스톨츠퍼스 또는 위버타운 아미쉬 무리의 선조 격이 되었다.[287]

주크 무리가 자동차를 받아들이던 1954년 무렵에는 대부분 아미쉬 문화에서 남성들은 멜빵 하나짜리뿐만 아니라 두 개짜리도 입었고, 머리를 레노파 무리보다 짧은 길이로 유지하거나 스웨터나 지퍼가 달린 재킷을 입는 것도 허락되었다. 남성들의 모자챙은 폭이 더 좁아졌고, 여성들의 치마는 짧아졌다. 주크 집단에서는 1948년에 전기도 허용되었고 1954년에는 자동차를 들이기 전에 공기를 넣은 고무 타이어를 단 트랙터도 허락되었다. 서서히 카펫, 리놀륨, 현대적 주방 도구를 사용하고 금언을 벽에 붙이는 것 등도 흔해졌다. 자동차의 도입은 이웃 아미쉬 집단들과의 사이에 상당한 거리감을 불러일으켰으며, 직업과 이동에서도 큰 변화를 가져왔다. 이들은 1962년에 '밸리 뷰'라는 예배당을, 1985년에는 '플레전트 뷰'라는 예배당을 지었다. 두 곳 모두 다른 주

---

287) 이 분파에 대한 다른 설명은 다음을 참고하라. Donald B. Kraybill, *The Riddle of Amish Culture* (Baltimore: Johns Hopkins Press, 1980), p. 277.

의 '비치' 아미쉬 교회와 목사들을 서로 초빙했다.

베스-엘 메노나이트 교회(그림 7, 15번)는 1973년에 J. 엘로스 하츨러(J. Ellrose Hartzler)를 지도자로 삼고 오래전부터 존재한 앨런스빌 메노나이트 교회에서 떨어져 나온 여러 가구로 구성되었다. 이들은 신도들 사이에서 목격한 현대화의 흐름을 반기지 않았으며, 따로 예배당을 지었다. 이들이 자신들의 관점을 목소리 높여 주장하는 일은 거의 없었고 단지 조용히 물러날 뿐이었다. 또 간소한 복장을 강조했다. 여성들은 검은색 스타킹과 망토가 달린 드레스를 입었고, 남성들은 단순하고 목깃 없는 외투에 넥타이도 착용하지 않았다. 그리고 다른 교파와의 협의회에 전혀 참가하지 않았다.

홀드먼 집단(그림 8, 15번)은 1958년에 형성된 소규모 무리다. 하지만 이들의 종파(그리스도 속의 주 메노나이트 교회로 알려진)는 100년도 더 전에 창립되었다. 이 종파의 말을 빌리자면 이들은 "회개, 용서, 새로운 탄생, 극기, 비국교주의, 무저항, 계율 위반자들의 추방, 배교자에 대한 사회적 기피"[288]를 강조한다. 이들의 의상은 검소하지만 차림새가 다른 검소파 교파들과 구별된다. 남성들은 턱수염을 기른다. 이 집단은 복음주의적인 신앙 부흥 운동을 하며(이를 위해 천막생활을 할 때가 많다), 배타주의가 매우 강하다. 여기저기 떠돌아다니는 이 집단의 복음주의자들에게 레노파의 신도 몇 명과 주교 존 B. 레노의 아들 엘리가 접촉했고, 한 폐교 건물에서 집회가 열렸다. 이후 "새로운 탄생과 그에 따른 결과를 받아들이는 실험적 지식 때문에 아미쉬 구파에서 추방된"[289] 여러 아미쉬 무리가 유입되면서 이 집회는 규모가 더욱 커졌다. 홀드먼 집단에 합류하는 전통적인 아미쉬 구성원들에게는 이전보다 엄격한 계율도 존재했지만, 개인적인 자유의 허용 범위는 이곳이 더 컸다. 자동차와 현대적인 농기구를 허락했기 때문이다.

앨런스빌 메노나이트 교회(그림 9, 15번)는 1861년에 솔로몬 바일러(Solomon Byler)에 의해 조직된 아미쉬 무리로 그 기원이 거슬러 올라간다. 이들은 북아

---

288) *Histories of the Congregation of the Church of God in Christ, Mennonite* (Moundridge, Kans., and Sainte Anne, Man.: Gospel Publishers, 1975), p. 10. 포괄적인 역사적 기술은 다음을 보라. Clarence Hiebert, *The Holdeman People* (South Pasadena, Calif.: William Carey Library, 1973).

289) *Histories of the Congregation of the Church of God in Christ*, p. 177.

메리카에서 가장 큰 메노나이트 단체인 메노나이트 교회의 앨러게니 협의회 소속으로 1869년에 예배당을 세웠다. 그 예배당은 앨런스빌 마을과 가까운 655번 도로 옆에 있었다. 이 집단의 신도 가운데 흰색 기도 모자나 염색된 치마, 단순한 메노나이트 보닛 모자를 착용하는 여성은 드물다.

로커스트 그로브 또는 보수주의 메노나이트 교회(그림 10, 15번)는 1898년에 주교 에이브러햄 D. 주크의 지도 아래 앨런스빌과 벨빌 예배당 교회 구성원들에 의해 조직되었다. 이들은 그들 공동체가 너무 빠르게 변화한다고 느꼈다. 신도들은 보수주의 메노나이트 협의회에 들어갔지만, 이제는 앨런스빌이나 메이플 그로브 메노나이트 교회와 구별되는 의상을 거의 입지 않는다. 검은색 스타킹, 망토가 달린 드레스, 끈 달린 흰색 모자와 작은 검은색 보닛 같은 여성들의 간소한 차림새는 사라졌다. 메노나이트 학교와 대학에 후원하고, 외부인들에게 선교와 자선 활동을 하고 원조 물자를 제공하는 것은 교회일의 일부다. 이 지역의 다른 메노나이트 교회와 마찬가지로 구성원 상당수가 젊은이이며 대학에 다닌다.

그리스도의 교회 형제단(그림 11, 15번)은 신앙 부흥 운동을 하는 집단으로 1959년에 벨빌에 예배당을 세웠다. 이들은 당시 자동차를 허용하던 비치파가 빅 밸리 외부에서 그리스도 형제단 부흥 집회에 참석하기 시작하면서 지지자들을 얻었다. 홀드만 집단과 마찬가지로 이 집단은 회개와 개종, 부흥 운동을 강조하지만, 턱수염이나 독특한 차림새는 금지하고, 배교자는 사회적으로 기피한다. 그동안 활발히 활동해왔지만 구성원의 수는 그렇게 많지 않다.

메이플 그로브 메노나이트 교회(그림 12, 15번)는 1868년에 솔로몬 바일러의 지도 아래 벨빌에 예배당을 세웠다. 이 신도들은 처음에는 동부 아미쉬 메노나이트 협의회에 들어갔지만, 이 협의회가 해체되자 메노나이트 교회 앨러게니 협의회에 소속되었다. 이들은 빅 밸리 메노나이트 집단 가운데 가장 진보적인 것으로 유명하다. 구성원들이 최초로 대학에 입학했고, 최근에 목사들은 신학교에서 교육을 받기도 한다. 또 처음으로 가까이 있는 작은 전도 교회를 지지하고, 라디오 방송국을 만들어 합창단 프로그램을 방송하기도 했다. 신도 가운데 직업이 있는 사람이나 사업가는 시민으로서 공동체 조직에 참여한다. 계율은 앞에서 말한 집단들 가운데 가장 느슨하다. 그럼에도 이 지역의 다른 일반적인 프로테스탄트 교회와는 구별되며, 그들을 더 세속적인 '높은 교회'라고 부른다.

열두 종류의 집단이 공존하는 이들의 공동체는 북아메리카에 존재하는 재세례파 메노나이트 공동체 가운데 문화가 가장 다양한 사례일 것이다. 이 정통파 집단들 사이에는 다양한 정도의 사회적 거리가 유지된다. 경매나 농장 벼룩시장 같은 세속적인 활동과 상호 부조에서는 상호 작용이 한정적이다. 가장 '낮은' 교회는 '높은' 아미쉬 교회와 교류가 매우 적으며, 빅 밸리의 한적한 지역에 따로 떨어져 지내는 경향이 있다.

종교적 집단의 이런 계층화된 체계는 공동체의 경계를 유지하는 것과 관련해 많은 기능을 수행한다. 두 개의 개종자 집단(그림 8, 11, 15번)을 제외하고, 각 집단은 다른 집단의 관습과 권리를 존중한다. 즉 다른 집단에서 구성원을 끌어 모으려는 노력을 하지 않는다. 각 아미쉬 분파는 내부에서 성장하는 경향이 매우 크며, 안팎에서 마이둥을 위협하면 그에 대해 반발하면서 그 힘으로 집단을 유지한다. 이 계층화 체계는 자연스럽고 자발적인 방식으로 개인들이 서서히 '낮은' 집단에서 더 진보적인 집단으로 옮기는 것을 허용한다. 집단들 사이의 사회적 거리가 멀어질수록, 구성원이 본래 속했던 집단에서 나와 오르드눙이 가장 비슷한 다른 집단으로 옮기는 일은 드물어진다. 마찬가지로 가장 '낮은' 교회인 두 집단의 구성원들이 '높은' 교회에 합류하려는 일은 거의 없다. 가장 '낮은' 교회는 구성원의 수가 매우 적어서 군대 입대와 같은 젊은이들의 이탈로 급작스러운 변화를 겪기도 한다. 메노나이트 관련 모임에 들어가지 않고 자신의 종교적 소속을 거부하는 이런 경향은 다른 맥락에서도 나타난다.[290]

경작지 부족 문제는 사람들이 엄격한 아미쉬 집단(땅을 가장 중요하게 여기는)을 점점 떠나 메노나이트 교회에 들어가면서 완화되었다. '높은' 교회로 옮기면서 농업에서 다른 직업으로 바꾸게 되는 일도 흔했다. 또 규칙을 어긴 자를

---

290) Gingerich, *The Mennonites in Iowa*, p. 173. 이 책의 11장 "Differences of Opinion"도 보라. 후터파 망명자들은 다른 분파에 합류하는 것을 꺼려 하지 않았다. 다음을 보라. A. Hostetler, *Hutterite Society* (Baltimore: Johns Hopkins University Press, 1974), p. 275.

추방함으로써 각 종교 공동체의 경계가 유지되었다. 추방된 사람은 사다리를 타고 오르듯이 더 '높은' 교회로 옮기면 그만이었고, 이런 방식으로 다른 구성원들을 '오염'시키지 않으면서 새로운 정체성을 얻었다. 그 결과 각 공동체는 작은 규모로 자신의 특색을 유지할 수 있었다.

오하이오 주에서는 빅 밸리(펜실베이니아 미플린 카운티)와 마찬가지로 하나의 공동체 안에 다양한 구파 집단이 단계별로 다양하게 존재한다. 이들도 서로 목사를 초빙하거나 친교를 맺지 않는다.[291] 이 집단들의 명칭은 대개 주교의 이름을 따서 지어진다. 인디애나와 아이오와 주에서는 집단들의 단계별 차이가 덜 뚜렷하다. 펜실베이니아 랭커스터 카운티에서 확실히 구별되는 집단은 위버타운 아미쉬-메노나이트, 새로운 아미쉬, 그리고 새로운 아미쉬에서 갈라져 나온 집단들 정도다. 1966년 이래 랭커스터 카운티에서 시작된 정착지들은 자신들의 출신 공동체와 완전한 친교를 맺고 지냈다. 주교와 목사들은 오랫동안 지속적으로 만나 그들의 차이점에 관해 토론했고, 여전히 일 년에 두 번은 만난다. 계율에 동의하지 않는 자는 성직자와 평신도를 막론하고 모두의 동의를 받아 새로운 정착지로 이주한다. 이러한 이주 때문에 집단 안에서 반목이 일어나는 일은 없다.

요약하면 종교적 믿음을 표현하는 말이 장황해지고 복음주의와 주일 학교로 이어진 『성경』 공부 모임, 자동차, 농업이 아닌 직업에 관심을 두면서 아미쉬 구파 집단은 정체성을 잃었다. 이러한 주기적인 교회의 분열은 평신도나 지도자 출신의 목소리 높은 혁신가에 의해 시작된다. 아미쉬의 엄격한 계율 또는 사회적 불황에서 더욱 자유롭고자 하는 사람들이 이런 분파를 지지한다. 하지만 한편으로 이들은 지나친 변화를 겪을 가능성 때문에 고민하기도 한다.

---

291) 오하이오 주 무리들에 대한 연대기적 설명에 관해서는 다음을 보라. *Ohio Amish Directory*, comp. Ervin Gingerich (Star Route, Millersburg, Ohio, 1981).

14장
일탈과 취약성

비록 아미쉬 사람들이 순종과 자발성, '때 묻지 않음', '정결함' 속에서 살아 가는 교회 공동체의 통합성을 강조하지만, 우리는 앞 장에서 이들 안에 긴장 이 일어나 작은 집단들이 형성되고 있다는 점을 살펴보았다. 이제 그들의 개 인적인 순응과 일탈로 주제를 돌려보겠다. 어떤 사회나 마찬가지이듯이 아미 쉬 공동체에서도 구성원들 사이에 공동체의 규칙과 기대에 대해 다양하게 순 응한다. 규칙은 모든 개인에게 같은 방식으로 이해되지 않으며, 그것이 모든 교구에서 같은 강도로 강조되지도 않는다. 특정 종류의 행동은 다른 것보다 쉽게 수용된다. 아미쉬 지도자들은 신도들 내부에 생기는 여러 긴장을 인식 하고 있으며, 그것은 아미쉬 목사의 다음 말에서 확실히 드러난다. "우리 안 에는 규칙에 저항하는 소수자들이 있다. 이들은 두 부류로 나뉜다. 하나는 '남 의 떡을 더 크게 보는' 경향이 있으며 바깥세상에서 살고자 하는 사람이다. 또 하나는 무관심한 사람으로, 과거로부터의 교훈을 무시하며 그저 현재만을 위 해 살고자 한다."[292]

1. 개인적 적응의 방법

아미쉬 사람들 가운데서 문화에 적응하는 개인적인 주요 유형이 전부 발 견되기는 하지만, 각 유형이 차지하는 비율은 각기 다르다. 그림 16에는 개인 적인 적응 방식을 이해하는 유용한 도식이 그려져 있다. **순응, 의식주의, 혁신,**

---

292) Joseph Beiler와의 인터뷰 중에서.

개조의 네 가지 방식이 있다.[293] 이 중 어느 한 가지에 딱 맞아 떨어지는 개인
은 없다. 어떤 점에서는 순응주의자라도 다른 점에서는 혁신주의자일 수 있
기 때문이다. 네 가지 방식에 관해 알아보자.

순응

아미쉬 생활 방식에 대한, 그리고 그것을 실현하는 승인된 수단에 대한
순응은 가장 흔한 형태의 적응 유형이다. 개인들은 제도적으로 승인된 수단
을 통해 목표에 순응한다. 이것은 현상태가 확실히 유지되도록 해준다. 대부
분 사람이 기대에 순응하는 사회는 안정성이 높고 변화에 대한 저항도 강하
다. 사회에 순응하는 만큼 구성원들은 기본적인 욕구를 충족시킬 수 있고, 그
들의 생활은 질서정연하며 예측 가능하다. 아미쉬 규범에 순응함으로서 아미
쉬 사회 전체는 바깥세상의 주류 사회에 동화되는 데 저항한다. 아미쉬 출신
인 한 여성은 대학을 졸업하면서 이렇게 말했다. "아미쉬 사회에 사는 사람은
언제나 엄청나게 많은 규칙을 지켜야 하지요. 게다가 자기 가족도 그 규칙들
을 지키는지 지켜볼 의무가 있다고 여기는 것 같아요." 앞에 나온 자료(표 4)에
따르면, 1880년에서 1939년 사이에 아미쉬 구파에 소속된 부모에게서 태어난
자녀의 약 22퍼센트가 아미쉬를 떠났다. 세례식을 통해 자발적으로 교회에
들어오는 사람들이 있기 때문에, 전체 이탈률은 그보다 훨씬 적은 6퍼센트 정
도였다. 2차 세계대전 때 징집된 아미쉬 젊은 남성 가운데 실제 입대한 사람
은 4퍼센트에 불과했다. 아미쉬 사람들의 출생률이 꽤 높다는 점을 감안하면
(5장 참고) 이는 놀라울 만한 순응성이다.

여기서 얘기하는 순응이란 사람들이 그들 문화의 목표와 수단에 헌신하
고, 자발적으로 그것을 받아들이며, 적절한 보상을 받으면서 헌신한다는 뜻
이다. 하지만 만약 어떤 이유로든 그 목표를 달성할 수 없다면 개인들은 규칙
을 강조하거나 그들의 문화에 의식주의적으로(ritualistic) 적용할 수 있다.

---

293) 다음 책을 참고했다. Robert Merton, *Social Theory and Social Structure* (Glencoe, Ill.: Free Press, 1957), p. 140. Merton이 말한 '반
항적인' 유형은 내 분석에서 제외했다. 이 유형은 소속 문화에 대한 완전한 거부를 가정하기 때문이다.

의식주의

의식주의란 한 개인이 활기를 잃으면서 규칙에 과도하게 순응하는 적응 유형이다. 예컨대 전형적인 관료주의에서는 규칙이 왜 만들어졌는지, 목적은 무엇인지에 대한 고려 없이 맹목적으로 규칙을 따른다. 아미쉬 사회에는 가장 높은 목적(대가족, 농장 소유, 아미쉬 교회에 머무르는 자녀들)을 달성할 수 없는 어떤 이유가 있는 개인들이 있다. 규칙을 강조하면 이들은 그 이유로 인한 근심 걱정을 어느 정도 누그러뜨릴 수 있다. 이들은 스스로 열성적인 순응주의자가 되기보다, 타인이 제대로 순응하는지 감독하면서 자신의 지위를 얻는다. 아미쉬 사회에서 가장 의식주의적인 역할은 평생 이어지는 지위인 집사다. 집사는 대개 나이 든 남성으로(젊은이는 드물다), 규칙 준수에서는 나무랄 데 없는 사람들이다. 집사의 공적인 의무 중에는 위반 사실과 위반자의 태도 확인, 순응하는 사람들을 도울 방안 모색 등이 있다. 아미쉬 사회는 거의 모든 변화

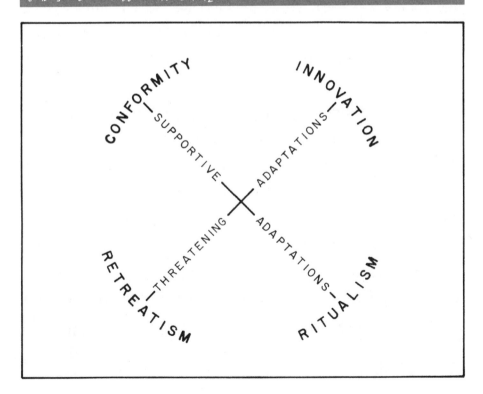

[그림 16] 개인이 아미쉬 공동체에 적응하는 양식들

에 강한 제재를 하는 만큼, 의식주의적인 행동은 수용 가능하며, 혁신적인 유형보다는 훨씬 덜 위협적이다.

혁신

혁신은 사회의 목표를 수용하면서 그것을 달성하기 위해 승인된 수단 외의 것도 사용하는 적응 유형이다. 예를 들어 농장을 사기 위해 일해서 돈을 버는 것은 아미쉬 사회에서 승인된 목표다. 이것을 달성하기 위한 수단이 무엇인가(어디서 일하고 무엇을 하는가)에 따라 혁신인지 아닌지가 결정된다. 아미쉬 사회에서는 주류 미국 문화와 달리 변화가 고무되거나 장려되거나 보상받지 않는다. 예컨대 '아미쉬 스타일'은 이런 것이다. "조용하게 넘어가는 게 좋은 거야. 의심스러운 부분을 큰소리 내서 얘기해 고치는 것보다는, 사람들이 우리를 바보라고 생각하게 내버려두는 게 나아."[294] 변화는 사소한 방식으로 일어나거나, 사후에 일어날 수 있다. 아미쉬 혁신가들은 크게 두 부류로 나뉜다. 공동체에 수용되는 사람과 공동체에서 추방되는 사람이다. 언어나 복장, 태도에서 아미쉬 규칙에 순응하지 않으려 하는 사람들은 후자에 속하게 된다.

일탈하려는 경향은 재빨리 감지된다. 아주 작은 반항이라도 일요일 예배 때 성직자들에게 알려지거나 주중 어느 때라도 가족이나 이웃들에게 드러난다. 세례식 교육을 받던 한 젊은이는 이렇게 얘기했다. "마차의 마구에 크롬 고리를 좀 달고 모자챙이 약간 좁았던 것뿐이었는데, 저는 바로 교육에서 제외됐어요." 아미쉬 사회에서는 사회적 역할에 따라 일탈 유형이 다양하다. 결혼한 사람들보다 미혼인 사람들이 특정 유형의 일탈 행동은 더 저지르기 쉽다고 여겨진다. 결혼으로 안정을 찾은 사람들보다는 미혼의 젊은이들이 일탈하기 쉬운 법이다. 결혼 전에는 일탈이 '거칠고', '세속적인' 특징이 있다. 세속적인 유행에 따라 머리 모양을 손질하거나 특별한 주름 장식이 달린 옷을 입거나 자동차를 모는 것은 말할 것도 없이 반항심을 드러내는 행위다. 흡연은 그 지역의 오르드눙에 따라 일탈일 수도 있고 아닐 수도 있다. 사람들이 흔히

---

294) 한 수리점에 붙어 있던 금언이다.

담배를 피우는 곳에서는 담배를 끊는 것이 오히려 자신을 메노나이트파와 동일시하는, '뭔가를 변화시키려는 사람의 생각'으로 여겨질 수 있다. 아미쉬 메노나이트나 메노나이트파가 되어 아미쉬 교회를 떠나는 젊은이가 많기 때문에 아미쉬 공동체에서 메노나이트와 동일시하는 행동은 몹시 꺼려진다.

사업에서 성공을 거둔 성숙한 아미쉬 남성은 혁신가 유형이다. 사업이 농장에서 쓰는 마구의 수리나 제조처럼 공동체의 수요를 반영하는 것이라면, 이들의 태도나 혁신적인 기술은 공동체에 위협으로 받아들여지지 않는다. 사실, 이런 사업은 널리 인정받거나 꼭 필요한 것이 되기도 한다. 하지만 농기구를 발명한 한 아미쉬 남성은 교회에서 추방되었다. 고압 전기를 사용하는 가게에서 아미쉬가 아닌 친척과 협력해 미국 농가에서 쓰일 농기구를 만들고 판매했기 때문이었다.

한편, 많은 아미쉬 젊은이가 꿈꾸는 바를 이룬 조너선 B. 피셔 같은 사람도 있다. 그는 혼자 여행을 떠나 유럽에 갔고, 나중에 세계 일주를 한 후 자신이 보고들은 것을 토대로 책 2권을 펴냈다.[295] 그는 아미쉬 사람 치고 많은 부분에서 비전형적이다. 농사일을 내키지 않아 했고, 독서와 여행에 대한 엄청난 의욕을 느꼈으며, 아미쉬 사람보다도 더 검소한 생활 기준에 따라 살고자 했다. 하지만 피셔가 아미쉬의 신앙이나 복장 규칙을 경멸한 적은 한 번도 없다. 운송업자로 일하면서, 메노나이트 공동체와 자선 단체에서 묵으며 전 세계를 돌아다니는 과정에서 그는 자신의 목적을 달성했다. "외국 땅을 엿보며 구경하기, 현지인들의 관습과 그곳의 아름다운 풍경을 기록으로 남기기, 여행 중에 배울 수 있는 사실들을 수집하기"[296] 등이었다. 아내와 아이들은 이해해주지 않았지만 피셔는 이런 일을 해냈다. 나중에는 그의 아내와 아이들도 모두 아미쉬 교회를 떠났다.

---

295) 2권의 책 모두 Budget에 연재되었다. Jonathan B. Fisher가 쓴 이 책들의 제목은 다음과 같다. *A Trip to Europe and Facts Gleaned on the Way* (Bareville, Pa.: 자비 출판, 1911); *Around the World by Water and Facts Gleaned on the Way* (Bareville, Pa.: 자비 출판, 1937).

296) Jonathan B. Fisher, *Around the World*, p. 7.

개조

전형적인 방식으로 성공하지 못한 혁신가들은 사회를 개조하는 사람이 되기 쉽다. 개조는 어떤 사람이 문화적인 목표와 제도적인 수단을 둘 다 거부하는 적응 유형이다. 개조가들은 사회의 가치에 무심하며, 사회에 순응한다고 해도 적응에는 냉담하다. 이들은 목표를 달성할 능력이 있지만, 허락된 목적과 허락되지 않은 수단이 너무나 확연하게 대비되기 때문에 경쟁적인 투쟁을 포기한다. "패배주의와 정적주의, 그리고 단념이 ^(반항자인) 그가 사회의 요구들에서 '탈출'하도록 궁극적으로 이끄는 도피 기제임이 분명하다."[297] 비록 반항자들이 사회의 가장 큰 목표를 지킬 수도 있지만, 자기 내부의 장벽 때문에 적법한 수단을 사용하려고 하지 않는다. 이들은 동료에게, 그리고 사회에 비생산적인 빚을 안긴다. 아미쉬 사회가 이러한 유형의 개인을 다수 포섭하는 것은 불가능하지만 일부를 흡수할 수는 있다. 반항자들이 규범을 위반하지 않는 한 아미쉬 사회는 이들을 집단 활동에 끼워 넣고 받아들이려 한다. 추구할 가치가 없다는 이유로 목표들에서 벗어나는 것은, 그러면서도 대안이 없기 때문에 규칙을 지키는 것은 아미쉬 사람들에게서만 볼 수 있는 적응 유형이다. 아미쉬 사회는 이러한 방랑자나 부랑자를 위한 승인된 공간이 없지만, 자세히 살펴보면 생산적 활동을 하지 않고 무리에 빚을 떠안기는 개인들을 볼 수 있다. 공동체는 정신적으로 장애가 있거나 '별난 사람'으로 여겨지는 이들, 이런 역할을 자처하는 사람도 포용하려 한다.

여러 해 전, 모험적이고 독립적인 오하이오 주의 데이비드 바일러와 펜실베이니아 주의 엘리 가버스 두 가족이 고향 집단을 떠나 메인 주 하트랜드까지 말이 끄는 이동 주택을 타고 800마일을 여행했다. 아미쉬 교회 개종자를 따라 처음 아미쉬에 입문한 이들은 이제 공동체를 벗어나 '다시 타락하는' 탈출을 감행하는 셈이었다. 『성경』 구절이 인쇄되어 있는^(아미쉬 관습과 어긋난다) 컨버스 천으로 덮인 이들의 마차는 법적으로 고속도로에 진입할 수 없었다. 그래서 허드슨 강을 지나는 다리도 건널 수 없었지만, 대신 이들의 마차는 전

---

297) Merton, *Social Theory and Social Structure*, p. 156.

국적 규모의 언론 매체에 포착되었다. 복장은 규정대로 정확하게 복장을 차려 입은 것으로 보아 이들은 의식주의적이었지만, 보통의 아미쉬 목표와 수단을 거부했다는 점에서 반항자였다.

반항

반항은 적응 유형의 범위를 벗어난다. 개인은 반항을 통해 자기의 문화를 거부하고, 조상이 만들어낸 사회 구조에서 자신을 스스로 소외시킨다. 반항적인 행동은 "증오, 질시, 악의 같은 감정을 퍼뜨리거나, 이런 감정을 촉발하는 사람 또는 사회적 층위에 대해 적극적으로 반대를 표현하지 못하고 무력해지는 것"[298]으로 드러난다. 반항적인 유형의 사람은 제도적인 시스템을 만족스러운 목표의 달성을 막는 장벽으로 여긴다. 조직화된 반항 운동이 일어나려면 반드시 그전에 거대한 규모의 좌절을 기술하는 서사가 널리 퍼져 대안적인 사회 구조를 제안해야 한다. 일찍이 아미쉬가 스위스 형제단에 대항했을 때도 이러한 신화가 분리주의를 정당화해주었다.

오늘날 반항적인 아미쉬 개인은 대개 복장이나 차림새에 대한 규칙을 거부하며 재세례파와 관련 있는 다른 종교 집단에 들어가는 경우가 많다. 이렇게 행동하면 그 개인은 새로운 신화를 찾을 필요가 없고, 단지 아미쉬 사회 밖에 존재하는 집단에 적응하기만 하면 된다. 반항하는 사람들은 자신의 행동에 대해 가능한 모든 합리화 방법을 찾는다. (1) 아미쉬 교의에 동의하지 않음을 드러내거나, (2) 아미쉬 사회 속 구성원 간의 알력을 폭로하고, (3) 개인적인 좌절과 불만을 표출하기도 한다. 아미쉬 규범에서 일탈하는 정도는 순응적인 가정의 아이보다는 문화 주변부에 있는 가정의 아이들에게서 더 높다. 부모가 순응적이지 않거나, 부모 중 한 명이 교회 규칙을 지키는 데 어려움을 보인다면, 그 자녀들도 아미쉬의 생활 방식을 거부할 확률이 높아질 것이다.

주변부에 속하거나 어떤 이유로든 구파의 교의에 불안정함을 느끼는 부모의 자녀들은 외부의 영향에 특히 취약하다. 부모들이 교회의 규칙을 조롱한다

---

298) 같은 책.

면 자녀들도 그럴 것이다. 자녀들은 반항으로 여기에 반응할 것이고, 이는 결과적으로 부모들에게 슬픔과 고통을 안길 것이다. 부모가 구파 문화의 높은 안정성에서 벗어날 때, 관대함은 엄격함으로 바뀔 것이다. 한 정보원은 이 점에 대해 이렇게 말했다. "누구라고 도망치고 싶지 않겠어요? 사람들이 얻은 가르침이라고는 전부 규칙이라든지 부모가 내린 지시뿐이죠. '아미쉬 사람으로 남아야 한다'는. 우리 형이 작년에 집을 떠났는데, 난 왜 그랬는지 알아요. 아버지가 형에게 무섭고 거칠게 대했거든요. 아버지는 우리에게 서로를 때리라고 했어요. 난 18세였지만, 형이 나를 치려고 할 때 '됐어, 하지 마.'라고 말할 수밖에 없었죠. 나는 형을 말렸어요." 이 사례는 반항적인 태도를 추스르지 못하는 부모는 무심코 자녀들에게 그 태도를 전해줄 수 있다는 점을 보여준다.

비록 개인의 적응 유형에 관한 이런 범주들이 일탈의 일반적인 특색에 대한 지식을 얻는 데 도움이 된다고 해도, 아미쉬 사람들이 일탈에 빠지는 과정을 설명하기에는 부족함이 있다. 이 설명은 정적이고 구조적인 모형이며, 일탈의 세세한 징후나 중요한 표시를 생략했기 때문이다. 우리는 이제 외부 흐름의 영향 아래 놓인 개인들의 취약성을 살펴볼 것이다.

2. 경건파와 부흥 운동의 영향력

다른 크리스트 교회와 마찬가지로 아미쉬 교회는 '새로운 탄생' 또는 '갱생'에 대해 가르친다. 하지만 종교적 책무에 대한 이해는 언어 면에서 신앙 부흥 운동 집단들과 완전히 다르다. 『성경』 텍스트는 동일하지만, 해석이 다른 것이다. 더크 필립스의 말에 따르면, 갱생에 대한 아미쉬 사람들의 이해는 "꽃으로 화려하게 장식한 듯한 수사나 고상하고 오만한 언어"가 없는 "순종, 복종, 정의로움"[299]으로 표현된다. 아미쉬 사람들은 "신성한 성품에 참여"(베드로후서 1장 4절)하고 "영생의 소망을 따라 상속자가 되게"(디도서 3장 7절) 하는 것, 그리고 그리스도의 고통과 상징을 몸에 지닐 것을 강조한다.

---

299) Dietrich Philip, *Enchiridion or Hand Book* (Aylmer, Ont.: Pathway Publishers, 1966), p. 295.

근본주의 교회와 독립적인 부흥 운동 단체 대부분은 신자들이 공동체 활동에 복종하는 것보다 죄악에서 개인적으로 해방되는 것을 더욱 강조한다. 이들은 괴로움보다는 즐거움을, 희망보다는 구원에 대한 확신을, 순종적인 경험보다는 주체적인 경험을, 침묵하는 활동보다는 직접 목소리를 내는 활동을 중시한다. 역사적인 자료에서 드러나는 것처럼 아미쉬 사람들은 겔라센하이트 (Gelassenheit)라는 재세례파적인 주제를 여러 의미에서 강조한다. 즉 그것은 참고 기다림, 마음의 평정, 침착함, 착실함, 이기심을 억누름, 오랜 수난, 냉정함, 영혼의 침묵, 평온함, 내적인 순종, 양보, 운명에 대한 수용, 그리고 초연함을 뜻한다. "우리는 그리스도 안에서 조용히 머물러야 한다(Wir müssen in Christus still halten)."라는 말은 재세례파의 문건에서 자주 반복되는 구절이다.[300]

오늘날 아미쉬 사람들은 자신의 종교적 경험에 대한 특별하고 합리적인 언어를 발전시키기보다는 전례에 따라 생활하라는 가르침을 받는다. 또 말이 정교한 근본주의자들에게 흔들리다가는 자칫 개종하게 될 수도 있다고 생각한다. 아미쉬 사람들이 아미쉬 생활 방식의 목표에 대해 의심하거나 의식주의적인 또는 반항하는 유형이 되면 실제로 그렇게 될 수 있다. 외부의 신앙을 받아들인다는 신호 가운데 하나는 '구원에 대한 확신'을 구하는 것이다. 이런 가르침을 수용하면 공동체에 파괴적인 결과를 불러오며, 겸손보다는 오만함이 생겨난다. 자신의 지식과 경험, 관점을 공동체의 것보다 더 확신하는 개인은 교회의 통합을 저해할 것이다.

종교적 경험에서 드러나는 아미쉬와 다른 크리스트교 집단 사이의 이러한 차이는 종종 오해를 유발하기도 하지만, 역사적인 전통에 뿌리를 두고 있다. 아메리카에 처음 이주한 후 100년이 흐르는 동안, 아미쉬 사람 다수가 경건파나 부흥 운동 단체에 흡수되었다. 펜실베이니아 주 레바논 카운티의 아미쉬 전도사 에이브러햄 드랙셀(Abraham Draksel, 또는 트룩셀)은 설교를 그만두라는 통고를 받았고, 이를 계기로 '침묵하는 전도사'라는 별명을 얻었다. 그가 저지

---

300) 다음을 보라. Robert Friedmann, "Anabaptism and Protestantism," *Mennonite Quarterly Review* 24(January 1950): 22. 종교적 개심에 대한 재세례파의 강조에 대해서는 다음을 보라. John C. Wenger, "Two Kinds of Obedience: An Anabaptist Tract on Christian Freedom," *Mennonite Quarterly Review* 21 (January 1947) p. 18-22. 경건파의 특징에 대해서는 다음을 보라. Robert Friemann, *Mennonite Piety through the Centuries* (Goshen, Ind.: Mennonite Historical Society, 1940), p. 28-54, 72-77. 근본주의에 대한 논의는 다음을 보라. James Barr, *Fundamentalism* (Philadelphia: Westminster Press, 1977).

른 잘못은 체념에 대한 교의를 너무 중시했고, 성령 속에서 즐거움을 누리려 했다는 것이었다.[301]

19세기에는 부흥 운동에 참가했던 한 아미쉬 젊은이가 감리교 전도사로 전향했다. 그는 자신의 개종이 '메노나이트 중에서도 엄격한 분파'라는 배경에 저항감을 느꼈기 때문이라고 설명했다. "그는 어둠에서 빛으로 이끌렸고, 무지와 실수, 편견에서 진리에 대한 앎으로 인도되었다. 그리고 이것이 나중에는 아버지를 비롯한 그의 가족을 개종시키는 데도 유용했다." 19세기 중반의 주일 학교와 부흥 운동 문헌으로 쓰였던 16장으로 된 책을 보면, 부흥 운동 집단이 아미쉬를 어떻게 바라보았는지를 알 수 있다.[302] 이 자서전적인 이야기에는 저자가 없지만, 가계도 등을 보면 이것을 애덤 호스테틀러 밀러(Adam Hostetler Miller, 1810~1901)가 썼다고 확신할 수 있다.

황홀경 속에서, 또는 '잠자면서 설교하는 전도사' 현상은 18세기 유럽과 19세기 아메리카에서 널리 퍼져 있어서 아미쉬 공동체에까지 나타날 지경이었다.[303] 19세기 후반에는 적어도 아미쉬 사람 두 명이 확실한 무의식 상태에서 대규모 군중에게 영감이 번득이는 설교를 한 적이 있다. 아이오와 주의 노아 트로이어(Noah Troyer)와 인디애나 주의 존 D. 카우프먼(John D. Kauffman)으로 둘 다 평신도였다. 트로이어는 병을 앓고 난 후 경련을 일으키고 정신을 잃는 일이 있었다. 그는 이런 상태에서 긴 설교를 했다. 오후 늦게 발작이 일어나면 그는 몇 명의 도움을 받아 몸을 일으켜서 몇 시간이고 이야기할 수 있었다. 트로이어와 카우프먼의 설교는 아미쉬 전통을 특별히 위협하는 것은 아니었지만, 카우프먼의 추종자들은 그가 신의 새로운 섭리를 소개하는 예언자라고 주장했다. 비록 아미쉬 구파는 아니었지만, 카우프먼이 일으킨 운동의 요소들에 뿌리를 둔 교회는 여전히 존재한다(일리노이, 오리건, 사우스캐롤라이나 주에

---

301) C. Brane, "Landmark History of United Brethrenism in Pennsylvania," *Pennsylvania German* 4 (1993): p. 326.

302) Adam Hostetler Miller, *Hostetler*; 또는 *The Mennonite Boy Converted: A True Narrative by a Methodist Preacher* (New York: Carlton & Foster, 1848), p. 18. 가계에 대한 정보는 다음을 보라. Harvey Hostetler, *Descendants of Barbara Hochstedler and Christian Stutzman* (Scottdale, Pa.: Mennonite Publishing House, 1938), (Scottdale, Pa.: Mennonite Publishing House, 1938), 3,331번째 항목.

303) Harry H. Hiller, "The Sleeping Preacher: An Historical Study of the Role of Charisma in Amish Society," *Pennsylvania Folklife* 18 (Winter 1968/69): p. 19-31.

서). 한 번은 잠자는 전도사의 설교를 들어볼까 해서 교회의 의견을 묻는 몇몇 신도에게 한 주교는 이렇게 말했다. "『성경』에서는 정신 차리고 눈 뜨고 기도하라고 했지, 자면서 기도하라고는 하지 않았습니다."

부흥 운동적 사고방식이 한 아미쉬 젊은이에게 끼친 영향에 대한 다음 사례는 오늘날 흔하다.

마이크는 아미쉬 구파 공동체의 교구에서 태어나 자란 젊은이다. 그는 개인적으로 성실하고 열성적으로 종교 활동을 하다가 양심적 병역 거부자로 징집되어 다른 거부자들과 함께 민간인 공익사업 캠프에 배속되었다. 마이크는 이곳에서 아미쉬가 아닌 사람들과 처음으로 만났다. 그는 당시에 자신이 경험한 바에 대해 이렇게 이야기했다.

"당시 나에게는 교회 문제가 해결되지 않고 있었어요. 아내와 나는 좀 더 자유주의적인 아내의 본가를 방문하고, 그다음에 내가 속한 교구에 들르려고 했어요. 우리는 언제나 어디를 우선할지 저울질했죠.

그때쯤 캠프로 오라는 통고를 받았어요. 내가 떠날 때, 우리 어머니는 너무나 걱정한 나머지 내내 엄청나게 우셨어요. 내가 혹시 실수할까 봐, 종교를 버릴까 봐 염려하셨죠. 그래서 나는 아미쉬 구파의 모범이 되기로 마음먹었어요. 기차를 타러 씩씩하게 걸어갔을 때, 오순절 교회파 젊은이 두 명이 〈우리 다시 만날 때까지 신이 그대와 함께하시리〉를 연주했어요. 기차 안에서 다른 젊은이들이 모두 노래를 시작했죠. 익숙하지 않은 모습이었지만 꽤 자극이 되었어요. 기분이 이상했어요. 난 침착해 보이는 젊은이들의 옆에 앉았고 그들을 격려해야겠다고 생각했어요.

건너편에는 크리스천 젊은이가 두 명 있었어요. 그중 한 명이 다가오더니 이름을 물었죠. 그리고 내 배경, 교회, 사는 지역도 묻더니 친하게 지내자고 했어요. 보아하니 그 둘은 친한 것 같았어요. 항상 쾌활한 친구들이 곁에 있었고, 영적인 대화를 나누었지요. 이 점이 인상적이어서 그들에게 끌렸어요. 그때 크리스천 흑인 젊은이 한 명을 만났어요. 그 친구는 나에게 말을 걸더니 담배 피우는 크리스천 젊은이가 많아서 놀랐다고 했어요. 그 말에 나도 놀랐어요. 나도 담배를 자주 피웠거든요. 이 친구는 개종하는 젊은이가 얼마나 되는지 궁금하다는 얘기도 했어요. 나한테서 그런 낌새를 알아챈 것 같아 깜짝 놀랐지요.

그날 밤, 우리를 따라 온 메노나이트 전도사가 기차 안에서 기도를 시작했어요. 객차 간에 군인들이 지나다니는데도 아랑곳하지 않고 계속했죠. 나는 이게 맞는 방향이라고 생각했어요. 그리고 나 자신에게 물어봤죠. 우리 아미쉬 교회 전도사들은 이렇게 했을까? 답은 '아니다'였어요. 우리 교회 전도사들은 예배를 열었을까, 아니면 자기 종교를 감추고 침묵을 지켰을까? 도착할 무렵, 그 목사는 우리더러 신이 우리를 보살피고 있음에 감사하기 위해 기도 모임에 가자고 했어요. 이 모임도 나에게는 새로운 경험이었어요. 모두 무릎을 꿇었지만 기도서를 가지고 있는 사람은 아무도 없었어요. 그것이 그들에겐 자연스러웠지요. 그러더니 한 사람씩 찬양을 하기 시작했어요. 나도 무릎을 꿇고 귀를 기울여 아까 그 흑인 젊은이가 자신의 진심을 신에게 열성적으로 이야기하는 걸 들었어요. 모임이 끝나고, 나는 바로 이런 방식이 올바르다고 다시 생각했죠.

일요일이 되자 나는 처음으로 주일 학교에 나가봤어요. 그들이 나에게 책 한 권을 주었지만, 나는 깊이 있는 영적인 무언가를 논의하진 못했어요. 여기서 젊은이들은 수업에 관해 토론했고, 그걸 정말 즐기는 듯했어요. 그날 밤에 목사가 신앙 고백 모임을 하자고 했어요. 젊은이들이 한 명씩 일어나서 상기된 얼굴로 『성경』 구절을 외고 신앙 고백을 했어요. 한 명씩 자신이 어떻게 구원받았는지를 얘기했지만 난 '그게 아냐'라고 생각했어요. 우리는 저 세상에 가기 전까지는 구원받을지 그러지 못할지를 모르니까요. 그런 생각이 들자 그 자리가 불편해졌어요. 이 무리의 거짓된 교의가 신경 쓸 가치가 있을까요? 자리가 끝나고 곰곰이 생각해볼 때, 다른 젊은이들은 내가 느끼지 못하는 기쁨으로 가득 차 있었지요. 교회에서 나왔을 때 한 젊은이가 슬쩍 찌르더니 같이 산책하자고 했어요.

우리는 그날 밤 모임에 대해 얘기했어요. 나는 그 자리에 모인 젊은이들의 열정이 보기 좋았지만, 그들이 말한 내용은 무리가 있었다고 말했어요. 스스로 구원받았다고 했지만 사실 그들은 아직 살아 있으니까요. 같이 걷던 친구가 무슨 말인지 알 것 같다고 동의했어요. 그때 나는 화제를 바꿨어요. 우리가 걷는 울타리 바로 건너편에 모임에서 본 사람들이 있었거든요. 나는 그들과의 좋은 관계를 깨고 싶지 않았어요. 그러던 어느 날 밤에 그들이 나에게 오더니, 다음 번 기도 모임을 주최하지 않겠느냐고 했어요. 우리 구파 교회를 망신시키고 싶지 않아서 그러겠다고 했죠. 그날부터 나는 기도문을 외우기 시작했지만, 모임 날짜가 다가올수록 잘 되지 않았어요. 하지만 모임은 어떻게든 잘해냈죠.

어느 날 밤에 나는 오순절 교회파 젊은이 한 명과 번화가로 산책을 나갔다가 도박장을 지나쳤어요. 같이 나온 친구가 도박을 하느냐고 묻기에 그렇다고 했죠. 이 친구가 자기는 하지 않는다고 하기에, 나는 '그냥 게임일 뿐이고 무척 재밌잖아요.'라고 말했죠. 그리고 우리는 영화에 대해 얘기하기 시작했어요. 그 친구는 영화도 안 본다고 했어요. '왜요?' 내가 물었죠. '언젠가 영화에서 잠수함을 봤거든요. 거기 또 누가 나왔는지 알아요? …… 육체가 시키는 대로만 사는 간통자 한 무리가 나왔죠. 그런데도 굳이 돈을 주고 보면서 어떻게든 좋은 점을 찾는 게 과연 옳은 일인가요?' 내가 다시 생각해보도록 한 말이었지요. 또 하나 눈치 챈 건 이야기할 때의 차이였어요. 고향 교회에서는 사람들끼리 외설스러운 말도 많이 했는데, 이 캠프의 젊은이들은 그런 이야기를 전혀 하지 않았어요. 이런 점에서 그들의 수준이 나보다 높았어요. 난 겉보기로만 그들과 비슷할 뿐이었지요. 이 점은 나를 괴롭혔어요.

나는 마음속에서 내 영혼이 자책하는 걸 느꼈어요. 마침 캠프에서 벌목 일을 하면서 목숨을 잃을 뻔한 위기를 몇 번 겪은 후, 이런 생각이 들었어요. 내가 죽으면 어떻게 되나? 내가 위선자로 죽는다면 캠프에서 나란 존재는 뭐가 될까? 나는 다른 젊은이들이 구원받는 것을 볼 수 있었고, 이제 그들은 자신의 생명을 신에게 돌리고 있었지요. 나는 긴 머리카락에 간소한 옷을 입었고, 항상 다른 교파들의 복장이 세속적이라는 가르침을 받았어요. 난 엄청나게 혼란스러웠죠. 그리고 크리스마스 휴가를 맞아 고향에 돌아왔어요.

나는 구파 전도사들이 신앙에 의해 구원을 설교했을지도 모르는데 내가 주의를 덜 기울이는 바람에 이해하지 못했을 수 있다고 생각했어요. 그래서 고향에서 그들의 설교를 유의해서 들었죠. 하지만 이 전도사들은 똑같은『성경』구절을 인용하면서도 다른 식으로 설명했고, 나에게는 그 해석이 본래 의미에서 벗어난 듯 생각되었어요. 나는 집에 와서 술은 마시지 않기로 했어요. 몇몇 장소에서는 그래도 괜찮았지만, 처남 집에 갔을 때 처남이 권하는 사과주를 거절했더니 막 웃어대더라고요. '형님, 이제 착한 사람이 되기라도 한 건가요?' 이런 말은 견디기 어려웠기에 한 모금만 입에 댔는데, 그러고 나자 멈출 수가 없었어요. 나는 비참해졌죠.

나는 아버지에게 그 캠프의 크리스천 젊은이들이 우리와 얼마나 달랐는지 얘기했어요. 자신이 구원받을 것을 믿고, 그리스도가 그들을 위해 죽었으며 그래서 이제 더 나은 사람이 되기를 바란다는 점에서 그 젊은이들은 승리한 셈이라고도 말씀드렸죠. 난 그걸 알 수 있었어요. 그러자 아버지는 이렇게 말씀하셨어요. '글쎄. 언젠가 이런 얘기를 들은 적이 있어. 자기가 구원받을 것을 확신한다고 말하는 남자가 있었지. 자기 손에 들고 있는 포크에 꽂힌 큰 고깃덩이만큼이나 확실하다는 거였어. 하지만 그가 고기를 입에 넣으려는 찰나 고기가 떨어졌고 개가 그걸 삼켜버렸지.' 아버지는 별로 도움이 되지 않았어요. 나는 거북했고, 비참했으며, 불쾌했지요.

나는 막내 남동생에게 말을 걸었어요. 거기서 본 젊은이들이 맑고 순수했으며, 그건 그들이 확신하는 사실에서 비롯하는 것처럼 보였고, 본인들이 그 확신을 직접 얘기했다는 점을 말했죠. 남동생이 말했어요. "글쎄,『성경』을 읽었다면 형도 당연히 그런 확신이 있어야죠." 하지만 동생도, 부모님도 그렇게 하지 못하는 것 같았어요.

나는 캠프의 젊은이들에게 돌아가기가 두려워졌어요. 만약 돌아가면 내 속의 죄의식이 깊어질 거라는 걸 알고 있었죠. 어쨌든 나는 복귀했고, 아니나 다를까 엄청나게 비참함을 느꼈어요. 난 이 캠프의 젊은이들과 고향의 전도사들이 말하는 것 사이에서 어느 쪽으로도 가지 못했어요. 나는 최대한 내 비참함을 감추려고 했죠. 애써 밝은 척을 한 거예요. 캠프에서는 다 같은 처지였으니까요. 하지만 이 친구들에게는 뭔가가 있었어요. 매일 밤 만나서 예배를 올렸고, 항상 신앙 고백을 했죠. 이들이 했던 말은 나에게 너무도 크게 다가왔어요. 기도 모임 참가자 모두가 고백을 했지만 나는 예외였어요. 크리스천이 아닌 사람은 예배에 참가할 수 없었지만 나는 우리 아미쉬 구파의 위신을 지키고 싶었고 우리도 영적인 사람들이라는 걸 알리고 싶어서 계속 참석했죠. 하지만 난 계속해서 너무나 불행했어요. 그날 밤 난 잠자리에 누워서 마음이 상해 벽을 두들겼어요. 그 젊은이들은 나에게 자기 생각을 말했고, 고향의 전도사들도 자기 생각을 말한 것인데, 그 차이가 너무나도 컸어요.

예배 때 전도사가 어리석은 처녀들(졸다가 잠들어서 기름을 준비하지 못해 결혼 잔치에 참석할 수 없었던 들러리 처녀들의 우화를 말하며, 마태복음 25장에 실려 있다.-역주)에 대해 설교하는 것을 들으니, 꼭 내 이야기인 것만 같았지요. 손을 들어 기도를 청해야 마땅했지만, 그러기에는 내가 너무 오만했어요. 현실을 직면할 수 없었지요. 이런 마음으로 고향에 돌아갔다가는 교회에서 쫓겨나고 아내와도 헤어져야 할 거예요. 나는 앞으로 어떻게 될지 모르는 불안한 난파선 같은 기분이 들었어요."

얼마 지나지 않아 마이크는 그의 모순에 싸인 갈등을 풀어줄 중대한 국면을 맞았다. 그 자신의 말에 따르면 다른 젊은이들처럼 개심하게 된 것이었다. 이로써 캠프의 젊은이들과 같은 길을 가게 될 희망이 생기긴 했지만, 여전히 해결해야 할 문제가 남아 있었다. 고향에 있는 가족과 아내였다. 아미쉬 구파의 신앙을 지키고 어머니에게 충실하려는 마이크의 결심 속에서, 갈등이 점차 커졌다. 캠프 경험은 마이크가 처음으로 또래의 크리스천 젊은이를 만나게 된 계기였다. 그동안 받은 종교적 훈련 내용 중에는 소리 내서 하는 기도, 신앙 고백, 근본주의 종파에 대한 금기 등이 없었다. 나중에 고향으로 돌아온 마이크는 친척들의 조롱을 받았고 결국 프로테스탄트 교회로 소속을 옮겼다.

이 사례에서는 일탈이 종교 경험과 결부되어 나타난다. 아미쉬 사회에서는 종교가 중시되기 때문에 그곳에서 반항을 한다고 해도 세속적인 것보다는 종교적 상징성을 띠는 일탈이 되기 쉽다. 아미쉬 사람은 무신론자가 되기 어렵다. 공동체 밖에서 자신이 속할 준거 집단을 찾는다고 해도 다른 종교 집단을 선택할 것이다. 이들은 대체로 메노나이트파의 가르침에 강한 반감을 느끼지만, 일단 그 벽이 깨진 후 아미쉬 사회에서 일탈하고자 할 때 프로테스탄트나 가톨릭, 다른 근본주의 종파보다는 무저항주의 교의를 따르는 메노나이트파에 들어갈 가능성이 더 크다. 하지만 최근 들어 플로리다 주 등지로 휴가를 떠난 아미쉬 사람들 가운데 근본주의 종파에 강하게 영향을 받는 사람도 생기고 있다.[304] 하지만 그렇더라도 문화적 특색이 강하고 비언어적인 사회화 방식, 즉 도덕적 훈련을 강조하며 친족 관계가 두텁다는 점이 아미쉬 사람들의 삶에 지속적인 영향을 준다. 자신의 종교에 확신이 부족했던 아미쉬 사람들은 죄의식, 개종, 신앙 부흥 운동, 문화 충격 등을 계기로 새로운 뜻을 품게 된다.

3. 고등 교육의 유혹

자체 학교를 운영하기 이전의 아미쉬 청소년들은 오늘날보다 더 많은 고등 교육을 받을 기회가 열려 있었고, 교사들도 이들에게 학업을 계속하라고 북돋았다. 하지만 개인적으로 학교 공부를 좋아하더라도, 종교에 헌신하려면 일부러 학교에 거리를 두어야 했다. 부모나 공동체의 기대 이상으로 정규 교육을 받으려는 청소년은 심한 갈등을 겪었다.

그러다 아미쉬 초등학교가 세워지자, 이곳과 공립 고등학교 사이의 문화적 차이가 금세 너무나 크게 벌어져서 세속적인 학교에 다닐려고 하는 아미쉬 학생은 거의 없어졌다. 학업을 이어 가고자 생각하는 학생들이 있어도 십대 후반이나 21세가 될 때까지는 공부를 미루었다. 그러나 아미쉬 학교가 점차 발전함에 따라 그런 학생들도 아미쉬 문화 안에서 교육을 받으며 지적인 흥미를 개발할 수 있게 되었다.

인터뷰를 바탕으로 구성한 다음 세 가지 사례는 개인의 학습 동기에 의해 아미쉬 규범의 한계를 넘어서까지 배움을 이어 가는 모습을 보여준다. 사례의 주인공인 세 젊은이 모두 어렸을 때는 작은 규모의 공립 초등학교에 다녔다.

---

304) 그 사례에 대해서는 *Spiritual Awakening among the Amish*, ed. Gerald Derstine (Sarasota, Fla.: Gospel Crusade, 날짜 없음)에 실린 글, "From Buggy to Rambler"와 다른 증명서들을 참고하라.

샘은 자신이 어린 시절부터 학교 교육에 흥미를 보여 결국 대학 진학을 결심하기에 이르렀다고 회상한다. "저는 학교라는 곳에 들어선 첫날부터 줄곧 그곳이 좋았어요. 부모님은 절 고등학교에 보낼 마음이 없었고 7세 때까지도 학교에 보내지 않았죠. 부모님은 제가 공부를 잘 못할 거라고 생각하셨지만, 전 잘할 수 있다는 걸 보여드리고 싶었어요. 어머니는 젊었을 때 학교 교사였어요. 공부를 더 하고 싶었지만 기회가 없으셨대요. 학업에 대한 제 열망은 아마 어머니에게서 온 것 같아요." 샘은 학교에서 성적이 좋았지만, 집에 오면 의욕이 꺾였다. "아버지가 종일 집에서 일을 시키면 저는 화가 났어요. 가끔은 집안일에 붙잡혀 있느라 등교 시간이 다 되어서야 교복을 갈아입고 겨우 스쿨버스에 탄 적도 있죠."

샘은 학교생활에 잘 적응해서 친구도 곧잘 사귀었고, 졸업반이던 시절에는 이런 말도 했다. "이렇게 시대에 뒤떨어진 집에서 태어났다는 게 너무 싫어." 같은 반 친구들, 특히 아미쉬 출신이 아닌 한 소녀와 친해지면서 구식 가정으로 여겨지는 자신의 배경에 대한 혐오감은 더 커졌다. "우리는 반에서 언제나 1~2등을 다투었어요. 나는 그 애보다 산수를 잘했지만 그 애는 나보다 읽기 성적이 좋았죠. 우리는 이렇듯 항상 엎치락뒤치락했어요. 그리고 항상 붙어 다니면서 어울렸죠. 나는 아미쉬 출신이라는 게 너무 싫었어요. 형은 아버지 말씀을 잘 듣는 '착한' 소년이었지만 나는 계속 문제를 일으켰어요. 일요일마다 교회에 갔다가 돌아오는 길에 마차 안에서 나는 또래 아이들과 수다를 떨었죠. 난 무리에서 제일 배짱 좋은 애였고, 거의 우두머리 격이었어요. 세상에, 그날 집에 돌아와서 아버지한테 얼마나 두드려 맞았는지 몰라요. 신이 내린 채찍질에 감사한다고 떠들어대는 사람들이 있는데, 제 경우는 전혀 감사할 일이 아니었죠."

초등학교를 졸업한 샘은 고등학교에 진학하고자 했으나 그럴 수 없었다. "집에 콕 틀어박혀서 스물한 살이 될 때까지 아버지가 시키는 대로 일이나 해야 할 형편이었어요. 그때 제 인생은 완전히 곤두박질쳤죠." 샘은 아미쉬 교회에서 세례를 받았다. 법정 성인이 되자 샘은 양심적 병역 거부자로서 대체복무를 하러 갔다. 그곳에서 샘은 여러 친구를 사귀었는데, 대부분이 메노나이트 출신이었다. 샘은 복무를 마치고 메노나이트 대학에 입학했다. 얼마간은 아미쉬 교회 소속으로 남아있으려고도 했지만, 결국 메노나이트파 구성원이 되었다.

두 번째는 레베카의 사례다. 레베카는 세례를 받지 않은 채 18세에 아미쉬교회를 떠났다. "저는 책도 엄청나게 많이 읽었고 무언가 실제 경험이 될 만한 건 다 해봤어요. 그리고 고등학교에 보내달라고 아버지를 설득하려고 했죠. 하지만 허락해주지 않았어요. 초등학교 6년을 마치고 나서 아미쉬 소속으로 보낸 또 다른 6년은 제 인생의 암흑기였어요. 불평불만이 쌓이다 못해 몸에서 그 증세가 드러나기 시작했죠. 몸에 기운이 없고 빈혈 증세도 있었어요. 아무것도 재미가 없었죠. 또래 아미쉬 아이들과 어울리지 못한 데다, 사실은 그 애들을 못 배운 애들이라고 마음속으로 경멸하기도 했어요. 젊은 애들 사이에서 인기를 얻으려고 노력했고 몇 번 데이트도 해봤지만 그렇게 마음에 차지는 않았죠. 제가 8남매 중 맏이였던 만큼 언제나 임신 중이던 어머니를 돕는 일에 얽매였기 때문에 원망하는 마음도 있었어요. 책을 마음대로 읽을 틈이 없었고, 또 책을 숨겨야 했거든요. 어머니가 지켜보지 않으면 그때야 마음껏 읽을 수 있었어요.

제가 18세가 되자 어머니도 더는 아기를 가질 수 없는 나이가 된 것 같았어요. 마침내 끝이 보이기 시작한 거예요. 조금씩 제 시간을 가질 수 있게 됐고, 전보다 좀 덜 일해도 집 안이 그럭저럭 깨끗했어요. 그런데 그때, 어머니가 또 임신한 걸 알게 되었어요. 마지막 이성의 끈이 툭 끊어졌고, 그냥 전부 꼴도 보기 싫었어요. 지하실에 내려가 펑펑 울었죠. 그리고 아버지에게 가서 전 할 만큼 했다고, 떠나겠다고 얘기했어요. 짐을 싸고 있자니 어머니가 무척 당황한 얼굴로 들어왔어요. 아버지도 네가 어머니를 도와야 하지 않겠느냐고 하셨죠. 결국 부모님과 합의했어요. 아버지는 이 아기가 태어날 때까지만 제가 집에 붙어 있으면 다음 해에 『성경』학교에 보내주겠다고 했어요. 예전에도 삼촌 두 분이 6주짜리 단기 학교에 다니느라 집을 떠난 적이 있었죠. 저는 그 정도면 됐다고 생각했어요. 집을 벗어나 책 읽을 도서관이 있는 곳에 갈 수 있는 거니까요."

레베카는 대학에 진학했고, 아미쉬 생활 방식을 버렸다. 나중에는 동생들도 레베카와 똑같이 했으며, 몇 년 후에는 전 가족이 아미쉬 구파의 신앙을 버리고 메노나이트파에 합류했다. 이처럼 집안에서 자녀 한두 명이 먼저 전통을 깨고 그 결과 부모가 자식의 뒤를 따른 사례는 드물지 않다.

세 번째 사례의 주인공 크리스는 이렇게 말한다. "저는 고등학교에 너무나 가고 싶은 나머지 소리를 지르며 부모님을 설득하려고 한 게 기억나요. 8학년을 마치면서 성취도 평가를 했는데 제가 카운티에서 1등을 했거든요. 학교에서 공부를 잘해 졸업 때 고별사를 낭독한 여자애가 있는데 저는 1학년에서 8학년까지 줄곧 그 애와 1등 자리를 놓고 팽팽하게 경쟁했죠. 8학년까지 배운 내용을 모두 평가하는 시험에서 저는 A 1개 빼고는 전부 A+였어요. 하지만 그 여자애는 2개 빼고 나머지가 전부 A+였죠. 교장 선생님은 아버지에게 여러 차례 제가 전도유망한 학생이라고 얘기했어요. 그때 전 겨우 14세여서 아버지는 다음 해에 8학년을 다시 다니게 했죠. 두 번째 8학년 때는 전부 A+를 받았고 A는 없었어요. 게다가 저는 운동도 무척 잘해서, 고등학교에 다니지 않는데도 교장 선생님이 모든 운동 경기에 다 내보낼 정도였죠. 학교 애들이며 아미쉬가 아닌 이웃 사람들이 계속 찾아와서 저를 고등학교에 보내려고 했어요. 두 번째로 8학년에 다니던 4월, 저는 그마저도 그만둬야 했어요. 쟁기질을 시작해야 할 철이기 때문이었죠. 집으로 돌아온 저는 제 처지가 너무나 비참하다고 느꼈어요."

크리스는 친구들이 다들 다니는 고등학교에 가서 교장 선생님에게 자신의 힘든 사정을 이야기했다. 교장은 크리스에게 9학년 교과서를 주었고, 크리스는 그걸 공부해서 학기말 고사를 보러오겠다고 약속했다. "저는 그 책들을 거의 읽지 못했지만, 처음 치른 시험에서 전부 A 아니면 B를 받았어요. 하지만 결국엔 포기하고 교과서를 되돌려드렸어요. 저는 절대 아미쉬 교회에 남지 않겠다고 생각했죠. 교장 선생님이 아미쉬 공동체가 아이들을 학교에 못 다니게 해서는 안 되는 거라고 확신시켜주었기 때문이에요. 그리고 저에게 공부에 소질이 있다고 말씀하셨죠. 농부가 아닌 다른 일에 어울린다고도 말해 주셨어요.

그다음 2년 동안은 대부분의 시간을 집에서 곰곰이 생각하며 보냈어요. 좀 불안했죠. 농장 일을 잘 할 수가 없었어요. 다른 아미쉬 농부 집에 가서 무급으로 일할 때는 마치 다리가 질질 끌리는 기분이었어요. 아미쉬가 아닌 친구들과 자주 만나 식사도 같이 하고, 주유소 같은 곳에서 일하며 어울리기도 했어요. 아직은 내가 아미쉬 옷을 입고 아미쉬 교회에 발을 걸친 채였지만요."

몇 년 후 크리스는 플로리다 주에서 호텔 웨이터로 취직해 경제적으로 독립했다. 그리고 대학 공부를 시작해 결국 학사모를 썼다.

아미쉬에서 벗어나려는 사람들에게 고등 교육을 반대하는 논리는 더 이상 설득력이 없다. 어떤 문화든 구성원들에게 걱정거리를 제공해서 그들을 그 문화에서 승인된 행동으로 이끌고자 한다.[305] 구성원들은 특정한 일탈 행동을 하면 고통스럽고 위험한 결과를 빚는다는 가르침을 받는다. 이러한 위협을 줄이고 아미쉬 사회에서 경험하는 정신적인 고통을 덜기 위한 전통적인 방식은 이탈자들에게는 더는 의미가 없다. 이탈자들은 아미쉬 가치 체계의 바깥에서 인생 목표를 꾸린다.

4. 관광 산업이 미친 영향

지난 30년 동안 아미쉬 공동체에서는 관광 산업이 발달하기 시작했는데, 이로 말미암아 아미쉬 사람들에게 잠재적으로 해를 입힐지 모를 상황도 연출되었다. 도시나 교외 지역에서 온 여행객 비율이 늘고 있으며, 매년 외부인들이 일부러 돈을 내고 찾아와 자신의 풍경과 삶의 속도, 경험을 바꾸는 시간을 보내고자 한다. 이들은 열띠게 진행되는 바쁜 일에서 벗어나 머리를 식히고

---

305) 그 사례에 대해서는 다음을 참고하라. A. I. Hallowell, "Social Psychological Aspects of Acculturation," *The Science of Man in the World Crisis*, ed. Ralph Linton (New York: Columbia University Press, 1945), p. 194.

▲ 아미쉬 소속이었던 사람들이 소유하고 운영하는 공공 식당.

자 하는 사람들로 묘사된다.[306] 뉴욕, 볼티모어, 워싱턴에서 두 시간 거리인 랭커스터 카운티의 아미쉬 거주지는 도시인들에게 인기 있는 여행지이다.

　매년 펜실베이니아 주 랭커스터 카운티를 방문하는 여행객 수는 500만 명도 넘는다. 아름다운 농촌 풍경에 활기를 얻고자 오는 사람도 있지만 대부분은 아미쉬 사람들을 직접 보려고 온다. 관광객들은 마치 손에 카메라를 든 채 미지의 야생을 사진에 담고자 아프리카 금렵 구역에 방문하기라도 한 양, 시골길을 뚫고 운전해온다. 아미쉬 사람 한 명당 관광객 350명이 온다. 관광객들은 매년 4억 달러를 쓰고 가는데, 이는 카운티에 사는 아미쉬 남성, 여성, 아이들 한 명당 2만 9,000달러를 쓰는 셈이다.[307]

　최근 펜실베이니아 주지사 로버트 P. 케이시(Robert P. Casey)는 관광 산업이 주에서 두 번째로 큰 산업이라고 밝히기도 했다. 주에서 관광 산업이 차지하는 비중은 14.8퍼센트로 뛰어올라 8년 만에 전국 관광 시장에서 가장 큰 증가

306) Roy C. Buck, "Bloodless Theatre: Images of the Old Order Amish in Tourism Literature," *Pennsylvania Mennonite Heritage* 2 (July 1979): p. 2-11.

307) Kraybill, *The Riddle of Amish Culture*, p. 228.

세를 나타냈다. 펜실베이니아 주 상무부는 펜실베이니아 더치 관광청을 신설하고 홍보와 선전 예산을 지원했다. 아미쉬 사람들은 관광객이 밀려오면서 주와 지역 경제가 얻을 이익을 알아챘다. 그래서 때때로 '상황이 악화하면' 주에서 떠나겠다고 으르기도 했다. 한 아미쉬 사람은 이렇게 말한다. "우리는 랭커스터 카운티에 관광객을 꾀는 도구처럼 사용되고 있어요. 개인적으로 관광객들에게 나쁜 감정은 없지만, 그들은 우리에게 부정적인 쪽으로 작용해요. …… 우리는 우리의 신성한 믿음과 전통을 관광객들에게 펼쳐 보여주고 가끔은 조롱당하면서 우리 영혼을 시장에 내다 파는 데 반대해요."[308]

대규모 아미쉬 공동체에는 모든 관광 산업이 진출해 있지만, 그것이 가장 발전되고 선전되는 곳은 펜실베이니아 주 랭커스터 카운티다. 여기서는 '아미쉬 농장'이 큰 인기를 끌고 있으며, 인디애나 주에도 '아미쉬 마을', '아미쉬 밭' 같은 곳이 있다. 레스토랑, 투어, 팸플릿, 전도, 상품 판매 등이 캔자스와 펜실베이니아, 플로리다, 온타리오 주에서 아미쉬 관광 산업의 일부다. 하지만 그중에서 가장 눈길을 끄는 것은 아미쉬 구파 사람들 그 자체이며, 그들의 농장, 전통적인 농경, 복장과 관습이다. 직접적이든 간접적이든 아미쉬 공동체는 살아 있는 박물관이자 놀이공원으로 선전되고 있다. 한 관광 안내 책자에 따르면, 공동체는 '방문객들이 흥밋거리를 쉽게 찾아낼 수 있는 만족스러운 사냥터'다. 하지만 이런 모든 과정에서 아미쉬 사람들이 내켜 하는 것은 아니다. 게다가 역설적으로 아미쉬 사람들이 자기 신앙에 충실하려 하면 할수록 관광객들에게 더욱 매력적으로 느껴진다.

관광객과 아미쉬 사람 사이에는 서로 다른 두 종류의 생활 방식을 갈라놓는 단단한 장벽이 있다. 아미쉬 사람들에게 관광 산업이란 "성가시고 바보 같기 그지없는 것"[309]이다. 정통파 아미쉬 사람들은 이 관점을 옹호하기 위해 『성경』마카베오상 1장 14절을 인용한다. "그들은 곧 이방인들의 풍속을 따라 예루살렘에 운동장을 세우고……"(이 구절은 가톨릭에서는 정경에 포함되지만 유대교,

---

308) 같은 책, p. 231.

309) 이 구절을 인용하고, 관광 산업에 대한 통찰을 얻는 데 동료 Roy C. Buck의 도움이 컸다. 인용과 마카베오서 재인용은 Buck의 다음 글에서 가져온 것이다. "Boundary Maintenance Revisited: Tourist Experience in an Old Order Amish Community," *Rural Sociology* 43(Summer 1978): p. 226.

개신교에서는 외경으로 보기 때문에 '개정개역판' 『성경』에는 들어 있지 않아, '공동번역판'을 인용했음-역주) 독일어로는 운동장(놀이하는 공간)을 'Spielhaus'라고 하는데 여기에는 '놀이집'이라는 뜻이 있다. 놀이집은 관광 업계를 가리키는 아미쉬 사람들의 비유다. 한 아미쉬 목사는 관광 산업이 '공허한 쾌락'과 '한가한 신선놀음 같은 욕망'을 추구할 뿐이라고 얘기한다.

관광 산업의 존재는 아미쉬 공동체에 어떤 영향을 주었을까? 사람들은 처음에 아미쉬 사람들이 먼저 떠나지 않는 한 관광 산업은 결국 아미쉬 공동체를 집어삼키고 파괴한 후 침몰시키리라고 예상했다. 물론 몇몇은 떠났다. 하지만 최근의 한 연구 보고서는 아미쉬와 관광 산업 사이에 경계만 지켜진다면 양쪽 다 살아남아 이득을 볼 수 있다고 주장한다.[310] 예루살렘이나 아테네와 마찬가지로, 아미쉬 사회 속에서 관광 산업은 계속 함께할 것이다. 하지만 관광 산업은 공동체의 개인과 사회 제도에 중요한 영향을 끼쳐 왔다.

관광 산업의 가장 큰 폐해는 관광객들이 좁은 농촌 길을 꽉 막히게 하고, 아미쉬 공동체의 학교나 농장, 밭과 들판을 한가로이 멍하게 훔쳐보며 불편을 준다는 점이다. 많은 아미쉬 가정은 관광객들이 마을을 가득 채우는 여름철에는 물건을 사러 외출하는 것을 단념한다. 아미쉬 학교나 정비소는 '관광객 출입 금지'라는 팻말을 내걸기도 한다. 밀려드는 관광객들에 대한 무관심은 다른 방식으로도 표출된다. 원래 아미쉬 사람들은 밭에서 일하다가도 이웃이나 행인을 만나면 반갑게 인사했지만, 관광 산업이 발달하면서 이런 다정한 사람들이 냉정하게 변해버렸다. 한 아미쉬 사람은 이렇게 해명하지만 말이다. "관광객 한 명 한 명에게 모두 손 흔들어 인사하다가는 팔이 떨어질 거예요."

하지만 아미쉬 사람들이 관광객들의 침입을 막기 위해 할 수 있는 일은 적다. 지역별 조례에 따라 작은 마을길에 관광버스를 다니지 못하게 할 수는 있지만, 아미쉬 사람들은 법적인 수단을 써서 자기를 지키는 것을 내켜 하지 않는다. 관광객들의 행동을 '어리석은 짓거리'로 농담하고 웃어 대는 정도가 아미쉬 사람들에게 사실상 유일한 비공식적인 자기 방어 수단이다.

---

310) 같은 글.

관광 산업이 발달함에 따라 아미쉬 사람들에게 아낌없는 찬사가 보내는 것 또한, 아미쉬 사회의 위협 요인이다. 아미쉬 사람들은 과거에 박해를 경험했고, 살아남았다. 이에 비해 바깥세상의 칭찬은 완전히 다른 문제다. 미국 전체가 아미쉬 공동체에 주목하면서 아미쉬 개개인은 마치 유명인처럼 되었다. 광고 안내 책자를 보고 공동체를 찾은 관광객들은 아미쉬 사람들을 특별한 종류의 사람으로 보려 한다. 아미쉬 사람의 다음과 같은 이야기에서도 이러한 높은 기대치가 드러난다. "그들은 우리가 천사 아니면 다른 이들보다 나은 사람인 것처럼 생각해요. 땅 위로 몇 피트 둥둥 띄워놓고서 바라보죠."[311]

이렇듯 방문객들이 많은 편견에 사로잡혀 있기 때문에, 그들을 '도와줄' 관광청이나 정보센터가 필요하다. 분명하지 않은 정보가 있으면 관광객들은 지역 주민의 도움을 구하게 된다. 관광객들은 아미쉬 사람들이 다른 농부들과 마찬가지로 개인 농가에서 생활하며 일을 해서 생계를 꾸린다는 사실을 모르고, 이들이 분리된 거류지나 부락에서 살 것이라고 기대한다.

관광 프로그램은 아미쉬 사람들과의 직접적인 접촉을 최소화하게끔 짜여진다. 그러려면 관광객들에게 그들이 '낯선 땅에 온 낯선 이들'이며, 그런 의미로 도움이 필요한 것이라고 이해시켜야 한다.[312] 관광 프로그램과 가이드들이 관광객에게 교양, 편의성, 감수성 중심으로 볼거리를 구성해서 안내한다는 점은 아미쉬 사람들에게 도움이 되는 듯하다. 관광객들은 왁스 박물관, 더치 원더랜드, 키친케틀(관광객을 위해 식당이나 기념품 상점이 조성된 아미쉬 마을-역주) 스트래즈버그 기찻길, 아미쉬 홈스테드(아미쉬 농가와 농장이 모인 관광 코스-역주) 같은 명소 중심으로 구경하기 때문에 관광객들은 그런 곳에서 돈을 써주고, 아미쉬 사람들은 그들과 직접 대면할 일이 없다. 현재 랭커스터 카운티만 해도 줄잡아 600개 이상의 관광객 대상 업소와 가게들이 있다.[313]

아미쉬 사람들이 관광객 대상의 가게나 시설에서 일하는 구성원들을 부정적으로 보기는 하지만, 일부 구성원들은 관광 산업으로 흘러들어 오는 돈으

---

311) Gideon L. Fisher, *Life and Its Changes*(Gordonville, Pa.: Pequea Publishers, 1978), chap 31.

312) Buck, "Boundary Maintenance Revisited," p. 229.

313) 같은 책.

로 간접적인 이득을 얻는다. 몇몇 아미쉬 사람들은 기념품 가게에 물건을 공급한다. 대개 미혼이거나 농장을 물려받을 처지가 아닌 사람들이 그런 일을 한다. 집에서 손바느질로 뭔가를 완성하거나 퀼트나 융단을 만들어서 기념품 가게에 팔기도 한다.

아미쉬 사람들과 카메라

관광 산업에 대해 아미쉬 사람들이 반대하는 큰 이유 가운데 하나가 관광객들이 사진을 찍는다는 것이다. 한 아미쉬 젊은이는 이렇게 말한다. "박물관이나 동물원에 전시된 듯한 구경거리가 되는 게 싫어요." 이렇게 말하는 사람도 있다. "관광객들은 사생활을 침해해요. 마을 번화가에 나갈 때마다 관광객 때문에 번잡하죠. 어디든 사람 많은 장소에 갈라치면 관광객들이 몰려와서 바보 같은 질문을 하거나 사진을 찍어대요."

카메라는 이런 침입의 도구이며, 아미쉬 사람과 사진 찍는 사람 사이의 정상적인 호혜 관계를 가로막는다. 아미쉬 사람들이 카메라를 거부한다는 사실은 널리 알려져 있다. 이것은 종교적인 이유 때문인데, 『성경』은 우상을 금할 (출애굽기 20장 4~5절)뿐더러 자만과 허영을 멀리하라고 반복해서 가르친다. 특히 사진을 찍거나, 찍히려고 포즈를 취하는 것은 아미쉬 계율에 어긋난다. 그래서 풍경이나 인물, 아미쉬 공동체의 관습을 사진으로 남기고자 하는 관광객들은 딜레마에 빠진다. 아미쉬 사람들에게 사진을 찍어도 되는지 물어보면 정중하게 거절하는 대답이 돌아올 것이다. 이 우상 금지 계율은 병원에서 엑스레이를 찍는 환자에게는 적용되지 않으며, 아이들도 새나 동물, 간단한 인물의 스케치 정도는 할 수 있다. 하지만 전통적인 아미쉬 공동체 몇 곳에서는 집에서 만든 인형에 얼굴을 그려 넣지 않는다.

허락받지도 않고 사진을 찍으면 아미쉬 사람들은 어떻게 생각할까? 한 아미쉬 여성은 이렇게 얘기한다. "우리가 동의하지 않는다고 친절하게 말했는데도 관광객들이 우리를 존중하지 않으면, 우리가 할 수 있는 일이 정말 없지요. 사람들은 대부분 질문도 하지 않아요. 하지만 무력을 써서 저지하는 건 우

▲ 아미쉬 사람들은 관광객들을 끄는 매력적인 대상이다. 하지만 아미쉬 사람들은 좁은 시골길을 꽉 막는 차량과 카메라를 든 구경꾼 때문에 한탄하기도 한다.

리의 무저항 원칙과 맞지 않죠. 뒤엎고 소란을 피워봤자 도움이 될 건 없기도 하고요." 동료 아미쉬 사람에게 이렇게 조언하는 이도 있었다. "내 생각으론 제일 좋은 방법은 무시하는 거예요. 제발 숨느라 허둥대지 말아요. 관광객들의 주목만 더 받을 뿐이니까요. 게다가 사진 찍는 관광객에게는 그 사진에 좋은 얘깃거리까지 제공하게 되죠."

그동안 아미쉬 사람들을 찍은 사진집이 여러 번 출간되었고 관광객 개인들이 잘 찍힌 사진을 소장하는 경우도 있다. 이 책에 실린 사진은 그런 사진집 가운데서 고른 것들이다. 그중 잘 나온 사진은 여러 해 동안 아미쉬 사람들과 이웃으로 친하게 지낸 그 지역 출신의 전문 사진가가 찍은 것이다. 몇몇 사람은 사진을 찍히는 것을 거부하지는 않지만 자신이 찍힌 사진을 보지 않는다. 한편, 사진을 찍지 말라는 계율이 아이들이나 세례를 받지 않은 사람들에게도 똑같이 적용되는 것은 아니다.

여행객 체험과 상호 호혜주의

아미쉬 사람들과 의미 있는 만남을 하는 방문자들은 소수다. 일반적으로 관광객들은 여기에 해당하지 않는다. 거의 모든 아미쉬 사람이 바깥세상의 비아미쉬 사람을 친구로 두며, 이들은 농장에 주기적으로 들러서 일을 돕거나 경험담을 나누고, 복잡하게 지어지지 않은 '무해한' 건물에서 대화를 즐긴다. 이런 때에야 비로소 아미쉬 사람들과 외부인 사이의 흔치 않은 의사소통이 이루어진다. 이들은 서로의 입장이 다르다는 점과 각자의 정체성이 '상품'이 아니라는 점을 이해한다. 양쪽 다 어떤 의미에서는 일시적으로 무언가를 '경험'하는 '여행객'들이다. 여행객이기에 그들은 한정된 영역을 차지할 뿐이다.

아미쉬 사람들은 일상에서 잠깐 숨을 돌리는 것을 즐기며, 그것이 가끔 외부인 친구들과 드라이브를 하는 형태가 되기도 한다. 이때 목적지는 중요하지 않다. 중요한 것은 소풍왔다는 것, 새로운 경치, 만족스러운 경험, 타인과 나누는 말과 몸짓이다. 외부인들은 대개 산업 사회의 복잡하고 경쟁적인 전쟁터에서 잠시 떠나 휴식하려는 도시 사람들이다. 이런 외부인들에게 '아미쉬 체험'은 잠시나마 시간의 흐름을 잊고 현실의 무게에서 벗어나 볼 수 있는 기회이다. 종교적 체험에 가까이 가는 기회가 되기도 한다. 한편 바깥세상을 '여행'하는 아미쉬 사람에게는 그것이 환각의 순간이다. 공동체와 함께하지 않는 현실이고, 따라서 영적이지도 않다.

15장

건강과 치유

아미쉬 문화는 구성원들의 건강에 어떤 영향을 미칠까? 아미쉬 사람들에게만 나타나는 질병이 있을까? 문화적인 이유로 발생하는 질병이 있다면, 그것은 아미쉬 사회가 구성원들에게 그들만의 가치와 규범을 지킬 것을 요구하기 때문일까? 외부인들은 아미쉬 사람들이 주류 사회에서는 당연한 문명의 이기와 쾌락을 거부하기 때문에 특별한 종류의 스트레스를 받으리라고 여긴다. 하지만 사실은 정반대인 경우가 많다. 중요한 의미들을 공유하며 고도로 통합된 집단 속의 개인들은 사적인 이득이나 편의를 거부하는 대신 높은 개인적 성취감을 얻는다. 반면에 개인들이 서로 의미 있는 이야기를 나누지 못하는 주류 사회에서는 소외, 무관심, 알코올 중독, 자살이 만연해 있다.

1. 의학적 믿음과 실천

아미쉬 사람들은 건강에 무척 신경을 쓰며 아프거나 어딘가 몸이 불편한 사람을 즉각 알아챈다. 아픈 사람들에 대한 고려는 모든 아미쉬 공동체에서 매우 중시된다. 건강 문제로 예배에 참석할 수 없는 노인들은 친척과 친구들의 방문을 받는다. 질병과 회복은 아미쉬 사회의 신문에서 중요한 기사거리다. 고된 노동을 강조하는 아미쉬 사회에서는 식욕이 좋고, 건장하며, 힘든 육체노동을 해낼 수 있는 사람을 건강한 사람이라고 여긴다. 그래서 식욕이 없으면 건강도 나쁘다고 여겨진다. 사무실에 앉아 신선한 공기와 환한 햇살을 누리지 못하며 육체노동을 하지 않는 사람들은 아미쉬의 관점에서 '건강하지 못하다.' 내가 태어난 아미쉬 공동체에 외부인 대학생들이 찾아오자, 어머니는 이렇게 말씀하셨다. "그 애들은 안색도 너무 안 좋고 아파 보이더구나." 그건 내가 대학에 가지 않기를 바라는 어머니의 교묘한 화법이기도 했다.

사람들이 사는 사회적인 환경뿐만 아니라 그 사회의 믿음 체계도 육체적, 정신적 질병의 많은 증상과 연관된다. 인생에서 성취감을 느끼지 못하는 개인들이 적응 문제에 대한 대안으로 '환자 역할(sick role)'을 하는 경우가 늘고 있다. 즉 어떤 사람이 스트레스를 받는 상황에 놓이면 몸이 아파져서 자기에게 유리하거나 견딜 만한 상황을 맞는 것이다. 아미쉬 사회에서는 몸이 아픈 것이 사회적으로 용인된 일탈의 한 형태다. 자존감이 낮은 사람은 '의사'에게 가는 것이 좋은 치료법이며, 내과 의사나 척추 지압사, 반사요법(몸의 통증을 덜어 주기 위해 발을 지압하는 요법)사를 찾는 것도 도움이 되고, 또 기분을 좋게 할 것이다.

아미쉬 사람들의 세계관(1장의 '내부로부터의 관점'을 보라)은 질병 예방이나 보건에 대한 태도에도 영향을 끼친다. 아미쉬 사람들의 의료 행위에 영향을 주는 중요한 패러다임 하나는 창세기의 천지창조 이야기다. 신이 인간의 몸을 만들었다는 것이다. 따라서 그것에 손을 대면 안 된다. 의학이 도움을 줄 수는 있지만, 몸의 질병을 낫게 하는 것은 신이다. 또 다른 기본적인 믿음은 신에 대한 순종과 바깥세상과의 분리 계율이다. 고등 교육을 받는 것이 분리 계율과 어긋나기 때문에 아미쉬 내부에는 훈련받은 의사가 없다. 그래서 세속 사회의 의학적 지식과 의술에 기대게 되는데, 이런 서비스를 받을 때 아미쉬 사람들은 주변적 입장이 된다. 병을 진단할 때는 자신들의 전통에 따르지만 훈련받은 의사의 과학기술적 지식도 필요하기 때문이다. 아미쉬 사람들이 공동체 안에 존재하지 않는 지식과 서비스의 도움을 받기 위해서는 구성원이 아닌 사람들을 신뢰해야 한다. 먼 옛날부터 아미쉬 사람들은 구성원을 의학이나 공학 학교에 보내기를 꺼렸다. 의학 같이 바깥세상에서 습득한 고급 지식(그리고 그에 따른 긍지)이 자신들의 가치 체계를 압도할까 봐 두려워하기 때문이다.

의사와 환자의 관계

아미쉬 사람들은 가까운 마을이나 개인병원, 종합병원의 자기가 아는 의사들에게 진료를 받는다. 병원에서 진찰받는 빈도는 가정마다 다르다. 아미쉬의 『성경』해석에서는 수술, 입원, 치과 치료, 마취, 수혈, 예방주사 같은 현대 의술이 금지되지 않는다. 예방주사를 받아들여도 될지 꺼리는 사람은 가끔 있지만, 아미쉬 사람들이 『성경』구절을 인용하며 의학적인 도움을 거부하는 일은 드물다.

하지만 1979년에 어느 작은 아미쉬 공동체에서 소아마비 환자가 많이 발생했을 때는 아미쉬와 지역 보건 당국 사이의 오해가 불거지기도 했다. 신문 기사에 따르면, 보건 당국은 아미쉬 사람들이 종교적인 이유로 예방주사를 거부했다고 밝혔다. 또한, 아미쉬 주교들이 예방주사를 허락하지 않았다는 진술도 있었다. 하지만 이는 모두 거짓이었다.

아미쉬 사람들이 예방 조치를 천천히 수용했다고 해도 그것은 종교적 이유로 거부하기 때문은 아니다. 아미쉬 사람들은 신중하고, 어떤 종류든지 정부의 정책에 대해 본능적으로 보수적인 반응을 보인다. 보건 정책도 예외는 아니다. 이렇듯 미적대는 것은 어떤 정보원을 믿어야 할지 모르는 데다, 자신들의 대변인이 합의를 이루고 넌지시 조언할 때까지 기다리기 때문이다. 이들은 공공연하게 드러내는 것을 싫어하며, 주교든 한 가정의 가장이든 막론하고 확실한 지식 없이는 행동하려고 하지 않고 다른 사람들의 승인을 기다린다. 대규모 소아마비 발생 사례에서는 보건 당국 관료들이 여러 차례 방문한 다음에야 아미쉬 사람들은 가정과 학교에서 예방주사 문제를 논의하는 회의를 열었다. 접종에 반대하는 의견도 있었지만, 아미쉬 사람이 비아미쉬 사람에게 병을 옮기는 원인이 되면 안 된다는 한 평신도의 주장에 많은 사람이 동의하여 결국 접종하게 되었다.

약간의 예외를 제외하면 의사들은 대개 아미쉬 사람들을 바람직한 환자로 생각한다. 거짓말하지 않고 처치에 잘 따르는 데다 치료에 고마워하기 때문이다. 하지만 아미쉬 사람들은 교통수단의 문제로 작은 마을 의사들의 진찰 시간을 맞추기가 어렵다. 그런 한편 부유한 아미쉬 사람들은 즉각적인 진료를 원하기도 한다. 몇몇 의사에 따르면 아미쉬 사람들은 예방 의료에 관심을 덜 기울이는 경향이 있다고 한다. 의사들은 이것을 정규 교육을 덜 받았기 때문이라고 여겼다. 성인이 아닌 아이들의 경우에는 단지 긁히거나 멍든 상처로 와서 꽤 오랫동안 진료를 기다리곤 한다고도 기록했다. 그러나 아미쉬 사람들은 대개 마차를 타고 가기 때문에 병원에 도착하기까지 시간이 오래 걸려서 감기 같은 가벼운 증상으로는 병원에 가지 않는 경향이 있다. 비싼 의료비도 또 하나의 장벽이다. 이 밖에 응급 상황에서 의사를 부르는 것도 문제다. 왕진하는 의사도 별로 없을뿐더러, 의사들은 아미쉬 가정에서 왕진 요청 전화가 걸려왔을 때 얼마나 긴급한 상황인지 알아차리지 못할 수도 있다.

의사들을 대상으로 한 조사 결과에 따르면 아미쉬 사람들에게는 특정 질환이 더 많이 발생하는 경향이 있다.[314] 만성적인 야뇨증, 소화 불량, 정신 질환이 그 예다. 아미쉬 사람들은 바라는 대로 병이 낫지 않거나 의사의 설명과 태도가 불만족스러워도 의사를 쉽게 바꾸지는 않는다. 어떤 병인지 진단되지 않거나 전문적인 치료로 효과를 보지 못한 환자들은 민간 요법사에게서 치료받기도 한다. 다음 사례들은 아미쉬 사람들이 한편으로는 전통적인 지식을 활용하면서, 다른 한편으로는 바깥세계의 의사와 민간 요법사에게 기대는 긴장 관계를 보여준다.

한 중년 여성이 병원에서 팔에 종양이 있다는 진단을 받았다. 이에 가족 주치의를 찾아가니 더 많은 종양이 발견된다고 했다. 그 의사는 종양 하나를 제거하자고 했지만, 아미쉬 사람들은 이렇게 생각했다. "우리는 암일지도 모른다는 두려움 때문에 그 종양을 제거하지는 않을 것이다. 1년 동안 다른 치료를 받아보고, 그런 다음에 하나를 제거하겠다." 이 여성은 코크(Koch) 암 치료소에 갔지만 '전혀 도움이 되지 않았다.' 그다음으로 큰 도시 두 곳을 돌며 의료 센터를 전전하다가 호크시(Hoxsey) 암 클리닉에 가게 되었다. 의사들은 이 여성의 고통을 덜어주기 위해 오른쪽 상완(팔꿈치 위쪽 부위)에서만 종양 200개를 제거했다. 그럼에도 몸이 계속 아프자 이 여성은 마요(Mayo) 클리닉을 찾아갔다. 하지만 그들 역시 도움이 되지 못했다. 그래서 이 여성은 척추 지압사를 찾아다니고, 발 마사지를 받았으며, 요오드를 비롯한 온갖 약품을 처방받았고, 지금은 값이 꽤 나가는 독한 약을 먹고 있다. 병세를 약화시키기 위해

---

314) John A. Hostetler, "Folk Medicine and Sympathy Healing among the Amish," in *American Folk Medicine*, ed. Wayland W. Hand (Berkeley: University of California Press, 1976), p. 254.

아미쉬 사람들이 택한 방법은 소모적이었으며, 몇몇 민간 요법사는 사기를 치기도 했다. "약을 많이 먹고 독한 요법을 쓰는 건 사람에게 좋지 않아요." 몇 몇 아미쉬 사람은 이렇게 말했다.

아미쉬 사람들은 세속적인 지식과 대학 교육을 전반적으로 불신하기 때문에 그들이 믿을 수 있는 의사를 찾는 것도 문제다. 아미쉬 사람들에게 증명된 과학적 지식은 충분하지 않다. 그보다 조화와 통합이라는 상징성을 중요하게 여긴다. 보통 아미쉬 사람들의 모임에서 의사들과 알게 될 기회는 흔치 않다. 아미쉬 사람들은 내과 의사나 외과 의사를 찾아가야 할 필요성이 있어도 척추 지압사의 단골이 되는 경우가 많은데, 이는 지압사들이 환자와 더 많은 시간을 보내며 대화를 나누고 신체 접촉도 더 많이 하기 때문일 것이다.

아미쉬 사람들은 의사를 고를 때 일단 실력은 당연히 갖추었을 것으로 여기고, 무엇보다 협조적이고 믿을 만한 사람을 찾는다. 이들은 의사가 의대에서 전문 교육과 훈련을 받았으리라 여기지만 높은 학식보다는 친화력이 있고 상식적인 사람을 선호한다. 이들이 의사의 태도와 예의를 어떻게 느끼는지가 아미쉬 환자와 의사의 관계에서 큰 부분을 차지한다. '독한 약'을 쓰는 것 외에도 냉담하고 무뚝뚝한 태도와 '만족스럽지 않음'(의사소통이 원활하지 않았음을 뜻함)이 아미쉬 사람들이 의사들의 단골이 되지 못하는 요인들이다.

1978년에 존스홉킨스 병원은 랭커스터 카운티 아미쉬 거주지의 보건 실태를 조사해서 보고서를 작성했다.[315] 이 사례사(case history)들은 그 전 해에 아이를 낳은 20~45세 여성 100명을 대상으로 했다. 이들의 보건 관련 통계는 다음과 같다. 출산할 때 의대에서 전문 교육을 받은 의사를 방문한 사람은 76퍼센트였고, 나머지 20퍼센트는 대체 의료 행위를 하는 사람을 찾았다. 여기에는 척추 지압사, 동종 요법사, 주술 요법사(pow-wow), 반사 요법사가 포함된다. 이런 대체 요법사들은 전문 교육을 받은 의사들에 비해 더 자주 방문해야 했다. 한편, 신생아 가운데 DPT(디프테리아, 백일해, 파상풍) 예방주사를 맞은 아이는 겨우 26퍼센트였으며 소아마비는 23퍼센트, 홍역과 볼거리는 16퍼센트였다.

315) Johns Hopkins Hospital, Baltimore, Md.의 미출간 자료. 이 조사는 Victor A. McKusick의 감독 아래 이루어졌고 Clair Francomano, Louis Weiss, Barbara Verde, Chris Laspia가 수행했다. 다음 글에서는 아미쉬의 '공감 치유'에 대해 새롭고 통찰력 있는 접근을 한다. "The Phenomenon of Care in a High Context Culture: The Old Order Amish" (Ph. D. diss., Wayne State University, 1990).

이 통계 조사는 1979년에 아미쉬 거주지에 소아마비 환자가 대거 발생하기 전에 진행되었다.

또 임산부 472명 가운데 유산 55건, 사산 3건으로 태아 사망률이 12퍼센트(58/472)였다. 처음 임신한 여성의 90퍼센트는 병원에서 분만했고, 마지막 임신을 한 여성의 59퍼센트는 집에서 분만했다. 집에서 분만할 때 든 비용은 272달러였지만 병원에서 분만하면 750달러가 들었다. 비용과 선호도는 확실히 아미쉬 공동체에서 가정 분만 비율이 높은 주된 요인이다. 집에서 출산한 아이들이 꽤 많은데, 임신한 아미쉬 여성의 22퍼센트는 임신 6개월 전까지는 산전 조리를 받지 않는다.

예방의학적 보살핌

현대 사회에서 예방의학이 발달하려면 정교한 지식과 자세한 질병 이론이 필요하다. 일부 아미쉬 사람들은 예방접종이 얼마나 중요한지 잘 모른다. 그들의 지식이나 경험의 범위에 포함되지 않기 때문이다. 질병이 유행하면 이들도 비로소 접종을 받겠지만, 예방접종과 같이 미래에 생길지도 모를 모든 질병에 대비하는 것은 이들의 관점에서 세속적인 지식에 과도하게 의존하는 일이다.

대부분 주에서는 학교에 입학하기 전에 학생들에게 예방접종 증명서를 요구한다. 이때 부모들은 가정의에게서 받은 정식 증명서를 제출해야 한다. 하지만 처방된 백신을 맞은 아미쉬 아동은 극소수다. 주 정부가 종교적인 이유에서 예방접종을 반대하는 데 대해서는 포기하고 있기 때문이다. 아미쉬 교회에 예방접종을 금지하는 오르드눙이나 '규칙'은 없지만 일부 부모는 접종에 직접 항의하기도 한다. 이들에게 도움을 주기 위해 펜실베이니아 주 아미쉬 공동체의 인쇄소는 원하는 사람들에게 면제 서류를 제공한다. 일부 아미쉬 학교 교사와 부모들은 이 양식이 '지나치게 간편하고 편의적'이라고 여기기도 했다. 이런 사정으로 대부분 아미쉬 아이는 디프테리아, 파상풍, 소아마비, 볼거리에 대한 면역이 없다. 아미쉬 사람 일부는 화학물질의 특성과 그 장기적인 결과, 위험성을 이해하지 못한다. 식품 첨가물과 독성 물질의 차이, 음식 조리 과정에서 일어나는 변화 같은 지식도 그 예다.

과거에 아미쉬 사람들이 교실 하나짜리 공립학교에 다니던 때는 정기적으로 보건 당국이 방문해서 학생들의 청력, 시력, 건강 유지에 필요한 습관 등을 점검했다. 이때 건강이나 위생과 관련한 지도를 받기도 했다. 하지만 오늘날에는 보건 당국이 살피지 않는 아미쉬 학교가 많고, 그렇게 방관한 결과 아이들이 고통받고 있다.

아미쉬 공동체에는 종교 생활과 의례를 맡는 담당자, 화재 보험과 입원 보험 담당자, 교육위원회 구성원과 교사들이 있지만, 수의사는 없고 공중 보건과 위생 문제를 맡는 담당자도 임명되지 않는다. 프랑스에 인가받은 의사가 없던 시절, 프랑스 정부는 지역별로 보건 관리를 임명했다.[316] 아미쉬 출신 중에도 이렇게 임명받은 사람이 여럿 있었고, 이 가운데 몇몇은 미국으로 건너와 의사가 되었다. 하지만 미국에는 이런 지명 제도가 없었다.

의사의 치료를 받을지 결정하는 이는 가장이다. 예방 의료와 의술에 대한 아미쉬 가정의 태도는 제각각이다. 최근 들어 아미쉬 사람들은 자신들의 취지와 이념을 알리며 상품을 팔려고 하는 교묘한 '자연으로 돌아가기' 운동을 펼치는 집단들과 특정 건강식품, 비타민이나 식품 보충제 산업의 영향을 받고 있다. 아미쉬 사람들은 건전한 의료 행위에 익숙하지 않아서 이런 영향에 취약하다. 민간 의료 요법에 대한 옹호와 현대 의학에 대한 반대는 각 가구에서 다양한 형태로 전해진다. 먹는 것과 관련된 아미쉬 사람들의 특이한 믿음 중에는 정부와 병원이 정치적 음모로 음식에 독을 타서 사악한 이해관계에 봉사하고 있다는 망상이 섞인 것도 있었다.

2. 유전병

1962년에 유전학자들이 아미쉬 인구 집단을 대상으로 연구한 결과, 여러

---

316) Jean Seguy, "Religion and Agricultural Success: The Vocational Life of the French Anabaptists," Michael Shank 번역, Mennonite Quarterly Review 47 (July 1973): 209. 1751년에 미국에 이주한 Hans Blanck는 의사로 인정받았다.

유전 질환이 발견되었다.[317] 유전학자들이 아미쉬 사람들을 대상으로 삼은 것은 자연스러웠다. 인간 유전학 연구에 필수적인 요소들이 이 공동체에서 발견되기 때문이다. 후터파와 마찬가지로 아미쉬 사람들은 미국 전체에서 혈통 관계가 가장 잘 밝혀진 근친혼 집단이다. 다시 말해, 광범위한 가계도 기록을 보유한 폐쇄적인 개체군이다. 대가족이 한 장소에 거주하며(취업하러 멀리 떠나지도 않는다), 한정된 지리학적 영역에서 친족들의 의학적 상태가 다수 관찰된다.

하지만 아미쉬 집단은 단계통(같은 조상으로부터 진화한 모든 생물을 포함하는 분류군-역주)으로 이루어진 폐쇄적 개체군은 아니다. 그 안에는 분리된 동종 교배 공동체, 즉 딤(deme)도 있다. 딤이란 지역적인 동종 교배 집단, 또는 친족 집단을 말한다. 펜실베이니아 주 랭커스터 카운티의 아미쉬 공동체는 하나의 딤이며, 오하이오 주 홈스 카운티나 다른 공동체들도 그렇다. 한 공동체와 다른 공동체 사이에는 상대적으로 적은 통혼을 하고 있다. 지역별 이민의 역사와 공동체들마다 특유의 성이 있다는 점, 공동체마다 다른 종류의 유전병이 있다는 점은 집단이 분리되었다는 증거다. 아미쉬 사람들은 이러한 자신들의 가계도가 남달리 '빛난다'고 생각한다.

아미쉬의 3대 정착지 모두 과반수 인구의 성이 5개로 압축된다. 그리고 지역마다 우세한 성이 각기 다르다(표 5를 보라). 랭커스터 카운티에서는 스톨츠퍼스라는 성을 가진 사람들이 인구의 25퍼센트를 차지한다. 하지만 최초의 이주자 가운데 성이 스톨츠퍼스인 인물은 남성 한 명뿐이었다. 니콜라스 스톨츠퍼스라는 이름의 이 남성은 확실히 오늘날의 랭커스터 유전자 풀에 다른 사람들보다 훨씬 많은 유전자를 퍼뜨렸다. 성의 개수와 분포도는 3대 정착지에서 각기 다르다. 성의 개수와 분포로 미루어 보면 랭커스터 카운티의 아미쉬 사람들은 오하이오나 인디애나 주보다 균질적인 공동체를 형성했다고 할

---

317) 다른 여러 개별적인 연구 결과 밝혀진 주된 발견들이 다음 글에 실렸다. Victor A. McKusick, Medical Genetic Studies of the Amish: Selected Papers, Assembled, with Commentary (Baltimore: Johns Hopkins University Press, 1978).
여러 요소가 합쳐져서 광범위한 유전적 연구가 가능해졌다. 일단 아미쉬 사회는 가계도와 가문의 기록을 다량 보관하고 있다. 출간된 가계도의 목록은 다음 글을 보라. Harold E. Cross and Beulah S. Hostetler, Index to Selected Amish Genealogies (Baltimore: Johns Hopkins University School of Medicine, Division of Medical Genetics, 1970). 아미쉬 공동체와 존스홉킨스 병원의 협력 결과 상호 도움이 되는 프로젝트가 완성되었다. 유전학자들은 유전병 연구를 위해 가계도를 수집해서 전산화했다. 이에 따라 아미쉬 사람들은 가구주와 자녀들을 목록화한 인명부를 교구에서 인쇄해 가질 수 있었다.

수 있다. 출산율 분포도와 농경 풍습도 이런 결론을 뒷받침한다.

여러 정착지(팀)에서 나타나는 유전병은 그 집단이 얼마나 독특한지 알 수 있는 지표다. 적어도 12개 이상의 퇴행성 질환이 '새로' 확인되었는데 그중 4개는 특히 언급할 만하다. 왜소증의 하나인 엘리스-판 크레펠트 증후군(Ellis-van Creveld syndrome, EVC)은 랭커스터 카운티의 아미쉬 집단에서 몹시 흔하다. 1964년 이전까지 52건 이상의 사례가 발견되었는데 이는 당시 전 세계적으로 보고된 수치와 맞먹는다.[318] 랭커스터 카운티에서 이 증세가 나타나는 비율은 1,000명당 2명이었다. 이 병은 사산을 유발하며, 선천적으로 이러한 증세를 보인 아이 가운데 3분의 1은 생후 2주 이내에 사망한다. 하지만 19세 이상 환자 가운데 58세인 사람도 있다. 한 남성은 결혼해서 자녀를 7명 두었는데 그중 2명이 왜소발육증이었다. 환자들은 팔다리가 짧고 몸의 비율이 불균형한 왜소증이며, 다지증(손가락이 여섯 개인 증세)과 손톱 형성 장애도 보인다. 치아도 튼튼하지 않고, 윗입술은 얇다. 몸의 체강이 기형적이고, 호흡기관 장애도 있다. 다른 아미쉬 공동체에서는 이런 증후군이 흔하지 않다. 이 질병의 영향권에 있는 혈족들을 거슬러 올라가면 1767년에 이주해온 새뮤얼 킹과 그의 아내에 도달한다.

두 번째 유형의 왜소증은 연골털형성저하증(cartilage-hair hypoplasia, CHH)으로, 빅터 맥쿠식이 발견하고 이름을 붙였다. 맥쿠식은 미국 아미쉬 공동체에서 전반적으로 이 증세를 발견했다.[319] 이 질환을 겪는 환자들은 머리카락이 비정상적으로 가늘고 드문드문하며 짧은 데다 다른 형제들보다 색도 옅다. 때때로 대머리가 되기도 한다. 손가락도 짧고 땅딸막하다. 손발톱이 짧으며, 일부 환자에게서는 발목 기형이 나타난다. 팔다리가 유달리 짧아서 태어날 때부터 이 증상을 진단할 수 있다. 키는 105~120센티미터 정도이지만, 지능에는 이상이 없다. 지금껏 80건의 사례가 보고되었다.

펜실베이니아 주 중부의 아미쉬 공동체에서는 희귀한 혈구 질환(피루브산 키나아제결핍성 빈혈증)이 많이 나타나는데 다른 주의 아미쉬 사람들에게서는 발

---

318) McKusick, *Medical Genetic Studies of the Amish*, p. 93-117.
319) 같은 책, p. 231-72.

견되지 않는 병이다. 아이에게 이 질환이 발생하면 황달이 많이 나타나며 태어날 때부터 빈혈이 있어서 수혈이 필요하다. 만약 수혈을 통해 생후 1~2년 동안 목숨을 유지하면 나중에 비장을 제거함으로써 병을 치료할 수 있다. 이 질병의 영향을 받는 12개 혈족 집단을 거슬러 올라가면 1742년에 이주한 '힘센' 제이컵 요더와 만날 수 있다.

혈우병은 오하이오 주 아미쉬 집단에서 흔하지만 펜실베이니아 주에서는 발견되지 않는다. 지대근이영양증(Limb-girdle muscular dystrophy) 환자는 인디애나 주 애덤스 카운티와 앨런 카운티의 스위스 아미쉬파에서 많다. 다른 지역보다 약 4배 더 높은 확률로 나타난다. 이 아미쉬 사람들의 고향인 스위스에서도 이 병을 앓는 사람들이 종종 발견된다.

A, B, O 혈액형의 비율도 아미쉬 공동체마다 다양하다. 오하이오 주 홈스 카운티에서는 A형의 비율이 상대적으로 높다(50퍼센트). 펜실베이니아 주 랭커스터 카운티에서는 구성원의 4분의 3이 A형이고, O형의 비율은 꽤 낮다. 이러한 흔치 않은 비율이 나타난 이유에 관해 유전학자들은 유전자 부동(genetic drift, 세대를 거듭하는 과정에서 우연한 선택 효과로 유전자 빈도가 변화하는 현상-역주)의 한 형태인 창시자 효과(founder effect, 원래 개체군에서 떨어져 나온 소규모 개체들 때문에 이주해 온 개체군의 유전자 빈도가 달라지는 것-역주)로 설명한다.

아미쉬 사회에서는 유전체 이상도 여럿 발견된다. 베일러 가문의 남성들은 Y 염색체가 몹시 짧다.[320] 더 최근에 스위스에서 이주한 사람들과 스위스에서 계속 살고 있는 사람들에게서도 이런 Y 염색체가 발견된다. 한편 랭커스터 카운티 아미쉬 공동체에서는 고혈압 환자가 흔치 않으며, 주민들의 평균 혈압도 다른 농촌 공동체의 백인 집단보다 낮다. 아미쉬 여성들은 자궁경부암의 발생률이 다른 농촌 여성들보다 낮다. 유전학자들은 아미쉬 사람들에게서 지금껏 알려지지 않은 많은 유전적 이상을 발견했다. 아미쉬 사람들은 유전학자들이 자신들의 유전병을 연구 조사하는 데 협조하여 의학 지식이 진보하는 데 기여했다.

---

320) 같은 책, p. 465-70.

랭커스터 카운티에 사는 부부 1,850쌍 가운데 3쌍을 제외하고 나머지는 모두 친척 관계다. 이들의 근교계수(inbreeding coefficient, 동종 교배가 얼마나 행해졌는지를 나타내는 계수-역주)를 계산해보면 각 부부가 서로 6촌보다 가까운 친척일 때의 계수와 같았다. 비록 가까운 친척끼리는 결혼을 피하려는 의식적인 노력이 있었지만 약 250쌍이 실제로 6촌 간이었다. 5촌 간 부부도 2쌍 있었다. 또 6촌 간 부부 가운데 일부는 여러 번 얽힌 6촌이었다. 다시 말해 여러 대에 걸쳐 겹친 혈족 관계, 예컨대 4중 6촌 간 부부도 있었다.

근친혼이 반드시 유전 질환을 일으키는 것은 아니다. 과거 많은 인류 사회에서 가까운 친척끼리 결혼했지만 문제가 전혀 없는 사례도 많았다. 하지만 근친혼을 하면 유전병이 발생할 확률이 높아진다는 것은 사실이다. 만약 어떤 집단의 유전자 풀에 특정 열성 형질이 있다면, 구성원들이 근친혼을 하고 아버지와 어머니에게 모두 열성 형질이 있을 때 선천적으로 이상이 있는 아이가 태어날 확률이 높아진다. 이 점은 왜 아미쉬 사람들에게 특정 유전병이 나타나는지, 왜 그런 유전 질환이 특정 지역에서 많이 일어나는지를 설명한다.

랭커스터 카운티의 아미쉬 사람들에게 많이 나타나는 글루타르산뇨증(glutaric aciduria)과 메노나이트 사람들에게 많이 나타나는 단풍당뇨증(maple syrup urine disease)은 이 지역에서 흔한 생화학적 장애로, 치료에 성공하려면 복합적으로 접근해야 한다.[321] 하버드 대학교 출신 소아과 의사인 홈스 모턴(Holmes Morton)은 글루타르산뇨증으로 알려진 모든 사례를 조사한 결과 이 질환을 진단하고 치료할 수 있음을 알아냈다. 모턴은 2년 동안 아미쉬 가정에 왕진을 다니면서 그들과 대화하고 개인적으로 시간과 돈을 들여 자료를 모았다. 그리고 아미쉬 사람들에게는 이 질병을 조사하고 진단하며 환자를 보살피는 방법을 알려줄 병원이 필요하다는 결론을 내렸다. 모턴은 랭커스터 카운티의 아미쉬 공동체에 사는 어린이 200명 중 한 명꼴로 이 질환에 걸리기 쉽다는 점을 발견했다. 어떤 가정에서는 자녀 7명 가운데 5명이 이 병을 앓았다. 그중 남자 아이 2명은 사망했고, 살아남은 3명은 불구가 되었다. 글루타르

---

321) Frank Allen, "Country Doctor: How a Physician Solved Riddle of Rare Disease in Children of Amish," *Wall Street Journal*, September 20, 1989.

산뇨증이 있는 아이들은 생후 6개월 정도까지는 건강하다가, 감기나 중이염, 설사 같이 어릴 때 겪는 가벼운 병 또는 수두에 걸리면 혼수상태에 빠져 48시간 안에 목숨을 잃고 만다. 가벼운 병이 주는 스트레스만으로도 글루타르산뇨증이 있는 아이의 몸은 단백질을 정상적으로 처리하지 못한다. 그러면 빠른 속도로 핏속에 독소가 쌓여 간뿐만 아니라 신경계, 뇌까지 공격하게 된다. 단풍당뇨증도 이와 비슷한 대사성 장애다.

모턴은 이 질환을 일찍 발견하여 단백질이나 아미노산 섭취를 주의 깊게 조절하면 증세를 나타내기 전에 예방할 수 있다는 점을 발견했다. 미국 전역에서 모금 운동을 하고 의료 진단 장비들을 기증받으면, 또 아미쉬나 메노나이트 사람들이 봉사 활동을 해주면 공동체 안에 병원을 세울 수 있었다. 그렇게 해서 세워진 '특별한 아이들을 위한 병원'은 적당한 비용으로 최신 의료 서비스를 제공하는 모범 사례가 되었다. 오늘날에도 이 병원은 아미쉬와 메노나이트 집단에 존재하는 유전 질환 36가지를 진단할 수 있다. 몇몇 질환은 이 병원에서 처음 명명하기도 했다.

3. 정신 질환

아미쉬 사람들은 결코 정신 질환에서 자유롭지 못하다. 미국의 동부 해안 지대에는 메노나이트파가 운영하는 정신병원이 두 곳 있다. 1948년에 메릴랜드 주에 설립된 브룩레인 병원과 1952년에 펜실베이니아 주에 설립된 필헤이븐 병원이다. 인디애나 주 엘크하트에는 아미쉬와 메노나이트 사람들을 위한 오크로언 정신과 센터가 있다. 이 병원들은 자립적인 기반으로 운영되는데, 신앙과 상관없이 입원 환자와 외래 환자를 광범위하게 받는다. 정신 질환이 있는 아미쉬 사람들이 전부 이 병원들에 오는 것은 아니며, 일부는 주에서 세운 기관의 서비스를 선호하기도 한다. 이 병원에서는 전문 교육과 훈련을 받은 정신과 의사가 진단과 처방을 내린다.

아미쉬 사람들이 극단적인 불안 증세를 다루는 치료법에 대한 지식을 명시적인 기록으로 남기는 경우는 거의 없다. 부모들은 가족 주치의의 충고에 따라 앞에서 나온 병원들에 갈 수 있다. 신체적, 정신적으로 병이 있는 개인들은 병원의 처치를 받은 후 자기 집에서 보살핌을 받는다. 아미쉬 사회에서 심리적인 문제가 있다고 여겨지는 행동 패턴은 의사를 너무 자주 찾는다거나, 일상의 활동에서 완전히 만족하지 못한다거나, 정통파적 종교에 문제가 있다고 선입견을 드러낸다거나, 태도가 고지식하다거나, 남성의 경우에는 결혼하지 못하는 것 등이다. 아미쉬 사람들에게서 나타나는 정신 질환은 미국의 농촌 인구에서 전형적으로 나타나는 것을 포함하는데, 예컨대 여러 종류의 조울증이 있다.

소설이나 독자 엽서 등에서 아미쉬 사람들을 묘사하는 내용을 보면, 일부 부인들은 발작을 하거나 남편들이 이해하지 못하는 불만을 호소하곤 한다. 두려워하는 사람들도 있다. 아미쉬 가정에서는 부인이 남편에게 잘못이 있다고 생각할지라도 드러내놓고 남편을 비난하거나 자기 마음을 표현하지 못한다. 여성은 순종해야 한다고 생각하기 때문이다. 이런 여성들에게 우울증은 흔하게 나타난다. 공격성을 통해 좌절을 표출하는 것이 정당화되지 못하기에, 안으로 슬픔을 삭이느라 우울감에 빠지는 것이다. 하지만 이런 경우 여성들이 의사를 찾아가 신경 안정제를 처방받는 일은 거의 없다.

의료 전문가로 구성된 한 연구팀은 아미쉬 사람들에게서 나타나는 조울증에 대해 광범위하게 연구 조사했다.[322] 아미쉬 사람들을 연구 대상으로 고른 것은 다른 집단보다 정신 질환이 발생하기 쉬워서가 아니라 유전 형질을 연구할 때 이상적이기 때문이다. 아미쉬 사람들은 대가족을 이루고 몇 세대에 걸쳐 가계도가 보존되며, 상대적으로 근친혼을 하고, 약물이나 알코올을 남용하지 않는다. 우울증을 유전적 요인과 연결해서 보려는 연구자들도 있었지만, 철저하게 자료를 분석한 결과 정신 질환과 염색체 이상 간에 상관관계는 발견되지 않았다.[323] 비록 아미쉬 사람들도 정신 질환이 '가문을 따라 흐른다'고 믿기도 하지만, 이러한 민간 속설을 지지하는 강력한 증거는 없다.

---

322) 다음은 이에 대한 초기 연구 보고서다.. Janice A. Egeland and Abram M. Hostetter, "Amish Study I: Affective Disorders among the Amish, 1976-1980," *American Journal of Psychiatry* 140(I) (January 1983): p. 56-61.

323) Miranda Robertson, "False Start on Manic Depression," *Nature* 342 (November 16, 1989): p. 222; 다음 글도 참고하라. Lois Wingerson, Mapping Our Genes (New York: Dutton, 1980), p. 111-67.

아미쉬 사회가 비록 공동체에서 개인들의 뒤를 든든하게 받쳐준다고 해도, 일부 개인들은 그와 모순되는 생각에 힘들어한다. 예컨대 고참 주교들이 해석해놓은 아미쉬 사회의 규범을 지켜야 하는 젊은 신참 성직자들은 매우 심한 스트레스를 받는다. 정보원 두 명에 따르면, 한 대규모 정착지에서 그동안 15건의 자살 사건이 일어났다고 한다. 자살하는 빈도는 여성보다는 남성이 더 높고, 50세 이상보다는 젊은이에게서 더 흔하다. 자살률은 공동체마다 다양하다.

랭커스터 카운티의 자살률은 같은 카운티에 사는 일반 농촌 사람들의 절반 이하다.[324] 1980년에 랭커스터 카운티 전체의 자살률은 10만 명당 12.5명이었는데 비해 아미쉬 집단에서는 5.5명이었다. 다른 문화에서 사는 사람들과 마찬가지로 아미쉬 사람들도 에밀 뒤르켐(Émile Durkheim)이 기술한 사회적 빈곤과 '아노미'에서 자유롭지 못하다.[325]

하지만 아미쉬 문화는 정신적으로 혼란을 겪는 개인들에게 '상식적인' 접근 방식을 제공한다. 아미쉬 사회에서 자신을 병적이라고 여기는 사람들은 '가만히 앉아서 많은 독서를 하기보다는 일을 해야 한다'는 강박감에 쫓긴다. 이들의 가족과 공동체는 이 사람이 자신이 꼭 필요한 사람이라는 느낌과 소속감을 주려고 노력한다. 정신적으로 병든 사람들은 대개 집에서 보살핌을 받는다. 소원해졌던 친척이나 친구들과 다시 돈독해지기 위해 집을 떠나 그들을 방문할 수도 있고, 그들이 자신을 방문하게끔 하기도 한다. 아미쉬 사회는 '아픈' 사람이라면 약간의 일탈을 감행해도 눈감아주곤 한다. 그러면 비공식적으로는 가족이 지지해주지만, 공식적으로는 약간의 의례가 이루어진다. 예컨대 고해성사할 기회가 주어진다.

지적장애

지적장애인들은 아미쉬 사회에서 애정 어린 관심과 보살핌을 받는다. 아미쉬 공동체에서 다른 문화에서보다 지적장애인의 비율이 높은지는 아직 증명

---

324) Donald B. Kraybill, John A. Hostetler, and D. G. Shaw, "Suicide Patterns in a Religious Subculture: The Old Order Amish," *International Journal of Moral and Social Studies* 1(Autumn 1986).

325) Emile Durkheim, *Suicide*(New York: Free Press, 1951).

되지 않았다. 아미쉬 사람들은 이들을 '정상적이지는 않은 사람'으로 정의한다. 선천성 결함이나 뇌 손상, 불의의 사고 때문에 치료할 방법이 없는 사람들이다.

아미쉬 사람들은 지적장애인들을 사회적 골칫거리로 여기지 않는다. 이들이 생각하기에 능력과 지능에서 차이가 나는 것은 애초에 신이 그렇게 만들어주었기 때문이다.[326] 한 개인의 가치는 학교 성적이나 연봉으로 측정되는 것이 아니다. 결함이 있는 아이들은 신의 의지의 일부로 받아들여진다. 그리고 특출하게 재능 있는 아이 역시 일종의 장애가 있는 것으로 여겨진다.[327] 불만스러워하거나 순종하지 않는 아이가 '문제 아동'이지, 장애가 있다고 해서 문제 아동은 아니다.

아미쉬 사람들은 '열심히 공부하는 아이'부터 '습득 능력이 떨어지는 아이'까지 모든 아이가 학교에 다녀야 한다고 생각한다. 집단 활동에서 열외가 되는 아이가 있어서는 안 되기 때문이다. 여러 지역에서 지적장애 아동들은 공적으로 지원을 받는 그 지역의 학교에 다닌다. 일부 아미쉬 학교는 지적장애 아동을 위한 시설과 교사를 따로 둔다. 이 아동들은 아미쉬 가족과 공동체의 일부분이며, 모두에게 사랑받고, 자발적으로 참여하는 공동체 활동에서 배제되지 않는다. 가정에서 쓸모 있는 일을 해내기도 한다. 아미쉬 사람들은 지적장애 아동의 존재를 신경 쓰고 염려하며 적절한 방법으로 이들을 도울 수 있도록 노력한다.

신체 장애

아미쉬 공동체는 신체적 장애가 있는 사람들을 지적장애인들과 마찬가지로 애정 어린 따뜻한 시선으로 바라본다. 신체적 장애인 가운데는 불구자처럼 그 원인이 사고인 경우도 있고, 왜소증이나 근육위축증 같이 유전병인 경우도 있다. 아미쉬 공동체의 장애인들은 주기적으로 전국 곳곳에서 같은 처

---

326) 이런 견해는 다음 글에서 확증된다. James A. Melton, "Old Order Amish Awareness and Understanding of Mental Retardation," (Ph.D. diss., Ohio State university, 1970).

327) 아미쉬 사회의 한 어머니는 다음 글에서 영재인 자신의 아이를 묘사했다. "Our Child Was Handicapped and We Didn't Know It," *Family Life* 1974.

지끼리 만나 관심사를 나누고 친목을 쌓는다. 이들이 만든 수공예품 카탈로 그에는 만든 사람의 주소(찾아가는 방법 포함)와 이름, 그의 장애, 팔려고 내놓은 상품 소개가 실려 있다. 여기에는 가죽 제품, 손바느질 제품, 비즈 공예, 인형, 새집, 흔들의자, 옷걸이, 장식용 접시가 포함된다. 자기 가게를 마련하여 자신이 만든 것을 직접 팔거나 시계, 책, 엽서 등을 팔기도 하고 다양한 종류의 수리점을 운영하기도 한다.

4. 민속과 공감 치유

아미쉬 사람들은 독일 전통과 북아메리카 농촌 문화에서 흔했던 민간요법을 계속 이용한다. 하지만 민간요법을 대하는 태도는 가문마다 각기 달랐다. 세월이 흐름에 따라 유럽의 오컬트적인 풍습들은 점차 사라졌지만, 북아메리카 전통의 민간요법들은 아미쉬 믿음 체계와 통합되었다.

그래서 민간요법에서는 건강을 회복하는 데 효과적이라며 가정에서 쓰던 전통적인 치료법들을 쉽게 찾아볼 수 있다. 공동체에서 존경받는 인물이 그 요법을 인정하면 그것은 계속 이어진다. 약초 우린 물, 연고, 고약, 강장제, 바르는 약, 찜질약에 대한 수많은 지식이 입에서 입으로 전해졌다. 여기에 더불어 농가 연감이나 아미쉬 주간지, '자연' 건강식품과 비타민 판매상의 카탈로그 같은 비교적 최근의 정보원에 의해 이런 지식들이 강화된다.

시간이 흐르면서 「버짓」에 광고되는 약품의 특허자 이름은 계속 바뀌어왔지만 그 광고에서 고쳐주겠다고 하는 병의 이름은 변함없다. 류머티즘이나 관절염 약이 제일 흔하고, 이 밖에 각종 표창장을 받았다는 비타민, 강장제, 변비를 고치는 쓴 술, 옴 약들도 실린다. 외부인에게서 받은 추천사는 아미쉬 사람들에게 즉각 수용된다. 한 아미쉬 여성은 아이의 심각한 위막성 후두염을 낫게 하는 데 다음과 같은 조합을 추천한다. "끓인 식초가 좋고, 증상이 심하다면 아이를 붙들어 그 증기를 많이 들이마시게 해야 합니다. 그러면 숨을 편하게 쉬게 되죠." 이 여성은 또 무언가에 감염되었을 때는 기름을 뽑고 난 아마 씨앗 찌꺼기에 우유를 섞어서 찜질하기를 권한다. 식물을 우려낸 물과 집에서 개발한 조제약도 좋은 치료제다. 한 의사는 이렇게 이야기한다. "이들은 온갖 종류의 증상에 별별 우린 물을 다 쓰지요. 하지만 제가 아는 한 해로운 영향이 없다면 그들을 말리지 않아요." 오랫동안 내려온 이런 처방은 한 가정에서 다른 가정으로 전해진다.

일부 아미쉬 사람들은 건강을 회복하기 위해 플로리다나 애리조나, 사우스다코타 주 같이 먼 지역의 온천이나 척추지압센터를 찾아가기도 한다. 최근에는 관절염 통증을 줄여준다는 이유로 몬태나 주의 오래된 우라늄 채굴장에 가는 사람도 있다. 사이비 시술자를 조사하던 주 정부의 한 조사관은 아미쉬 공동체와 꽤 떨어진 곳에 있는 시술소에서도 아미쉬 사람들을 많이 보았다고 증언했다.

아미쉬 사람들은 비타민, 자연 건강식품, 믹서기와 진동 마사지기를 많이 사용한다. 일부는 건강식품 가게를 세워서 새로 나온 상품을 직접 판매하기도 한다.

공감 치유

주술요법이라고도 불리는 공감 치유 역시 어느 정도의 역할을 담당하는데, 일부 아미쉬 사람들은 이 관습을 비난하기도 한다. 주술요법은 신앙요법의 토속적인 버전이다. 특정 단어와 주문, 부적, 물리적 교정 요법으로 사람이나 동물을 치료하는 것이다.[328] 주술요법을 가리키는 다른 말에는 '주문', '마술', '시도하기', '관행'(독일어 'Brauche'를 그대로 번역하면 이렇게 된다) 등도 있다. 주술요법은 아메리카 인디언의 민간 의술과는 직접적으로 연결되지 않으며, 라인란트나 스위스에서 건너온 사람들에게서 전해진 것이다. 이 관습이 아미쉬 사람들에게서만 독특하게 나타나는 것은 아니다. 한때 펜실베이니아 독일인 사이에서도 이런 치료술이 흔했다.[329]

---

328) 이 요법의 개념에 대한 심화된 논의는 다음을 보라. Don Yoder, "Folk Medicine," in *Folklore and Folklife*, ed. Richard M. Dorson (Chicago: University of Chicago Press, 1972), p. 191-215.

329) Thomas Brendle and Claude Unger, Folk Medicine of the Pennsylvania Germans, *Proceedings of the Pennsylvania German Society*, vol. 45(Norristown, Pa., 1935).

주술요법에서 사용되는 주문이나 처방전의 상당수는 1820년에 펜실베이니아 주 레딩에서 출간된 존 조지 호흐먼의 저서『오래 못 본 친구(Der Lang verborgene Schatz und Haus-Freund)』로 거슬러 올라간다. 이 모음집에 실린 주문 가운데 일부는 1280년에 독일 쾰른에서 사망한 알베르투스 마그누스로 다시 거슬러 올라가는데, 몇몇은 이보다 옛날 것임이 분명하다. 하지만 아미쉬 사람들은 이런 책에 대해 아는 바가 없고, 시술할 때 그것을 사용하지도 않는다. 많은 것을 구전 으로 전승하고 그에 크게 의존하는 아미쉬 사람들의 성향은 이런 시술요법에서 특히 잘 드러난다. 다음은 한 주술 요법에서 사용되었던 주문의 예다.[330] 화난 개를 만났을 때 물리지 않고 안전하게 도망치려면 다음 주문을 세 번 반복한다.

개야, 네 코를 땅에 박아라.
신은 너와 나를 사냥꾼으로 만드셨다.

벌레에 물린 사람을 치료하려면, 환자의 주위를 세 번 돌면서 다음 주문을 속삭인다.

너는 다 크지 않은 어린 벌레야.
내 골수와 뼈에 병을 옮겼어.
너는 흰색이거나 검은색, 붉은색이겠지.
10분만 있으면 너는 죽을 거야.

19세기 초반에 활동하던 아미쉬 치료사 가운데 오하이오 주 월넛 크리크에 사는 솔로몬 호흐스테틀러(1785년 출생)가 있었다.[331] 그는 생계를 위해 죔쇠와 나사송곳 만드는 기술을 배웠다. 호흐스테틀러는 그 일을 하는 한편, 주술 요법에 '자석 치유법'을 결합해서 암이나 백선(곰팡이에 감염되어 생기는 피부 질

---

330) 두 가지 주문 모두 펜실베이니아 독일인 협회에서 발행되는 계간지「*Der Reggeboge*」13호(1979)에 실려 있다. 아미쉬 사람들 사이에 전해지는 판본은 여러 가지다.

331) Harvey Hostetler, *The Descendants of Jacob Hochstetler* (Elgin, Ill.: Brethren Publishing House, 1912), p. 272.

환-역주), 피부병, 기타 질병을 치료했다. 그는 오른손 집게손가락에 침을 발라 환자의 아픈 부위에 문질렀다. 그리고 손가락을 뗄 때마다 '위대한 힘'을 담은 숨을 훅 불어넣고, 마법서에 나오는 마법의 단어들을 중얼거렸다. 이 처치가 끝나면 그의 오른팔 근육이 줄어들어 약해진 것처럼 보인다. 치료를 하면 몸에서 원기가 빠져나가기 때문이었다. 그러나 그는 자기 공동체에서 모호한 위치였다. 치유사이지만 동시에 알코올 중독자인 데다 조카를 살해했다는 의심을 50년 넘게 받고 있었기 때문이다. 나중에 진짜 살해범이 자수하자, 호흐스테틀러는 73세의 나이에 비로소 아미쉬 교회에서 세례를 받았다. 오늘날 아미쉬 사회에서는 대부분 주술 요법사가 여러 가지 이유로 주변적인 위치로 밀려나고 있다.

전형적인 예는 아닐 수 있지만, 오늘날의 한 아미쉬 치유사 엘럼 랩(가명이다)의 사례를 보자.[332] 그는 은퇴한 농부로, 아들이 농장을 운영한다. 랩은 자기가 사는 '할아버지 집'에 치료실과 20명을 수용하는 대기실을 만들었다. 일주일에 3일, 9시부터 5시까지 환자를 돌본다. 멀리 사는 몇몇은 사전에 약속을 하고 오기도 하지만, 그러지 않는 사람들도 있다. 하루에 찾아오는 환자는 30명에서 50명 정도이고, 지역 사람들은 말이나 마차를 타고 온다. 환자들은 한 달 동안 입원해서 치료받으려고 11개 주에서 찾아오기도 한다.

랩의 시술이 주술 요법에 뿌리를 둔 것으로 보이긴 하지만, 랩은 여기에 대해 이야기하는 것을 꺼린다. 시술은 주술 요법에서 척추지압법으로 옮겼고, 그 후 '신경'요법으로 바꾸었으며, 지금은 이 세 가지 요소를 통합해서 쓰고 있다. 랩은 이렇게 설명한다. "어떤 사람의 신경이 아프면 나는 그걸 느낄 수 있어요. 신경을 다쳤을 때에는 내 손에 전기가 느껴지니까요. 반대로 다치지 않았다면 전기를 못 느껴요. 나는 신경을 따라가면서 문제가 있는 지점에 다다르고, 거기에 시술을 하죠."

선천성 질환으로 불구인 사람이나 류머티즘, 요통, 두통, 중풍이 있는 사람, 발이 찬 사람, 몸에 부기가 있는 사람, 그리고 자기 증상을 명확하게 설명

---

332) Levi Miller, "The Role of a *Braucher*-Chiropractor in an Amish Community," *Mennonite Quarterly Review* 55(April 1981): p. 157-71.

할 수 없는 사람들이 랩의 대기실을 찾는다. 그가 어디가 아프지 않느냐고 병세를 이야기하면 환자들은 곧 수긍한다. 그러면 랩의 손에서 '전기'가 흘러나와 신경을 다친 곳에 머무르고, 주변 부위는 지압으로 풀어준다.

랩은 시술에 대한 자신의 지식을 은퇴한 척추 지압사를 포함한 수많은 사람에게서 얻어들었다고 말한다. 다른 마을에 들렀을 때 우연히 만난 척추 지압사에게서 직접 치료를 받으며 배웠다는 것이다. 또 낮에는 농사를 짓고 저녁에는 환자를 보는 나이 많은 아미쉬 치료사들에게서도 많은 것을 습득했다. 랩은 자신이 시험을 통과하고 척추 지압사 자격증을 딸 수 있으리라고 생각하지만, 그렇게 되면 치료비를 받고 사업을 운영해야 하는데 둘 다 그가 원하지 않는 것들이다. 그는 그저 사람들을 돕고 싶을 뿐이라고 말한다. 돈은 한 푼도 받지 않는데, 몰래 탁자 위에 몇 달러를 두고 가는 사람들도 있다. 다른 민간 치유사들도 마찬가지지만 거스름돈을 주지는 않았다. 이렇듯 기부금은 받으면서도 치료비는 규정해놓지 않은 것은 돈을 받고 불법 의료 행위에 손님을 끌어들였다는 혐의에서 벗어나기 위한 것이다.

많은 사람이 랩에게서 받은 치료가 도움이 되었다고 증언한다. 랩의 집중력과 자신감 덕분에 그의 시술을 신뢰하게 된 새로운 환자들이 열의와 희망을 품고 끊임없이 찾아온다. 환자들은 그의 시술소를 방문하면서 희망을 찾게 되어 마치 랩에게 치료받으러 가는 일이 희망을 키우는 일종의 연습이 된다. 몸이 아픈 아미쉬 사람들은 대개 하루 일을 쉬는데, 운전사가 딸린 자동차를 빌려 타고 진료소에 오는 사람도 있다. 주로 마차를 타고 다니는 사람들에게는 기분 전환이 될 수 있다. 한두 사람이 환자와 같이 따라나서기도 한다. 대기실에서는 친척이나 지인들이 전에 자신은 어떻게 병이 나았는지를 이야기한다. 이렇게 병에 걸렸다가 나은 이야기를 들으면, 완벽하게 낫지는 않더라도 병을 다스릴 수 있다는 자신을 얻게 된다.

아미쉬 공감 치유자에는 두 유형이 있다. 하나는 시술소를 차린 시술자 유형으로, '의사' 역할을 한다. 다른 하나는 현자, 또는 할머니 유형으로, 다른 것에 모두 실패하고 주술 치료를 한다. 후자의 유형은 치료해주고 그 대가를 받지 않는다. 시술자가 주문을 외울 때 꼭 환자가 있어야 하는 것은 아니지만,

환자는 자신이 나을 것이라고 믿어야 한다. 시술 방법을 익히고자 하는 사람은 반드시 이성(異性)의 나이 든 시술자에게서 배워야 하며, 처방법은 비밀에 부치기로 약속해야 한다. 시술(Brauche)의 가장 큰 특색은 알맞은 시점에 소리 내지 않고 적절한 주문을 외는 것이다. 몇몇 주문은 질병을 향해 환자의 몸에서 나가라고 직접 명령하는 내용이다. 이런 시술자('Brauch-Doktor')가 치료하는 흔한 질병은 야뇨증, 단독(피부의 상처를 통한 연쇄상구균 감염으로 생기는 피부병-역주), 향수병, 간비대증, 쇠약증 등이다. 기생충, 출혈, 화상, 사마귀, 치통, 복통을 치료하는 주문도 있다.

원인을 알 수 없이 일어나는 간비대증은 과거에 아미쉬 신생아에게서 흔히 나타났다. 이 병명에 해당하는 방언(ah-gewachse)은 '완고한', '함께 자라는'이라는 의미다. 간비대증은 음식이나 물리적 보살핌의 방법으로는 낫지 않는다. 이 병이 있는 아이들은 계속 울면서 불편을 호소한다. 사람들은 급작스럽게 바깥 공기에 노출되거나 마차에서 너무 심하게 흔들리는 것이 병의 원인이라고 여긴다. 이 병을 진단하려면 아이에게 탁자에 등을 대고 바르게 누워서 왼쪽 팔을 오른쪽 다리에 대보라고 한다. 이 동작을 쉽게 할 수 없다면 간비대증인 것이다. 펜실베이니아 독일인 사이에서는 흔한 증상이지만, 현대 의학 문헌에는 여기에 해당하는 병이 기술되어 있지 않다.

오늘날 아미쉬 젊은이들은 이 주술 요법에 대해 잘 모르고, 대부분은 그것이 여전히 존재한다는 것을 부인한다. 이 치료법 일부는 영적인 성격이 있고 악마를 의인화하기도 한다. 그래서 1961년에 아미쉬 사람들 사이에서 이것이 논란거리가 되었다.[333] 몇몇 치료 과정에서 시술자는 질병이 자신에게 옮겨 온다고 믿기도 했다. 그래서 처치가 끝나면 치유자는 휴식하면서 환자에게서 가져온 '독소'를 떨쳐내고 회복해야 한다고 여긴다. 치료 행위를 마친 후에 길게 트림하는 치유자도 있다.

아미쉬 공동체에는 이런 민간 치유자에게 단골로 드나들거나 '영적인 의사'를 만나고자 멀리서부터 찾아오는 이들을 보고 당혹해하는 사람도 있다.

---

333) 논란 과정에서 등장한 다양한 견해들은 1961년 *Budget*, 9~11월호를 보라.

이 주술 요법이 흑마술, 마법을 사용한다는 이유로 예전부터 아미쉬 공동체에서는 의견이 분분했다. 펜실베이니아 주 체스터 카운티(맬번 근처)의 한 초기 아미쉬 공동체는 마법의 영향을 받고 싶지 않은 사람들이 다른 지역으로 이주하면서 공동체가 황폐화되기도 했다.

유럽의 마법

아미쉬 공동체의 공감 치유는 유럽, 특히 알자스 지방에 뿌리를 둔다. 현대에 들어 프랑스 학자 장 세기의 방대한 연구 결과 이 주제에 대해 새로운 지식들이 쌓였다.[334] 과거 스위스와 오스트리아의 재세례파는 의학을 전문 지식으로 여겼다. 18세기 인구조사 자료에서는 를 보면 여러 명의 재세례파 의사 이름을 볼 수 있다. 울리히 노이하우저, 크리스트 움멜, 야코프와 니콜라스 아우크스부르거 형제, 피에르 그라버가 그들이다. 노이하우저는 의료 행위 때문에 권력자들에게 비난을 받았고, 왕자는 그에게 "자신의 교파에 속하는 사람에게만 외과 시술을 하도록" 명령했다.[335] 몽벨리아르에 살던 야코프 아우크스부르거와 셀레스 그라버, 페테르 그라버는 소속 교구의 보건 관리였다. 살름에서 형 니콜라스 아우크스부르거는 사람뿐만 아니라 동물도 치료했다.

공공 기록에 따르면 재세례파의 '미덕' 가운데 하나는 가축을 치료하고 전염병에서 보호했다는 점이다. 또한, 무티에-그란드발의 한 재세례파를 돌팔이 의사라고 기록했는데, 그는 "인적이 드문 곳에서 살며" 집에는 "언제나 그와 상담하려는 사람들로 새벽부터 온종일 북적였다."[336] 그 지역의 약초를 활용했고, 환자의 소변 샘플로 병을 진단하기도 했다. 이 지역의 식물학자들은 재세례파들이 의학서, 특히 약용 식물에 대한 책을 가지고 있다는 것을 알게 되었다. 의료나 치유 방법은 특정 가문에서 전통으로 내려오는 듯하다. 클로펜슈타인의 연감을 보면 삔 발목 치료법, 소의 배가 부풀어 올랐을 때의 대처

---

334) Jean Séguy, *Les Assemblées anabaptistes-mennonites de France* (The Hague: Mouton, 1978), p. 509-14. 다음 글은 이 내용의 영어 번역본이다. "Religion and Agricultural Success."

335) Jean Séguy, "Religion and Agricultural Success," p. 209.

336) 같은 책, p. 210.

법, 사마귀를 없애는 법 등 많은 위생학, 의학, 수의학적 처방 내용이 실려 있다. 18세기에는 대부분의 치료법이 재세례파에서만 사용되는 약초 처방이나 전승은 아니었지만, 19세기에 들어서는 서민들이 메노나이트 출신 치료사들의 단골이 되기 시작했고 메노나이트 치료사들은 마법을 사용하기 시작했다.

기록에 따르면 재세례파 치료사들이 삔 발목을 고치는 모습은 다음과 같았다고 한다. "밤 11시와 12시 사이에 환자의 침대로 가서 책을 펴고 비밀스러운 주문을 외운다. 동시에 팔을 쭉 내밀어 손가락 끝으로 다친 발을 조금씩 매만지며 성호를 긋는다."[337] 이어서 이 치료사는 무덤가에 불을 피우고 깊게 가라앉은 목소리로 30분가량 주문서를 계속 읽는다. 두 번째 행위가 끝나기 전에는 새 치료를 시작하지 않는다. 이 치료사는 약을 채워 넣은 작은 주머니를 말의 목에 둘러서 병든 말을 치료하기도 했다. 그 내용물이 궁금했던 말 주인이 나중에 주머니를 뜯어보니 귀리와 톱밥이 섞여 있었다고 한다.

재세례파들을 '지독한 방랑자들'이라고 불렀던 벨포트의 한 관리는 1850년에 이런 기록을 남겼다. 이들은 "법이 미치지 않는 곳에 살며 사회에서 환대받지 못하는 자들로, 삶의 주변에서 신비로운 것을 찾는다. 재세례파들은 미신에 강하게 사로잡혀서 거의 모든 가문이 비밀을 안고 있으며, 불법 의료행위를 한다. 특히 동물들을 잘 고치고, 약초나 가루약, 신의 도움을 구하는 주문이 효력이 있다고 여긴다."[338]

재세례파들은 왜, 그리고 어떻게 마법을 통한 치유법을 손에 넣게 되었을까? 이러한 용법의 전환에 대해 장 세기는 이렇게 설명한다.[339] 주변 사람들의 눈에 재세례파는 인종, 언어, 종교, 복장에서 특이한 사람들로 보였다. 그리고 사람들이 모이는 중앙부가 아니라 변두리 지역에 살았다. 또한, 사회의 종교 규율과 관습을 공공연하게 어겨 많은 사람이 이들을 수상쩍게 여겼지만, 이웃들은 이들이 좋은 영향도 준다는 점을 알아챘다. 토착민 상당수는 재세례파 사람들에게 특수한 힘이 있다고 생각하기 시작했다. 재세례파들은 다

---

337) 같은 책.
338) 같은 책, p. 214.
339) 같은 책, p. 214-17.

른 사람들이 살기 힘든 곳에서 작물을 재배하고 가축을 키웠다. 비록 이런 생활이 그들의 종교적인 믿음과 일치하지는 않았지만, 그런 대중의 믿음이 워낙 널리 퍼졌기에 마법의 힘이 있는 사람들이라는 이미지를 수용할 수밖에 없었다. 그러나 이들은 그런 평판에 저항할 수도 있었다. 1850년 이전에는 그들이 마법을 사용한다는 증거가 별로 없었기 때문이다. 어쩌면 이런 마법 이야기는 외진 곳에 사는 시골 사람들 사이에서 돌 법한 그런 소문일지도 모른다. 사회의 국외자들이 재세례파를 특별한 힘과 종교적 비밀을 안고 있는 존재들로 보기 시작하면서 아미쉬 사람들은 자신들에 대한 그러한 소문을 받아들였다. 사회와 동떨어지고 분리되어 주변부에 처했던 그들의 상황은 그들 스스로 자신들을 특별한 사람으로 보게 했다. 그들은 유서 깊은 신앙을 굳건히 지키면서 사회가 자신들에게 강제하는 역할을 결코 받아들이지 않았다. 하지만 19세기, 더 정확하게는 마법 치유가 절정에 이르렀던 1830년에서 1850년 무렵, 아미쉬 사람들은 알자스를 떠나 미국으로 이주했다. 그러한 치유 관습은 모든 아미쉬 가정과 신도에게 영향을 주지는 않았지만, 적어도 20세기 초반에 알자스의 한 신도는 주교가 마술적 치유 관습을 그만두라고 요청했을 때 동의하지 않았다.

고인 물 같이 정체되어 외부 일에 다소 냉담한 아미쉬 공동체의 특성이 아미쉬 사람들로 하여금 마술적인 사고를 받아들이기 쉽게 했을지도 모른다. 아미쉬 사람들이 읽고 있었던 몇몇 책은 실제로 그런 영향을 미쳤다. 프랑스와 스위스에 살던 아미쉬 사람들이 널리 읽었던 책 가운데 『방황하는 영혼(The Wandering Soul)』[340]이 있었는데, 장 세기에 따르면 이 책에는 아미쉬 사람들이 역사의 일부로 여기는 기적과 우화들이 실려 있다. 여기에 실린 최후의 베른 출신 순교자 한스 하슬리바허의 기적 같은 이야기는 익숙한 주제다(『순교자의 귀감』[341]과 『표본』에도 32연짜리 발라드로 자세히 실렸다). 한 죄수가 쓴 이 발라드의 내용은 다음과 같다. 개혁파 목사가 하슬리바허를 개종시키려고 했지

---

340) 다음 글에는 이 책에 대한 설명이 실렸다. Irvin B. Horst, "The Wandering Soul: A Remarkable Book of Devotion," *Mennonite Historical Bulletin* 18(October 1957).

341) Thieleman J. van Bragt, *The Bloody Theatre*; 또는 *Martyrs Mirror* (Scottdale, Pa.: Mennonite Publishing House, 1951), p. 1128. *Ausbund*의 미국판(no. 140) 역시 이 발라드를 싣고 있다.

만 하슬리바허는 꿈에서 자신의 처형을 암시하는 다음과 같은 상징 세 개를 보았다고 말한다. 그의 잘린 목이 모자 안으로 뛰어 들어가더니 웃음을 터뜨렸으며, 태양이 핏빛으로 바뀌었고, 그의 마을 샘물도 피로 붉게 물들었다. 이 발라드는 세 가지가 모두 실현되리라고 말한다. 스위스와 알자스 재세례파들은 하슬리바허의 마을을 종종 방문했으며, 미국에 이주하기 전까지도 마을의 물을 자주 마셨다. 미국의 아미쉬 사람들은 지금도 『니코데무스의 복음(The Gospel of Nicodemus)』, 『열두 족장의 유언서(Testament of the Twelve Patriarchs)』같은 『외경』을 즐겨 읽는다.

아미쉬 사람들이 마술을 어떤 방식으로 실천했는지는 쉽게 설명되지 않는다. 하지만 설득력 높은 제안에 따르면, 의학에서 마술로의 전환은 앞에서 이야기했듯이 사회의 국외자들이 재세례파들을 특별한 힘을 지닌 존재로 생각했다는 사실과 관련된다. 재세례파들은 스스로 이 관점을 명백히 받아들였는데, 그들도 스스로 숱하게 기적이 일어난 역사를 살아온 세상의 국외자라고 여겼기 때문이다.

16장
아미쉬 생활의 속사정

어떤 문화의 '무대 뒤'에는 일반인들의 눈에 감춰진 것들이 존재한다. 실수며 죄악, 일부러 또는 구조적으로 대중에게 감춰진 가지각색의 행동들이다. 모든 문화에는 파멸적인 최후로 이끄는 몇몇 길이 있다. 미국 문화를 전반적으로 살펴보면 병적으로 보일만큼 세세하게 구별하는 용어가 등장하고 있는데, 이의 마지막 종착역은 다른 모든 문화가 잘못되었을 때 도달하는 최후와 같다.[342] 아미쉬 공동체에서 문화적 죄악, 사악함에 해당하는 것은 무엇일까? 이 장에서는 아미쉬 공동체에서 재발되는 병에 대해 알아본다. 그중 일부는 구조적인 것이고, 또 무의식적인 것이기도 하다. 아미쉬 사람들이 미국의 다른 문화적 집단과 비교했을 때 유독 더 병들었다고 주장하려는 것이 아니라, 이들이 너무나 많은 비극을 겪었음을 강조하려는 것이다.

이런 분석을 할 때는 실재의 두 수준을 구별해야 한다. 아미쉬 사회의 수준과 더 넓은 사회의 수준이다. 따라서 몇몇 질문에 답해야 한다. 아미쉬 사회는 구성원들에게 무엇을 보지 못하게 막는가? 더 넓은 사회에 대해 무엇을 감추고 있는가? 아미쉬 사람들이 두 가지 행동 기준을 따른다면, 그에 따라 발생하는 모순은 어떻게 해소되는가?

1. 관대함에 대한 환상과 경직성

많은 사람이 아미쉬 사람들은 온화하고 사려 깊다고 평한다. 사실 외부인

---

342) Jules Henry, *Culture against Man* (New York: Random House, 1963), p. 322.

들은 아미쉬 사람들을 '관대한 사람들'이라고 표현하곤 했다.[343] 아미쉬 구파와 메노나이트 구파 농장을 찾아다니던 종교 탐구자들은 아미쉬 농장의 개들이 메노나이트 농장의 개들보다 붙임성이 좋다는 사실을 발견하기도 했다. 아미쉬 사람들의 관습이 완고하다는 점을 생각해보면, 이런 관대한 기질은 어떻게 설명해야 할까? 고상한 기질은 아미쉬 문화에서 비롯한 것일까, 아니면 단지 외부인들이 아미쉬 사람들에 대해 품은 이상적인 환상에서 비롯한 것일까?

아미쉬 사람들은 그들의 전통이 확고한 만큼 다른 분파의 사람들보다 자신들의 행보에 대해 덜 방어적이고, 외부인에 대해 판단하는 일도 훨씬 적다. 그들의 공식적인 가르침["비판을 받지 아니하려거든 비판하지 말라"(마태복음 7장 1절)]이 이런 생활 방식을 뒷받침한다. 가정과 공동체에서 겸손과 협동을 강조하기 때문이기도 하다.

그러나 이런 관대함은 아미쉬 사람들의 역사와 일치하지 않는다. 야코프 암만의 개혁은 관대함과는 거리가 있었다. 암만은 화려한 옷을 금하고 몸치장을 간소하게 하라고 주장하기도 했지만, 동시에 사회적 기피 교의를 가르쳤고 동료 목사들에게 그 관습을 강제했다. 또 그의 신도들에게 호의를 보이는 외부인들을 가리켜 그들은 결국 침입자이며 '뭔가 다른 방식으로 양의 우리에 들어오려 할 것'이라고 했다. 이뿐만 아니라 "그리스도의 신부인 사람들만이 있을 뿐이다."[344]라고 말하기도 했다. 그는 자신의 완고한 견해를 수용하지 않는 사람들과 친교를 끊고 그들을 거짓말쟁이, 불경스러운 자들이라고 불렀다. 이러한 타협하지 않는 강고함은 당시 사회 환경의 맥락 안에서 계속되었고, 아미쉬 사람들은 내부인 대 외부인, 수용 대 추방, 분리 대 수용, 친절함 대 엄격함이라는 양극단 사이에서 긴장 상태에 놓였다. 이성적이고 영적인 투쟁은 스스로를 향상시키고자 하며, '타락한 교회'의 구덩이에서 벗어나 '신성한 나라'와 '선택된 사람들', '흠결 없는' 교회와 '그리스도의 신부'를 향해

---

343) James M. Warner and Donald M. Denlinger, *The Gentle People: A Portrait of the Amish* (New York: Grossman Publishers, 1969).

344) Jacob Ammann letter (1963); 다음을 보라. John B. Mast, ed. *The Letters of the Amish Division* (Oregon City, Oreg.: C. J. Schlabach, 1950), p. 35.

나아갈 것이었다. 이러한 비유는 한 개인의 올바른 태도를 상징했다. 인간사에 대해 적절히 체념하고 권력을 누리려 하지 않으며, 공격받아도 저항하지 않고, 자제한다. 또 인간사에 참여할 때는 신중하고, 아미쉬 사회 밖의 삶에서 자신을 분리해야 한다. 아미쉬 교회의 예배에서 사용되는 언어는 여전히 외부인에게 이해할 수 없는 수수께끼다.

아미쉬 사람들은 복장을 통해 보여주려는 바와 똑같이 행동에 관한 이데올로기에서도 검소함을 표현하려 한다. 이들은 말로 쟁기질을 하는 농장 일과 육체노동을 이상적으로 여긴다. 도시에 나가 일하는 것은 허락되지 않으며, 젊은이들도 긴급한 상황이 아니면 바깥세계 사람들의 일을 해주어서도 안 된다. 악기, 영리를 추구하는 상업 보험, 생명 보험, 일요일에 물건을 사고파는 일 역시 허락되지 않는다. 가정에 전기를 끌어다 써서는 안 된다. 당연히 라디오, 텔레비전은 이용할 수 없다. 바깥세계 사람들과의 인간관계는 지나치게 친밀해서는 안 된다.

이러한 독특한 관습들은 아미쉬의 기본적인 비유에 토대를 둔다. 공동체의 '내면'을 그리스도와 연관 짓는 '신부'의 비유가 특히 그렇다. 아미쉬 사람들은 여러 세기 동안 그러한 구분들을 지켜왔으며, 그것을 후손들에게 물려주겠다는 의지도 강했다. 게다가 박해와 모독은 집단 내부를 더욱 강하게 단련시키는 요인이 되었다. 그렇다면 아미쉬 사회의 이러한 문화적 규제와 명백한 관대함은 서로 어떤 관계일까?

아미쉬 사람들이 문화적 속박에서 짧게나마 벗어나는 순간은 외부인과 만날 때다. 아미쉬 사람들이 외부인들과 어울릴 때, 방문객이나 골동품 수집자, 이웃, 상인, 가게 주인, 경매인과 대화할 때가 바로 그런 기회다. 아미쉬 사람들은 이야기하기를 좋아하는 편이며, 멀리서 손님이 오는 일은 꽤 드물기 때문에 아미쉬 사람에게 이런 경험은 매우 특별하다. 이런 조우를 통해 아미쉬 사람들은 바깥세상의 인간사에 대해 통찰을 얻고, 그 결과 자신들의 공동체에 대해 더욱 자신감을 느낀다. 가끔 그들의 문화적 구속에서 풀려날 때 아미쉬 사람들은 외부인들의 눈에 행복하고, 자신감이 있고, 아량이 넘치며, 평화로워 보인다.

세례를 받는 종교 집단 내부의 완고함은 특정한 종류의 사회악을 낳을 수 있다. 타인에 대한 배척, 가문과 교파 간의 질시, 그리고 이러한 상황이 낳는 나쁜 결과들이다. 이에 대한 극단적인 조치는 교파에서 축출하는 것이다. 어떤 것이 계율에서 벗어나는지를 확실하게 정의하면 대개 이런 일에 대처하는 데 큰 문제는 없다. 예컨대 누군가가 도덕적인 문제를 일으켰을 경우 사람들이 그를 고발하면, 고발당한 자는 자신의 죄가 심각하다는 점을 수긍한다. 하지만 어떤 상황에서는 그런 자를 파문하는 것이 '괴로운' 일이 될 수 있다. 또 고발당한 사람이 자신은 누군가의 악의와 불공평한 고발로 희생양이 되었으며, 평결도 자의적으로 행해졌다고 여길 수 있다. 하지만 이런 상황에 처한 사람은 의지할 데나 호소할 데도 없고, 대안도 없다. 오직 교회만이 "땅에서 무엇이든지 매면 하늘에서도 매일 것이요 네가 땅에서 무엇이든지 풀면 하늘에서도 풀리"게 하는(마태복음 16장 19절) 힘이 있기 때문이다. 아미쉬의 관습을 지키는 과정에서 파문된 사람은 설령 자기가 아무 잘못도 하지 않았다고 해도 오로지 그 결정에 따라야만 한다. 그가 교회의 결정에 대항해 정의를 찾거나 논리로 따지려고 든다면, 사람들은 확실히 그를 기피할 것이다. 이런 극단적인 조치가 내려지는 것은 '그리스도의 신부'인 교회-공동체는 오만이나 불화를 허락하지 않기 때문이다.

이와 관련한 사례로는 1947년에 오하이오 주 웨인 카운티의 앤드루 요더(Andrew Yoder)가 아미쉬 성직자 4명에게 각각 1만 달러를 배상하라며 소송을 걸어 앙갚음하려 한 일이 유명하다.[345] 요더는 자동차가 허용되는 아미쉬의 다른 교파 사람들과 어울렸다가 파문되고 기피당했다. 그는 병원 치료가 필요한 딸을 의사에게 데려가기 위해 자동차가 필요하다고 자기 교회에 말했다. 그런데 그 후 교회에 출석할 때도 자동차를 이용하기 시작했다. 요더가 파문당한 것은 이 때문이었다. 요더는 사람들에게 기피당한 결과 경제적으로 쪼들리게 되었다. 이에 요더가 소송으로 열린 재판에서 판사는 원고가 피해 보상액으로 5,000달러를 받아야 하며, 피고가 돈을 내지 않으면 보안관이 아

---

345) John H. Yoder, "Caesar and the Meidung," *Mennonite Quarterly Review* 23 (January 1949): p. 76-98.

미쉬 주교 존 헬무스의 농장을 매각할 것이라고 판결했다. 이런 판례는 드물지만 가끔 발생했다.[346] 일부 개인이나 가정에서 이런 판결을 부러워하기도 하지만, 아미쉬 사람들은 보통 이를 가리켜 원한이 꽉 무는 '진드기[mite, 기피 풍습인 '마이둥(meidung)'을 비꼬는 투로 짧게 줄인 'meide'와 발음이 유사하다]'로 바뀌었다며 일간지 제목에서나 볼 수 있는 말장난을 하기도 했다.

이보다 극적인 요소는 덜해도 기피 풍습이 개인이나 가족 구성원들에게 끼치는 스트레스와 악영향은 꽤 심각하다. 한 가정의 아버지는(익명으로 헨리 스톨츠퍼스라고 부르겠다) 47세의 나이에 진보적인 성향 때문에 교회에서 파문당했다. 진취적인 농부였던 그는 축사와 물레방아를 만들고, 젖소와 다른 가축들을 기르고, 말을 매매했다. 스톨츠퍼스는 그가 속한 공동체에서 비난의 대상이 되었는데, 몇몇 이웃은 사실 그를 부러워하는 마음도 있었다. 스톨츠퍼스와 그의 가족은 의복이나 차림새 같은 다른 부분에서는 아미쉬 규칙을 잘 지켰다. 어쨌든 여러 차례 고발당해 매번 교구 성직자들의 방문 조사를 거친 끝에, 스톨츠퍼스는 잘못을 시인하지 않았다는 이유로 파문당했다. 그의 아내는 수동적이고 고분고분한 사람이었지만, 남편과 같이 파문당할 것을 청했다. 스톨츠퍼스의 죄목에는 다양한 형태로 농장을 경영하는 과정에서 보인 오만함뿐만 아니라 공금 횡령까지 있었다.

그로부터 3년이 지났지만 이 사건의 당사자들은 합의하지 못했다. 스톨츠퍼스 부부는 아미쉬의 다른 교파로 옮겨 자유를 되찾을 마음이 없어 보였다. 합의하지 못한다면 이 부부는 '교회 문제에서 벗어나기 위해' 펜실베이니아 주에 있는 농장을 팔고 아이오와 주로 이주할 수밖에 없었다. 그들은 결국 그렇게 했고, 아이오와 주에 도착하자 그 지역의 아미쉬 교회에 들어갔다. 전에 다니던 교회의 소개장이 없었기 때문에 이들은 신앙 고백을 통해 구성원이 될 수 있었다. 그 사실을 알게 된 펜실베이니아 주의 아미쉬 주교는 아이오와 주 주교에게 편지를 써서 이 부부의 구성원 자격을 당장 박탈해 펜실베이니아 주

---

346) 같은 글, p. 78. 이 사건을 역시 사람들에게 널리 알려진 Robert Bear의 판례와 혼동하지 말라. Bear는 개혁파 메노나이트 교회 출신이었으며, 법원은 그에 대한 기피를 철회하라고 교회에 명령했다. 그가 쓴 다음 책을 참고하라. *Delivered unto Satan* (Carlisle, Pa., 자비 출판, 1974).
한편, 공감 능력이 뛰어난 작가이자 *Rosanna of the Amish*의 저자이기도 한 Joseph W. Yoder는 아미쉬 교회의 기피 관습과 다른 전통을 통렬하게 비난하는 글을 쓰기도 했다. 다음을 보라. *Amish Traditions* (Huntington, Pa.: Yoder Publishing Co., 1950).

교구의 기피 정책을 존중하는 모습을 보여줄 것을 요청했다. 그리고 그러지 않는다면 아이오와 주 교회와의 친교를 완전히 끊겠다고 했다. 이런 반대에 어떻게 대응해야 할지 몰라 당황했던 아이오와 주의 아미쉬 주교는 얼마 지나지 않아 펜실베이니아 주 주교의 최후통첩에 따라 이 부부를 내쫓고, 펜실베이니아 주 교회와 먼저 합의한 후에 오라고 충고했다. 이에 스톨츠퍼스 부부가 네 번이나 펜실베이니아 주 교회를 찾아가 잘 이야기했지만 만족스럽게 화해하지 못했다. 이렇게 해서 어느 교회에도 소속되지 않은 채로 7년이나 지나고 나서야 이 부부는 한 메노나이트 교파에 들어갔다. 자녀들이 먼저 그 교파에 들어간 후 그곳의 주교가 부부에게도 들어오라고 권유한 결과였다.

자녀들이 성장함에 따라 이 문제가 좀 심각해졌다. 자녀 7명 가운데 3명이 아미쉬 교회에서 세례를 받았다. 그 가운데 1명만이 아미쉬 구파에 남았다. 나머지는 모두 메노나이트 교파로 옮겼고, 몇몇은 프로테스탄트 교회에 다니기도 했다. 이 부부의 자녀와 손자손녀들은 미국 전역에 흩어졌다. 그러는 동안 아미쉬 신앙에 충실한 이 부부의 친구, 친척들은 40년 이상 이들을 기피했다.

과연 헨리 스톨츠퍼스가 이런 기피 처분을 받을 만한 죄를 저질렀는가? 어느 하나 큰 죄를 저질렀다기보다는 그를 고발한 사람들과 성직자들에게 맞섰다가 미운털이 박힌 탓이 컸다. 지위가 회복되기를 원하는 다른 구성원들이라면 절대 하지 않을 일이었다. 앞에서 보았지만, 화해하는 데 논리나 정당화, 논증은 도움이 되지 않았다. 무조건 순종적인 태도를 보여야 했던 것이다.

부부 중 한 명이 파문당하면 그 배우자는 기피하는 쪽에서 예외가 되지 않는데, 이는 가정의 평화를 위협하는 일이었다. 대개는 고발당한 사람의 배우자도 자신을 파문해달라고 요구해 부부 간에 서로 기피하는 일을 막는다. 식사뿐만 아니라 잠자리에서도 기피해야 했기 때문이다. 한 아내는 파문당한 남편과 13년 동안 생활하면서 아이 4명을 낳았다. 출산할 때마다 아내는 고해성사를 해야 했다. 넷째가 태어난 후, 이 아내는 '더는 죄를 고해하지 않겠다'고 선언하고 남편이 속한 교파로 옮겼다.

대규모 아미쉬 정착지에서는 누가 파문당했는지 서로 모르는 문제점이 발생한다. 이때 파문당한 사실을 알고 있는데도 그 구성원과 식사를 같이했다면 자칫 자신도 기피될 수 있다. 하지만 모르고 파문자와 같이 식사했어도 다른 사람이 그 모습을 보면 반드시 주교에게 보고된다. 파문당한 친척이 방문하면 어색한 상황이 벌어진다. 파문당한 사람이 대가족이 모이는 자리에 꼭 참석해야만 하는 경우라면, 식탁을 따로 차려서 문제를 해결한다. 야외에서 모이거나 소풍을 간 경우라면 이 문제는 덜 심각하다. 세례를 받지 않은 아이들이나 비아미쉬인들과 같은 식탁에 배정하면 되기 때문이다. 파문된 친구를 기피하는 데 주춤하면서도 기피 절차를 따르긴 해야 한다고 느끼는 사람들은 기피하는 시늉만 내기도 한다. 별도의 두 식탁을 준비해야 했던 한 아미쉬 어머니는 식탁 두 개를 겨우 몇 인치 정도만 떼어놓고 그 위에 큰 식탁보를 덮었다. 식탁마다 긴 의자는 따로 놓였다. 식탁 하나에는 파문된 사람과 아이들이, 다른 식탁에는 나머지 사람들이 앉았다. 지금 무슨 일이 일어나고 있는지 아는 사람은 어른들뿐이었다.

게다가 파문된 사람이 제공한 호의나 서비스를 받지 말라는 규칙은 오늘날 복잡한 상황을 일으킨다. 어색하고 당혹스러우며 때로는 성가신 일이 생길 수 있다. 파문된 한 사람이 자동차를 몰고 마을의 번화가를 지나다가 친척인 아미쉬 젊은이를 보고 차를 세웠다. 젊은이를 차에 태우고 길을 따라 달리면서 둘 사이에는 이런 대화가 오갔다.

"당신이 헨리 주크인가요?"
운전하는 사람이 대답했다. "그래요."
그러자 차를 얻어 탄 젊은이가 말했다. "음, 내가 꼭 당신 차를 얻어 타고 싶은 건 아니에요."
"나도 당신이 그럴 거라고 생각해요." 운전하는 사람의 대답이었다.

그럼에도, 자동차를 몰던 사람은 그 '내키지 않는' 승객을 원하는 목적지까지 태워다 주었다.

파문된 사람 가운데 일부는 이런 까다로운 사회적 상황에 아미쉬 친척들을 몰아넣지 않으려 한다. 파문당한 레스토랑의 웨이트리스는 죄를 저지르지 않게끔 아미쉬 손님을 받지 않는다. 역시 파문당한 가게 점원은 아미쉬 사람들에게 새 제품이나 책을 사라고 부르기는 하지만, 상품을 직접 건네지 않고 계산대에 놓아서 손님이 직접 살펴보게 한다.

하지만 파문되어 기피당하는 슬픔을 절감하는 사람들도 있다. 심지어는 자살한 사람도 있을 정도다. 파문당한 한 사람은 아미쉬 사람이 운영하는 철물점에서 연장을 구입하려고 했지만 거부당했다. 그는 밭농사에 트랙터를 사용했고, 자녀들을 근처의 메노나이트 주일 학교에 보냈다는 이유로 40년 동안이나 이렇게 기피당했다.

기피 풍습이 일종의 사회악이라는 다른 증거는 앞에서 말한 것처럼 공동체의 불화와 파편화, 교파들의 지나친 분화 현상에서 드러난다. 비록 아미쉬 가족 제도가 이혼 때문에 파탄 나는 일은 없지만, 아미쉬 사회는 사회적 질서의 파편화를 겪고 있다. 정반합의 변증법적 과정이 그렇듯이, 아미쉬 사회도 사회의 조화를 추구하는 노력과 그것을 파괴하는 힘 사이에 놓여 있다.

2. 문화적인 모순

아미쉬다운 기준을 유지하면서 인간적인 삶을 사는 데 필요한 현대의 이기들을 받아들이려면, 아미쉬 사회 구조를 무너뜨리지 않으면서 타협해야 한다. 어떤 문물은 거부하면서 동시에 어떤 문물은 수용하는 아미쉬 사람들의 모습은 모순되게 보일 수 있다. 하지만 아미쉬 문화의 관점에서는 전혀 모순이 없다. 아미쉬의 선별 기준 속에서 논리를 찾지 못하는 외부인들은 위선적인 것이 아니냐고 지적하기도 한다. 아미쉬 사람이 소유하면 안 되는 현대적인 문물의 사용 면에서는 그러한 불일치성이 더욱 명백하다.

어떤 아미쉬 사람은 자동차를 소유하지는 않지만 자동차를 타는 것을 수용하고 어딘가로 이동하는 데 기꺼이 운전수가 딸린 자동차를 빌리기도 한다. 아미쉬 가정에는 전화기를 놓아서는 안 되지만, '응급' 상황이 되면 아미쉬 사람 대부분이 이웃집의 전화를 빌리거나 동전을 넣는 공중전화기를 사용한다. 농장 길 끝머리나 헛간 옆에는 전화기가 설치된 오두막이 있어서 외부로 전화 거는 데 쓰인다.[347] 공공기관에서 높이 설치한 전선이 아미쉬 가정까지 연결되지 않지만, 용접기를 비롯한 제작소의 각종 기계, 착유기, 냉장 시설을 돌리는 데 디젤이나 가솔린 모터로 구동되는 발전기를 사용하는 것은 허락된다. 아미쉬 사람이 전기가 들어오는 농가를 임차했다면 전기를 연결해서 전자제품을 쓸 수도 있을 것이다. 마을에 새로 이사 온 임차인이기 때문에 이웃들이 밭일에 필요한 트랙터를 빌려 도와준다. 아미쉬 집단 가운데는 농사에 트랙터를 사용하는 것은 허락하지만 그 트랙터에 공기를 넣는 타이어를 사용하는 것은 금지하는 곳도 있다. 한편 밭일에 트랙터를 쓰면 안 되지만 농사일에 필요한 벨트 구동장치를 이용해서 트랙터를 사용하는 것은 허용되는 곳도 있다. 농기구를 트랙터가 아닌 말이 끌어야 한다는 규칙이 있긴 하지만, 트랙터 모터를 기계에 탑재해서 돌리는 것까지 금지되지는 않기 때문이다.

어른들의 이러한 현대 문물 수용 양상은 청소년들에게서도 나타난다. 몰래 운전면허를 딴다거나 자동차를 사는 것은 규모가 큰 아미쉬 정착지에서는 흔한 일이다. 청소년 중에 남자는 상당수, 여자는 일부가 운전면허를 보유하고 있다. 세례를 받지 않은 청소년들은 이 일로 교회에서 처벌받지 않는다. 그렇더라도 자녀들이 규정 위반을 하면 부모들은 잘 처리해야 한다. 남자 아이들은 근처 마을에 가서 중고차를 두는 주차장이나 정비소, 한적한 길가에 차를 세워두고 온다. 하지만 이런 일탈을 공공연하게 자랑한다거나 과시하는 일은 거의 없다. 부모들도 자녀의 행동에 어느 정도 공감해 거의 눈감아주는 분위기이며, 아들에게 차 살 돈을 보태주며 아미쉬 규칙을 어기는 사례도 있다. 이런 식으로 아미쉬 부모들은 비교적 덜 위험한 방식으로 편리한 교통수단에 접근한다. 아미쉬 교회에 진지하게 뜻을 둔 청소년기 남자 아이들은 결혼을 전제로 이성을 만나고, 교회에서 금지하는 것들을 자신의 생활에서 점차 줄인 후에 세례를 받기도 한다.

젊은이들은 외부인 이웃이나 고용주, 아미쉬 교회를 떠난 친척들에게서 도움을 얻어 운전면허 취득과 차량 등록, 보험 가입, 또는 부모들이 반대하는

---

347) 다음 글에 전화기의 사용에 관한 내용이 있다. Donald B. Kraybill, *The Riddle of Amish Culture* (Baltimore: Johns Hopkins University Press, 1989), p. 143-50.

다른 행동을 할 때가 종종 있다.

자동차를 접하기 쉽다는 점과 이 일탈 행동이 주는 위협 때문에 아미쉬 공동체의 부모와 자녀들은 특별한 규칙을 만들었다. 일요일에 외부인인 지인과 함께 드라이브를 즐길 수는 있어도, 아미쉬 사람이 직접 운전해서는 안 된다. 또 부모라고 해도 아직 세례를 받지 않아 자동차에 접근해도 죄가 되지 않는 자녀들과 동승할 수 없다. 이런 규칙으로 구성원들이 일요일 예배에 자동차를 타고 교회를 오가는 일이 효과적으로 방지된다.

과속으로 경찰에 붙잡히거나 큰 죄를 저지른 아미쉬 청소년들은 공판 전에 석방되는 경우가 많고, 신문에 이름이 실리지도 않는다. 아미쉬 젊은이들은 자동차의 위험성을 잘 인지하지 못하며 눈에 잘 띄지 않는 평범한 차보다는 고성능 스포츠카를 좋아한다. 교통경찰이 쫓아오면 아미쉬 청소년들은 과속으로 중앙선을 넘는다거나 해서 무모하게 도망치는 경우가 많다. 대담무쌍하고 어찌 보면 바보 같은 예도 많다. 20년 전과 비교해 성실하게 농장 일을 하기보다는 집 밖에서 일하는 청소년이 많아지면서 해당 지역(랭커스터 카운티) 경찰이 보고하는 교통법 위반 건수도 늘고 있다. 비록 이들이 중범죄(폭력이 연루된)를 저지르지는 않지만, 가게에서 물건을 슬쩍하거나 가짜 수표를 유통하는 일이 심심찮게 일어난다.

부모들은 자신이 이미 자녀에 대한 통제력을 잃었다고 생각하는 경우가 아니면 자녀가 잘못을 저질러도 경찰에 고발하지 않는다(아미쉬 사람들은 원래 경찰에게 누군가를 고발하는 법이 없다). 하지만 최근의 아미쉬 지도자들은 랭커스터 카운티 경찰관들에게 앞으로는 아미쉬 출신 법규 위반자의 이름을 뉴스 매체에 내보내도록 하겠다고 말하기도 했다.

아미쉬 교회에 소속된 적이 있는 사람 가운데 아미쉬 공동체의 교육, 그리고 법, 경찰 조직에 근무하는 이들은 법을 어기는 아미쉬 청소년들을 효과적으로 다루는 방법을 안다. 한 번은 경찰이 아미쉬 소년들이 가득 탄 자동차를 세운 적이 있다. 경찰은 면허증을 확인해본 후 이들을 보내줄 참이었다. 그때 경찰이 아미쉬 출신이라는 점을 모르는 뒷자리의 소년 한 명이 경찰의 뒤통수에 대고 방언을 섞어 이죽거렸다. "우리 트렁크에 뭐가 있는지 꿈에도 모를걸!" 경찰은 이 말을 알아듣고 바로 돌아와서 트렁크를 열라고 지시했다. 그 안에는 여러 상자의 맥주가 있었다. 미성년자였던 소년들은 "이걸 지금 빼앗아가도, 가져가서 경찰관 아저씨가 마실 거잖아요. 그냥 여기다 두고 가시죠?"라고 사정했다. 경찰은 어느 정도 동의하면서 이렇게 말했다. "난 증거물로 한 캔만 있으면 돼." 그러고는 소년들에게는 실망스럽게도 나머지를 한 캔씩 일일이 따서 하수구에 쏟아버렸다.

미혼인 젊은이들뿐만 아니라 세례를 받은 교회 구성원들마저도 아미쉬 규칙과 지역의 법을 지키는 데 어려움을 느낀다. 배관공, 페인트공, 건축업 종사자들은 비록 운전은 비아미쉬인인 고용인이 하더라도 트럭을 소유하거나 임대하는 경우가 많다. 몇몇 지역에서는 아미쉬 농장의 특색 있는 농법을 유지하기 위해 토지 사용 제한법을 제정해 시행하고 있다. 하지만 아미쉬 농부는 이 법령을 무시하고 자기 땅에 수리점을 열기도 한다. 이 법이 아미쉬가 아닌 일반 외부인들을 위해 만들어진 것이라고 여기기 때문이다.

공동체 안과 밖의 이러한 긴장 관계 때문에 아미쉬 구성원 개개인은 자유 재량에 의한 지식을 상당 수준으로 습득해야 한다. 개인은 무엇이 규칙 위반이고 무엇이 아미쉬의 기준에 맞는지 분별해야 한다. 이렇게 자기 재량껏 얻은 지식은 아미쉬 공동체에서 책임 있는 성인이 되는 데 필요한 것 중 일부다. 한 여성은 십 대 아들을 보며 이렇게 이야기했다. "담배를 피우더라도 그 사실을 감추면, 자기가 뭘 하면 안 되는지 아는 셈이죠."

『성경』의 가르침에 따르면 아미쉬 사람들은 선행을 할 때도 남들이 모르게 해야 하지만"너는 구제할 때에 오른손이 하는 것을 왼손이 모르게 하여"(마태복음 6장 3절)], 규범을 어기는 행동을 할 때도 잘 감추어야 한다. 예컨대 흡연에 반대하는 아미쉬 사람들은 다른 사람의 눈을 피해 습관적으로 흡연하는 사람보다 외부인 앞에서 공공연히 담배를 피우는 사람을 더 많이 나무란다. 개인적인 즐거움은 공공장소보다는 사적인 장소에서 누리는 것이 더 용인되기 쉽다. 대놓고 하는 일탈 행동은 공동체 전체에 영향을 주기 때문이다.

3. 냉담과 정체됨

어떤 사회이든 일부 개인들은 조직에 냉담하기 마련이지만, 만약 어떤 무리에서 꽤 많은 수가 그렇다면 그 문화 전체가 사라지는 일도 실제로 일어날 수 있다. 태평양 남부의 멜라네시아에서 일부 이주자 집단이 심한 향수병에 시달리자 멜라네시아 사회 전체가 활력을 잃고 피로감을 보였다는 주장이 있다. 4세기에 사회에서 벗어나 고립되어 생활하던 은둔 수행자들은 '아케디아(acedia, ἀκηδία)' 증상 때문에 고생했는데, 이는 그리스어로 '어디에도 관심이 없는 상태'[348]를 뜻했다. 고독과 피로를 호소하는 이 증상은 세상에서 물러나 살 때 나타나는 부작용이다. 나른함, 권태, 무감각증 속에서 수도원 생활을 하는 수도사들에게서 특히 많이 나타났다. 아케디아는 종교적인 절망, 세상과 그 활동 속에서 의미를 찾아내지 못하는 데서 비롯된다.

아기나 어린아이에게 잘 나타나는 소모증(marasmus)이라는 진행성 쇠약 증상은 어른의 보살핌과 애정이 부족하거나 중단되었을 때 나타난다. 연약하고 의지할 타인이 없는 성인에게는 다양한 유형의 우울증이 나타난다.

아미쉬 공동체도 다른 전통적인 사회, 제도와 마찬가지로 내부 침체를 겪는다. 임명받은 지도자가 드물게 자치권을 발동하려 할 때 이런 현상이 나타날 수 있다. 지도자들이 집단에서 애써 권위를 손에 넣었든, 집단이 지도자의 바람에 수동적으로 따랐든 결과는 동일하다. 개인의 성장이 느려지고, 도덕적 문제에 대한 담론이 사라진다. 이런 상태에 이르면 모든 구성원은 서로 말하지 않아도 집단 내부에 긴장이 없고, 더는 추구할 목적도 삶의 의미도 없다고 느낀다. 또한, 대규모 아미쉬 집단의 구성원들은 현대 사회에서 관료제의 희생자들과 마찬가지로 마치 노예처럼 그것이 만들어진 목적과 동기를 생각하지 않은 채 그저 규칙만 따른다.

아미쉬 개인이 공동체에 냉담해지기 쉬운 때는 특히 인생의 두 단계를 겪을 때다. 하나는 어린 시절 학교에 막 다니기 시작할 때로, 대개 대가족 출신인 아미쉬 아이는 집단에 적절히 수용되고 있다는 느낌을 받지 못한다. 다른

---

348) Bert Kaplan, "Acedia: The Decline and Restoration of Desire" (unpublished manuscript)

▲ 두 하부 문화의 구성원들은 같은 시설을 이용하면서도 자신의 정체성을 지킨다.

하나는 민감한 사춘기 시절로, 도덕적으로 평가할 수 없는 무언가에 직면한다. 대부분 아이에게는 역할 모델이 있는데, 그들은 어마어마한 양의 종교적계율에 짓눌리는 것처럼 보인다. 이런 아이들이 보이는 증상 가운데 하나는야뇨증이다. 아미쉬 사람들 사이에서 많이 재발하는 병이다. 이 증세를 정서적인 문제 탓으로 돌려 '아이에게 사랑과 격려가 필요하다'고 여기는 사람들도 있다.[349] 반항과 심한 불복종이 받아들여지지 않기 때문에 청소년기의 아미쉬 남자 아이들은(드물게 여자 아이들도) 마지막 수단으로 가출을 택한다. 매우보수적인 정통파 교회에 다니는 한 16세 소년은 어느 토요일 오후에 갑자기집을 나갔다. 그 후 소년의 아미쉬 모자가 집에서 1마일 떨어진 곳에서 발견되었다. 소년의 아버지는 너무나 놀랐지만, 잘 해결되기를 빌면서 기다리는수밖에 없었다. 이틀이 지나 이웃 한 명이 큰 도시에서 걸려온 전화를 받았는데, 시간과 장소를 정해 소년을 데려가라는 연락이었다. 이 소년은 아미쉬 옷을 버리고 이발소에서 머리를 자른 후 도시로 떠났지만, 얼마 지나지 않아 의기소침해졌고 경찰의 눈에 띄었던 것이다. 소년은 몇 달 동안은 계속 도망치

---

349) David Wagler, "How to Stay Dry," *Family Life*, June 1971, p. 9.

겠다고 생각하고 있었다. 같이 일하던 중에 빚어진 아버지와의 불화가 이 사건의 실질적인 원인이었다.

거리의 거친 불량배들과 어울릴 수 없는 민감한 아미쉬 청소년들은 조롱과 고독을 경험할 때가 많았다. 결혼 적령기의 개인들은 동료 집단 또는 '패거리'와 어울려야 하는데, 그렇지 않으면 따돌림을 당할 수도 있다. 이런 곤경에 빠진 젊은이의 말에 따르면, 자신의 어린 시절이 행복했고 독실한 가정이었음에도 그것만으로 충분하지 않았다며 이렇게 털어놓았다. "젊은 사람들과 어울려 활동할 때면 불행함을 느꼈고, 허전함을 달래려고 시장이나 농업 박람회에 갔지요. 부모님 모르게 영화를 보러 갔고 술도 마시기 시작했어요. 그러다가 카드놀이와 도박에도 빠졌죠. 집에서는 크리스천인 척했지만, 밖에 나가서는 내가 원하는 것을 만족시키기 위해 바깥세상의 쾌락을 찾았어요. 이런 식으로 부모님과 교회를 모두 속였지요." 이 젊은이는 부모를 존경했지만 아미쉬 젊은이들의 기준을 받아들일 수 없었다. 일부러 반항하려고 그런 일탈 행동을 한 것은 아니었으나, 그런 '이중생활'을 2년 동안 지속한 끝에 이 젊은이는 돌연 가출을 감행했다. 그는 자신이 찾은 해답이 의도치 않게 '부모님의 마음을 상하게' 하는 것이었다는 모순을 인식했다. 떠들썩한 동료 집단의 다소 강제적인 면을 받아들일 수 없었던 데다 수동적인 개인주의가 이런 형태의 반항을 일으켰다.

사춘기나 결혼 적령기에 해당하는 아미쉬 개인들의 하부 문화에서 개인주의적인 사람은 적응하기가 매우 어렵다. 동료 집단에 대한 성실성을 보여주어야 하는 시기이기 때문이다. 흡연이나 음주, 영화관 출입, 번들링 같은 동료들의 요구를 거부하는 개인은 동료 집단을 따르지 않는 것으로 비친다. 그가 어울리는 '패거리' 또는 무리는 자신들의 행동 기준을 세운다. 젊은이가 해야 할 통상적인 일을 할 수 없거나 그렇게 하기 싫은 개인은 집단에 받아들여지기 어렵다. 한 14세 소년은 몸이 약해서 동료들과 함께 농장에서 쓸 비료를 수레에 싣고 나를 수 없는 것에 좌절한 나머지, 그 현장을 떠나 몇 시간 동안 엉엉 울기도 했다.

한 아미쉬 부부는 자녀가 또래의 합창 모임에 참가하기 싫어하는 것을 알고, 매일 저녁 집에서 『성경』 공부와 토론을 하게 했다. 그렇게 하자 한동안은 문제가 해결되는 것처럼 보였지만, 결국 자녀는 아미쉬 교회를 떠났다. 또 몰래 '『성경』 공부와 기도' 모임을 시작한 한 젊은이들의 무리는 모임을 그만두라는 지시를 받았다. 한 여성은 그 모임에 참석하던 17세 아들에게 이렇게 말했다. "어린애들이 모여서 『성경』을 공부하는 건 신이 바라시는 바가 아니란다."

물론 개인이 사적으로 『성경』을 읽거나 공부하면 안 된다는 규칙은 없다. 다만 아미쉬 성인들은 그러다가 젊은이들이 아미쉬의 생활 방식을 거부하는 복음주의적 신앙을 기를까 봐 염려한다. 근본주의 신앙에 영향을 받은 사람들이 아미쉬 교회를 떠나는 일이 많았기 때문에 이러한 걱정은 근거가 없는 것이 아니다. 아미쉬 부모와 종교 지도자들은 자녀들이 이런 외부의 영향을 받는 것에 대해 말을 흐린다.

겸손을 매우 강조하는 아미쉬 문화는 독특한 방식으로 정체된다. 예컨대 사회적 인정을 받는 수단들이 제한적이다. 자신이 겸손하다는 것을 자랑스럽게 여기는 마음이 있으면 젊은이들은 스스로 부정적이거나 억압적인 영향을 받을 수 있고, 성인들은 오히려 수동적인 공격성을 나타낼 수 있다. 구성원들이 자신이 세속적이라는 비판을 피하거나 극복하고자 할 때 이런 현상이 나타난다. 일요일 예배 때 약간 더러워진 옷을 입으면 교만하다는 비난을 피할 수 있다. 교파에 따라서는 담배를 끊으면 그들의 계율에 근거해 신앙의 정통성을 의심받을 수 있기 때문에 이런 의심을 받지 않으려고 담배를 계속 피우기도 한다. 편지나 문서를 작성할 때 철자를 틀려도 '그것이 우리를 겸손하게 하기' 때문에 용인된다. 더욱 겸손해지고자 하는 사람들의 이런 '겸손 게임'은 지적인 호기심이나 기술적인 숙달을 제한할뿐더러 그것을 추구하는 행위도 매력이 없다고 여기도록 한다. 정체됨은 개인의 성장을 가로막고 무관심이나 자기만족에 빠지게 하는 등 사람들의 개성에 영향을 미친다.

아미쉬 사람들 사이에서 일어나는 침묵은 가끔 인간관계에 고통과 비참함을 불러일으킨다. 기피당하는 사람과 식사 자리에서 말을 섞지 않듯이 파문에 따른 침묵은 궁극적인 처벌이다. 화가 난 아버지가 식사 자리에서 가족에게 이야기하지 않는 경우에는 침묵이 공격성을 띠기도 한다. 그는 아내가 지난 일련의 사건에서 무엇이 문제였는지 맥락으로 알아주기를 바란다. 청중 앞에 서지 못하고 침묵하게 된 전도사는 직업상의 처벌을 고통스러워한다. 이야기할 것은 많은데 '벤치' 신세가 되었기 때문이다. 침묵 속에 묻힌 범죄는 수도 없이 많다. 자정도 한참 넘은 시각에 어느 주교의 집에 불이 나 잿더미가 되고 두 명이 목숨을 잃은 사건이 있었다. 경찰은 방화범이 누구인지 탐문했지만 모두 침묵했다. 이 주교는 교의를 너무나 엄격하게 강제한 탓에 지난 3년 동안 신도가 줄었고, 젊은이들에게 괴롭힘을 당한 전력이 있었다.

4. 인구 밀도와 소란 행위

큰 아미쉬 정착지에서는 규모가 너무 커진 탓에 사람들이 서로의 가족에 대해 거의 모르게 되었으며, 인간관계가 서먹해지고 사회적 통제력도 약화되었다. 비록 의례 활동이 아미쉬 성인들을 형식적으로 규제하지만, 청소년들의 경우에는 다르다. 교구의 범위를 한참 벗어난 곳까지 구애 활동이 이루어지고, 정식으로 통제되지 않는 정보 네트워크가 왕성하다.

교회에서 인정하는 젊은이들의 모임은 일요일 저녁의 합창 모임이다. 이 모임에서 젊은이들은 긴 탁자에 둘러앉는데, 남자와 여자가 서로 맞은편에 죽 앉는다. 작은 정착지에서는 이런 노래 모임이 하나뿐이다. 정착지의 규모가 커지면 모임이 둘 이상 생기고 젊은이들은 그중에서 어디에 참석할지를 선택한다. 아미쉬 신도들이 매우 많아진 펜실베이니아 주 랭커스터 카운티에서는 합창 모임도 꽤 많지만 이런 모임을 통제하는 정식 조직은 없다. 그 결과 젊은이들이 전통적인 의미의 '합창' 모임이 아닌 또래끼리 특별한 흥밋거리를 공유하는 모임을 조직하곤 한다.

아미쉬 젊은이들 사이에도 차이가 있다는 점은 다양한 또래 집단, 즉 '패거리'들에 별명을 붙이는 경우가 늘고 있다는 데서 드러난다. 좀 나이 든 아미쉬 사람의 증언에 따르면 20년 전만 해도 랭커스터 카운티에서는 그로피스, 아미스, 트레일러스라는 세 개의 큰 무리가 있었다. 그중 그로피스가 가장 자유로운 무리였고, 아미스는 여기에서 파생된 무리였으며, 이 밖에 레몬스와 케

퍼스('벌레들')는 중도적이었고 트레일러스는 보수적이었다. 이 세 집단에는 각
각 여러 하부 집단이 있었고 그들의 이름과 흥밋거리는 시간이 지남에 따라
바뀌었다. "그로피스 밑에는 힐빌리스, 잼버리스, 구디-구디스가 있었죠." 그
로피스의 이름은 마을 이름인 그로프데일에서 따왔다. 힐빌리스는 랭커스터
카운티의 남쪽 언덕 상당 부분을 점유했다.

지난 20년 동안 랭커스터 카운티의 젊은이들은 약 10개의 무리로 이합집
산했다. 가장 정통적인 집단에서 세속적인 집단까지 다양한 성격을 띠었다.
커크우더스(마을 이름에서 딴)는 보수파 가운데 가장 큰 집단으로 아미쉬 전통에
따라 합창 모임을 만들었다. 이 안에는 파인콘스, 치커디스, 칩멍크스가 있었
다. 이보다 살짝 덜 전통적인 모임은 레몬스와 파이어니어스였는데, 그 뒤를
스파키스, 루키스, 퀘이커스, 앤티크스가 따랐다. 가장 일탈적인 집단은 샷건
스와 해피잭스, 아미스로 자동차를 몰고 다니며 댄스 파티를 즐겼다. 그로피
스, 힐리빌리스, 케퍼스는 없어졌고, 구디-구디스는 새로운 아미쉬 교파가 생
기면서 아미쉬 구파에서 사라졌다. 몇몇 청소년들은 옷차림이나 행동거지를
'소드'(랭커스터 카운티 청소년 사이에서 '외부인'이나 '세속적인 것'을 가리키는 말)처럼 하
기도 한다.

오하이오나 인디애나 주의 큰 아미쉬 정착지에서도 젊은이들 사이에 비
슷한 분화, 즉 무리에 별명을 붙이는 현상이 일어나고 있다. 인디애나 주에서
는 젊은이들의 무리가 성인들의 무리인 클리어스프링, 배런스, 클린턴에 동
화하여 발전하는 모습을 보인다. 대부분의 착한 청소년, 특히 여자 아이들은
일요일 저녁에 합창 모임에 나가 한 시간 이상 노래를 부르지만, '개구쟁이'들
은 노래 모임 탁자에 둘러앉을 생각이 전혀 없다. 개구쟁이들은 집이나 헛간
에서 몇몇씩 무리를 지어 집이나 헛간에 모인다. 오하이오 주에서는 '착한 애
들'도 '개구쟁이'도 아닌 중간쯤의 아이들을 '슈워디(Schwaddy, 그대로 번역하면 '물
렁뼈 조각)'라고 부른다. 오하이오와 펜실베이니아 주에서는 머리가 긴 남자 아
이들 무리를 경멸투로 '그노델올러(Gnoddelwoller, '털북숭이')'라고 부른다. 이 이
름을 더 변형해 '누들롤러(국수 밀대)'라고 부르기도 한다. 아이오와 주에는 20
세기 초에 '자랑스러운 디어 크리크 사람들(die hochmündiche Deer Grieker)'이라

는 진보적인 무리와 '단정하지 못한 랩스(die schlappiche Laplander)' 또는 '누더기들'이라고 불리는 엄격한 무리가 있었다.[350] 이런 이름 묘사는 억눌린 감정을 표현하는 것일 수도 있다.

이런 무리 몇몇에서는 지나칠 정도로 술을 마시기도 했다. 호다운스('경쾌한 춤') 무리는 음악과 맥주가 없이는 결코 춤을 추지 않았고, 일요일마다 합창이 끝나고 어둑해지면 춤을 추었다. 한 증언자에 따르면, "일요일 오후가 되면 큰 도시 가까이에 사는 아미쉬 젊은 남자애들과 여자애들이 경마장이나 공원, 영화관에 가거나 큰 경기가 열리는 야구장에 갔지요." 전통적인 악기 하모니카와 기타는 전자 기타와 트랜지스터 테이프 레코더로 바뀌었다. 또 십 대 자녀들에 대한 통제력을 잃은 부모들의 재촉으로 경찰이 일요일 밤 모임을 불시 단속하는 경우가 종종 있다. 어느 날은 십 대 여러 명이 집 안과 부지에서 수많은 빈 맥주 캔이 발견되는 바람에 음주 혐의로 경찰에 붙잡히기도 했다. 한 아미쉬 가정의 아버지는 이렇게 설명한다. "내가 뭘 할 수 있겠어요? 미성년자들이 맥주를 마시는 게 잘못이라는 건 알지만, 내가 허락하지 않으면 그 애들이 날 비난한다고요." 예전에 아미쉬 공동체와 너무 가까운 곳에 술집이 생기면 아미쉬 아버지들은 아이들의 지나친 음주를 막기 위해 돈을 모아 그 술집을 사버리기도 했다. 하지만 이것은 근본적인 해결책이 아니다.

대부분의 댄스 파티는 부모의 동의 없이 열린다. 젊은이들은 부모들이 저녁을 먹으러 나갈 때까지 농장에서 기다린다. 부모가 나갈 수 없거나 나가지 않으면 이들은 집에 머무르며 '다른 방안을 찾아'본다. 헛간에서 파티를 여는 것이다. 한 번은 헛간에 150명이 들어가 있다가 마룻널이 무너져 여러 명이 다쳤고, 교회는 부모에게 이런 파티를 허락하지 말라고 지시했다. 이 사건으로 댄스 파티가 열리는 횟수가 줄긴 했어도 아예 없어지지는 않았다.

소규모나 중간 규모의 아미쉬 정착지에서는 무리지어 거친 행동을 하는 일이 없으며, 이런 문제가 모든 아미쉬 사람에게 나타나는 것도 아니다. 아미쉬 사회에서는 크고 관료제적인 수준보다는 얼굴과 얼굴을 맞대는 작은 단위

---

350) Sanford D. Yoder, *The days of my Years* (Scottdale, Pa.: Herald Press, 1959), p. 33.

▲ 또래 집단에 대한 충성도는 무엇보다 중요하다. 이 소년들은 일요일 예배 복장을 하고 아이스하키를 하려고 만났다.

에서 단합이 잘 유지된다. 큰 정착지에서는 젊은이들이 사회 안에서 하부 문화를 형성하며 이와 함께 또래 집단의 영향력이 커져서 부모는 젊은이들의 활동에 통제력을 거의 미치지 못한다. 그럼에도 이런 젊은이 가운데 상당수가 나중에 종교적 근본주의로 돌아가 흔들리지 않는 교회 구성원이 된다.

아미쉬 성인들은 자녀나 그 친구들의 놀이에 일부러 간섭하지 않는다. 사생활의 권리를 존중하는 것이다. 성인들은 젊은이들의 모임에 참여하지 않고, 사춘기 자녀들의 행동 대부분을 신경 쓰지 않는다. 아미쉬 사람들은 자녀들의 일탈 행위를 다루는 데서 중국인이나 다른 고-맥락 문화의 사람들과 닮았다.[351] 어려운 상황에 직면하면 이들은 마치 아무것도 일어나지 않은 듯 행동한다. 문화가 고도로 안정화된 데다 체계가 수용할 수 있는 폭이 매우 크기 때문이다. 개성 간의 충돌이나 반대 의견, 가벼운 반항아는 "마치 존재하지 않는 것처럼 다루어진다."[352] 어떤 아버지가 이런 충돌이 있음을 인지했다면, 적극적인 조치를 취하는 것은 세대 간의 분열을 초래한다. 그 대신 아미쉬

---

351) '고-맥락'의 의미에 대해서는 1장의 '고-맥락 문화'를 보라. 다음 책의 설명도 참고하라. Edward T. Hall, *Beyond Culture* (New York: Doubleday, 1976), p. 142.

352) 같은 책.

아버지는 중국 아버지들과 마찬가지로 "단 한 마디도 하지 않고 아들의 일탈을 묵묵히 참아낸다."[353] 아들은 자기를 표현하도록 허락받으며, 양쪽 문화 모두 선조 때부터 지켜온 강력한 가족 체계가 있어 결국에는 아들이 정신을 차리게 된다.

플로리다 주의 활동

반항적인 아미쉬 젊은이들의 모임 가운데 가장 규모가 크고 활동적인 것은 '플로리다 친목회'라는 단체다. 일찍이 1927년부터 나이 든 아미쉬 사람들 일부는 건강을 위해 기후가 좋은 곳을 찾다가 플로리다 주로 몇 주 동안 여름 휴가를 가거나 겨울에 몇 개월 동안 다녀오곤 했다. 새러소타에서 동쪽으로 몇 마일 떨어진 파인크래프트라는 교외 지역이 있는데, 아미쉬와 메노나이트파 사람들이 '휴양지'로 많이 찾는 곳이다. 심장병, 천식, 부비강 질환을 비롯한 병을 앓는 사람들이 이 지역의 멋진 기후를 증언했다. 이들은 기차와 버스를 타고 메노나이트 이웃들과 함께 남쪽으로 여행을 간다. 남자들은 낚시를 하고, 여자들은 퀼트를 만든다.[354] 집을 떠나 있는 동안 몇몇 아미쉬 성인은 집에서는 하지 못했던 일을 한다. 예컨대 원반밀어치기(긴 막대로 원반을 치는 놀이-역주)를 하거나 바넘 서커스단(유명한 흥행사 P. T. 바넘이 만든 서커스-역주)의 창고에서 목수로 일하거나 한다.

나이 든 사람들에 이어 미혼의 젊은이들도 플로리다에 왔다. 원래 특정 계절에만 고용인으로 일했던 이들은 남쪽 지역으로 내려와 겨울에 할 만한 일을 찾았다. 플로리다 주에서 이들은 언제든지 건설 인부, 페인트공, 석공 일을 할 수 있었다. 미혼 여성들은 새러소타 가정에서 높은 보수를 받으며 가정부로 일했다. 플로리다에서 젊은이들은 가고 싶은 곳에 갈 수 있는, 주변부에 걸친 아미쉬 사람이 된다. 즉, 이곳에서 그들은 세속적인 옷차림과 행동을 실험

---

353) 같은 책.

354) "Amish Families Winter in South," *New York Times*, April 1, 1952. 다음 글도 보라. John S. Umble, "The Mennonite in Florida," *Mennonite Life*, June 1957.

해본다. 그들은 더 이상 파인크래프트 마을의 아미쉬 공동체에 머무르지 않고, 남녀 젊은이 모두 새러소타 곳곳에서 아파트나 방을 빌려서 거주한다. 플로리다에 있는 동안 젊은이들은 정기적인 모임을 통해 서로 돈독한 관계를 유지한다. 크리스마스 휴가 동안에는 큰 파티가 열려 그 지역의 거의 모든 아미쉬 젊은이가 참가하는데, 여기에 오려고 북쪽 주에 사는 젊은이들이 플로리다로 건너오는 경우도 많다.

새러소타에서의 활동은 북부 주로 돌아온 후에도 플로리다에서 친하게 지낸 친구들과 일 년에 한 번씩 만나는 환경과 이유를 제공한다. 이런 '플로리다 친목회'는 인디애나, 오하이오, 펜실베이니아에서 매년 여름이 끝날 무렵 주말에 열린다. 이 모임의 목적은 여러 친구와 어울리면서 음식과 맥주를 나누어 먹고 '요란한' 음악에 맞춰 춤을 추는 것이다. 세 개 주에는 이 모임을 여는 위원회가 있는데, 아직 세례를 받지 않았거나 파문될 수 있는 주변적인 위치의 아미쉬 청년들이 구성원이다. 이 친목회는 대개 큰 컨트리클럽(교외에 있는 클럽이나 클럽하우스-역주)이나 캠프장에서 열리며, 재정, 필요 물품 조달, 보안이 미리 세심하게 준비된다.

수백 명이 모이는 이 친목회는 부모들이 알아채지 못하게 조심해서 준비하여 개최한다. 가능하다면 지역 경찰의 눈에 띄지 않는 것이 좋다. 준비 과정에 필요한 수천 달러는 기부금을 모으거나 입장권 판매 비용으로 충당한다. 이 돈으로 장소를 빌리고 음식과 술을 조달한 후, 이틀 밤에 걸쳐 연주해줄 외부 밴드를 한두 팀 섭외하고, 경비를 고용한다. 그리고 원치 않는 사람이 모임에 오지 않게끔 친목회 위원회가 지인을 통해서만 알음알음 입장권을 판매하거나 알 만한 사람을 초대한다. 모임 당일이 되면 사람들이 잘 빠지고 스포티한 자동차나 밝게 페인트칠한 밴을 타고 온다. 경비와 친목회 위원회가 입구에서 모든 사람을 꼼꼼하게 확인한다. 경비를 고용하는 것은 이런 과정에서 도움이 되기도 하지만 지역 경찰이 갑자기 단속하기도 하기 때문이다.

아미쉬 구파 사람들은 젊은이들의 이 '플로리다 친목회'와 '댄스 파티' 관행을 부끄러워하는 분위기다. 아미쉬 신앙에 가장 독실한 젊은이들은 이런 모임에 대해 매우 부정적으로 말한다. "그 친구들은 거기서 끔찍한 짓을 하죠." 아미쉬 인구가 꾸준히 증가할수록 이런 소란 행위나 공동체 안의 네트워크 역시 늘어나는 것처럼 보인다. 하지만 무리가 분화되는 것에는 여러 기능이 있다. 제한적이나마 개인의 자기 결정이 가능하고, 동시에 아미쉬 공동체와는 완전히 분리된 소규모 집단에서 개인적인 만족을 얻을 수 있다. 이성과의 만남도 이루어진다. 젊은이들은 공동체에서 주변적인 성인들이 느끼는 종류의 적개심을 억압적인 형태로 표출한다. 또래 집단에서 유지되는 배타성과 파벌 싸움, 아미쉬 규범에 대한 다양한 정도의 순응성, 이 모든 것이 젊은이가 고도로 분화된 아미쉬 교회 속에서 성인 생활을 준비하게끔 한다.

아미쉬 부모와 교회는 젊은이들이 이런 소란 행위를 하지 못하게 직접 윽박지르는 행동을 제한적으로만 할 수 있다. 무저항이라는 가르침 때문에 강제적인 수단을 동원하지 못하는 것이다. 위법 행위가 있을 때만 마지막 수단으로 경찰에 신고한다. 더구나 부모들은 "젊은이들은 그들의 거친 귀리 씨를 일단 뿌려 자기 안에서 내보내야 할 것"[355]이라고 생각할 때가 많다. 아미쉬 젊은이들이 저지르는 죄는 그들 자신과 다른 이에게 인간 본성은 결함이 있음을, '그 옛날 아담(old Adam)'을 돌아볼 필요가 있음을 깨우쳐준다.

---

355) *Young Companion*, 편집자의 말, January 1979, p. 18.

17장

변화에 대한 대응

소수 집단 중에는 변화와 스트레스를 겪고 나서야 안정성과 통합성을 확보하는 무리가 있고 그렇지 않은 무리도 있다. 사회학자 에버렛 휴스(Everett Hughes)는 이 과정에서 몇몇은 "산업화 문명이라는 빗자루에 쓸려 없어진다." 라고 했다. 휴스는 섣불리 예측하기를 꺼렸지만 이렇게 말하기도 했다. "그 집단들이 쓸려 사라지는 데 얼마나 걸릴지는 아무도 모른다. 이 과정은 오늘날 급격하게 집행되는 것처럼 보이지만, 모두가 생각하는 것보다는 오래 지속될 것이다."[356]

작은 사회는 다양한 방식으로 환경적 스트레스에 대항한다. 몇몇은 도전에 반응하고, 몇몇은 그러지 않는다. 예컨대 아메리카 인디언인 폭스 족은 미국 문화에 '훌륭하게 적응'한 반면, "소크 족은 보호구역에 갇혀 냉소적으로 변했고, 키커푸 족은 미국을 떠났다."[357] 또 그 밖에 문화 변용(acculturation, 둘 이상의 문화가 접촉한 결과 한쪽 또는 양쪽이 문화 형태에 변화를 일으키는 현상-역주)에 빠르게 굴복한 부족도 있었고, 멕시코로 도망치거나 곤경에서 벗어나기 위해 땅을 산 부족도 있었다. 소수 집단 상태를 오래 유지해온 유럽 이주민 출신인 아미쉬 사람들은 자신들의 정체성을 지키기 위해 일관된 방식으로 행동했다. 오랫동안 그들은 감지한 위협과 환경적 스트레스에 주로 어떤 방식으로 대응했을까? 이 장에서는 변화에 대한 아미쉬의 주된 반응에 관해 논의할 것이다. 비록 그들이 보인 태도는 꽤 안정적이었지만, 변화의 양과 종류는 한 세대 전

---

356) Everett C. Hughes, *Where People Meet* (Glencoe, Ill.: Free Press, 1952), p. 25.

357) William Caudill, *Effects of Social and Cultural Systems in Reactions to Stress*, Pamphlet no. 14 (New York: Social Science Research Council, 1958), p. 12. 방어적인 적응에 관한 논의는 다음을 보라. Bernard J. Siegel, "Defensive Structuring and Environmental Stress," *American Journal of Sociology* 76 (July 1970): p. 11-32.

보다 다양해졌다. 먼저 사회적 통제의 메커니즘 일부에 관해 알아보자.

1. 변화와 저항

거의 모두가 친척 관계이고 공식적인 조직보다 비공식적인 조직으로 일상생활을 다스리는 소규모 사회에서는 변화가 서서히 일어난다. 아미쉬 교회에서 완화된 마이둥 정책(해당자가 다른 교회로 옮기면 기피하지 않는)을 받아들인 후 자동차를 수용하기까지는 50년이 걸렸다. 구성원들이 문화의 중심 요소를 공통으로 지켜나가는 곳에서는 변화가 느리다. 랠프 린턴(Ralph Linton)에 따르면 민속 문화에서는 "새로운 무언가가 아주 높은 빈도로 나타나지는 않는다." 또한, "그 사회는 오랜 시간을 들여 그 새로운 것을 시험하고, 이미 존재하는 패턴을 통해 그것을 동화시키려 한다. 이런 문화에서는 중심부가 거의 전부가된다."[358]

확립된 법칙으로부터의 일탈은 온화한 것에서 심한 것까지 정도가 점차 높아지는 구속에 의해 방지된다. 그 구속은 다음과 같다. (1) 개인이 교회의 법칙을 어기지 않게 해주는 양심 또는 개인적인 금지. 하지만 "난 아미쉬 옷을 입지만 머릿속으로는 확실히 다른 생각을 하고 있어."와 같이 말하는 사람에게는 이 수단도 소용없다. (2) 행동을 통제하는 효과적인 방법인 비공식적인 대화 또는 뒷말. 가족이 모인 자리에서 뒷말을 하면 눈살이 찌푸려지기도 하지만, 이것은 아미쉬 사회 같이 얼굴과 얼굴을 맞대는 소규모 집단에서는 갈등을 줄이는 가장 효과적인 완화 장치다. 이러한 양심이나 비공식적인 대화로 통제되지 않으면, (3) 집사나 전도사가 규칙을 위반한 죄에 관해 위반자에게 훈계한다. 성직자는 위반자의 태도를 확실히 변화시키려 하는데, 그래도 그가 여전히 순종하지 않거나 내면에서 변화하지 않은 채라면, (4) 대개 성직자 두 명이 규칙 위반자를 다시 훈계한다. 경미한 위반이라면 (5) 위반자는 자발적으로 성찬식 참가를 삼가거나, 교회에서 일어선 채 죄를 고백한다. 중

---

358) Ralph Linton, *Acculturation in Seven American Indian Tribes* (New York: D. Appleton Century, 1940), p. 283. 펜실베이니아주 랭커스터 카운티의 사회적 변화에 대한 '조절 장치'에 관해서는 다음을 보라. Donald B. Kraybill, *The Riddle of Amish Culture* (Baltimore: Johns Hopkins University Press, 1989), p. 240-43.

대한 위반이라면 무릎을 꿇는다. 추가적인 경고나 처벌로 (6) 위반자는 그다음 성찬식에 초청받지 못할 수 있다. 간통이나 음주, 자동차나 트랙터 사용(금지된 곳에 한함)과 같이 큰 죄를 저지른 것이 교회에 발각되었다면, 공동체는 위반자를 (7) 당장 파문하고 태도의 변화가 보일 때까지 기피한다. 가장 심한 처벌은 (8) 평생에 걸쳐 파문하고 기피하는 것이다.

사회적 변화는 다음 여러 가지 원인 중 하나 혹은 전부에 의해 아미쉬 공동체에 나타난다. 첫째, 규칙들이 구성원들에게 같은 형태로 강제되지 않는다. 다시 말해, 규칙에 대한 강제는 한 교구에서도 구성원 간에 차이가 있다. 둘째, 주교나 성직자들의 태도는 교구마다 다르다. 셋째, 변화에 가장 크게 영향을 받는 행동의 측면은 경제적 생산성이다. (일반 농경에서 특수 농경을 받아들인 것이 경제적 변화의 한 사례다.) 넷째, 지도자와 부모들은 젊은이들의 활동(소란 행위일 경우가 많다)을 그냥 보아 넘기는 경우가 많다. 크게 혼냈다가는 자녀들이 아미쉬 교회를 떠날 위험이 크기 때문이다.

위반에 대한 제재는 나이 든 구성원과 젊은 구성원에게 동일하지 않고, 직업 간에도 동일하지 않을 때가 많다. 만성적으로 병에 시달리는 아내를 둔, 연로하고 쇠약한 한 남성이 처음으로 집에 전기가 들어오게 하고 전자제품을 장만했다. 이에 대해 그가 교회 성직자들에게 밝힌 이유는 아픈 아내를 위한 투약과 식이요법 준비를 위해 냉장고가 필요하다는 것이었다. 이 일은 그 공동체의 오르드눙에 변화를 가져왔다. 노인은 다른 이들에게는 허락되지 않는 실내 배관 같은 특권을 누리는 최초의 대상이 되었다. 이렇듯 예외를 두는 것은 다른 아미쉬 공동체에도 널리 퍼진 혁신이 되었다. 밤에 여러 번 화장실에 가야 하는 한 늙고 힘없는 남성은 집 안에 작은 화장실을 지었다. 동력원은 손전등 배터리였다. 오늘날 이 공동체에서는 손전등이 식탁에서 쓰이며, 많은 가정에서 배관 공사를 하기도 했다.

고향 공동체를 떠나 여행하는 개인은 자기 교구의 규칙을 지킬 것이 기대되지만, 겨울을 보내려고 플로리다 주로 온 노인들처럼 고향에서 멀리 떠나온 사람들은 돌아갈 때까지 고향의 규칙을 조금 어기기도 한다. 규칙에서의 이런 일시적인 해방 때문에라도, 은퇴한 아미쉬 부부에게 여행은 인기 있고 받아들여질 만한 대안이 되었다.

경제적 보상을 동반한 혁신은 그렇지 않은 변화에 비해 수용될 확률이 높다. 머리 모양이나 옷차림의 변화, 그리고 사진을 찍히는 여부 등이 후자의 예다. 한편, 목수와 석공, 도급직, 건축업, 제재업 같이 농사가 아닌 일에 종사하는 사람들은 돈을 벌려면 장비와 통신, 이동 수단이 일상적으로 필요한데, 이는 아미쉬 사회에서 전반적으로 허락되지 않는 것들이다. 방앗간이나 선반 가게 등의 맞은편에 있는 공중전화기를 쓰는 정도가 허락된다. 일반 농가에 공구나 농기구를 판매하는 회사들은 아미쉬의 규칙을 알고 있어서 가정에서 교회의 규칙을 어기지 않고도 이를 쓸 수 있도록 제품을 개조하고 있다. 아미쉬 사람들은 지역 내 공장에서 일하거나 공동체 밖의 가공 처리 공장에 다니면서 비아미쉬 사람들과 함께 일한다. 현재 수용된 이러한 행동 패턴은 경제적 보상과 직접 연계되며, 일상적인 것이 되는 경향이 있다. 농장 할부금을 벌기 위해 돈을 아끼는 사람들이 이런 활동을 할 때가 많은데, 대개 농장 운영 상황이 안정될 때까지 일시적으로 허락되곤 한다. 하지만 이런 다양한 '일시적인' 직업은 잠재적인 변화 요소이며, 오르드눙이 분화된 채로 엄격해지는 곳에서 특히 그렇다.

눈에 보이지 않는 농업 관련 아이디어와 실천은 눈에 보이는 상징적 가치가 있는 대상보다 잘 수용된다. 새로운 비료나 닭 품종은 트랙터나 농장 트럭보다 잘 수용된다. 경제적 가치가 있는 데다, 새로운 품종의 옥수수를 '세속적'이라고 반대할 이유는 없기 때문이다. 새로운 품종의 씨앗이 처음 출시되면, 아미쉬 농부들이 한 번 써보는 데 그리 오랜 시간이 걸리지 않는다. 등고선 농경(계단식 경작법)은 30년 전까지만 해도 '책에서나 나오는 농법'으로 농담하며 제쳐 두었던 것이지만, 오늘날에는 아미쉬 사회에서 널리 수용되고 있다.

교구의 규칙은 모든 구성원에게 적용되지만 교의가 동일하게 강제되지는 않는 변화가 일어나고 있다. 세례를 받은 구성원에게 적용되는 처벌은 예컨대 세례를 받지 않은 젊은이가 자동차를 원하는 경우의 대응과 다르다. 농장을 소유한 사람보다 임차한 사람들이 트랙터 농법을 주장하는 혁신가 또는 선동가인 경우가 많다. 노동력과 자본, 경제적 성공이 필요한 젊은 부부들은 잘 다져진 전통 속에서 대가족과 살아가는 아미쉬 농부들보다 트랙터를 더 원하기 때문이다. 임차인들은 환금 작물이나 가금류 같은 특수 농경을 맨 처음 시작하곤 한다. 이런 식으로 바깥세상에서 유행하는 농장 관습이나 아이디어가 조용히 그리고 천천히 정상적인 것으로 수용된다.

2. 현대화

현대화(modernization)라는 용어는 여기서 기술이나 물질문화의 수용을 뜻하며, 주류 사회에 흡수되는 동화(assimilation)와는 구별된다. 문화 변용 과정에서 현대화는 전기, 전화, 자동차 등 인공물을 수용하는 것을 뜻하지만, 세속 사회의 사회적 기능(종교, 정치, 상류층 클럽)에 참여하거나 외부인과 결혼하는 일까지 나아가지 않는다. 현대화는 모든 아미쉬 정착지에 하나 이상의 방식으로 영향을 주었다. 몇몇 정착지에서 현대화는 아미쉬 사람들을 여러 소속으로 분절시켰으며(13장을 보라), 그 결과 자신들 고유의 생활 방식을 지키고자 이주하는 사람들도 생겨났다.

아미쉬 구파에게 자동차는 교통수단이기도 하지만, 그들의 헌장에서 금지하는 '사고방식'을 대표하는 상징성 있는 수단이기도 하다. 오르드눙은 어떤 변화를 거쳐 마침내 자동차를 인정하기에 이르렀을까? 한 펜실베이니아 아미쉬 교구의 예를 살펴보자. 외부인에게는 놀랍게도, 이곳은 구성원들에게 갑자기 자동차를 허락했다. 자동차가 '허락되었다는' 소식은 곧 지역 전체로 퍼졌으며, 공동체의 평신도들은 수염 기른 아버지가 자동차를 몰고 고속도로를 다니는 모습을 흔히 볼 수 있게 되었다. 근처 마을의 자동차 판매상들은 매출이 갑자기 치솟았다. 이 아미쉬 교회는 1954년에 자동차 수용 건을 거의 만장일치로 통과시켰다.

이 결정이 내려지기까지 있었던 일련의 사건을 재구성해보면, 구성원들의 투표로 쉽게 이 결정에 도달한 것이 아님은 명백하다. 50년 전부터 여러 사건이 쌓여 당시의 문제점들과 결합했고 이 흔치 않은 발전을 낳은 것이다. 1911년에 '엄격한' 마이둥을 시행하는 교회에서 떨어져 나온 이 교회는 이미 가장 엄한 공동체보다는 규칙을 풀어주는 방향으로 변화를 꾀하고 있었다. 비록 복장은 아미쉬 식으로 지키고 오르드눙도 일반적으로 수용했지만 여러 해에 걸쳐 작은 변형이 가해졌다. 남성들은 작업복에 보통 단추를 달고 머리를 짧게 자르기 시작했으며, 미혼 여성들은 비아미쉬 가정에서 가정부로 일할 수 있게 되었고, 농사짓는 데 트랙터를 사용할 수 있게 되었다. 공기 타이어를 수용한 결과 트랙터의 속도가 빨라졌고, 그 결과 이 교구의 구성원들은 트랙터로 짐차를 끌고 마을까지 나가거나 이웃에 배달하러 가거나 매일 시장까지 우유를 운송하기도 했다. 유년부터 청소년기의 남자 아이들은 트랙터를 운전하고 정비하는 기술을 숙달했다.

아미쉬 부모들이 택시를 타는 일도 흔해졌고, 아미쉬 방언을 알아듣고 이야기할 줄 아는 메노나이트파 사람들이 이들을 다른 주나 공동체까지 태워다주곤 했다. 아미쉬 사람들은 마차를 몰고 택시 기사의 집 앞까지 가서 택시를 예약했다. 택시 기사들은 오하이오나 인디애나, 아이오와, 가끔은 더 먼 캘리포니아나 오리건까지도 예약을 받았다. 병원이나 카운티 법원에 가야 하는 급한 일이 생기면 아미쉬 사람들은 비아미쉬 이웃의 전화를 빌려 택시를 부르기도 했다. 전화를 사용하는 것은 이 교파의 구성원들에게는 일상이었다. 아들(세례를 받을 만큼 나이가 많지는 않은)을 둔 부모들은 집에 자동차가 있다면 택시 기사를 부를 필요가 없었다. 가끔은 아미쉬 교회에 별 뜻이 없고 자동차를 소유한 젊은 아들이 이웃 메노나이트파 교회로 찾아가기도 했다. 하지만 그렇다고 마이둥으로 처벌받지는 않았다. 세례를 받지 않았다면 그런 제재를 가할 수 없기 때문이다. 오래된 행동 규칙을 지킬 마음이 없는 아미쉬 아버지들은 아들의 자동차 구매를 재정적으로 지원해주기도 했다. 젊은이들을 비롯해 제분소, 목수, 석공, 도축업 같이 농업이 아닌 분야에 종사하는 기혼 남성들은 자동차를 소유하고자 하는 욕망이 매우 강했다. 농장 노동자들은 고용주에게 트랙터를 써서 생산물을 운송하면 훨씬 손쉽고 효율적인데 굳이 말이 끄는 수레로 먼 거리를 이동할 이유가 없다고 따졌다. 아들들도 말이 끄는 마차는 느릴뿐더러 확 트인 고속도로에서 마차를 모는 것은 위험하고 문제도 너무 많이 생긴다며 불평했다. 아미쉬 땅주인들에게 오랜 기간에 걸쳐 이런 비공식적인 건의가 행해지고 젊은이들이 그런 분위기를 '부추긴' 결과, 교회에서도 이 건에 대해 호의적으로 생각하기 시작했다. 즉 금지된 규범에 대해 이런저런 말이 돌게 하는 것은 변화를 이끌 장을 조성하는 데 중요했다.

하지만 이런 비공식적인 쑥덕거림만으로는 자동차 수용에 관해 교회에서 투표에 부치도록 하는 데 도움이 되지 않았다. 공식적으로는 논의된 바가 없기 때문이었다. 따라서 개인이 자동차를 소유하는 유일한 방법은 아미쉬 교회를 떠나 메노나이트파로 옮기는 것뿐이었다. 그러나 이 아미쉬 교구의 사람들은 종교를 아예 바꾸기보다는 자동차만 얻으면 족하다고 여겼다.

그러던 어느 이른 봄날, 존경받는 가정 출신에 세례도 받은 한 젊은이가 자동차를 구입했다. 이미 면허를 취득한 이 젊은이는 부모의 농장까지 새로 산 차를 몰고 갔다. 그의 가족은 이 일로 모두 충격에 빠졌다. 아버지는 자동차를 자신의 땅 안에 들이지 못하게 했다. 계속된 설득 끝에 이 젊은이는 결국 나중에 다시 사겠다는 바람을 마음 한구석에 담고 자동차를 환불했다.

며칠 후, 이웃 마을에서 일하던 한 기혼 남성이 또 자동차를 구입했다. 그는 자동차를 일터에 주차해두고 자기 농장의 트랙터로 출퇴근했다. 그러나 이 사실을 알게 된 교회 성직자들은 숙고한 끝에 조치를 취하기로 했다. 그들은 나중에 교회가 자동차 수용에 대해 만장일치로 결정을 내릴 때까지 그것을 '치우라'고, 즉 차를 다시 팔아버리라고 조언했다. 하지만 이 남성은 조언에 따르기를 거부했고, 결국 파문되었다. 그러는 동안 이번에는 결혼한 젊은 농부 한 명이 세 번째로 자동차를 구입했고 그 역시 파문당했다. 자동차를 구입하는 데 찬성하는 구성원은 많았지만 오르드눙이 바뀔 때까지 기다려야 했다. 위원회를 열어 이 위반 사항을 논의하던 몇몇 성직자가 자동차 소유 관련 조항에 이의를 제기하는 주장을 교회에 전달하기도 했다. 이 성직자들은 불복종에 대해 처벌받았지만, 자동차 소유를 둘러싼 안건은 이제 공식적으로 논의되기 시작했다.

구성원들은 전부터 자동차에 대해 비공식적으로 논의를 하고 있었다. 아버지들은 밤늦게까지 모여서 이야기를 나누었다. 자동차 때문에 파문당한 구성원 가운데 두 명이 자포자기 심정으로 근처 메노나이트 교회의 주교에게 자신들의 곤경을 털어놓았다. 그리고 메노나이트 교회의 구성원이 되고 싶다는 바람을 전했다. 그러자 주교는 교회 소속을 바꾸는 것에 대해 주의를 주고, 두 사람에게 자동차를 갖고자 하는 아미쉬 구성원들을 모아 비공식적인 모임을 열어보라고 제안했다. 이들이 그에 따라 모임을 주선하자 아미쉬 사람들이 30명 정도 모여 메노나이트 주교의 이야기를 들었다. 주교는 사람들 앞에서 『성경』을 읽고 기도를 올렸다. 그리고 자동차를 원했기 때문에 새로운 교회로 합류한 사람들이 "대개 새 교회에 도움이 되지는 않았다."라고 설명했다. 그런 다음 아미쉬 사람들에게 이 건에 대해서 아미쉬 주교에게 문제를 제기하고 그들이 해결안에 도달할 수 있을지 지켜보라고 했다. 이 주교가 속한 교회는 이미 꽤 규모가 있었기 때문에 주교는 자동차 소유에 얽힌 문제 말고는 별다른 문제가 없는 아미쉬 출신을 받아들이는 데 주저하는 기색이었다. 이 말을 들은 아미쉬 사람들은 집에 돌아가 목사들과 이야기를 나누었다. 아미쉬 성직자들의 완고한 결정을 보고 메노나이트 주교가 그런 태도를 취한 것이 분명했다. 그 주교는 아미쉬 구성원들이 의견을 분명히 하는 데 도움을 주었고, 이는 아미쉬 교회에 압력으로 작용했다.

아미쉬 교회의 성직자들은 올바른 방침을 결정해야 할 상황에 놓였다. 동료 성직자들의 만장일치를 끌어내는 것은 주교에게 달렸다. 관습에 따라 전체 신도에게 영향을 미치는 건의에 관해서는 성직자들이 한 명도 빠짐없이 동의해야 했다. 이 아미쉬 교구의 주교는 많은 경험이 있는 중년 남성이었다. 그는 미혼이었을 때 중서부 주로 가서 농장 노동자로 일했고, 양심적 대체 복무를 했으며, 그곳에서 병영 예배와 주일 학교를 경험하기도 했다. 이렇듯 주교가 되기 전에 넓은 사회를 경험했기에 그는 합리적인 시각을 갖출 수 있었다. 동료 목사들의 시각도 주교와 일치했다. 이 교구의 성직자 여섯 명은 자동차 소유 문제에 관한 결정을 전체 신도의 투표에 부치기로 했다. 투표 결과는 사실상 만장일치로, 노인 네 명만이 반대했을 뿐이었다. (이 네 명은 머지않아 근처의 아미쉬 구파 교회로 옮겼다.) 단, 구성원들은 검은색 자동차를 사야 하고, 만약 다른 색 차를 샀더라도 검은색으로 칠해야 했다. 몇 주 안에 구성원 대부분이 자동차를 타고 교회에 왔고, 마차를 고수하는 사람은 몇몇 노인뿐이었다. 자동차의 수용은 이 공동체에 다른 변화도 몰고 왔다. 예전에는 전통적인 방식으로 마차를 타고 구애 활동을 했던 젊은이들이 이제 새로운 자유를 얻게 되었다. 또한, 마차를 타고는 제한된 거리밖에 가지 못하던 사람들이 하루 사이에 미국 동부 대부분 지역을 여행할 수 있게 되었다. 자동차 투표에서 반대표를 던진 한 여성은 이렇게 말했다. "자동차를 허락하면 우리 공동체의 젊은이들이 원하는 곳 어디든지 갈 수 있게 될 거라고요!" 바깥세상에서 50년은 족히 걸렸을 적응 기간이 이 작은 공동체 안에서는 단 몇 주 만에 끝났다. 그 결과 다른 강도 높은 변화도 탄력을 받았다.

펜실베이니아 주 미플린 카운티에 있는 이 밸리 뷰 아미쉬 메노나이트 교회는 오늘날 비치 아미쉬 집단에 속해 있다. 이 집단은 예배당을 세우고 주일학교도 운영한다. 이 교회는 현대화되었지만, 동화된 것은 아니다.

바로 앞의 예에서 볼 수 있듯이 자동차 사용은 아미쉬 교회의 오르드눙에 변화를 일으키는 안건이다. 많은 다른 지역에서도 계율이 완화된 후 이런 주된 변화가 나타났는데, 일부 계율은 이미 이전 세대부터 느슨해졌다. '트랙터 농법'이 필요했던 중년의 아미쉬 부부들은 미국 사회에 널리 퍼진 농장 효율화라는 아이디어를 수용하고 있다. 기사 딸린 자동차를 이용하고 길에서 트랙터를 모는 관행은 오르드눙의 변화가 일어나기 전부터 이미 널리 퍼져 있었다. 여행이나 통신 관련 부분은 오래된 규범을 더 이상 유지하지 못할 정도로 발전했다. 그 차이로 인해 발생하는 불편을 겪으면서 점차 스트레스가 가중되면 규칙을 어기는 사람들이 나타나고, 결국 규칙이 변화한다. 하지만 아미쉬 사회에서 이 펜실베이니아 공동체의 사례처럼 거의 만장일치가 될 정도로 극적인 변화가 일어나는 일은 드물다.

3. 과잉 순응

현대화에 반발하는 사람들은 부정적인 방식으로 반응한다. 변화가 너무 많이 일어나는 것을 고통스러워하고, 결과적으로 더 엄격한 규칙을 요청하여 자신들의 생활에 일어나는 변화를 늦추려 한다. 이런 사람들은 변화에 적응하는 것을 어려워하며, 심지어 그 변화가 피할 수 없고 논리적 이유가 있다고 해도 마찬가지다. 이들은 안건들에 대한 급박한 결정을 받아들이지 못해 그 사이에 감정적인 벽을 쌓는다. 이 점은 자동차를 수용하기로 한 아미쉬 교회에서 잘 드러난다. 한 투표 참가자는 이렇게 말했다. "우리 아미쉬 구파의 사고방식에서 자동차는 너무 급진적이에요. 구파 사람들이 그 결정을 따르긴 하겠지만…… 이론적으로는 필요한 일이라고 해도 실제로 그렇게 하는 것은 아주 다른 일이죠. 이 문제는 엄청난 소동을 일으킬 거예요. 10년 전만 해도 사람들은 오직 아미쉬 구파의 사고방식에 따라 문제를 해결했죠. 하지만 그동안 사람들은 생각을 약간 바꾸었어요. 그 결정을 받아들이긴 하겠지만 별로 내키지 않았기 때문에, 대신에 그전에는 결코 강조된 적이 없었던 관습을 내세우기 시작했어요. 예컨대 오랫동안 언급도 되지 않았던 머리 모양 같은 것을 강조하는 것이죠."

규범에 과잉 순응하는 아미쉬 성인들은 오르드눙에서 '신중하게' 유지하라고만 규정한 머리 길이보다 길게 기른다. 나이 많은 구성원이나 목사들은 어떤 형태든지 비난받는 것을 피하기 위해 어떤 관습을 규정보다 엄격하게 따를 때가 많다. 매우 보수적인 집단의 나이 든 아미쉬 사람들은 15년 전보다 지금 머리를 더 길게 유지하기도 한다. 오늘날 가장 보수적인 아미쉬 구파 집단은 다른 집단들이 진보적으로 바뀐 것만큼이나 과잉 순응을 하며 더욱 보수적으로 바뀌었다. 누가 가장 순응적인지에 대해 대단한 겸손을 보이기도 한다. 하지만 아들보다는 아버지 쪽이 머리가 더 길었다. 이런 모든 행동은 과잉 순응 쪽으로 향하는 경우가 많았지만, 그러다가 아예 철회하는 경우도 꽤 생겼다.

젊은이들은 교회에서 혼란이 일어나면 부모들이 더욱 완고한 모습을 보이는 것에 주목한다. 구원에 대한 확신을 퍼뜨렸다는 이유로 교회에서 파문당한 한 젊은이는 자신이 어렸을 때 어머니가 집안일을 하며 세속적인 노래를 부르곤 했다고 기억한다. "교회에서 여러 문제가 발생하자 어머니는 집에서 세속적 노래를 부르시지 않았어요. 가족 중에 내가 아미쉬 교회를 오랫동안 떠난 유일한 아이라서, 부모님은 내가 자신들의 자식이라는 사실을 견디기 힘들어하셨죠." 이 사례에서 부모는 아들의 견해를 지지한다고 해석될 수

▲ 너무 많은 변화를 견디지 못하는 아미쉬 사람들은 전통에 과잉 순응하는 경향이 있다. 사진 속의 소년과 소녀는 오하이오의 전통적 아미쉬 교회 출신이다.

있는 '세속적인' 모든 상징을 피하려 했다. 이 소년은 자신이 파문당한 후 부모가 다른 교회 구성원에 대해서 더욱 엄격한 관계를 유지하려 했다고 기억했다.

한 소년은 설교 예배를 마치고 집에 돌아오는 길에 전도사가 『성경』을 올바르게 인용했는지 한 번 확인해본 적이 있었다. "나는 어머니에게 한 부분에서 전도사에게 동의하지 않는다고 얘기했어요. 어머니는 설교에서 잘못을 찾아내서는 안 된다고 하셨죠. 그리고 사실 여부를 알려고 『성경』을 찾아보는 건 잘못이라고 말씀하셨어요. 전도사가 그렇게 말했다면 사실이라고 믿어야 한다는 거예요. 어머니가 극단주의자라고 느낀 건 그때부터였어요." 전도사의 이야기나 전통적인 관습을 무비판적으로 수용하는 것 또한, 과잉 순응이다. 한 정보 제공자는 이런 의견을 제시했다. "『성경』에 그다지 해박하지 않은 전도사들이 겉으로만 그럴 듯하게 설교하기도 하죠."

4. 새로운 정착지로의 이동

아미쉬 사람들이 새 정착지를 만드는 것은 다양한 이유에서다. (1) 계율을 더욱 보수적으로 지키기 위해, (2) 계율을 더욱 현대적으로 따르기 위해, (3) 교회 문제에서 벗어나기 위해, (4) 젊은이들의 기강을 바로잡기 위해, (5) 산업화와 그에 따라 밀려드는 인구를 피하기 위해, 그리고 (6) 가족과 공동체를 유지하는 데 필요한 땅을 찾기 위해서다.[359] 하지만 기존 공동체에서 주변인의 위치에 있던 가정들이 함께 새 정착지를 만들 때 그들의 이유가 제각각이면 새로 시작한 모험은 성공하기 어렵다.

땅값은 오래되고 큰 정착지에서 제일 높고, 다른 시골 지역일수록 낮다. 1984년 이래 곳곳에 새로운 정착지가 우후죽순으로 생겨났다. 오늘날 존재하는 175개 정착지 가운데 123개가 1960년대 이후에 생긴 것이다. 하지만 새 정착지가 만들어지는 동안 한편에서는 사라지는 정착지들도 있다.[360] 1974년 이래로 71개의 정착지가 생겨났는데, 1년에 평균 7개가 생긴 셈이다.

오늘날 아미쉬 사람들이 이주하는 주된 동기는 농장과 가정을 유지하기 위해서다. 아미쉬 가장 가운데 농업에 종사하는 비율은 절반을 밑돈다. 랭커스터 카운티에는 공사장 인부로 일하는 아미쉬 사람이 100명도 넘고, 그만큼 공사장 수도 많다. 농업에서 비농업으로 직업이 바뀌어도 아미쉬 사회 특유의 대가족 규모가 줄어들지는 않았다. 아미쉬 사람들은 젊은이들을 공동체에 잔류시키려 한다. 이탈한 젊은이들의 비율은 10년 전보다 낮아졌다.[361] 지난 20년 동안 미네소타, 미주리, 뉴욕, 위스콘신 주에서 아미쉬 정착지의 인구는 대체로 늘었다.

이주하려던 초기의 동기는 아이들을 고등학교에 보내도록 강요하는 강화된 학교 법 때문이었다. 2차 세계 대전 이후 미국에서 여러 해 동안 징병이 계

---

359) David Luthy, *Amish Settlements across America* (Aylmer, Ont.: Pathway Publishers, 1985).

360) 사라진 정착지에 관해서는 다음 책에서 다루고 있다. David Luthy, *The Amish in America: Settlements that Failed, 1840-1960* (Aylmer, Ont.: Pathway Publisher, 1986).

361) 5장의 표 4를 보라. 농업에 종사하지 않는 아미쉬 사람들의 비율이 늘었지만 신앙에서 변절하는 비율은 줄어들었다. 다음 글을 참고하라. Thomas J. Meyers, "Population Growth and Its Consequences in the Elkhart-Lagrange Old Order Amish Settlement," *Mennonite Quarterly Review* 65 (July 1991): p. 315-17.

속되자 아미쉬 사람들 일부는 온타리오 주로 이주하여 8개의 정착지를 세웠다. 펜실베이니아 주의 가장 오래되고 큰 정착지(랭커스터 카운티)는 주 바깥으로 가지치기하는 경향이 제일 적었다. 랭커스터 카운티와 통근할 수 있는 거리에 정착지 12개가 새로 생겼는데 모두 같은 주 안이었다(그림 17을 보라). 1940년대에는 메릴랜드 주 성 메리 카운티에서, 1989년에는 켄터키 주에서, 1991년에는 인디애나 주에서 새 정착지가 생겼다. 오하이오와 인디애나 주에서는 큰 정착지에서 중서부의 여러 주로 새로운 정착지가 파생되는 경우가 많았다. 랭커스터 카운티 아미쉬 사람들의 보수주의와 사회적 안정성은 아마도 자연 환경의 영향을 받은 농업 생산성, 가족의 강한 유대, 역사적으로 교회 내 불화가 적었던 점 등으로 강화되었을 것이다.

변화를 꺼리는 경향은 분열이나 이주로 나타났는데, 외부인들의 눈에는 사소하게 보이는 사안들로도 그런 결과가 벌어졌다. 많은 분파가 나타난 것은 아미쉬 사람들이 종교적인 삶의 방식을 고수하는 데다 미국은 땅이 넓고 종교적 운동이 자유롭기 때문이다. 분파들은 혁신가들을 자기 집단에서 배제해 사전에 변화의 가능성을 차단했다. 사회적 기피에 대한 여러 의문, 즉 기피를 얼마나 엄격하게 행해야 하는지에 대한 고민이 많은 아미쉬 분파를 낳은 기초가 되었다(4장의 '파문-공동체 밖으로의 축출과 사회적 기피' 절을 참고하라). 사회적 기피가 엄격하지 않은 곳에서는 대개 현대화와 외부의 영향을 큰 폭으로 받아들였다.

이에 따라 분파주의의 파멸적인 영향을 알고 있고 폭넓은 식견을 지닌 주교들은 자신들의 영향력을 이용해 분열이 생길 만한 논쟁을 막고자 했다. 예컨대 1860년에서 1890년 사이에는 예배당 허락 여부 문제가 아미쉬 사람들 사이에 상당한 긴장을 불러일으켰다. 펜실베이니아 주 서머싯 카운티에서는 사람들이 예배당은 지었지만 생활 방식은 구파의 관습을 따랐다. 1880년, 1881년에는 2개 교파가 신도 투표를 통해 예배당 1개를 같이 쓰기로 한 적이 있었다. 예배당이 세워지자 좌석을 어떤 식으로 설치할지가 논란이 되었다. 몇몇은 등받이가 없는 긴 의자로 충분하다고 보았고, 다른 몇몇은 등받이가 있어야 한다고 주장했다. 그러는 동안 몇몇 목수가 주중에 몰래 재빨리 등받

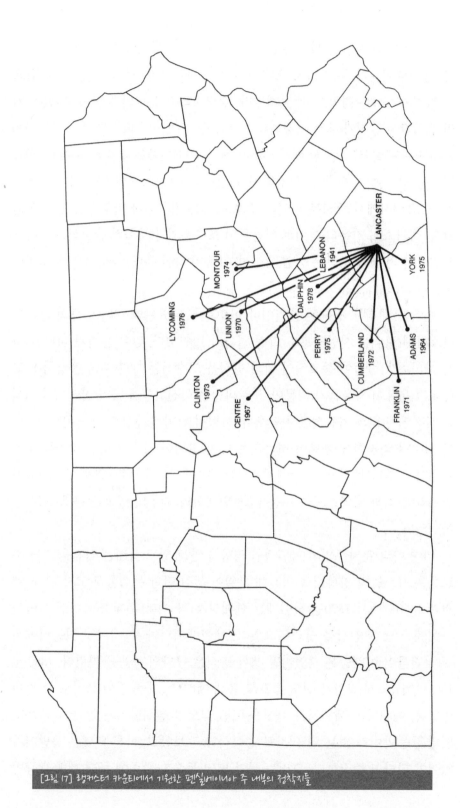

[그림 17] 랭커스터 카운티에서 기원한 펜실베이니아 주 내부의 정착지들

이가 있는 의자를 만들어서 교회에 들여다 놓았다. 일요일에 교회에 와서 의자를 본 반대편 사람들은 이렇게 말했다. "이거 안 되겠네요." 하지만 유머 감각이 있었던 주교는 이렇게 대답했다. "그들이 이걸로 한 방 먹인 것 같군요." 결국 집단이 분열되지는 않았다.

드물게는 만장일치를 통한 성직자들의 제안이 평신도들의 결정에 의해 뒤집히는 일도 일어난다. 담배 모판에 증기를 쏘일(잡초를 죽이고 토양을 소독하기 위해서이며 메틸브로마이드를 섞어서 살포한다.-역주) 장비를 트럭에 실은 한 구성원이 지나다니는 트럭을 보고 그 운전수를 고용해야겠다고 생각했다. 하지만 운전수가 잠깐 없을 때는 짧은 거리를 직접 운전하기도 했다. 이 사실을 알게 된 다른 구성원이 전도사에게 그 사실을 알리고 파문해야 한다고 주장했다. 하지만 고발당한 구성원에게 일을 부탁한 또 다른 구성원들은 파문을 반대했다. 주교는 이 상황을 '아주 잘 이해'했으며, 그 구성원을 파문하지 않고 그 대신 죄를 고백하게 하는 것으로 결정을 내렸다. 이로써 심각한 분열을 일으킬 수도 있었던 문제가 사전에 예방되었다.

어떤 문제에 대해 지역 교회에서 만장일치가 이루어지지 않으면, 이주도 하나의 조정 방식이다. 한 가정의 가장은 '너무 엄격한' 교구에서 규제가 덜한 곳으로 이주하기도 하고, 반대로 '너무 세속적인' 곳에서 '오랜 종교적 전통을 지키는 곳'으로 이주하기도 한다. 이로써 잠재적인 충돌을 막을 수 있다. 만약 어느 구성원이 자신이 속한 교구의 오르드눙 일부를 지킬 수 없다면 그 조건이 느슨한 곳으로 옮길 수 있다. 성직자들이 어느 공동체에서 다른 곳으로 옮기는 것은 자유롭지 않은 편이지만 완전히 불가능하지는 않으며, 상대편 공동체의 회의를 거쳐 평화적으로 옮겨 가는 일이 꽤 많다. 비교적 더 엄격했던 한 주교는 그의 공동체를 비아미쉬 구역까지 지리적으로 확장하기 위해 먼저 다른 성직자들의 동의를 얻었다. 그에 따라 '엄격한' 가구들이 그의 교구로 옮겨 와 꽤 별난 모습의 교구가 되었다.

외부인들은 아미쉬 사람들의 이주를 땅값이 적당한 곳을 찾아가는 행위로 해석할 때가 많다. 부분적으로 맞는 이야기이긴 하지만, 저변에 깔린 동기는 종교적인 문제를 해결하려는 것이다. 누군가가 펜실베이니아, 메릴랜드, 오

[그림 18] 1992년 위스콘신 주의 아미쉬 정착지들

하이오 주에서 온타리오 주 옥스퍼드 카운티로 이주했다면, 잘 확립된 대규
모 정착지에 동의하지 않은 결과다. 이러한 이주에 대해 랭커스터 카운티의
한 아버지는 이렇게 이야기한다. "그 사람들은 50년 전 과거로 돌아가려는 거
예요. 하지만 난 정말 그렇게 살 수 있을지는 모르겠어요." 미주리나 위스콘
신 주의 큰 정착지로 가는 사람들은 착유기라든지 구성원 가운데 공장 노동
자가 존재하는 현실을 견디지 못하는 보수주의자들이다.

많은 가정의 아버지들은 오르드눙이 '마땅히 지켜져야 할 방식대로 지켜지지 않고 있다'고 생각하고 주교에게 위반자들을 파문하라고 압력을 넣는다. 소년들이 자동차를 몰래 구입하자, 한 주교는 "그 정도는 참아주어야 할 것"이라고 말했다. 그러자 그에 대한 유일한 대안을 택한, 다시 말해 '참을 수 없었던' 사람들은 다른 공동체로 떠났다.

랭커스터 카운티에서 남쪽으로 이주한 아미쉬 사람들은 눈에 띄게 보수적인 사람들이었다. 온타리오 주 엘진 카운티의 아미쉬 집단은 '깨끗한' 크리스천 공동체를 재구성하는 데 관심이 있는 다양한 주 출신의 아미쉬 가정들로 구성되었다. 이들은 다른 아미쉬 공동체에서 허용되거나 지켜지는 흡연, 음주, 파티에서 하는 놀이, 번들링 구혼 등을 없애고, 자기 자녀들을 위해 사립학교와 주일 학교를 운영하고자 했다. 그리고 트랙터 농경과 자동차 사용에 계속 반대했다. 이들의 지도자들은 자신들의 관습을 방어하거나 글로 남기는 데 적극적이었다. 온타리오 주 그레이 카운티의 아미쉬 집단은 오하이오 주 슈바르첸드루버 집단에서 나온 분파였는데 번들링을 강경하게 반대했다. 이 집단의 지도자들은 오하이오 주의 고향 공동체에서부터 이 오래된 관습을 비판해왔다. 100년 전부터 펜실베이니아 주 서머싯 카운티에서도 같은 이유로 아이오와 주로 이주하는 사람들이 있었다.

이주의 자유가 없었다면 아미쉬 사회는 공동체 생활의 필수적인 요소들을 유지하고 갈등을 해소하는 데 심각한 문제를 겪었을 것이다. 물론 농장을 구입하거나 이전하는 결정은 쉬운 일이 아니다. 대가족이고 생산력이 높은 농장이라면 더욱 그렇다.

5. 사회화 경험의 통제

어린 시절의 교육

아미쉬 사람들은 어린 시절의 훈련과 교육에 대한 공동체의 통제가 그들의 독특한 생활 방식을 유지하는 데 절대적으로 중요하다는 사실을 알고 있다. 세속적인 성공과 삶의 기준은 아미쉬 아이들이 학교에서 그런 것을 배워 실천하려고 할 때 아미쉬 사회에 위협이 된다. 한 세기가 넘게 아미쉬 사람들은 공립학교에 다녔다. 이들은 공립학교의 획일적인 문화가 공동체에 위협이 된다는 것을 느끼고 나서야 자신들만의 학교를 세웠다. 공립학교는 본질적으로 아이들에게 아미쉬 사람으로서의 정체성을 전해주지 못하고, 아미쉬 사람이자 미국인이라는 점을 허락하지 않았다. 1937년에 학교 통폐합이 시작되고 1972년에 위스콘신 대(對) 요더 재판에서 미국 대법원이 아미쉬 학교 체계를 지지하는 판결을 내기까지는 사실 불확실한 시기였다. 이 기간에 아미쉬 사람들은 불확실한 미래에 대비해 방어 기제를 세웠고, 그들의 교육 제도를 다시 생각해보았으며, 그 결과 문화적 활력이 커졌다.

아미쉬 사람들이 공립학교 체계를 거부하고 그들만의 사립학교를 세우기 시작할 무렵, 이들의 이웃과 주의 공무원들은 모두 아미쉬 사람들이 그들의 자녀에게 알맞은 교육을 제공하는 것이 불가능하다고 생각했다. 이들의 학교에는 기자재도 거의 없고 학교 교사나 교육위원회 위원 모두 고등학교 졸업이 학력의 전부였다. 이 학교는 온전히 아미쉬 사람들의 기부금으로 세워졌다. 아미쉬 학교들은 과학자나 사업가, 음악가를 양성하고자 하는 기관이 아니었고, 학생들을 키워 현대적인 산업 단지로 내보내 경제적 지위를 상승시키는 기관도 아니었다. 하지만 이 학교들은 공립학교 기준(표준 검사), 독립 학교 공인 기준(목표 달성 척도화), 전통적 아미쉬 공동체 기준에서 성공적인 평가를 받았다.[362] 아미쉬 학교들은 아이들을 21세기에 사는 아미쉬 성인으로 준비시킨다. 직업적 포부가 있는 학생들은 해당 준비를 계속해서 자신이 선택한 직업을 누릴 수도 있다. 아미쉬 학교는 교사와 학생 모두 서로 이해하고 인정하는 데 성공하고 있다.

아미쉬 사람들은 배움이 실용적이고, 삶과 연관을 맺어야 하며, 배움을 통해 사회적 책임감을 기를 수 있어야 한다고 굳게 믿는다. 이들은 추상적이고 분석적인 학습을 무엇보다 우선하는 학교 교육이 자신들에게는 무용지물이라고 본다. 지적인 창의성이나 비판적인 분석보다는 사회적 통합이 아미쉬

---

362) 이들 학교가 거둔 성취도 검사 점수는 다음을 참고하라. John A. Hostetler and Gertrude E. Huntington, *Amish Children: Their Education in Family, School, and Community* (New York: Holt, Rinehart, Winston, 1992), p. 93.

학교 교육의 목표다. 아미쉬 교육은 협동, 책임감, 겸손을 강조한다. 한 번 배운 사실은 완벽하게 알 때까지 반복한다. 시설이 매우 열악한데도 교육의 기초적인 여건이 충족되는 것은 교사와 학생들 사이에 신뢰, 존중, 정직함, 소망이 공유되기 때문이다.

성인의 사회화

아미쉬적인 사고방식에 적절한 교과서가 필요하다는 점은 아미쉬 학교를 세울 때부터 명백했다. 얼마 안 되는 오래된 아미쉬 정기간행물이 아직 읽히고 있지만, 새로운 제도와 새로운 상황에 맞추어 더 다양하고 많은 읽을거리가 제공되어왔다. 인쇄된 간행물로는 1890년에 만들어진 「버짓」과 1910년부터 나오기 시작한 독일어-영어 대역본인 「해롤트 데어 바어하이트」가 있다. 발행인란에 따르면 「버짓」은 "슈거 크리크 지역과 미국 전역의 아미쉬-메노나이트 공동체에 배달되는 주간 신문"이다. 이 간행물은 비아미쉬 출판사에 의해 오하이오 주 슈거 크리크에서 발간된다.[363] 이 신문은 모든 아미쉬 정착지에 배달되는 중요한 통신 수단이며, 사람들에게 농사일과 여행, 방문, 질병, 사고, 결혼 소식을 알려준다는 점에서 중요하다. 1974년에 「전갈(Die Botschaft)」지(펜실베니아 주 랭커스터의 버크셔 출판사 발행)가 생겨났을 때 아미쉬 독자들은 '승인된' 구파 사람들(아미쉬 또는 메노나이트)이 만든 정기 간행물을 볼 수 있게 되었고, 여기에는 못마땅한 광고도 상대적으로 적었다. 「버짓」을 만드는 사람들은 예전에 아미쉬 신도였던 자들이라 몇몇은 기피 대상이기도 하고 정통파 교회에 대해 '진보적인' 기사를 쓸 때가 있어서 아미쉬 사람들은 「버짓」의 대안이 필요하던 참이었다. 집사들의 위원회가 결성되어 "(「전갈」지에서) 바람직하지 않은 필자들, 특히 우리 선조의 신앙을 떠난 자들이 필자로 참여하지 못하게끔 촉구"하기도 했다.[364]

1964년에는 패스웨이 출판사가 설립되면서 새로운 정기간행물과 책들이 아미쉬 사람들 자신의 손으로 출간되기 시작했다. 이 회사는 아미쉬 농부 데이비드 웨글러와 조지프 스톨이 밀밭에서 도리깨질을 하려고 짚단을 옮기다가 아미쉬 책을 내는 출판사를 만들 수 있지 않을까 이야기하던 중 의기투합하면서 시작되었다. 두 사람 모두 다시 출간하고 싶은 오래된 책들이 있었다. 이즈음 한 아미쉬 목사가 '목숨을 걸 만한 가치'라는 제목의 원고를 출판할 출판사를 찾고 있었다. 이때 웨글러는 서점을 열고 자기 집에서 통신 판매를 하려던 참이었다. 이듬해에 세 번째 아미쉬 농부 제이컵 아이허가 합류했다. 아이허는 타작기와 제재 톱을 다루는 숙련된 기사여서 자기가 인쇄기를 맡겠다

---

363) 이 주간지에 대한 분석은 다음 글을 보라. William I. Schreiber, *Our Amish Neighbors* (Chicago: University Chicago Press, 1962), p. 145-72. Harvey Yoder와 David Luthy가 작성한 기사에 대해서는 이 책의 '참고 문헌'을 보라.

364) *Family* Life, December 1977, p. 22.

고 자원했다. 드디어 1964년에 온타리오 주 에일머 근처에서 이 비영리 기관이 설립되었고, 인디애나 주 라그랜지에서 레비 J. 램브라이트가 미국 전역에 출간물을 배포하겠다고 자청했다.

패스웨이 출판사 사무소는 온타리오 주 에일머에 있는 지방 우편물 4번 배달 노선의 한 외딴 건물에 들어섰다. 공동체의 송전선에서 이 건물까지 전기가 닿지 않았기 때문에, 인쇄기와 '전기' 타자기는 디젤 모터에서 오는 유압유로 구동해야 했다. 이 출판사에서 처음으로 나온 책『목숨을 걸 만한 가치(Worth Dying For)』(왈도파 박해에 기초한 허구적인 이야기)는 초판 5,500부를 찍었는데 그해가 지나기 전에 모두 팔렸다. 데이비드 웨글러가 쓴『힘센 회오리바람(The Mighty Whirlwind)』은 1965년에 인디애나와 미시간을 강타한 토네이도 팜선데이에 대한 내용이었는데, 몇 달 만에 1만 2,000부가 나갔다. 창립 때부터 이 출판사는 100권 이상의 책과 소책자를 펴냈고 그중에는 스테디셀러인『아미쉬 요리(Amish Cooking)』도 포함되었다.

패스웨이 출판사에서는 아미쉬 사람들이 쓴 책, 재세례파 고전, 여러 목록뿐만 아니라 학교 교과서도 출간한다. 교과서 가운데는『패스웨이 리더스(Pathway Readers)』가 있는데, 1학년부터 8학년까지 읽을거리와 학습장, 교사 지도서를 모두 모은 책이다. 출판사 경영진은 아미쉬 사람인 편집자, 작가, 일러스트레이터(몇몇은 미혼 여성이었다)를 추가로 고용했다. 그래서 총 직원 수는 8명이 되었다. 직위가 가장 높은 사람들은 자기 일이 따로 있고 출판 일은 파트타임으로 하는 농부, 노동자들이 담당했다. 패스웨이 출판사는 집필과 역사적 조사를 병행하며 데이비드 루시의 감독 아래 포괄적인 아미쉬 역사 도서관으로 발돋움했다. 비록 아미쉬 구파 교회가 소유하고 있는 것은 아니지만, 이 출판사는 독자들의 취향을 존중해 '검소파', 즉 아미쉬 구파와 메노나이트 구파 집단의 요구에 부응하게끔 애쓴다.

패스웨이 출판사에서 3달에 한 번 나오는 정기간행물은 1종의 발행 부수가 1만 3,000부도 넘는다. 그중「블랙보드 불레틴」은 아미쉬 학교의 교사, 학부모, 교육위원회의 검정을 거쳐 발간된다. 이 잡지에는 아미쉬와 메노나이트 학교를 유지하는 것과 관련한 편지, 이야기, 기사가 실린다.「영 컴패니언(원

▲ 자동차는 속도가 빠르고 마차는 속도가 느리기 때문에 나란히 달리다가 자칫 사고로 이어질 때가 많다.

래 제목은 '평화의 대사'였다)」은 다양한 장소에서 양심적 병역 거부자로서 대체 복무 중인 청년들이 만들었다. 오늘날 이 잡지에는 단편 소설, 연재물, 토론, 논설문이 실린다. 「패밀리 라이프」는 '검소하게 크리스천으로 생활하는 사람들을 장려하기 위한' 잡지다. 여기에 실린 대부분 이야기와 기사는 아미쉬 사람이 쓴 것으로 새로운 정착지와 이주, 인간사와 역사 관련 논설, 요리법, 세계적 행사에 대한 생각, 집안일을 비롯해 몸져누운 사람들을 위한 페이지도 있고 시, 퍼즐, 다양한 도덕적 문제에 대한 독자들의 반응도 실린다.

아미쉬 구파 사람들이 그들만을 위해 출판사를 세웠다는 사실은 중요한 성취다. 발행인들은 미국 각지에서 '깨끗한' 공동체를 만들고자 온타리오 주 엘진 카운티로 이주해 온 가정의 가장들이다. 영적 문제를 신경 쓰는 사람들로서 이들은 각자의 기술력을 합치고 「해롤트 데어 바어하이트」 편집자와 공감대를 형성하려는 계획을 세웠다. 이들의 공동체에는 새로운 모험을 의심스럽게 여기는 것이 특징인 오래된 민족적인 요소가 없었다. 전부는 아니었지만 대부분 아미쉬 사람은 그들의 독자적인 출판사가 생긴 것을 기뻐했다.

펜실베이니아 주 고든빌의 인쇄소에서는 아미쉬 사람들의 가계도, 소책자, 소식지들을 펴낸다. 이곳은 아미쉬 학교에서 쓸 예전 공립학교의 교과서나 교육 과정을 인쇄하기도 한다. 아미쉬 교육위원회 및 아미쉬 구파 운영 위원회의 구성원인 앤드루 S. 킨싱어는 아미쉬 학교를 위한 규칙집과 자신이 속한 위원회 의사록을 펴낸다.

한편, 주간지 「더 다이어리」의 발행은 아미쉬 역사에 대한 재조명의 흐름을 반영하고 있다. 1969년에 처음 발행된 이 주간지는 "펜실베이니아 랭커스터 카운티의 아미쉬 형제단 무리에 의해 만들어졌으며, 미국에서 우리 교회의 근본 운동과 구파의 종교 문헌 및 그 가치에 헌신한다."[365] 이 주간지는 페크웨이 퍼블리셔스라는 이름의 아미쉬 인쇄소에서 인쇄되며 고든빌 근처에 사는 조지프 F. 베일러와 그의 가족이 발행한다. 이 잡지에는 공동체 소식, 작물과 날씨 정보, 탄생, 결혼, 세례, 성직 수임, 부고, 이주에 대한 정보가 실린다. 이뿐만 아니라 초기 아미쉬 정착지와 다양한 아미쉬 가족의 가계도적인 설명이 담긴 오래된 편지나 문서를 담은 1차 문헌이기도 하다. 「더 다이어리」는 조지프 베일러와 그의 연구자 네트워크가 찾아낸 주된 발견들을 나누는 공간이기도 하다. 이들의 연구를 통해 초기 아미쉬 농가, 각종 증서, 땅 문서, 유언장, 편지, 민간 전승 등이 미국 최초의 정착지와 연결된다. 유전학자들이 아미쉬 가계도에 관심을 보인다는 사실은 아미쉬 사람들로 하여금 아미쉬 공동체의 중요한 통계 자료와 여러 인명부를 모아두도록 자극했다.

이런 새로운 출간물들이 아미쉬 사회에 주는 효과는 무엇일까? 예전 아미쉬 사람들은 오늘날 아미쉬 사람들과는 다르다. 공립학교가 아니라 아미쉬 학교에 다닌 오늘날의 아미쉬 사람들은 아미쉬 정기간행물을 읽는다. 그 결과 새로운 자의식이 생겨난다. 확실히 바깥세계의 잡지는 농장과 가족을 다루는 성격일지라도 벗은 몸이 보이거나 상업주의를 자극하고 폭력성을 띠는 등 아미쉬 사람들과는 맞지 않는다. 이런 상황에 맞추어 아미쉬 사람들은 자

---

365) Masthead, *The Diary*(Gordonville, Pa.).

신들의 환경에 적합한 잡지를 만들기 시작한 것이다.

아미쉬 출판사가 새로 생김으로써 그동안 글로 기록되지 않았던 아미쉬 문화의 여러 가정들이 명확하게 표현되기 시작했다. 오래되고 기초적인 믿음들이 새로이 검토되고, 변화하는 환경에 따른 새로운 해석이 제시된다. 패스웨이에서 나오는 정기간행물에는 소설이나 익명의 필자가 쓴 실제 이야기, Q&A란과 같은 편집 기술이 모두 사용된다. 독자들의 반응도 매우 흥미롭다. '어떻게 생각하세요?'라는 제목의 칼럼에서는 법적인 문제, 별자리와 각종 미신, 별명을 사용하는 문제, 원하지 않은 임신, 새로 옮긴 정착지, 공격적인 판매원에게 대처하는 방법, 들판에서 일하는 여성 문제, 비타민 중독, 여행객, 물건 빌리기, 공장에서 일하기, 고용된 소녀들, 사냥, 야뇨증, 담배 피우는 문제, 편리한 물건들의 사용 문제 등 민감한 주제들이 거론된다. 아미쉬 사람 중에는 자신들의 생활의 많은 부분을 이렇듯 글로 남기는 데 반대하는 사람들도 있다. 예컨대 글을 통해서 독자들은 한 번도 '나쁘다'고 생각해본 적 없는 관습들을 다른 관점에서 보게 된다. 패스웨이 출판사는 그들의 관점을 다음과 같이 표현한다. "우리 에일머 사람들은 우리 교회가 '죽은' 문화로 나아가고 있지 않다고 강하게 느낍니다. 따라서 우리는 우리 젊은이들에게 모든 관습의 이유와 유래를 알려주고자 해요." 글을 읽을 줄 아는 비율이 높아지면서 생각을 잘 표현하게 되었고 그것이 오늘날의 필요와 맞아떨어졌지만, 결국에는 이전의 다른 계몽 운동이 그랬듯이 이러한 문자 기록은 아미쉬 종교의 비^(非)언어적 성격을 훼손할 수 있다.

6. 적정 기술

현대 산업 사회에는 피할 수 없는 흐름이 있다. 생산 단위가 점점 커지는 이런 흐름은 기술적 사고(technological thinking) 때문이다. 아미쉬 사람들은 그들의 규모에 맞는 기술을 수용함으로써 여기에 반응했다.[366] 미국 농업에서 트

---

366) 아미쉬가 이상을 실천하는 모습은 다음 글에 잘 드러나 있다. E. F. Schmacher in *Small is Beautiful* (New York: Harper Colphon Books, 1973). [한국어판, 『작은 것이 아름답다: 인간 중심의 경제를 위하여』(이상호 옮김, 문예출판사, 2002년)] 비록 양쪽이 서로를 알아차렸던 것 같지는 않지만 말이다.

랙터 사용이 말 사용을 능가하지만, 아미쉬 사람들은 여전히 말을 이용한다. 말이 끄는 농기구에 계속 의지하는 것이다. 더 이상 농장 판매나 고물상을 통해 오래된 구식 농기구들을 구할 수 없자, 아미쉬 사람들은 이것들을 자체적으로 생산했다. 가솔린이나 등유 랜턴을 더 이상 구입할 수 없자, 아미쉬 사람들은 이것들도 직접 만들었다. 말에 채우는 마구나 마차가 시대에 뒤떨어진 것이 되고 대장장이가 미국 경제에서 사라졌어도 아미쉬 사람들은 이 사업들을 자신들이 물려받아 지속했다.

오늘날 아미쉬 공동체에서는 작은 가게나 공업사가 번성한다. 대규모 시장에서 살 수 없는 상품은 이런 아미쉬 가게에서 만드는데, 대부분의 생산품이 아미쉬 농장에 놓이거나 아미쉬 가정에서 쓰인다. 농업에 종사하지 않는 아미쉬 사람 약 400명이 "집에서 일하거나 집과 가까운 곳에서 자영업자로 생활하며, 그들에게 유용한 상품들을 제작, 수리, 판매한다."[367] 『아미쉬 구파 가게와 서비스 일람』에 오른 목록을 보면 회계사, 빵집, 배터리 수리 센터, 양봉업 관련 용품 판매상, 대장장이, 제본업, 마차 가게, 도축업, 선반이나 찬장 판매상, 목공소, 주물 공장, 엔진 가게, 농기구 판매 및 수리점 등 많은 종류가 있다. 오하이오의 대규모 아미쉬 공동체에 있는 한 가게는 다음과 같은 제목이 붙은 통신 판매 카탈로그를 내기도 한다. 「좋은 이웃의 전통 카탈로그: 결코 사라지지 않는 문, 전통에 대한 존경을 반영할 뿐만 아니라 오늘날의 요구도 맞추어주는 상품들」[368]. '대지로 돌아가는' 운동을 하는 사람들이 펴내는 「완전한 대지 카탈로그」와 마찬가지로 이 카탈로그 역시 규모가 큰 미국 사회에서는 고물 취급을 받는 여러 연장을 구입할 방법을 알려주며, 이는 아미쉬 공동체에서 아직 쓸모가 있었다.

아미쉬 공동체에서 비농업 종사자들의 작업장에서는 큰 공장에 특징적인 조립 라인이나 소외된 노동자들, 멀리 떨어진 사무소에서 결정되는 추상적인 정책 등은 찾아볼 수 없다. 이들의 작업장은 대개 가족 중심적이며 소규모이

---

367) 다음 책의 서문을 보라. *Old Order Shop and Service Directory of the Old Order Society in the United States and Canada*, 1st ed. (Gordonville, Pa.: Joseph F. Beiler, Compiler, November 1977, revised 1990).

368) Lehman Hardware and Appliance, Kidron, Ohio.

▲ 말안장, 마구, 편자 등을 판매하는 아미쉬 공동체의 한 가게

고 작업은 가까운 소수민족들의 네트워크에 의해 수행된다. 이들은 작업 시간, 속도, 조건 등을 통제한다. 작은 사업장의 소유주들은 자신을 위해 일하며 통제하고, 크레이빌이 이야기했듯이[369] 그들의 상품을 직접 디자인, 생산, 판

---

369) Donald B. Kraybill, *The Riddle of Amish Culture*(Baltimore: Johns Hopkins University Press, 1989), p. 211.

매한다. 가족이 소유하고 운영하는 이들의 가게는 고용인이나 고객, 가족, 공동체의 필요에 응하는 인간적인 작업 환경을 제공한다. 비농업 작업장은 직업의 하나라기보다는 소명의 하나로 인식되고 있다.

아미쉬 사람들의 규모와 사고방식에 걸맞은 기술이 발달함에 따라 아미쉬 사람들은 그들의 문화와 사회적인 제도를 더욱 발전시켰다. 노동 집약적인 활동은 아미쉬 농가나 소규모 집단에서 가장 적합하다. 이런 탈중심화된 산업은 아미쉬 사람들의 자족율을 높여주고 바깥세상의 상품이나 서비스에 덜 의지하게 한다. 이들의 사업은 다양한 기술을 적용하며, 농장을 소유하지 못했거나 농사일을 원하지 않는 사람들을 위해 아미쉬 공동체 내부에서 생계 수단을 제공한다.

세속 사회에서 기계라는 것은 더 크고 효율적인 작업을 강조하지만, 이것은 도구 사용에 대한 아미쉬 사람들의 사고방식과는 크게 대조된다. 기술을 확장한다는 논리는 무한한 산업적 성장과 무한한 에너지 소비를 지향한다. 아미쉬 사회에서 에너지 위기란 '공급'이 아닌 '사용'의 위기이며, 기술 문제가 아닌 도덕 문제다. 아미쉬 사람들은 기계로 만들어내는 에너지의 사용을 세심하게 제한해 "기술에 대한 유례없는 진정한 장인이 되었다."[370] 아미쉬 사회에도 해결할 문제가 없는 것은 아니지만, 이들은 현대 사회에서 너무나 복잡한 모순 가운데 하나인 에너지 문제를 비롯해 인간 생활과 기계의 균형을 맞추는 문제를 해결했다. 기술을 속박하거나 완화하고, 그 속에서 생활하는 데 제한을 두어 기술에 거리를 두고 바라봄으로써 아미쉬 사람들은 가족과 공동체 생활의 통합성을 지킬 수 있었다. 이들은 거창하고 화려한 기술의 여러 해로운 부작용을 피해왔다. 조급함, 목표가 없음, 혼란, 폭력, 낭비, 공동체의 분열 등이다.

---

370) 이 아이디어와 인용구는 다음 책에서 온 것이다. Wendell Berry, *The Unsettling of America: Culture and Agriculture* (New York: Avon Books, 1977), p. 95.

Part 4

살아남기
Survival

18장
살아남음의 담론

과거에 사회 이론가들은 아미쉬 사람들이 주류 사회에 흡수되는 것은 시간문제일 뿐이라고 여겼다. 아미쉬 사람들이 여태껏 살아남은 것은 크게 보아 정적인 사회학적 모형을 기반으로 설명할 수 있다. 즉 이들이 연속성을 유지할 수 있었던 것은 사회적, 지리적으로 고립되어 있었던 데다 농업을 기반으로 했고 독특한 복장과 언어를 유지했으며 종교에 헌신적이었기 때문이라는 것이다. 흔한 예상과 반대로 아미쉬 사람들은 살아남은 데 그치지 않고 지난 25년 동안 인구가 2배 이상으로 늘었다. 지금 아미쉬 인구는 역사상 제일 많다. 아미쉬 사람들은 과거에 그랬듯이 앞으로도 그들의 독특한 생활 방식을 이어갈 수 있을까?

아미쉬 사람들 사이에서도 생존에 중요하다고 여겨지는 문제들에 대해 지속적으로 대화가 이루어졌다. 공동체들은 그들의 필요보다는 전통에 더 무게를 두어 문제를 해결하면서 살아남으려 애썼다. 공통되는 전통에 얽매인 각 지역 공동체는 헌장의 제한 속에서 공동체의 자기실현을 달성하는 과제를 해결하고자 했다. 무엇이 공동체에 유익하고 무엇이 유해한지에 관한 논의는 아미쉬 사회의 역사 속에서 항상 있었고, 그 결과가 오르드눙과 그 실천에 반영된다.

1. 침묵의 담론

공동체의 자기실현 충동과 개인의 성취 욕구 사이에서 아미쉬 사람들의 변증법이 작동한다. 아미쉬 사람들은 '구파(old order)'와 '신파(new order)'적 사고방식의 대립 속에서 자신들을 바라보는 경향이 있다. 더 심층적인 수준에서 이 변증법은 직관적인 것(intuitive)과 언어적인 것(verbal)의 대립과 지양으로 나타난다.[371] 앞으로 보여주겠지만, 사회적인 관계는 이 두 가지의 인식 방식에 큰 영향을 받는다. 침묵의 힘과 언어적인 힘은 막 분열이 일어나기 전의 아미쉬 사람들 사이에서 가장 잘 드러난다. 이 두 가지 경향은 미래에 대한 아미쉬 사람들의 방향성과 그것을 위해 이들이 하는 일에서 명백히 드러난다.

침묵의 담론은 사람들이 서로 간에 깊이 관여하는 데서 잘 나타난다. 종교적인 경험일수록, 또 소리 내어 말하거나 단어로 소통하기가 어려울수록 집단적인 자각이 잘 발달한다. **침묵이라는 방식**을 주로 사용하는 사람들은 말로 표현되지 않는 문화적 영역들과 고도로 통합되어 있다. 이 영역은 전체적이고 상징적이며, 정보를 매우 효율적으로 전달한다는 특성이 있다. 이들의 충실성은 견고하며 자신들에게 생긴 문제를 해결하기 위해 함께 노력한다. 공동체 내부로 들어오는 정보의 흐름을 검열하고, 상징과 기호에 대해 민감해지면서 이 사회는 말이나 글로 표현된 기록보다 생활 속에서 전통을 표현한다. 이러한 종류의 종교적 경험은 말로는 소통되지 않는 경향이 있기 때문에 다른 표현 형태가 추구된다. 인간의 행동이 바로 그런 형태다. 언어가 빈약하다고 해서 어리석거나 지성이 결여된 것은 아니다.

아미쉬 사람들의 생활에서 침묵은 많은 기능을 한다. 아미쉬 사람들의 대화는 말보다는 침묵 속에서 이루어지는 경우가 많다. 아미쉬 사람들의 예배는 침묵으로 시작한다. 찬송가와 찬송가 사이에는 긴 침묵이 흐른다. 모든 신도는 무릎을 꿇은 채 소리 내지 않고 기도를 올리며, 기도는 신도들의 침묵 속에서 살짝 갈팡질팡하다가 마무리되거나 목사가 헛기침을 하면서 끝난다. 식전 기도와 식후 기도는 침묵의 연속이다. 일요일에 각 가정은 비교적 조용히 시간을 보낸다. 망치질이나 건축, 떠들썩한 소음 등 평일에 소리가 날 법한 행위는 금지된다. 예배하는 마음가짐과 함께하는 침묵 속에서 편안한 대화, 휴식, 산책이 이루어진다.

---

371) 침묵하는 것 대 언어적인 것은 Edward T. Hall의 '고-맥락' 문화와 '저-맥락' 문화의 대립 속에서 비교 · 논의될 수 있다. 이 책의 18~21페이지(원서의 페이지-역자)를 보라.

침묵은 갑작스러운 변화에 대항하는 방어이자 공포와 초자연적인 사건에 대한 적절한 반응이기도 하다. 재난, 사건 사고, 죽음의 순간이나 심한 천둥 번개 때에는 침묵이 적절하다. 농장의 이른 아침이나 늦은 밤 풍경, 봄날 또는 겨울날, 해가 비추거나 비가 오거나 눈이 올 때, 동물들을 기르는 축사의 건초 더미 등 환경에는 다양한 침묵의 음영이 있다.

침묵은 생존과 용서의 방식이고, 공동체에 자애를 베풀고 계율 위반자를 애정으로 포용하는 방식이다. 모든 것을 교회 앞에 고백하는 구성원은 용서를 받으며, 그 죄악은 다시 이야기되지 않는다. 침묵은 바람직한 인간관계를 회복하는 데 도움을 준다. 누군가의 질문에 침묵을 유지함으로써 공동체에 불화를 일으킬 불미스러운 화제를 피할 수 있다. 불량 청소년을 만났을 때 침묵하는 반응을 보임으로써 젊은이들의 치기를 다스릴 수 있다. 다른 아미쉬 사람에게 의심스러운 거래로 사기를 당했을 때도 아미쉬 농부는 소란을 일으키는 것이 아니라 침묵하기를 선택할 것이다.

아미쉬 생활에서 침묵은 능동적인 힘이며, 자기반성의 신호가 아니다. 직장이나 예배에서 주관적으로 세계를 대하는 개인에게 침묵은 타인에 반대하는 것이 아니라 타인과 함께하는 것이다. 침묵하는 사람은(고독과는 구분된다) 언어적 모순 속에서 살아간다. 아미쉬 사람들은 『성경』이나 신학의 언어를 두고 옥신각신하는 여러 주장에 관해 말을 아낀다. 이들에게 절대적인 것은 언어나 교의, 입장 표명 보고서 속에는 없다. 이 모든 주장에 대해 아미쉬 사람들은 그리스도라는 인격적 모범을 따라 침묵한다.

현대화에 만족하는 아미쉬 사람들은 모든 것을 의식적으로 정리할 필요가 없다.[372] 많은 것이 의식적 지식 없이 배열되며, 침묵 안에 모호성을 해결할 공간이 있다. 아미쉬 사람들은 지적으로 세련된 사람들이 그렇듯 범주를 이용해서 스스로를 설명하지 않고, 빠르고 즉각적인 통찰력을 활용한다. 침묵은 누구나 맘껏 사용할 수 있는 자원이다. '필요 없는 말'을 포함한 많은 소음은 신을 기쁘게 하지 않으며, 한 번 내뱉은 말은 절대 다시 거두어들일 수 없고 영원히 그 기록이 삭제되지 않는다. 우리가 한 말은 심판의 날에 다시 수면

---

372) Max Picard, *The World of Silence* (Chicago: Henry Regnery Co., 1952), p. 66.

으로 떠오를 것이다. "네 머리로도 하지 말라 이는 네가 한 터럭도 희고 검게 할 수 없음이라. 오직 너희 말은 옳다 옳다, 아니라 아니라 하라 이에서 지나는 것은 악으로부터 나느니라"(마태복음 5장 36~37절)

한쪽 뺨을 치면 다른 쪽 뺨도 내어주는 평화주의적인 침묵도 있는데, 이것은 순교자와 그리스도에게로 거슬러 올라간다. 그리스도는 빌라도의 질문에 답하기를 거부하고 침묵한 채 십자가에서 고난을 당했다. 아미쉬 사람들은 관료들에게 당황하고 규제에 속아 넘어가거나 외부인에게 악담을 들을 때 침묵으로 답한다.

아미쉬의 설교는 말하는 행위와 관련한 『성경』 구절을 강조할 때가 많다. 특히 야고보서에 그런 구절이 많다. "말하기는 더디 하며"(1장 19절), "마음에 심어진 말씀을 온유함으로 받으라"(1장 21절), "혀는 곧 불이요 불의의 세계라 혀는 우리 지체 중에서 온 몸을 더럽히고 삶의 수레바퀴를 불사르나니 그 사르는 것이 지옥 불에서 나느니라"(3장 6절), "혀는 …… 쉬지 아니하는 악이요 죽이는 독이 가득한 것이라"(3장 8절)

겸손과 조용함은 속죄하는 공동체에서 권장되는 마음가짐이다. "너는 기도할 때에 네 골방에 들어가 문을 닫고 은밀한 중에 계신 네 아버지께 기도하라" "기도할 때에 이방인과 같이 중언부언하지 말라"(마태복음 6장 6~7절), "내 형제들아 무엇보다도 맹세하지 말지니"(야고보서, 5장 12절) 영리함이라든가 다변, 능변은 오만함과 사악함에 속한다.

언어적 담론, 즉 구어든 문어든 말을 중시하는 풍토는 읽고 쓰는 능력과 합리성, 개성을 강조하는 비아미쉬 사람들에게서 흔하다. 연구, 추론, 해설, 기록 등은 일차적으로 선형적인(linear) 사고방식을 이끈다. 집합적인 통합성 대신 사고의 다양성이 존재하며, 이는 개인적인 계시와 지식으로 나아가게 한다. 이러한 사고방식은 '저-맥락'이라고 불린다. 정보가 일차적으로 언어적 의사소통에 한정되기 때문이다.[373]

---

373) Edward T. Hall, *Beyond Culture* (New York: Doubleday, 1976), p. 74.

우리는 이제 침묵의 담론이 영향을 주는 세 가지 영역을 비교해볼 것이다. 분리에 담긴 의미, 공동체의 규모, 탐색자들에 대한 태도가 바로 그것이다.

2. 분리에 담긴 의미

아미쉬 구파는 격리 계율을 그들 존재의 실용적인 문제와 조화시키는 데 어려움을 겪고 있다. 인류의 모든 공동체는 공동체 내부의 환경, 궁핍 안에서 자기실현을 해야 한다는 문제를 해소하거나, 그러지 못하면 다른 장소로 옮겨가야 한다.[374] 한편으로 아미쉬 사람들은 그들의 가장 높은 목표가 영생이며, 믿지 않는 세상과의 분리 등 신약『성경』에 기술된 초기 크리스천의 방식에 순응해야 그 목표를 달성할 수 있다는 사실을 안다. 다른 한편으로 아미쉬 사람들은 자신들이 특정 시공간(온도, 토양, 기후 조건 같은 다양한 환경)과 함께 경제적 경쟁과 이윤 추구가 생존을 위한 필수 요소인 현대 사회에서 살아가는 존재라는 실존적인 문제에 직면한다.

'바깥세상'에 대한 분리를 유지하는 것은 아미쉬 생활의 주된 교의다. 아미쉬 헌장(4장을 보라)에 명시되었듯이 아미쉬 공동체는 '바깥세상에 순응'해서는 안 되며 '믿지 않는 자들과 함께 일해'서도 안 된다. 아미쉬 교회의 모든 신도는 개인의 외관과 행동거지에서 바깥세상과 어떻게 달라질 수 있을지를 잘 생각해야 한다.

직관적인 담론을 따르는 아미쉬 사람들은 땅을 갈아 생계를 꾸리고 가능한 과거의 전통을 지키는 것을 강조한다. 세속과의 분리는 아미쉬 헌장의 다른 측면들로 뒷받침된다. 순종에 대한 서약과 오르드눙, 파문 관습이다. 이 밖에도 사회적 결속에 위협으로 여겨지는 기술이나 파괴적인 영향을 피하게끔 하는 규칙에 대한 합의가 있다. 분리 규칙은 트랙터나 자동차, 전화기의 소유를 금지하고 전기를 쓰지 못하게 한다. 응급 상황 같이 이러한 현대 문물을 꼭 써야만 할 때는 제한적으로 허용될 수 있지만 일상적으로 사용하는 것은 금

---

374) 실패한 많은 공동체에 관해서는 다음 책에 나와 있다. David Luthy, *The Amish in America Settlements That Failed* (Aylmer, Ont.: Pathway Publishers, 1986).

지된다.

침묵을 신조로 하는 사람들은 분리의 관습과 계율에 감정적으로 구속된다. 이들은 스스로 '특별한 사람들'이라고 여길 뿐만 아니라 생계를 잇는 세속적인 인간사에서 자신들을 분리한다. 바깥세상은 진보적이지만 그것은 자신들이 믿지 않는 세상에 대한 지식에 기반하는 만큼 세상이 신을 버렸다는 것을 뜻할 뿐이다. 개인들이 바깥세상의 유혹에 빠지거나 세속적인 교회로 돌아설 때, 침묵을 신조로 하는 사람들은 그들의 경계를 굳건히 하며 그들이 감지한 바깥세상의 영향에서 더욱 멀어지려 한다.

언어적 담론 쪽으로 이끌리는 아미쉬 사람들은 아미쉬 관습대로 살면서도 전통적인 생활 방식을 강조하지 않는다. 이들에게 바깥세상과의 분리는 물질적인 것이라기보다는 영적인 분리다. 이들은 땅을 경작해서 생계를 꾸려나가는 것을 원하지 않으며 아미쉬 헌장도 더 이상 그런 방식을 강조하는 방향으로 해석되지 않는다. 교회와 세속 간의 경계가 모호해짐에 따라 분리의 상징이나 독특한 의복, 그 밖의 차림새도 눈에 띄게 바뀐다. 예컨대 밭에서 말 대신 트랙터를 사용하는 것은 경계가 느슨해진 것이다. 농장 규모가 큰 중서부 공동체들에서는 밭일을 하는 데 트랙터를 써도 되지만, 트랙터에 쇠로 된 바퀴를 달아야만 하는 곳도 있다. 이렇게 변화하려면 자본 투자가 확대되어야 한다. 작은 부속 차량을 달고 있는 속도가 빠른 트랙터는 도입된 지 얼마 지나지 않아 바닥이 단단한 길에서 말보다 많이 사용되기에 이르렀다. 많은 동부 공동체에는 낙농업에도 기계를 사용하는 경향이 강해지고 있어서, 디젤 엔진이 달린 착유기나 냉각기를 쓰기도 한다.

옷차림의 변화는 기능 차원에서 설명할 수 있다. 젊은이들이 가게에서 산 멜빵에 지퍼와 단추가 달린 스웨터를 입고 어린 소년들은 겨울에 테두리 달린 모자가 아닌 방한모를 쓰는 등 변화 추세가 확연하다. 의복에서 나타나는 세속화 경향은 여성보다 남성이, 나이 든 축보다는 젊은이들이 더 강하다. 여성들이 겉에 걸치는 옷은 집에서 만든 것이다. 여성들의 복장 변화는 대개 이 겉옷 밑에 입는 것들에 한정되었다. 그래서 여성들은 겉은 아미쉬 식을 따르고 속옷은 가게에서 바깥세상의 제품을 사 입기 시작했다. 젊은이들이 농장

일에서 멀어지는 동안, 많은 미혼 여성은 마을이나 인근 도시에서 집안일을 했다. '외부인' 가정은 만족스러운 급료를 주었으며 버스를 타고 갈 수도 있어서 상당수의 젊은 여성이 시내나 번화가에서 고용되어 일한다. 주중에 '외부인'들과 함께 생활하는 것은 허락되지 않을 수도 있지만, 부모가 농업 종사자가 아닌 경우는 허락되기도 한다.

아미쉬의 언어적 신조는 외부 집단과의 접촉을 통해, 즉 아미쉬 경계 밖의 사람들을 자각하고 신경 쓰면서 영향을 받는다. 헌장의 분리 계율은 『성경』에 관한 비공식적 논의와 새로운 연구를 허락하면서 바뀌었다. 세계관의 이러한 사소한 변화는 개인에게는 커다란 자유로 다가오며 지적, 육체적 활동을 할 기회가 되기도 한다. 이런 관점에 따르면 아미쉬 사람들은 『성경』의 가르침대로 살고자 하는 노력이 다른 사람들과 다를 바 없기 때문에 더 이상 '선택받은 사람'이 아니다. 다른 사람들에게서 배우고 연구하는 열린 마음을 강조하는 과정에서 자발적인 사고, 판단, 주장에 대한 비판적인 평가가 생겨난다. 『성경』 공부 모임 또는 비밀 기도 모임도 생길 수 있다. 언어적 담론은 두 가지 유형의 하부 문화를 만들어낸다. 그 중 하나는 부활하려는 노력, 즉 전통 속에서 자기 정체성을 유지하려는 목적을 지향한다. 문제점이 있다면 어떻게 헌 부대에 새 포도주를 담을 것인가 하는 담는가 하는 것이다. 다른 하나는 자기 혐오적인 집단으로, 전통적 시스템을 파괴하고 혼란에 빠뜨리려 한다.

예배나 설교에는 언어적 지향성이 더 많이 반영된다. 전통적인 성가를 읊는 설교 방식을 바꾸어야 한다는 주장이 있다. 언어 지향적인 전도사들은 전통적인, 은둔자적인 해석과 중얼중얼 읊는 기도 방식을 버리고 청중과 눈을 맞추며 얼굴과 얼굴을 맞대려고 한다. 이들의 설교는 꽤 설득력이 있다. 예컨대 가만히 서서 설교하지 않고 자신의 말을 강조하기 위해 반경 4~8피트 정도를 왔다 갔다 한다. 앞으로 갔다 뒤로 갔다 하거나 가까이 앉은 신도의 어깨에 손을 올리기도 한다. 이런 전도사들은 『성경』보다는 오늘날 사람들의 삶에서 사례를 드는 경우가 많다. 『성경』 구절은 처음부터 끝까지 완전히 인용된다. 또한, 자신 있는 태도를 보이며, 영어나 일상적인 어휘가 설교에 꽤 쓰인다.

설교에 영어를 사용하면 언어적으로 훨씬 편하다. 그래서 영어 단어와 구들이 설교나 의례에 사용되기 시작했다. 하지만 그에 따르는 문제가 두 가지 있다. 하나는 목사들이 옛날 것을 새로운 말로 표현하기가 어렵다는 점이고, 다른 하나는 독일어에 대한 친숙함이 줄어들어 구성원들이 그 의미를 파악하기 어려워진다는 점이다. 처음에는 독일어 방언을 '확실히(surely)', '조건(condition)', '평화로운(peaceful)', '절대적으로(absolutely)', '홍수(flood)', '심판(judgement)', '기회(chance)', '실망(disappointment)' 같은 영어 단어로 대체해서 썼다. "Er Hat unser sins aus [ge] blot(그는 우리의 죄악을 깨끗이 지워주었다)", "Noah hat Gott nicht [aus] figur [a] kenna aber war gehorsum(노아는 신을 이해할 수 없었지만 순종했다)", "Viel Leit heiligs dagg hen religion awwer ken salvation(오늘날 많은 사람이 종교를 믿지만 구원받을 수는 없다)" 같은 구절도 영어로 대체되었다. 하지만 완전히 표준 독일어나 영어 어느 한 가지로 쓰이지 않는 상황은 구성원들에게 언어적인 스트레스와 모호함을 주었다. 그리고 세속 언어로 성스러운 개념을 표현하면서 바깥세상과의 분리 경계도 다소 불명확해졌다.

침묵의 담론을 실천하는 사람들과 언어적 담론을 선호하는 사람들이 공식적으로 결별하게 된 계기는 '타락한 영혼'을 다루며 '구원의 확신'과 선교 활동에 관심을 두면서부터였다. 전에 아미쉬 교회에 다녔고 언어적 담론을 지향하는 사람들은 아미쉬 구파를 '복음을 전파해야 할 유망한 선도의 장'으로 여긴다. 한 메노나이트 목사는 동료 목사들에게 아미쉬 출신을 성급하게 신도로 받아들이지 말라고 주의를 주었다. '목사들이 그들에게 구원의 전망과 신의 영광, 크리스천의 생활과 신앙에 대해 처음부터 가르쳐야 하며, 아미쉬 계율에서 비롯된 율법주의적이고 부정적인 사고방식을 뿌리 뽑아야 하는' 등 수고를 해야 하기 때문이었다.

주목할 만한 점은 아미쉬 사람들이 복음적인 설명에 의해 구원을 공동체에 순종하는 것으로 정의하면서 재세례파적 삶을 조용하게 지속했다는 점이다. 재세례파의 후손인 상당수의 메노나이트파는 사도 바울의 글에 요약된 바와 같이 개인적 구원을 강조하면서 재세례파에서 프로테스탄트로 노선을 변경해왔다. 즉, 메노나이트 목사는 메노나이트파가 아미쉬보다 복음주의 프로테스탄트와 더 많은 공통점이 있다고 생각한다. 이 부분은 로버트 프리드면(Robert Friedmann)이 던진 질문에 잘 드러난다. "우리는 바울을 통해 복음을 이해해야 하는가, 아니면 복음을 통해 바울을 이해해야 하는가?"[375] 아미쉬 사람들은 '제자의 신분(Nachfolge)'을 공동체에 대한 사랑을 실천하는 길로 이해할 뿐이지만, 바울의 가르침과 프로테스탄트 상당수는 죄악에서 시작해 체험과 언어화를 강조한다. 또 후자는 개인적인 향유를 강조하지만, 전자는 순종과 침묵의 고난을 가르친다. 프리드먼에 따르면 양쪽 다 '서로 자주 접할 필요가 있음을' 강조하지만, 이런 차이는 공동체와 개인적인 성향의 다양성을 설명해준다.

3. 공동체의 규모

아미쉬 공동체 각각은 제한된 잠재력과 가능성을 지닌 구성원들을 데리고 무언가를 성취해야 한다는 문제를 안고 있다. 규모 문제도 그중 한 가지다. 아미쉬 공동체는 이 문제를 해결하고자 자연적, 인적 자원과 공동체 고유의 지역적 전통을 통해 지속적으로 노력해왔다. 지역적 전통의 차이는 인식 패턴의 차이로 이어지며 침묵의 담론과 언어적 담론의 실천적 다양성을 설명해준다. 다른 공동체와 마찬가지로 아미쉬 공동체에서도 각자의 문화적 경험을 통합하는 구성원들의 능력에 따라 공동체를 만들어내는 힘이 달라진다.

인구 측면에서 보면, 50년 전에 아미쉬 사람들은 소규모 사회였고 수백 명 이상으로 구성된 정착지는 없었다. 오늘날에도 많은 아미쉬 정착지가 소규모이지만, 그중 가장 밀집한 지역은 더 이상 작다고 할 수가 없다. 일차적인 인간관계가 최대화되기 때문이다. 3대 아미쉬 정착지는 인구가 1만~2만 명에 이른다. 이 정착지들도 바깥세계의 대규모 사회와 마찬가지로 구성원들이 익명성을 띤다. 비록 익명성을 갖게 된 이유는 큰 사회와 다르지만, 익명성의 성격은 비슷하다. 작은 아미쉬 정착지는 큰 정착지보다 질서가 좀 더 잘 잡혀있다.

교구가 너무 커지면, 의례의 규모가 통제할 수 없는 정도로 커지는 것을

375) Robert Friedmann, *Mennonite Piety through the Centuries*(Goshen, Ind.: Mennonite Historical Society, 1949), p. 85.

막기 위해 모임을 둘로 나눈다. 하지만 그렇게 하더라도 각 모임이 지리적으로 확장되면 관계가 멀어지고 익명성이 커지게 된다. 젊은이들은 일단 제쳐두고 완전한 성인 구성원의 관점에서 볼 때 아미쉬 사회 내부의 모든 사람이 얼굴과 얼굴을 맞대는 관계라고는 할 수 없다. 친밀함은 세계동포주의와 모르는 사람에 대한 무관심에 자리를 내준다. 친척 관계가 아니면 타인에 대한 정보는 유지되기가 어렵다. 우정(Freudschaft)을 나누는 관계가 아니면 서로 간에 잘 모르며, 몇몇 경우에는 완전한 타인처럼 지내기도 한다.

침묵의 담론을 실천하는 사람들은 공동체의 규모 유지 문제를 해결하는 과정에서 언어적 담론을 강조하는 사람들과 구별되는 방식으로 친밀함과 공유를 최대화한다. 두 가지 방식 모두 두 집단이 공동체의 미래 가치에 중요하다고 여기는 것들과 관련된다.

침묵의 담론을 실천하는 사람들은 만약 그들이 농업적인 기반을 잃는다면 아미쉬 공동체를 만들어나가고 지속하는 특질도 상당 부분 잃게 될 것이라는 점을 직관적으로 안다. 농장일은 모든 연령대의 사람들을 하나로 묶는다. 가족의 구성원 각각은 전체에 도움이 되는 일을 수행한다. 남편과 아내는 목표

▼ 말이 모터가 달린 건초 포장기를 끌고 있다. 가족과 공동체를 강화하기 위해 기술의 도입이 제한된다.

와 관심사, 책임을 공유한다. 이들에게 작은 농경 공동체는 궁극적인 삶의 목표를 수행하는 데 가장 전망 있는 방식이다. 선의와 상호 존중, 위험 가능성과 경험을 공유하는 사람들에게 공동체는 최고 가치의 표현이다. 이것이 바로 농경적 기반을 잃을지 여부가 중대한 관심사인 이유다.

새로운 정착지를 만드는 것으로 농경지 부족 문제를 단숨에 해결할 수는 없다. 새 정착지는 대개 다른 집단적인 필요와 함께 여러 가지 이유에서 만들어진다. 경제적 어려움에서 벗어나기 위해 이주하는 사람들은 침묵하는 유형이다. 인구가 밀집한 정착지에서 아미쉬 사람들이 없는 시골 지역 또는 소규모 정착지로 이주한 가정은 고립된 상황에서 새로운 시도를 할 수 있다. 하지만 이런 이주가 있기 전에, 공동체의 합의와 리더십 유형의 재구성이 일어날 때가 많다. 새 정착지를 이루는 데는 기본적으로 두 가지 조건이 필요하다. 구성원들 사이에 규칙에 관해 충분히 합의되어야 하고, 같은 정착지 안에서 결혼할 수 있을 정도로 정착지가 커야 한다는 것이다. 재정착하려는 많은 시도가 불발한 이유는 이 조건 가운데 하나 또는 둘 다 충족되지 않아서다. 공동체가 사라진다고 해서 이 공동체들이 통합되지 않았거나, 망했거나, 주류 사회에 동화되었다는 뜻은 아니다. 아미쉬 사람들은 어디를 가든 자신들의 사회적 생활 방식을 따른다. 대개 공동체가 사라졌다는 것은 공동체의 공간적 규모가 이들의 필요를 해소하는 데 충분하지 못했다는 뜻이다.

아미쉬 사람들은 대규모 사업에 따르는 위험성을 직관적으로 알고 있다. 큰 기계를 돌리려면 많은 투자가 필요하고 경제력이 집중되어야 한다. 이런 기계는 환경에 해를 입힐 것이고, 그래서 흙과 가깝게 지내려는 아미쉬 사람들의 반감을 사고 있다. 이들에게 끝없이 발달하는 기술은 탐욕이자 지혜에 대한 거부다. 아미쉬 사람들의 경제적인 사고방식은 이기심과 탐욕, 안일함, 팽창주의적 사고를 제한하는 전통적인 지혜를 따른다. 일을 그냥 끝내고 마는 것보다는 모든 구성원에게 능력을 개발할 기회를 주게끔 일을 활용하는 것이 이상적일 것이다. 아미쉬 사람들의 미래를 온전히 결정하는 것은 기술이나 생활 수단이 아니라 자신의 생활에 대한 정의다.

언어적 담론에 이끌리는 사람들은 사회를 견고하게 지키기 위해 새로운 지역으로 이주할 확률이 비교적 낮다. 외부인보다 아미쉬 사람과 더 친밀하게 접촉한다면 공동체에 위협으로 인식되지 않는다. 충분한 자본을 확보해 농장을 소유해야 한다는 문제에 부딪힌 젊은 부부는 가장 빠른 길을 통해 농업에 종사하는 미국 중산층 가정이 되고자 한다. 농업에 전기와 트랙터를 사용하는 방식의 장점은 점점 부각되고 있다. 몇몇 지역에서는 비아미쉬 사람에게서 농장을 빌린 아미쉬 사람들이 이런 문명의 이기를 이용하기도 한다. 특히 대규모 정착지의 변두리에 사는 사람들에게서 그런 모습을 자주 볼 수 있다. 농장 소유주들이 농장에서 전기 설비를 제거하거나 동력으로 구동되는 농기구를 다른 것으로 대체하기를 원하지 않을 수도 있다. 이러한 조건에서 아미쉬 임차인들은 금지되는 것들을 점차 사용하고, 전깃불을 '끄는' 것이 불편하다고 느끼게 된다.

대규모 정착지가 발달함에 따라 아미쉬 사람들은 개인적인 자유를 느끼며 더욱 개별화되었다. 언어적 담론 쪽으로 돌아선 사람들은 재정의된 한계에 적응하며 공동체 확장에 따른 문제를 해결하고자 분투했다. 아미쉬 사람들은 마차를 몰고 고속도로에 나가 위험을 자초하지 않고 이동 방식을 바꾸었다. 번창하는 아미쉬 구파 농장에서도 전기나 공기를 넣은 고무 타이어가 달린 농기구, 전화기를 찾아볼 수 없다. 아미쉬 교회의 규칙이 이런 문물을 금지하기 때문에 그 규칙을 따르는 것이다. 하지만 농장에 프로판 가스는 들여놓았을 것이다. 농장 안주인은 최신형 가스레인지, 등유를 태워 작동하는 냉장고, 가솔린 엔진으로 수압을 일정하게 유지하는 자동 온열기를 사용한다. 위층에는 수세식 변기, 욕조, 샤워기가 완비된 욕실이 있다. 농가는 가솔린 호롱등을 조명으로 쓴다. 아미쉬 농부들에게는 자동차가 없지만, 필요하다면 밤이고 낮이고 언제든지 이웃을 불러 어딘가 데려다달라고 할 수 있을 것이다.

이 아미쉬 농부(전형적인 사례)는 교회의 규칙을 따르기는 하지만 몇 세대 전 아미쉬 사람들의 행동 패턴과는 사뭇 차이를 보인다. 농장의 운영도 혁신적이고, 시장 판매와 생활수준의 향상을 위해 고도로 산업화된 사회에 의존하고 있다. 우유가 A등급을 받으려면 젖소 축사, 우유 보존실, 상수도, 농장에서 키우는 가축, 일하는 방식을 완전히 바꾸어야 한다. 위생에 관한 요구 조건을 맞추려면 외부인들의 사고방식을 이해해야 한다. 도시에 사는 외부인들의 회사 트럭이 아미쉬 사람들이 생산한 우유를 모아서 가져가고, 달걀, 농산물, 가축을 시장까지 운반한다. 버터, 빵, 식료품도 주간 일정에 맞게 외부인들이 아미쉬 농장으로 배달해준다.

4. 모델로서의 아미쉬 사회

30년 전만 해도 아미쉬 사람들은 억압적인 관습을 지키며 살아가고 자녀들의 노동력을 착취하는, 시대에 뒤떨어진 종교 분파의 사람들로 비쳤다. 아미쉬 부모는 자녀를 초등학교 졸업 후 상급 학교에 보내지 않는다는 이유로 감옥에 가기도 했다. 이들은 현대 문물을 비롯해 진보라는 미국인들의 이상을 송두리째 부인하는 집단으로 여겨졌다. 30년 전, 미국의 한 잡지는 아미쉬 사람들을 '사라져가는 종족'이라고 묘사했다. 하지만 오늘날의 잡지에서는 아미쉬 사람들을 건강한 미국인이라고 긍정적으로 강조하여 다루고 있다.

아미쉬 공동체는, 미국 사회에 일찍이 있었지만 지금은 사라졌고 이제 다시 찾으려 하는 몇몇 속성을 보존하고 있다. 가족과 공동체의 친밀한 관계, 아이와 노인을 존중하는 문화, 종교적인 생활 방식, 위기가 닥쳤을 때 서로 돕는 관습, 기술의 영향력을 통제하기 위한 여러 제한, 파산하지 않고도 품위 있게 죽음을 애도할 수 있게 하는 사회적 부조가 그것이다.

아미쉬 사람들은 현대인들이 신체적, 문화적, 영적으로 살아남기 위해 선택하고자 하는 본보기를 제공한다.[376] 현대 사회의 부모들이 많이 하는 걱정 가운데 하나는 자녀들이 아미쉬처럼 모범적인 종교가 아닌 광신 종교에 동참할지도 모른다는 것이다. 내 개인 서류함은 아미쉬 사람이 될 수 있는 방법을 문의하는 아이들, 어른들, 노인들의 문의 편지로 가득하다. 다음 사례를 보자.

---

376) Marc Alan Olshan, "The Old Order as a Model for Development," (Ph.D. diss., Cornell University, 1980), p. 169. 다음 글도 참고하라. Thomas M. Foster, "Amish Society: A Relic of the Past Could Become a Model for the Future," *The Futurist* (December 1981): p. 33-40.

나는 아미쉬 사회에 들어가는 데 관심 있습니다. 어떻게 하면 될까요? 저는 53세이고 아내는 47세입니다. 아미쉬 사람들은 확실히 진정한 종교 생활을 하고 있어요. 우리 사회는 돈과 부동산을 향한 탐욕으로 병들었습니다. 비용을 지불할 테니, 부디 아미쉬 사람들이 보는 잡지를 제게 보내주세요.

혹시 위스콘신 주의 타운십에 정착하실 생각은 없는지요? 제 자식들을 교육시키기 위해 훌륭한 사람들의 생활 방식을 보여주고 싶습니다. 저는 아미쉬 사람들과 그들의 풍부한 문화에 관심이 있습니다. 여러분이 이 미친 세상에서 계속 살아남는 것을 보면 몹시 놀랍습니다.

저는 10세 소녀입니다. 저는 전기도 자동차도 없이 아미쉬 사람들처럼 살고 싶어요. 저는 뉴욕 주 변두리에 살지요. 자연이 좋고, 단순하게 사는 것이 좋아요.

오늘날은 아미쉬 300년 역사상 아미쉬 교회 신도가 되고자 희망하는 사람이 가장 많다. 여행객들은 아미쉬 생활을 목가적이라고 생각해서 탐구하게 되었는지 모르지만, 상당수의 진정한 '탐구자들'에게는 현대 사회에 널리 퍼진 소외와 탈주술화(disenchantment, 인간의 합리적 사고에 의해 과거에는 신의 뜻이라고 여기던 주술성에서 벗어나는 것을 가리키는 막스 베버의 용어-역주) 때문에 아미쉬를 탐구한다. 아미쉬 사람들은 이런 탐구에 무관심이나 회의적인 자세로 응대할 때가 많다. 평균적인 '세속' 사람들이 계율을 지키는 삶을 산다는 데 의심을 품기 때문이다. 생계를 위해 인형을 만들기 시작한 한 아미쉬 여성의 사례를 보자. 이 여성은 인형 하나하나에 자기 이름과 주소를 써 붙였다. 얼마 후, 인형 주문이 더 들어오는 것이 아니라 아미쉬 교회에 들어가는 방법을 묻는 편지 네 통이 왔다. 이 여성은 각각에 이렇게 대답했다. "그만둬요. 꼭 그럴 필요가 없는데 인생에 골칫거리를 더할 이유는 없죠." 하지만 이런 문의를 심각하게 받아들이는 사람들도 있다.

외부인들이 아미쉬 사람을 받아들이는 방식은 그들의 인생에서 의미 있는 것이 무엇인지, 인류의 진보란 무엇이라고 생각하는지, 가치를 두는 대상이 어떻게 변했는지를 짐작할 수 있게 하는 표지가 된다. 프랭클린 리텔(Franklin Littell)은 이 변화를 다음과 같이 설명한다. "오늘날 현명하고 궁극적으로 의미 있는 삶에 헌신하는 사람은 드물다. 아미쉬 사람들을 우리 자신의 규율 없고 폭력적인 술책 속에 끌어들이는 것보다는 우리가 그들을 본받는 것이 낫다."[377]

하지만 아미쉬 사람들은 자신들의 공동체가 번창하는 것에 대해서도 그렇지만 이런 칭찬에도 당혹스러워한다. 그러면서 자신들이 간소한 삶에 대한 전매특허가 있는 것도 아니며 "우리에게도 문제가 있다"[378]라고 재빨리 알려준다. 아미쉬 사람들은 외부인에게 자신들의 삶을 감추려 하지 않지만, 전통적인 방식으로 그것을 선전하지도 않는다. 이들은 언어적인 설득을 하지 않으며 캠페인이나 선교 활동을 하지도 않는다. 말을 많이 하지 않고도 아미쉬 사람들은 외부인에게 모범을 보인다. 이들은 기꺼이, 때로는 원하지 않더라도 『성경』의 가르침에 의해 '세상의 빛'이 되어야 한다.

아미쉬 사회가 지금껏 살아남은 것은 재생 이론[revitalization theory, 새로운 문화를 창출하려는 구성원들의 자발적이고 의식적인 노력을 통해 종교 단체나 정치적 조직의 변화 추이를 이해하려는 인류학자 앤서니 월리스(Anthony Wallace)의 이론-역주][379]이나 아미쉬로 개종한 탐구자들의 유입으로는 설명되지 않는다. 아미쉬 역사를 통틀어 부흥 운동은 확실히 없었기 때문이다. 사실 부흥 운동이나 계몽 운동이 일어날 무렵, 아미쉬 사회에 거짓된 선각자들이 득세하고 현대화와 개인화로 향하는 파벌 형성이 시작되면서 구파 교회의 여러 사회 조직으로 서서히 부서지고 있었다.

세상이 복잡하고 불안하고 스트레스가 많을수록 아미쉬의 생활 방식에 매혹되는 탐구자들은 더욱 많아진다. 아미쉬 사람들을 찾아와 탐구하고 아미쉬 교회에 합류하고자 하는 외부인의 수가 느는 것을 보아도 알 수 있다. 과거에는 아미쉬에 들어오고자 하는 외부인이 상대적으로 적었고, 그 사례도 덜 인상적이었다. 오늘날 아미쉬 교회로 개종한 다음 성의 가족들도 처음 개

---

377) Franklin Littell, "Sectarian Protestantism and the Pursuit of Wisdom: Must Technical Objectives Prevail?" 다음 책에 실렸다. Donald A. Erickson, ed., *Public Controls for Nonpublic Schools* (Chicago: University of Chicago Press, 1969), p. 79.

378) Olshan, "The Old Order Amish as a Model," 169.

379) 다음 글에는 잘 정립된 이 인류학 이론에 대한 설명이 실렸다. Anthony F. C. Wallace, "Revitalization Movements," *American Anthropologist* 58 (1956): p. 264-81. 유대인들이 조상 대대로의 삶으로 돌아간 데 대한 연구는 다음을 보라. Egon Mayer, *From Suburb to Shtetl: The Jews of Boro Park* (Philadelphia: Temple University Press, 1979).

종한 것은 우연에 지나지 않았다. 앤더슨(Anderson), 크로스(Cross), 들라그랜지(Delagrange), 플로드(Flaud), 지로드(Girod), 헤딩스(Headings), 헬무트(Helmuth), 위야르(Huyard), 존스(Johns), 램브라이트(Lambright), 리(Lee), 루시(Luthy), 웨트스톤(Whetstone), 위키(Wickey) 등이 그들이다. 예외도 있지만, 개종자 대부분은 아미쉬 가정에서 생활하거나 일했고 양자로 들어가기도 했다. 이들은 언어적 담론에 의해서가 아니라 그저 아미쉬 생활 속으로 들어갔으며, 아미쉬 사람들이 보여주는 본보기에 매혹되었다. 그래서 아미쉬 사회에서 기존 사회의 모순을 해결할 합리적인 담론을 찾고자 기대했던 반문화(反文化, counterculture) 유형의 탐구자 다수는 실망해 돌아서기도 했다. 아미쉬 사회에 들어오고자 하는 사람들에게는 고된 육체노동, 자발적으로 책임을 받아들이고 비언어적인 방식으로 소통되는 명령을 알아듣는 데 따르는 어려움과 같은 장벽도 있었다. 개종할 예정인 젊은이들은 마구간 일과 갈퀴로 건초를 긁어모으는 일부터 시작했다. 젊은 여성들은 토마토 데치기, 사과 등의 과일을 유리 단지에 저장하기, 가족의 식사 준비하기 같이 쉽게 할 수 있는 집안일부터 했다. 아미쉬 사람들은 아미쉬 교회에 들어오려는 외부인들에게 가끔은 친절을 보이지만, 구성원이 되라고 논리적으로 설득하려 하는 사람들은 언어적 담론에 관심이 있는 사람들뿐이다.

5. 아미쉬 사람들의 미래 전망

아미쉬 사람들은 과거를 보고 있지만, 그들이 사는 시간은 현재다. 이들의 과거는 현재 속에 살아 있다. 아미쉬 사람들은 죽고 난 후 천국에 가리라고 기대하지만, 그렇다고 지상의 삶이 앞으로 어떻게 펼쳐질지 신경 쓰지 않는 것은 아니다. 이들은 세상의 종말과 최후의 심판에 대한 『성경』의 가르침을 받아들이지만, 그리스도의 재림을 무작정 기다리거나 사후의 삶이 어떤 것인지 하는 사변에 마음을 빼앗기지는 않는다. 세상의 종말을 가장 훌륭하게 준비하는 법은 신앙 공동체에 충실한 것이고, 이것은 일상적인 일을 계속 바쁘게 해나가며 의무를 이행하는 것으로 표현된다. 아미쉬 사람들은 '그[그리스도]

가 언제 다시 오실지 모른다는 것'을 강조하며, 그러므로 개인은 이를 준비하고 있어야 한다는 것을 알고 있다. "그때에 두 사람이 밭에 있으매 한 사람은 데려가고 한 사람은 버려둠을 당할 것"(마태복음 24장 40절)이기 때문이다. 1979년에 펜실베이니아 해리스버그 근처에서 원전 사고가 터졌을 때(스리마일 섬 원자력 발전소 사고를 말함-역주) 아미쉬 사람 대부분은 기자들이 취재하러 오기까지이 사건 자체를 몰랐거나, 알았어도 그 심각성을 인지하지 못했다. 이와 비슷하게, 아미쉬 사람들은 세상의 종말이 오더라도 평소의 의무를 충실하게 하는 것으로 희망을 찾을 것이다.

신학이나 분파주의, 부흥 운동에서 쓰는 용어는 확실히 아미쉬 사람들의 사전에 없다. 아미쉬 사람들은 19~20세기의 신앙 부흥 운동, 전(前)천년설(premillenarianism, 그리스도가 재림한 후 지상에 실제로 그리스도가 통치하는 천년 왕국이 건설된다는 설-역주), 근본주의, 세대주의(dispensationalism, 세상에 대한 신의 섭리를 시대별로 구분할 수 있다고 생각하는 사상-역주) 같은 미국인들의 삶에 영향을 준 많은 종교적 운동을 비껴왔다. 세상과 분리되어 그 경계 바깥에서 살았기 때문이다. 아미쉬 사람들에게 중심이 되는 믿음은 군사력을 사용해 남을 정복하거나 개종시켜 세속적인 진보를 이루어 번영하려는 흐름과 대립된다.[380]

초기 재세례파, 메노나이트파의 관점에 따르면 아미쉬 사람은 그리스도의 왕국의 실체는 계율을 따라 뭉친 공동체 안에 있는 것으로 생각한다고 한다. 깨달음을 얻고 신에 의해 소명을 받은, 신의 선물을 그들의 영적인 소유물로 받아들이는 신자들 개인이 이루는 공동체에 순종하는 것이 바로 미래를 가장 잘 준비하는 방법이다. 퀘이커교 같이 형제애를 강조하는 다른 종교 공동체와 마찬가지로 아미쉬 사람들은 침묵하며, 절제하고, 두드러지게 양심적인 방식으로 행동한다.[381]

세상에 대한 거부와 흠 없는 행동 모두 구원을 받는 데 중요하기 때문에, 속죄하는 공동체를 유지하기 위한 조건들이 지속적으로 토론거리가 되는 것

---

380) 프로테스탄트 종교 운동에 대한 아미쉬 사람들의 태도는 펜실베이니아 동부의 메노나이트파와 비슷하다. 다음 책을 참고하라. Beulah S. Hostetler, *American Mennonites and Protestant Movements* (Scottdale, Pa.: Herald Press, 1987).

381) 이런 행동에 대한 구조적 설명은 다음을 보라. Max Weber, *The Protestant Ethic and the Sprit of Capitalism*(New York: Charles Scribner's Sons, 1958), p. 149.[한국어판:『프로테스탄티즘의 윤리와 자본주의 정신』(박성수 옮김, 문예출판사, 1996년)]

이다. 교회 공동체를 유지하려면 통합성, 희생의 고난, 형제애, 겸손, 평화를 우선하는 섬세한 작용이 필요하다. 오르드눙보다 엄격한 규율을 구성원에게 강제하거나 타인의 관점을 무시해서는 교회 공동체의 미래를 절대로 보장할 수 없다. 신에게 다함께 바치는 공물이자 '신랑을 맞은 신부'인 신도들은 끊임 없이 세속적인 것과 싸운다. 지속적으로 소통하고 합의를 찾는 과정에서 구성원들을 공동체의 사상에 동조시킬 수 있다. 겸손을 오만과 구별하고, 형제 애를 세속에 대한 사랑과 구별하는 사상이 그것이다. 따라서 집단의 조화, 정체성, 단결을 유지하는 데 합의의 언어가 중요하다. 공동체마다, 지역마다 각자의 담론이 있고, 다른 곳과 조금씩 달라 다양할 수 있다. 이 책에서 우리는 하나의 특정 공동체가 아닌 북아메리카 아미쉬 구파에 일반적으로 적용되는 내용을 다루려 했다.

최근 떠오르는 아미쉬적 가치란 바깥세상의 기준에서 측정된 것일 뿐이다. 신중함과 중용이라는 전통적인 가치는 새로운 의미의 다양성, 그리고 공동체의 자기실현이라는 가치와 결합해왔다. 개인의 사회적 지위는 그의 생산물에 따라, 그가 얼마나 책임감이 있는지에 따라, 또 타인이 얼마나 필요로 하는가에 따라 정해진다. 개인은 기본적으로 이렇게 자문한다. "이곳에서는 정말로 나를 필요로 하는가?" 손에 넣을 수 있는 목표를 명시하고, 가족 지향적이며, 세대를 아우르는 시스템 속에서 믿음은 사회적이고 경제적 삶, 지위 향상과 통합된다.

침묵으로 설득하는 아미쉬 사람들에게 구원과 공동체는 하나이고, 몸과 영혼도, 땅과 노동도 역시 분리되지 않는 하나다. 이 모든 것은 신이 하시는 일이다. 세상은 영적인 심판이 내려지는 곳이지만, 육체와 영혼이 상호 작용해서 어떤 궁극적인 실재를 달성하는 곳이기도 하다. 아미쉬 사람이 이해하는 바에 따르면 『성경』에서는 창조 과정에서 영혼이 다른 모든 것과 분리된다고 가르치지 않았다. 삶은 여러 부분으로 분리되는 것이 아니고, 영혼 또한 지상에서 천상으로 해방되기만을 기다리며 창조의 전 역사(役事)에서 소외되기만 하는 것은 아니다. 통합과 조화를 회복하는 데 도움이 되는 가치의 효과로, 대립되는 여러 가지 사이에서 화해가 이루어진다.

아미쉬 사회는 공동체의 자기실현과 각 새로운 세대에서 구성원들이 개인적 성취를 이루어야 한다는 문제에 직면한다. 이런 문제를 해결하려는 지속적인 분투가 두 가지 유형의 일반적인 사회적 담론을 만들어낸다. 침묵의 담론과 언어적 담론이다. 이 각각은 독특한 태도 및 관습의 집합으로 특징지어지며, 그것은 각 공동체에서 현재진행형인 문제 해결 과정과 인지 패턴의 가능성과 잠재력에 반영된다. 우리는 분리의 헌장, 변화하는 공동체, 탐구자들을 향한 태도 면에서 이 두 가지 방식의 담론이 발달하는 방향을 살폈다. 각 유형에서 강조하는 문제점은 명확하고, 각 공동체 내부에서 그 종류와 강도도 다르다. 우리는 지금까지 여러 공동체가 자신과 직면한 문제를 해소하거나 해결에 실패하는 모습을 살펴보았다. 아미쉬 사회는 아미쉬 가정에서 자란 아이들에게 공동체와 개인적 성취를 어느 정도로 제공하는지에 따라 번영하거나 혹은 쇠퇴할 것이다.

Allen Frank
1989   "Country Doctor: How a Physician Solved the Riddle of Rare Disease in Children of Amish." Wall Street Journal, September 20.

Almanac, The New American
1930   Published annually by J. A. Raber, Baltic, Ohio. Also Issued in German.

Amish Cooking
1977   Aylmer, Ont.: Pathway Publishers.

Ammann, Paul, and Ammann, Hans
1975   *Aus der Sippe Ammann von Madiswil, Stammregister, 1612-1955*. Zurich.

Ammon, Richard
1989   *Growing Up Amish*, New York: Atheneum. 102pp. A children's book.

Armstrong, Penny, and Feldman, Sheryl
1986   *A midwife's Story*. New York: Arbor House.

Ausbund, Das ist: Etliche schone christliche Lieder
1564   1st ed.

Bachman, Calvin G.
1942   *The Old Order Amish of Lancaster County*, Pennsylvania. Norristown, Pa.: German Society. Reprinted in 1961.

Baccher, Robert
1987   "Jacob Aman et Ruodolph Houser." *Souvenance anabaptiste*. No 6, pp. 75-89.
1990   "Jacob Amman et Heidolsheim." *Souvenance anabaptiste*. No 9, p. 71-74.

Ball, William B.
1975   "Building a Landmark Case: Wisconsin vs. Yoder." In *Compulsory Education and the Amish: The Right Not to Be Modern*, edited by Albert N. Keim, p. 114-23. Boston: Beacon Press.
1993   "First Amendment Issues." In *The Amish and the State*, edited by Donald B. Kraybill.

Baltimore: Johns Hopkins University Press.

Barclay, Harold B.
1967   "The Plain People of Oregon." Review of Religious Research 8: 1-26.

Beachy, Alvin J.
1954   "The Amish Settlement in Somerset County, Pennsylvania." Mennonite Quarterly Review 28 (October): 263-93.
1955   "The Rise and Development of the Beachy Amish Mennonite Churches." Mennonite Quarterly Review 29 (April): 118-40.

Becker, Karl A.
1952   Die Volkstrachten der Pfalz. Kaiserslautern.

Beiler, Aaron E.
1937   Background and Standards of the Old Order Amish Church School Committee. Route I, Gap, Pa. Reaffirmed in 1961.
1937-68 Papers of the Amish School Controversy. n.p.

Beiler, Benjamin K.
1990   Ed. Old Order Shop and Service Directory. Gordonville, Pa.: Pequea Publishers.

Beiler, Joseph F.
1971   "Revolutionary War Records." The Diary, March.
1976   "Eighteenth Century Amish in Lancaster County." Mennonite Research Journal 17 (October).
1977   Comp. Old Order Shop and Service Directory of the Old Order Society in the United States and Canada. Gordonville, Pa.: Pequea Publishers.

Beiler, Katie K.
1990   Address Directory of the Lancaster County Amish. Soudersburg, Pa.: Eby's Quality Printing.

Benders, Harold S.

1929 "The First Edition of the Ausbund." Mennonite Quarterly Review 3 (April): 147-50.

1930 "An Amish Church Discipline of 1781." Mennonite Quarterly Review 4 (April): 140-48. On Hanns Nafziger's discipline.

1934 "Some Early American Amish Mennonite Disciplines." Mennonite Quarterly Review 8 (April): 90-98.

1937 "An Amish Church Discipline of 1779." Mennonite Quarterly Review 11 (April): 163-68. Article on Bishop Hanns Nafziger.

1944 "The Anabaptist Vision." Church History 13 (March): 3-24. Reprinted in *Mennonite Quarterly Review* 18 (April): 67-88.

1946 Ed. and trans. "An Amish Bishop's Conference Epistle of 1865." *Mennonite Quarterly Review* 20 (July): 222-29.

1946 Ed. and trans. "The Minutes of the Amish Conference of 1809 Probably Held in Lancaster County, Pennsylvania." *Mennonite Quarterly Review* 20 (July): two plates following p. 239.

1950 *Conrad Grebel, c. 1498-1526: The Founder of the Brethren Sometimes Called Anabaptists*. Goshen, Ind.: Mennonite Historical Society.

1953 "The Zwickau Prophets, Thomas Muntzer, and the Anabaptists." *Mennonite Quarterly Review* 27 (January): 3-16.

Bender, Sue
1989 Plain and Simple: A Woman's Journey to the Amish. New York: Harper.

Bender, Wilbur J.
1927 "Pacifism among the Mennonites, Amish Mennonites, and Schwenkfelders of Pennsylvania to 1783." Mennonite Quarterly Review 1 (July): 23-40; (October):21-48.

Berry, Wendell
1977 *The Unsettling of America: Culture and Agriculture*. New York: Avon Books.
1981 *The Gift of Good Land*. San Francisco: North Point Press.

Biggs, Mark
1981 "Conversation Farmland Management: The Amish Family Farm versus Modern Corn Belt Agriculture." Master's thesis, Pennsylvania State University School of Forest Resources.

Bishop, Robert, and Safanda, Elizabeth
1976 *A Gallery of Amish Quilts*. New York: E. P. Dutton.

Blackboard Bulletin
1967 Monthly periodical published in the interest of Old Order Amish schools by Pathway Publishers, Aylmer, Ont.

Blanke, Fritz
1961 *Brothers in Christ: The History of the Oldest Anabaptist Congregation*, Scottdale, Pa.: Herald Press.

Botschaft, Die
1975- Lancaster, Pa. A weekly newspaper serving the Old Order Amish communities.

Braght, Thieleman J. van
1951 Comp. *The Bloody Theatre; or, Martyrs Mirror*, Scottdale, Pa.: Mennonite Publishing House. Originally published in Dutch (Dordrecht, 1660).

Brendle, Thomas, and Unger, Claude
1935 *Folk Medicine of the Pennsylvania Germans, Proceedings of the Pennsylvania German Society*, vol. 45. Norristown, Pa.

Brunk, Gerald R.
1992 Ed. *Menno Simons*: A Reappraisal. Harrisonburg, Va.: Eastern Mennonite College.

Bryer, Kathleen B.
1979 "The Amish Way of Death: A Study of Family Support Systems." *American Psychologist* 34 (March): 255-61.

Buchanan, Frederick S.
1967 "The Old Paths: A Study of the Amish Response to Public Schooling in Ohio." Ph.D. diss., Ohio State University.

Buck, Roy C.
1978 "Boundary Maintenance Revisited: Tourist Experience in an Old Order Amish Community." *Rural Sociology* 43 (Summer): 221-34.
1979 "Bloodless Theatre: Images of the Old Order Amish in Tourism Literature." Pennsylvania Mennonite Heritage 2 (July): 2-11.

Budget, The
1890 Sugarcreek, Ohio. A weekly newspaper serving the Amish and Mennonite communities.

Buffington, Albert F.
1939 "Pennsylvania German: Its Relation to Other German Dialects." *American Speech*, December, p. 276-86.

Burkhart, Charles
1953 "The Music of the Old order Amish and the Old Colony Mennonites: A Contemporary Monodic Practice." Mennonites Quarterly Review 27 (January): 34-54.

Byler, Uria R.
1963 Our Better Country. Gordonville, Pa.: Old Order Society.
1969 School Bells Ringing: A Manual for Amish Teachers and Parents,. Aylmer, Ont.: Pathway Publishers.

Cavan, Ruth Shonle
1977 "From Social Movement to Organized Society: The Case of the Anabaptist." Journal of Voluntary Action Research 6 (July-October): 105-11.
1984 "Analysis of Health Practices among the Amish with Reference to Boundary Maintenance." Communal Studies 4: 59-73.

Christlicher Ordnung or Christian Discipline
1966 Aylmer, Ont.: Pathway Publishers.

Clark, Olynthus
1929 "Joseph Joder, Schoolmaster-Farmer and Poet, 1797-1887." In Transactions of the Illinois State Historical Society, pp. 135-65.

Cline, Paul C.
1968 "Relations between the Plain People and Government in the United States." Ph.D. diss., American University.

Cohn, Norman
1970 The Pursuit of the Millennium. Rev. ed. New York: Oxford University Press.

Coleman, Bill
1988 Amish Odyssey. New York: Van Der Marck.

Correll, Ernst
1925 Das schweizerische Täufermennonitentum. Tübingen: Mohr.
1951 "Master Farmers in France." Mennonite Life 6 (July): 61-62.

Cragg, Perry
1971 The Amish: A Photographic Album. Cleveland, Ohio: By Mrs. Perry Cragg.

Cronk, Sandra L.
1977 "Gelassenheit: The Rites of the Redemptive Process in Old Order Amish and old Order Mennonite Communities." Ph.D. diss., University of Chicago.

Cross, Harold E.
1967 "Genetic Studies in an Amish Isolate." Ph.D. diss., Johns Hopkins University.

Cross, Harold E., and Hostetler, Beulah S.
1970 Index to Selected Amish Genealogies. Baltimore: Johns Hopkins University School of Medicine, Division of Medical Genetics.

Cross, Harold E., and McKusick, Victor A.
1970 "Amish Demography." Social Biology 17 (June): 83-101.

Crowley, W. K.
1978 "Old order Amish Settlements: Diffusion and Growth." Annals of the Association of American Geographers 68(June): 249-64.

Deeben, John P.
1991 "A Cultural Trait in Transition: The Agricultural Development of the Pennsylvania Amish, 1750-1920." Master's thesis, Department of History, Pennsylvania State University, Published in Pennsylvania Mennonite Heritage 15 (April): 21-29.

DeVries, George, Jr.
1981 "Lessons from an Alternative Culture." Christian Scholars Review 10(3):218-28.

DeWind, Henry A.
1955 "A Sixteenth Century Description of Religious Sects in Austerlitz, Moravia." Mennonite Quarterly Review 29 (January): 44-53.

Diary, The
1969 A Monthly periodical devoted to Amish history and genealogy published by Pequea Publishers, Route I, Gordonville, Pa.

Dukeman, John A.
1972 "Way of Life of illinois Amish-Mennonite Community and Its Effects on Agriculture and Banking in Central Illinois." The Stonier Graduate School of Banking, Rutgers-the State University, New Brunswick, N.J.

Dyck, Cornelius J.
1967 An Introduction to Mennonite History. Scottdale, Pa.: Herald Press.

Eaton, Joseph W., and Mayer, Albert J.
1954 Man's Capacity to Reproduce: The Demography of a Unique Population. Glencoe, Ill.: The Free Press.

el-Zein, Abdul Hamid M.
1974 The Sacred Meadows: A Structural Analysis of Religious Symbolism in an East African Town. Evanston, Ill.: Northwestern University Press.

Enninger, Werner

1980 "Nonverbal Performances: The Function of a Grooming and Garment Grammar in the Organization of Nonverbal Role-Taking and Role-Making, pp. 25-65." In W. Hullen, ed. *Understanding Bilingualism*. Frankfort: Peter Lang.

1985 "Amish By-Names." Names 33, no 4 (December): 243-58.

1988 "Coping with Modernity: Instrumentally and Symbolically, with a Glimpse at the Old Order Amish." *Brethren Life and Thought* 33 (Summer). 154-70.

Enninger, Werner, and Raith, Joachim

1982 "A Study on Communication in Institutionalized Social Contexts: The Old Order Amish Church Service." *Zeitschrift für Dialektologie und Linguistik* H 42: 104 pp.

Erickson, Eugene P.; Ericksen, Julia A.; and Hostetler, John A.

1980 "The Cultivation of the Soil as a Moral Directive: Population Growth, Family Ties, and the Maintenance of Community among the Old Order Amish." *Rural Sociology* 45(1): 49-68.

Ericksen, Julia A.; Ericksen, Eugene P.; Hostetler, John A.; and Huntington, Gertrude E.

1979 "Fertility Patterns and Trends among the Old Order Amish." *Population Studies* 33 (July): 255-76.

Ericksen, Julia, and Klein, Gary L.

1981 "Women's Role and Family Production among the OOA." *Rural Sociology* 46 (2): 282-96.

Erickson, Donald A.

1966 "The Plain People vs. the Common Schools." Saturday Review, November 19.

1969 "The Persecution of Leroy Garber," School Review 78 (November): 81-90.

1969 *Public Controls for Non-Public Schools*. Chicago: University of Chicago Press.

Everet, Glenn D.

1961 "One Man's Family." *Population Bulletin*, December.

Family Life

1969 Monthly publication of Pathway Publishers, Aylmer, Ont.

Faust, A. B., and Brumbaugh, G. A.

1920 *Lists of Swiss Emigrants in the Eighteenth Century to the American Colonies*. Reprint (2 vols. in 1). Baltimore: Genealogical Publishing Co., 1968.

Ferrara, Peter J.

1993 "Social Security and Taxes." In The Amish and the State, edited by Donald B. Kraybill. Baltimore: Johns Hopkins University Press.

Fisher, Amos L.

1957 *Descendants and History of Christian Fisher Family*. Compiled by the John M. Fisher Family, Route 1. Ronks, Pa.

Fisher, Gideon L.

1975 *Alabama Tornado*. Ronks, Pa.: By the author.

1978 *Farm Life and Its Changes*. Gordonville, Pa.: Pequea Publishers.

Fisher, Jonathan B.

1937 *Around the World by Water and Facts Gleaned on the Way*. Bareville, Pa.: By the author.

Fisherman, Andrea

1988 *Amish Literacy: How and What It Means*. Portsmouth, N. H.: Heinmann

Fletcher, S. W.

1950 *Pennsylvania Agriculture and Country Life*, 1640-1840. Harrisburg: Pennsylvania Historical and Museum Commission.

Foster, Tomas M.

1980 "The Amish and the Ethos of Ecology." *Ecologist* 10 (December): 331-35.

1981 "Amish Society: A Relic of the Past Could Become a Model for the Future." *Futurist* (December): 33-40.

Freed, S. A.

1957 "Suggested Type Societies in Acculturation Studies... the Jews of Eastern Europe and the old Order Amish." *American Anthropologist* 59 (February): 55-68.

Fretz, J. Winfield

1977 "The Plain and Not-So-Plain Mennonites in Waterloo Country, Ontario." *Mennonite Quarterly Review* 51 (October): 377-85.

Frey, J. William

1945 "Amish Triple Talk." American Speech, April, pp. 84-98.

1960 "The Amish Hymns as Folk Music." In Pennsylvania Songs and Legends, edited by George Korson, pp. 129-62. Baltimore: Johns Hopkins Press.

Friedmann, Robert

1949 Mennonite Piety through the Centuries, Gordon, Ind.: Mennonite Historical Society.

1973   *The Theology of Anabaptism*, Scottdale, Pa.:
        Herald Press.

Gallagher, Thomas E. Jr.
1981   "Clinging to the Past or Preparing for
        the Future?: The Structure of Selective
        Modernization among the Old Order
        Amish of Lancaster, Pennsylvania." Ph.D.
        diss., Department of Anthropology, Temple
        University.

Gangel, George O.
1971   "The Amish of Jamesport, Missouri."
        Practical Anthropology 18 (July/August):
        156-66.

Gascho, Milton
1937   "The Amish Division 1693-1697 in
        Switzerland and Alsace." *Mennonite
        Quarterly Review* 11 (October): 235-66.

Gehman, Richard
1965   "Amish Folks." *National Geographic* 128
        (August): 226-53.
1965   "Amish Congregations in Germany and
        Adjacent Territories in the Eighteenth
        and Nineteenth Centuries." *Pennsylvania
        Mennonite Heritage* 13 (April) 2-8.

Gerlach, Russel L.
1976   *Immigrants in the Orzacks: A Study in
        Ethnic Geography*. Columbia: University of
        Missouri Press.

Getz, Jane C.
1946   "The Economic Organization and Practices
        of the Old Order Amish of Lancaster
        County, Pennsylvania." *Mennonite Quarterly
        Review* 10 (January): 53-80; (April): 98-127.

Gilbert, Laura., and Buchholz, Barbara B.
1977   *Needlepoint: Designs for Amish Quilts*. New
        York: Charles Scribner's Sons.

Gingerich, Hugh F., and Kreider, Rachel W.
1986   *Amish and Amish-Mennonite Genealogies*.
        Gordonville, Pa.: Pequea Publishers.

Gingerich, James Nelson
1986   "Ordinance or Orderings: Ordnung and
        Amish Ministers Meetings, 1882-1888."
        Mennonite Quarterly Review 60 (April): 180-
        99.

Gingerich, Melvin
1939   *The Mennonites in Iowa*. Iowa City: State
        Historical Society of Iowa.
1943   "Custom Built Coffins." *The Palimpsest* 24
        (December): 384-88.

1970   *Mennonite Attire through the Centuries*.
        Breiningsville: Pennsylvania German Society.

Gingerich, Orlando
1972   *The Amish of Canada*. Waterloo, Ont.:
        Conrad Press.

Granick, Eve Wheatcroft
1989   *The Amish Quilt*. Intercourse, Pa.: Good
        Books.

Gratz, Delbert
1951   "The Home of Jacob Amman in
        Switzerland." *Mennonite Quarterly Review* 25
        (April): 137-39.
1953   *Bernese Anabaptists*. Goshen, Ind.:
        Mennonite Historical Society.

Greenleaf, Barbara K.
1974   *American Fever: The Story of American
        Immigration*. New York: New American
        Library.

Gross, Neal
1948   "Sociological Variation in Contemporary
        Rural Life." Rural Sociology, September, pp.
        256-59.

*Guidelines in Regards to the Old Order Amish or
        Mennonite Parochial Schools*
1978   Gordonville, Pa.: Gordonville Print Shop.

Gutkind, Peter C. W.
1952   "Secularization versus the Christian
        Community: Problems of an Old Order
        House Amish Family in Northern Indiana."
        M.A. thesis, University of Chicago.

Haders, Phyllis
1976   Sunshine and Shadow: The Amish and Their
        Quilts. Clinton, N. J.: Main Street Press.

Hall Clarence W.
1962   "The Revolt of the Plain People." *Reader's
        Digest*, November, pp. 74-78.

Hall, Edward T.
1976   *Beyond Culture*. New York: Doubleday.

Hamman, Richard F.
1979   "Patterns of Mortality in the old Order
        Amish." Ph.D. diss., Johns Hopkins
        University.

Hartz, Amos, and Hartz, Susan
1965   *Moses Hartz Family History*, 1819-1965.
        Elverson, Pa.: By the authors.

Henry, Jules
1963   *Culture against Man*. New York: Random
        House.

Heritage Productions
1976 *The Amish: A People of Preservation.*
Documentary 16mm educational Film.
Available in two versions: no. 3499, 53
minutes; and no. 3399, 28 minutes. Heritage
Productions, 1191 Summeytown Pike,
Harleysville, Pa. 19438.

Hershberger, Guy F.
1951 *The Mennonite Church in the Second World
War.* Scottdale, Pa.: Herald Press.

Hershberger, Henry J.
n.d. *Minimum Standard for the Amish Parochial
or Private Elementary Schools of the State
of Ohio.* Route 2, Apple Creek, Ohio: By
the author for the Ohio Amish School
Committee.

Hertzler, Silas
1952 *The Herzler-Hartzler Family History.*
Goshen, Ind.: By the author.

Hiebert, Clarence.
1973 *The Holdeman People.* South Pasadena,
Calif.: William Carey Library.

Hiller, Harry H.
1968/69 "The Sleeping Preachers: An Historical
Study of the Role of Charisma in Amish
Society." *Pennsylvania Folklife* 17 (Winter):
1931.

Hochstetler, John D.
1916 Ed. *Ein alter Brief.* Elkhart, Ind.: Letter of
Hanns Nafziger in German to the Amish
Church in Holland. For an English account,
see Harold S. Bender, "An Amish Chrch
Discipline of 1781," *Mennonite Quarterly
Review* 4 (April): 140-48.

Hohmann, Robert K.
1959 "The Chrch Music of Old Order Amish of
the United States." PhD. diss., Northwestern
University.

Horsch, John
1950 *Mennonites in Europe.* Scottdale, Pa.:
Mennonite Publishing House.

Horst, Irvin B.
1957 "The Wandering Soul: A Remarkable Book
of Devotion." *Mennonite Historical Bulletin*
18 (October).

Hostetler, Beulah S.
1992 "The Formation of the Old Orders."
Mennonite Quarterly Review 66 (January):
5-25.

Hostetler, Harvey
1912 *The Descendants of Jacob Hochstetler.* Elgin,
Ill.: Brethren Publishing House.
1938 *Descendants of Barbara Hochstetler and
Christian Stutzman.* Scottdale, Pa.:
Mennonite Publishing House.

Hostetler, John A.
1948 "The Life and Times of Samuel Yoder, 1824-
1884." *Mennonite Quarterly Review* 22
(October): 226-41.
1949 "The Amish in Gosper County, Nebraska."
Mennonite Historical Bulletin 10 (October).
1951 The Amish Family in Mifflin County,
Pennsylvania." M.S. thesis, Pennsylvania
State University. Excerpts published in
Pennsylvania Folklife 12 (Fall 1961): 28-39.
1951 *Annotated Bibliography on the Old Order
Amish.* Scottdale, Pa.: Mennonite Publishing
House.
1954 *The Sociology of Mennonite Evangelism.*
Scottdale, Pa.: Herald Press.
1955 "Old World Extinction and New World
Survival of the Amish." *Rural Sociology* 20
(September/October): 212-19.
1956 "Amish Costume: Its European Origins."
American-German Review 22 (August/
September): 11-14.
1963 "The Amish Use of Symbols and Their
Function in Bounding the Community."
Journal of the Royal Anthropological Institute
94, pt. I: 11-22.
1969 Ed. *Conference on Child Socialization.*
Philadelphia: Temple University,
Department of Sociology.
1974 *Hutterite Society.* Baltimore: Johns Hopkins
University Press.
1976 "Folk Medicine and Sympathy Healing
among the Amish." In *American Folk
Medicine,* edited by Wayland W. Hand, pp.
249-58. Berkeley: University of California
Press.
1977 "Old Order Amish Survival." *Mennonite
Quarterly Review* 51 (October): 352-61.
1980 "The Old Order Amish on the Great Plains:
A Study in Cultural Vulnerability." In
Ethnicity on the Great Plains, edited by Fred
Leubke. Lincoln: University of Nebraska
Press, pp. 92-108.
1982 "The Amish Tradition." Liberty 77. no. 1
(January/February): 15-19. Photos by James
A. Warner.

1989   *Amish Roots: A Treasury of History, Wisdom, and Lore*. Baltimore: Johns Hopkins University Press.

Hostetler, John A., and Huntington, Gertrude E.

1967   *The Hutterites in North America*. New York: Holt, Rinehart & Winston.

1971   *Children in Amish Society: Socialization and Community Education*. New York: Holt, Rinehart, Winston.

1992   *Amish Children: Their Education in Family, School, and Community*. New York: Holt, Rinehart, Winston.

Hostetler, John A., and Kraybill, Donald B.

1988   "Hollywood Markets the Amish." In Larry Gross, Johns Stuart Katz, and Jay Ruby, eds. Image Ethics: *The Moral Rights of Subjects in Photographs, Film, and Television*, pp. 220-35. New York: Oxford University Press.

Hostetler, John A., and Redekop, Calvin W.

1962   "Education and Assimilation in Three Ethnic Groups." *Alberta Journal of Education and Research* 8 (December).

Huntington, Gertrude E.

1956   "Dove at the Window: A study of an Old Order Amish Community in Ohio." Ph.D. diss., Yale University.

1976   "The Amish Family." In *Ethnic Families in America*, edited by Charles H. Mindel and Robert W. Habenstein. New York: Elsevier Scientific Publishing.

1993   "Health Care." In *The Amish and the State*, edited by Donald B. Kraybill. Baltimore: Johns Hopkins University Press.

Hurd, James P.

1983   "Church Fissioning and Kin Relatedness in the 'Nebraska' Amish of Pennsylvania." Social Biology 30 (1-2): 59-66.

1985   "Kissing Cousins: Frequencies of Cousin Types in 'Nebraska' Amish Marriages." Social Biology 32: 82-89.

1990   "The White Buggy Amish: Lifestyle and the Boundaries of Reciprocity." Unpublished manuscript.

Jackson, George P.

1945   "The American Amish Sing Medieval Folk Tunes Today." *Southern Folklore Quarterly* 10 (June): 151-57.

1945   "The Strange Music of the Old Order Amish." *The Musical Quarterly* 31 (July): 275-88.

Jantzen, Carl R.

1959   "Boundary Maintenance and Personality Test Score Differences between Old Order Amish and Non-Amish Children." M.A. thesis, Michigan State University.

Johnson, W. A.; Stoltzfus, Victor; and Craumer, Peter

1977   "Energy Conservativation in Amish Agriculture." Science, October 28, pp. 373-78.

Kaplan, Bert

n.d.   "Acedia: The Decline and Restoration of Desire." Unpublished manuscript.

Kauffman, John E.

Anabaptist Letters from 1635 to 1645: Translated from the Ausbund. Atglen, Pa.: By the author.

Kauffman, S. Duane

1978   "Early Amish Translations Support Amish History." *The Budget*, February 22, p. 11; March 1, p. 3.

Keim, Albert N.

1975   Ed. *Compulsory Education and the Amish: The Right Not to be Modern*. Boston: Beacon Press.

1993   "Military Service and Conscription." In *The Amish and the State*, edited by Donald B. Kraybill. Baltimore: Johns Hopkins University Press.

Kepler, Luther F., Jr., and Fisher, Anne Kepler

1961   "The Nebraska Old Order Amish." *Mennonite Life* 16 (July): 122-27. Illustrations.

Kidder, Robert L.

1993   "The Role of Outsiders." In *The Amish and the State*, edited by Donald B. Kraybill. Baltimore: Johns Hopkins University Press.

Kidder, Robert L., and Hostetler, John A.

1990   "Managing Ideologies: Harmony as Ideology in Amish and Japanese Societies." *Law and Society Review* 24 (4): 895-922.

King, C. Wendell

1956   *Social Movements in the United States*. New York: Random House.

[Kinsinger, Andrew S.]

1978   *Guidelines: In Regards to the Old Order Amish or Mennonite Parochial Schools*. Gordonville, Pa.: Gordonville Print Shop.

Kinsinger, Susan

1988   Comp. *Family History of Lydia Beachy's*

Descendents, 1889 to 1989. Gordonville, Pa.:
Privately published.

Klaassen, Walter
1973 *Anabaptism: Neither Catholic nor Protestant*.
Waterloo, Ont.: Conrad Press.

Klimuska, Edward S.
1991 "Old Order Lancaster County: For Amish-
Time for Change; For Mennonite-Time to
Leave." Lancaster, Pa.: Lancaster newspapers
series.

Kline, David
1987 "No-Till Farming and Its Threat to the
Amish Community." *Small Farmer's Journal*
11, no. 2. (Spring): 56-57.
1990 *Great Possessions: An Amish Farmer's Journal*.
San Francisco: North Point Press.

Kollmorgen, Walter M.
1942 *Culture of a Contemporary Community:
The Old Order Amish of Lancaster County,
Pennsylvania*. Rural Life Studies no. 4.
Washington.
1943 "The Agricultural Stability of the Old Order
Amish Mennonites of Lancaster County,
Pennsylvania." *American Journal of Sociology*,
November.

Kraybill, Donald B.
1989 *The Riddle of the Amish culture*. Baltimore:
Johns Hopkins University Press.
1990 *The Puzzles of Amish Life*. Intercourse, Pa.:
Good Books.
1993 Ed. *The Amish and the State*. Baltimore:
Johns Hopkins University Press.

Kuhn, Manford H.
1954 "Factors in Personality: Socio-Cultural
Determinants as Seen through the Amish."
In *Aspects of Culture and Personality*, edited
by F. Hsu, Scranton, Pa.: Abelard-Schuman.

Landing, James E.
1963 "An Analysis of the Decline of the
Commercial Mint Industry in Indiana." M.A.
thesis, Pennsylvania State University.
1967 "The Spatial Development and Organization
of an Old Order Amish-Beachy Amish
Settlement: Nappanee, Indiana." Ph.D. diss.,
Pennsylvania State University.
1970 "Amish Settlement in North America: A
Geographic Brief." *Bulletin of the Illinois
Geographical Society* 12 (December): 65-69.
1972 "Amish, the Automobile, and Social
Interaction." *Journal of Geography* 71

(January): 52-57.

Lang, Hartmut, and Goehlen, Ruth
1985 "Completed Fertility of the Hutterites: A
Revision." *Current Anthropology* 26 (June)
1985: 395.

Lapp, Christ S.
1991 *Pennsylvania School History, 1690-1990*.
Gordonville, Pa.: privately published.

Lapp, Henry
1975 *A Craftsman's Handbook*, Introduction and
Notes by Beatrice B. Garvan. Philadelphia:
Philadelphia Museum of Art.

Lehman, Thomas L.
1974 "The Plain People: Reluctant Parties in
Litigation to Preserve Life Style." *Journal of
Church and State* 16 (2): 287-300.

Lembright, M. L., and Yamamoto, K.
1965 "Subcultures and Creative Thinking: An
Exploratory Comparison between Amish
and Urban American School Children."
*Merrill Palmer Quarterly of Behavior and
Development* 11 (January): 49-64.

Lemon, James T.
1972 *The Best Poor Man's Country: A Geographical
Study of Early Southeastern Pennsylvania*.
Baltimore: Johns Hopkins Press.

Lenski, Lois
1963 *Shoo-Fly Girl*. Philadelphia: J. B. Lippincott.

Lestz, Gerald S.
1984 Amish Culture and Economy. Lancaster, Pa.:
Science Press.

Lestz, Gerald S., Armstrong, Penny; Fisher, Gideon;
and Klimuska, Edward
1988 *Amish Perspectives*. York, Pa.: York Graphic
Services. 105 pp. Photographs by Mel Horst.

Lindholm, William C.
1967 *Do We Believe in Religious Liberty-for
the Amish?* East Tawas, Mich.: National
Committee for Amish Religious Freedom.
1974 "The Amish Case: A Struggle for Control of
Values." In *Controversies in Education*, Edited
by Dwight W. Allen and Jeffrey and Jeffrey
C. Hecht. pp. 488-95. Philadelphia: W. B.
Saunders.
1993 "The National Committee for Amish
Religious Freedom." In *The Amish and
the State*, edited by Donald B. Kraybill.
Baltimore: Johns Hopkins University Press.

Littell, franklin H.

1961   *A Tribute to Menno Simons*. Scottdale, Pa.:
       Herald Press.
1964   *The Origins of Sectarian Protestantism*. New
       York: Macmillan.
1969   "Sectarian Protestantism and the Pursuit of
       Wisdom: Must Technological Objectives
       Prevail?" In *Public Controls for Non-Public
       Schools*, edited by Donald A. Erickson, pp.
       61-82. Chicago: University of Chicago Press.

Logsdon, Gene
1986   "Amish: A Lesson for the modern World."
       Whole Earth Review (Spring): 74-76.
1988   "Amish Economy." *Orion Nature Quarterly* 7,
       no. 2: 22-33.

Loomis, Charles P., and Beegle, J. Allan
1951   *Rural Social Systems*. Englewood Cliffs, N.J.:
       Prentice-Hall.

Loomis, Charles P., and Dyer, Everett D.
1976   "The old Order Amish as a Social System." In
       Social Systems: The Study of Sociology, edited
       by Charles P. Loomis and Everett D. Dyer,
       pp. 7- 38. cambridge, Mass.: Schenkman.

Luthy, David
1971   "The Amish Division of 1693." *Family Life*,
       October, pp. 18-20.
1971   "Four Centuries with the Ausbund." *Family
       Life*, June, pp. 21-22.
1972   "New Names among the Amish." *Family
       Life*, August/September, pp. 31-35; October,
       pp. 20-23; November, pp. 21-23. See also the
       following 1973 issues: February, pp. 13-15;
       and June, pp. 13-15.
1974   "Old Order Amish Settlements in 1974."
       Family Life, December, pp. 13-16.
1975   "A Survey of Amish Ordination Customs."
       Family Life, March, pp. 13-17.
1977   "Amish Family Record Books." *Family Life*,
       January, pp. 19-23; March, pp. 17-18.
1978   "A History of the Budget." *Family Life*, June,
       pp. 19-22; July, pp. 15-18.
1986   *The Amish in America: Settlements that
       Failed, 1984-1960*. Aylmer, Ont.: Pathway
       Publishers.

McConnell, M.
1990   "The Origins and Historical Understanding
       of Free Exercise of Religion." *Harvard Law
       Review* 103 (April): 1409.

McGrath, William
1970   *God-Given Herbs for the Healing of Mankind*.
       N.p.: By the author.

McKusick, Victor A.
1978   *Medical Genetic Studies of the Amish: Selected
       Papers, Assembled, with Commentary*.
       Baltimore: Johns Hopkins University PRess.

MacLeish, Archibald
1972   "Rediscovering the Simple Life." *McCall's*,
       April, pp. 79-89. Photographs by Lord
       Snowdon.

MacMaster, Richard K.
1985   *Land, Piety, Peoplehood: The Establishment of
       Mennonite Communities in America, 1683-
       1790*. Vol. 1 of The Mennonite Experience in
       America. Scottdale, Pa.: Herald Press.

MacMaster, Richard K.; Horst, Samuel L.; and Ulle,
       Robert F.
1979   *Conscience in Crisis: Mennonites and Other
       Peace Churches in America, 1739-1789*.
       Scottdale, Pa.: Herald Press.

Madden, Robert W.
1977   "The Amish: A Simple, Ordered Life."
       In *Life in Rural America*, pp. 174-91.
       Washington, D.C.: National Geographic
       Society. A photographic Essay.

Malinowski, Bronislaw
1944   *A Scientific Theory of Culture*. Chapel Hill:
       University of North Carolina Press.

Martin, William L.
1975   Photog. *The Peaceful People: A Photographic
       Profile of the Amish*. Edited by David E. Sill,
       N.p.: By the author.

Marty, Martin
1960   "Sects and Cults." *Annals of the American
       Academy of Political and Social Science* 332:
       125-34.

Mast, C. Z., and Simpson, Robert E.
1942   *Annals of the Conestoga Valley*. Elverson, Pa.:
       By the authors.

Mast, John B.
1950   Ed. *The Letters of the Amish Division*. Oregon
       City, Oreg.: C. J. Schlabach.

Melton, James A.
1970   "Old Order Amish Awareness and
       Understanding of Mental Retardation."
       Ph.D. diss., Ohio State University.

MEnnonite Encyclopedia, The
1956   4 vols. Published by the Mennonite
       Publishing House, Scottdale, Pa.; the
       Mennonite Brethren Publishing House,
       Hillsboro, Kans.; and the Mennonite

Publication Office, Newton, Kans, Vol. 5 appeared in 1990, enlarged and updated.

Meyer, Carolyn
1976   *Amish People*. New York: Atheneum.

Meyer, Thomas J.
1991   "Population Growth and Its Consequences in the Elkhart-Lagrange Old Order Amish Settlement." *Mennonite Quarterly Review* 65 (July): 308-21.
1993   "Education and Schooling." In *The Amish and the State*, edited by Donald B. Kraybill. Baltimore: Johns Hopkins University Press.

Meynen, Emil
1937   *Bibliography on German Settlements in North America, Especially on the Pennsylvania Germans and Their Descendents, 1683-1993.* Leipzig: Otto Harrassowitz.

Miller, D. Paul
1949   "Amish Acculturation." M.A. thesis, University of Nebraska.

Miller, Harvey J.
1959   "Proceedings of the Amish Ministers Conference, 1826-1831." *Mennonite Quarterly Review* 33 (April): 132-42.

Miller, Levi
1972   "The Amish Word for Today." *Christian Century* 90 (January): 70-73.
1981   "The Role of a *Braucher*-Chiropractor in an Amish Community." *Mennonite Quarterly Review* 55 (April): 157-71.
1983   *Our People*. Scottdale, Pa.: Herald Press.

Miller, Mary
1976   "An Amish Farm." *Michigan Farmer*, July, pp. 8-11.

Miller, Stephen
1992   "Structurationist Interpretation of Land Use Conflict in Lancaster County, Pennsylvania." Ph.D. diss., Pennsylvania State University, Department of Agricultural Economics and Rural Sociology.

Miller, Wayne
1969   "A Study of Amish Academic Achievement." Ph.D. diss, University of Michigan.

Mittelberger, Gottlieb
1960   *Journey to Pennsylvania*. Cambridge: Harvard University Press, Belknapa Press.

Mook, Maurice A.
1955   "The Amishman Who Founded a City." *Christian Living*, July.
1955   "An Early Amish Colony in Chester Country." *Mennonite Historical Bulletin* 16 (July). (Photographs of the tombstones appear in Christian Living, October 1956.)
1960   "Nicknames among the Amish." *Keystones Folklore Quarterly* 5 (Winter): 3-12.
1962   "The Nebraska Amish in Pennsylvania." *Mennonite Life* 17 (July): 27-30. (Illustrations appear in the July 1961 issue.)
1967   "Nicknames among the Amish." *Names* 15 (June): 111-18.

Müller, Ernst
1895   *Geschichte der Bernischen Täufer*. Frauenfeld, Switzerland.

Myers, Isabell Briggs
1962   *Myers-Briggs Type Indicator*. Princeton, N.J.: Educational Testing Service.

Nagata, Judith
1968   "Continuity and Change among the Old Order Amish of Illinois." Ph.D. diss., University of Illinois.

National Geography Society
1974   *Rural Life in America*. Photographs on pp. 20-21, 173-91.

Ohio Amish Derectory
1973   Compiled by Ervin Gingerich, Star Route, Millersburg, Ohio. Also issued in 1959, 1960, 1977, 1981.

Olsen, Gregg
1990   *Abandoned Prayers*. New York: Warner Books.

Olshan, Marc A.
1993   "The National Amish Steering Committee." In *The Amish and the State*, edited ny Donald B. Kraybill. Baltimore: Johns Hopkins University Press.
1980   "The Old Order Amish as a Model for Development." Ph.D. diss., Cornell University.
1990   "Affinities and Antipathies: The Old Order Amish in New York State." Paper presented to American Anthropological Association, November 28-December 2, New Orleans.

Pennsylvania Amish Directory
1973   Compiled by the Old Order Map Committee, Gordonville, Pa., in cooperation with the Johns Hopkins Hospital.

Pennsylvania, Commonwealth of
1955   "Policy for Operation of Home and Farm

Projects in Chuch-Organized Schools."
Department of Public Instruction. October
5.

Pequea Bruderschaft Library
1990   *Early Amish Land Grants in Berks County,
Pennsylvania*. Gordonville, Pa.

Philip. Dietrich
1910   *Enchiridion or Hand Book*. Reprint. Aylmer,
Ont.: Pathway Publishers, 1966.

Picard, Max
1952   *The World of Silence*. Chicago: Henry
Regnery.

Place, Elizabeth
1993   "Land Use." In *The Amish and the State*,
edited by Donald B. Kraybill. Baltimore:
Johns Hopkins University Press.

Plancke, Fritz
1984   "The Evolution of Clothing Trends
among the Amish: An Interpretation" In
*International Perspectives on Amish and the
Mennonite Life*, edited by W. Enninger.
Essen, Germany: Unipress.

Population Reference Bureau
1968   "Pockets of High Fertility in the United
States." *Population Bulletin* 24 (November):
25-55.

Ramaker, A. J.
1929   "Hymns and Hymn Writers among the
Anabaptists of the Sixteenth Century."
Mennonite Quarterly Review 3 (April): 101-
31.

Randle, Bill
1974   *Plain Cooking*. New York: New York Times
Book.

Redekop, Calvin W.
1969   *The Old Colony Mennonites*. Baltimore:
Johns Hopkins Press.

Redekop, Calvin W., and Hostetler, John A.
1977   "The Plain People: An Interpretation."
Mennonite Quarterly Review 5 (October):
266-77.

Redfield, Robert
1947   "The Folk Society." *American Journal of
Sociology* 52 (January): 293-308.
1955   *The Little Community*. Chicago: University
of Chicago Press.

Reed, Thomas J.
1968   "The Amish-A Case Study in
Accommodation and Suppression." *Notre
Dame Lawyer* 43 (June): 764-76.

Renno, John R.
1976   *A Brief History of the Amish Church in
Belleville*. Danville, Pa.: By the author. 26 pp.

Rice, Charles S., and Shenk, John B.
1947   *Meet the Amish: A Pictorial Study of the
Amish People*. New Brunswick, N.J.: Rutgers
University Press.

Rice, Charles S., and Steinmetz, Rollin C.
1956   *The Amish Year*. New Brunswick, N.J.:
Rutgers University Press.

Richlin, Alice
1970   "Spatial Behavior of the Old Order Amish of
Nappanee, Indiana." Ph.D. diss., University
of Michigan. Published by the Department
of Geography, University of Michigan.
Published by the Department of Geography,
University of Michigan, in 1976.

Richter, Conrad
1955   "Pennsylvania." *Holiday*, October, pp. 98-
112.

Roberts, Ron E., and Kloss, Robert M.
1974   *Social Movements*. St. Louis: C. V. Mosby.

Rodale, Robert
1988   "Protecting the Amish Lands." *Organic
Gardening* (December): 21.

Rodgers, Harrel R., Jr.
1969   *Community Conflict, Public Opinion, and the
Law: The Amish Dispute in Iowa*. Columbia,
Ohio: Charles E. Merrill Publishing.

Rosen, Lawrence
1977   "The Anthropoligist as Expert Witness."
American Anthropologist 79 (September):
555-78.

Rosenberg, Bruce A.
1970   *The Art of the American Folk Preacher*. New
York: Oxford University Press.

Rosenberg, Homer T.
1966   *The Pennsylvania Germans 1891-1965*.
Breiningsville, Pa.: Pennsylvania German
Society.

Royce, Josiah
1908   *Race Questions, Provincialism, and Other
American Problems*. N.p.

Rush, Benjamin
1910   "An Account of the Manners of the German
Inhabitants of Pennsylvania." *Proceedings of*

Pennsylvania German Society 19: 40-92.

Ruxin, Paul T.
1967 "The Right Not to Be Modern Men: The Amish and Compulsory Education." *Virginia Law Review* 53 (May): 925-52.

Sanders, Thomas G.
1964 *Protestant Concepts of Church and State*. New York: Holt, Rinehart & Winston.

Scherer, Karl
1974 "The Fatherland of the Pennsylvania Dutch." *Mennonite Research Journal* 15 (July): 25-29.

Schowalter, Paul
1963 "Pioneer Nicholas Stoltzfus." *Mennonite Research Journal* 4 (April): 13, 22.

Schrag, Marwin H.
1974 *European History of the Swiss Mennonites from Volhynia*. North Newton, Kans.: Mennonite Press.

Schreiber, William I.
1962 "The Hymns of the Amish Ausbund in Philological and Literary Perspective." *Mennonite Quarterly Review* 36 (January): 37-60.
1962 *Our Amish Neighbors*. Chicago: University of Chicago Press.

Schrock, Alta
1943 "Amish Americans: Frontiersmen." *Western Pennsylvania Historical Magazine* 26 (March-June): 47-58.

Schwieder, Elmer, and Schwieder, Dorothy
1975 *A Peculiar People: Iowa's Old Order Amish*. Ames: Iowa State University Press.

Scott, Stephen
1981 *Plain Buggies: Amish. Mennonite and Brethren Horse-Drawn Transportation*. Intercourse, Pa.: Good Books.
1986 *Why Do They Dress That Way?* Intercourse, Pa.: Good Books.

Scott, Taylor C.
1949 "The Mennonites of Sarasota, Florida." M.A. thesis, University of Florida, Gainesville.

Séguy, Jean
1973 "Religion and Agricultural Success: The Vocational Life of the French Mennonites from the Seventeenth to the Nineteenth Centuries," translated by Michael Shank. *Mennonite Quarterly Review* 47 (July): 182-224.
1977 *Les Assemblées anabaptistes-mennonite de France*. The Hague: Mouton.
1980 "The Bernese Anabaptists in Sainte Marie-aux-Mines," translated by Mervin R. Smucker. *Pennsylvania Mennonite Heritage* 3 (July): 2-9.

Shaner, Richard H.
1962/63 "The Amish Barn Dance." *Pennsylvania Folklife* 13 (Winter): 24-26.

Shetler, Sanford G.
1963 *Two Centuries of Struggle and Growth*. Scottdale, Pa.: Herald Press.

Showalter, Mary Emma
1950 *Mennonite Community Cookbook*. Scottdale, Pa.: Mennonite Community Association.

Shryock, Richard H.
1939 "British versus German Traditions in Colonial Agriculture." *Mississippi Valley Historical Review* 26 (June): 39-54.

Simons, Menno
1956 The Complete Writings of Menno Simons. Translated by Leonard Verduin. Edited by John C. Wenger. Scottdale, Pa.: Herald Press.

Singer-Werner, Mickie
1988 "The Gift to be Simple: Teaching in an Amish School." Apprise (May): 38-42. (Magazine of radio station WITF, Harrisburg, Pa.)

Smith, C. Henry
1909 *The Mennonites in America*. Goshen, Ind.: By the author.
1929 *The Mennonite Immigration to Pennsylvania*. Vol. 28. Norristown, Pa.: Pennsylvania German Society.
1950 *The Story of the Mennonites*. Newton, Kans.: Mennonite Publication Office.
1962 *Mennonite Country Boy*. Newton, Kans.: Faith and Life Press.

Smith, Elmer L.
1961 *The Amish Today: An Analysis of Their Beliefs, Behavior, and Contemporary Problems, Proceeding of the Pennsylvania German Folklore Society*, vol. 24. Allentown, Pa.: Schlechter.

Smucker, Donovan E.
1977 Ed. *The Sociology of Canadian Mennonites, Hutterites, and Amish: A Bibliography with Annotations*. Waterloo, Ont.: Wilfrid Laurier University Press. Vol. 2 issued 1991.

Smucker, Mervin

1978 "Growing Up Amish: A Comparison of the Socialization Process between Amish and Non-Amish Rural School Children." M.S. thesis, Millersville State College, Pa.

1988 "How Amish Children View Themselves and Their Families: The Effectiveness of Amish Socialization." *Brethren Life and Thought* 33 (Summer): 218-34.

Stinner, Deborah H.; Glick, Ivan; and Swinner, Benjamin R.
1992 "Forage Legumes and Cultural Sustainability: Lessons from History." *Agriculture, Ecosystems, and Environment* 40: 233-48.

Stoll, Joseph
1965 *Who Shall Educate Our Children?* Aylmer, Ont.: Pathway Publishing Corp.
1967 *The Challenge of the Child*. Aylmer, Ont.: Pathway Publishers.

Stoll, Joseph; Luthy, David; and Stoll, Elmo
1968 Pathway Reading Series: *Thinking of Others* (5th grade); *Step by Step* (6th Grade); *Seeking True Values* (7th grade); *Our Heritage* (8th grade). Aylmer, Ont.: Pathway Publishers.

Stoltzfus, Grant M.
1954 "History of the First Amish Mennonite Communities in America." M.A. thesis, University of Pittsburgh. Published in *Mennonite Quarterly Review* 28 (October) 28: 235-62.

Stoltzfus, Victor
1973 "Amish Agriculture: Adaptive Strategies for Economic Survival of Community Life." *Rural Sociology* 38 (Summer): 196-206.
1977 "Reward and Sanction: The Adaptive Continuity of Amish Life." *Mennonite Quarterly Review* 51 (October): 308-18.

Strassburger, Ralph B., and Hinke, William J.
1934 *Pennsylvania German Pioneers*. 3 vols. Norristown, Pa.: Pennsylvania German Society.

Stroup, J. Martin
1965 *The Amish of Kishaciquillas Valley*. Mifflin County Historical Society.

Swartzendruber, Jacob
1937 *An Account of the Voyage from Germany to America*. N.p.: By the author.

Swope, Wilmer D.
1972 *The Genealogical history of the Stoltzfus Family in America, 1717-1972*. Seymour, Mo.: Englewood Press.

Taylor, Ann Stoltzfus
1992 "A Study of Newly Emerging Enterpreneurs among Old Order Women in Lancaster County, Pennsylvania." Ph.D. diss., Temple University.

Testa, Randy-Michael
1990 "In the World But Not of it: On Strangers, Teachers, and Saints." PhD. diss., Harvard University.
1992 *After the Fire: The Destruction of the Lancaster County Amish*. Hanover, N.H.: University Press of New England.

Thomson, Dennis L
1993 "Canadian Government Relations." In *The Amish and the State*, edited by Donald B. Kraybill. Baltimore: Johns Hopkins University Press.

Toennies, Ferdinand
1957 *Community and Society*. Edited and translated by C. P. Loomis. East Lansing: Michigan State University Press.

Troeltsch, Ernst
1931 *The Social Teachings of the Christian Churches*, 2 vols. New York: Macmillan.

Troyer, Lester O.
1968 "Amish Nicknames from Holmes County, Ohio." *Pennsylvania Folklife* 17 (Summer).

Umble, John S.
1933 "The Amish Mennonites of Union County, Pennsylvania. Part I: Social and Religious Life." *Mennonite Quarterly Review* 7 (April) 71-96.
1933 "The Amish Mennonites of Union County Pennsylvania. Part II: A History of the Settlement." *Mennonite Quarterly Review* 7 (July): 162-90.
1939 "Amish Ordination Charges." *Mennonites Quarterly Review* 13 (October): 236-50.
1939 "The Old Order Amish: Their Hymns and Hymn Tunes." *Journal of American Folklore* 52: 82-95.
1946 "Catalog of an Amish Bishop's Library." *Mennonite Quarterly Review* 20 (July): 230-39.
1948 "Justice Fails Again." *Gospel Herald*, February 3.

Wagler, David
1966 *The Mighty Whirlwind*. Aylmer, Ont.:

Pathway Publishing.

Warner, James M., and Denlinger, Donald M.
1969   *The Gentle People: A Portrait of the Amish*.
        New York: Grossman Publishers.

Wells, Richard D.
1967   *Articles of Agreement Regarding the Indiana
        Amish Parochial Schools and the Department
        of Public Instruction*. Bloomington: Indiana
        Department of Public Instruction.

Wenger, Anna Frances
1990   "The Phenomenon of Care in a High
        Context Culture: The Old Order Amish."
        Ph.D. diss., Wayne State University.

Wenger, John C.
1937   *History of the Mennonites of the Franconia
        Conference*. Telford, Pa.: Franconia
        Mennonite Historical Society.
1961   The Mennonite in Indiana and Michigan.
        Scottdale, Pa.: Herald Press.

Wichersham, James P.
1886   *A History of Education in Pennsylvania*.
        Lancaster, Pa.: Inquirer Publishing.

Williams, George H.
1962   *The Radical Reformation*. Philadelphia:
        Westminster Press.

Wilson, Bryan
1970   *Religious Sects*. New York: McGraw-Hill.

Wisconsin v. Yoder et al.
1972   U.S. Supreme Court. No. 70-110. Argued
        December 8, 1971: decided May 15, 1972.

Wittmer, Joe
1970   "Homogeneity of Personality
        Characteristics: A Comparison between Old
        Order Amish and Non-Amish." *American
        Anthropologist* 72 (October): 1063-68.
1971   "The Amish Schools Today." *School and
        Society* 99 (April): 227-30.
1971   "Cultural Violence and Twentieth Century
        Progress." *Practical Anthropology* 18 (July/
        August): 146-55.

Yoder, Don
1969   "Sectarian Costume Research in the United
        States." In *Forms upon the Frontier*, pp. 41-75.
        Monograph Series, no. 16 (April). Logan:
        Utah State University Press.

Yoder, Eleanor
1974   "Nicknaming in an Amish-Mennonite
        Community." *Pennsylvania Folklife* 23
        (Spring): 30-37.

Yoder, Elmer S.
1987   *The Beachy Amish Mennonite Fellowship
        Churches*. Hartville, Ohio: Deakonia
        Ministries.

Yoder, Harvey
1966   "The Budget of Sugarcreek, Ohio, 1890-
        1920." *Mennonite Quarterly Review* 40
        (January 1966): 27-47.

Yoder, John H.
1952   "Mennonites in a French Almanac."
        Mennonite Life 7 (July): 104-6.
1973   *The Legacy of Michael Sattler*. Scottdale, Pa.:
        Herald Press.

Yoder, Joseph W.
1940   *Rosanna of the Amish*. Huntington, Pa. Yoder
        Publishing.
1942   *Amische Lieder*. Huntington, Pa.: Yoder
        Publishing.
1948   *Rosanna's Boys*. Huntington, Pa.: Yoder
        Publishing.
1950   *Amish Traditions*. Huntington, Pa.: Yoder
        Publishing.

Yoder, Paton
1979   *Eine Würzel: Tennessee John Stoltzfus*. Lititz,
        Pa.: Sutter House.
1987   *Tennessee John Stoltzfus: Amish Church-
        Related Documents and Family Letters*.
        Lancaster, Pa.: Lancaster Mennonite
        Historical Society.
1991   *Tradition and Transition: Amish Mennonites
        and Old Order Amish, 1800-1900*. Scottdale,
        Pa.: Herald Press.
1993   "The Amish View of the State." In *The Amish
        and the State*, edited by Donald B, Kraybill.
        Baltimore: Johns Hopkins University Press.

Yoder, Paul M.; Bender, Elizabeth; Graber, Harvey;
        and Springer, Nelson P.
1964   *Four Hundred Years with the Ausbund*.
        Scottdale, Pa.: Herald Press.

Yoder, Sanford C.
1959   *The Days of My Years*. Scottdale, Pa.: Herald
        Press.

Zook, Lee J.
1993   "Slow-moving Vehicles." In *The Amish and
        the State*, edited by Donald B, Kraybill.
        Baltimore: Johns Hopkins University Press.